中国特种作物
农业全产业链标准指南

庞雪莉　孔凡玉　主编

中国农业科学技术出版社

图书在版编目（CIP）数据

中国特种作物农业全产业链标准指南／庞雪莉，孔凡玉主编. --北京：中国农业科学技术出版社，2021.11

ISBN 978-7-5116-5545-5

Ⅰ.①中… Ⅱ.①庞… ②孔… Ⅲ.①农业产业-产业链-标准-中国-指南 Ⅳ.①F323-65

中国版本图书馆 CIP 数据核字（2021）第 211841 号

责任编辑 王惟萍
责任校对 李向荣
责任印制 姜义伟 王思文

出 版 者 中国农业科学技术出版社
北京市海淀区中关村南大街 12 号 邮编：100081
电 话 (010) 82106643（编辑室） (010) 82109702（发行部）
(010) 82109709（读者服务部）
传 真 (010) 82109698
网 址 http://www.castp.cn
经 销 者 各地新华书店
印 刷 者 北京建宏印刷有限公司
开 本 210 mm×297 mm 1/16
印 张 24.25
字 数 1 030 千字
版 次 2021 年 12 月第 1 版 2021 年 12 月第 1 次印刷
定 价 89.60 元

《中国特种作物农业全产业链标准指南》

编　委　会

主　编： 庞雪莉　孔凡玉

副主编： 王大彬　刘　雪　曹建敏

参　编： 王允白　邱　军　李崇华　苏海建　贺　佩
李舒畅　欧泽洁　李　静　庞　夙　方　松
于卫松　张义志　林樱楠　宋德安　张继光
孙　鹏　孙惠青　宁　扬　郭先锋　鲁世军
胡苏林　陈帅伟　孙帅帅　刘　群　杜文杰
蒋光伟　刘永新　李　军　黄　建　马占峰
曹长代　李军民　刘卫华　刘文霖

编写说明

本书以作物功能用途为分类主线，选取了特种蔬菜、特种水果、特种粮食作物、特种油料作物、特种糖料作物、特种纤维作物、特种药用植物、特种牧草作物、特种能源作物、特种芳香植物、嗜好性特种经济作物共十一大类特种作物，对截至 2021 年 6 月 17 日批准发布实施的农业产业链相关国家标准及部分行业标准等进行了分类汇总。

（1）特种作物的选择与界定。本书在特种作物种类的选择与界定上遵循以下原则：①所有特种作物的中文名均以《中国植物志》为准。每大类中的作物种类按照汉语拼音首字母的顺序进行排列；②具有多种用途的特种作物，按照主流用途进行归类；③未收录大宗蔬菜、水果和粮食作物种类的相关标准。

（2）特种作物标准收录原则和排列顺序。收录了涵盖十一大类特种作物产地环境、种质资源、生产种植、植物保护、初加工及其制品、质量监控等农业全产业链的国家标准和农业、林业、产品质检商检等相关行业标准。地方标准、兽药典、农业农村部公告、NF、DI、BS、CAC、RCP、CODEX STAN 等相关标准均未汇编入册。物流、包装材料、精深加工机械、企业经营管理等环节相关标准未汇编入册。每种作物的标准按照国家标准、行业标准的先后顺序排列，同级别标准按照标准代码首字母排序。

由于时间跨度大，标准制定主体不同，本书汇编的 4 299 项标准中存在不同的表述问题，如书中同时存在柑橘和柑桔，储藏和贮藏等，因此，本书概述的标准内容均以公开出版的相关标准文件一致。

在本书编写过程中，编者查阅了国家标准网服务平台、中国农业标准网、食典通、工标网等大量信息资料，力求齐全，但难免挂一漏万，可能未能涵盖全部具有研究应用价值的特种作物种类及其标准。由于编者水平有限，书中不足之处在所难免，敬请广大读者批评指正、提出宝贵意见！

编　者

2021 年 9 月

前　言

2021年中央农村工作会议和中央一号文件提出农业高质量发展的新主题，推动标准体系建设完善是促进引领现代农业质量全面提升的必要手段。为扎实做好“十四五”农产品质量安全与优质化工作，农业农村部推进实施农业生产“三品一标”提升行动，开展现代农业全产业链标准化试点工作，加强构建以产品为主线、全程质量控制为核心的现代农业全产业链标准体系，并将“开展全产业链标准体系梳理、比对分析和跟踪评价、编制全产业链标准体系表，加快农产品生产关键环节标准的制修订工作”列为重点任务实施，为保障农产品质量安全、增加绿色优质农产品供给和推动农业高质量发展提供有力支撑。

特种作物是指分布于特定的生态环境、种植加工技术特殊、产品品质独特、具有特殊功效用途、经济价值高的一类植物资源。随着社会经济的发展，植物新资源被不断开发利用，特种作物受到越来越多的关注，种植种类和区域逐年扩大，特色农产品在乡村振兴中发挥了越来越重要的作用。为适应城乡居民对农产品需求的个性化、多样化这一新变化，“十四五”时期农业生产将重点抓“三保”，农业生产既要保数量，也要保多样，更要保质量，通过强化规划引领，实施重要农产品区域布局和生产供给方案，建设特色农产品优势区，打造区域特色农产品，以满足人们对新、特、奇、名、优、安等新特征农产品的多样化、个性化需求。因此积极发展特色农业，有利于推进农业结构战略性调整，实现农业提质增效，对提高我国农业竞争力，推动区域特色经济发展和全面推进乡村振兴具有重要的现实意义。

为落实习近平总书记强调的“以高标准助力高技术创新、促进高水平开放、引领高质量发展”重要指示精神，2021年10月，党中央、国务院印发《国家标准化发展纲要》，以实现全领域标准的全覆盖和高质量深入发展，更加有效推进国家综合竞争力提升，在构建经济社会高质量新发展格局中发挥更大作用。特色、优质、效益农业是现代农业的重要体现，发展多种特色农业是加快推动农业产业高质量发展的重要举措。因此，为进一步推进完善特种作物及其产品的相关标准制修订工作，非常有必要对现行有效的相关标准进行汇编整理，以了解掌握当前标准存在的问题，结合特种作物实际开发利用需求情况，更有针对性地制定老旧标准的系统性修订计划及新标准的研究制定方向。因此，本书聚焦特种作物，依据功能用途，选取了特种蔬菜、特种水果、特种粮食作物、特种油料作物、特种糖料作物、特种纤维作物、特种药用植物、特种牧草作物、特种能源作物、特种芳香植物、嗜好性特种经济作物共十一大类364种代表性特种作物，对其产地环境、品种种质、投入品管控、分等分级、储运保鲜、产品加工、质量检测、分等分级等覆盖农业全产业链的相关国家及行业标准进行了梳理汇编，汇编入册标准共计 4 299 项，其中特种蔬菜篇涵盖 86 种作物相关标准 613 项，特种水果篇涵盖 37 种作物相关标准 397 项，特种粮食作物篇涵盖 27 种作物相关标准 358 项，特种油料作物篇涵盖 26 种作物相关标准 662 项，特种糖料作物篇涵盖 4 种作物相关标准 161 项，特种纤维作物篇涵盖 13 种作物相关标准 481 项，特种药用植物篇涵盖 64 种作物相关标准 310 项，特种牧草作物篇涵盖 40 种作物相关标准 196 项，特种能源作物篇涵盖 15 种作物相关标准 76 项，特种芳香植物篇涵盖 47 种作物相关标准 285 项，嗜好性特种经济作物篇涵盖 5 种作物相关标准 760 项。

本书可作为查阅特种作物标准化工作现状的工具书，为特种作物标准化生产提供指导，也可为各级农业科技主管部门编制特种作物制修订标准规划，完善农业全产业链标准体系建设提供参考。

编　者

2021 年 9 月

目　　录

第一章　特种蔬菜

蔬菜是人们日常饮食中必不可少的食物之一，可为人体提供必需的多种维生素和矿物质，随着生活水平的提高以及营养保健意识的增强，人们对蔬菜中特种蔬菜的需求逐步增加。特种蔬菜又被称为稀有特种蔬菜，包括国外引进的“西菜”，如原产于地中海沿岸的羽衣甘蓝，现已成为北方地区冬季常用的园林花卉，其嫩叶也可炒食、凉拌、做汤，具有很高的营养价值；我国某些地区的名、特、优、新蔬菜，如江浙一带的珍贵水生蔬菜莼菜，富含酸性杂多糖、蛋白质、氨基酸、维生素、组胺和微量元素等，具有极高的食用和药用价值，能防治贫血、肝炎，增强机体的免疫功能。特种蔬菜与大路菜之间没有明显的界限，通常为蔬菜中种植面积小、具有地域性和时间性的一类，大多含有特别营养，风味独特，有的种类还有一定的保健防病作用，如芦笋、花椰菜均有防癌、抑癌的功效，有的还可以作为医药保健以及工业原料等。特种蔬菜由于品质好，营养价值高，并且生产数量相对较少，所以经济价值较高，具有广阔的市场空间。同时有些品种因为生长周期短，复种指数高，投入相对较少，经济效益更为明显。本章内容按照大宗排除法，筛选了具有代表性的特种蔬菜品种共 86 个，本章节汇编了截至 2021 年 6 月 17 日现行有效的相关国家及行业标准共计 613 项，内容涵盖蔬菜品种的定义、种质资源、栽培生产技术、病虫害防治、质量安全检测、储运保鲜技术、品质等级、产品及其加工技术等各个环节。为避免分类过于繁杂，方便读者阅读查询，分类在依据蔬菜农业生物学特性的基础上，最大程度突出特菜之“特”。所列出的特种蔬菜共分为八大类，包括特殊生长环境（其中包括水生蔬菜、木生食用菌和草生食用菌）、特殊风味、特殊外形和色泽、特殊加工方式，以及豆类蔬菜、藤蔓蔬菜、野生蔬菜、多年生和杂类蔬菜等。另有一些被熟知的小品种蔬菜，尚未有现行的相关标准或其所属的大类品种为常见蔬菜，在此均不再单独列出。

一、特殊生长环境

（一）水生蔬菜

标准号	标准名称	摘要
1. 荸荠		
GB/T 13212—1991	清水荸荠罐头	本标准规定了清水荸荠罐头的产品分类、技术要求、试验方法、检验规则和标志、包装、运输、贮存的基本要求。 本标准适用于以荸荠（俗称马蹄）为原料，经去皮、预煮、装罐、加清水、密封、杀菌制成的清水荸荠罐头。
NY/T 1080—2006	荸荠	本标准规定了荸荠的术语和定义、要求、分级指标、试验方法、检验规则、包装与标识、贮藏和运输。 本标准适用于鲜食荸荠。
NY/T 1405—2015	绿色食品　水生蔬菜	本标准规定了绿色食品水生蔬菜的要求、检验规则、标签、包装、运输和贮存。 本标准适用于绿色食品茭白、水芋、慈姑、菱、荸荠、芡实、水蕹菜、豆瓣菜、水芹、莼菜、蒲菜、莲子米等水生蔬菜。不包括藕及其制品。
NY/T 2567—2014	植物新品种特异性、一致性和稳定性测试指南　荸荠	本标准规定了荸荠［*Heleocharis dulcis*（Burm. f.）Trin. ex Hensch.］新品种特异性、一致性和稳定性测试的技术要求和测试结果的判定原则。 本标准适用于荸荠新品种特异性、一致性和稳定性的测试和结果评价。

标准号	标准名称	摘要
SN/T 0626.9—2015	出口速冻蔬菜检验规程 第9部分：荸荠	SN/T 0626 的本部分规定了出口速冻荸荠的抽样、检验方法及检验结果的判定。 本部分适用于以新鲜原料、经单体速冻工艺加工的出口荸荠片、粒及整只荸荠的抽样、包装标识、感官、杂质、重量、微生物、重金属、农残及添加剂项目的检验。
2. 莼菜		
NY/T 701—2018	莼菜	本标准规定了莼菜的术语和定义、要求、检测方法、检验规则、标志、标签、包装、储藏和运输。 本标准适用于新鲜莼菜（*Brasenia schreberi* J. F. Gmel.）。
NY/T 1405—2015	绿色食品 水生蔬菜	本标准规定了绿色食品水生蔬菜的要求、检验规则、标签、包装、运输和贮存。 本标准适用于绿色食品茭白、水芋、慈姑、菱、荸荠、芡实、水蕹菜、豆瓣菜、水芹、莼菜、蒲菜、莲子米等水生蔬菜。不包括藕及其制品。
SN/T 0627—2014	出口莼菜检验规程	本标准规定了出口莼菜的抽样、制样、包装、标志、感官、理化的检验方法，并对检验有效数字、检验结果的判定、不合格产品处理、检验有效期、样品保存和检验记录作了规定。 本标准适用于出口醋酸莼菜、水煮莼菜和新鲜莼菜的检验。
3. 慈姑		
NY/T 1405—2015	绿色食品 水生蔬菜	本标准规定了绿色食品水生蔬菜的要求、检验规则、标签、包装、运输和贮存。 本标准适用于绿色食品茭白、水芋、慈姑、菱、荸荠、芡实、水蕹菜、豆瓣菜、水芹、莼菜、蒲菜、莲子米等水生蔬菜。不包括藕及其制品。
4. 豆瓣菜		
NY/T 1405—2015	绿色食品 水生蔬菜	本标准规定了绿色食品水生蔬菜的要求、检验规则、标签、包装、运输和贮存。 本标准适用于绿色食品茭白、水芋、慈姑、菱、荸荠、芡实、水蕹菜、豆瓣菜、水芹、莼菜、蒲菜、莲子米等水生蔬菜。不包括藕及其制品。
5. 茭白		
NY/T 835—2004	茭白	本标准规定了茭白初级产品（简称产品）的术语和定义、指标要求、检验方法、检验规则和包装、运输与贮存的方法。 本标准适用于茭白的生产和流通。
NY/T 3416—2019	茭白储运技术规范	本标准规定了茭白的采收、质量要求、入库、预冷、储藏、包装、出库和运输等。 本标准适用于茭白的储藏与运输。
NY/T 2723—2015	茭白生产技术规程	本标准规定了茭白［*Zizania latifolia*（Griseb.）Stapf.］生产的术语与定义、产地环境、品种选择、栽培技术、病虫害防治、采收、分级包装、贮藏、运输及生产档案等要求。 本标准适用于茭白生产。
NY/T 1405—2015	绿色食品 水生蔬菜	本标准规定了绿色食品水生蔬菜的要求、检验规则、标签、包装、运输和贮存。 本标准适用于绿色食品茭白、水芋、慈姑、菱、荸荠、芡实、水蕹菜、豆瓣菜、水芹、莼菜、蒲菜、莲子米等水生蔬菜。不包括藕及其制品。
NY/T 2941—2016	茭白种质资源描述规范	本标准规定了茭白［*Zizania latifolia*（Griseb.）Stapf.］种质资源基本信息、植物学特征、生物学特性、产量性状、品质性状及抗性性状的描述方法。 本标准适用于茭白种质资源性状的描述。
NY/T 2183—2012	农作物优异种质资源评价规范 茭白	本标准规定了栽培茭白［*Zizania latifolia*（Griseb.）Stapf.］优异种质资源评价的术语和定义、技术要求、鉴定方法和判定。 本标准适用于茭白优异种质资源的评价。

标准号	标准名称	摘要
NY/T 2498—2013	植物新品种特异性、一致性和稳定性测试指南 茭白	本标准规定了禾本科菰属菰（茭白）［*Zizania latifolia*（Griseb.）Turcz. ex Stapf.］新品种特异性、一致性和稳定性测试的技术要求和结果判定的一般原则。 本标准适用于茭白新品种特异性、一致性和稳定性测试和结果判定。
NY/T 1311—2007	农作物种质资源鉴定技术规程 茭白	本标准规定了茭白［*Zizania latifolia*（Griseb.）Stapf.］种质资源鉴定的技术要求和方法。 本标准适用于茭白［*Zizania latifolia*（Griseb.）Stapf.］种质资源植物学特征、生物学特性和品质性状的鉴定。
NY/T 1464.59—2016	农药田间药效试验准则 第59部分：杀虫剂防治茭白螟虫	本部分规定了杀虫剂防治茭白螟虫田间药效小区试验的方法和基本要求。 本部分适用于杀虫剂防治茭白二化螟（*Chilo suppressalis*）、大螟（*Sesamia inferens*）的登记用田间药效小区试验及药效评价。
NY/T 1464.65—2017	农药田间药效试验准则 第65部分：杀菌剂防治茭白锈病	本部分规定了杀菌剂防治茭白锈病（*Uromy cescoronatus* Miyabeet Nishida）田间药效小区试验的方法和基本要求。 本部分适用于杀菌剂防治茭白锈病登记用田间药效小区试验及药效评价。
NY/T 1464.70—2018	农药田间药效试验准则 第70部分：杀菌剂防治茭白胡麻叶斑病	本部分规定了杀菌剂防治茭白胡麻叶斑病［*Bipolaris zizaniae*（Nisik.）Shoemaker］田间药效小区试验的方法和基本要求。 本部分适用于杀菌剂防治茭白胡麻叶斑病登记用田间药效小区试验及药效评价。
NY/T 1834—2010	茭白等级规格	本标准规定了茭白等级规格、包装、标识的要求及参考图片。 本标准适用于鲜食茭白。
6. 菱		
NY/T 1405—2015	绿色食品 水生蔬菜	本标准规定了绿色食品水生蔬菜的要求、检验规则、标签、包装、运输和贮存。 本标准适用于绿色食品茭白、水芋、慈姑、菱、荸荠、芡实、水蕹菜、豆瓣菜、水芹、莼菜、蒲菜、莲子米等水生蔬菜。不包括藕及其制品。
NY/T 1039—2014	绿色食品 淀粉及淀粉制品	本标准规定了绿色食品淀粉及淀粉制品的术语和定义、要求、检验规则、标志和标签、包装、运输和贮存。 本标准适用于绿色食品食用淀粉（包括谷类、薯类、豆类淀粉及菱角淀粉等其他食用淀粉）及食用淀粉制品［包括粉丝（条）、粉皮及其他食用淀粉制品等］；不适用于魔芋粉及魔芋粉制品、藕粉、植物全粉（如马铃薯全粉）、淀粉糖、膨化淀粉制品、油炸淀粉制品、方便粉丝。
7. 莲藕		
GB/T 25733—2010	藕粉	本标准规定了藕粉的术语和定义、产品分类、技术要求、试验方法、检验规则、标志、标签、包装、贮存。 本标准适用于以莲藕为原料，或以纯藕粉为原料，配以其他食用辅料加工制成的藕淀粉制品。
NY/T 1583—2008	莲藕	本标准规定了莲藕的术语和定义、要求、试验方法、检验规则、标志、包装、运输和贮存。 本标准适用于鲜食莲藕。
NY/T 2182—2012	农作物优异种质资源评价规范 莲藕	本标准规定了莲藕（*Nelumbon ucifera* Gaertn.）优异种质资源评价的术语和定义、技术要求、鉴定方法和判定。 本标准适用于莲藕（藕莲）优异种质资源的评价。
NY/T 837—2004	莲藕栽培技术规程	本标准规定了莲藕产地环境技术条件和莲藕露地栽培、设施早熟栽培及节水设施栽培的基本方法。 本标准适用于我国莲藕主产区，其他地区亦可参考使用。
NY/T 5239—2004	无公害食品 莲藕生产技术规程	本标准规定了无公害食品莲藕（浅水藕，*Nelumbon ucifera* Gaertn.）生产的产地环境、生产技术、病虫害防治、采收和生产档案。 本标准适用于我国无公害食品莲藕的生产。
QB/T 1605—1992	清水莲藕罐头	本标准规定了清水莲藕罐头的产品分类、技术要求、试验方法、检验规则和标志、包装、运输、贮存的基本要求。 本标准适用于以莲藕为原料，经洗涤、去皮、预煮、修整、漂洗、装罐、密封、杀菌制成的清水莲藕罐头。

标准号	标准名称	摘要
SB/T 10893—2012	预包装鲜食莲藕流通规范	本标准规定了预包装鲜食莲藕的商品质量基本要求、商品等级、包装、标识和流通过程要求。 本标准适用于“三七三五”、“鄂 04 号”、白泡、红莲、白藕、湖藕、田藕等预包装鲜食莲藕的经营和管理，其他品种莲藕的流通可参照执行。
SB/T 11031—2013	块茎类蔬菜流通规范	本标准规定了块茎类蔬菜的商品质量基本要求、商品等级、包装、标识和流通过程要求。 本标准适用于马铃薯、姜、莲藕等块茎类蔬菜的流通，其他块茎类蔬菜的流通可参照执行。
SN/T 0738—1997	出口食品中肠杆菌科检验方法	本标准规定了出口冻水产品、冻、烤禽肉、速冻方便食品、干燥食品、糖果食品中肠杆菌科定量检验方法。 本标准适用于出口冻鱼片、冻贝肉、冻鸡肉、冻烤鸭、冻菜卷、冻椿卷、冻饺子、冻八宝袋、冻莲藕塞肉、脱水蔬菜、奶粉、方便面、挂面、饼干、糖果中肠杆菌科定量检验，其他食品可参照使用。
8. 水芹		
NY/T 1405—2015	绿色食品　水生蔬菜	本标准规定了绿色食品水生蔬菜的要求、检验规则、标签、包装、运输和贮存。 本标准适用于绿色食品茭白、水芋、慈姑、菱、荸荠、芡实、水蕹菜、豆瓣菜、水芹、莼菜、蒲菜、莲子米等水生蔬菜。不包括藕及其制品。
NY/T 1325—2015	绿色食品　芽苗类蔬菜	本标准规定了绿色食品芽苗类蔬菜的要求、检验规则、标签、包装、运输和贮存。 本标准适用于绿色食品种芽类芽苗菜，包括绿豆芽、黄豆芽、黑豆芽、青豆芽、红豆芽、蚕豆芽、红小豆芽、豌豆苗、花生芽、苜蓿芽、小扁豆芽、萝卜芽、菘蓝芽、沙芥芽、芥菜芽、芥蓝芽、白菜芽、独行菜芽、种芽香椿、向日葵芽、荞麦芽、胡椒芽、紫苏芽、水芹芽、小麦苗、胡麻芽、蕹菜芽、芝麻芽、黄秋葵芽等。
NY/T 2506—2013	植物新品种特异性、一致性和稳定性测试指南　水芹	本标准规定了水芹新品种特异性、一致性和稳定性测试的技术要求和结果判定的一般原则。 本标准适用于水芹属（*Oenanthe* L.）的水芹［*Oenanthe javanica*（Blume）DC.］和中华水芹（*Oenanthe sinensis* Dunn）新品种特异性、一致性和稳定性测试和结果判定。
9. 水蕹菜		
NY/T 1405—2015	绿色食品　水生蔬菜	本标准规定了绿色食品水生蔬菜的要求、检验规则、标签、包装、运输和贮存。 本标准适用于绿色食品茭白、水芋、慈姑、菱、荸荠、芡实、水蕹菜、豆瓣菜、水芹、莼菜、蒲菜、莲子米等水生蔬菜。不包括藕及其制品。

（二）木生食用菌

标准号	标准名称	摘要
1. 白灵菇		
NY/T 749—2018	绿色食品　食用菌	本标准规定了绿色食品食用菌的术语和定义、要求、检验规则、标签、包装、运输和储存。 本标准适用于人工培养的绿色食品食用菌鲜品、食用菌干品（包括压缩食用菌、食用菌干片、食用菌颗粒）和食用菌粉，包括香菇、金针菇、平菇、草菇、双孢蘑菇、茶树菇、猴头菇、大球盖菇、滑子菇、长根菇、白灵菇、真姬菇、鸡腿菇、杏鲍菇、竹荪、灰树花、黑木耳，银耳、毛木耳、金耳、羊肚菌、绣球菌、榛蘑、榆黄蘑、口蘑、元蘑、姬松茸、黑皮鸡枞、暗褐网柄牛肝菌、裂褶菌等食用菌以及国家批准可食用的其他食用菌。不适用于食用菌罐头、腌渍食用菌、水煮食用菌和食用菌熟食制品。

标准号	标准名称	摘要
NY 862—2004	杏鲍菇和白灵菇菌种	本标准规定了杏鲍菇（*Pleurotus eryngii*）和白灵菇（*Pleurotus nebrodensis*）各级菌种的质量要求、试验方法、检验规则及标签、标志、包装、贮运。 本标准适用于杏鲍菇（*Pleurotus eryngii*）和白灵菇（*Pleurotus nebrodensis*）的母种（一级种）、原种（二级种）和栽培种（三级种）。
NY/T 1845—2010	食用菌菌种区别性鉴定拮抗反应	本标准规定了应用拮抗反应进行食用菌菌种区别性鉴定的方法。 本标准适用于糙皮侧耳（*Pleurotus ostreatus*）、白黄侧耳（*Pleurotus cornucopiae*）、肺形侧耳（*Pleurotus pulmonarius*）、佛州侧耳（*Pleurotus ostreatus* var. *florida*）、杏鲍菇（*Pleurotus eryngii*）、金顶侧耳（*Pleurotus citrinopileatus*）、猴头菇（*Hericium erinaceus*）、白灵菇（*Pleurotus nebrodensis*）、黑木耳（*Auricularia auricula*）、毛木耳（*Auricularia polytricha*）、茶树菇（*Agrocybe cylindrica*）、金针菇（*Flammulina velutipes*）、滑菇（*Pholiota nameko*）、香菇（*Lentinula edodes*）、灰树花（*Grifola frondosa*）、灵芝（*Ganoderma* spp.）、鸡腿菇（*Coprinus comatus*）、黄伞（*Pholiota adiposa*）、斑玉蕈（*Hypsizygus marmoreus*）等食用菌菌种区别性的鉴定，包括母种、原种和栽培种。
NY/T 1743—2009	食用菌菌种真实性鉴定 RAPD 法	本标准规定了利用 RAPD 技术鉴定食用菌菌种真实性的方法。 本标准适用于糙皮侧耳（*Pleurotus ostreatus*）、白黄侧耳（*Pleurotus cornucopiae*）、肺形侧耳（*Pleurotus pulmonarius*）、佛州侧耳（*Pleurotus floridanus*）、杏鲍菇（*Pleurotus eryngii*）、白灵菇（*Pleurotus nebrodensis*）、香菇（*Lentinula edodes*）、双孢蘑菇（*Agaricus bisporus*）、黑木耳、（*Auricularia auricula*）、茶树菇（*Agrocybe cylindrica*）、鸡腿菇（*Coprinus comatus*）、金针菇（*Flammulina velutipes*）、灰树花（*Grifola frondosa*）等食用菌菌种真实性的鉴定，包括母种（一级种）、原种（二级种）和栽培种（三级种）。
NY/T 1742—2009	食用菌菌种通用技术要求	本标准规定了食用菌各级菌种的质量要求、抽样、试验方法、检验规则及标签、标志、包装、运输和贮存。 本标准适用于平菇（糙皮侧耳，*Pleurotus ostreatus*）、白黄侧耳（*Pleurotus cornucopiae*）、肺形侧耳（*Pleurotus pulmonarius*）、佛州侧耳（*Pleurotus floridanus*）、香菇（*Lentinula edodes*）、黑木耳（*Auricularia auricula*）、毛木耳（*Auricularia polytricha*）、双孢蘑菇（*Agaricus bisporus*）、金针菇（*Flammulina velutipes*）、榆黄蘑（*Pleurotus citrinopileatus*）、白灵菇（*Pleurotus nebrodensis*）、杏鲍菇（*Pleurotus eryngii*）、茶树菇（*Agrocybe cylindracea*）、鸡腿菇（*Coprinus comatus*）、灵芝（*Ganoderma lucidum*）、茯苓（*Poria cocos*）、猴头菌（*Hericium erinaceus*）、灰树花（*Grifola frondosa*）、草菇（*Volvariella volvacea*）、滑菇（*Pholiota nameko*）等食用菌的母种（一级种）、原种（二级种）和栽培种（三级种）。
NY/T 1730—2009	食用菌菌种真实性鉴定 ISSR 法	本标准规定了 ISSR 技术鉴定食用菌菌种真实性的方法。 本标准适用于对糙皮侧耳（*Pleurotus ostreatus*）、香菇（*Lentinula edodes*）、黑木耳（*Auicula riaauricula*）、白灵菇（*Pleurotus nebrodensis*）、杏鲍菇（*Pleurotus eryngii*）、白黄侧耳（*Pleurotus cornucopiae*）、肺形侧耳（*Pleurotus pulmonarius*）、佛州侧耳（*Pleurotus floridanus*）、灰树花（*Grifola frondosa*）、金针菇（*Flammu linavelutipes*）、滑菇（*Pholiota nameko*）、茶树菇（*Agrocybe cylindracea*）、鸡腿菇（*Coprinus comatus*）等食用菌菌种真实性的鉴定，包括母种（一级种）、原种（二级种）和栽培种（三级种）。
NY/T 3220—2018	食用菌包装及储运技术规程	本标准规定了 12 种食用菌的人员、场地和设施、采收和质量要求、鲜菇冷藏、干菇储藏、库房要求、储藏管理、包装、出库、运输、试验方法等技术要求。 本标准适用于 10 种食用菌（香菇、平菇、金针菇、双孢蘑菇、杏鲍菇、鸡腿菇、白灵菇、秀珍菇、茶树菇、猴头菇）鲜菇、干菇以及干品（黑木耳、银耳）的包装与储运。
NY/T 1836—2010	白灵菇等级规格	本标准规定了白灵菇的等级规格要求、包装和标识。 本标准适用于白灵菇鲜品。
2. 白玉菇		
GH/T 1325—2021	白玉菇生产技术规程	本文件规定了白玉菇生产的术语和定义、生产场所和设施、菌袋制作、接种、菌丝培养、栽培管理、采收和包装。 本文件适用于白玉菇袋栽生产。

标准号	标准名称	摘要
3. 长根菇		
NY/T 749—2018	绿色食品　食用菌	本标准规定了绿色食品食用菌的术语和定义、要求、检验规则、标签、包装、运输和储存。 本标准适用于人工培养的绿色食品食用菌鲜品、食用菌干品（包括压缩食用菌、食用菌干片、食用菌颗粒）和食用菌粉，包括香菇、金针菇、平菇、草菇、双孢蘑菇、茶树菇、猴头菇、大球盖菇、滑子菇、长根菇、白灵菇、真姬菇、鸡腿菇、杏鲍菇、竹荪、灰树花、黑木耳，银耳、毛木耳、金耳、羊肚菌、绣球菌、榛蘑、榆黄蘑、口蘑、元蘑、姬松茸、黑皮鸡枞、暗褐网柄牛肝菌、裂褶菌等食用菌以及国家批准可食用的其他食用菌。不适用于食用菌罐头、腌渍食用菌、水煮食用菌和食用菌熟食制品。
NY/T 3715—2020	植物品种特异性（可区别性）、一致性和稳定性测试指南　长根菇	本标准规定了长根菇［*Oudemansiella raphanipes*（Berk.）Pegler & T. W. K. Young］品种特异性（可区别性）、一致性和稳定性测试的技术要求和结果判定的一般原则。 本标准适用于长根菇品种特异性（可区别性）、一致性和稳定性的测试。
4. 茶树菇		
GB/T 37749—2019	茶树菇	本标准规定了茶树菇的术语和定义、技术要求、试验方法、检验规则及标志、标签、包装、运输和贮存。 本标准适用于茶树菇 *Agrocybe cylindracea*（DC.）Maire 鲜品和干品。
NY/T 749—2018	绿色食品　食用菌	本标准规定了绿色食品食用菌的术语和定义、要求、检验规则、标签、包装、运输和储存。 本标准适用于人工培养的绿色食品食用菌鲜品、食用菌干品（包括压缩食用菌、食用菌干片、食用菌颗粒）和食用菌粉，包括香菇、金针菇、平菇、草菇、双孢蘑菇、茶树菇、猴头菇、大球盖菇、滑子菇、长根菇、白灵菇、真姬菇、鸡腿菇、杏鲍菇、竹荪、灰树花、黑木耳，银耳、毛木耳、金耳、羊肚菌、绣球菌、榛蘑、榆黄蘑、口蘑、元蘑、姬松茸、黑皮鸡枞、暗褐网柄牛肝菌、裂褶菌等食用菌以及国家批准可食用的其他食用菌。不适用于食用菌罐头、腌渍食用菌、水煮食用菌和食用菌熟食制品。
NY/T 1845—2010	食用菌菌种区别性鉴定拮抗反应	本标准规定了应用拮抗反应进行食用菌菌种区别性鉴定的方法。 本标准适用于糙皮侧耳（*Pleurotus ostreatus*）、白黄侧耳（*Pleurotus cornucopiae*）、肺形侧耳（*Pleurotus pulmonarius*）、佛州侧耳（*Pleurotus ostreatus* var. *florida*）、杏鲍菇（*Pleurotus eryngii*）、金顶侧耳（*Pleurotus citrinopileatus*）、猴头菇（*Hericium erinaceus*）、白灵菇（*Pleurotus nebrodensis*）、黑木耳（*Auricularia auricula*）、毛木耳（*Auricula riapolytricha*）、茶树菇（*Agrocybe cylindrica*）、金针菇（*Flammu linavelutipes*）、滑菇（*Pholiota nameko*）、香菇（*Lentinula edodes*）、灰树花（*Grifola frondosa*）、灵芝（*Ganoderma* spp.）、鸡腿菇（*Coprinus comatus*）、黄伞（*Pholiota adiposa*）、斑玉蕈（*Hypsizygus marmoreus*）等食用菌菌种区别性的鉴定，包括母种、原种和栽培种。
NY/T 1742—2009	食用菌菌种通用技术要求	本标准规定了食用菌各级菌种的质量要求、抽样、试验方法、检验规则及标签、标志、包装、运输和贮存。 本标准适用于平菇（糙皮侧耳，*Pleurotu sostreatus*）、白黄侧耳（*Pleurotus cornucopiae*）、肺形侧耳（*Pleurotus pulmonarius*）、佛州侧耳（*Pleurotus floridanus*）、香菇（*Lentinula edodes*）、黑木耳（*Auricularia auricula*）、毛木耳（*Auricularia polytricha*）、双孢蘑菇（*Agaricus bisporus*）、金针菇（*Flammu linavelutipes*）、榆黄蘑（*Pleurotus citrinopileatus*）、白灵菇（*Pleurotus nebrodensis*）、杏鲍菇（*Pleurotus eryngii*）、茶树菇（*Agrocybe cylindracea*）、鸡腿菇（*Coprinus comatus*）、灵芝（*Ganoderma lucidum*）、茯苓（*Poriacocos*）、猴头菌（*Hericium erinaceus*）、灰树花（*Grifola frondosa*）、草菇（*Volvariella volvacea*）、滑菇（*Pholiota nameko*）等食用菌的母种（一级种）、原种（二级种）和栽培种（三级种）。

标准号	标准名称	摘要
NY/T 1730—2009	食用菌菌种真实性鉴定 ISSR 法	本标准规定了 ISSR 技术鉴定食用菌菌种真实性的方法。 本标准适用于对糙皮侧耳（*Pleurotus ostreatus*）、香菇（*Lentinula edodes*）、黑木耳（*Auicula riaauricula*）、白灵菇（*Pleurotus nebrodensis*）、杏鲍菇（*Pleurotus eryngii*）、白黄侧耳（*Pleurotus cornucopiae*）、肺形侧耳（*Pleurotus pulmonarius*）、佛州侧耳（*Pleurotus floridanus*）、灰树花（*Grifola frondosa*）、金针菇（*Flammulina velutipes*）、滑菇（*Pholiota nameko*）、茶树菇（*Agrocybe cylindracea*）、鸡腿菇（*Coprinus comatus*）等食用菌菌种真实性的鉴定，包括母种（一级种）、原种（二级种）和栽培种（三级种）。
NY/T 1097—2006	食用菌菌种真实性鉴定 酯酶同工酶电泳法	本标准规定了食用菌菌种真实性鉴定方法酯酶同工酶电泳法的原理、仪器、试剂、电泳操作、试验结果的观察和统计分析。 本标准适用于糙皮侧耳（*Pleurotus ostreatus*）、白黄侧耳（*Pleurotus cornucopiae*）、肺形侧耳（*Pleurotus pulmonarius*）、佛州耳（*Pleurotus osteatus* var. *florida*）、香菇（*Lentinula edodes*）、杏鲍菇（*Pleurotus eryngii*）、双孢蘑菇（*Agaricus bisporus*）、黑木耳（*Auricularia auicula*）、茶树菇（*Agrogybe cylindrica*）等食用菌菌种真实性的鉴定，包括母种（一级种）、原种（二级种）和栽培种（三级种）。
NY/T 3560—2020	茶树菇生产技术规程	本标准规定了茶树菇生产的产地环境条件、栽培方式、栽培季节、菌袋制作、发菌管理、出菇管理、采收及储存运输、病虫害防控等技术要求和生产档案管理。 本标准适用于农艺方式下的茶树菇代料袋栽。
NY/T 3220—2018	食用菌包装及储运技术规程	本标准规定了 12 种食用菌的人员、场地和设施、采收和质量要求、鲜菇冷藏、干菇储藏、库房要求、储藏管理、包装、出库、运输、试验方法等技术要求。 本标准适用于 10 种食用菌（香菇、平菇、金针菇、双孢蘑菇、杏鲍菇、鸡腿菇、白灵菇、秀珍菇、茶树菇、猴头菇）鲜菇、干菇以及干品（黑木耳、银耳）的包装与储运。
SN/T 2074—2008	主要食用菌中转基因成分定性 PCR 检测方法	本标准规定了主要食用菌中转基因成分检验的抽样、制样、定性 PCR 检测方法。 本标准适用于对主要食用菌（杏鲍菇、红菇、姬松茸、香菇、草菇、牛肝菌、鸡腿菇、金针菇、双孢蘑菇、猪肚菇、凤尾菇、小平菇、秀珍菇、猴头菇、金顶侧耳、茶树菇、竹荪、黑木耳、白木耳等）中转基因成分的检测。
5. 黑木耳		
GB/T 6192—2019	黑木耳	本标准规定了黑木耳的相关术语和定义、技术要求、取样、试验方法、检验规则及标志、标签、包装、运输和贮存。 本标准适用于栽培黑木耳，包括 *A. heimuer*、*A. villosula*、*A. americana* 的干制品。
GB/T 23395—2009	地理标志产品 卢氏黑木耳	本标准规定了卢氏黑木耳的术语和定义、地理标志产品保护范围、要求、试验方法、检验规则及标志、包装、运输、贮存。 本标准适用于国家质量监督检验检疫行政部门根据《地理标志产品保护规定》批准保护的卢氏黑木耳。
GB 19169—2003	黑木耳菌种	本标准规定了黑木耳菌种的术语和定义、质量要求、试验方法、检验规则及标签、标志、包装、贮运等。 本标准适用于黑木耳菌种的生产、流通和使用。
GB 23200.15—2016	食品安全国家标准 食用菌中 503 种农药及相关化学品残留量的测定 气相色谱-质谱法	本标准规定了滑子菇、金针菇、黑木耳、香菇中 503 种农药及相关化学品残留量气相色谱-质谱测定方法。 本标准适用于滑子菇、金针菇、黑木耳、香菇中 503 种农药及相关化学品的定性鉴别，478 种农药及相关化学品的定量测定，其他食用菌可参照执行。
GB 23200.12—2016	食品安全国家标准 食用菌中 440 种农药及相关化学品残留量的测定 液相色谱-质谱法	本标准规定了滑子菇、金针菇、黑木耳和香菇中 440 种农药及相关化学品残留量液相色谱-质谱测定方法。 本标准适用于滑子菇、金针菇、黑木耳和香菇中 440 种农药及相关化学品的定性鉴别，364 种农药及相关化学品的定量测定；其他食用菌可参照执行。

标准号	标准名称	摘要
GB 23200.74—2016	食品安全国家标准 食品中井冈霉素残留量的测定液相色谱-质谱/质谱法	本标准规定了食品中井冈霉素残留量的液相色谱-质谱/质谱检测方法。 本标准适用于大米、卷心菜、葱、胡萝卜、番茄、黄瓜、菠菜、木耳、梨、柠檬、杏仁、茶叶、猪肉、猪肝、罗非鱼、虾中井冈霉素残留的检测和确证，其他食品可参照执行。
GB 23200.73—2016	食品安全国家标准 食品中鱼藤酮和印楝素残留量的测定液相色谱-质谱/质谱法	本标准规定了食品中鱼藤酮和印楝素残留量的液相色谱-质谱/质谱检测方法。 本标准适用于大米、花椰菜、苹果、木耳、茶叶、蜂蜜、猪肝、鱼肉、虾肉、鸡肉、牛奶中鱼藤酮和印楝素残留量的测定和确证，其他食品可参照执行。
GB 23200.56—2016	食品安全国家标准 食品中喹氧灵残留量的检测方法	本标准规定了进出口食品中喹氧灵残留量的液相色谱与液相色谱-质谱/质谱的检测方法。 本标准适用于大豆、花椰菜、樱桃、木耳、葡萄酒、茶叶、蜂蜜、猪肝、鸡肉、鳗鱼中喹氧灵残留量的测定和确证，其他食品可参照执行。
LY/T 2841—2017	黑木耳菌包生产技术规程	本标准规定了黑木耳（*Auricularia auricula-judae*）菌包生产的环境及厂房，厂区布局，工艺流程及管理，病虫害防治，生产记录和留样，包装、储存和标识的技术要求。 本标准适用于生产黑木耳菌包的技术管理。
LY/T 1207—2018	黑木耳块生产技术规程	本标准规定了黑木耳块生产技术措施、质量要求、抽样方法、检验规则、标志、包装、运输和贮存。 本标准适用于以黑木耳干品为原料，压缩制成的黑木耳块。
LY/T 2775—2016	黑木耳块生产综合能耗	本标准给出了黑木耳块生产综合能耗的术语和定义，规定了黑木耳块生产企业单位产量综合能耗分级指标、能耗的计算、能耗的计量。
LY/T 1649—2005	保鲜黑木耳	本标准规定了保鲜黑木耳的技术要求，试验方法，检验规则以及标志、包装、运输和贮存的基本要求。 本标准适用于以符合 GB/T 6192—1986 的干品黑木耳为原料加工生产的保鲜黑木耳产品。
NY/T 749—2018	绿色食品　食用菌	本标准规定了绿色食品食用菌的术语和定义、要求、检验规则、标签、包装、运输和储存。 本标准适用于人工培养的绿色食品食用菌鲜品、食用菌干品（包括压缩食用菌、食用菌干片、食用菌颗粒）和食用菌粉，包括香菇、金针菇、平菇、草菇、双孢蘑菇、茶树菇、猴头菇、大球盖菇、滑子菇、长根菇、白灵菇、真姬菇、鸡腿菇、杏鲍菇、竹荪、灰树花、黑木耳，银耳、毛木耳、金耳、羊肚菌、绣球菌、榛蘑、榆黄蘑、口蘑、元蘑、姬松茸、黑皮鸡枞、暗褐网柄牛肝菌、裂褶菌等食用菌以及国家批准可食用的其他食用菌。不适用于食用菌罐头、腌渍食用菌、水煮食用菌和食用菌熟食制品。
NY/T 2588—2014	植物新品种特异性、一致性和稳定性测试指南　黑木耳	本标准规定了黑木耳［*Auricularia auricula-judae*（Bull.）Quel.］新品种特异性、一致性和稳定性测试的技术要求和结果判定的一般原则。 本标准适用于黑木耳新品种特异性、一致性和稳定性测试和结果判定。
NY/T 1845—2010	食用菌菌种区别性鉴定拮抗反应	本标准规定了应用拮抗反应进行食用菌菌种区别性鉴定的方法。 本标准适用于糙皮侧耳（*Pleurotus ostreatus*）、白黄侧耳（*Pleurotus cornucopiae*）、肺形侧耳（*Pleurotus pulmonarius*）、佛州侧耳（*Pleurotus ostreatus* var. *florida*）、杏鲍菇（*Pleurotus eryngii*）、金顶侧耳（*Pleurotus citrinopileatus*）、猴头菇（*Hericium erinaceus*）、白灵菇（*Pleurotus nebrodensis*）、黑木耳（*Auricularia auricula*）、毛木耳（*Auricularia polytricha*）、茶树菇（*Agrocybe cylindrica*）、金针菇（*Flammulina velutipes*）、滑菇（*Pholiota nameko*）、香菇（*Lentinula edodes*）、灰树花（*Grifola frondosa*）、灵芝（*Ganoderma* spp.）、鸡腿菇（*Coprinus comatus*）、黄伞（*Pholiota adiposa*）、斑玉蕈（*Hypsizygusma rmoreus*）等食用菌菌种区别性的鉴定，包括母种、原种和栽培种。
NY/T 3220—2018	食用菌包装及储运技术规程	本标准规定了 12 种食用菌的人员、场地和设施、采收和质量要求、鲜菇冷藏、干菇储藏、库房要求、储藏管理、包装、出库、运输、试验方法等技术要求。 本标准适用于 10 种食用菌（香菇、平菇、金针菇、双孢蘑菇、杏鲍菇、鸡腿菇、白灵菇、秀珍菇、茶树菇、猴头菇）鲜菇、干菇以及干品（黑木耳、银耳）的包装与储运。

标准号	标准名称	摘要
NY/T 1838—2010	黑木耳等级规格	本标准规定了黑木耳等级规格的术语和定义、要求、包装和标识。 本标准适用于黑木耳干品。
SN/T 0148—2011	进出口水果蔬菜中有机磷农药残留量检测方法 气相色谱和气相色谱-质谱法	本标准规定了水果蔬菜中敌敌畏、乙酰甲胺磷、硫线磷、百治磷、乙拌磷、乐果、甲基对硫磷、毒死蜱、嘧啶磷、倍硫磷、丙虫硫磷、辛硫磷、灭菌磷、三硫磷、三唑磷、哒嗪硫磷、亚胺硫磷、敌百虫、灭线磷、甲拌磷、氧化乐果、内吸磷、二嗪磷、地虫硫磷、异稻瘟净、氯唑磷、甲基毒死蜱、对氧磷、杀螟硫磷、溴硫磷、乙基溴硫磷、噻唑磷、丙溴磷、乙硫磷、敌瘟磷、吡唑硫磷、蝇毒磷、甲胺磷、治螟磷、特丁硫磷、久效磷、除线磷、皮蝇磷、甲基嘧啶磷、对硫磷、甲基毒虫畏、异柳磷、稻丰散、杀扑磷、甲基硫环磷、伐杀磷、伏杀硫磷、甲基谷硫磷、二溴磷、速灭磷、甲基乙拌磷、巴胺磷、乙嘧硫磷、磷胺、地毒磷、马拉硫磷、甲基异柳磷、水胺硫磷、喹硫磷、杀虫畏、碘硫磷、硫环磷、威菌磷、苯硫磷、乙基谷硫磷70种有机磷类农药残留量的气相色谱及气相色谱-质谱检测方法。 本标准适用于菠萝、苹果、荔枝、胡萝卜、马铃薯、茄子、菠菜、荷兰豆、鲜木耳、鲜蘑菇、鲜牛蒡、鲜香菇、大葱中上述70种有机磷类农药残留量的检测。
SN/T 1971—2007	进出口食品中茚虫威残留量的检测方法 气相色谱法和液相色谱-质谱/质谱法	本标准规定了食品中茚虫威残留量检测的制样和气相色谱检测方法。 本标准适用于毛豆、青梗菜、柚子、生姜、木耳、笋、茶叶、猪肉、鱼肉、鸡肉中茚虫威残留量的测定。
SN/T 0293—2014	出口植物源性食品中百草枯和敌草快残留量的测定 液相色谱-质谱/质谱法	本标准规定了出口植物源性食品中百草枯和敌草快的制样和液相色谱-质谱/质谱测定方法。 本标准适用于大米、大豆、玉米、小麦、棉籽、干木耳、甘蓝、苹果、香蕉、草莓中百草枯和敌草快残留量的测定和确证。
6. 黄伞		
NY/T 1845—2010	食用菌菌种区别性鉴定拮抗反应	本标准规定了应用拮抗反应进行食用菌菌种区别性鉴定的方法。 本标准适用于糙皮侧耳（*Pleurotus ostreatus*）、白黄侧耳（*Pleurotus cornucopiae*）、肺形侧耳（*Pleurotus pulmonarius*）、佛州侧耳（*Pleurotus ostreatus* var. *florida*）、杏鲍菇（*Pleurotus eryngii*）、金顶侧耳（*Pleurotus citrinopileatus*）、猴头菇（*Hericium erinaceus*）、白灵菇（*Pleurotus nebrodensis*）、黑木耳（*Auricularia auricula*）、毛木耳（*Auricularia polytricha*）、茶树菇（*Agrocybe cylindrica*）、金针菇（*Flammulina velutipes*）、滑菇（*Pholiota nameko*）、香菇（*Lentinula edodes*）、灰树花（*Grifola frondosa*）、灵芝（*Ganoderma* spp.）、鸡腿菇（*Coprinus comatus*）、黄伞（*Pholiota adiposa*）、斑玉蕈（*Hypsizygus marmoreus*）等食用菌菌种区别性的鉴定，包括母种、原种和栽培种。
7. 花菇		
GB/T 22746—2008	地理标志产品 泌阳花菇	本标准规定了泌阳花菇的术语和定义、地理标志产品保护范围、产品分类、生产环境和生产技术、质量要求、试验方法、检验规则、标志、标签、包装、运输、贮存。 本标准适用于国家质量监督检验检疫行政主管部门根据《地理标志产品保护规定》批准保护的泌阳花菇。
8. 猴头菇		
NY/T 749—2018	绿色食品 食用菌	本标准规定了绿色食品食用菌的术语和定义、要求、检验规则、标签、包装、运输和储存。 本标准适用于人工培养的绿色食品食用菌鲜品、食用菌干品（包括压缩食用菌、食用菌干片、食用菌颗粒）和食用菌粉，包括香菇、金针菇、平菇、草菇、双孢蘑菇、茶树菇、猴头菇、大球盖菇、滑子菇、长根菇、白灵菇、真姬菇、鸡腿菇、杏鲍菇、竹荪、灰树花、黑木耳，银耳、毛木耳、金耳、羊肚菌、绣球菌、榛蘑、榆黄蘑、口蘑、元蘑、姬松茸、黑皮鸡枞、暗褐网柄牛肝菌、裂褶菌等食用菌以及国家批准可食用的其他食用菌。不适用于食用菌罐头、腌渍食用菌、水煮食用菌和食用菌熟食制品。

标准号	标准名称	摘要
NY/T 1845—2010	食用菌菌种区别性鉴定拮抗反应	本标准规定了应用拮抗反应进行食用菌菌种区别性鉴定的方法。 本标准适用于糙皮侧耳、白黄侧耳、肺形侧耳、佛州侧耳、杏鲍菇、金顶侧耳、猴头菇、白灵菇、黑木耳、毛木耳、茶树菇、金针菇、滑菇、香菇、灰树花、灵芝、鸡腿菇、黄伞、斑玉蕈等食用菌菌种区别性的鉴定，包括母种、原种和栽培种。
NY/T 3220—2018	食用菌包装及储运技术规程	本标准规定了 12 种食用菌的人员、场地和设施、采收和质量要求、鲜菇冷藏、干菇储藏、库房要求、储藏管理、包装、出库、运输、试验方法等技术要求。 本标准适用于 10 种食用菌（香菇、平菇、金针菇、双孢蘑菇、杏鲍菇、鸡腿菇、白灵菇、秀珍菇、茶树菇、猴头菇）鲜菇、干菇以及干品（黑木耳、银耳）的包装与储运。
QB/T 1397—1991	猴头菇罐头	本标准规定了猴头菇罐头的产品分类、技术要求、试验方法、检验规则和标志、包装、运输、贮存的基本要求。 本标准适用于以猴头菇为原料，经整理、加盐水（或调酸）、装罐、密封、杀菌制成的猴头菇罐头。
SN/T 2074—2008	主要食用菌中转基因成分定性 PCR 检测方法	本标准规定了主要食用菌中转基因成分检验的抽样、制样、定性 PCR 检测方法。 本标准适用于对主要食用菌（杏鲍菇、红菇、姬松茸、香菇、草菇、牛肝菌、鸡腿菇、金针菇、双孢蘑菇、猪肚菇、凤尾菇、小平菇、秀珍菇、猴头菇、金顶侧耳、茶树菇、竹荪、黑木耳、白木耳等）中转基因成分的检测。
9. 灰树花		
NY/T 446—2001	灰树花	本标准规定了灰树花的质量要求、试验方法、检验规则及包装、标志、贮存和运输的要求。 本标准适用于干、鲜灰树花和盐渍灰树花生产、收购、运输、贮藏、销售和出口贸易。
NY/T 749—2018	绿色食品　食用菌	本标准规定了绿色食品食用菌的术语和定义、要求、检验规则、标签、包装、运输和储存。 本标准适用于人工培养的绿色食品食用菌鲜品、食用菌干品（包括压缩食用菌、食用菌干片、食用菌颗粒）和食用菌粉，包括香菇、金针菇、平菇、草菇、双孢蘑菇、茶树菇、猴头菇、大球盖菇、滑子菇、长根菇、白灵菇、真姬菇、鸡腿菇、杏鲍菇、竹荪、灰树花、黑木耳，银耳、毛木耳、金耳、羊肚菌、绣球菌、榛蘑、榆黄蘑、口蘑、元蘑、姬松茸、黑皮鸡枞、暗褐网柄牛肝菌、裂褶菌等食用菌以及国家批准可食用的其他食用菌。不适用于食用菌罐头、腌渍食用菌、水煮食用菌和食用菌熟食制品。
NY/T 1845—2010	食用菌菌种区别性鉴定拮抗反应	本标准规定了应用拮抗反应进行食用菌菌种区别性鉴定的方法。 本标准适用于糙皮侧耳、白黄侧耳、肺形侧耳、佛州侧耳、杏鲍菇、金顶侧耳、猴头菇、白灵菇、黑木耳、毛木耳、茶树菇、金针菇、滑菇、香菇、灰树花、灵芝、鸡腿菇、黄伞、斑玉蕈等食用菌菌种区别性的鉴定，包括母种、原种和栽培种。
NY/T 1743—2009	食用菌菌种真实性鉴定　RAPD 法	本标准规定了利用 RAPD 技术鉴定食用菌菌种真实性的方法。 本标准适用于糙皮侧耳、白黄侧耳、肺形侧耳、佛州侧耳、杏鲍菇、白灵菇香菇、双孢蘑菇、黑木耳、茶树菇、鸡腿菇、金针菇、灰树花等食用菌菌种真实性的鉴定，包括母种（一级种）、原种（二级种）和栽培种（三级种）。
NY/T 1730—2009	食用菌菌种真实性鉴定　ISSR 法	本标准规定了 ISSR 技术鉴定食用菌菌种真实性的方法。 本标准适用于对糙皮侧耳、香菇、黑木耳、白灵菇、杏鲍菇、白黄侧耳、肺形侧耳、佛州侧耳、灰树花、金针菇、滑菇、茶树菇、鸡腿菇等食用菌菌种真实性的鉴定，包括母种（一级种）、原种（二级种）和栽培种（三级种）。

标准号	标准名称	摘要
NY/T 1742—2009	食用菌菌种通用技术要求	本标准规定了食用菌各级菌种的质量要求、抽样、试验方法、检验规则及标签、标志、包装、运输和贮存。 本标准适用于平菇（糙皮侧耳，*Pleurotus ostreatus*）、白黄侧耳（*Pleurotus cornucopiae*）、肺形侧耳（*Pleurotus pulmonarius*）、佛州侧耳（*Pleurotus floridanus*）、香菇（*Lentinula edodes*）、黑木耳（*Auricularia auricula*）、毛木耳（*Auricularia polytricha*）、双孢蘑菇（*Agaricus bisporus*）、金针菇（*Flammulina velutipes*）、榆黄蘑（*Pleurotus citrinopileatus*）、白灵菇（*Pleurotus nebrodensis*）、杏鲍菇（*Pleurotus eryngii*）、茶树菇（*Agrocybe cylindracea*）、鸡腿菇（*Coprinus comatus*）、灵芝（*Ganoderma lucidum*）、茯苓（*Poria cocos*）、猴头菌（*Hericium erinaceus*）、灰树花（*Grifola frondosa*）、草菇（*Volvariella volvacea*）、滑菇（*Pholiota nameko*）等食用菌的母种（一级种）、原种（二级种）和栽培种（三级种）。
10. 滑子菇		
GB 23200. 15—2016	食品安全国家标准 食用菌中503种农药及相关化学品残留量的测定 气相色谱-质谱法	本标准规定了滑子菇、金针菇、黑木耳、香菇中503种农药及相关化学品残留量气相色谱-质谱测定方法。 本标准适用于滑子菇、金针菇、黑木耳、香菇中503种农药及相关化学品的定性鉴别，478种农药及相关化学品的定量测定，其他食用菌可参照执行。
GB 23200. 12—2016	食品安全国家标准 食用菌中440种农药及相关化学品残留量的测定 液相色谱-质谱法	本标准规定了滑子菇、金针菇、黑木耳和香菇中440种农药及相关化学品残留量液相色谱-质谱测定方法。 本标准适用于滑子菇、金针菇、黑木耳和香菇中440种农药及相关化学品的定性鉴别，364种农药及相关化学品的定量测定；其他食用菌可参照执行。
NY/T 749—2018	绿色食品 食用菌	本标准规定了绿色食品食用菌的术语和定义、要求、检验规则、标签、包装、运输和储存。 本标准适用于人工培养的绿色食品食用菌鲜品、食用菌干品（包括压缩食用菌、食用菌干片、食用菌颗粒）和食用菌粉，包括香菇、金针菇、平菇、草菇、双孢蘑菇、茶树菇、猴头菇、大球盖菇、滑子菇、长根菇、白灵菇、真姬菇、鸡腿菇、杏鲍菇、竹荪、灰树花、黑木耳，银耳、毛木耳、金耳、羊肚菌、绣球菌、榛蘑、榆黄蘑、口蘑、元蘑、姬松茸、黑皮鸡枞、暗褐网柄牛肝菌、裂褶菌等食用菌以及国家批准可食用的其他食用菌。不适用于食用菌罐头、腌渍食用菌、水煮食用菌和食用菌熟食制品。
11. 金耳		
NY/T 749—2018	绿色食品 食用菌	本标准规定了绿色食品食用菌的术语和定义、要求、检验规则、标签、包装、运输和储存。 本标准适用于人工培养的绿色食品食用菌鲜品、食用菌干品（包括压缩食用菌、食用菌干片、食用菌颗粒）和食用菌粉，包括香菇、金针菇、平菇、草菇、双孢蘑菇、茶树菇、猴头菇、大球盖菇、滑子菇、长根菇、白灵菇、真姬菇、鸡腿菇、杏鲍菇、竹荪、灰树花、黑木耳，银耳、毛木耳、金耳、羊肚菌、绣球菌、榛蘑、榆黄蘑、口蘑、元蘑、姬松茸、黑皮鸡枞、暗褐网柄牛肝菌、裂褶菌等食用菌以及国家批准可食用的其他食用菌。不适用于食用菌罐头、腌渍食用菌、水煮食用菌和食用菌熟食制品。
12. 金针菇		
GB/T 37671—2019	金针菇菌种	本标准规定了金针菇菌种的术语和定义、技术要求、试验方法、检验规则及标签、标志、包装、运输和贮存等。 本标准适用于金针菇（*Flammulina velutipes*）菌种的生产、流通和使用。
GH/T 1132—2017	干制金针菇	本标准规定了干制金针菇的要求、检验方法、检验规则、标志、包装、运输与贮存。 本标准适用于以黄色金针菇和白色金针菇为原料，经分选、整理、干燥、包装等工序制成的干制金针菇。
NY/T 3716—2020	植物品种特异性（可区别性）、一致性和稳定性测试指南 金针菇	本标准规定了金针菇［*Flammulina velutipes*（Curtis）Singer.］品种特异性（可区别性）、一致性和稳定性测试的技术要求和结果判定的一般原则。 本标准适用于金针菇品种特异性（可区别性）、一致性和稳定性的测试。

标准号	标准名称	摘要
NY/T 1934—2010	双孢蘑菇、金针菇贮运技术规范	本标准规定了双孢蘑菇和金针菇鲜菇的采收和质量要求、预冷、包装、入库、贮藏、出库、运输技术要求和试验方法。 本标准适用于双孢蘑菇和金针菇鲜菇的贮运；其他食用菌的鲜菇贮运可参照本标准。
QB/T 1398—1991	金针菇罐头	本标准规定了金针菇罐头的产品分类、技术要求、试验方法、检验规则和标志、包装、运输、贮存的基本要求。 本标准适用于以金针菇为原料，经整理、加盐水（或调酸）、装罐、密封、杀菌制成的金针菇罐头。
SN/T 4396—2015	出口食品中荧光增白剂 85、荧光增白剂 71 和荧光增白剂 113 的测定　液相色谱-质谱/质谱法	本标准规定了金针菇、平菇、鸡腿菇、大米、小麦粉、淀粉和牛奶等食品中荧光增白剂 85（VBL）、荧光增白剂 71（CXT）及荧光增白剂 113（BA）等 3 种荧光增白剂的液相色谱-质谱/质谱定量测定方法。 本标准适用于金针菇、平菇、鸡腿菇、大米、小麦粉、淀粉和牛奶等食品中荧光增白剂 85（VBL）、荧光增白剂 71（CXT）及荧光增白剂 113（BA）的定量测定和确证。
SN/T 3855—2014	出口食品中乙二胺四乙酸二钠的测定	本标准第一法规定了出口食品中乙二胺四乙酸二钠的液相色谱测定方法。 本标准第一法适用于啤酒、果酒、果汁饮料、茶饮料、八宝粥、番茄酱、蓝莓果酱、鱼罐头、沙拉酱、金针菇罐头、板栗罐头中乙二胺四乙酸二钠的检测。 本标准第二法规定了出口食品中乙二胺四乙酸二钠的液相色谱-质谱/质谱测定方法。 本标准第二法适用于啤酒、果酒、果汁饮料、茶饮料、八宝粥、番茄酱、蓝莓果酱、鱼罐头、沙拉酱、金针菇罐头、板栗罐头中乙二胺四乙酸二钠的检测和确证。
13. 毛木耳		
NY/T 695—2003	毛木耳	本标准规定了毛木耳的术语和定义、产品分类、要求、试验方法、检验规则及标志、标签、包装、运输和贮存。 本标准适用于代料栽培的毛木耳［学名：*Auricularia Polytricha*（Mont.）Sacc］干品，其中包括白背木耳和黄背木耳。
NY/T 749—2018	绿色食品　食用菌	本标准规定了绿色食品食用菌的术语和定义、要求、检验规则、标签、包装、运输和储存。 本标准适用于人工培养的绿色食品食用菌鲜品、食用菌干品（包括压缩食用菌、食用菌干片、食用菌颗粒）和食用菌粉，包括香菇、金针菇、平菇、草菇、双孢蘑菇、茶树菇、猴头菇、大球盖菇、滑子菇、长根菇、白灵菇、真姬菇、鸡腿菇、杏鲍菇、竹荪、灰树花、黑木耳，银耳、毛木耳、金耳、羊肚菌、绣球菌、榛蘑、榆黄蘑、口蘑、元蘑、姬松茸、黑皮鸡枞、暗褐网柄牛肝菌、裂褶菌等食用菌以及国家批准可食用的其他食用菌。不适用于食用菌罐头、腌渍食用菌、水煮食用菌和食用菌熟食制品。
NY/T 3729—2020	植物品种特异性（可区别性）、一致性和稳定性测试指南　毛木耳	本标准适用于毛木耳（*Auricularia cornea* Ehrenb.）品种特异性（可区别性）、一致性和稳定性的测试。 本标准规定了毛木耳品种特异性（可区别性）、一致性和稳定性测试的技术要求和结果判定的一般原则。
NY/T 1742—2009	食用菌菌种通用技术要求	本标准规定了食用菌各级菌种的质量要求、抽样、试验方法、检验规则及标签、标志、包装、运输和贮存。 本标准适用于平菇（糙皮侧耳，*Pleurotus ostreatus*）、白黄侧耳（*Pleurotus cornucopiae*）、肺形侧耳（*Pleurotus pulmonarius*）、佛州侧耳（*Pleurotus floridanus*）、香菇（*Lentinula edodes*）、黑木耳（*Auricularia auricula*）、毛木耳（*Auricularia polytricha*）、双孢蘑菇（*Agaricus bisporus*）、金针菇（*Flammulina velutipes*）、榆黄蘑（*Pleurotus citrinopileatus*）、白灵菇（*Pleurotus nebrodensis*）、杏鲍菇（*Pleurotus eryngii*）、茶树菇（*Agrocybe cylindracea*）、鸡腿菇（*Coprinus comatus*）、灵芝（*Ganoderma lucidum*）、茯苓（*Poria cocos*）、猴头菌（*Hericium erinaceus*）、灰树花（*Grifola frondosa*）、草菇（*Volvariella volvacea*）、滑菇（*Pholiota nameko*）等食用菌的母种（一级种）、原种（二级种）和栽培种（三级种）。

标准号	标准名称	摘要
NY/T 1845—2010	食用菌菌种区别性鉴定拮抗反应	本标准规定了应用拮抗反应进行食用菌菌种区别性鉴定的方法。 本标准适用于糙皮侧耳（*Pleurotus ostreatus*）、白黄侧耳（*Pleurotus cornucopiae*）、肺形侧耳（*Pleurotus pulmonarius*）、佛州侧耳（*Pleurotus floridanus*）、杏鲍菇（*Pleurotus eryngii*）、猴头菇（*Hericium erinaceus*）、白灵菇（*Pleurotus nebrodensis*）、黑木耳（*Auricularia auricula*）、毛木耳（*Auricularia polytricha*）、茶树菇（*Agrocybe cylindracea*）、金针菇（*Flammulina velutipes*）、滑菇（*Pholiota nameko*）、香菇（*Lentinula edodes*）、灰树花（*Grifola frondosa*）、灵芝（*Ganoderma lucidum*）、鸡腿菇（*Coprinus comatus*）、黄伞（*Pholiota adiposa*）、斑玉蕈（*Hypsizygus marmoreus*）等食用菌菌种区别性的鉴定，包括母种、原种和栽培种。
14. 美味扇菇		
NY/T 3736—2020	植物品种特异性（可区别性）、一致性和稳定性测试指南 美味扇菇	本标准适用于美味扇菇（*Panellus edulis* Y. C. Dai, Niemelä & G. F. Qin）品种特异性（可区别性）、一致性和稳定性的测试。 本标准规定了美味扇菇品种特异性（可区别性）、一致性和稳定性测试的技术要求和结果判定的一般原则。
15. 牛肝菌		
GB/T 23191—2008	牛肝菌 美味牛肝菌	本标准规定了美味牛肝菌（拉丁学名：*Boletus edulis* sensu lato）的相关术语和定义、产品分类、要求、试验方法、检验规则及标志、标签、包装、运输和贮存。 本标准适用于美味牛肝菌鲜品和干品。
NY/T 749—2018	绿色食品 食用菌	本标准规定了绿色食品食用菌的术语和定义、要求、检验规则、标签、包装、运输和储存。 本标准适用于人工培养的绿色食品食用菌鲜品、食用菌干品（包括压缩食用菌、食用菌干片、食用菌颗粒）和食用菌粉，包括香菇、金针菇、平菇、草菇、双孢蘑菇、茶树菇、猴头菇、大球盖菇、滑子菇、长根菇、白灵菇、真姬菇、鸡腿菇、杏鲍菇、竹荪、灰树花、黑木耳，银耳、毛木耳、金耳、羊肚菌、绣球菌、榛蘑、榆黄蘑、口蘑、元蘑、姬松茸、黑皮鸡枞、暗褐网柄牛肝菌、裂褶菌等食用菌以及国家批准可食用的其他食用菌。不适用于食用菌罐头、腌渍食用菌、水煮食用菌和食用菌熟食制品。
SN/T 2074—2008	主要食用菌中转基因成分定性 PCR 检测方法	本标准规定了主要食用菌中转基因成分检验的抽样、制样、定性 PCR 检测方法。 本标准适用于对主要食用菌（杏鲍菇、红菇、姬松茸、香菇、草菇、牛肝菌、鸡腿菇、金针菇、双孢蘑菇、猪肚菇、凤尾菇、小平菇、秀珍菇、猴头菇、金顶侧耳、茶树菇、竹荪、黑木耳、白木耳等）中转基因成分的检测。
16. 香菇		
GB/T 38581—2020	香菇	本标准规定了香菇的相关术语和定义、要求、取样、试验方法、检验规则、标志、标签、包装、运输和贮存。 本标准适用于栽培的香菇鲜品和干品。
GB/T 19087—2008	地理标志产品 庆元香菇	本标准规定了庆元香菇的术语和定义、地理标志产品保护范围、产品分类、要求、试验方法、检验规则及标志、标签、包装、运输、贮存。 本标准适用于国家质量监督检验检疫行政主管部门根据《地理标志产品保护规定》批准保护的庆元香菇。
GB 19170—2003	香菇菌种	本标准规定了香菇菌种的质量要求、试验方法、检验规则及标签、标志、包装、贮运等。 本标准适用于香菇菌种的生产、流通和使用。
GB/Z 26587—2011	香菇生产技术规范	本指导性技术文件规定了香菇生产的基本要求，主要包括基地选择与管理、投入品管理、生产技术管理、有害生物防治、劳动保护、批次管理、档案记录等方面。 本指导性技术文件适用于袋料香菇的生产。
GB/T 23381—2009	食品中 6-苄基腺嘌呤的测定 高效液相色谱法	本标准规定了用高效液相色谱法测定食品中 6-苄基腺嘌呤（6-BA）含量的方法。 本标准适用于果蔬类（豆芽、黄瓜、番茄、香菇、草莓、橙类）等植物性食品及其制品中 6-苄基腺嘌呤的测定。

标准号	标准名称	摘要
GB 23200.61—2016	食品安全国家标准 食品中苯胺灵残留量的测定气相色谱-质谱法	本标准规定了食品中苯胺灵残留测定的气相色谱-质谱测定方法。 本标准适用于毛豆、芥末菜、芦柑、花生、茶叶、姜、香菇、鳗鱼、猪肉、鸡肝、大米、大豆等进出口食品中苯胺灵残留量的测定和确证，其他食品可参照执行。
GB 23200.59—2016	食品安全国家标准 食品中敌草腈残留量的测定气相色谱-质谱法	本标准规定了食品中敌草腈残留量的气相色谱-质谱法。 本标准适用于大米、大豆、栗子、菠菜、洋葱、香菇、番茄、芒果、橙、黑莓、西瓜、猪肉和牛奶中敌草腈残留量的检测和确证，其他食品可参照执行。
GB 23200.58—2016	食品安全国家标准 食品中氯酯磺草胺残留量的测定液相色谱-质谱/质谱法	本标准规定了食品中氯酯磺草胺残留量的液相色谱-质谱/质谱法。 本标准适用于玉米、大米、大豆、栗子、核桃、菜心、番茄、辣椒、菠菜、洋葱、橙、草莓、芒果、樱桃、香菇、茶叶等植物源性产品和鸡肝、猪肝、牛奶等动物源性产品中氯酯磺草胺残留量的检测和确证，其他食品可参照执行。
GH/T 1013—2015	香菇	本标准规定了各等级干香菇、鲜香菇的术语和定义、技术要求、试验方法、检验规则，以及对标志、标签、包装、运输和贮存的要求。 本标准适用于段木香菇和代料香菇。
NY/T 2560—2014	植物新品种特异性、一致性和稳定性测试指南 香菇	本标准规定了香菇［*Lentinula edodes*（Berk.）Pegler］新品种特异性、一致性和稳定性测试的技术要求和结果判定的一般原则。 本标准适用于香菇新品种特异性、一致性和稳定性的测试和评价。
NY/T 3627—2020	香菇菌棒集约化生产技术规程	本标准规定了香菇菌棒集约化生产的厂区、栽培基质、设施、设备、料棒制作、灭菌、冷却、接种和培养环节的技术要求。 本标准适用于香菇（*Lentinula edodes*）菌棒的集约化生产。
NY/T 3415—2019	香菇菌棒工厂化生产技术规范	本标准规定了香菇（*lentinus edodes*）菌棒工厂化生产的术语和定义、选址和布局、设施装备、原材料、料棒制作、菌棒制作、出厂、运输、生产档案、售后及技术服务等。 本标准适用于香菇菌棒工厂化生产。
NY/T 3170—2017	香菇中香菇素含量的测定 气相色谱-质谱联用法	本标准规定了香菇中香菇素［*Lentinula edodes*（Berk.）Pegler］含量的气相色谱-质谱测定方法。 本标准适用于香菇中香菇素含量的测定。 本标准方法的检出限为 0.1 mg/kg。定量检测范围 0.25~20.0 mg/kg。
NY/T 1283—2007	香菇中甲醛含量的测定	本标准规定了香菇中甲醛含量的测定方法。 本标准适用于人工栽培和野生的香菇干品和鲜品中甲醛含量的测定。 本方法的检出限为 0.1 mg/kg。
NY/T 1061—2006	香菇等级规格	本标准规定了香菇的等级规格要求、包装和标识。 本标准适用于干花菇、干厚菇、干薄菇、鲜香菇。
SN/T 4591—2016	出口水果蔬菜中脱落酸等 60 种农药残留量的测定 液相色谱-质谱/质谱法	本标准规定了水果蔬菜中脱落酸、对氯苯氧乙酸（4-CPA）、2-甲-4-氯苯氧乙酸（MCPA）、2-(4-氯苯氧基)丙酸（4-CPP）、2-萘氧乙酸、2-甲-4 氯氧基丙酸（MCPP）、2,4-二氯苯氧乙酸（2,4-D）、噻苯隆、6-苄氨基嘌呤、2-甲-4-氯苯氧基丁酸（MCPB）、2,4-滴丙酸、特乐酚、苯达松、氯吡脲、2,4,5-三氯苯氧乙酸（2,4,5-T）、氟草烟、绿草定、五氯苯酚、噻酰菌胺、2,4,5-涕丙酸、环丙酸酰胺、溴苯腈、甲基咪草烟、咪草烟、抑草生、环酰菌胺、甲氧咪草烟、灭幼脲、除虫脲、灭草喹、麦草氟、氯甲酰草胺、嘧草硫醚、氟草灵、噁唑禾草灵、氟吡草腙、喹禾灵、氟幼脲、赤霉酸（GA_3）、氨磺乐灵、杀铃脲、双氟磺草胺、三氟羧草醚、吡氟氯禾灵、碘苯腈、氟苯脲、磺菌胺、双草醚、氟虫腈、氟磺胺草醚、氟铃脲、氟啶胺、氟虫脲、氟酰脲、啶蜱脲、虱螨脲、噻呋菌胺、氟啶脲、氟虫双酰胺 60 种农药残留量的液相色谱-质谱/质谱检测方法。 本标准适用于苹果、桃子、大葱、番茄、西兰花、菠菜、芦笋、荷兰豆、胡萝卜、香菇、橙、葡萄、猕猴桃中上述 60 种农药残留量的筛选检测。
SN/T 0217—2014	出口植物源性食品中多种菊酯残留量的检测方法 气相色谱-质谱法	本标准规定了食品中联苯菊酯、甲氰菊酯、氯氟氰菊酯、氯菊酯、氟氯氰菊酯、氯氰菊酯、醚菊酯、氟硅菊酯、氰戊菊酯和溴氰菊酯残留量的气相色谱-质谱检测方法。 本标准适用于茶叶、玉米、大米、花菜、菠萝、香菇中联苯菊酯、甲氰菊酯、氯氟氰菊酯、氯菊酯、氟氯氰菊酯、氯氰菊酯、醚菊酯、氟硅菊酯、氰戊菊酯和溴氰菊酯残留量的检测和确证。

标准号	标准名称	摘要
SN/T 3622—2013	出口食品中2-氯苯胺含量的测定 液相色谱-质谱/质谱法	本标准规定了出口食品中2-氯苯胺含量的液相色谱-质谱/质谱测定方法。 本标准适用于大米、鲜香菇、茶叶、青刀豆、芒果、大葱、胡萝卜、菠菜、罗非鱼、猪肉、虾肉、猪肝中2-氯苯胺含量的检测和确证。
SN/T 2910.4—2012	出口辐照食品的鉴别方法 第4部分：热释光法	SN/T 2910的本部分规定了能分离出硅酸盐矿物质的辐照食品的鉴别方法。 本部分适用于新鲜菠菜、脱水香菇、虾和胡椒粉等辐照食品的鉴别。
SN/T 2233—2008	进出口食品中甲氰菊酯残留量检测方法	本标准规定了食品中甲氰菊酯残留量的气相色谱-电子捕获检测器（ECD）检测方法和气相色谱-质谱确证方法。 本标准适用于白菜、甘蓝、萝卜、大米、香菇、豆角、苹果、姜、鸡肉、鸡肝中甲氰菊酯残留量的检测和确证。
SN/T 0632—1997	出口干香菇检验规程	本标准规定了出口干香菇的检验方法及结果判定。 本标准适用于出口有柄和无柄厚、薄干香菇的抽样、包装使用性能及标志检验、重量检验、感官检验和理化检验。
QB/T 1399—1991	香菇罐头	本标准规定了香菇罐头的产品分类、技术要求、试验方法、检验规则和标志、包装、运输、贮存的基本要求。 本标准适用于以新鲜香菇为原料，经洗净、预煮、装罐、加盐水、密封、杀菌制成的香菇罐头。
QB/T 4630—2014	香菇肉酱罐头	本标准规定了香菇肉酱罐头的术语和定义、产品代号、要求、试验方法、检验规则和标志、包装、运输、贮存。 本标准适用于以猪肉、香菇、黄豆酱为主要原料，经预处理、调制、装罐、密封、杀菌、冷却而制成的香菇肉酱罐藏食品。
QB/T 1357—1991	香菇猪脚腿罐头	本标准规定了香菇猪脚腿罐头的产品分类、技术要求、试验方法，检验规则和标志、包装、运输、贮存的基本要求。 本标准适用于以猪肉和猪脚为原料，经加工处理、油炸、装罐、加调味汁、密封、杀菌制成的香菇猪脚腿罐头。
17. 银耳		
GB/T 39922—2021	段木银耳耳棒生产规范	本标准规定了段木银耳耳棒生产的术语和定义、产地环境、生产流程、生产管理。 本标准适用于段木银耳耳棒规范化生产。
GB/T 39072—2020	袋栽银耳菌棒生产规范	本标准规定了袋栽银耳菌棒生产的术语和定义、生产场所、生产设备和设施、生产工艺流程和要求、标识和运输、生产管理。 本标准适用于袋栽银耳菌棒生产。
GB/T 29368—2012	银耳菌种生产技术规范	本标准规定了银耳菌种生产的术语和定义、要求、一级种制作、二级种制作、三级种制作、接种室（箱）消毒处理、培养室处理、培养期检查、菌种生产档案和标志、包装、运输。 本标准适用于银耳菌种生产。
GB/T 35880—2018	银耳菌种质量检验规程	本标准规定了银耳菌种质量检验的术语和定义、抽样、检验内容与方法、质量要求、判定规则。 本标准适用于银耳菌种质量的检验。
GB/T 34671—2017	银耳干制技术规范	本标准规定了银耳干制的术语和定义、要求、烘干技术、装袋、标记和贮存。 本标准适用于利用锅炉蒸汽、热风炉热风等热源，采用厢式烘干的银耳干制技术。
GB/T 29369—2012	银耳生产技术规范	本标准规定了银耳生产的术语和定义、生产场所及设施、菌袋制作、菌丝培养、栽培管理和采收。 本标准适用于银耳代料袋栽生产。
GB 5009.189—2016	食品安全国家标准 食品中米酵菌酸的测定	本标准规定了银耳及其制品、酵米面及其制品等食品中米酵菌酸的测定方法。 本标准适用于银耳及其制品、酵米面及其制品等食品中米酵菌酸的测定。
NY/T 834—2004	银耳	本标准规定了银耳的产品分类分级、要求、试验方法、检验规则、标志、标签、包装、运输和贮存。 本标准适用于代料栽培的银耳干品。

标准号	标准名称	摘要
NY/T 749—2018	绿色食品　食用菌	本标准规定了绿色食品食用菌的术语和定义、要求、检验规则、标签、包装、运输和储存。 本标准适用于人工培养的绿色食品食用菌鲜品、食用菌干品（包括压缩食用菌、食用菌干片、食用菌颗粒）和食用菌粉，包括香菇、金针菇、平菇、草菇、双孢蘑菇、茶树菇、猴头菇、大球盖菇、滑子菇、长根菇、白灵菇、真姬菇、鸡腿菇、杏鲍菇、竹荪、灰树花、黑木耳，银耳、毛木耳、金耳、羊肚菌、绣球菌、榛蘑、榆黄蘑、口蘑、元蘑、姬松茸、黑皮鸡枞、暗褐网柄牛肝菌、裂褶菌等食用菌以及国家批准可食用的其他食用菌。不适用于食用菌罐头、腌渍食用菌、水煮食用菌和食用菌熟食制品。
NY/T 3220—2018	食用菌包装及储运技术规程	本标准规定了 12 种食用菌的人员、场地和设施、采收和质量要求、鲜菇冷藏、干菇储藏、库房要求、储藏管理、包装、出库、运输、试验方法等技术要求。 本标准适用于 10 种食用菌（香菇、平菇、金针菇、双孢蘑菇、杏鲍菇、鸡腿菇、白灵菇、秀珍菇、茶树菇、猴头菇）鲜菇、干菇以及干品（黑木耳、银耳）的包装与储运。
18. 榆黄蘑		
NY/T 749—2018	绿色食品　食用菌	本标准规定了绿色食品食用菌的术语和定义、要求、检验规则、标签、包装、运输和储存。 本标准适用于人工培养的绿色食品食用菌鲜品、食用菌干品（包括压缩食用菌、食用菌干片、食用菌颗粒）和食用菌粉，包括香菇、金针菇、平菇、草菇、双孢蘑菇、茶树菇、猴头菇、大球盖菇、滑子菇、长根菇、白灵菇、真姬菇、鸡腿菇、杏鲍菇、竹荪、灰树花、黑木耳，银耳、毛木耳、金耳、羊肚菌、绣球菌、榛蘑、榆黄蘑、口蘑、元蘑、姬松茸、黑皮鸡枞、暗褐网柄牛肝菌、裂褶菌等食用菌以及国家批准可食用的其他食用菌。不适用于食用菌罐头、腌渍食用菌、水煮食用菌和食用菌熟食制品。
NY/T 1742—2009	食用菌菌种通用技术要求	本标准规定了食用菌各级菌种的质量要求、抽样、试验方法、检验规则及标签、标志、包装、运输和贮存。 本标准适用于平菇（糙皮侧耳，*Pleurotus ostreatus*）、白黄侧耳（*Pleurotus cornucopiae*）、肺形侧耳（*Pleurotus pulmonarius*）、佛州侧耳（*Pleurotus floridanus*）、香菇（*Lentinula edodes*）、黑木耳（*Auricularia auricula*）、毛木耳（*Auricularia polytricha*）、双孢蘑菇（*Agaricus bisporus*）、金针菇（*Flammulina velutipes*）、榆黄蘑（*Pleurotus citrinopileatus*）、白灵菇（*Pleurotus nebrodensis*）、杏鲍菇（*Pleurotus eryngii*）、茶树菇（*Agrocybe cylindracea*）、鸡腿菇（*Coprinus comatus*）、灵芝（*Ganoderma lucidum*）、茯苓（*Poria cocos*）、猴头菌（*Hericium erinaceus*）、灰树花（*Grifola frondosa*）、草菇（*Volvariella volvacea*）、滑菇（*Pholiota nameko*）等食用菌的母种（一级种）、原种（二级种）和栽培种（三级种）。
19. 榛蘑		
LY/T 2465—2015	榛蘑	本标准规定了榛蘑［*Armillariella mellea*（Vahl）P. Kumm.］的要求、试验方法、检验规则及标志、标签、包装、运输和贮存。 本标准适用于森林环境下生长的榛蘑，经人工采集、去杂处理后的鲜品或自然晾晒的干品。
LY/T 2133—2013	森林食品　榛蘑干制品	本标准规定了榛蘑（*Armillaria mellea*）干制品的要求、试验方法、检验规则以及标志、包装、运输和贮存。 本标准适用于鲜榛蘑，经去除杂质、干燥、加工制成的干制品。
NY/T 749—2018	绿色食品　食用菌	本标准规定了绿色食品食用菌的术语和定义、要求、检验规则、标签、包装、运输和储存。 本标准适用于人工培养的绿色食品食用菌鲜品、食用菌干品（包括压缩食用菌、食用菌干片、食用菌颗粒）和食用菌粉，包括香菇、金针菇、平菇、草菇、双孢蘑菇、茶树菇、猴头菇、大球盖菇、滑子菇、长根菇、白灵菇、真姬菇、鸡腿菇、杏鲍菇、竹荪、灰树花、黑木耳，银耳、毛木耳、金耳、羊肚菌、绣球菌、榛蘑、榆黄蘑、口蘑、元蘑、姬松茸、黑皮鸡枞、暗褐网柄牛肝菌、裂褶菌等食用菌以及国家批准可食用的其他食用菌。不适用于食用菌罐头、腌渍食用菌、水煮食用菌和食用菌熟食制品。

（三）草生食用菌

标准号	标准名称	摘要
1. 鲍鱼菇		
NY/T 2018—2011	鲍鱼菇生产技术规程	本标准规定了鲍鱼菇（*Pleurotus abalonus*）生产的产地环境、栽培基质、栽培管理、病虫害防治、采收处理、质量安全控制和生产档案等技术要求。 本标准适用于鲍鱼菇的袋装培养料棚栽生产。
2. 大球盖菇		
NY/T 749—2018	绿色食品　食用菌	本标准规定了绿色食品食用菌的术语和定义、要求、检验规则、标签、包装、运输和储存。 本标准适用于人工培养的绿色食品食用菌鲜品、食用菌干品（包括压缩食用菌、食用菌干片、食用菌颗粒）和食用菌粉，包括香菇、金针菇、平菇、草菇、双孢蘑菇、茶树菇、猴头菇、大球盖菇、滑子菇、长根菇、白灵菇、真姬菇、鸡腿菇、杏鲍菇、竹荪、灰树花、黑木耳，银耳、毛木耳、金耳、羊肚菌、绣球菌、榛蘑、榆黄蘑、口蘑、元蘑、姬松茸、黑皮鸡枞、暗褐网柄牛肝菌、裂褶菌等食用菌以及国家批准可食用的其他食用菌。不适用于食用菌罐头、腌渍食用菌、水煮食用菌和食用菌熟食制品。
3. 姬菇		
NY/T 749—2018	绿色食品　食用菌	本标准规定了绿色食品食用菌的术语和定义、要求、检验规则、标签、包装、运输和储存。 本标准适用于人工培养的绿色食品食用菌鲜品、食用菌干品（包括压缩食用菌、食用菌干片、食用菌颗粒）和食用菌粉，包括香菇、金针菇、平菇、草菇、双孢蘑菇、茶树菇、猴头菇、大球盖菇、滑子菇、长根菇、白灵菇、真姬菇、鸡腿菇、杏鲍菇、竹荪、灰树花、黑木耳，银耳、毛木耳、金耳、羊肚菌、绣球菌、榛蘑、榆黄蘑、口蘑、元蘑、姬松茸、黑皮鸡枞、暗褐网柄牛肝菌、裂褶菌等食用菌以及国家批准可食用的其他食用菌。不适用于食用菌罐头、腌渍食用菌、水煮食用菌和食用菌熟食制品。
4. 姬松茸		
NY/T 749—2018	绿色食品　食用菌	本标准规定了绿色食品食用菌的术语和定义、要求、检验规则、标签、包装、运输和储存。 本标准适用于人工培养的绿色食品食用菌鲜品、食用菌干品（包括压缩食用菌、食用菌干片、食用菌颗粒）和食用菌粉，包括香菇、金针菇、平菇、草菇、双孢蘑菇、茶树菇、猴头菇、大球盖菇、滑子菇、长根菇、白灵菇、真姬菇、鸡腿菇、杏鲍菇、竹荪、灰树花、黑木耳，银耳、毛木耳、金耳、羊肚菌、绣球菌、榛蘑、榆黄蘑、口蘑、元蘑、姬松茸、黑皮鸡枞、暗褐网柄牛肝菌、裂褶菌等食用菌以及国家批准可食用的其他食用菌。不适用于食用菌罐头、腌渍食用菌、水煮食用菌和食用菌熟食制品。
SN/T 2074—2008	主要食用菌中转基因成分定性 PCR 检测方法	本标准规定了主要食用菌中转基因成分检验的抽样、制样、定性 PCR 检测方法。 本标准适用于对主要食用菌（杏鲍菇、红菇、姬松茸、香菇、草菇、牛肝菌、鸡腿菇、金针菇、双孢蘑菇、猪肚菇、凤尾菇、小平菇、秀珍菇、猴头菇、金顶侧耳、茶树菇、竹荪、黑木耳、白木耳等）中转基因成分的检测。
5. 鸡腿菇		
NY/T 749—2018	绿色食品　食用菌	本标准规定了绿色食品食用菌的术语和定义、要求、检验规则、标签、包装、运输和储存。 本标准适用于人工培养的绿色食品食用菌鲜品、食用菌干品（包括压缩食用菌、食用菌干片、食用菌颗粒）和食用菌粉，包括香菇、金针菇、平菇、草菇、双孢蘑菇、茶树菇、猴头菇、大球盖菇、滑子菇、长根菇、白灵菇、真姬菇、鸡腿菇、杏鲍菇、竹荪、灰树花、黑木耳，银耳、毛木耳、金耳、羊肚菌、绣球菌、榛蘑、榆黄蘑、口蘑、元蘑、姬松茸、黑皮鸡枞、暗褐网柄牛肝菌、裂褶菌等食用菌以及国家批准可食用的其他食用菌。不适用于食用菌罐头、腌渍食用菌、水煮食用菌和食用菌熟食制品。

标准号	标准名称	摘要
NY/T 1845—2010	食用菌菌种区别性鉴定拮抗反应	本标准规定了应用拮抗反应进行食用菌菌种区别性鉴定的方法。 本标准适用于糙皮侧耳（*Pleurotus ostreatus*）、白黄侧耳（*Pleurotus cornucopiae*）、肺形侧耳（*Pleurotus pulmonarius*）、佛州侧耳（*Pleurotus floridanus*）、杏鲍菇（*Pleurotus eryngii*）、猴头菇（*Hericium erinaceus*）、白灵菇（*Pleurotus nebrodensis*）、黑木耳（*Auricularia auricula*）、毛木耳（*Auricularia polytricha*）、茶树菇（*Agrocybe cylindracea*）、金针菇（*Flammulina velutipes*）、滑菇（*Pholiota nameko*）、香菇（*Lentinula edodes*）、灰树花（*Grifola frondosa*）、灵芝（*Ganoderma lucidum*）、鸡腿菇（*Coprinus comatus*）、黄伞（*Pholiota adiposa*）、斑玉蕈（*Hypsizygus marmoreus*）等食用菌菌种区别性的鉴定，包括母种、原种和栽培种。
NY/T 1743—2009	食用菌菌种真实性鉴定 RAPD 法	本标准规定了利用 RAPD 技术鉴定食用菌菌种真实性的方法。 本标准适用于糙皮侧耳、白黄侧耳、肺形侧耳、佛州侧耳、杏鲍菇、白灵菇、香菇、双孢蘑菇、黑木耳、茶树菇、鸡腿菇、金针菇、灰树花等食用菌菌种真实性的鉴定，包括母种（一级种）、原种（二级种）和栽培种（三级种）。
NY/T 1742—2009	食用菌菌种通用技术要求	本标准规定了食用菌各级菌种的质量要求、抽样、试验方法、检验规则及标签、标志、包装、运输和贮存。 本标准适用于平菇（糙皮侧耳，白黄侧耳、肺形侧耳、佛州侧耳、香菇、黑木耳、毛木耳、双孢蘑菇、金针菇、榆黄蘑、白灵菇、杏鲍菇、茶树菇、鸡腿菇、灵芝、茯苓、猴头菌、灰树花、草菇、滑菇等食用菌的母种（一级种）、原种（二级种）和栽培种（三级种）。
NY/T 1730—2009	食用菌菌种真实性鉴定 ISSR 法	本标准规定了 ISSR 技术鉴定食用菌菌种真实性的方法。 本标准适用于对糙皮侧耳、香菇、黑木耳、白灵菇、杏鲍菇、白黄侧耳、肺形侧耳、佛州侧耳、灰树花、金针菇、滑菇、茶树菇、鸡腿菇等食用菌菌种真实性的鉴定，包括母种（一级种）、原种（二级种）和栽培种（三级种）。
NY/T 3220—2018	食用菌包装及储运技术规程	本标准规定了 12 种食用菌的人员、场地和设施、采收和质量要求、鲜菇冷藏、干菇储藏、库房要求、储藏管理、包装、出库、运输、试验方法等技术要求。 本标准适用于 10 种食用菌（香菇、平菇、金针菇、双孢蘑菇、杏鲍菇、鸡腿菇、白灵菇、秀珍菇、茶树菇、猴头菇）鲜菇、干菇以及干品（黑木耳、银耳）的包装与储运。
SN/T 2074—2008	主要食用菌中转基因成分定性 PCR 检测方法	本标准规定了主要食用菌中转基因成分检验的抽样、制样、定性 PCR 检测方法。 本标准适用于对主要食用菌（杏鲍菇、红菇、姬松茸、香菇、草菇、牛肝菌、鸡腿菇、金针菇、双孢蘑菇、猪肚菇、凤尾菇、小平菇、秀珍菇、猴头菇、金顶侧耳、茶树菇、竹荪、黑木耳、白木耳等）中转基因成分的检测。
SN/T 4396—2015	出口食品中荧光增白剂 85、荧光增白剂 71 和荧光增白剂 113 的测定 液相色谱-质谱/质谱法	本标准规定了金针菇、平菇、鸡腿菇、大米、小麦粉、淀粉和牛奶等食品中荧光增白剂 85（VBL）、荧光增白剂 71（CXT）及荧光增白剂 113（BA）等 3 种荧光增白剂的液相色谱-质谱/质谱定量测定方法。 本标准适用于金针菇、平菇、鸡腿菇、大米、小麦粉、淀粉和牛奶等食品中荧光增白剂 85（VBL）、荧光增白剂 71（CXT）及荧光增白剂 113（BA）的定量测定和确证。
6. 口蘑		
NY/T 445—2001	口蘑	本标准规定了口蘑干品的质量要求、试验方法、检验规则，以及包装、运输、贮存要求。 本标准适用于蒙古口蘑、香杏口蘑、大白桩口蘑、褐蘑菇干品。
NY/T 445—2001（XG1—2012）	《口蘑》第 1 号修改单	本标准规定了口蘑干品的质量要求、试验方法、检验规则，以及包装、运输、贮存要求。 本标准适用于蒙古口蘑、香杏口蘑、大白桩口蘑、褐蘑菇干品。

标准号	标准名称	摘要
NY/T 749—2018	绿色食品 食用菌	本标准规定了绿色食品食用菌的术语和定义、要求、检验规则、标签、包装、运输和储存。 本标准适用于人工培养的绿色食品食用菌鲜品、食用菌干品（包括压缩食用菌、食用菌干片、食用菌颗粒）和食用菌粉，包括香菇、金针菇、平菇、草菇、双孢蘑菇、茶树菇、猴头菇、大球盖菇、滑子菇、长根菇、白灵菇、真姬菇、鸡腿菇、杏鲍菇、竹荪、灰树花、黑木耳，银耳、毛木耳、金耳、羊肚菌、绣球菌、榛蘑、榆黄蘑、口蘑、元蘑、姬松茸、黑皮鸡枞、暗褐网柄牛肝菌、裂褶菌等食用菌以及国家批准可食用的其他食用菌。不适用于食用菌罐头、腌渍食用菌、水煮食用菌和食用菌熟食制品。
7. 双孢（蘑）菇		
GB/T 23190—2008	双孢蘑菇	本标准规定了双孢蘑菇（拉丁学名：*Agaricus bisporus*）的相关术语和定义、产品分类、要求、试验方法、检验规则及标志、标签、包装、运输和贮存。 本标准适用于人工栽培的双孢蘑菇鲜品、干品和盐渍品。
GB 19171—2003	双孢蘑菇菌种	本标准规定了双孢蘑菇菌种的质量要求、试验方法、检验规则及标签、标志、包装、贮运等。 本标准适用于双孢蘑菇菌种的生产、经销和使用。
LY/T 2543—2015	双孢蘑菇林下栽培技术规程	本标准规定了双孢蘑菇术语和定义，生产所要求的林地选择、培养料配方、菌种选择、建堆发酵、林下栽培、发菌期管理、出菇管理、采收等技术。 本标准适用于双孢蘑菇人工林下栽培。
NY/T 224—2006	双孢蘑菇	本标准规定了双孢蘑菇产品的质量要求、试验方法、检验规则、标志、包装、运输和贮存。 本标准适用于人工栽培的双孢蘑菇鲜菇、罐头双孢蘑菇、盐水双孢蘑菇和脱水双孢蘑菇片
NY/T 2524—2013	植物新品种特异性、一致性和稳定性测试指南 双孢蘑菇	本标准规定了双孢蘑菇［*Agaricus bisporus*（J. E. Lange）Imbach］新品种特异性、一致性和稳定性测试的技术要求和结果判定的一般原则。 本标准适用于双孢蘑菇新品种特异性、一致性和稳定性测试和结果判定。
NY/T 3846—2021	双孢蘑菇工厂化生产技术规程	该标准全文未在全国标准信息公共服务或其他行业标准服务公众平台备案。
NY/T 2280—2012	双孢蘑菇中蘑菇氨酸的测定 高效液相色谱法	本标准规定了双孢蘑菇中蘑菇氨酸的高效液相色谱测定方法。 本标准适用于双孢蘑菇中蘑菇氨酸的测定，其他食用菌中蘑菇氨酸的测定可参照本方法。 本标准方法蘑菇氨酸的检出限鲜品为 1.0 mg/kg，干品为 10.0 mg/kg；定量限鲜品为 3.0 mg/kg，干品为 30.0 mg/kg。
NY/T 2117—2012	双孢蘑菇冷藏及冷链运输技术规范	本标准规定了鲜销或加工用双孢蘑菇采收后的冷藏及冷链运输技术规范。 本标准适用于人工栽培的新鲜双孢蘑菇（*Agaricus bisporus*）、双环蘑菇（*Agaricus biotorguis*，俗称大肥菇、高温蘑菇）的冷藏及冷链运输。
NY/T 1934—2010	双孢蘑菇、金针菇贮运技术规范	本标准规定了双孢蘑菇和金针菇鲜菇的采收和质量要求、预冷、包装、入库、贮藏、出库、运输技术要求和试验方法。 本标准适用于双孢蘑菇和金针菇鲜菇的贮运；其他食用菌的鲜菇贮运可参照本标准。
NY/T 1790—2009	双孢蘑菇等级规格	本标准规定了新鲜双孢蘑菇的等级规格要求、包装和标识。 本标准适用于新鲜双孢蘑菇的等级规格划分。
SB/T 10717—2012	栽培蘑菇 冷藏和冷藏运输指南	本标准给出了鲜食或加工用栽培蘑菇（双孢菇，*Agaricus bisporus* L.）的冷藏和长距离冷藏运输的技术条件。
8. 松茸		
GB/T 23188—2008	松茸	本标准规定了松茸［拉丁学名：*Tricholoma matsutake*（S. Ito & Imai）Sing.］的相关术语和定义、产品分类、要求、试验方法、检验规则及标志、标签、包装、运输和贮存。 本标准适用于松茸鲜品、速冻品和干品。
GB 23200.57—2016	食品安全国家标准 食品中乙草胺残留量的检测方法	本标准规定了食品中乙草胺残留量的气相色谱测定、气相色谱-质谱法确证和制样方法。 本标准适用于花生、大豆、玉米、小麦、洋葱、海菜、鸡肉、猪肉、腰果和松茸中乙草胺残留量的测定，其他食品可参照执行。

标准号	标准名称	摘要
SN/T 3693—2013	出口鲜松茸检验规程	本标准规定了出口鲜松茸的抽样、检验、检验结果判定和不合格处置、样品保存和检验有效期。 本标准适用于出口鲜松茸的检验。
9. 秀珍菇		
SN/T 2074—2008	主要食用菌中转基因成分定性 PCR 检测方法	本标准规定了主要食用菌中转基因成分检验的抽样、制样、定性 PCR 检测方法。 本标准适用于对主要食用菌（杏鲍菇、红菇、姬松茸、香菇、草菇、牛肝菌、鸡腿菇、金针菇、双孢蘑菇、猪肚菇、凤尾菇、小平菇、秀珍菇、猴头菇、金顶侧耳、茶树菇、竹荪、黑木耳、白木耳等）中转基因成分的检测。
10. 羊肚菌		
NY/T 749—2018	绿色食品　食用菌	本标准规定了绿色食品食用菌的术语和定义、要求、检验规则、标签、包装、运输和储存。 本标准适用于人工培养的绿色食品食用菌鲜品、食用菌干品（包括压缩食用菌、食用菌干片、食用菌颗粒）和食用菌粉，包括香菇、金针菇、平菇、草菇、双孢蘑菇、茶树菇、猴头菇、大球盖菇、滑子菇、长根菇、白灵菇、真姬菇、鸡腿菇、杏鲍菇、竹荪、灰树花、黑木耳，银耳、毛木耳、金耳、羊肚菌、绣球菌、榛蘑、榆黄蘑、口蘑、元蘑、姬松茸、黑皮鸡枞、暗褐网柄牛肝菌、裂褶菌等食用菌以及国家批准可食用的其他食用菌。不适用于食用菌罐头、腌渍食用菌、水煮食用菌和食用菌熟食制品。
11. 真姬菇		
NY/T 749—2018	绿色食品　食用菌	本标准规定了绿色食品食用菌的术语和定义、要求、检验规则、标签、包装、运输和储存。 本标准适用于人工培养的绿色食品食用菌鲜品、食用菌干品（包括压缩食用菌、食用菌干片、食用菌颗粒）和食用菌粉，包括香菇、金针菇、平菇、草菇、双孢蘑菇、茶树菇、猴头菇、大球盖菇、滑子菇、长根菇、白灵菇、真姬菇、鸡腿菇、杏鲍菇、竹荪、灰树花、黑木耳，银耳、毛木耳、金耳、羊肚菌、绣球菌、榛蘑、榆黄蘑、口蘑、元蘑、姬松茸、黑皮鸡枞、暗褐网柄牛肝菌、裂褶菌等食用菌以及国家批准可食用的其他食用菌。不适用于食用菌罐头、腌渍食用菌、水煮食用菌和食用菌熟食制品。
NY/T 3713—2020	植物品种特异性（可区别性）、一致性和稳定性测试指南　真姬菇	本标准规定了真姬菇［*Hypsizygus marmoreus*（Peck）H. E. Bigelow］品种特异性（可区别性）、一致性和稳定性测试的技术要求和结果判定的一般原则。 本标准适用于真姬菇品种特异性（可区别性）一致性和稳定性的测试。
12. 竹荪		
NY/T 749—2018	绿色食品　食用菌	本标准规定了绿色食品食用菌的术语和定义、要求、检验规则、标签、包装、运输和储存。 本标准适用于人工培养的绿色食品食用菌鲜品、食用菌干品（包括压缩食用菌、食用菌干片、食用菌颗粒）和食用菌粉，包括香菇、金针菇、平菇、草菇、双孢蘑菇、茶树菇、猴头菇、大球盖菇、滑子菇、长根菇、白灵菇、真姬菇、鸡腿菇、杏鲍菇、竹荪、灰树花、黑木耳，银耳、毛木耳、金耳、羊肚菌、绣球菌、榛蘑、榆黄蘑、口蘑、元蘑、姬松茸、黑皮鸡枞、暗褐网柄牛肝菌、裂褶菌等食用菌以及国家批准可食用的其他食用菌。不适用于食用菌罐头、腌渍食用菌、水煮食用菌和食用菌熟食制品。
SN/T 2074—2008	主要食用菌中转基因成分定性 PCR 检测方法	本标准规定了主要食用菌中转基因成分检验的抽样、制样、定性 PCR 检测方法。 本标准适用于对主要食用菌（杏鲍菇、红菇、姬松茸、香菇、草菇、牛肝菌、鸡腿菇、金针菇、双孢蘑菇、猪肚菇、凤尾菇、小平菇、秀珍菇、猴头菇、金顶侧耳、茶树菇、竹荪、黑木耳、白木耳等）中转基因成分的检测。

二、特殊气味蔬菜

标准号	标准名称	摘要
1. 葱		
GB/Z 26577—2011	大葱生产技术规范	本指导性技术文件规定了大葱生产的基本要求，主要包括生产基地的选择和管理、生产投入品管理、栽培管理、有害生物防治、劳动保护、批次管理、档案记录等方面。 本指导性技术文件适用于大葱的生产。
GB/T 23416.9—2009	蔬菜病虫害安全防治技术规范 第9部分：葱蒜类	GB/T 23416 的本部分规定了葱蒜类蔬菜常见病虫害的种类、防治原则、农业防治、物理防治、生物防治和化学防治。 本部分适用于韭、大葱、洋葱、大蒜、薤、韭葱、细香葱、分葱、胡葱、楼葱等葱蒜类蔬菜的病虫害防治。
GB/T 5009.218—2008	水果和蔬菜中多种农药残留量的测定	本标准规定了水果和蔬菜中211种农药残留量的测定方法，以及水果和蔬菜中107种农药残留量的测定方法。 本标准适用于菠菜、大葱、番茄、柑橘、苹果中211种农药残留量的测定和苹果、梨、白菜、萝卜、藕、大葱、菠菜、洋葱中107种农药残留量的测定。
GB 23200.77—2016	食品安全国家标准 食品中苄螨醚残留量的检测方法	本标准规定了食品中苄螨醚残留量检测的气相色谱测定和气相色谱-质谱确证的方法。 本标准适用于芦笋、马铃薯、葱、梨、桃、玉米、荞麦、茶叶、食醋、蜂蜜、核桃仁、兔肉、鸡肝、虾仁、鸡肉中苄螨醚残留量的测定，其他食品可参照执行。
GB 23200.76—2016	食品安全国家标准 食品中氟苯虫酰胺残留量的测定液相色谱-质谱/质谱法	本标准规定了食品中氟苯虫酰胺残留量测定的液相色谱-质谱/质谱分析方法。 本标准适用于葱、萝卜、番茄、橙、大豆、苹果、茶、核桃、鱼、猪瘦肉、猪肝和牛奶中氟苯虫酰胺残留量的检测和确证，其他食品可参照执行。
GB 23200.74—2016	食品安全国家标准 食品中井冈霉素残留量的测定液相色谱-质谱/质谱法	本标准规定了食品中井冈霉素残留量的液相色谱-质谱/质谱检测方法。 本标准适用于大米、卷心菜、葱、胡萝卜、番茄、黄瓜、菠菜、木耳、梨、柠檬、杏仁、茶叶、猪肉、猪肝、罗非鱼、虾中井冈霉素残留的检测和确证，其他食品可参照执行。
GB 23200.68—2016	食品安全国家标准 食品中啶酰菌胺残留量的测定气相色谱-质谱法	本标准规定了食品中啶酰菌胺残留量的气相色谱-质谱检测方法。 本标准适用于菠菜、胡萝卜、草莓、花生、板栗、茶叶、葱、鸡肉、鳕鱼和蜂蜜中啶酰菌胺残留量的检测和确证；其他食品可参照执行。
GB 23200.67—2016	食品安全国家标准 食品中炔苯酰草胺残留量的测定气相色谱-质谱法	本标准规定了食品中炔苯酰草胺残留量的气相色谱-质谱检测方法。 本标准适用于菠菜、胡萝卜、草莓、花生、鸡肉、葱、鳕鱼、蜂蜜、板栗和茶叶中炔苯酰草胺残留量的检测和确证，其他食品可参照执行。
GB 23200.60—2016	食品安全国家标准 食品中炔草酯残留量的检测方法	本标准规定了食品中炔草酯残留量检测的气相色谱测定和气相色谱-质谱确证的方法。 本标准适用于芦笋、马铃薯、葱、梨、桃、玉米、荞麦、茶叶、食醋、蜂蜜、核桃仁、兔肉、鸡肝、虾仁、鸡肉中炔草酯残留量的检测，其他食品可参照执行。
GB 23200.30—2016	食品安全国家标准 食品中环氟菌胺残留量的测定气相色谱-质谱法	本标准规定了食品中环氟菌胺残留量的制样和气相色谱-质谱检测方法。 本标准适用于小麦、玉米、花生、菠萝、苹果、青葱、胡萝卜、紫苏叶、金银花、姜粉、花椒粉及茶叶中环氟菌胺残留量的检测和确证，其他食品可参照执行。
GB 23200.28—2016	食品安全国家标准 食品中多种醚类除草剂残留量的测定气相色谱-质谱法	本标准规定了食品中苯醚类除草剂的气相色谱-负化学离子源-质谱检测方法。 本标准适用于大米、大豆、菠菜、大葱、辣椒、草莓、甜豌豆、绿茶、龙虾仁、鳗鱼、猪肉和蜂蜜12种食品中醚类除草剂残留量的测定和确证，其他食品可参照执行。

标准号	标准名称	摘要
GB/T 17980. 67—2004	农药　田间药效试验准则（二）第 67 部分：杀虫剂防治韭菜韭蛆、根蛆	本部分规定了杀虫剂防治韭菜韭蛆及大蒜、大葱等作物的根蛆类害虫田间药效小区试验的方法和基本要求。 本部分适用于杀虫剂防治韭蛆（韭菜迟眼蕈蚊 *Bradysia odoriphaga*）及根蛆（葱地种蝇 *Delia antigua*；灰地种蝇 *Delia platura*；洋葱蝇 *Eumeru sstrigatus*）等登记用田间药效小区试验及药效评价。
GB/T 17980. 29—2000	农药　田间药效试验准则（一）杀菌剂防治蔬菜锈病	本标准规定了杀菌剂防治蔬菜锈病田间药效小区试验的方法和基本要求，其中包括：菜豆锈病（*Uramyces appendicalatus*）、大蒜锈病和葱类锈病（*Puccinia allii*）、芦笋锈病（*Puccinia asparagi*）、蚕豆锈病（*Uramyces fabae*）。 本标准适用于杀菌剂防治蔬菜锈病的登记用田间药效小区试验及药效评价。其他田间药效试验参照本标准执行。
NY/T 2340—2013	植物新品种特异性、一致性和稳定性测试指南　大葱	本标准规定了大葱新品种特异性、一致性和稳定性测试的技术要求和结果判定的一般原则。 本标准适用于大葱（*Allium fistulosum* L. var. *giganteurn* Makino）新品种特异性、一致性和稳定性测试和结果判定。
NY/T 744—2020	绿色食品　葱蒜类蔬菜	本标准规定了绿色食品葱蒜类蔬菜的要求、检验规则、标签、包装、运输和储存等。 本标准适用于绿色食品葱蒜类蔬菜，包括韭菜、韭黄、韭薹、韭花、大葱、洋葱、大蒜、蒜苗、蒜薹、薤、韭葱、细香葱、分葱、胡葱、楼葱等。
NY/T 3637—2020	蔬菜蓟马类害虫综合防治技术规程	本标准规定了蔬菜蓟马类害虫综合防治的术语和定义、防治原则、测报措施、防治措施、注意事项。 本标准适用于西花蓟马［*Frankliniella occidentalis*（Pergande）］、花蓟马［*Franklinieila intonsa*（Trybom）］、棕榈蓟马（*Thrips palmi* Karny）、葱蓟马（*Thrips tabaci* Lindeman）、普通大蓟马［*Megalurothrips usitatus*（Bagrall）］等蔬菜蓟马类害虫的综合防治。
NY/T 1464. 74—2018	农药田间药效试验准则　第 74 部分：杀草剂防治葱田杂草	本部分规定了除草剂防治葱田杂草田间药效小区试验的方法和基本要求。 本部分适用于除草剂防治葱田杂草的登记用田间小区药效试验及药效评价。
NY/T 1859. 6—2014	农药抗性风险评估　第 6 部分：灰霉病菌抗药性风险评估	本部分规定了灰霉病菌对登记用杀菌剂抗药性风险评估的基本要求和方法。 本部分适用于可引起灰霉病的葡萄孢属病原真菌对具有直接作用方式的杀菌剂抗药性风险评估。该葡萄孢属病原真菌包括灰葡萄孢菌（*Botrytis cinerea* Pers.）、葱鳞葡萄孢菌（*Botrytis squamosa* Walker）、葱腐葡萄孢菌（*Botrytis allii* Munn）等多种。
NY/T 1464. 6—2007	农药田间药效试验准则　第 6 部分：杀虫剂防治蔬菜蓟马	本部分规定了杀虫剂防治蔬菜蓟马田间药效小区试验的方法和基本要求。 本部分适用于杀虫剂防治茄果类、瓜类、葱蒜类蔬菜及十字花科蔬菜上棕榈蓟马（*Thrips palmi*）、黄蓟马（*Thrips flavus*）、烟蓟马（*Thrips tabaci*）、葱蓟马（*Thrips alliorum*）等的登记用田间药效小区试验及药效评价。其他田间药效试验参照本部分执行。
NY/T 1835—2010	大葱等级规格	本标准规定了大葱等级规格的要求、抽样方法、包装、标识和参考图片。 本标准适用于大葱，不适用于分葱和楼葱。
NY/T 1208—2006	葱蒜热风脱水加工技术规范	本标准规定了葱蒜热风脱水加工的基本条件、工艺流程、操作要求、计量包装、运输与贮藏。 本标准适用于以普通大葱、分葱、细香葱、韭葱和蒜为原料进行的热风脱水加工。
SN/T 0626. 4—2015	出口速冻蔬菜检验规程　叶菜类	SN/T 0626 的本部分规定了出口速冻叶菜类蔬菜的检验方法。 本部分适用于出口速冻白菜类、绿叶菜类、葱韭类、芽菜类等叶菜类蔬菜的抽样方法和包装、质量、品质、规格、安全卫生项目的检验和结果判定。

标准号	标准名称	摘要
SN/T 4591—2016	出口水果蔬菜中脱落酸等 60 种农药残留量的测定 液相色谱-质谱/质谱法	本标准规定了水果蔬菜中脱落酸、对氯苯氧乙酸（4-CPA）、2-甲-4-氯苯氧乙酸（MCPA）、2-(4-氯苯氧基)丙酸（4-CPP）、2-萘氧乙酸、2-甲-4 氯氧基丙酸（MCPP）、2,4-二氯苯氧乙酸（2,4-D）、噻苯隆、6-苄氨基嘌呤、2-甲-4-氯苯氧基丁酸（MCPB）、2,4-滴丙酸、特乐酚、苯达松、氯吡脲、2,4,5-三氯苯氧乙酸（2,4,5-T）、氟草烟、绿草定、五氯苯酚、噻酰菌胺、2,4,5-涕丙酸、环丙酸酰胺、溴苯腈、甲基咪草烟、咪草烟、抑草生、环酰菌胺、甲氧咪草烟、灭幼脲、除虫脲、灭草喹、麦草氟、氯甲酰草胺、嘧草硫醚、氟草灵、噁唑禾草灵、氟吡草腙、喹禾灵、氟幼脲、赤霉酸（GA_3）、氨磺乐灵、杀铃脲、双氟磺草胺、三氟羧草醚、吡氟氯禾灵、碘苯腈、氟苯脲、磺菌胺、双草醚、氟虫腈、氟磺胺草醚、氟铃脲、氟啶胺、氟虫脲、氟酰脲、啶蜱脲、虱螨脲、噻呋菌胺、氟啶脲、氟虫双酰胺 60 种农药残留量的液相色谱-质谱/质谱检测方法。 本标准适用于苹果、桃子、大葱、西红柿、西兰花、菠菜、芦笋、荷兰豆、胡萝卜、香菇、橙、葡萄、猕猴桃中上述 60 种农药残留量的筛选检测。
SN/T 3149—2012	出口食品中三苯锡、苯丁锡残留量检测方法 气相色谱-质谱法	本标准规定了出口食品中三苯锡和苯丁锡的气相色谱-质谱检测方法。 本标准适用于出口苹果、白菜、大葱、茶叶、大米、大豆、鱼肉、猪肉、猪肾、牛奶、鸡蛋中三苯锡和苯丁锡残留量的测定和确证。
SN/T 3622—2013	出口食品中 2-氯苯胺含量的测定 液相色谱-质谱/质谱法	本标准规定了出口食品中 2-氯苯胺含量的液相色谱-质谱/质谱测定方法。 本标准适用于大米、鲜香菇、茶叶、青刀豆、芒果、大葱、胡萝卜、菠菜、罗非鱼、猪肉、虾肉、猪肝中 2-氯苯胺含量的检测和确证。
SN/T 2917—2011	出口食品中烯酰吗啉残留量检测方法	本标准规定了出口食品中烯酰吗啉残留量的液相色谱-质谱/质谱测定方法和气相色谱-质谱测定方法。 本标准第一法适用于葱、大蒜、菠菜、豌豆、番茄、马铃薯、苹果、柑橘、猪肉、猪肝、牛肾和牛奶中烯酰吗啉残留量的检测和确证，第二法适用于荷兰豆、白菜、鲜山葵、萝卜、脱水洋葱、干姜、大米、芸豆、核桃、普洱茶、猪肉、蜂蜜中烯酰吗啉残留量的检测和确证。
SN/T 0148—2011	进出口水果蔬菜中有机磷农药残留量检测方法 气相色谱和气相色谱-质谱法	本标准规定了水果蔬菜中敌敌畏、乙酰甲胺磷、硫线磷、百治磷、乙拌磷、乐果、甲基对硫磷、毒死蜱、嘧啶磷、倍硫磷、丙虫硫磷、辛硫磷、灭菌磷、三硫磷、三唑磷、哒嗪硫磷、亚胺硫磷、敌百虫、灭线磷、甲拌磷、氧化乐果、内吸磷、二嗪磷、地虫硫磷、异稻瘟净、氯唑磷、甲基毒死蜱、对氧磷、杀螟硫磷、溴硫磷、乙基溴硫磷、噻唑磷、丙溴磷、乙硫磷、敌瘟磷、吡唑硫磷、蝇毒磷、甲胺磷、治螟磷、特丁硫磷、久效磷、除线磷、皮蝇磷、甲基嘧啶磷、对硫磷、甲基毒虫畏、异柳磷、稻丰散、杀扑磷、甲基硫环磷、伐杀磷、伏杀硫磷、甲基谷硫磷、二溴磷、速灭磷、甲基乙拌磷、巴胺磷、乙嘧硫磷、磷胺、地毒磷、马拉硫磷、甲基异柳磷、水胺硫磷、喹硫磷、杀虫畏、碘硫磷、硫环磷、威菌磷、苯硫磷、乙基谷硫磷 70 种有机磷类农药残留量的气相色谱及气相色谱-质谱检测方法。 本标准适用于菠萝、苹果、荔枝、胡萝卜、马铃薯、茄子、菠菜、荷兰豆、鲜木耳、鲜蘑菇、鲜牛蒡、鲜香菇、大葱中上述 70 种有机磷类农药残留量的检测。
SN/T 0134—2010	进出口食品中杀线威等 12 种氨基甲酸酯类农药残留量的检测方法 液相色谱-质谱/质谱法	本标准规定了食品中杀线威、灭多威、抗蚜威、涕灭威、速灭威、噁虫威、克百威、甲萘威、乙硫甲威、异丙威、乙霉威和仲丁威等 12 种氨基甲酸酯类农药残留量的液相色谱-质谱/质谱检测方法。 本标准适用于玉米、糙米、大麦、白菜、大葱、小麦、大豆、花生、苹果、柑橘、牛肝、鸡肾和蜂蜜中杀线威、灭多威、抗蚜威、涕灭威、速灭威、噁虫威、克百威、甲萘威、乙硫甲威、异丙威、乙霉威、仲丁威残留量的检测和确证。
SN/T 2432—2010	进出口食品中哒螨灵残留量的检测方法	本标准规定了进出口食品中哒螨灵残留量检测的气相色谱测定和气相色谱-质谱确证的方法。 本标准适用于芦笋、马铃薯、葱、梨、桃、玉米、荞麦、茶叶、食醋、蜂蜜、核桃仁、兔肉、鸡肝、虾仁、鸡肉中哒螨灵残留量的检测。
SN/T 2229—2008	进出口食品中稻瘟灵残留量的检测方法	本标准规定了进出口食品中稻瘟灵残留量的气相色谱和气相色谱-质谱检测方法。 本标准适用于大米、玉米、柑橘、苹果、菠菜、大葱、松籽仁、葵花籽仁、茶叶、鱼、牛肝、鸡肾、蜂蜜及牛奶中稻瘟灵残留量的检测和确证。

标准号	标准名称	摘要
SN/T 2158—2008	进出口食品中毒死蜱残留量检测方法	本标准规定了进出口食品中毒死蜱残留量的气相色谱检测和气相色谱-质谱确证方法。 本标准适用于玉米、糙米、大葱、菠菜、辣椒、柑桔、苹果、花生、松子仁、茶叶、鱼肉、蜂蜜、猪肉、鸡肾、鸡肝中毒死蜱残留量的检测和确证。
SN/T 2156—2008	进出口食品中苯线磷残留量的检测方法 气相色谱-质谱法	本标准规定了食品中苯线磷残留量的气相色谱-质谱检测方法。 本标准适用于柑桔、苹果、菠菜、大葱、白菜、松子仁、核桃仁、茶叶、蜂蜜、鱼、鸡肾、鸭肝、玉米、糙米、灵芝、辣椒酱中苯线磷残留量的测定和确证。
SN/T 2147—2008	进出口食品中硫线磷残留量的检测方法	本标准规定了进出口食品中硫线磷残留量的气相色谱测定和气相色谱-质谱确证方法。 本标准适用于芦笋、马铃薯、大葱、苹果、桃、玉米、荞麦、茶叶、食醋、蜂蜜、核桃仁、兔肉、鸡肝和虾仁中硫线磷残留量的测定和确证。
SN/T 1972—2007	进出口食品中莠去津残留量的检测方法 气相色谱-质谱法	本标准规定了食品中莠去津残留量的气相色谱-质谱检测方法。 本标准适用于柑橘、苹果、菠菜、大葱、胡萝卜、松子仁、核桃仁、茶叶、蜂蜜、鱼、牛肝、鸡肾、玉米、糙米、甘草、辣椒酱中莠去津残留量的测定和确证。
SN/T 1969—2007	进出口食品中联苯菊酯残留量的检测方法 气相色谱-质谱法	本标准规定了食品中联苯菊酯残留量的气相色谱-质谱检测及确证方法。 本标准适用于大米、玉米、小松菜、西芹、大蒜、洋葱、大葱、萝卜、蘑菇、苹果、板栗、黄酒、玫瑰花、茶叶、牛肉、鸡肉、虾肉、蜂蜜中联苯菊酯残留量的检测和确证。
2. 分葱		
GB/T 23416.9—2009	蔬菜病虫害安全防治技术规范 第9部分：葱蒜类	GB/T 23416的本部分规定了葱蒜类蔬菜常见病虫害的种类、防治原则、农业防治、物理防治、生物防治和化学防治。 本部分适用于韭、大葱、洋葱、大蒜、薤、韭葱、细香葱、分葱、胡葱、楼葱等葱蒜类蔬菜的病虫害防治。
NY/T 744—2020	绿色食品 葱蒜类蔬菜	本标准规定了绿色食品葱蒜类蔬菜的要求、检验规则、标签、包装、运输和储存等。 本标准适用于绿色食品葱蒜类蔬菜，包括韭菜、韭黄、韭薹、韭花、大葱、洋葱、大蒜、蒜苗、蒜薹、薤、韭葱、细香葱、分葱、胡葱、楼葱等。
NY/T 1208—2006	葱蒜热风脱水加工技术规范	本标准规定了葱蒜热风脱水加工的基本条件、工艺流程、操作要求、计量包装、运输与贮藏。 本标准适用于以普通大葱、分葱、细香葱、韭葱和蒜为原料进行的热风脱水加工。
3. 姜		
GB/T 30383—2013	生姜	本标准规定了生姜的技术要求、试验方法、包装、标志。 本标准适用于生姜的质量评定及其贸易。
GB/Z 26584—2011	生姜生产技术规范	本指导性技术文件规定了生姜生产的基本要求，主要包括生产基地的选择和管理、生产投入品管理、栽培管理、有害生物防治、劳动保护、批次管理、档案记录等方面。 本指导性技术文件适用于生姜的生产。
GB 23200.69—2016	食品安全国家标准 食品中二硝基苯胺类农药残留量的测定液相色谱-质谱/质谱法	本标准规定了食品中8种二硝基苯胺类农药残留量的液相色谱-质谱/质谱法检测方法。 本标准适用于黄豆、大米、菠菜、生姜、苹果、西瓜、甘蓝、节瓜、茶叶、鸡蛋、猪肉和鸡肝中氟乐灵、二甲戊灵、氨磺乐灵、仲丁灵、氨氟乐灵、氨氟灵、甲磺乐灵和异丙乐灵8种二硝基苯胺类农药残留量的测定和确证。其他食品可参照执行。
GB 23200.61—2016	食品安全国家标准 食品中苯胺灵残留量的测定气相色谱-质谱法	本标准规定了食品中苯胺灵残留测定的气相色谱-质谱测定方法。 本标准适用于毛豆、芥末菜、芦柑、花生、茶叶、姜、香菇、鳗鱼、猪肉、鸡肝、大米、大豆等进出口食品中苯胺灵残留量的测定和确证，其他食品可参照执行。

标准号	标准名称	摘要
GB 23200. 6—2016	食品安全国家标准 除草剂残留量检测方法 第6部分：液相色谱-质谱/质谱法测定 食品中杀草强残留量	本标准规定了食品中杀草强残留量的液相色谱-串联质谱（LC-MS-MS）测定方法。 本标准适用于苹果、菠萝、菠菜、胡萝卜、紫苏叶、金银花、姜粉、花椒粉、茶叶、小麦、玉米、花生、肉、鱼及动物肝脏中杀草强残留量的检测和确证；其他食品可参照执行。
GB 23200. 5—2016	食品安全国家标准 除草剂残留量检测方法 第5部分：液相色谱-质谱/质谱法测定 食品中硫代氨基甲酸酯类除草剂残留量	本标准规定了食品中9种硫代氨基甲酸酯类农药残留量的液相色谱-质谱联用测定方法。 本标准适用于大米、大豆、白萝卜、小白菜、椰菜、生姜、茶叶、花生、橙、葡萄、鸡肉、鸡肝和鱼肉中9种硫代氨基甲酸酯类农药残留的定量测定，其他食品可参照执行。
GB 23200. 31—2016	食品安全国家标准 食品中丙炔氟草胺残留量的测定气相色谱-质谱法	本标准规定了食品中丙炔氟草胺残留量的制样和气相色谱-质谱联用检测方法。 本标准适用于苹果、菠菜、姜、鱼、鸡肉、猪肉、大豆、大米、杏仁和猪肝中丙炔氟草胺残留量的定量测定，其他食品可参照执行。
GB 23200. 30—2016	食品安全国家标准 食品中环氟菌胺残留量的测定气相色谱-质谱法	本标准规定了食品中环氟菌胺残留量的制样和气相色谱-质谱检测方法。 本标准适用于小麦、玉米、花生、菠萝、苹果、青葱、胡萝卜、紫苏叶、金银花、姜粉、花椒粉及茶叶中环氟菌胺残留量的检测和确证，其他食品可参照执行。
GB 23200. 23—2016	食品安全国家标准 食品中地乐酚残留量的测定液相色谱-质谱/质谱法	本标准规定了食品中地乐酚残留量检验的液相色谱-质谱/质谱检测方法。 本标准适用于苹果、板栗、甘蓝、牛肉、蜂蜜、小麦、鸡肉、姜、茶叶、大豆和牛奶中地乐酚残留量的检测和确证，其他食品可参照执行。
GB/T 39014—2020	生姜精油	本标准规定了生姜精油的要求、试验方法、检验规则及标志、包装、运输、贮存和保质期。 本标准适用于对生姜精油的质量进行分析评价。
GB 1886. 29—2015	食品安全国家标准 食品添加剂 生姜油	本标准适用于用水蒸气蒸馏法从生姜（*Zingiber officinale* Rosc.）的根茎中提取的食品添加剂生姜油。
GB/T 22293—2008	姜及其油树脂 主要刺激成分测定 HPLC法	本标准规定了测定干姜及姜油树脂中姜醇、姜酚（简写为 [6] -G、[8] -G、[10] -G、[6] -S、[8] -S、[10] -S）的反相HPLC测定方法。 本标准适用于干姜和姜油树脂中姜醇，姜酚的测定。
GH/T 1172—2021	姜	本文件规定了鲜食姜的术语和定义、质量要求、检验方法、检验规则以及包装、标志、运输、贮藏。 本文件适用于鲜食姜。
GH/T 1329—2021	日化用生姜油	本文件规定日化用生姜油术语和定义、要求、检验方法、检验规则和标志、包装、运输、贮存。 本文件适用于鲜姜（*Zingiber officinale* Rosc.）根茎或生姜制品经水蒸气蒸馏得到的油状产品。
LS/T 3257—2017	生姜油	本标准规定了生姜油的术语和定义、质量要求、检验方法及检验规则、标签、包装、储存和运输、销售等要求。 本标准适用于食用商品生姜油。
NY/T 1193—2006	姜	本标准规定了姜的产品等级要求、检验规则、包装与标志及运输与贮藏。 本标准适用于姜的生产、收购、运输、贮藏、销售。
NY/T 1049—2015	绿色食品 薯芋类蔬菜	本标准规定了绿色食品薯芋类蔬菜的要求、检验规则、标签、包装、运输和贮存。 本标准适用于绿色食品马铃薯、生姜、魔芋、山药、豆薯、菊芋、甘露（草食蚕）、蕉芋、香芋、葛、甘薯、木薯、菊薯等薯芋类蔬菜。
NY/T 2505—2013	植物新品种特异性、一致性和稳定性测试指南 姜	本标准规定了姜（*Zingiber officinale* Rosc.）新品种特异性、一致性和稳定性测试的技术要求和结果判定的一般原则。 本标准适用于姜新品种特异性、一致性和稳定性测试和结果判定。

标准号	标准名称	摘要
NY/T 5226—2004	无公害食品　生姜生产技术规程	本标准规定了无公害食品生姜的产地环境、生产技术、病虫害防治、采收和生产档案。 本标准适用于无公害食品生姜的生产。
NY/T 3129—2017	棉隆土壤消毒技术规范	本标准规定了使用棉隆进行土壤消毒的术语和定义、基本要求、消毒前准备、消毒处理、消毒后管理以及注意事项。 本标准适用于为控制草莓、番茄、菊科和蔷薇科观赏花卉及姜等高附加值农作物连作障碍而进行的土壤消毒处理。
NY/T 2725—2015	氯化苦土壤消毒技术规程	本标准规定了氯化苦土壤消毒相关术语和定义、基本原则和技术方法。 本标准适用于为控制草莓、番茄、黄瓜、茄子、辣椒、姜、东方百合、烟草等作物连作障碍而进行的土壤消毒处理。
NY/T 404—2000	脱毒生姜种姜（苗）病毒检测技术规程	本标准规定了脱毒生姜种姜（苗）的病毒检测方法和操作规程。 本标准适用于脱毒生姜种姜（苗）的病毒检测。
NY/T 1464.60—2016	农药田间药效试验准则　第60部分：杀虫剂防治姜（储藏期）异型眼蕈蚊幼虫	本部分规定了杀虫剂防治姜储藏期异型眼蕈蚊（*Pnyxia scabiei*）幼虫的试验方法和基本要求。 本部分适用于杀虫剂防治姜储藏期异型眼蕈蚊幼虫登记用药效试验及评价，其他防治异型眼蕈蚊幼虫的药效试验可参照本标准执行。
NY/T 1464.55—2014	农药田间药效试验准则　第55部分：除草剂防治姜田杂草	本部分规定了除草剂防治姜田杂草田间药效小区试验的方法和要求。 本部分适用于除草剂防治姜田杂草的登记用田间药效小区试验及药效评价。
NY/T 1464.31—2010	农药田间药效试验准则　第31部分：杀菌剂防治生姜姜瘟病	本部分规定了杀菌剂防治生姜姜瘟病（*Ralstonia solanacearum*）田间药效小区试验的方法和要求。 本部分适用于杀菌剂防治生姜姜瘟病登记用田间药效小区试验及药效评价。其他田间约效试验可参照使用。
NY/T 2869—2015	姜贮运技术规范	本标准规定了鲜姜贮运的基本要求、贮藏、出库（窖）与运输的要求。 本标准适用于鲜姜的贮藏和运输。
NY/T 2376—2013	农产品等级规格　姜	本标准规定了姜等级和规格的要求、抽样方法、包装和标识。 本标准适用于鲜食姜，不适用于加工用姜。
NY/T 1073—2006	脱水姜片和姜粉	本标准规定了脱水姜片和姜粉的要求、试验方法、检验规则、标签与标识、包装运输和贮存。 本标准适用于以姜科植物姜（*Zingiber officinale* Roscoe）为原料经脱水加工而成的姜片和姜粉。
QB/T 5006—2016	姜汁（粉）红糖	本标准规定了姜汁（粉）红糖的原料要求、技术要求、试验方法、检验规则和标志、包装、运输、贮存。 本标准适用于以红糖为原料添加姜汁、姜粉加工而成的食糖。
SB/T 11031—2013	块茎类蔬菜流通规范	本标准规定了块茎类蔬菜的商品质量基本要求、商品等级、包装、标识和流通过程要求。 本标准适用于马铃薯、姜、莲藕等块茎类蔬菜的流通，其他块茎类蔬菜的流通可参照执行。
SN/T 4264—2015	出口食品中四聚乙醛残留量的检测方法　气相色谱-质谱法	本标准规定了出口食品中四聚乙醛残留量的气相色谱-质谱检测方法。 本标准适用于大米、大豆、菠菜、番茄、洋葱、生姜、苹果、板栗、茶叶、猪肉、猪肝、鱼肉中四聚乙醛残留量的测定。
SN/T 4138—2015	出口水果和蔬菜中敌敌畏、四氯硝基苯、丙线磷等88种农药残留的筛选检测　QuEChERS-气相色谱-负化学源质谱法	本标准规定了水果和蔬菜中88种农药残留量检测的气相色谱-负化学源质谱筛选检测方法。 本标准适用于胡萝卜、白菜、生姜、苹果、梨、黄桃、草莓、菠菜、西瓜、豇豆、火龙果等蔬菜和水果中88种农药残留量的筛选检测，本标准不适用于橙子等柑橘类水果中灭藻醌残留量的检测。
SN/T 3934—2014	出口食品中霉菌的霍华德计数方法	本标准规定了出口食品中霉菌的霍华德直接镜检计数方法。 本标准适用于果蔬及其制品（包括水果、原浆果汁、果酱、水果罐头、番茄汁、番茄酱、茄汁类罐头等）、粉状调味品（主要指辣椒粉、胡椒粉、大蒜粉、姜粉）的霉菌计数。

标准号	标准名称	摘要
SN/T 2917—2011	出口食品中烯酰吗啉残留量检测方法	本标准规定了出口食品中烯酰吗啉残留量的液相色谱-质谱/质谱测定方法和气相色谱-质谱测定方法。 本标准第一法适用于葱、大蒜、菠菜、豌豆、番茄、马铃薯、苹果、柑橘、猪肉、猪肝、牛肾和牛奶中烯酰吗啉残留量的检测和确证，第二法适用于荷兰豆、白菜、鲜山葵、萝卜、脱水洋葱、干姜、大米、芸豆、核桃、普洱茶、猪肉、蜂蜜中烯酰吗啉残留量的检测和确证。
SN/T 0145—2010	进出口植物产品中六六六、滴滴涕残留量测定方法 磺化法	本标准规定了植物产品中六六六、滴滴涕残留检验的制样和测定方法。 本标准适用于茶叶、柑桔、生姜、青刀豆等植物产品中六六六、滴滴涕残留量的检测。
SN/T 2458—2010	进出口食品中十三吗啉残留量的测定 液相色谱-质谱/质谱法	本标准规定了进出口食品中十三吗啉残留量的液相色谱-质谱/质谱测定方法。 本标准适用于苹果、菠菜、姜、小麦、花生、牛肉、鸡肝、鱼肉、大豆、蜂蜜、奶和茶叶中十三吗啉残留量的检测和确证。
SN/T 2441—2010	进出口食品中涕灭威、涕灭威砜、涕灭威亚砜残留量检测方法 液相色谱-质谱/质谱法	本标准规定了食品中涕灭威及其代谢产物涕灭威砜、涕灭威亚砜残留量的液相色谱-质谱/质谱检测和确证。 本标准适用于生姜、番茄、菠菜、大米、花生、大豆、杏仁、苹果、柑橘、茶叶、猪肝、鸡肉、牛奶中涕灭威、涕灭威砜、涕灭威亚砜的测定和确证。
SN/T 2234—2008	进出口食品中丙溴磷残留量检测方法 气相色谱法和气相色谱-质谱法	本标准规定了食品中丙溴磷残留量测定的制样、气相色谱测定和气相色谱-质谱测定及确证方法。 本标准适用于西兰花、甘蓝、胡萝卜、生姜、苹果、梨、花生、茶叶、牛奶、蜂蜜、大米、大豆、鸡肉、兔肉、鱼肉、虾肉中丙溴磷残留量的测定和确证。
SN/T 2233—2008	进出口食品中甲氰菊酯残留量检测方法	本标准规定了食品中甲氰菊酯残留量的气相色谱-电子捕获检测器（ECD）检测方法和气相色谱-质谱确证方法。 本标准适用于白菜、甘蓝、萝卜、大米、香菇、豆角、苹果、姜、鸡肉、鸡肝中甲氰菊酯残留量的检测和确证。
SN/T 1971—2007	进出口食品中茚虫威残留量的检测方法 气相色谱法和液相色谱-质谱/质谱法	本标准规定了食品中茚虫威残留量检测的制样和气相色谱检测方法。 本标准适用于毛豆、青梗菜、柚子、生姜、木耳、笋、茶叶、猪肉、鱼肉、鸡肉中茚虫威残留量的测定。
4. 韭菜		
GB/T 23416.9—2009	蔬菜病虫害安全防治技术规范 第9部分：葱蒜类	GB/T 23416的本部分规定了葱蒜类蔬菜常见病虫害的种类、防治原则、农业防治、物理防治、生物防治和化学防治。 本部分适用于韭、大葱、洋葱、大蒜、薤、韭葱、细香葱、分葱、胡葱、楼葱等葱蒜类蔬菜的病虫害防治。
GB/T 17980.67—2004	农药 田间药效试验准则（二）第67部分：杀虫剂防治韭菜韭蛆、根蛆	本部分规定了杀虫剂防治韭菜韭蛆及大蒜、大葱等作物的根蛆类害虫田间药效小区试验的方法和基本要求。 本部分适用于杀虫剂防治韭蛆（韭菜迟眼蕈蚊 *Bradysia odoriphaga*）及根蛆（葱地种蝇 *Delia antigua*；灰地种蝇 *Delia platura*；洋葱蝇 *Eumerus strigatus*）等登记用田间药效小区试验及药效评价。
KJ 201710	蔬菜中敌百虫、丙溴磷、灭多威、克百威、敌敌畏残留的快速检测	本方法规定了蔬菜中敌百虫、丙溴磷、灭多威、克百威、敌敌畏残留的快速检测方法。 本方法适用于油菜、菠菜、芹菜、韭菜等蔬菜中敌百虫、丙溴磷、灭多威、克百威、敌敌畏残留的快速测定。
NY/T 579—2002	韭菜	本标准规定了韭菜的要求、试验方法、检验规则、标志、包装、运输和贮存。 本标准适用于叶用韭菜。
NY/T 744—2020	绿色食品 葱蒜类蔬菜	本标准规定了绿色食品葱蒜类蔬菜的要求、检验规则、标签、包装、运输和储存等。 本标准适用于绿色食品葱蒜类蔬菜，包括韭菜、韭黄、韭薹、韭花、大葱、洋葱、大蒜、蒜苗、蒜薹、薤、韭葱、细香葱、分葱、胡葱、楼葱等。

标准号	标准名称	摘要
NY/T 2755—2015	植物新品种特异性、一致性和稳定性测试指南　韭	本标准规定了韭新品种特异性、一致性和稳定性测试的技术要求和结果判定的一般原则。 本标准适用于普通韭（*Allium tuberosum* Rottler ex Spreng.）、宽叶韭（*Allium hookeri* Thwaites）和野韭（*Allium ramosum* L.）新品种特异性、一致性和稳定性测试和结果判定。
NY/T 5002—2001	无公害食品　韭菜生产技术规程	本标准规定了无公害蔬菜韭菜的生产基地建设、栽培技术、肥水管理技术、有害生物防治技术以及采收要求。 本标准适用于全国无公害蔬菜韭菜的生产。
NY/T 3414—2019	日晒高温覆膜法防治韭蛆技术规程	本标准规定了日晒高温覆膜法防治韭蛆的术语和定义、技术要求。 本标准适用于对危害韭菜（*Allium luberosum* Rottler ex Sprengl）的韭菜迟眼蕈蚊（*Bradysia odoriphaga* Yang et Zhang）和异迟眼蕈蚊（*B. difformis* Frey）两种韭蛆的防治。
NY/T 447—2001	韭菜中甲胺磷等七种农药残留检测方法	本标准规定了韭菜中7种农药残留量测定方法。 本标准适用于韭菜中甲胺磷、甲拌磷、久效磷、对硫磷、甲基异柳磷、毒死蜱、呋喃丹的残留分析，其最低检出浓度分别为（mg/kg）：0.01、0.01、0.03、0.02、0.01、0.02、0.04。
SN/T 0626.4—2015	出口速冻蔬菜检验规程　叶菜类	SN/T 0626的本部分规定了出口速冻叶菜类蔬菜的检验方法。 本部分适用于出口速冻白菜类、绿叶菜类、葱韭类、芽菜类等叶菜类蔬菜的抽样方法和包装、质量、品质、规格、安全卫生项目的检验和结果判定。
SN/T 4046—2014	出口食品中噻虫啉残留量的测定	本标准规定了出口农产品中噻虫啉残留量的高效液相色谱测定方法。 本标准适用于番茄、大白菜、萝卜、马铃薯、苹果、香蕉、大豆、韭菜、洋葱、猪肉、鸡肉、猪肝、油脂、蜂蜜、大米、鸡蛋、牛奶、茶叶中噻虫啉残留量的测定。
SN/T 0519—2010	进出口食品中丙环唑残留量的检测方法	本标准规定了食品中丙环唑残留量的气相色谱检测方法和气相色谱-质谱检测与确证方法。 本标准适用于大米、荞麦、绿豆、苹果、草莓、香蕉、柑橘、韭菜、西兰花、蘑菇、枸杞、茶叶、板栗、蜂蜜、猪肾、牛肉、鸡肉、鱼肉等食品中丙环唑残留量的测定和确证。
SN/T 2233—2020	出口植物源性食品中甲氰菊酯残留量的测定	本文件第一法规定了出口植物源性食品中甲氰菊酯残留量的气相色谱串联质谱测定和确证方法。第二法规定了出口植物源性食品中甲氰菊酯残留量的气相色谱-电子捕获检测器（ECD）测定方法。 本文件适用于番茄、胡萝卜、甜椒、紫甘蓝、菠菜、韭菜、芹菜、大白菜、茄子、苹果、柑橘、葡萄、蘑菇、小麦、大豆和茶叶中甲氰菊酯残留量的测定和确证。
5. 韭黄		
NY/T 744—2020	绿色食品　葱蒜类蔬菜	本标准规定了绿色食品葱蒜类蔬菜的要求、检验规则、标签、包装、运输和储存等。 本标准适用于绿色食品葱蒜类蔬菜，包括韭菜、韭黄、韭薹、韭花、大葱、洋葱、大蒜、蒜苗、蒜薹、薤、韭葱、细香葱、分葱、胡葱、楼葱等。
6. 辣根		
GB/T 26430—2010	水果和蔬菜　形态学和结构学术语	本标准界定了凤梨、芹菜、辣根、芜菁甘蓝、青花菜、花椰菜、抱子甘蓝、球茎甘蓝、辣椒、菊苣、西瓜、榛子、甜瓜、西葫芦、朝鲜蓟、胡桃、结球生菜、香蕉、菜豆、豌豆、萝卜（原变种）、菊牛蒡、茄子、菠菜、婆罗门参、蚕豆、玉米的形态学和结构学术语。
GB/T 17980.47—2000	农药　田间药效试验准则（一）除草剂防治根菜类蔬菜田杂草	本标准规定了除草剂防治根菜类蔬菜田杂草田间药效小区试验的方法和基本要求。 本标准适用于除草剂防治播种或移植、温室或覆膜的根菜类蔬菜田，包括胡萝卜、红甜菜、人参、红萝卜、辣根、根芹菜、芜菁等地杂草的登记用田间药效小区试验及药效评价。其他田间药效试验参照本标准执行。
GH/T 1175—2021	冷冻辣根	本文件规定了冷冻辣根的术语和定义、技术要求、检验方法、检验规则、包装、标志和标签、运输、贮藏。 本文件适用于以新鲜辣根为原料加工生产的冷冻辣根产品。

标准号	标准名称	摘要
GH/T 1174—2021	脱水辣根	本文件规定了脱水辣根的术语和定义、技术要求、检验方法、检验规则、包装、标志和标签、运输、贮藏。 本文件适用于以新鲜辣根为原料加工生产的脱水辣根制品。
NY/T 1326—2015	绿色食品 多年生蔬菜	本标准规定了绿色食品多年生蔬菜的要求、检验规则、标签、包装、运输和贮存。 本标准适用于绿色食品多年生蔬菜，包括芦笋、百合、菜用枸杞、黄秋葵、襄荷、菜蓟、辣根、食用大黄等的新鲜产品。
7. 苦苣		
GB/T 23416. 6—2009	蔬菜病虫害安全防治技术规范 第6部分：绿叶菜类	GB/T 23416 的本部分规定了叶菜类蔬菜常见病虫害的种类、防治原则、农业防治、物理防治、生物防治和化学防治。 本部分适用于菠菜、芹菜、莴苣、蕹菜、茴香、苋菜、芫荽、茼蒿、荠菜、冬寒菜、落葵、番杏、金花菜、紫背天葵、罗勒、榆钱菠菜、薄荷、菊苣、鸭儿芹、紫苏、香芹菜、苦苣、菊花脑、莳萝等叶菜类蔬菜的病虫害防治。
NY/T 743—2020	绿色食品 绿叶类蔬菜	本标准规定了绿色食品绿叶类蔬菜的要求、检验规则、标签、包装、运输和储存。 本标准适用于绿色食品绿叶类蔬菜，包括菠菜、芹菜、落葵、莴苣（包括结球莴苣、莴笋、油麦菜、皱叶莴苣等）、蕹菜、茴香（包括小茴香、球茎茴香）、苋菜、青葙、芫荽、叶菾菜、茼蒿（包括大叶茼蒿、小叶茼蒿、蒿子秆）、荠菜、冬寒菜、番杏、菜苜蓿、紫背天葵、榆钱菠菜、菊苣、鸭儿芹、苦苣、苦荬菜、菊花脑、酸模、珍珠菜、芝麻菜、白花菜、香芹菜、罗勒、薄荷、紫苏、莳萝、马齿苋、蕺菜、蒲公英、马兰、蒌蒿等。
8. 芹菜		
KJ 201710	蔬菜中敌百虫、丙溴磷、灭多威、克百威、敌敌畏残留的快速检测	本方法规定了蔬菜中敌百虫、丙溴磷、灭多威、克百威、敌敌畏残留的快速检测方法。 本方法适用于油菜、菠菜、芹菜、韭菜等蔬菜中敌百虫、丙溴磷、灭多威、克百威、敌敌畏残留的快速测定。
NY/T 2432—2013	植物新品种特异性、一致性和稳定性测试指南 芹菜	本标准规定了芹菜新品种特异性、一致性和稳定性测试的技术要求和结果判定的一般原则。 本标准适用于芹菜（*Apium gravelens* L.）新品种特异性、一致性和稳定性测试和结果判定。
NY/T 5092—2002	无公害食品 芹菜生产技术规程	本标准规定了无公害食品芹菜生产的产地环境要求、生产技术管理措施。 本标准适用于无公害食品芹菜的生产。
NY/T 3860—2021	芹菜抗根结线虫鉴定技术规程	该标准全文未在全国标准信息公共服务或其他行业标准服务公众平台备案。
NY/T 1725—2009	蔬菜中灭蝇胺残留量的测定 高效液相色谱法	本标准规定了新鲜蔬菜中灭蝇胺残留量的高效液相色谱测定方法。 本标准适用于黄瓜、番茄、菜豆、甘蓝、大白菜、芹菜、萝卜等蔬菜中灭蝇胺残留量的测定。
NY/T 1722—2009	蔬菜中敌菌灵残留量的测定 高效液相色谱法	本标准规定了新鲜蔬菜中敌菌灵残留量的高效液相色谱测定方法。 本标准适用于番茄、菜豆、黄瓜、甘蓝、白菜、芹菜、胡萝卜等蔬菜中敌菌灵残留量的测定。
NY/T 1652—2008	蔬菜、水果中克螨特残留量的测定 气相色谱法	本标准规定了用气相色谱仪测定蔬菜、水果中克螨特残留量的方法。 本标准适用于菜豆、黄瓜、番茄、甘蓝、普通白菜、萝卜、芹菜、柑橘、苹果等蔬菜、水果中克螨特残留量的测定。 本方法的标准曲线的线性范围为 0. 05~0. 2 mg/L。 本方法的检出限为 0. 08 mg/kg。
NY/T 1729—2009	芹菜等级规格	本标准规定了芹菜等级规格的要求、抽样、包装、标识和图片。 本标准适用于鲜食的叶用芹菜，不适用于根用芹菜。
SB/T 10714—2012	芹菜流通规范	本标准规定了芹菜流通的商品质量基本要求、商品等级、包装、标识和流通过程要求。 本标准适用于叶用芹菜（不含香芹）流通的经营和管理，不适用于根芹。

标准号	标准名称	摘要
SN/T 1961.15—2013	出口食品过敏原成分检测　第15部分：实时荧光PCR方法检测芹菜成分	SN/T 1961.15的本部分规定了食品致敏原芹菜成分的实时荧光PCR检测方法。 本部分适用于食品及其原料中致敏原芹菜成分的定性检测。 本部分在测定芹菜原料产品时参考的测定检测限（LOD）为1 mg/kg，在测定植物源性食品时参考的测定检测限（LOD）为10 mg/kg。
SN/T 4419.20—2016	出口食品常见过敏原LAMP系统检测方法　第20部分：芹菜	SN/T 4419.20—2016 出口食品常见过敏原LAMP系列检测方法第20部分：芹菜 SN/T 4419的本部分规定了食品中过敏原芹菜成分的环介导等温扩增（LAMP）检测方法。 本部分适用于食品及其原料中过敏原芹菜成分的定性检测。 本部分所规定方法的最低检测限（LOD）为0.5%（质量分数）。
SN/T 5139—2019	马铃薯斑纹片病菌检疫鉴定方法	本标准规定了马铃薯斑纹片病菌的检测方法。 本标准适用于进境马铃薯、番茄、辣椒等茄科植物，以及胡萝卜、芫荽、芹菜等伞形科植物的种子、种苗、块茎、块根等植物材料以及传播介体木虱中马铃薯斑纹片病菌的检疫鉴定。
SN/T 2233—2020	出口植物源性食品中甲氰菊酯残留量的测定	本文件第一法规定了出口植物源性食品中甲氰菊酯残留量的气相色谱串联质谱测定和确证方法。第二法规定了出口植物源性食品中甲氰菊酯残留量的气相色谱-电子捕获检测器（ECD）测定方法。 本文件适用于番茄、胡萝卜、甜椒、紫甘蓝、菠菜、韭菜、芹菜、大白菜、茄子、苹果、柑橘、葡萄、蘑菇、小麦、大豆和茶叶中甲氰菊酯残留量的测定和确证。
SN/T 0526—2015	出口食品中增效醚残留量的检测方法　液相色谱-质谱/质谱法	本标准规定了食品中增效醚残留量的制样方法与液相色谱-质谱/质谱测定方法。 本标准适用于猪肉、鸡肝、牛肾、牛脂肪、鸡蛋、牛奶、柑橘、大豆、花生、大蒜、马铃薯、菠菜、芹菜、小麦、大米、大麦、芝麻等食品中增效醚残留量的液相色谱-质谱/质谱的测定。
SN/T 0525—2012	出口水果、蔬菜中福美双残留量检测方法	本标准规定了出口水果、蔬菜中福美双残留量的液相色谱和液相色谱-质谱/质谱检测方法。 本标准适用于苹果、梨、香蕉、西瓜、芹菜、茄子和白菜中福美双残留量的测定。
9. 球茎茴香		
NY/T 743—2020	绿色食品　绿叶类蔬菜	本标准规定了绿色食品绿叶类蔬菜的要求、检验规则、标签、包装、运输和储存。 本标准适用于绿色食品绿叶类蔬菜，包括菠菜、芹菜、落葵、莴苣（包括结球莴苣、莴笋、油麦菜、皱叶莴苣等）、蕹菜、茴香（包括小茴香、球茎茴香）、苋菜、青葙、芫荽、叶菾菜、茼蒿（包括大叶茼蒿、小叶茼蒿、蒿子秆）、荠菜、冬寒菜、番杏、苋苜蓿、紫背天葵、榆钱菠菜、菊苣、鸭儿芹、苦苣、苦荬菜、菊花脑、酸模、珍珠菜、芝麻菜、白花菜、香芹菜、罗勒、薄荷、紫苏、莳萝、马齿苋、蕺菜、蒲公英、马兰、蒌蒿等。
10. 山葵		
NY/T 745—2020	绿色食品　根菜类蔬菜	本标准规定了绿色食品根菜类蔬菜的要求、检验规则、标签、包装、运输和储存等。 本标准适用于绿色食品根菜类蔬菜，包括萝卜、胡萝卜、芜菁、芜菁甘蓝、美洲防风、根菾菜、婆罗门参、黑婆罗门参、牛蒡、山葵、根芹菜等。
SN/T 2917—2011	出口食品中烯酰吗啉残留量检测方法	本标准规定了出口食品中烯酰吗啉残留量的液相色谱-质谱/质谱测定方法和气相色谱-质谱测定方法。 本标准第一法适用于葱、大蒜、菠菜、豌豆、番茄、马铃薯、苹果、柑橘、猪肉、猪肝、牛肾和牛奶中烯酰吗啉残留量的检测和确证，第二法适用于荷兰豆、白菜、鲜山葵、萝卜、脱水洋葱、干姜、大米、芸豆、核桃、普洱茶、猪肉、蜂蜜中烯酰吗啉残留量的检测和确证。
11. 蒜		
GB/T 22212—2008	地理标志产品　金乡大蒜	本标准规定了金乡大蒜的术语和定义、地理标志产品保护范围、要求、试验方法、检验规则、包装、标志、运输和贮存。 本标准适用于国家质量监督检验检疫总局根据《地理标志产品保护规定》批准保护的金乡大蒜。

标准号	标准名称	摘要
GB/T 21002—2007	地理标志产品 中牟大白蒜	本标准规定了中牟大白蒜地理标志产品保护范围、术语和定义、种植环境和生产、质量要求、试验方法、检验规则、包装、标志、运输、贮藏。 本标准适用于国家质量监督行政主管部门根据《地理标志产品保护规定》批准保护的中牟大白蒜。
GB/T 19557. 12—2018	植物品种特异性、一致性和稳定性测试指南 大蒜	GB/T 19557 的本部分给出了大蒜（*Allium sativum* L.）品种特异性、一致性和稳定性测试的技术要点和结果判定的一般原则。 本部分适用于大蒜品种特异性、一致性和稳定性测试和结果判定。
GB/T 23416. 9—2009	蔬菜病虫害安全防治技术规范 第 9 部分：葱蒜类	GB/T 23416 的本部分规定了葱蒜类蔬菜常见病虫害的种类、防治原则、农业防治、物理防治、生物防治和化学防治。 本部分适用于韭、大葱、洋葱、大蒜、薤、韭葱、细香葱、分葱、胡葱、楼葱等葱蒜类蔬菜的病虫害防治。
GB/T 17980. 29—2000	农药 田间药效试验准则（一）杀菌剂防治蔬菜锈病	本标准规定了杀菌剂防治蔬菜锈病田间药效小区试验的方法和基本要求，其中包括：菜豆锈病（*Uramyces appendicalatus*）、大蒜锈病和葱类锈病（*Puccinia allii*），芦笋锈病（*Puccinia asparagi*）、蚕豆锈病（*Uramyces fabae*）。 本标准适用于杀菌剂防治蔬菜锈病的登记用田间药效小区试验及药效评价。其他田间药效试验参照本标准执行。
GB/T 17980. 67—2004	农药 田间药效试验准则（二）第 67 部分：杀虫剂防治韭菜韭蛆、根蛆	本部分规定了杀虫剂防治韭菜韭蛆及大蒜、大葱等作物的根蛆类害虫田间药效小区试验的方法和基本要求。 本部分适用于杀虫剂防治韭蛆（韭菜迟眼蕈蚊 *Bradysia odoriphaga*）及根蛆（葱地种蝇 *Delia antigua*；灰地种蝇 *Delia platura*；洋葱蝇 *Eumerus strigatus*）等登记用田间药效小区试验及药效评价。
GB 23200. 71—2016	食品安全国家标准 食品中二缩甲酰亚胺类农药残留量的测定 气相色谱-质谱法	本标准规定了食品中乙烯菌核利、乙菌利、腐霉利、异菌脲残留量的气相色谱-质谱检测方法。 本标准适用于茶叶、大米、大蒜、苹果、菠菜、板栗、葡萄酒、蜂蜜、鱼肉、鸡肉、猪肾、猪肉中乙烯菌核利、乙菌利、腐霉利、异菌脲残留量的测定，其他食品可参照执行。
GB 23200. 38—2016	食品安全国家标准 植物源性食品中环己烯酮类除草剂残留量的测定液相色谱-质谱/质谱法	本标准规定了大米、大豆、玉米、小白菜、马铃薯、大蒜、葡萄和橙子中吡喃草酮（tepraloxydim）、禾草灭（alloxydim）、噻草酮（cycloxydim）、苯草酮（methoxyphenone）、烯禾啶（sethoxydim）和烯草酮（clethodim）等 6 种环己烯酮类除草剂的液相色谱-串联质谱法检测方法。 本标准适用于大米、大豆、玉米、小白菜、马铃薯、大蒜、葡萄和橙子中吡喃草酮、禾草灭、噻草酮、苯草酮、烯禾啶和烯草酮 6 种环己烯酮类除草剂残留量的检测与确证，其他食品可参照执行。
GB 23200. 20—2016	食品安全国家标准 食品中阿维菌素残留量的测定液相色谱-质谱/质谱法	本标准规定了食品中阿维菌素残留量的液相色谱-质谱/质谱检测方法。 本标准适用于大米、大蒜、菠菜、苹果、板栗、茶叶、牛肉、羊肉、鸡肉、鱼肉、赤芍、食醋和蜂蜜中阿维菌素残留量的检测，其他食品可参照执行。
GB 1886. 272—2016	食品安全国家标准 食品添加剂 大蒜油	本标准适用于用水蒸气蒸馏法从大蒜（*Allium sativum* L.）鳞茎中制得的食品添加剂大蒜油。
GB/T 24700—2010	大蒜 冷藏	本标准规定了大蒜（*Allium sativum* Linnaeus）主要品种的冷藏技术条件，以保证大蒜能在新鲜的状态下消费 . 本标准适用于大蒜的冷藏。
GB/Z 26578—2011	大蒜生产技术规范	本指导性技术文件规定了大蒜生产的基本要求，主要包括生产基地的选择和管理、生产投入品管理、栽培管理、有害生物防治、劳动保护、批次管理、档案记录等方面。 本指导性技术文件适用于大蒜的生产。
GH/T 1194—2017	大蒜	本标准规定了大蒜的质量要求、试验方法、检验规则、包装与标志、运输与贮藏等要求。 本标准不适用于独头蒜。
LS/T 3256—2017	大蒜油	本标准规定了大蒜油的术语和定义、质量要求、检验方法及检验规则、标签、包装、储存和运输、销售等要求。 本标准适用于食用商品大蒜油。

标准号	标准名称	摘要
NY/T 3115—2017	富硒大蒜	本标准规定了富硒大蒜的质量要求、检验方法、检验规则、标签标识、包装、储存和运输要求。 本标准适用于富硒大蒜的购销。
NY/T 744—2020	绿色食品　葱蒜类蔬菜	本标准规定了绿色食品葱蒜类蔬菜的要求、检验规则、标签、包装、运输和储存等。 本标准适用于绿色食品葱蒜类蔬菜，包括韭菜、韭黄、韭薹、韭花、大葱、洋葱、大蒜、蒜苗、蒜薹、薤、韭葱、细香葱、分葱、胡葱、楼葱等。
NY/T 2347—2013	植物新品种特异性、一致性和稳定性测试指南　大蒜	本标准规定了大蒜新品种特异性、一致性和稳定性测试的技术要求和结果判定的一般原则。 本标准适用于大蒜（*Allium sativum* L.）。
NY 5228—2004	无公害食品　大蒜生产技术规程	本标准规定了无公害食品大蒜生产的产地环境、生产技术、病虫害防治、采收和生产档案。 本标准适用于无公害食品大蒜的生产。
NY/T 3029—2016	大蒜良好农业操作规程	本标准规定了大蒜种植过程中组织管理、质量安全管理、种植规范、病虫害防治技术和产品采后处理的基本要求。 本标准适用于大蒜生产。
NY/T 405—2000	脱毒大蒜种蒜(苗)病毒检测技术规程	本标准规定了脱毒大蒜种蒜（苗）的病毒检测方法和操作规程。 本标准适用于脱毒大蒜种蒜（苗）的病毒检测。
NY/T 3871—2021	大蒜中蒜氨酸的测定　高效液相色谱法	该标准全文未在全国标准信息公共服务或其他行业标准服务公众平台备案。
NY/T 2643—2014	大蒜及制品中蒜素的测定　高效液相色谱法	本标准规定了大蒜及制品（蒜粉、蒜片）中蒜素（二烯丙基硫代亚磺酸酯）含量的高效液相色谱测定方法。 本标准适用于大蒜及制品（蒜粉、蒜片）中二烯丙基硫代亚磺酸酯含量的测定。 本标准方法的检出限：最低检出量为 50 ng，用于色谱分析的试样质量为 3 g 时，最低检出浓度为 16.7 mg/kg。
NY/T 1800—2009	大蒜及制品中大蒜素的测定　气相色谱法	本标准规定了大蒜及制品（蒜粉、蒜片、蒜油）中大蒜素类硫醚化合物（二烯丙基三硫醚、二烯丙基二硫醚）含量的气相色谱测定方法。 本标准适用于大蒜及制品（蒜粉、蒜片、蒜油）中二烯丙基三硫醚（DATS）和二烯丙基二硫醚（DADS）等大蒜素类硫醚化合物含量的测定。
NY/T 1464.6—2007	农药田间药效试验准则　第 6 部分：杀虫剂防治蔬菜蓟马	本部分规定了杀虫剂防治蔬菜蓟马田间药效小区试验的方法和基本要求。 本部分适用于杀虫剂防治茄果类、瓜类、葱蒜类蔬菜及十字花科蔬菜上棕榈蓟马（*Thrips palmi*）、黄蓟马（*Thrips flavus*）、烟蓟马（*Thrips tabaci*）、葱蓟马（*Thrips alliorum*）等的登记用田间药效小区试验及药效评价。其他田间药效试验参照本部分执行。
NY/T 1464.22—2007	农药田间药效试验准则　第 22 部分：除草剂防治大蒜田杂草	本部分规定了除草剂防治大蒜地杂草田间药效小区试验的方法和基本要求。 本部分适用于除草剂防治大蒜地杂草的登记用田间药效小区试验及药效评价。其他田间药效试验参照本部分执行。
NY/T 1791—2009	大蒜等级规格	本标准规定了大蒜的术语和定义、要求、抽样、包装、标志与标识及参考图片。 本标准适用于干燥大蒜的分等分级。
NY/T 1497—2007	饲料添加剂　大蒜素（粉剂）	本标准规定了饲料添加剂大蒜素（粉剂）的要求、试验方法、检验规则及标志、包装、运输、贮存和保质期。 本标准适用于以合成大蒜素油（主要成分为二烯丙基二硫醚、二烯丙基三硫醚）和载体混合制成的大蒜素（粉剂）。
NY/T 1208—2006	葱蒜热风脱水加工技术规范	本标准规定了葱蒜热风脱水加工的基本条件、工艺流程、操作要求、计量包装、运输与贮藏。 本标准适用于以普通大葱、分葱、细香葱、韭葱和蒜为原料进行的热风脱水加工。
SB/T 10882—2012	大蒜流通规范	本标准规定了大蒜的商品质量基本要求、商品等级、包装、标识和流通过程要求。 本标准适用于大蒜流通的经营和管理。

标准号	标准名称	摘要
SN/T 4552—2016	进出境大蒜检疫规程	本标准规定了进出境大蒜的抽样、检疫方法和结果判定。 本标准适用于进出境大蒜的检疫。
SN/T 0876—2000	进出口白皮蒜头检验规程	本标准规定了进出口白皮蒜头的检验方法及结果评定。 本标准适用于进出口白皮蒜头的抽样、包装使用性能及标志检验、质量检验、品质检验。
SN/T 0626.10—2016	出口速冻蔬菜检验规程 第10部分：块茎类	SN/T 0626的本部分规定了出口速冻块茎类蔬菜的检验方法。 本部分适用于出口速冻芋仔、速冻牛蒡、速冻蒜米等块茎类蔬菜的检验和结果判定。
SN/T 0230.2—2015	出口脱水大蒜制品检验规程	SN/T 0230的本部分规定了出口脱水大蒜的取样和品质、重量及包装的检验规程。 本部分适用于出口脱水蒜片、脱水蒜粒和脱水蒜粉等脱水大蒜的检验。
SN/T 2852—2011	大蒜黑腐病菌检疫鉴定方法	本标准规定了进出境植物检疫中大蒜黑腐病菌检疫鉴定方法。 本标准适用于进出口大蒜、洋葱以及其他葱属中大蒜黑腐病菌的检疫和鉴定。
SN/T 0526—2015	出口食品中增效醚残留量的检测方法 液相色谱-质谱/质谱法	本标准规定了食品中增效醚残留量的制样方法与液相色谱-质谱/质谱测定方法。 本标准适用于猪肉、鸡肝、牛肾、牛脂肪、鸡蛋、牛奶、柑橘、大豆、花生、大蒜、马铃薯、菠菜、芹菜、小麦、大米、大麦、芝麻等食品中增效醚残留量的液相色谱-质谱/质谱的测定。
SN/T 3983—2014	出口食品中氨基酸类有机磷除草剂残留量的测定 液相色谱-质谱/质谱法	本标准规定了大米、小麦、大豆、玉米、奶白菜、葡萄、橙子、马铃薯、大蒜、茶叶、虾肉、鱼肉和蜂蜜等食品中草甘膦（glyphosate）及其代谢产物氨甲基膦酸（amino methyl phosphonic acid，AMPA）和草铵膦（glufosinate）等氨基酸类有机膦除草剂残留量的液相色谱-质谱/测定方法。 本标准适用于大米、小麦、大豆、玉米、奶白菜、葡萄、橙子、马铃薯、大蒜、茶叶、虾肉、鱼肉和蜂蜜中草甘膦、氨甲基膦酸（AMPA）和草铵膦残留量的测定与确证。
SN/T 3934—2014	出口食品中霉菌的霍华德计数方法	本标准规定了出口食品中霉菌的霍华德直接镜检计数方法。 本标准适用于果蔬及其制品（包括水果、原浆果汁、果酱、水果罐头、番茄汁、番茄酱、茄汁类罐头等）、粉状调味品（主要指辣椒粉、胡椒粉、大蒜粉、姜粉）的霉菌计数。
SN/T 2917—2011	出口食品中烯酰吗啉残留量检测方法	本标准规定了出口食品中烯酰吗啉残留量的液相色谱-质谱/质谱测定方法和气相色谱-质谱测定方法。 本标准第一法适用于葱、大蒜、菠菜、豌豆、番茄、马铃薯、苹果、柑橘、猪肉、猪肝、牛肾和牛奶中烯酰吗啉残留量的检测和确证，第二法适用于荷兰豆、白菜、鲜山葵、萝卜、脱水洋葱、干姜、大米、芸豆、核桃、普洱茶、猪肉、蜂蜜中烯酰吗啉残留量的检测和确证。
SN/T 2806—2011	进出口蔬菜、水果、粮谷中氟草烟残留量检测方法	本标准规定了进出口蔬菜、水果、粮谷中氟草烟残留量的液相色谱串联质谱检测和确证方法及液相色谱检测方法。 本标准适用于大蒜、苹果、糙米中氟草烟残留量的检测和确证。
SN/T 1969—2007	进出口食品中联苯菊酯残留量的检测方法 气相色谱-质谱法	本标准规定了食品中联苯菊酯残留量的气相色谱-质谱检测及确证方法。 本标准适用于大米、玉米、小松菜、西芹、大蒜、洋葱、大葱、萝卜、蘑菇、苹果、板栗、黄酒、玫瑰花、茶叶、牛肉、鸡肉、虾肉、蜂蜜中联苯菊酯残留量的检测和确证。
12. 蒜薹		
GB/T 8867—2001	蒜薹简易气调冷藏技术	本标准规定了蒜薹简易气调冷藏中所必需的技术条件和操作方法。 本标准适用于蒜薹的简易气调冷藏。
GH/T 1192—2017	蒜薹	本标准规定了新鲜蒜薹的质量要求、试验方法与检验规则、包装与标志及运输与贮藏等方面的要求。 本标准适用于新鲜蒜薹的收购、运输、贮藏、销售。
GH/T 1176—2017	速冻蒜薹	本标准规定了速冻蒜薹技术要求、检验方法、检验规则、标志、包装、运输、贮存。 本标准适用于以蒜薹为原料生产的速冻蒜薹。

标准号	标准名称	摘要
GH/T 1130—2017	蒜薹冷链物流保鲜技术规程	本标准规定了蒜薹产品质量、采收、分拣整理、贮前准备、预冷、保鲜处理、包装、贮藏、出库、运输、销售等要求。 本标准适用于鲜蒜薹的冷链物流。
NY/T 946—2006	蒜薹、青椒、柑橘、葡萄中仲丁胺残留量的测定	本标准规定了蒜薹、青椒、柑橘、葡萄中仲丁胺（2-AB）残留量的检测方法。 本标准适用于蒜薹、青椒、柑橘、葡萄中仲丁胺残留量的测定，其他果品蔬菜中仲丁胺残留量的测定可参照本标准。
NY/T 3914—2021	蒜薹低温物流保鲜技术规程	该标准全文未在全国标准信息公共服务或其他行业标准服务公众平台备案。
NY/T 945—2006	蒜薹等级规格	本标准规定了蒜薹等级、规格、包装和标识。 本标准适用于鲜食蒜薹。
SB/T 10887—2012	蒜苔保鲜贮藏技术规范	本标准规定了蒜苔保鲜贮藏的采收和质量要求、贮藏前准备、贮藏方法、贮藏条件、贮藏管理和贮藏期限以及出库和运输的技术要求。 本标准适用于新鲜蒜苔的贮藏保鲜。
SN/T 1007—2001	进出口鲜蒜苔检验规程	本标准规定了进出口鲜蒜苔的定义、抽样、品质检验、质量鉴定和包装标志的检验方法。 本标准适用于进出口鲜蒜苔的检验。
13. 茼蒿		
GB/T 23416.6—2009	蔬菜病虫害安全防治技术规范　第6部分：绿叶菜类	GB/T 23416的本部分规定了叶菜类蔬菜常见病虫害的种类、防治原则、农业防治、物理防治、生物防治和化学防治。 本部分适用于菠菜、芹菜、莴苣、蕹菜、茴香、苋菜、芫荽、茼蒿、荠菜、冬寒菜、落葵、番杏、金花菜、紫背天葵、罗勒、榆钱菠菜、薄荷、菊苣、鸭儿芹、紫苏、香芹菜、苦苣、菊花脑、莳萝等叶菜类蔬菜的病虫害防治。
NY/T 2507—2013	植物新品种特异性、一致性和稳定性测试指南　茼蒿	本标准规定了茼蒿新品种特异性、一致性和稳定性测试的技术要求和结果判定的一般原则。 本标准适用于茼蒿属蒿子秆（*Chrysanthemum carinatum* Schousb.）和南茼蒿（*Chrysanthemum segetum* L.）新品种特异性、一致性和稳定性测试和结果判定。
NY/T 5218—2004	无公害食品　茼蒿生产技术规程	本标准规定了无公害食品茼蒿生产的产地环境要求、生产技术、病虫害防治、采收和生产档案。 本标准适用于无公害食品茼蒿的生产。
14. 香椿		
LY/T 2123—2013	香椿培育技术规程	本标准规定了香椿［*Toona sinensis*（A. Juss）Roem.］的栽培区域、品种选择、繁殖方法及材林的培育和菜用林栽培管理技术。 本标准适用于香椿材用林培育和菜用林栽培管理。
NY/T 1325—2015	绿色食品　芽苗类蔬菜	本标准规定了绿色食品芽苗类蔬菜的要求、检验规则、标签、包装、运输和贮存。 本标准适用于绿色食品种芽类芽苗菜，包括绿豆芽、黄豆芽、黑豆芽、青豆芽、红豆芽、蚕豆芽、红小豆芽、豌豆苗、花生芽、苜蓿芽、小扁豆芽、萝卜芽、菘蓝芽、沙芥芽、芥菜芽、芥蓝芽、白菜芽、独行菜芽、种芽香椿、向日葵芽、荞麦芽、胡椒芽、紫苏芽、水芹芽、小麦苗、胡麻芽、蕹菜芽、芝麻芽、黄秋葵芽等。
NY/T 3570—2020	多年生蔬菜贮藏保鲜技术规程	本标准规定了多年生蔬菜储藏保鲜的采收和质量要求、储藏设施、预冷、分级与包装、堆码、储藏、出库及运输等技术要求。 本标准适用于芦笋、黄秋葵、食用百合、香椿的储藏保鲜。
15. 欧芹		
GB 23200.32—2016	食品安全国家标准　食品中丁酰肼残留量的测定气相色谱-质谱法	本标准规定了食品中丁酰肼残留量的气相色谱-质谱检测方法。 本标准适用于花生、大米、大豆、欧芹、苹果、鱼、鸡肉、茶叶和蜂蜜中丁酰肼残留量的测定，其他食品可参照执行。

标准号	标准名称	摘要
GB/T 28979—2012	欧芹壳针孢检疫鉴定方法	本标准规定了欧芹壳针孢的检测和鉴定方法。 本标准适用于欧芹属种子、苗木及其产品中欧芹壳针孢的检测和鉴定。
16. 洋葱		
GB/T 30723—2014	地理标志产品　梅里斯洋葱	本标准规定了梅里斯洋葱的术语和定义、地理标志产品保护范围、要求、试验方法、检验规则、包装、标签、运输和贮存。 本标准适用于国家质量监督检验检疫总局根据《地理标志产品保护规定》批准保护的地理标志产品梅里斯洋葱。
GB/Z 26589—2011	洋葱生产技术规范	本指导性技术文件规定了洋葱生产的基本要求，主要包括生产基地的选择和管理、生产投入品管理、栽培管理、有害生物防治、劳动保护、批次管理、档案记录等方面。 本指导性技术文件适用于洋葱的生产。
GB/T 23416. 9—2009	蔬菜病虫害安全防治技术规范　第9部分：葱蒜类	GB/T 23416 的本部分规定了葱蒜类蔬菜常见病虫害的种类、防治原则、农业防治、物理防治、生物防治和化学防治。 本部分适用于韭、大葱、洋葱、大蒜、薤、韭葱、细香葱、分葱、胡葱、楼葱等葱蒜类蔬菜的病虫害防治。
GB/T 28089—2011	葱类黑粉病菌检疫鉴定方法	本标准规定了葱类黑粉病菌检疫鉴定方法。 本标准适用于洋葱等葱属中葱类黑粉病菌的检疫和鉴定。
GB/T 29589—2013	香菜腐烂病菌检疫鉴定方法	本标准规定了香菜腐烂病菌的检疫鉴定方法。 本标准适用于香菜、胡萝卜、元葱、杜鹃花等经济作物和观赏植物中香菜腐烂病菌的检疫和鉴定。
GB/T 5009. 218—2008	水果和蔬菜中多种农药残留量的测定	本标准规定了水果和蔬菜中 211 种农药残留量的测定方法，以及水果和蔬菜中 107 种农药残留量的测定方法。 本标准适用于菠菜、大葱、番茄、柑橘、苹果中 211 种农药残留量的测定和苹果、梨、白菜、萝卜、藕、大葱、菠菜、洋葱中 107 种农药残留量的测定。
GB 23200. 59—2016	食品安全国家标准　食品中敌草腈残留量的测定气相色谱-质谱法	本标准规定了食品中敌草腈残留量的气相色谱-质谱法。 本标准适用于大米、大豆、栗子、菠菜、洋葱、香菇、番茄、芒果、橙、黑莓、西瓜、猪肉和牛奶中敌草腈残留量的检测和确证，其他食品可参照执行。
GB 23200. 58—2016	食品安全国家标准　食品中氯酯磺草胺残留量的测定液相色谱-质谱/质谱法	本标准规定了食品中氯酯磺草胺残留量的液相色谱-质谱/质谱法。 本标准适用于玉米、大米、大豆、栗子、核桃、菜心、番茄、辣椒、菠菜、洋葱、橙、草莓、芒果、樱桃、香菇、茶叶等植物源性产品和鸡肝、猪肝、牛奶等动物源性产品中氯酯磺草胺残留量的检测和确证，其他食品可参照执行。
GB 23200. 57—2016	食品安全国家标准　食品中乙草胺残留量的检测方法	本标准规定了食品中乙草胺残留量的气相色谱测定、气相色谱-质谱法确证和制样方法。 本标准适用于花生、大豆、玉米、小麦、洋葱、海菜、鸡肉、猪肉、腰果和松茸中乙草胺残留量的测定，其他食品可参照执行。
GB 23200. 45—2016	食品安全国家标准　食品中除虫脲残留量的测定液相色谱-质谱法	本标准规定了食品中除虫脲残留的液相色谱-质谱检测方法。 本标准适用于大米、玉米、大豆、小麦、花生（仁）、橙子、苹果、西芹、洋葱、蘑菇（鲜）、蜂蜜、蘑菇（干）、茶、鸡肉、牛肉、猪肉、猪肝中除虫脲残留量的测定和确证，其他食品可参照执行。
GB 23200. 39—2016	食品安全国家标准　食品中噻虫嗪及其代谢物噻虫胺残留量的测定液相色谱-质谱/质谱法	本标准规定了食品中噻虫嗪和噻虫胺残留量的液相色谱-质谱/质谱检测方法。 本标准适用于大米、大豆、栗子、菠菜、油麦菜、洋葱、茄子、马铃薯、柑橘、蘑菇、茶等植物源性产品和鸡肝、猪肉、牛奶等动物源性产品中噻虫嗪、噻虫胺残留量的检测和确证，其他食品可参照执行。

标准号	标准名称	摘要
GB 23200.3—2016	食品安全国家标准 除草剂残留量检测方法 第3部分：液相色谱-质谱/质谱法测定 食品中环己酮类除草剂残留量	本标准规定了食品中吡喃草酮、禾草灭、噻草酮、烯草酮、烯禾啶、丁苯草酮、三甲苯草酮、环苯草酮残留量的液相色谱-质谱/质谱测定方法。 本标准适用于大米、大豆、猪肉、牛肝、鸡肝、牛奶、橙、蓝莓、菠菜、洋葱、核桃仁、茶叶中吡喃草酮、禾草灭、噻草酮、烯草酮、烯禾啶、丁苯草酮、三甲苯草酮、环苯草酮残留量的测定和确证，其他食品可参照执行。
GB/T 17980.67—2004	农药 田间药效试验准则（二）第67部分：杀虫剂防治韭菜韭蛆、根蛆	本部分规定了杀虫剂防治韭菜韭蛆及大蒜、大葱等作物的根蛆类害虫田间药效小区试验的方法和基本要求。 本部分适用于杀虫剂防治韭蛆（韭菜迟眼蕈蚊 *Bradysia odoriphaga*）及根蛆（葱地种蝇 *Delia antigua*；灰地种蝇 *Delia platura*；洋葱蝇 *Eumerus strigatus*）等登记用田间药效小区试验及药效评价。
GB/T 25869—2010	洋葱 贮藏指南	本标准给出了洋葱（*Allium cepa* Linnaeus）在使用或不使用人工制冷条件下的贮藏指南，目的是使其长期贮藏并在新鲜状态下销售。
GH/T 1139—2017	洋葱	本标准规定了洋葱商品分等分级质量要求、检验规则、检验方法、包装及标志、贮藏和运输。 本标准适用于洋葱的收购、贮藏、运输及销售。
GH/T 1190—2017	洋葱贮藏技术	本标准规定了洋葱通风库和冷库贮藏的采收与质量、贮藏前准备、贮藏条件及管理的一般技术要求。 本标准适用于我国直接消费的新鲜洋葱的贮藏。
NY/T 1071—2006	洋葱	本标准规定了洋葱的质量要求、检验方法、检验规则及标识、包装、运输、贮存。 本标准适用于新鲜普通洋葱的收购、销售，不适用于分洋葱和顶球洋葱。
NY/T 2751—2015	植物新品种特异性、一致性和稳定性测试指南 普通洋葱	本标准规定了普通洋葱（*Allium cepa* L. Cepa Group）新品种特异性、一致性和稳定性测试的技术要求和结果判定的一般原则。 本标准适用于普通洋葱新品种特异性、一致性和稳定性测试和结果判定。
NY/T 744—2020	绿色食品 葱蒜类蔬菜	本标准规定了绿色食品葱蒜类蔬菜的要求、检验规则、标签、包装、运输和储存等。 本标准适用于绿色食品葱蒜类蔬菜，包括韭菜、韭黄、韭薹、韭花、大葱、洋葱、大蒜、蒜苗、蒜薹、薤、韭葱、细香葱、分葱、胡葱、楼葱等。
NY/T 5224—2004	无公害食品 洋葱生产技术规程	本标准规定了无公害食品洋葱的产地环境、生产技术、病虫害防治、采收和生产档案。 本标准适用于无公害食品洋葱生产。
NY/T 1584—2008	洋葱等级规格	本标准规定了洋葱等级和规格的要求、抽样方法、包装、标识和图片。 本标准适用鲜食洋葱，不适用分蘖洋葱和顶球洋葱。
SB/T 10578—2010	洋葱流通规范	本标准规定了洋葱的相关术语和定义、商品质量基本要求、商品等级、包装、标识和流通过程要求。 本标准适用于普通洋葱流通的经营和管理，分蘖洋葱和顶球洋葱不适用于本标准。
SN/T 5206—2020	洋葱黄矮病毒的检疫鉴定方法	本文件规定了洋葱黄矮病毒检测的程序和方法。 本文件适用于进出境植物及其产品中洋葱黄矮病毒的检测。
SN/T 2852—2011	大蒜黑腐病菌检疫鉴定方法	本标准规定了进出境植物检疫中大蒜黑腐病菌检疫鉴定方法。 本标准适用于进出口大蒜、洋葱以及其他葱属中大蒜黑腐病菌的检疫和鉴定。
SN/T 0337—2019	出口植物源性食品中克百威及其代谢物残留量的测定 液相色谱-质谱/质谱法	本标准规定了出口植物源性食品中克百威及其代谢物3-羟基克百威残留量的测定方法。 本标准适用于大米、小麦、大豆、花生、洋葱、油菜、菠菜、番茄、黄瓜、马铃薯、橙子、苹果、香蕉和茶叶中克百威及其代谢物3-羟基克百威残留量的检测和确证。

标准号	标准名称	摘要
SN/T 4850—2017	出口食品中草铵膦及其代谢物残留量的测定 液相色谱-质谱/质谱法	本标准规定了出口食品中草铵膦及其代谢物N-乙酰基草铵膦、3-(甲基膦基)丙酸残留量的液相色谱-质谱/质谱检测方法。 本标准适用于茶叶、稻谷、大豆、玉米、柑橘、苹果、桃、葡萄、香蕉、木瓜、番茄、胡萝卜、马铃薯、洋葱、开心果、菜籽油中草铵膦及其代谢物N-乙酰基草铵膦、3-(甲基膦基)丙酸残留量的检测和确证。
SN/T 0601—2015	出口食品中毒虫畏残留量测定方法 液相色谱-质谱/质谱法	本标准规定了出口食品中毒虫畏残留量的液相色谱-质谱/质谱测定方法。 本标准适用于出口大米、小麦、大豆、卷心菜、洋葱、苹果、柑橘、猪肉、牛肉和牛肾中毒虫畏残留量的定性定量测定。
SN/T 4264—2015	出口食品中四聚乙醛残留量的检测方法 气相色谱-质谱法	本标准规定了出口食品中四聚乙醛残留量的气相色谱-质谱检测方法。 本标准适用于大米、大豆、菠菜、番茄、洋葱、生姜、苹果、板栗、茶叶、猪肉、猪肝、鱼肉中四聚乙醛残留量的测定。
SN/T 4046—2014	出口食品中噻虫啉残留量的测定	本标准规定了出口农产品中噻虫啉残留量的高效液相色谱测定方法。 本标准适用于番茄、大白菜、萝卜、马铃薯、苹果、香蕉、大豆、韭菜、洋葱、猪肉、鸡肉、猪肝、油脂、蜂蜜、大米、鸡蛋、牛奶、茶叶中噻虫啉残留量的测定。
SN/T 3862—2014	出口食品中沙蚕毒素类农药残留量的筛查测定 气相色谱法	本标准规定了食品中杀螟丹、杀虫环、杀虫双、杀虫磺、杀虫单等沙蚕毒素类农药残留量的气相色谱筛查测定方法。 本标准适用于大米、玉米、马铃薯、菠菜、洋葱、橙子、樱桃、大豆、辣椒、蘑菇等食品中杀瞑丹、杀虫环、杀虫双、杀虫磺、杀虫单等沙蚕毒素类农药残留量的筛查测定。
SN/T 3852—2014	出口食品中氰氟虫腙残留量的测定 液相色谱-质谱/质谱法	本标准规定了出口食品中氰氟虫腙及其代谢物(3-三氟甲基苯甲酸甲酯)残留量的液相色谱-质谱/质谱检测和确证方法。 本标准适用于玉米、糙米、葡萄、柑橘、洋葱、花生、牛奶等食品中氰氟虫腙及其代谢物残留量的测定和确证。
SN/T 1969—2007	进出口食品中联苯菊酯残留量的检测方法 气相色谱-质谱法	本标准规定了食品中联苯菊酯残留量的气相色谱-质谱检测及确证方法。 本标准适用于大米、玉米、小松菜、西芹、大蒜、洋葱、大葱、萝卜、蘑菇、苹果、板栗、黄酒、玫瑰花、茶叶、牛肉、鸡肉、虾肉、蜂蜜中联苯菊酯残留量的检测和确证。
SN/T 1968—2007	进出口食品中扑草净残留量检测方法 气相色谱-质谱法	本标准规定了食品中扑草净残留量检测的制样和气相色谱-质谱检测方法。 本标准适用于大米、花生、胡萝卜、西蓝花、番茄、洋葱、蘑菇、苹果、柑橘、板栗、鸡肉、牛肉、鸡肾、紫菜中扑草净残留量的测定和确证。
SN/T 1738—2014	出口食品中虫酰肼残留量的测定	本标准第一法规定了食品中虫酰肼残留量的液相色谱-质谱/质谱测定方法。 本标准第二法规定了食品中虫酰肼残留量的气相色谱-质谱测定方法。 本标准第三法规定了食品中虫酰肼残留量的液相色谱测定方法。 本标准第一法适用于大米、玉米、大豆、猪肉、鸡肝、牛奶、蓝莓、橙子、菠菜、洋葱、板栗仁和茶叶中虫酰肼残留量的检测和确证。 本标准第二法适用于糙米、玉米、大豆、花生仁中虫酰肼残留量的测定。 本标准第三法适用于大米中虫酰肼残留量的测定。
SN/T 4013—2013	出口食品中异菌脲残留量的测定 气相色谱-质谱法	本标准规定了食品中异菌脲残留量的气相色谱-质谱测定方法。 本标准适用于大米、大豆、猪肉、牛肉、鸡肝、牛奶、橙子、蓝莓、菠菜、洋葱、胡萝卜、板栗和茶叶中异菌脲残留量的检测和确证。
SN/T 2230—2008	进出口食品中腐霉利残留量的检测方法 气相色谱-质谱法	本标准规定了进出口食品中腐霉利残留量的气相色谱-质谱检测方法。 本标准适用于茶叶、脐橙、板栗、葡萄酒、洋葱、小米、蜂蜜、鱼肉、鸡肝、猪肝中腐霉利残留量的测定和确证。
SN/T 0125—2010	进出口食品中敌百虫残留量检测方法 液相色谱-质谱/质谱法	本标准规定了出口农产品中敌百虫残留量的液相色谱-质谱/质谱检测和确证方法。 本标准适用于出口清蒸猪肉罐头、猪肉、鸡肉、牛肉、鱼肉、香肠、糙米、玉米、洋葱、核桃中敌百虫残留量的测定。

标准号	标准名称	摘要
SN/T 2152—2008	进出口食品中氟铃脲残留量检测方法　高效液相色谱-质谱/质谱法	本标准规定了进出口食品中氟铃脲残留量的液相色谱-质谱/质谱检测方法。 本标准适用于大米、大豆、番茄、洋葱、蘑菇、苹果、草莓、芦笋、胡萝卜、紫苏叶、花生、板栗、鸡肉、牛肉和猪肾中氟铃脲残留量的测定和确证。
SN/T 2917—2011	出口食品中烯酰吗啉残留量检测方法	本标准规定了出口食品中烯酰吗啉残留量的液相色谱-质谱/质谱测定方法和气相色谱-质谱测定方法。 本标准第一法适用于葱、大蒜、菠菜、豌豆、番茄、马铃薯、苹果、柑橘、猪肉、猪肝、牛肾和牛奶中烯酰吗啉残留量的检测和确证，第二法适用于荷兰豆、白菜、鲜山葵、萝卜、脱水洋葱、干姜、大米、芸豆、核桃、普洱茶、猪肉、蜂蜜中烯酰吗啉残留量的检测和确证。
SN/T 4257—2015	出口食品中抗倒酯、脱叶磷、坐果安、赤霉素农药残留量的测定　液相色谱-质谱/质谱法	本标准规定了出口食品中抗倒酯、脱叶磷、坐果安、赤霉素残留量的液相色谱-质谱/质谱检测方法。 本标准适用于苹果、菠菜、圆葱中抗倒酯、脱叶磷、坐果安、赤霉素残留量的测定和确证。
SN/T 4039—2014	出口食品中萘乙酰胺、吡草醚、乙虫腈、氟虫腈农药残留量的测定方法　液相色谱-质谱/质谱法	本标准规定了出口食品中萘乙酰胺、吡草醚、乙虫腈、氟虫腈残留量的液相色谱-质谱/质谱检测方法。 本标准适用于苹果、菠菜、圆葱中萘乙酰胺、吡草醚、乙虫腈、氟虫腈残留量的测定和确证。
SN/T 2430—2010	进出口食品中罗丹明B的检测方法	本标准规定了进出口食品中罗丹明B的液相色谱检测以及液相色谱-质谱/质谱检测和确证方法。 本标准适用于腊鱼、腊肉、香肠、果汁、果酱、辣椒粉、辣椒油、糖果、话梅、葱头及饼干中罗丹明B的测定和确证。
SN/T 3699—2013	出口植物源食品中4种噻唑类杀菌剂残留量的测定　液相色谱-质谱/质谱法	本标准规定了植物源性食品中土菌灵、噻唑菌胺、辛噻酮和苯噻硫氰的液相色谱-质谱/质谱测定和确证方法。 本标准适用于大豆、玉米、小麦、葡萄、菜心、茶叶和洋葱中土菌灵、噻唑菌胺、辛噻酮和苯噻硫氰的测定。
SN/T 3628—2013	出口植物源食品中二硝基苯胺类除草剂残留量测定　气相色谱-质谱/质谱法	本标准规定了出口植物源食品中乙丁烯氟灵、氟乐灵、乙丁氟灵、环丙氟灵、氯乙氟灵、氨基乙氟灵、氨基丙氟灵、双丁乐灵、异丙乐灵、二甲戊乐灵、磺乐灵共11种二硝基苯胺类除草剂残留量的气相色谱串联质谱检测方法。 本标准适用于大豆、大米、小麦、洋葱、卷心菜、柑橘和苹果中11种二硝基苯胺类除草剂残留量的测定。
SN/T 0976—2012	进出口油炸水果蔬菜脆片检验规程	本标准规定了进出口油炸水果蔬菜脆片抽样、制样、品质、安全卫生检验、重量鉴定和包装检验的检验方法。 本标准适用于进出口油炸苹果片、猕猴桃片、四季豆、洋葱片、莲根（藕）片、胡萝卜片等果蔬脆片的检验。
17. 鸭儿芹		
GB/T 23416.6—2009	蔬菜病虫害安全防治技术规范　第6部分：绿叶菜类	GB/T 23416的本部分规定了叶菜类蔬菜常见病虫害的种类、防治原则、农业防治、物理防治、生物防治和化学防治。 本部分适用于菠菜、芹菜、莴苣、蕹菜、茴香、苋菜、芫荽、茼蒿、荠菜、冬寒菜、落葵、番杏、金花菜、紫背天葵、罗勒、榆钱菠菜、薄荷、菊苣、鸭儿芹、紫苏、香芹菜、苦苣、菊花脑、莳萝等叶菜类蔬菜的病虫害防治。
18. 芫荽		
GB/T 23416.6—2009	蔬菜病虫害安全防治技术规范　第6部分：绿叶菜类	GB/T 23416的本部分规定了叶菜类蔬菜常见病虫害的种类、防治原则、农业防治、物理防治、生物防治和化学防治。 本部分适用于菠菜、芹菜、莴苣、蕹菜、茴香、苋菜、芫荽、茼蒿、荠菜、冬寒菜、落葵、番杏、金花菜、紫背天葵、罗勒、榆钱菠菜、薄荷、菊苣、鸭儿芹、紫苏、香芹菜、苦苣、菊花脑、莳萝等叶菜类蔬菜的病虫害防治。

标准号	标准名称	摘要
GB/T 29589—2013	香菜腐烂病菌检疫鉴定方法	本标准规定了香菜腐烂病菌的检疫鉴定方法。 本标准适用于香菜、胡萝卜、元葱、杜鹃花等经济作物和观赏植物中香菜腐烂病菌的检疫和鉴定。
QB/T 4626—2014	香菜心罐头	本标准规定了香菜心罐头的术语和定义、产品分类及代号、要求、试验方法、检验规则和标志、包装、运输、贮存。 本标准适用于以莴苣笋为原料，经去皮、腌渍、加工处理、调味、装罐、密封、杀菌、冷却制成的香菜心罐藏食品。
SN/T 5139—2019	马铃薯斑纹片病菌检疫鉴定方法	本标准规定了马铃薯斑纹片病菌的检测方法。 本标准适用于进境马铃薯、番茄、辣椒等茄科植物，以及胡萝卜、芫荽、芹菜等伞形科植物的种子、种苗、块茎、块根等植物材料以及传播介体木虱中马铃薯斑纹片病菌的检疫鉴定。
SN/T 3684—2013	香菜茎瘿病菌检疫鉴定方法	本标准规定了香菜茎瘿病菌（*Protomyces macrosporus* Unger）检疫鉴定方法。 本标准适用于来自香菜茎瘿疫区的伞形花科芫荽属和菊科种子及其他主要寄主植物苗木携带的香菜茎瘿病菌的检疫鉴定。
SN/T 3684—2013	香菜茎瘿病菌检疫鉴定方法	本标准规定了香菜茎瘿病菌（*Protomyces macrosporus* Unger）检疫鉴定方法。 本标准适用于来自香菜茎瘿疫区的伞形花科芫荽属和菊科种子及其他主要寄主植物苗木携带的香菜茎瘿病菌的检疫鉴定。

三、特殊外形、色泽

标准号	标准名称	摘要
1. 抱子甘蓝		
GB/T 23416.4—2009	蔬菜病虫害安全防治技术规范 第4部分：甘蓝类	本标准规定了绿色食品甘蓝类蔬菜的要求、检验规则、标签、包装、运输和储存。 本标准适用于绿色食品甘蓝类蔬菜，包括结球甘蓝、赤球甘蓝、抱子甘蓝、皱叶甘蓝、羽衣甘蓝、花椰菜、青花菜、球茎甘蓝、芥蓝等。
GB/T 17980.43—2000	农药 田间药效试验准则（一）除草剂防治叶菜类作物地杂草	GB/T 23416 的本部分规定了甘蓝类蔬菜常见病虫害的种类、防治原则、农业防治、物理防治、生物防治和化学防治。 本部分适用于结球甘蓝、花椰菜、青花菜、球茎甘蓝、芥蓝、抱子甘蓝等甘蓝类蔬菜的病虫害防治。
NY/T 746—2020	绿色食品 甘蓝类蔬菜	本标准规定了除草剂防治叶菜类作物地杂草田间药效小区试验的方法和基本要求。 本标准适用于除草剂防治叶菜类的甘蓝类（如抱子甘蓝、卷心菜、大白菜、花椰菜和花茎甘蓝）、菠菜、莴苣、芹菜等蔬菜地杂草的登记用田间药效小区试验及药效评价。其他田间药效试验参照本标准执行。
2. 根芹菜		
GB/T 23416.8—2009	蔬菜病虫害安全防治技术规范 第8部分：根菜类	GB/T 23416 的本部分规定了根菜类蔬菜常见病虫害的种类、防治原则、农业防治、物理防治、生物防治和化学防治。 本部分适用于萝卜、胡萝卜、芜菁、芜菁甘蓝、根芹菜、美洲防风、根菾菜等根菜类蔬菜的病虫害防治。
GB/T 17980.47—2000	农药 田间药效试验准则（一）除草剂防治根菜类蔬菜田杂草	本标准规定了除草剂防治根菜类蔬菜田杂草田间药效小区试验的方法和基本要求。 本标准适用于除草剂防治播种或移植、温室或覆膜的根菜类蔬菜田，包括胡萝卜、红甜菜、人参、红萝卜、辣根、根芹菜、芜菁等地杂草的登记用田间药效小区试验及药效评价。其他田间药效试验参照本标准执行。

标准号	标准名称	摘要
NY/T 745—2020	绿色食品　根菜类蔬菜	本标准规定了绿色食品根菜类蔬菜的要求、检验规则、标签、包装、运输和储存等。 本标准适用于绿色食品根菜类蔬菜，包括萝卜、胡萝卜、芜菁、芜菁甘蓝、美洲防风、根恭菜、婆罗门参、黑婆罗门参、牛蒡、山葵、根芹菜等。
3. 佛手瓜		
GB/T 23416.3—2009	蔬菜病虫害安全防治技术规范　第3部分：瓜类	GB/T 23416 的本部分规定了瓜类蔬菜常见病虫害的种类、防治原则、农业防治、物理防治、生物防治和化学防治。 本部分适用于黄瓜、冬瓜、南瓜、笋瓜、西葫芦、黑子南瓜、灰子南瓜、西瓜、甜瓜、越瓜、菜瓜、丝瓜、苦瓜、瓠瓜、节瓜、蛇瓜、佛手瓜等瓜类蔬菜的病虫害防治。
NY/T 747—2020	绿色食品　瓜类蔬菜	本标准规定了绿色食品瓜类蔬菜的要求、检验规则、标签、包装、运输和储存。 本标准适用于绿色食品瓜类蔬菜，包括黄瓜、冬瓜、节瓜、南瓜、笋瓜、西葫芦、越瓜、菜瓜、丝瓜、苦瓜、瓠瓜、蛇瓜、佛手瓜等。
SB/T 10883—2012	佛手瓜流通规范	本标准规定了佛手瓜流的商品质量基本要求、商品等级、包装、标识和流通过程要求。 本标准适用于白皮佛手瓜流通的经营和管理，其他品种佛手瓜的流通可参照执行。
4. 花椰菜		
GB/T 19557.33—2018	植物品种特异性、一致性和稳定性测试指南　花椰菜	GB/T 19557 的本部分给出了花椰菜品种特异性、一致性和稳定性测试的技术要点和结果判定的一般原则。 本部分适用于花椰菜品种特异性、一致性和稳定性测试和结果判定。
GB/T 26430—2010	水果和蔬菜　形态学和结构学术语	本标准界定了凤梨、芹菜、辣根、芜菁甘蓝、青花菜、花椰菜、抱子甘蓝、球茎甘蓝、辣椒、菊苣、西瓜、榛子、甜瓜、西葫芦、朝鲜蓟、胡桃、结球生菜、香蕉、菜豆、豌豆、萝卜（原变种）、菊牛蒡、茄子、菠菜、婆罗门参、蚕豆、玉米的形态学和结构学术语。
GB 16715.4—2010	瓜菜作物种子　第4部分：甘蓝类	GB 16715 的本部分规定了结球甘蓝（*Brassica oleracea* L. var. *capitata* L.）、球茎甘蓝（*Brassica oleracea* L. var. *capitata* DC.）、花椰菜（*Brassica oleracea* L. var. *botrytis* L.）种子的质量要求、检验方法和检验规则。 本部分适用于中华人民共和国境内生产、销售的上述甘蓝类种子，涵盖包衣种子和非包衣种子。
GB 23200.73—2016	食品安全国家标准　食品中鱼藤酮和印楝素残留量的测定液相色谱-质谱/质谱法	本标准规定了食品中鱼藤酮和印楝素残留量的液相色谱-质谱/质谱检测方法。 本标准适用于大米、花椰菜、苹果、木耳、茶叶、蜂蜜、猪肝、鱼肉、虾肉、鸡肉、牛奶中鱼藤酮和印楝素残留量的测定和确证，其他食品可参照执行。
GB 23200.56—2016	食品安全国家标准　食品中喹氧灵残留量的检测方法	本标准规定了进出口食品中喹氧灵残留量的液相色谱与液相色谱-质谱/质谱的检测方法。 本标准适用于大豆、花椰菜、樱桃、木耳、葡萄酒、茶叶、蜂蜜、猪肝、鸡肉、鳗鱼中喹氧灵残留量的测定和确证，其他食品可参照执行。
GB/T 23416.4—2009	蔬菜病虫害安全防治技术规范　第4部分：甘蓝类	GB/T 23416 的本部分规定了甘蓝类蔬菜常见病虫害的种类、防治原则、农业防治、物理防治、生物防治和化学防治。 本部分适用于结球甘蓝、花椰菜、青花菜、球茎甘蓝、芥蓝、抱子甘蓝等甘蓝类蔬菜的病虫害防治。
GB/T 17980.43—2000	农药　田间药效试验准则（一）除草剂防治叶菜类作物地杂草	本标准规定了除草剂防治叶菜类作物地杂草田间药效小区试验的方法和基本要求。 本标准适用于除草剂防治叶菜类的甘蓝类（如抱子甘蓝、卷心菜、大白菜、花椰菜和花茎甘蓝）、菠菜、莴苣、芹菜等蔬菜地杂草的登记用田间药效小区试验及药效评价。其他田间药效试验参照本标准执行。

标准号	标准名称	摘要
GB/T 20372—2006	花椰菜 冷藏和冷藏运输指南	本标准规定了鲜销或加工用的不同种类花椰菜的冷藏和远距离冷藏运输的方法。
GH/T 1173—2017	速冻花椰菜	本标准规定了速冻花椰菜的质量要求、检验方法与规则、标志、包装、运输、贮藏。 本标准适用于以花椰菜为原料生产的速冻小花球花椰菜。
NY/T 962—2006	花椰菜	本标准规定了白色花椰菜的要求、试验方法、检验规则、标志、包装、运输和贮存。 本标准适用于鲜食白色花椰菜。
NY/T 746—2020	绿色食品 甘蓝类蔬菜	本标准规定了绿色食品甘蓝类蔬菜的要求、检验规则、标签、包装、运输和储存。 本标准适用于绿色食品甘蓝类蔬菜，包括结球甘蓝、赤球甘蓝、抱子甘蓝、皱叶甘蓝、羽衣甘蓝、花椰菜、青花菜、球茎甘蓝、芥蓝等。
SB/T 10285—1997	花椰菜冷藏技术	本标准规定了花椰菜冷藏的采收与质量、冷藏前准备、冷藏条件与管理的一般技术要求。 本标准适用于我国直接消费的新鲜花椰菜的冷藏。
5. 结球甘蓝		
GB 16715.4—2010	瓜菜作物种子 第4部分：甘蓝类	GB 16715 的本部分规定了结球甘蓝（*Brassica oleracea* L. var. *capitata* L.）、球茎甘蓝（*Brassica deracea* L. var. *capitata* DC.）、花椰菜（*Brassica oleracea* L. var. *botrytis* L.）种子的质量要求、检验方法和检验规则。 本部分适用于中华人民共和国境内生产、销售的上述甘蓝类种子，涵盖包衣种子和非包衣种子。
GB/Z 26582—2011	结球甘蓝生产技术规范	本指导性技术文件规定了结球甘蓝生产的基本要求，主要包括生产基地的选择和管理、生产投入品管理、栽培管理、有害生物防治、劳动保护、批次管理、档案记录等方面。 本指导性技术文件适用于结球甘蓝的生产。
GB/T 25873—2010	结球甘蓝 冷藏和冷藏运输指南	本标准给出了结球甘蓝（*Brassica oleracea* L. var. *capitata* L., and *Brassica oleracea* L. var. *sabauda* L.），在冷藏和冷藏运输前的操作，以及冷藏和冷藏运输的指南。 本标准适用于食用的结球甘蓝。
GB/T 23416.4—2009	蔬菜病虫害安全防治技术规范 第4部分：甘蓝类	GB/T 23416 的本部分规定了甘蓝类蔬菜常见病虫害的种类、防治原则、农业防治、物理防治、生物防治和化学防治。 本部分适用于结球甘蓝、花椰菜、青花菜、球茎甘蓝、芥蓝、抱子甘蓝等甘蓝类蔬菜的病虫害防治。
NY/T 583—2002	结球甘蓝	本标准规定了结球甘蓝的质量要求、试验方法、检验规则、标志、包装、运输和贮存。 本标准适用于普通结球甘蓝。
NY/T 746—2020	绿色食品 甘蓝类蔬菜	本标准规定了绿色食品甘蓝类蔬菜的要求、检验规则、标签、包装、运输和储存。 本标准适用于绿色食品甘蓝类蔬菜，包括结球甘蓝、赤球甘蓝、抱子甘蓝、皱叶甘蓝、羽衣甘蓝、花椰菜、青花菜、球茎甘蓝、芥蓝等。
NY/T 2473—2013	结球甘蓝品种鉴定技术规程 SSR 分子标记法	本标准规定了利用简单重复序列（SSR）分子标记进行结球甘蓝（*Brassica olerucea* L. var. *cupituta*）品种鉴定的试验方法、数据记录格式及判定标准。 本标准适用于结球甘蓝品种的 DNA 指纹数据的采集和 DNA 指纹鉴定。
NY/T 5009—2001	无公害食品 结球甘蓝生产技术规程	本标准规定了无公害结球甘蓝生产技术管理措施。 本标准适用于无公害结球甘蓝的生产。
NY/T 1277—2007	蔬菜中异菌脲残留量的测定高效液相色谱法	本标准规定了用高效液相色谱测定蔬菜中异菌脲残留量的方法。 本标准适用于番茄、大白菜、菜豆、结球甘蓝、黄瓜等蔬菜中异菌脲残留量的测定。 本方法的检出限为 0.35 mg/kg。 本方法的线性范围为 1~40 mg/L。

标准号	标准名称	摘要
NY/T 1586—2008	结球甘蓝等级规格	本标准规定了结球甘蓝的等级和规格的要求、抽样方法、包装、标识和图片。 本标准适用于鲜食结球甘蓝。
6. 结球莴苣		
NY/T 743—2020	绿色食品 绿叶类蔬菜	本标准规定了绿色食品绿叶类蔬菜的要求、检验规则、标签、包装、运输和储存。 本标准适用于绿色食品绿叶类蔬菜，包括菠菜、芹菜、落葵、莴苣（包括结球莴苣、莴笋、油麦菜、皱叶莴苣等）、蕹菜、茴香（包括小茴香、球茎茴香）、苋菜、青葙、芫荽、叶菾菜、茼蒿（包括大叶茼蒿、小叶茼蒿、蒿子秆）、荠菜、冬寒菜、番杏、菜苜蓿、紫背天葵、榆钱菠菜、菊苣、鸭儿芹、苦苣、苦荬菜、菊花脑、酸模、珍珠菜、芝麻菜、白花菜、香芹菜、罗勒、薄荷、紫苏、莳萝、马齿苋、蕺菜、蒲公英、马兰、蒌蒿等。
NY/T 582—2002	莴苣	本标准规定了莴苣的要求、试验方法、检验规则、标志、包装、运输和贮存。 本标准适用于脆叶型结球莴苣。
7. 芜菁		
GB/T 23416. 8—2009	蔬菜病虫害安全防治技术规范 第8部分：根菜类	GB/T 23416 的本部分规定了根菜类蔬菜常见病虫害的种类、防治原则、农业防治、物理防治、生物防治和化学防治。 本部分适用于萝卜、胡萝卜、芜菁、芜菁甘蓝、根芹菜、美洲防风、根菾菜等根菜类蔬菜的病虫害防治。
GB/T 17980. 47—2000	农药 田间药效试验准则（一）除草剂防治根菜类蔬菜田杂草	本标准规定了除草剂防治根菜类蔬菜田杂草田间药效小区试验的方法和基本要求。 本标准适用于除草剂防治播种或移植、温室或覆膜的根菜类蔬菜田，包括胡萝卜、红甜菜、人参、红萝卜、辣根、根芹菜、芜菁等地杂草的登记用田间药效小区试验及药效评价。其他田间药效试验参照本标准执行。
NY/T 745—2020	绿色食品 根菜类蔬菜	本标准规定了绿色食品根菜类蔬菜的要求、检验规则、标签、包装、运输和储存等。 本标准适用于绿色食品根菜类蔬菜，包括萝卜、胡萝卜、芜菁、芜菁甘蓝、美洲防风、根菾菜、婆罗门参、黑婆罗门参、牛蒡、山葵、根芹菜等。
8. 芜菁甘蓝		
GB/T 26430—2010	水果和蔬菜 形态学和结构学术语	本标准界定了凤梨、芹菜、辣根、芜菁甘蓝、青花菜、花椰菜、抱子甘蓝、球茎甘蓝、辣椒、菊苣、西瓜、榛子、甜瓜、西葫芦、朝鲜蓟、胡桃、结球生菜、香蕉、菜豆、豌豆、萝卜（原变种）、菊牛蒡、茄子、菠菜、婆罗门参、蚕豆、玉米的形态学和结构学术语。
GB/T 23416. 8—2009	蔬菜病虫害安全防治技术规范 第8部分：根菜类	GB/T 23416 的本部分规定了根菜类蔬菜常见病虫害的种类、防治原则、农业防治、物理防治、生物防治和化学防治。 本部分适用于萝卜、胡萝卜、芜菁、芜菁甘蓝、根芹菜、美洲防风、根菾菜等根菜类蔬菜的病虫害防治。
NY/T 745—2020	绿色食品 根菜类蔬菜	本标准规定了绿色食品根菜类蔬菜的要求、检验规则、标签、包装、运输和储存等。 本标准适用于绿色食品根菜类蔬菜，包括萝卜、胡萝卜、芜菁、芜菁甘蓝、美洲防风、根菾菜、婆罗门参、黑婆罗门参、牛蒡、山葵、根芹菜等。
9. 西兰花		
GB/Z 26586—2011	西蓝花生产技术规范	本指导性技术文件规定了西蓝花生产的基本要求，主要包括生产基地的选择和管理、投入品管理、栽培管理、有害生物综合防治、劳动保护、档案记录等方面。 本指导性技术文件适用于西蓝花的种植生产。

标准号	标准名称	摘要
GB 23200.47—2016	食品安全国家标准 食品中四螨嗪残留量的测定 气相色谱-质谱法	本标准规定了食品中四螨嗪残留量的气相色谱-质谱检测方法。 本标准适用于柑桔、苹果、菠菜、西蓝花、牛肝、鸡肾中四螨嗪残留量的测定，其他食品可参照执行。
NY/T 3916—2021	西兰花干燥加工技术规范	本文件规定了西兰花干燥加工的术语和定义、基本要求、技术要求、标识。 本文件适用于西兰花干燥加工过程。
SN/T 4591—2016	出口水果蔬菜中脱落酸等60种农药残留量的测定 液相色谱-质谱/质谱法	本标准规定了水果蔬菜中脱落酸、对氯苯氧乙酸（4-CPA）、2-甲-4-氯苯氧乙酸（MCPA）、2-(4-氯苯氧基)丙酸（4-CPP）、2-萘氧乙酸、2-甲-4氯氧基丙酸（MCPP）、2,4-二氯苯氧乙酸（2,4-D）、噻苯隆、6-苄氨基嘌呤、2-甲-4-氯苯氧基丁酸（MCPB）、2,4-滴丙酸、特乐酚、苯达松、氯吡脲、2,4,5-三氯苯氧乙酸（2,4,5-T）、氟草烟、绿草定、五氯苯酚、噻酰菌胺、2,4,5-涕丙酸、环丙酸酰胺、溴苯腈、甲基咪草烟、咪草烟、抑草生、环酰菌胺、甲氧咪草烟、灭幼脲、除虫脲、灭草喹、麦草氟、氯甲酰草胺、嘧草硫醚、氟草灵、噁唑禾草灵、氟吡草腙、喹禾灵、氟幼脲、赤霉酸（GA_3）、氨磺乐灵、杀铃脲、双氟磺草胺、三氟羧草醚、吡氟氯禾灵、碘苯腈、氟苯脲、磺菌胺、双草醚、氟虫腈、氟磺胺草醚、氟铃脲、氟啶胺、氟虫脲、氟酰脲、啶蜱脲、虱螨脲、噻呋菌胺、氟啶脲、氟虫双酰胺60种农药残留量的液相色谱-质谱/质谱检测方法。 本标准适用于苹果、桃子、大葱、西红柿、西兰花、菠菜、芦笋、荷兰豆、胡萝卜、香菇、橙、葡萄、猕猴桃中上述60种农药残留量的筛选检测。
SN/T 0151—2016	出口植物源食品中乙硫磷残留量的测定	本标准规定了出口植物源食品中乙硫磷残留量测定的气相色谱检测及气相色谱-质谱确证方法。 本标准适用于大米、番茄、西兰花、大豆油、桃子、橘子、草莓、苹果、茶叶等乙硫磷残留量的检测和确证。
SN/T 0604—2014	出口蔬菜中杜烯残留量的检测 气相色谱-质谱法	本标准规定了出口蔬菜中杜烯残留量的气相色谱-质谱检测方法。 本标准适用于大白菜、西红柿、青豆、西兰花中杜烯残留量的测定和确证。
SN/T 0190—2012	出口水果和蔬菜中乙撑硫脲残留量测定方法 气相色谱质谱法	本标准规定了出口水果和蔬菜中乙撑硫脲残留量的测定方法。 本标准适用于鲜桔、马蹄、苹果、西兰花、菠菜等水果和蔬菜中乙撑硫脲残留量的测定。
SN/T 0519—2010	进出口食品中丙环唑残留量的检测方法	本标准规定了食品中丙环唑残留量的气相色谱检测方法和气相色谱-质谱检测与确证方法。 本标准适用于大米、荞麦、绿豆、苹果、草莓、香蕉、柑橘、韭菜、西兰花、蘑菇、枸杞、茶叶、板栗、蜂蜜、猪肾、牛肉、鸡肉、鱼肉等食品中丙环唑残留量的测定和确证。
SN/T 2234—2008	进出口食品中丙溴磷残留量检测方法 气相色谱法和气相色谱-质谱法	本标准规定了食品中丙溴磷残留量测定的制样、气相色谱测定和气相色谱-质谱测定及确证方法。 本标准适用于西兰花、甘蓝、胡萝卜、生姜、苹果、梨、花生、茶叶、牛奶、蜂蜜、大米、大豆、鸡肉、兔肉、鱼肉、虾肉中丙溴磷残留量的测定和确证。
SN/T 2073—2008	进出口植物性产品中吡虫啉残留量的检测方法液相色谱串联质谱法	本标准规定了植物性产品中吡虫啉残留量的制样和液相色谱串联质谱测定方法。 本标准适用于毛豆、西兰花、萝卜、板栗、大米、辣椒和茶叶中吡虫啉残留量的检测。
SN/T 1976—2007	进出口水果和蔬菜中嘧菌酯残留量检测方法 气相色谱法	本标准规定了水果和蔬菜中嘧菌酯残留量的气相色谱测定方法。 本标准适用于苹果、葡萄、柑橘、甘蓝、番茄、马铃薯、西兰花中嘧菌酯残留量的测定。
SN/T 1968—2007	进出口食品中扑草净残留量检测方法 气相色谱-质谱法	本标准规定了食品中扑草净残留量检测的制样和气相色谱-质谱检测方法。 本标准适用于大米、花生、胡萝卜、西兰花、番茄、洋葱、蘑菇、苹果、柑橘、板栗、鸡肉、牛肉、鸡肾、紫菜中扑草净残留量的测定和确证。

标准号	标准名称	摘要
10. 羽衣甘蓝		
NY/T 746—2020	绿色食品　甘蓝类蔬菜	本标准规定了绿色食品甘蓝类蔬菜的要求、检验规则、标签、包装、运输和储存。 本标准适用于绿色食品甘蓝类蔬菜，包括结球甘蓝、赤球甘蓝、抱子甘蓝、皱叶甘蓝、羽衣甘蓝、花椰菜、青花菜、球茎甘蓝、芥蓝等。

四、特殊加工方式

标准号	标准名称	摘要
1. 黄花菜		
国卫办食品函〔2014〕377 号	国家卫生计生委办公厅关于黄花菜中镉限量问题的复函	根据《食品中污染物限量（GB 2762—2012）》及污染物限量标准制定原则，经组织专家研究，我委同意黄花菜中铬限量参照叶菜蔬菜及芹菜中铬限量执行，即黄花菜中铬含量应小于等于 0.2 mg/kg。
2. 芥菜		
GB/T 19557.9—2017	植物品种特异性、一致性和稳定性测试指南　芥菜	本标准规定了芥菜［*Brassica juncea*（L.）Czern. et Coss］品种特异性、一致性和稳定性测试的技术要求和结果判定的一般原则。 本标准适用于芥菜中叶用芥菜、茎用芥菜、根用芥菜和薹用芥菜的 16 个变种以及变种间杂交选育所得的品种特异性、一致性和稳定性测试和结果判定。
GB/T 17980.45—2000	农药　田间药效试验准则（一）除草剂防治油菜类作物杂草	本标准规定了除草剂防治油菜类作物地杂草田间药效小区试验的方法和基本要求。 本标准适用于除草剂防治秋播或春播、移栽或直播油菜类作物，包括芸薹、芜菁。黑芥、芥菜等地杂草的登记用田间药效小区试验及药效评价。其他田间药效试验参照本标准执行。
GB 1886.269—2016	食品安全国家标准　食品添加剂　黄芥末提取物	本标准适用于用水蒸气蒸馏法从芥菜（*Brassica* spp.）籽中制得的食品添加剂黄芥末提取物（黄芥末精油）。
NY/T 706—2003	加工用芥菜	本标准规定了加工用芥菜的术语和定义、要求、试验方法、检验规程、标志、包装、运输及贮存。 本标准适用于加工用芥菜。
NY/T 1324—2015	绿色食品　芥菜类蔬菜	本标准规定了绿色食品芥菜类蔬菜的要求、检验规则、标签、包装、运输和贮存。 本标准适用于绿色食品芥菜类蔬菜，包括鲜食和加工用根芥、茎芥、叶芥和薹芥。
NY/T 1325—2015	绿色食品　芽苗类蔬菜	本标准规定了绿色食品芽苗类蔬菜的要求、检验规则、标签、包装、运输和贮存。 本标准适用于绿色食品种芽类芽苗菜，包括绿豆芽、黄豆芽、黑豆芽、青豆芽、红豆芽、蚕豆芽、红小豆芽、豌豆苗、花生芽、苜蓿芽、小扁豆芽、萝卜芽、菘蓝芽、沙芥芽、芥菜芽、芥蓝芽、白菜芽、独行菜芽、种芽香椿、向日葵芽、荞麦芽、胡椒芽、紫苏芽、水芹芽、小麦苗、胡麻芽、蕹菜芽、芝麻芽、黄秋葵芽等。
NY/T 1464.41—2011	农药田间药效试验准则　第 41 部分：除草剂防治免耕油菜田杂草	本部分规定了除草剂防治免耕油菜田杂草田间药效小区试验的方法和基本要求。 本部分适用于除草剂防治免耕油菜（包括白菜型、甘蓝型、芥菜型）田杂草的登记用田间药效小区试验及药效评价。其他田间药效试验可参照使用。
NY/T 3340—2018	叶用芥菜腌制加工技术规程	本标准规定了叶用芥菜的术语和定义、原料采收时间与质量要求、预脱水、腌制、加工、运输、储存、产品质量要求、其他要求、检验方法、检验规则等要求。 本标准适用于叶用芥菜的留卤腌制，倒置腌制及加工。

标准号	标准名称	摘要
SN/T 3398—2012	大豆检疫性病毒多重实时荧光 RT-PCR 检测方法	本标准规定了烟草环斑病毒、南芥菜花叶病毒、番茄环斑病毒、南方菜豆花叶病毒和菜豆荚斑驳病毒的多重实时荧光 RT-PCR 检测方法。 本标准适用于大豆及其加工产品中上述五种病毒的检测。
3. 魔芋		
GB/T 18104—2000	魔芋精粉	本标准规定了魔芋精粉的技术要求、试验方法、检验规则和标志、包装、运输、贮存。 本标准适用于魔芋精粉的生产、检验与验收。
GB 5009.246—2016	食品安全国家标准 食品中二氧化钛的测定	本标准规定了食品中二氧化钛的电感耦合等离子体-原子发射光谱和二安替比林甲烷比色测定方法。 本标准适用于面粉、果酱、凉果类、甘草制品、脱水马铃薯、油炸坚果与籽类、糖果（含胶基糖果）、可可制品、巧克力和巧克力制品（包括代可可脂巧克力及制品）以及糖果、糖果和巧克力制品包衣、装饰糖果、顶饰、甜汁、调味糖浆、蛋黄酱、沙拉酱、固体饮料类、果冻、膨化食品、饮料浑浊剂、魔芋凝胶制品中二氧化钛的测定。
NY/T 2981—2016	绿色食品 魔芋及其制品	本标准规定了绿色食品魔芋及其制品的术语和定义、分类、要求、检验规则、标签、包装、运输和储存。 本标准适用于绿色食品魔芋及其制品（包括魔芋粉、魔芋膳食纤维和魔芋凝胶食品）。
NY/T 1049—2015	绿色食品 薯芋类蔬菜	本标准规定了绿色食品薯芋类蔬菜的要求、检验规则、标签、包装、运输和贮存。 本标准适用于绿色食品马铃薯、生姜、魔芋、山药、豆薯、菊芋、甘露（草食蚕）、蕉芋、香芋、葛、甘薯、木薯、菊薯等薯芋类蔬菜。
NY/T 2500—2013	植物新品种特异性、一致性和稳定性测试指南 魔芋	本标准规定了魔芋新品种特异性、一致性和稳定性测试的技术要求和结果判定的一般原则。 本标准适用于魔芋属（*Amorphohallus* Blume）新品种特异性、一致性和稳定性测试和结果判定。
NY/T 715—2003	魔芋种芋繁育技术规程	本标准规定了花魔芋（*Amorphophallus konjac* K. Koch）和白魔芋（*A. albus* Liuet Chen）种芋繁育的术语及定义、繁殖体系、繁育技术、采收和贮藏。 本标准适用于魔芋种芋繁育。
NY/T 494—2010	魔芋粉	本标准规定了魔芋粉（又称魔芋胶）的术语和定义、分类、要求、试验方法、检验规则、标志标签及包装、运输、贮存。 本标准适用于食用及医药用原料的魔芋粉。
NY/T 1124—2006	魔芋精粉机	本标准规定了魔芋精粉机的型号标记、要求、试验方法、检验规则及其标志、包装、运输和贮存。 本标准适用于以魔芋干片（块、角）为原料，经粉碎、气流分选、筛分、精粉收集、灰分收集组合加工成普通魔芋精粉的加工机械。
SN/T 3681—2013	魔芋细菌性叶斑病菌检疫鉴定方法	本标准规定了进出境植物及其产品中魔芋细菌性叶斑病菌的检疫鉴定方法。 本标准适用于进出境魔芋细菌性叶斑病菌寄主植物及其繁殖材料中该病菌的检疫和鉴定。
SN/T 2918—2011	出口食品中亚硫酸盐的检测方法 离子色谱法	本标准规定了出口食品中亚硫酸盐残留量的离子色谱检测方法。 本标准适用于白砂糖、饼干、果脯、虾肉、柠檬茶饮料、啤酒、淀粉、葡萄、辣椒、白萝卜、魔芋精粉中亚硫酸盐残留量的检测。

五、豆类蔬菜

标准号	标准名称	摘要
1. 刀豆		
GB/T 23416.7—2009	蔬菜病虫害安全防治技术规范 第7部分：豆类	GB/T 23416 的本部分规定了豆类蔬菜常见病虫害的种类、防治原则、农业防治、物理防治、生物防治和化学防治。 本部分适用于菜豆、长豇豆、扁豆、蚕豆、刀豆、豌豆、四棱豆、菜用大豆、黎豆、红花菜豆等豆类蔬菜的病虫害防治。

标准号	标准名称	摘要
GB 23200.4—2016	食品安全国家标准 除草剂残留量检测方法 第4部分：气相色谱-质谱/质谱法测定 食品中芳氧苯氧丙酸酯类除草剂残留量	本标准规定了食品中2,4-滴丁酯、氟吡禾灵、吡氟禾草灵、炔草酯、禾草灵、氰氟草酯、噁唑禾草灵、精喹禾灵等芳氧苯氧丙酸酯类除草剂残留量的气相色谱-质谱/质谱检测方法。 本标准适用于大豆、大麦茶、粳米、胡萝卜、菠菜、青刀豆、蒜苗、草莓、蜂蜜、猪肉、鱼、禽蛋中2,4-滴丁酯、氟吡禾灵、吡氟禾草灵、炔草酯、禾草灵、氰氟草酯、噁唑禾草灵、精喹禾灵残留量的测定和确证，其他食品可参照执行。
GB/T 13209—2015	青刀豆罐头	本标准规定了青刀豆罐头的术语和定义、产品分类、要求、试验方法、检验规则和包装、标志、运输、贮存的基本要求。 本标准适用于以新鲜青刀豆为原料，经原料挑拣、切端、驱虫、清洗、预煮、装罐、加盐水、密封、杀菌、冷却制成的罐藏食品。
NY/T 748—2020	绿色食品 豆类蔬菜	本标准规定了绿色食品豆类蔬菜的要求、检验规则、标签、包装、运输和储存。 本标准适用于绿色食品豆类蔬菜，包括菜豆、多花菜豆、长豇豆、扁豆、莱豆、蚕豆、刀豆、豌豆、食荚豌豆、四棱豆、菜用大豆、黎豆等。
SN/T 0626.5—1997	出口速冻蔬菜检验规程 豆类	本标准规定了出口速冻豆类蔬菜的检验方法。 本标准适用于出口速冻青刀豆、速冻荷兰豆、速冻枝豆（毛豆）、速冻豇豆、速冻蚕豆等豆类蔬菜的抽样、包装、标志、感官、重量、温度、规格、理化、微生物等项目的检验及判定方法。
SN/T 3622—2013	出口食品中2-氯苯胺含量的测定 液相色谱-质谱/质谱法	本标准规定了出口食品中2-氯苯胺含量的液相色谱-质谱/质谱测定方法。 本标准适用于大米、鲜香菇、茶叶、青刀豆、芒果、大葱、胡萝卜、菠菜、罗非鱼、猪肉、虾肉、猪肝中2-氯苯胺含量的检测和确证。
SN/T 0145—2010	进出口植物产品中六六六、滴滴涕残留量测定方法 磺化法	本标准规定了植物产品中六六六、滴滴涕残留检验的制样和测定方法。 本标准适用于茶叶、柑桔、生姜、青刀豆等植物产品中六六六、滴滴涕残留量的检测。
2. 荷兰豆		
NY/T 1063—2006	荷兰豆等级规格	本标准规定了荷兰豆等级、规格、包装和标识。 本标准适用于荷兰豆，不包括非食荚豌豆、食荚甜豌豆。
SN/T 0626.5—1997	出口速冻蔬菜检验规程 豆类	本标准规定了出口速冻豆类蔬菜的检验方法。 本标准适用于出口速冻青刀豆、速冻荷兰豆、速冻枝豆（毛豆）、速冻豇豆、速冻蚕豆等豆类蔬菜的抽样、包装、标志、感官、重量、温度、规格、理化、微生物等项目的检验及判定方法。
SN/T 4591—2016	出口水果蔬菜中脱落酸等60种农药残留量的测定 液相色谱-质谱/质谱法	本标准规定了水果蔬菜中脱落酸、对氯苯氧乙酸（4-CPA）、2-甲-4-氯苯氧乙酸（MCPA）、2-(4-氯苯氧基)丙酸（4-CPP）、2-萘氧乙酸、2-甲-4氯氧基丙酸（MCPP）、2,4-二氯苯氧乙酸（2,4-D）、噻苯隆、6-苄氨基嘌呤、2-甲-4-氯苯氧基丁酸（MCPB）、2,4-滴丙酸、特乐酚、苯达松、氯吡脲、2,4,5-三氯苯氧乙酸（2,4,5-T）、氟草烟、绿草定、五氯苯酚、噻酰菌胺、2,4,5-涕丙酸、环丙酸酰胺、溴苯腈、甲基咪草烟、咪草烟、抑草生、环酰菌胺、甲氧咪草烟、灭幼脲、除虫脲、灭草喹、麦草氟、氯甲酰草胺、嘧草硫醚、氟草灵、噁唑禾草灵、氟吡草腙、喹禾灵、氟幼脲、赤霉酸（GA_3）、氨磺乐灵、杀铃脲、双氟磺草胺、三氟羧草醚、吡氟氯禾灵、碘苯腈、氟苯脲、磺菌胺、双草醚、氟虫腈、氟磺胺草醚、氟铃脲、氟啶胺、氟虫脲、氟酰脲、啶蜱脲、虱螨脲、噻呋酰胺、氟啶脲、氟虫双酰胺60种农药残留量的液相色谱-质谱/质谱检测方法。 本标准适用于苹果、桃子、大葱、番茄、西兰花、菠菜、芦笋、荷兰豆、胡萝卜、香菇、橙、葡萄、猕猴桃中上述60种农药残留量的筛选检测。
SN/T 2917—2011	出口食品中烯酰吗啉残留量检测方法	本标准规定了出口食品中烯酰吗啉残留量的液相色谱-质谱/质谱测定方法和气相色谱-质谱测定方法。 本标准第一法适用于葱、大蒜、菠菜、豌豆、番茄、马铃薯、苹果、柑橘、猪肉、猪肝、牛肾和牛奶中烯酰吗啉残留量的检测和确证，第二法适用于荷兰豆、白菜、鲜山葵、萝卜、脱水洋葱、干姜、大米、芸豆、核桃、普洱茶、猪肉、蜂蜜中烯酰吗啉残留量的检测和确证。

标准号	标准名称	摘要
SN/T 0148—2011	进出口水果蔬菜中有机磷农药残留量检测方法 气相色谱和气相色谱-质谱法	本标准规定了水果蔬菜中敌敌畏、乙酰甲胺磷、硫线磷、百治磷、乙拌磷、乐果、甲基对硫磷、毒死蜱、嘧啶磷、倍硫磷、丙虫硫磷、辛硫磷、灭菌磷、三硫磷、三唑磷、哒嗪硫磷、亚胺硫磷、敌百虫、灭线磷、甲拌磷、氧化乐果、内吸磷、二嗪磷、地虫硫磷、异稻瘟净、氯唑磷、甲基毒死蜱、对氧磷、杀螟硫磷、溴硫磷、乙基溴硫磷、噻唑磷、丙溴磷、乙硫磷、敌瘟磷、吡唑硫磷、蝇毒磷、甲胺磷、治螟磷、特丁硫磷、久效磷、除线磷、皮蝇磷、甲基嘧啶磷、对硫磷、甲基毒虫畏、异柳磷、稻丰散、杀扑磷、甲基硫环磷、伐杀磷、伏杀硫磷、甲基谷硫磷、二溴磷、速灭磷、甲基乙拌磷、巴胺磷、乙嘧硫磷、磷胺、地毒磷、马拉硫磷、甲基异柳磷、水胺硫磷、喹硫磷、杀虫畏、碘硫磷、硫环磷、威菌磷、苯硫磷、乙基谷硫磷 70 种有机磷类农药残留量的气相色谱及气相色谱-质谱检测方法。 本标准适用于菠萝、苹果、荔枝、胡萝卜、马铃薯、茄子、菠菜、荷兰豆、鲜木耳、鲜蘑菇、鲜牛蒡、鲜香菇、大葱中上述 70 种有机磷类农药残留量的检测。
SN/T 2232—2008	进出口食品中三唑醇残留量的检测方法 气相色谱-质谱法	本标准规定了食品中三唑醇残留量的气相色谱-质谱检测方法。 本标准适用于荷兰豆、什锦蔬菜、橙、大豆、木薯干、乌龙茶、大米、牛肉、鲴鱼、蜂王浆、龙虾仁和蜂蜜等食品中三唑醇残留量的测定和确证。
SN/T 2095—2008	进出口蔬菜中氰啶脲残留量检测方法 高效液相色谱法	本标准规定了蔬菜中氰啶脲残留量检测的制样和高效液相色谱测定方法。 本标准适用于黄瓜、萝卜、荷兰豆中氰啶脲残留量的检测。
3. 四棱豆		
GB/T 23416.7—2009	蔬菜病虫害安全防治技术规范 第 7 部分：豆类	GB/T 23416 的本部分规定了豆类蔬菜常见病虫害的种类、防治原则、农业防治、物理防治、生物防治和化学防治。 本部分适用于菜豆、长豇豆、扁豆、蚕豆、刀豆、豌豆、四棱豆、菜用大豆、黎豆、红花菜豆等豆类蔬菜的病虫害防治。
NY/T 748—2020	绿色食品 豆类蔬菜	本标准规定了绿色食品豆类蔬菜的要求、检验规则、标签、包装、运输和储存。 本标准适用于绿色食品豆类蔬菜，包括菜豆、多花菜豆、长豇豆、扁豆、莱豆、蚕豆、刀豆、豌豆、食荚豌豆、四棱豆、菜用大豆、黎豆等。
NY/T 5254—2004	无公害食品 四棱豆生产技术规程	本标准规定了无公害四棱豆（*Psophocarpus tetragonolobus* DC.）生产的产地环境条件要求、种植园地的前处理、种子处理、育苗、田间管理、病虫害综合防治及采收等技术规程。本标准适用于全国无公害四棱豆生产。
4. 豌豆		
GB/T 10460—2008	豌豆	本标准规定了豌豆的术语和定义、分类、质量要求和卫生要求、检验方法、检验规则、标签标识以及包装、储存和运输要求。 本标准适用于收购、储存、运输、加工、销售的商品豌豆。
GB/T 19557.22—2017	植物品种特异性、一致性和稳定性测试指南 豌豆	本标准规定了豌豆（*Pisum sativum* L.）品种特异性、一致性和稳定性测试的技术要求和结果判定的一般原则。 本标准适用于豌豆品种特异性、一致性和稳定性测试和结果判定。
GB/T 26430—2010	水果和蔬菜 形态学和结构学术语	本标准界定了凤梨、芹菜、辣根、芜菁甘蓝、青花菜、花椰菜、抱子甘蓝、球茎甘蓝、辣椒、菊苣、西瓜、榛子、甜瓜、西葫芦、朝鲜蓟、胡桃、结球生菜、香蕉、菜豆、豌豆、萝卜（原变种）、菊牛蒡、茄子、菠菜、婆罗门参、蚕豆、玉米的形态学和结构学术语。
GB/Z 26585—2011	甜豌豆生产技术规范	本指导性技术文件规定了甜豌豆生产的基本要求，主要包括生产基地选择和管理、生产投入品管理、栽培管理、有害生物防治、劳动保护、批次管理、档案记录等方面。 本指导性技术文件适用于甜豌豆的生产。

标准号	标准名称	摘要
GB/T 23416.7—2009	蔬菜病虫害安全防治技术规范　第7部分：豆类	GB/T 23416的本部分规定了豆类蔬菜常见病虫害的种类、防治原则、农业防治、物理防治、生物防治和化学防治。 本部分适用于菜豆、长豇豆、扁豆、蚕豆、刀豆、豌豆、四棱豆、菜用大豆、黎豆、红花菜豆等豆类蔬菜的病虫害防治。
GB/T 28066—2011	丁香假单胞杆菌豌豆致病型检疫鉴定方法	本标准规定了丁香假单胞杆菌豌豆致病型生物学、血清学及分子生物学的检测鉴定方法。 本标准适用于植物种子、苗木等植物及其产品中丁香假单胞杆菌豌豆致病型的检测和鉴定。
GB/T 28064—2011	蚕豆染色病毒检疫鉴定方法	本标准规定了蚕豆染色病毒的血清学和分子检测方法。 本标准适用于蚕豆 *Vicia faba*、小扁豆 *Lens culinaris*、豌豆 *Pisum sativum* 和菜豆 *Phaseolus vulgaris* 种子携带蚕豆染色病毒的检疫鉴定。
GB/T 17980.28—2000	农药　田间药效试验准则（一）杀菌剂防治蔬菜灰霉病	本标准规定了杀菌剂防治蔬菜灰霉病包括番茄、黄瓜、四季豆、豌豆及甜椒灰霉病（*Botrytis cinerea*）田间药效小区试验的方法和基本要求。 本标准适用于杀菌剂防治蔬菜灰霉病登记用田间小区药效试验及药效评价，其他田间药效试验参照本标准执行。
GB/T 17980.15—2000	农药　田间药效试验准则（一）杀虫剂防治马铃薯等作物蚜虫	本标准规定了杀虫剂防治马铃薯等作物蚜虫田间药效小区试验的方法和基本要求。 本标准适用于杀虫剂防治马铃薯（种用马铃薯除外）、甜菜、豌豆、蚕豆和其他蔬菜蚜虫的登记用田间药效小区试验及药效评价。其他田间药效试验参照本标准执行。
GB 23200.53—2016	食品安全国家标准　食品中氟硅唑残留量的测定气相色谱-质谱法	本标准规定了食品中氟硅唑残留量的气相色谱-质谱检测及确证方法。 本标准适用于大米、大豆、小菘菜、鲜豌豆、梨、柑桔、花生、茶叶、牛肉、鸡肉、虾肉、蜂蜜中氟硅唑残留量的检测和确证，其他食品可参照执行。
GB 23200.52—2016	食品安全国家标准　食品中嘧菌环胺残留量的测定气相色谱-质谱法	本标准规定了食品中嘧菌环胺残留量的气相色谱-质谱检测及确证方法。 本标准适用于大米、大豆、小菘菜、甜豌豆、梨、柑桔、花生、茶叶、牛肉、鸡肉、虾肉、蜂蜜中嘧菌环胺残留量的检测和确证，其他食品可参照执行。
GB 23200.49—2016	食品安全国家标准　食品中苯醚甲环唑残留量的测定气相色谱-质谱法	本标准规定了食品中苯醚甲环唑的制样、气相色谱-质谱联用检测和确证方法。 本标准适用于豌豆、紫苏、胡萝卜、菠菜、大米、黄豆、中药、茶叶、杏仁、西柚、菠萝、草莓、酱油、醋、蜂蜜、王浆干粉、猪肉、牛肉、鸡肉、鳗鱼和龙虾仁等食品中苯醚甲环唑残留量的测定和确证，其他食品可参照执行。
GB 23200.28—2016	食品安全国家标准　食品中多种醚类除草剂残留量的测定气相色谱-质谱法	本标准规定了食品中苯醚类除草剂的气相色谱-负化学离子源-质谱检测方法。 本标准适用于大米、大豆、菠菜、大葱、辣椒、草莓、甜豌豆、绿茶、龙虾仁、鳗鱼、猪肉和蜂蜜12种食品中醚类除草剂残留量的测定和确证，其他食品可参照执行。
GB/T 38572—2020	食用豌豆淀粉	本标准规定了食用豌豆淀粉的技术要求、生产过程要求、试验方法、检验规则以及标签、标志、包装、运输、贮存和销售的要求。 本标准适用于食用豌豆淀粉的生产和检验。
GB/T 13517—2008	青豌豆罐头	本标准规定了青豌豆罐头的产品分类及代号、技术要求、检验方法、检验规则、标签以及包装、运输和贮存要求。 本标准适用于青豌豆罐头的生产、销售和监督检查。

标准号	标准名称	摘要
GB/T 34787—2017	粮油机械 滚筒精选机	本标准规定了滚筒精选机的术语和定义、工作原理、型号、基本参数项目、技术要求、试验方法、检验规则、标志、包装、运输与储存要求。 本标准适用于： ——从谷物中分离出大麦、燕麦、荞子、野豌豆和其他小颗粒杂质的单一型和组合型滚筒精选机。 ——从混合米中将不同米粒进行分级的单一型和组合型滚筒精选机。 ——从谷物种子中分离出不合格粒的单一型和组合型滚筒精选机。
NY/T 748—2020	绿色食品 豆类蔬菜	本标准规定了绿色食品豆类蔬菜的要求、检验规则、标签、包装、运输和储存。 本标准适用于绿色食品豆类蔬菜，包括菜豆、多花菜豆、长豇豆、扁豆、莱豆、蚕豆、刀豆、豌豆、食荚豌豆、四棱豆、菜用大豆、黎豆等。
NY/T 2436—2013	植物新品种特异性、一致性和稳定性测试指南 豌豆	本标准规定了豌豆新品种特异性、一致性和稳定性测试的技术要求和结果判定的一般原则。 本标准适用于豌豆（*Pisum sativum* L.）新品种特异性、一致性和稳定性测试和结果判定。
NY/T 1325—2015	绿色食品 芽苗类蔬菜	本标准规定了绿色食品芽苗类蔬菜的要求、检验规则、标签、包装、运输和贮存。 本标准适用于绿色食品种芽类芽苗菜，包括绿豆芽、黄豆芽、黑豆芽、青豆芽、红豆芽、蚕豆芽、红小豆芽、豌豆苗、花生芽、苜蓿芽、小扁豆芽、萝卜芽、菘蓝芽、沙芥芽、芥菜芽、芥蓝芽、白菜芽、独行菜芽、种芽香椿、向日葵芽、荞麦芽、胡椒芽、紫苏芽、水芹芽、小麦苗、胡麻芽、蕹菜芽、芝麻芽、黄秋葵芽等。
NY 2619—2014	瓜菜作物种子 豆类（菜豆、长豇豆、豌豆）	本标准规定了菜豆（*Phaseolu svulgaris* L.）、长豇豆［*Vigna unguiculata* W. ssp. *Sesquipedalis*（L.）Verd.］、豌豆种子（*Pisum sativum* L.）的质量要求、检验方法和检验规则。 本标准适用于中华人民共和国境内生产、销售上述豆类种子，涵盖包衣种子和非包衣种子。
NY/T 3755—2020	豌豆品种真实性鉴定 SSR 分子标记法	本标准规定了利用 SSR 分子标记法进行豌豆［*Pisum sativum*（L.）Lam.］常规品种真实性检测的术语和定义，缩略语，原理，检测方案，仪器设备、试剂和溶液配制，检测程序，结果计算于表示和结果报告。 本标准适用于豌豆品种真实性验证和品种真实性身份鉴定，不适用于实质派生品种（Essential derived variety，EDV）的鉴定。
NY/T 136—1989	饲料用豌豆	本标准规定了饲料用豌豆的质量指标及分级标准。 本标准适用于饲料用豌豆籽实。
NY/T 5208—2004	无公害食品 豌豆生产技术规程	本标准规定了无公害食品豌豆产地环境、生产技术、病虫害防治、采收和建立生产档案。 本标准适用于无公害食品豌豆的生产。
NY/T 1202—2020	豆类蔬菜贮藏保鲜技术规程	本标准规定了豆类蔬菜储藏保鲜的采收和质量要求、储藏前库房准备、预冷、包装、入库、堆码、储藏、出库及运输等技术要求。 本标准适用于菜豆、豇豆、豌豆和毛豆等新鲜豆类蔬菜的储藏保鲜。
QB/T 1395—2014	什锦蔬菜罐头	本标准规定了什锦蔬菜罐头的产品代号、要求、试验方法、检验规则和标志、包装、运输、贮存。 本标准适用于以青豌豆、马铃薯、胡萝卜、等不少于 5 种蔬菜为原料，经原料预处理、装罐、加盐水、密封、杀菌、冷却而制成的什锦蔬菜罐藏食品。
SN/T 3755—2013	豌豆脚腐病菌检疫鉴定方法	本标准规定了植物检疫中豌豆脚腐病菌［*Phoma pinodella*（L. K. Jones）Morgan-Jones & K. B. Burch］的检疫鉴定方法。 本标准适用于对来自疫区的豌豆脚腐病菌所有寄主植物的根、茎、叶及种子中的豌豆脚腐病菌的检疫鉴定。

标准号	标准名称	摘要
SN/T 3269—2012	埃及豌豆象检疫鉴定方法	本标准规定了植物检疫中埃及豌豆象 *Bruchidius incarnatus*（Boheman）的检疫和鉴定方法。 本标准适用于埃及豌豆象的检疫和鉴定。
SN 0592—1996	出口粮谷及油籽中苯丁锡残留量检验方法	本标准规定了出口粮谷及油籽中苯丁锡残留量检验的抽样、制样和气相色谱测定方法。 本标准适用于出口豌豆和花生仁中苯丁锡残留量的检验。
SN/T 2917—2011	出口食品中烯酰吗啉残留量检测方法	本标准规定了出口食品中烯酰吗啉残留量的液相色谱-质谱/质谱测定方法和气相色谱-质谱测定方法。 本标准第一法适用于葱、大蒜、菠菜、豌豆、番茄、马铃薯、苹果、柑橘、猪肉、猪肝、牛肾和牛奶中烯酰吗啉残留量的检测和确证，第二法适用于荷兰豆、白菜、鲜山葵、萝卜、脱水洋葱、干姜、大米、芸豆、核桃、普洱茶、猪肉、蜂蜜中烯酰吗啉残留量的检测和确证。

六、野生蔬菜

标准号	标准名称	摘要
1. 荠菜		
GB/T 23416.6—2009	蔬菜病虫害安全防治技术规范　第6部分：绿叶菜类	GB/T 23416的本部分规定了叶菜类蔬菜常见病虫害的种类、防治原则、农业防治、物理防治、生物防治和化学防治。 本部分适用于菠菜、芹菜、莴苣、蕹菜、茴香、苋菜、芫荽、茼蒿、荠菜、冬寒菜、落葵、番杏、金花菜、紫背天葵、罗勒、榆钱菠菜、薄荷、菊苣、鸭儿芹、紫苏、香芹菜、苦苣、菊花脑、莳萝等叶菜类蔬菜的病虫害防治。
NY/T 743—2020	绿色食品　绿叶类蔬菜	本标准规定了绿色食品绿叶类蔬菜的要求、检验规则、标签、包装、运输和储存。 本标准适用于绿色食品绿叶类蔬菜，包括菠菜、芹菜、落葵、莴苣（包括结球莴苣、莴笋、油麦菜、皱叶莴苣等）、蕹菜、茴香（包括小茴香、球茎茴香）、苋菜、青葙、芫荽、叶菾菜、茼蒿（包括大叶茼蒿、小叶茼蒿、蒿子杆）、荠菜、冬寒菜、番杏、苜蓿、紫背天葵、榆钱菠菜、菊苣、鸭儿芹、苦苣、苦荬菜、菊花脑、酸模、珍珠菜、芝麻菜、白花菜、香芹菜、罗勒、薄荷、紫苏、莳萝、马齿苋、蕺菜、蒲公英、马兰、蒌蒿等。
NY/T 2497—2013	植物新品种特异性、一致性和稳定性测试指南　荠菜	本标准规定了十字花科荠菜属荠［*Capsella bursa-pastoris*（L.）Medic.］新品种特异性、一致性和稳定性测试的技术要求和结果判定的一般原则。 本标准适用于荠菜新品种特异性、一致性和稳定性测试和结果判定。
NY/T 3286—2018	荠菜对乙酰乳酸合成酶抑制剂类除草剂靶标抗性检测技术规程	本标准规定了荠菜［*Capsella bursa-pastoris*（L.）Medik.］对乙酰乳酸合成酶（aceto lactate synthase，ALS）抑制剂类除草剂靶标抗性检测技术规程的检测程序、结果分析及注意事项。 本规程适用于荠菜对乙酰乳酸合成酶抑制剂类除草剂产生靶标抗性的有关检测。
2. 蕨菜		
LY/T 1779—2008	蕨菜采集与加工技术规程	本标准规定了蕨菜的采收、盐渍品和干制品的加工技术要求、检验方法、检验规则以及标志、包装、运输和贮存。 本标准适用于蕨菜的采集、加工。
SN/T 3545—2013	出口食品中多种防腐剂的测定方法	本标准规定了食品中丙酸、山梨酸、苯甲酸、脱氢乙酸、对羟基苯甲酸异丙酯、对羟基苯甲酸甲酯、对羟基苯甲酸乙酯、对羟基苯甲酸异丁酯、对羟基苯甲酸丙酯和对羟基苯甲酸丁酯多种防腐剂的气相色谱检测和制样方法。 本标准适用于盐渍辣椒、方便面、大酱、牛奶、盐渍菇、橙汁、糕点、酱油、果酒和盐渍蕨菜等食品中多种防腐剂含量的测定。

标准号	标准名称	摘要
3. 酸模		
NY/T 743—2020	绿色食品 绿叶类蔬菜	本标准规定了绿色食品绿叶类蔬菜的要求、检验规则、标签、包装、运输和储存。 本标准适用于绿色食品绿叶类蔬菜，包括菠菜、芹菜、落葵、莴苣（包括结球莴苣、莴笋、油麦菜、皱叶莴苣等）、蕹菜、茴香（包括小茴香、球茎茴香）、苋菜、青葙、芫荽、叶菾菜、茼蒿（包括大叶茼蒿、小叶茼蒿、蒿子秆）、荠菜、冬寒菜、番杏、菜苜蓿、紫背天葵、榆钱菠菜、菊苣、鸭儿芹、苦苣、苦荬菜、菊花脑、酸模、珍珠菜、芝麻菜、白花菜、香芹菜、罗勒、薄荷、紫苏、莳萝、马齿苋、蕺菜、蒲公英、马兰、蒌蒿等。
NY/T 2570—2014	植物新品种特异性、一致性和稳定性测试指南 酸模属	本标准规定了酸模属（*Rumex* spp.）新品种特异性、一致性和稳定性测试的技术要求和结果判定的一般原则。 本标准适用于酸模属新品种特异性、一致性和稳定性测试和结果判定。
4. 芝麻菜		
NY/T 743—2020	绿色食品 绿叶类蔬菜	本标准规定了绿色食品绿叶类蔬菜的要求、检验规则、标签、包装、运输和储存。 本标准适用于绿色食品绿叶类蔬菜，包括菠菜、芹菜、落葵、莴苣（包括结球莴苣、莴笋、油麦菜、皱叶莴苣等）、蕹菜、茴香（包括小茴香、球茎茴香）、苋菜、青葙、芫荽、叶菾菜、茼蒿（包括大叶茼蒿、小叶茼蒿、蒿子秆）、荠菜、冬寒菜、番杏、菜苜蓿、紫背天葵、榆钱菠菜、菊苣、鸭儿芹、苦苣、苦荬菜、菊花脑、酸模、珍珠菜、芝麻菜、白花菜、香芹菜、罗勒、薄荷、紫苏、莳萝、马齿苋、蕺菜、蒲公英、马兰、蒌蒿等。

七、藤蔓蔬菜

标准号	标准名称	摘要
1. 苦瓜		
GB/T 23416. 3—2009	蔬菜病虫害安全防治技术规范 第3部分：瓜类	GB/T 23416 的本部分规定了瓜类蔬菜常见病虫害的种类、防治原则、农业防治、物理防治、生物防治和化学防治。 本部分适用于黄瓜、冬瓜、南瓜、笋瓜、西葫芦、黑子南瓜、灰子南瓜、西瓜、甜瓜、越瓜、菜瓜、丝瓜、苦瓜、瓠瓜、节瓜、蛇瓜、佛手瓜等瓜类蔬菜的病虫害防治。
GB/T 36781—2018	瓜类种传病毒检疫鉴定方法	本标准规定了瓜类作物上5种常见种传病毒——黄瓜绿斑驳花叶病毒（*Cucumber green mottle mosaic virus*，CGMMV）、黄瓜花叶病毒（*Cucumber mosaic virus*，CMV）、甜瓜坏死斑病毒（*Melon necrotic spot virus*，MNSV）、南瓜花叶病毒（*Squas hmosaic virus*，SqMV）和小西葫芦黄花叶病毒（*Zucchini yellow mosai cvirus*，ZYMV）的检测方法，规定了马铃薯Y病毒科（*Potyviridae*）、烟草花叶病毒属（*Tobamovirus*）和南方菜豆花叶病毒属（*Sobemovirus*）的分子鉴定方法。 本标准适用于西瓜（*Citrullus vulgaris*）、甜瓜（*Cucumis melo*）、黄瓜（*Cucumis sativus*）、南瓜（*Cucurbita moschata*）、瓠瓜（*Lagenaria siceraria*）、西葫芦（*Cucurbita pepo*）、笋瓜（*Cucurbita maxima*）、苦瓜（*Momordica charantia*）和丝瓜（*Luffa cylindrica*）等瓜类作物种子的检疫鉴定。
NY/T 963—2006	苦瓜	本标准规定了苦瓜的要求、试验方法、检验规则、标志、包装、运输和贮存。 本标准适用于鲜食苦瓜。
NY/T 747—2020	绿色食品 瓜类蔬菜	本标准规定了绿色食品瓜类蔬菜的要求、检验规则、标签、包装、运输和储存。 本标准适用于绿色食品瓜类蔬菜，包括黄瓜、冬瓜、节瓜、南瓜、笋瓜、西葫芦、越瓜、菜瓜、丝瓜、苦瓜、瓠瓜、蛇瓜、佛手瓜等。
NY/T 2354—2013	植物新品种特异性、一致性和稳定性测试指南 苦瓜	本标准规定了苦瓜新品种特异性、一致性和稳定性测试的技术要求和结果判定的一般原则。 本标准适用于苦瓜（*Momordica charantia* L.）新品种特异性、一致性和稳定性测试和结果判定。

标准号	标准名称	摘要
NY/T 5077—2002	无公害食品　苦瓜生产技术规程	本标准规定了无公害食品苦瓜的产地环境要求和生产管理措施。 本标准适用于无公害食品苦瓜生产。
NY/T 2790—2015	瓜类蔬菜采后处理与产地贮藏技术规范	本标准规定了瓜类蔬菜的采收、分级、包装、预冷、产地贮藏和运输的技术要求。 本标准适用于黄瓜、苦瓜、丝瓜、西葫芦、南瓜、冬瓜和瓠瓜的采后处理及产地贮藏，其他瓜类蔬菜可参照执行。
NY/T 1588—2008	苦瓜等级规格	本标准规定了苦瓜的等级和规格要求、包装、标识和图片。 本标准适用于鲜食白皮苦瓜和青皮苦瓜。
SB/T 11029—2013	瓜类蔬菜流通规范	本标准规定了瓜类蔬菜的商品质量基本要求、商品等级、包装、标识和流通过程要求。 本标准适用于黄瓜、苦瓜、丝瓜等瓜类蔬菜的流通，其他瓜类蔬菜的流通可参照执行。
SB/T 10451—2007	苦瓜购销等级要求	本标准规定了苦瓜购销的术语和定义、基本要求、卫生要求、等级划分、试验方法、检验规则、加工、包装、标志、贮存和运输。 本标准适用于生鲜苦瓜购销。
SN/T 0626. 8—2017	出口速冻蔬菜检验规程　第 8 部分：瓜类	SN/T 0626 的本部分规定了出口速冻瓜类蔬菜的抽样、检验方法及检验结果的判定。 本部分适用于以新鲜瓜类蔬菜（包括黄瓜、苦瓜、丝瓜、越瓜、番木瓜、冬瓜、南瓜等）为原料加工而成的速冻瓜类蔬菜的检验。
SN/T 4047—2014	出口食品中对羟基苯甲酸酯的测定	本标准规定了出口食品中对羟基苯甲酸甲酯、对羟基苯甲酸乙酯、对羟基苯甲酸异丙酯、对羟基苯甲酸丙酯、对羟基苯甲酸异丁酯、对羟基苯甲酸丁酯含量的高效液相色谱和高效液相色谱-质谱/质谱检测方法。 本标准适用于苦瓜、苹果、肉罐头、苹果酱、豆沙馅料、醋、酱油、豆瓣酱、牛奶、乳味饮料、胡萝卜汁、橙汁和碳酸饮料等食品中 6 种对羟基苯甲酸酯含量的高效液相色谱法和高效液相色谱-质/质谱法测定。
2. 丝瓜		
GB/T 23416. 3—2009	蔬菜病虫害安全防治技术规范　第 3 部分：瓜类	GB/T 23416 的本部分规定了瓜类蔬菜常见病虫害的种类、防治原则、农业防治、物理防治、生物防治和化学防治。 本部分适用于黄瓜、冬瓜、南瓜、笋瓜、西葫芦、黑子南瓜、灰子南瓜、西瓜、甜瓜、越瓜、菜瓜、丝瓜、苦瓜、瓠瓜、节瓜、蛇瓜、佛手瓜等瓜类蔬菜的病虫害防治。
GB/T 36781—2018	瓜类种传病毒检疫鉴定方法	本标准规定了瓜类作物上 5 种常见种传病毒——黄瓜绿斑驳花叶病毒（*Cucumber green mottle mosaic virus*，CGMMV）、黄瓜花叶病毒（*Cucumber mosaic virus*，CMV）、甜瓜坏死斑病毒（*Melon necrotic spot virus*，MNSV）、南瓜花叶病毒（*Squas hmosaic virus*，SqMV）和小西葫芦黄花叶病毒（*Zucchini yellow mosai cvirus*，ZYMV）的检测方法，规定了马铃薯 Y 病毒科（*Potyviridae*）、烟草花叶病毒属（*Tobamovirus*）和南方菜豆花叶病毒属（*Sobemovirus*）的分子鉴定方法。 本标准适用于西瓜（*Citrullus vulgaris*）、甜瓜（*Cucumis melo*）、黄瓜（*Cucumis sativus*）、南瓜（*Cucurbita moschata*）、瓠瓜（*Lagenaria siceraria*）、西葫芦（*Cucurbita pepo*）、笋瓜（*Cucurbita maxima*）、苦瓜（*Momordica charantia*）和丝瓜（*Luffa cylindrica*）等瓜类作物种子的检疫鉴定。
NY/T 776—2004	丝瓜	本标准规定了丝瓜的要求、试验方法、检验规则、标志、包装、运输和贮存。 本标准适用于丝瓜的生产、收购和流通。
NY/T 747—2020	绿色食品　瓜类蔬菜	本标准规定了绿色食品瓜类蔬菜的要求、检验规则、标签、包装、运输和储存。 本标准适用于绿色食品瓜类蔬菜，包括黄瓜、冬瓜、节瓜、南瓜、笋瓜、西葫芦、越瓜、菜瓜、丝瓜、苦瓜、瓠瓜、蛇瓜、佛手瓜等。
NY/T 2501—2013	植物新品种特异性、一致性和稳定性测试指南　丝瓜	本标准规定了丝瓜新品种特异性、一致性和稳定性测试的技术要求和结果判定的一般原则。 本标准适用于丝瓜属（*Luffa* spp.）普通丝瓜［*Luffa cylindrica*（L.）M. J. Rome.］和有棱丝瓜［*Luffa acutangula*（L.）Roxb.］新品种特异性、一致性和稳定性测试和结果判定。

标准号	标准名称	摘要
NY/T 2790—2015	瓜类蔬菜采后处理与产地贮藏技术规范	本标准规定了瓜类蔬菜的采收、分级、包装、预冷、产地贮藏和运输的技术要求。 本标准适用于黄瓜、苦瓜、丝瓜、西葫芦、南瓜、冬瓜和瓠瓜的采后处理及产地贮藏，其他瓜类蔬菜可参照执行。
NY/T 1982—2011	丝瓜等级规格	本标准规定了丝瓜等级规格的要求、抽样方法、包装和标识。 本标准适用于丝瓜等级规格的划分。
SB/T 11029—2013	瓜类蔬菜流通规范	本标准规定了瓜类蔬菜的商品质量基本要求、商品等级、包装、标识和流通过程要求。 本标准适用于黄瓜、苦瓜、丝瓜等瓜类蔬菜的流通，其他瓜类蔬菜的流通可参照执行。
SN/T 0626.8—2017	出口速冻蔬菜检验规程 第8部分：瓜类	SN/T0626 的本部分规定了出口速冻瓜类蔬菜的抽样、检验方法及检验结果的判定。 本部分适用于以新鲜瓜类蔬菜（包括黄瓜、苦瓜、丝瓜、越瓜、番木瓜、冬瓜、南瓜等）为原料加工而成的速冻瓜类蔬菜的检验。
3. 西葫芦		
GB/T 26430—2010	水果和蔬菜 形态学和结构学术语	本标准界定了凤梨、芹菜、辣根、芜菁甘蓝、青花菜、花椰菜、抱子甘蓝、球茎甘蓝、辣椒、菊苣、西瓜、榛子、甜瓜、西葫芦、朝鲜蓟、胡桃、结球生菜、香蕉、菜豆、豌豆、萝卜（原变种）、菊牛蒡、茄子、菠菜、婆罗门参、蚕豆、玉米的形态学和结构学术语。
GB/T 23416.3—2009	蔬菜病虫害安全防治技术规范 第3部分：瓜类	GB/T 23416 的本部分规定了瓜类蔬菜常见病虫害的种类、防治原则、农业防治、物理防治、生物防治和化学防治。 本部分适用于黄瓜、冬瓜、南瓜、笋瓜、西葫芦、黑子南瓜、灰子南瓜、西瓜、甜瓜、越瓜、菜瓜、丝瓜、苦瓜、瓠瓜、节瓜、蛇瓜、佛手瓜等瓜类蔬菜的病虫害防治。
GB/T 37279—2018	进出境瓜类种子检疫规程 细菌	本标准规定了西瓜、甜瓜、黄瓜及西葫芦等瓜类种子（病原细菌部分）的检疫方法。 本标准适用于西瓜、甜瓜、黄瓜及西葫芦等瓜类种子携带细菌的检疫、处理与放行。
GB/T 36781—2018	瓜类种传病毒检疫鉴定方法	本标准规定了瓜类作物上5种常见种传病毒——黄瓜绿斑驳花叶病毒（*Cucumber green mottle mosaic virus*, CGMMV）、黄瓜花叶病毒（*Cucumber mosaic virus*, CMV）、甜瓜坏死斑病毒（*Melon necrotic spot virus*, MNSV）、南瓜花叶病毒（*Squas hmosaic virus*, SqMV）和小西葫芦黄花叶病毒（*Zucchini yellow mosai cvirus*, ZYMV）的检测方法，规定了马铃薯Y病毒科（*Potyviridae*）、烟草花叶病毒属（*Tobamovirus*）和南方菜豆花叶病毒属（*Sobemovirus*）的分子鉴定方法。 本标准适用于西瓜（*Citrullus vulgaris*）、甜瓜（*Cucumis melo*）、黄瓜（*Cucumis sativus*）、南瓜（*Cucurbita moschata*）、瓠瓜（*Lagenaria siceraria*）、西葫芦（*Cucurbita pepo*）、笋瓜（*Cucurbita maxima*）、苦瓜（*Momordica charantia*）和丝瓜（*Luffa cylindrica*）等瓜类作物种子的检疫鉴定。
NY/T 747—2020	绿色食品 瓜类蔬菜	本标准规定了绿色食品瓜类蔬菜的要求、检验规则、标签、包装、运输和储存。 本标准适用于绿色食品瓜类蔬菜，包括黄瓜、冬瓜、节瓜、南瓜、笋瓜、西葫芦、越瓜、菜瓜、丝瓜、苦瓜、瓠瓜、蛇瓜、佛手瓜等。
NY/T 2343—2013	植物新品种特异性、一致性和稳定性测试指南 西葫芦	本标准规定了西葫芦新品种特异性、一致性和稳定性测试的技术要求和结果判定的一般原则。 本标准适用于西葫芦（*Cucurbita pepo* L.）所有品种。
NY/T 5220—2004	无公害食品 西葫芦生产技术规程	本标准规定了无公害食品西葫芦生产的产地环境、生产技术、病虫害防治、采收及生产档案。 本标准适用于无公害食品西葫芦的生产。
NY/T 1837—2010	西葫芦等级规格	本标准规定了西葫芦的等级规格的要求、抽样方法、包装、标识和参考图片。 本标准适用于鲜食西葫芦。
SB/T 10789—2012	西葫芦流通规范	本标准规定了鲜食西葫芦流通的商品质量基本要求、商品等级、包装、标识和流通过程要求。 本标准适用于鲜食西葫芦流通的经营和管理。

标准号	标准名称	摘要
SN/T 3439—2012	小西葫芦绿斑驳花叶病毒检疫鉴定方法	本标准规定了小西葫芦绿斑驳花叶病毒检疫鉴定的血清学和分子生物学检测方法。 本标准适用于可能携带小西葫芦绿斑驳花叶病毒的葫芦科作物种子和种苗的检疫。
SN/T 4632—2016	小西葫芦黄花叶病毒检疫鉴定方法	本标准规定了小西葫芦黄花叶病毒的检疫鉴定方法。 本标准适用于进出境种子、苗木、组培苗等植物性繁殖材料及新鲜或保鲜瓜果中小西葫芦黄花叶病毒的检疫鉴定。

八、多年生及杂类

标准号	标准名称	摘要
1. 芦笋		
GB/T 16870—2009	芦笋　贮藏指南	本标准规定了保存芦笋的条件及达到条件的办法。 本标准适用于贮藏后的芦笋直接消费、生产加工。
GB/T 17980.29—2000	农药　田间药效试验准则（一）杀菌剂防治蔬菜锈病	本标准规定了杀菌剂防治蔬菜锈病田间药效小区试验的方法和基本要求，其中包括：菜豆锈病、大蒜锈病和葱类锈病，芦笋锈病、蚕豆锈病。 本标准适用于杀菌剂防治蔬菜锈病的登记用田间药效小区试验及药效评价。其他田间药效试验参照本标准执行。
GB 23200.77—2016	食品安全国家标准　食品中苄螨醚残留量的检测方法	本标准规定了食品中苄螨醚残留量检测的气相色谱测定和气相色谱-质谱确证的方法。 本标准适用于芦笋、马铃薯、葱、梨、桃、玉米、荞麦、茶叶、食醋、蜂蜜、核桃仁、兔肉、鸡肝、虾仁、鸡肉中苄螨醚残留量的测定，其他食品可参照执行。
GB 23200.60—2016	食品安全国家标准　食品中炔草酯残留量的检测方法	本标准规定了食品中炔草酯残留量检测的气相色谱测定和气相色谱-质谱确证的方法。 本标准适用于芦笋、马铃薯、葱、梨、桃、玉米、荞麦、茶叶、食醋、蜂蜜、核桃仁、兔肉、鸡肝、虾仁、鸡肉中炔草酯残留量的检测，其他食品可参照执行。
GB/T 13208—2008	芦笋罐头	本标准规定了芦笋罐头的产品分类及代号、技术要求、试验方法、检验规则、标签以及包装、运输和贮存要求。 本标准适用于芦笋罐头的生产、销售和监督检查。
NY/T 760—2004	芦笋	本标准规定了芦笋的术语和定义、产品分类、要求、试验方法、检验规则、包装与标志、运输与贮存。 本标准适用于鲜芦笋。
NY/T 1326—2015	绿色食品　多年生蔬菜	本标准规定了绿色食品多年生蔬菜的要求、检验规则、标签、包装、运输和贮存。 本标准适用于绿色食品多年生蔬菜，包括芦笋、百合、菜用枸杞、黄秋葵、襄荷、莱蓟、辣根、食用大黄等的新鲜产品。
NY/T 2496—2013	植物新品种特异性、一致性和稳定性测试指南　芦笋	本标准规定了芦笋（*Asparagus officinalis* L.）新品种特异性、一致性和稳定性测试的技术要求和结果判定的一般原则。 本标准适用于芦笋新品种特异性、一致性和稳定性测试和结果判定。
NY/T 5231—2004	无公害食品　芦笋生产技术规程	本标准规定了无公害食品芦笋生产的术语和定义、产地环境、生产技术、病虫害防治、采收及生产档案。 本标准适用于无公害食品芦笋生产。
NY/T 3571—2020	芦笋茎枯病抗性鉴定技术规程	本标准规定了芦笋抗茎枯病（asparagus stem blight）病原物接种体制备、抗病性鉴定和抗性评价标准。 本标准适用于芦笋品种及种质资源对茎枯病抗性鉴定。
NY/T 3570—2020	多年生蔬菜贮藏保鲜技术规程	本标准规定了多年生蔬菜储藏保鲜的采收和质量要求、储藏设施、预冷、分级与包装、堆码、储藏、出库及运输等技术要求。 本标准适用于芦笋、黄秋葵、食用百合、香椿的储藏保鲜。

标准号	标准名称	摘要
NY/T 1585—2008	芦笋等级规格	本标准规定了芦笋等级和规格的要求、包装、标识和图片。 本标准适用于鲜销的芦笋。
SB/T 10966—2013	芦笋流通规范	本标准规定了芦笋的商品质量基本要求，商品等级、包装、标识和流通过程要求。 本标准适用于白芦笋和绿芦笋的流通经营和管理，其他类型的芦笋可参照执行。
SN/T 0626.3—2015	出口速冻蔬菜检验规程　芦笋类	SN/T 0626 的本部分规定了出口速冻芦笋类蔬菜的术语和定义、取样、检验、检验结果判定、不合格处置、复验及检验有效期。 本部分适用于出口速冻白芦笋条、白芦笋段、绿芦笋条、绿芦笋段、段状带尖白、绿芦笋等产品的检验。
SN/T 2473—2010	芦笋枯萎病菌检疫鉴定方法	本标准规定了芦笋（*Asparagus officinalis* Linn）种子及新鲜芦笋组织上的芦笋枯萎病菌（*Fusarium oxysporum Schlecht*. f. sp. *asparagi* Cohen & Heald）的检疫和鉴定方法。 本标准适用于对来自芦笋枯萎病疫区的芦笋种子和新鲜芦笋组织的检疫。
SN/T 2432—2010	进出口食品中哒螨灵残留量的检测方法	本标准规定了进出口食品中哒螨灵残留量检测的气相色谱测定和气相色谱-质谱确证的方法。 本标准适用于芦笋、马铃薯、葱、梨、桃、玉米、荞麦、茶叶、食醋、蜂蜜、核桃仁、兔肉、鸡肝、虾仁、鸡肉中哒螨灵残留量的检测。
SN/T 4591—2016	出口水果蔬菜中脱落酸等 60 种农药残留量的测定　液相色谱-质谱/质谱法	本标准规定了水果蔬菜中脱落酸、对氯苯氧乙酸（4-CPA）、2-甲-4-氯苯氧乙酸（MCPA）、2-(4-氯苯氧基)丙酸（4-CPP）、2-萘氧乙酸、2-甲-4 氯氧基丙酸（MCPP）、2,4-二氯苯氧乙酸（2,4-D）、噻苯隆、6-苄氨基嘌呤、2-甲-4-氯苯氧基丁酸（MCPB）、2,4-滴丙酸、特乐酚、苯达松、氯吡脲、2,4,5-三氯苯氧乙酸（2,4,5-T）、氟草烟、绿草定、五氯苯酚、噻酰菌胺、2,4,5-涕丙酸、环丙酸酰胺、溴苯腈、甲基咪草烟、咪草烟、抑草生、环酰菌胺、甲氧咪草烟、灭幼脲、除虫脲、灭草喹、麦草氟、氯甲酰草胺、嘧草硫醚、氟草灵、噁唑禾草灵、氟吡草腙、喹禾灵、氟幼脲、赤霉酸（GA_3）、氨磺乐灵、杀铃脲、双氟磺草胺、三氟羧草醚、吡氟氯禾灵、碘苯腈、氟苯脲、磺菌胺、双草醚、氰虫腈、氟磺胺草醚、氟铃脲、氟啶胺、氟虫脲、氟酰脲、啶蜱脲、虱螨脲、噻呋菌胺、氟啶脲、氟虫双酰胺 60 种农药残留量的液相色谱-质谱/质谱检测方法。 本标准适用于苹果、桃子、大葱、西红柿、西兰花、菠菜、芦笋、荷兰豆、胡萝卜、香菇、橙、葡萄、猕猴桃中上述 60 种农药残留量的筛选检测。
SN/T 2152—2008	进出口食品中氟铃脲残留量检测方法　高效液相色谱-质谱/质谱法	本标准规定了进出口食品中氟铃脲残留量的液相色谱-质谱/质谱检测方法。 本标准适用于大米、大豆、番茄、洋葱、蘑菇、苹果、草莓、芦笋、胡萝卜、紫苏叶、花生、板栗、鸡肉、牛肉和猪肾中氟铃脲残留量的测定和确证。
SN/T 2147—2008	进出口食品中硫线磷残留量的检测方法	本标准规定了进出口食品中硫线磷残留量的气相色谱测定和气相色谱-质谱确证方法。 本标准适用于芦笋、马铃薯、大葱、苹果、桃、玉米、荞麦、茶叶、食醋、蜂蜜、核桃仁、兔肉、鸡肝和虾仁中硫线磷残留量的测定和确证。
2. 秋葵		
NY/T 1326—2015	绿色食品　多年生蔬菜	本标准规定了绿色食品多年生蔬菜的要求、检验规则、标签、包装、运输和贮存。 本标准适用于绿色食品多年生蔬菜，包括芦笋、百合、菜用枸杞、黄秋葵、襄荷、菜蓟、辣根、食用大黄等的新鲜产品。

标准号	标准名称	摘要
NY/T 1325—2015	绿色食品　芽苗类蔬菜	本标准规定了绿色食品芽苗类蔬菜的要求、检验规则、标签、包装、运输和贮存。 本标准适用于绿色食品种芽类芽苗菜，包括绿豆芽、黄豆芽、黑豆芽、青豆芽、红豆芽、蚕豆芽、红小豆芽、豌豆苗、花生芽、苜蓿芽、小扁豆芽、萝卜芽、菘蓝芽、沙芥芽、芥菜芽、芥蓝芽、白菜芽、独行菜芽、种芽香椿、向日葵芽、荞麦芽、胡椒芽、紫苏芽、水芹芽、小麦苗、胡麻芽、蕹菜芽、芝麻芽、黄秋葵芽等。
NY/T 3057—2016	植物品种特异性、一致性和稳定性测试指南　黄秋葵（咖啡黄葵）	本标准规定了黄秋葵（咖啡黄葵）［*Abelmoschus esculentus*（L.）Moench.］品种特异性、一致性和稳定性测试的技术要求和结果判定的一般原则。 本标准适用于黄秋葵（咖啡黄葵）品种特异性、一致性和稳定性测试和结果判定。
NY/T 3570—2020	多年生蔬菜贮藏保鲜技术规程	本标准规定了多年生蔬菜储藏保鲜的采收和质量要求、储藏设施、预冷、分级与包装、堆码、储藏、出库及运输等技术要求。 本标准适用于芦笋、黄秋葵、食用百合、香椿的储藏保鲜。
NY/T 3270—2018	黄秋葵等级规格	本标准规定了黄秋葵（*Abelmoschus esculentus*）等级规格的术语和定义、要求、检验规则、包装、标识。 本标准适用于鲜食黄秋葵等级规格的划分。
3. 竹笋		
GB/T 30762—2014	主要竹笋质量分级	本标准规定了竹笋的术语和定义、质量指标、试验方法、检验规则、标志、标签、包装与贮存。 本标准适用于生产和销售的毛竹春笋、毛竹冬笋、麻竹笋、早竹笋、绿竹笋、苦竹笋。
KJ 201904	水发产品中甲醛的快速检测	本方法规定了水发产品及其浸泡液中甲醛的快速检测方法。本方法适用于银鱼、鱿鱼、牛肚、竹笋等水发产品及其浸泡液中甲醛的快速测定。
LY/T 2337—2014	毛竹笋栽培技术规程	本标准规定了毛竹（*Phyllostachys edulis*）笋栽培的产地环境、竹林培育技术、竹笋采收。 本标准适用于毛竹笋标准化栽培。
LY/T 2043—2012	寿竹笋用林栽培技术规程	本标准规定了寿竹笋用林育苗、造林、抚育管理、竹笋采收等技术要求。 本标准适用于西南地区及相似地域条件的寿竹笋用林栽培。
LY/T 1769—2008	苦竹笋用林培育技术规程	本标准规定了苦竹（*Pleioblastus maculatus*）笋用林培育的术语、种苗繁殖、栽培技术、经营管理、病虫害防治和竹笋采收。 本标准适用于全国苦竹笋用林的栽培和经营管理。其他与苦竹生物学、生态学特性相近似的笋用竹种可参照使用。
LY/T 1834—2014	早竹笋用林丰产栽培技术规程	本标准规定了早竹笋用林术语和定义、产地环境及竹林营造、幼林管护、成林丰产培育、覆盖早出高产培育、病虫害防治、竹笋采收、退化竹林改造等技术。 本标准适用于早竹丰产栽培。
LY/T 2624—2016	笋用丛生竹培育技术规程	本标准规定了笋用丛生竹培育的术语和定义，竹林营造、幼林抚育、成林管理、病虫害防治和竹林减灾等技术内容。 本标准适用于我国南方丛生竹笋用林的培育。
LY/T 2138—2013	早竹笋生产技术规程及产品质量等级	本标准规定了早竹［*Phyllostachys violascens*（Carr.）A. et C. Riv.］生产技术的术语和定义、建园、幼林管护、成林丰产培育、覆盖早出高产培育、有害生物防治、竹笋采收，及其质量要求、试验方法、检验规则、包装与标志、运输与贮存。 本标准适用于早竹笋的生产栽培以及生产和销售。
LY/T 2800—2017	经济林产品质量安全监测技术规程	本标准适用于坚果、食用菌、油茶籽、竹笋等四类经济林产品的质量安全监测。
NY/T 1048—2012	绿色食品　笋及笋制品	本标准规定了绿色食品笋及笋制品的术语和定义、要求、试验方法、检验规则、标志、标签、包装、运输和贮存。 本标准适用于绿色食品笋及笋制品（包括鲜竹笋、保鲜竹笋、方便竹笋及竹笋干等）。

标准号	标准名称	摘要
NY/T 5233—2004	无公害食品　竹笋生产技术规程	本标准规定了无公害食品竹笋干的术语和定义、要求、加工工艺与质量监控、管理制度等。 本标准适用于无公害食品竹笋干加工过程。
NY/T 3607—2020	农产品中生氰糖苷的测定　液相色谱-串联质谱法	本标准规定了农产品中生氰糖苷的测定方法的原理、试剂和材料、仪器和设备、试样制备、分析步骤、结果计算及精密度等内容。 本标准适用于木薯、亚麻籽、苦杏仁、竹笋、高粱等含氰化物农产品中8种生氰糖苷类化合物含量的测定。
QB/T 1406—2014	竹笋罐头	本标准规定了竹笋罐头的术语和定义、产品分类及代号、要求、试验方法、检验规则和标志、包装、运输、贮存。 本标准适用于以小竹笋、毛笋、麻笋、冬笋等可食用竹笋为主要原料，经原料预处理、装罐、调味或不调味、密封、杀菌、冷却而制成的竹笋罐藏食品。
QB/T 3620—1999	油焖笋罐头	本标准规定了油焖笋罐头的产品分类、技术要求、试验方法、检验规则和标志、包装、运输、贮存的基本要求。 本标准适用于以龙须笋、淡竹笋为原料，经整理、调味、焖烤、装罐、密封、杀菌制成的油焖笋罐头。
SN/T 1352—2004	出口鲜竹笋检验规程	本标准规定了出口鲜竹笋的抽样、检验、结果判定方法和检验有效期。 本标准适用于出口鲜竹笋的检验。
4. 紫萁（薇菜）		
SN/T 1006—2001	进出口薇菜干检验规程	本标准规定了进出口薇菜干的定义、抽样、品质检验、质量检验和包装及标志检验。 本标准适用于进出口薇菜干的检验。
LY/T 2464—2015	薇菜生产技术规程	本标准规定了薇菜的术语和定义、栽培管理、田间管理、病虫害防治、采收、干制、包装和贮运以及档案记录的技术要求。 本标准适用于东北地区的林间栽培薇菜，原株为分株紫萁（*Osmunda cinnamomea* L.），西南地区分株紫萁的林间栽培可参照执行。
LY/T 2134—2013	森林食品　薇菜干	本标准界定了森林食品薇菜（*Osmunda cinnamomea* L. var. *asiatica* Fernald）的术语和定义，规定了森林食品薇菜的要求、试验方法、检验规则及标志、包装、贮存和运输。 本标准适用于森林环境下生长的薇菜，经烫焯、多次搓揉后干制的薇菜制品。

第二章　特 种 水 果

水果，是指水分多且主要味觉为甜味和酸味、可食用的植物果实。在人类食用水果的漫长历史中，水果以其千百种独特的滋味，征服了人类的味蕾。在物质生活日益丰富的今天，除了人们熟悉的苹果、梨、香蕉等传统水果，各种奇特水果的出现，不断带给我们更多新鲜的体验。特种水果目前尚未有被广泛接受的定义，区别于大宗水果，特种水果种植和分布面积相对较小，主要分布在我国海南、广东、广西、云南、贵州和台湾等南方地区。特种水果感官诱人、外形及色泽新奇、口味独特，富含多种维生素、花青素、多酚、类胡萝卜素等生物活性成分，具有降血压、降低胆固醇、保护眼睛、延缓衰老、细胞修护、抗癌等多种功效。如我国云贵湘川等地特有的刺梨，维生素 C（每百克）含量极高，是苹果的 800 倍、香蕉的 400 倍、猕猴桃的 10 倍，被称为“维 C 之王”。原产于墨西哥和中美洲的鳄梨，含多种维生素和蛋白质，被称为“森林黄油”，近年来成为健身、美容爱好者的首选，中国进口的牛油果从 2010 年的 2 吨，至 2017 年增长到 32 100 吨，7 年间增长了约 1.6 万倍，市场前景十分可观，现在我国南方的广东、海南等地也有栽培。西番莲原产于安的列斯群岛，现广植于我国热带和亚热带地区，含有人体所需 17 种氨基酸、多种维生素和类胡萝卜素，还有丰富的钙、磷、铁等微量元素，兼具食用、药用、观赏功能，出众的果香使其在食品加工中脱颖而出，被誉为“果汁之王”。本章选取代表性的特种水果共 37 种，依据在我国的主要分布区域，将所列水果分为热带及亚热带水果和其他两大类。本章汇编了截至 2021 年 6 月 17 日现行有效的相关国家及行业标准共计 397 项，标准内容涵盖水果品种的定义、种质资源描述及品种审定规范、栽培嫁接技术、常见病虫害鉴定及防治方法、储运保鲜技术、等级标准、果汁和罐头等相关水果制品的加工生产规范等。水果种类繁多，还有许多被人们熟知的水果，如常见水果的新品种或在我国未有规模种植的水果，由于没有相关现行标准，在此暂不列出。

一、热带及亚热带水果

标准号	标准名称	摘要
1. 鳄梨		
GB/T 36848—2018	鳄梨日斑类病毒检疫鉴定方法	本标准规定了鳄梨日斑类病毒逆转录聚合酶链式反应（RT-PCR）和往复双向聚丙烯酰胺凝胶电泳的检疫鉴定方法。 本标准适用于可能携带鳄梨日斑类病毒的植物及其果实的检疫鉴定。
GB/T 29395—2012	鳄梨象检疫鉴定方法	本标准明确了鳄梨象的检测、饲养和室内鉴定等方法。 本标准适用于进出境植物检疫中鳄梨象的检测、饲养和鉴定。
SN/T 4997—2017	鳄梨织蛾检疫鉴定方法	该标准全文未在全国标准信息公共服务或其他行业标准服务公众平台备案。
SN/T 4080—2014	鳄梨蓟马检疫鉴定方法	本标准规定了鳄梨蓟马 *Scirtothrips perseae* Nakahara 的检疫鉴定方法。 本标准适用于鳄梨蓟马的检疫和鉴定。
SN/T 3277—2012	鳄梨日斑类病毒检疫鉴定方法	本标准规定了进境植物检疫中对鳄梨日斑类病毒的 RT-PCR、往返聚丙烯酰胺凝胶电泳和生物学测定三种检疫鉴定方法。 本标准适用于进出境鳄梨种苗中鳄梨日斑类病毒的检疫鉴定。

标准号	标准名称	摘要
SN/T 2684—2010	中美英象检疫鉴定方法	本标准规定了进境植物检疫中中美英象 *Heilipus pittieri* Barber 的检疫和鉴定方法。 本标准适用于来自美洲地区的鳄梨检疫过程中中美英象的检疫和鉴定。
2. 番荔枝		
NY/T 950—2006	番荔枝	本标准规定了番荔枝的术语和定义、要求、试验方法、检验规则、标志、包装、贮存和运输。 本标准适用于鲜食的番荔枝，不适用于加工用的番荔枝。
NY/T 750—2020	绿色食品　热带、亚热带水果	本标准规定了绿色食品热带、亚热带水果的术语和定义、要求、检验规则、标签、包装、运输和储存。 本标准适用于绿色食品热带和亚热带水果，包括荔枝、龙眼、香蕉、菠萝、芒果、枇杷、黄皮、番木瓜、番石榴、杨梅、杨桃、橄榄、红毛丹、毛叶枣、莲雾、人心果、西番莲、山竹、火龙果、菠萝蜜、番荔枝和青梅。
NY/T 1809—2009	番荔枝　种质资源描述规范	本标准规定了番荔枝科（Annonaceae）番荔枝属（*Annona*）种质资源描述的要求与方法。 本标准适用于番荔枝种质资源描述。
NY/T 1399—2007	番荔枝嫁接苗	本标准规定了番荔枝嫁接苗的术语和定义、要求、试验方法、检验规则、标识、包装、运输和贮存。 本标准适用于番荔枝嫁接苗。
NY/T 2054—2011	番荔枝抗病性鉴定技术规程	本标准规定了番荔枝（*Annona*）品种对根腐病、炭疽病和焦腐病的抗病性鉴定技术方法和评价标准。 本标准适用于番荔枝（*Annona*）品种对根腐病、炭疽病和焦腐病抗病性的田间鉴定与室内鉴定。
NY/T 2319—2013	热带水果电子束辐照加工技术规范	本标准规定了热带水果电子束辐照加工的辐照前、辐照、辐照后的技术要求，以及贮运和标签的规范要求。 本标准适用于以检疫除害为目的的芒果、莲雾、番荔枝、番石榴和杨桃等热带水果的电子束辐照处理。
3. 番木瓜		
GB/T 32717—2016	番木瓜长尾实蝇检疫鉴定方法	本标准规定了番木瓜长尾实蝇 *Toxotrypana curvicauda* Gerstaecker 的检疫鉴定方法。 本标准适用于进境植物检疫工作中的番木瓜长尾实蝇的检疫鉴定。
NY/T 691—2018	番木瓜	本标准规定了番木瓜（*Carica Papaya* L.）鲜果的术语和定义、技术要求、试验方法、检验规则以及包装、标志、标识、储存和运输。 本标准适用于番木瓜鲜果。
NY/T 750—2020	绿色食品　热带、亚热带水果	本标准规定了绿色食品热带、亚热带水果的术语和定义、要求、检验规则、标签、包装、运输和储存。 本标准适用于绿色食品热带和亚热带水果，包括荔枝、龙眼、香蕉、菠萝、芒果、枇杷、黄皮、番木瓜、番石榴、杨梅、杨桃、橄榄、红毛丹、毛叶枣、莲雾、人心果、西番莲、山竹、火龙果、菠萝蜜、番荔枝和青梅。
NY/T 2519—2013	植物新品种特异性、一致性和稳定性测试指南　番木瓜	本标准规定了番木瓜属（Carica）番木瓜（*Carica papaya* L.）新品种特异性、一致性和稳定性测试的技术要求和结果判定的一般原则。 本标准适用于番木瓜新品种特异性、一致性和稳定性测试及结果判定。 本标准测试主体为长圆形两性株植株。
NY/T 3809—2020	热带作物种质资源描述规范　番木瓜	本标准规定了番木瓜（*Carica papaya* L.）种质资源描述以及相关信息记录的内容、要求和方法。
NY/T 1438—2007	番木瓜种苗	本标准规定了番木瓜（*Cacrica papaya* L.）种苗的术语和定义、要求、试验方法、检测规则、包装、标签和运输。 本标准适用于番木瓜种苗。
NY/T 1697—2009	番木瓜病虫害防治技术规范	本标准规定了番木瓜（*Carica papaya* Linn.）病虫害防治技术规范的术语和定义、防治对象及防治要求等技术。 本标准适用于我国番木瓜主要病虫害的防治。
NY/T 2668.10—2018	热带作物品种试验技术规程　第10部分：番木瓜	本部分规定了番木瓜（*Carica papaya* L.）的品种比较试验、区域试验和生产试验的方法。 本部分适用于番木瓜品种试验。

标准号	标准名称	摘要
NY/T 2667. 10—2018	热带作物品种审定规范　第 10 部分：番木瓜	本部分规定了番木瓜（*Carica papaya* L.）品种审定的审定要求、判定规则和审定程序。 本部分适用于番木瓜品种的审定。
NY/T 3026—2016	鲜食浆果类水果采后预冷保鲜技术规程	本标准规定了鲜食浆果类果品的术语和定义、基本要求、预冷和储藏。 本标准适用于葡萄、猕猴桃、草莓、蓝莓、树莓、蔓越莓、无花果、石榴、番石榴、醋栗、穗醋栗、杨桃、番木瓜、人心果等鲜食浆果类果品的采后预冷和储藏保鲜。
SN/T 4986—2017	出口番木瓜蒸热处理操作技术规程	该标准全文未在全国标准信息公共服务或其他行业标准服务公众平台备案。
SN/T 0626. 8—2017	出口速冻蔬菜检验规程　第 8 部分：瓜类	SN/T 0626 的本部分规定了出口速冻瓜类蔬菜的抽样、检验方法及检验结果的判定。 本部分适用于以新鲜瓜类蔬菜（包括黄瓜、苦瓜、丝瓜、越瓜、番木瓜、冬瓜、南瓜等）为原料加工而成的速冻瓜类蔬菜的检验。
SN/T 3729. 5—2013	出口食品及饮料中常见水果品种的鉴定方法　第 5 部分：木瓜成分检测　实时荧光 PCR 法	SN/T 3729 的本部分规定了出口食品和饮料（油、酒精等精加工食品除外）中木瓜（番木瓜）成分的实时荧光 PCR 检测方法。 本部分适用于果汁、果酱及其他以水果为原辅料的食品中木瓜（番木瓜）成分的定性检测。本部分所规定方法的最低检出限（LOD）为 1%（质量分数）。
4. 番石榴		
NY/T 518—2002	番石榴	本标准规定了番石榴的要求、试验方法、检验规则、标志、标签、包装、运输和贮存。 本标准适用于处理和包装后番石榴鲜果的质量评定和贸易。 本标准不适用于加工用的番石榴。
NY/T 750—2020	绿色食品　热带、亚热带水果	本标准规定了绿色食品热带、亚热带水果的术语和定义、要求、检验规则、标签、包装、运输和储存。 本标准适用于绿色食品热带和亚热带水果，包括荔枝、龙眼、香蕉、菠萝、芒果、枇杷、黄皮、番木瓜、番石榴、杨梅、杨桃、橄榄、红毛丹、毛叶枣、莲雾、人心果、西番莲、山竹、火龙果、菠萝蜜、番荔枝和青梅。
NY/T 3812—2020	热带作物种质资源描述规范　番石榴	本标准规定了桃金娘科（Myrtaceac）番石榴属（*Psidium*）中的番石榴（*Psidium guajava* L.）种质资源描述的要求和描述方法。 本标准适用于番石榴种质资源的描述。
NY/T 689—2003	番石榴　嫁接苗	本标准规定了番石榴（*Psidium guajava* L.）嫁接苗的要求、试验方法、检验规则、包装、标志、贮存、运输。 本标准适用于番石榴的嫁接苗。
NY/T 2049—2011	香蕉、番石榴、胡椒、菠萝线虫防治技术规范	本标准规定了香蕉 *Musa paradisiaca* Linn.、番石榴 *Psidium guajava* L.、胡椒 *Piper nigrum* Linn. 与菠萝 *Ananas comosus*（L.）Merr. 线虫的防治原则、措施和方法。
NY/T 2045—2011	番石榴病虫害防治技术规范	本标准规定了番石榴（*Pasidium guajava* Linn.）主要病虫害防治原则、措施和方法。 本标准适用于番石榴产区的番石榴主要病虫害防治。
NY/T 3026—2016	鲜食浆果类水果采后预冷保鲜技术规程	本标准规定了鲜食浆果类果品的术语和定义、基本要求、预冷和储藏。 本标准适用于葡萄、猕猴桃、草莓、蓝莓、树莓、蔓越莓、无花果、石榴、番石榴、醋栗、穗醋栗、杨桃、番木瓜、人心果等鲜食浆果类果品的采后预冷和储藏保鲜。
NY/T 2319—2013	热带水果电子束辐照加工技术规范	本标准规定了热带水果电子束辐照加工的辐照前、辐照、辐照后的技术要求，以及贮运和标签的规范要求。 本标准适用于以检疫除害为目的的芒果、莲雾、番荔枝、番石榴和杨桃等热带水果的电子束辐照处理。
NY/T 291—1995	绿色食品　番石榴果汁饮料	本标准规定了绿色食品番石榴果汁饮料的术语、技术要求、试验方法、检验规则、标志、包装、运输、贮存。 本标准适用于获得绿色食品标志的番石榴果汁饮料。

标准号	标准名称	摘要
SN/T 1130.1—2002	出口番石榴叶检验检疫规程	本标准规定了出口番石榴叶的抽样、制样及检验检疫方法。 本标准适用于经晒干、紧压的出口番石榴叶的检验检疫。
5. 橄榄		
GB/T 17980.44—2000	农药 田间药效试验准则（一）除草剂防治果园杂草	本标准规定了除草剂防治果园杂草田间药效小区试验的方法和基本要求。 本标准适用于除草剂防治苹果、梨、柑桔、桃、李、樱桃、杏、橄榄、扁桃、荔枝、龙眼、栗树等果园以及坚果（包括榛子）果园杂草的登记用田间药效小区试验及药效评价。其他田间药效试验参照本标准执行。
NY/T 750—2020	绿色食品 热带、亚热带水果	本标准规定了绿色食品热带、亚热带水果的术语和定义、要求、检验规则、标签、包装、运输和储存。 本标准适用于绿色食品热带和亚热带水果，包括荔枝、龙眼、香蕉、菠萝、芒果、枇杷、黄皮、番木瓜、番石榴、杨梅、杨桃、橄榄、红毛丹、毛叶枣、莲雾、人心果、西番莲、山竹、火龙果、菠萝蜜、番荔枝和青梅。
NY/T 2668.16—2020	热带作物品种试验技术规程 第16部分：橄榄	本部分规定了橄榄［*Canarium album*（Lour.）Raeusch.］的品种比较试验、区域性试验和生产性试验的方法。 本部分适用于橄榄品种试验。
NY/T 2667.16—2020	热带作物品种审定规范 第16部分：橄榄	本部分规定了橄榄［*Canarium album*（Lour.）Racusch.］品种审定要求、判定规则和审定程序。 本部分适用于橄榄品种的审定。
NY/T 710—2003	橄榄制品	本标准规定了橄榄制品的产品分类、要求、试验方法、检验规则和标志、包装、运输、贮存等要求。 本标准适用于以青橄榄为原料、以白砂糖、食用盐及食品添加剂等为辅料，经加工后制成的橄榄制品。
SN/T 0654—2019	出口水果中克菌丹残留量的检测 气相色谱法和气相色谱-质谱/质谱法	本标准规定了出口水果中克菌丹残留量的气相色谱和气相色谱-质谱/质谱检测方法。 本标准适用于苹果、梨、橘子、橙子、桃、桑葚、葡萄、猕猴桃、草莓、橄榄、荔枝、芒果、香蕉、火龙果、西瓜、甜瓜等水果中克菌丹的测定。
6. 红毛丹		
NY/T 485—2002	红毛丹	本标准规定了红毛丹鲜果的要求、试验方法、检验规则、标志、标签、包装、运输与贮存。 本标准适用于红色果类和黄色果类的红毛丹鲜果的质量评定和贸易。
NY/T 750—2020	绿色食品 热带、亚热带水果	本标准规定了绿色食品热带、亚热带水果的术语和定义、要求、检验规则、标签、包装、运输和储存。 本标准适用于绿色食品热带和亚热带水果，包括荔枝、龙眼、香蕉、菠萝、芒果、枇杷、黄皮、番木瓜、番石榴、杨梅、杨桃、橄榄、红毛丹、毛叶枣、莲雾、人心果、西番莲、山竹、火龙果、菠萝蜜、番荔枝和青梅。
NY/T 5258—2004	无公害食品 红毛丹生产技术规程	本标准规定了红毛丹（*Nephelium lappaceum* L.）生产的园地选择与规划、品种选择、种植、土壤管理、水肥管理、树体管理、花果管理、病虫害防治以及采收等管理技术要求。 本标准适用于全国范围内的无公害红毛丹的生产。
QB/T 1380—2014	热带、亚热带水果罐头	本标准规定了热带、亚热带水果罐头的术语和定义、产品分类及代号、要求、试验方法、检验规则和标志、包装、运输、贮存。 本标准适用于龙眼罐头、杨梅罐头、椰果罐头、荔枝罐头和红毛丹罐头。 本标准不适用于菠萝罐头和柑橘罐头。
7. 黄皮		
LY/T 2045—2012	黄皮树栽培技术规程	本标准规定了黄皮树的分布与适生环境、苗木繁育、造林技术、树皮的采收与加工。 本标准适合黄皮树（*Ph. chinense* Schneid.，商品名为川黄柏）的药用栽培生产。

标准号	标准名称	摘要
NY/T 692—2020	黄皮	本标准规定了黄皮的术语和定义、要求、试验方法、检验规则、标志、标签、包装、储运和运输。 本标准适用于黄皮鲜果生产、检验和销售。
NY/T 750—2020	绿色食品　热带、亚热带水果	本标准规定了绿色食品热带、亚热带水果的术语和定义、要求、检验规则、标签、包装、运输和储存。 本标准适用于绿色食品热带和亚热带水果，包括荔枝、龙眼、香蕉、菠萝、芒果、枇杷、黄皮、番木瓜、番石榴、杨梅、杨桃、橄榄、红毛丹、毛叶枣、莲雾、人心果、西番莲、山竹、火龙果、菠萝蜜、番荔枝和青梅。
NY/T 1400—2007	黄皮嫁接苗	本标准规定了黄皮［*Clausena lansium*（Lour）Skeels］嫁接苗的术语和定义、要求、试验方法、检验规则、标识以及包装、运输和贮存。 本标准适用于黄皮嫁接苗。
8. 火龙果		
NY/T 750—2020	绿色食品　热带、亚热带水果	本标准规定了绿色食品热带、亚热带水果的术语和定义、要求、检验规则、标签、包装、运输和储存。 本标准适用于绿色食品热带和亚热带水果，包括荔枝、龙眼、香蕉、菠萝、芒果、枇杷、黄皮、番木瓜、番石榴、杨梅、杨桃、橄榄、红毛丹、毛叶枣、莲雾、人心果、西番莲、山竹、火龙果、菠萝蜜、番荔枝和青梅。
NY/T 3517—2019	热带作物种质资源描述规范　火龙果	本标准规定了仙人掌科（Cactaceac）量天尺属（*Hylocereus*）或蛇鞭柱属（*Selenicereus*）火龙果种质资源的基本信息、植物学性状、农艺性状、品质性状、抗逆性状、抗病虫性状的记载要求和描述方法。 本标准适用于火龙果种质资源的描述。
NY/T 3601—2020	火龙果等级规格	本标准规定了火龙果等级规格要求、评定方法、包装与标识及储运规定本标准适用于火龙果的等级规格划分本标准规定了火龙果等级规格要求、评定方法、包装与标识及储运规定。 本标准适用于火龙果的等级规格划分。
NY/T 5256—2004	无公害食品　火龙果生产技术规程	本标准规定了无公害食品火龙果生产的园地选择、园地规划、栽植、土壤管理、水分管理、整形修剪、施肥管理、花果管理、病虫害综合防治和采收等技术要求。 本标准适用于全国无公害火龙果的生产。
NY/T 3911—2021	火龙果采收贮运技术规范	该标准全文未在全国标准信息公共服务或其他行业标准服务公众平台备案。
SB/T 11026—2013	浆果类果品流通规范	本标准规定了浆果类果品的商品质量基本要求、商品等级、包装、标识和流通过程要求。 本标准适用于葡萄、草莓、猕猴桃、火龙果、蓝莓、无花果、杨桃、枇杷等浆果类果品的流通，其他浆果类果品的流通可参照执行。
SB/T 10884—2012	火龙果流通规范	本标准规定了火龙果的商品质量基本要求、商品等级、包装、标识和流通过程要求。 本标准适用于白肉火龙果流通的经营和管理，其他品种火龙果的流通可参照执行。
SN/T 5219—2019	出口食品中氨氯吡啶酸、氯氨吡啶酸残留量的测定　液相色谱-质谱/质谱法	本标准规定了出口食品中氨氯吡啶酸、氯氨吡啶酸的制样和液相色谱-质谱/质谱测定方法。 本标准适用于大白菜、菠菜、番茄、芥蓝、苹果、香蕉、火龙果、梨、大米、小麦、猪肉、牛肉、鸡肉、虾、鲫鱼等食品中氨氯吡啶酸、氯氨吡啶酸残留量的测定和确证。
SN/T 0654—2019	出口水果中克菌丹残留量的检测　气相色谱法和气相色谱-质谱/质谱法	本标准规定了出口水果中克菌丹残留量的气相色谱和气相色谱-质谱/质谱检测方法。 本标准适用于苹果、梨、橘子、橙子、桃、桑葚、葡萄、猕猴桃、草莓、橄榄、荔枝、芒果、香蕉、火龙果、西瓜、甜瓜等水果中克菌丹的测定。
SN/T 5171—2019	出口植物源性食品中去甲乌药碱的测定　液相色谱-质谱/质谱法	规定了出口植物源食品中去甲乌药碱残留量的液相色谱-质谱/质谱的测定方法。 本标准适用于白菜、火龙果、橙子、花生、辣椒、川芎中去甲乌药碱残留量的测定，其他食品也可参照使用。

标准号	标准名称	摘要
SN/T 4138—2015	出口水果和蔬菜中敌敌畏、四氯硝基苯、丙线磷等88种农药残留的筛选检测QuEChERS-气相色谱-负化学源质谱法	本标准规定了水果和蔬菜中88种农药残留量检测的气相色谱-负化学源质谱筛选检测方法。 本标准适用于胡萝卜、白菜、生姜、苹果、梨、黄桃、草莓、菠菜、西瓜、豇豆、火龙果等蔬菜和水果中88种农药残留量的筛选检测，本标准不适用于橙子等柑橘类水果中灭藻醌残留量的检测。
9. 榴莲		
NY/T 1437—2007	榴莲	本标准规定了榴莲［*Durio Zibethinus*（L.）Murr.］鲜果的等级、要求、试验方法、检验规则、包装、贮存和运输。 本标准适用于榴莲鲜果。
10. 莲雾		
NY/T 1436—2007	莲雾	本标准规定了莲雾（*Syqygium samarangense* Merr. et Perry）鲜果的要求、试验方法、检验规则、标志、标签、包装、运输和贮存。 本标准适用于莲雾鲜果。
NY/T 3810—2020	热带作物种质资源描述规范 莲雾	本标准规定了桃金娘科（Myrtaceae）蒲桃属（*Syzygium*）莲雾（*Syzygium samarangense*（Blume）Merr. et Perry）种质资源描述的要求和方法。
NY/T 3327—2018	莲雾 种苗	本标准规定了莲雾［*Syzygium samarangense*（Bl.）Merr. et Perry］种苗的要求、检验方法、检验规则、标识、运输和储存。 本标准适用于莲雾的嫁接苗和扦插苗的质量检验。
NY/T 2319—2013	热带水果电子束辐照加工技术规范	本标准规定了热带水果电子束辐照加工的辐照前、辐照、辐照后的技术要求，以及贮运和标签的规范要求。 本标准适用于以检疫除害为目的的芒果、莲雾、番荔枝、番石榴和杨桃等热带水果的电子束辐照处理。
SB/T 10886—2012	莲雾流通规范	本标准规定了莲雾的商品质量基本要求、商品等级、包装、标识和流通过程要求。 本标准适用于莲雾流通的经营和管理。
SN/T 4071—2014	莲雾、木瓜中桔小实蝇检疫辐照处理技术要求	本标准规定了莲雾和木瓜携带桔小实蝇（*Bactrocera dorsalis* Hendel）检疫辐照处理的技术要求。 本标准适用于传带桔小实蝇的莲雾、木瓜的检疫辐照处理。
11. 龙眼		
GB/T 31735—2015	龙眼	本标准规定了龙眼鲜果的术语和定义、要求、试验方法、检验规则、标签、标志、包装、运输与贮存。 本标准适用于龙眼鲜果的收购和销售。
GB/T 17980.60—2004	农药 田间药效试验准则（二）第60部分：杀虫剂防治荔枝蝽	本部分规定了杀虫剂防治荔枝蝽田间药效小区试验的方法和基本要求。 本部分适用于杀虫剂防治荔枝、龙眼的荔枝蝽（*Tessaratoma papillosa*）的登记用田间药效小区试验及药效评价。
GB/T 29892—2013	荔枝、龙眼干燥设备试验方法	本标准规定了荔枝、龙眼干燥设备的性能试验方法和可靠性试验方法。 本标准适用于以空气为干燥介质、以间接加热方式对荔枝、龙眼进行干燥的批式设备。
GB/T 29891—2013	荔枝、龙眼干燥设备技术条件	本标准规定了荔枝、龙眼干燥设备的术语和定义、型号、要求、检验规则以及包装、运输及贮存。 本标准适用于以空气为干燥介质、以间接加热方式对荔枝、龙眼进行干燥的批式干燥设备。
NY/T 516—2002	龙眼	本标准规定了龙眼鲜果的术语和定义、质量要求、试验方法、检验规则、包装、标志和贮运要求。 本标准适用于龙眼鲜果的生产和销售。
NY/T 750—2020	绿色食品 热带、亚热带水果	本标准规定了绿色食品热带、亚热带水果的术语和定义、要求、检验规则、标签、包装、运输和储存。 本标准适用于绿色食品热带和亚热带水果，包括荔枝、龙眼、香蕉、菠萝、芒果、枇杷、黄皮、番木瓜、番石榴、杨梅、杨桃、橄榄、红毛丹、毛叶枣、莲雾、人心果、西番莲、山竹、火龙果、菠萝蜜、番荔枝和青梅。

标准号	标准名称	摘要
NY/T 2431—2013	植物新品种特异性、一致性和稳定性测试指南　龙眼	本标准规定了龙眼新品种特异性、一致性和稳定性测试的技术要求和结果判定的一般原则。 本标准适用于龙眼（*Dimocarpus longan* Lour.）新品种特异性、一致性和稳定性测试和结果判定。
NY/T 2022—2011	农作物优异种质资源评价规范　龙眼	本标准规定了龙眼（*Dimocarpus longan* Lour.）优异种质资源评价的术语定义、技术要求、鉴定方法和判定。 本标准适用于龙眼优异种质资源评价。
NY/T 1305—2007	农作物种质资源鉴定技术规程　龙眼	本标准规定了龙眼（*Dimocarpus longan* Lour.）种质资源鉴定的技术要求和方法。 本标准适用于龙眼（*Dimocarpus longan* Lour.）种质资源的植物学特征、生物学特性、果实性状的鉴定，亦可供龙眼属其他种的资源鉴定参照执行。
NY/T 1691—2009	荔枝、龙眼种质资源描述规范	本标准规定了无患子科（Sapindaceae）荔枝属（*Litchi* Sonn.）和龙眼属（*Dimocarpus* Lour.）种质资源的基本信息、植物学特征、生物学特性和品质性状的描述方法。 本标准适用于荔枝、龙眼种质资源的描述。
NY/T 1472—2007	龙眼　种苗	本标准规定了龙眼（*Dimocarpus longan* Lour.）种苗相关的术语和定义、要求、试验方法、检测规则、包装、标签、运输和贮存。 本标准适用于龙眼种苗。
NY/T 2668.4—2014	热带作物品种试验技术规程　第4部分：龙眼	本部分规定了龙眼（*Dimocarpus longan* Lour.）的品种比较试验、区域试验和生产试验的方法。 本部分适用于龙眼品种试验。
NY/T 2667.4—2014	热带作物品种审定规范　第4部分：龙眼	本部分规定了龙眼（*Dimocarpus longan* Lour.）品种审定的审定要求、判定规则和审定程序。 本部分适用于龙眼品种的审定。
NY/T 2174—2012	主要热带作物品种AFLP分子鉴定技术规程	本标准规定了主要热带作物品种AFLP分子鉴定的术语和定义、试剂和材料、仪器和设备、鉴定步骤、结果计算和鉴定规则。 本标准适用于橡胶、芒果、荔枝、龙眼、香蕉、木薯、柱花草的品种AFLP分子鉴定；也可作为其他热带作物品种AFLP分子鉴定参考。
NY/T 5176—2002	无公害食品　龙眼生产技术规程	本标准规定了无公害食品龙眼［*Euphoria longan*（Lour）Steud］的生产园地选择和规划、栽种品种与栽植方法、土肥水管理、修枝整形与花果管理、病虫害防治及采收等技术管理要求。 本标准适用于无公害龙眼的生产。
NY/T 1479—2007	龙眼病虫害防治技术规范	本标准规定了龙眼主要病虫害防治的原则、措施及推荐使用药剂等技术。 本标准适用于我国龙眼产区龙眼主要病虫害的防治。
NY/T 2062.2—2012	天敌防治靶标生物田间药效试验准则　第2部分：平腹小蜂防治荔枝、龙眼树荔枝蝽	本部分规定了平腹小蜂（*Anastatus japonicus*）防治荔枝、龙眼树荔枝蝽（*Tessaratoma popillosa*）的田间药效试验的方法和基本要求。 本部分适用于平腹小蜂防治荔枝、龙眼树荔枝蝽登记用田间药效试验及效果评价。
NY 1440—2007	热带水果中二氧化硫残留限量	本标准规定了热带水果中二氧化硫残留限量指标。 本标准适用于荔枝、龙眼鲜果，本标准不适用于热带水果干果和制品。
NY/T 1530—2007	龙眼、荔枝产后贮运保鲜技术规程	本标准规定了龙眼和荔枝果实的采收、采后处理保鲜工艺条件、贮藏运输要求、贮藏期限指标。 本标准适用于储良、石硖、古山二号、东壁、乌龙岭等龙眼品种和妃子笑、黑叶、白腊、玉荷包、桂味、糯米糍、淮枝等荔枝品种，其他品种可参照执行。
NY/T 2260—2012	龙眼等级规格	本标准规定了龙眼的术语和定义、要求、试验方法、检验规则、标签、标志、包装、运输和贮存。 本标准适用于龙眼鲜果。
NY/T 3099—2017	桂圆加工技术规范	本标准规定了桂圆加工技术规范的术语和定义、要求、标签与包装、储存与运输、召回。 本标准适用于以新鲜龙眼为原料，经剪枝和分选后，采用干燥工艺（热风干燥或热泵干燥，但不局限 于热风干燥或热泵干燥），未经糖渍处理，不添加食品添加剂制得桂圆的生产加工。

标准号	标准名称	摘要
QB/T 1380—2014	热带、亚热带水果罐头	本标准规定了热带、亚热带水果罐头的术语和定义、产品分类及代号、要求、试验方法、检验规则和标志、包装、运输、贮存。 本标准适用于龙眼罐头、杨梅罐头、椰果罐头、荔枝罐头和红毛丹罐头。 本标准不适用于菠萝罐头和柑橘罐头。
QX/T 224—2013	龙眼暖害等级	本标准规定了龙眼暖害指数计算方法及暖害等级划分。 本标准适用于龙眼暖害的调查、检测和评估。
QX/T 168—2012	龙眼寒害等级	本标准规定了龙眼寒害等级划分、表征指标及其计算方法。 本标准适用于我国龙眼产区龙眼寒害的调查、统计和评估。
SB/T 11101—2014	荔果类果品流通规范	本标准规定了荔果类鲜果的商品质量基本要求、商品等级、包装、标识和流通过程要求。 本标准适用于荔枝、龙眼的流通，其他荔果类果品的流通可参照执行。
SN/T 4049—2014	出口食品中氯酸盐的测定离子色谱法	本标准规定了出口食品中氯酸盐的离子色谱测定方法。 本标准适用于鲜龙眼、龙眼罐头、龙眼干、芒果、芒果汁、苹果汁、混合果蔬汁、马铃薯、葡萄酒、啤酒、小麦粉、大米、牛奶、猪肉和鱼等食品中氯酸盐的测定。
12. 荔枝		
GB/T 17980.60—2004	农药 田间药效试验准则（二）第60部分：杀虫剂防治荔枝蝽	本部分规定了杀虫剂防治荔枝蝽田间药效小区试验的方法和基本要求。 本部分适用于杀虫剂防治荔枝、龙眼的荔枝蝽（*Tessaratoma papillosa*）的登记用田间药效小区试验及药效评价。
GB/T 17980.100—2004	农药 田间药效试验准则（二）第100部分：杀菌剂防治荔枝霜疫霉病药效试验	本部分规定了杀菌剂防治荔枝霜疫霉病（*Peronophythora litchic*）田间药效小区试验的方法和基本要求。 本部分适用于杀菌剂防治荔枝霜疫霉病登记用田间药效小区试验及药效评价。其他田间药效试验参照本部分执行。
GB/T 17980.44—2000	农药 田间药效试验准则（一）除草剂防治果园杂草	本标准规定了除草剂防治果园杂草田间药效小区试验的方法和基本要求。 本标准适用于除草剂防治苹果、梨、柑桔、桃、李、樱桃、杏、橄榄、扁桃、荔枝、龙眼、栗树等果园以及坚果（包括榛子）果园杂草的登记用田间药效小区试验及药效评价。其他田间药效试验参照本标准执行。
GB 16325—2005	干果食品卫生标准	本标准规定了干果食品的卫生指标和检验方法以及食品添加剂、生产加工过程、包装、标识、贮存、运输的卫生要求。 本标准适用于以新鲜水果（如桂圆、荔枝、葡萄、柿子等）为原料，经晾晒、干燥等脱水工艺加工制成的干果食品。
GB/T 29892—2013	荔枝、龙眼干燥设备试验方法	本标准规定了荔枝、龙眼干燥设备的性能试验方法和可靠性试验方法。 本标准适用于以空气为干燥介质、以间接加热方式对荔枝、龙眼进行干燥的批式设备。
GB/T 29891—2013	荔枝、龙眼干燥设备技术条件	本标准规定了荔枝、龙眼干燥设备的术语和定义、型号、要求、检验规则以及包装、运输及贮存。 本标准适用于以空气为干燥介质、以间接加热方式对荔枝、龙眼进行干燥的批式干燥设备。
GH/T 1185—2020	鲜荔枝	本标准规定了鲜荔枝的术语和定义、质量要求、试验方法、检验规则、包装和标签、贮存和运输。 本标准适用于鲜荔枝的收购和销售。
NY/T 515—2002	荔枝	本标准规定了荔枝鲜果的术语和定义、质量要求、试验方法、检验规则、包装、标志和贮运。 本标准适用于荔枝鲜果的生产和销售。
NY/T 750—2020	绿色食品 热带、亚热带水果	本标准规定了绿色食品热带、亚热带水果的术语和定义、要求、检验规则、标签、包装、运输和储存。 本标准适用于绿色食品热带和亚热带水果，包括荔枝、龙眼、香蕉、菠萝、芒果、枇杷、黄皮、番木瓜、番石榴、杨梅、杨桃、橄榄、红毛丹、毛叶枣、莲雾、人心果、西番莲、山竹、火龙果、菠萝蜜、番荔枝和青梅。
NY/T 709—2003	荔枝干	本标准规定了荔枝干的要求试验方法、检验规则、标志、标签、包装、运输和贮存。 本标准适用于以新鲜荔枝经烘焙干燥而制成的带壳荔枝干。

标准号	标准名称	摘要
NY/T 1041—2018	绿色食品　干果	本标准规定了绿色食品干果的要求、检验规则、标签、标志、包装、运输和储存。 本标准适用于以绿色食品水果为原料，经脱水，未经糖渍，添加或不添加食品添加剂而制成的荔枝干、桂圆干、葡萄干、柿饼、干枣、杏干（包括包仁杏干）、香蕉片、无花果干、酸梅（乌梅）干、山楂干、苹果干、菠萝干、芒果干、梅干、桃干、猕猴桃干、草莓干、酸角干。
NY/T 2564—2014	植物新品种特异性、一致性和稳定性测试指南　荔枝	本标准规定了荔枝新品种特异性、一致性和稳定性测试的技术要求和结果判定的一般原则。 本标准适用于荔枝（*Litchi chinensis* Sonn.）新品种特异性、一致性和稳定性测试和结果判定。
NY/T 1691—2009	荔枝、龙眼种质资源描述规范	本标准规定了无患子科（Sapindaceae）荔枝属（*Litchi* Sonn.）和龙眼属（*Dimocarpus* Lour.）种质资源的基本信息、植物学特征、生物学特性和品质性状的描述方法。 本标准适用于荔枝、龙眼种质资源的描述。
NY/T 2329—2013	农作物种质资源鉴定评价技术规范　荔枝	本标准规定了荔枝（*Litchi chinensis* Sonn.）种质资源鉴定评价的术语和定义、技术要求、鉴定方法和判定。 本标准适用于荔枝种质资源的鉴定和优异种质资源评价。
NY/T 355—2014	荔枝　种苗	本标准规定了荔枝（*Litchi chinensis* Sonn.）种苗相关的术语和定义、要求、检测方法与规则、包装、标识、运输和贮存。 本标准适用于妃子笑（Feizixiao）、鸡嘴荔（Jizuili）、糯米糍（Nuomici）、白糖罂（Baitangying）、桂味（Guiwei）等品种嫁接苗的生产与贸易，也可作为其他荔枝品种嫁接苗参考。
NY/T 2174—2012	主要热带作物品种AFLP分子鉴定技术规程	本标准规定了主要热带作物品种AFLP分子鉴定的术语和定义、试剂和材料、仪器和设备、鉴定步骤、结果计算和鉴定规则。 本标准适用于橡胶、芒果、荔枝、龙眼、香蕉、木薯、柱花草的品种AFLP分子鉴定；也可作为其他热带作物品种AFLP分子鉴定参考。
NY/T 3332—2018	热带作物种质资源抗病性鉴定技术规程　荔枝霜疫霉病	本标准规定了荔枝（*Litchi chinensis* Sonn.）种质资源抗荔枝霜疫霉病（*Phytophthora litchii*）鉴定的术语和定义、抗性鉴定、抗性鉴定有效性判别、重复鉴定、抗性终评的技术要求。 本标准适用于荔枝种质资源霜疫病抗性的鉴定与评价。
NY/T 5174—2002	无公害食品　荔枝生产技术规程	本标准规定了无公害食品荔枝（*Litchi chinensis* Sonn.）生产园地选择和规划、品种选择和定植、土壤管理、施肥管理、水分管理、整形修剪、花果管理、病虫害防治和采收等生产技术。 本标准适用于全国各荔枝产区无公害食品荔枝的生产。
NY/T 2667.3—2014	热带作物品种审定规范　第3部分：荔枝	本部分规定了荔枝（*Litchi chinensis* Sonn.）品种审定要求、判定规则和审定程序。 本部分适用于荔枝品种的审定。
NY/T 2668.3—2014	热带作物品种试验技术规程　第3部分：荔枝	本标准规定了荔枝（*Litchi chinensis* Sonn.）的品种比较试验、区域试验和生产试验的方法。 本标准适用于荔枝品种试验。
NY/T 1478—2013	热带作物主要病虫害防治技术规程　荔枝	本标准规定了荔枝主要病虫害的防治原则及防治技术措施。 本标准适用于我国荔枝主要病虫害的防治。
NY/T 2062.2—2012	天敌防治靶标生物田间药效试验准则　第2部分：平腹小蜂防治荔枝、龙眼树荔枝蝽	本部分规定了平腹小蜂（*Anastatus japonicus*）防治荔枝、龙眼树荔枝蝽（*Tessaratoma popillosa*）的田间药效试验的方法和基本要求。 本部分适用于平腹小蜂防治荔枝、龙眼树荔枝蝽登记用田间药效试验及效果评价。
NY 1440—2007	热带水果中二氧化硫残留限量	本标准规定了热带水果中二氧化硫残留限量指标。 本标准适用于荔枝、龙眼鲜果，本标准不适用于热带水果干果和制品。
NY/T 1530—2007	龙眼、荔枝产后贮运保鲜技术规程	本标准规定了龙眼和荔枝果实的采收、采后处理保鲜工艺条件、贮藏运输要求、贮藏期限指标。 本标准适用于储良、石硖、古山二号、东壁、乌龙岭等龙眼品种和妃子笑、黑叶、白腊、玉荷包、桂味、糯米糍、淮枝等荔枝品种，其他品种可参照执行。

标准号	标准名称	摘要
NY/T 1401—2007	荔枝冰温贮藏	本标准规定了荔枝果实的术语和定义、采收要求、采后处理、冰温贮藏要求、贮藏期限及出库指标。 本标准适用于妃子笑、黑叶、白腊、淮枝等荔枝品种，其他品种可参照执行。
NY/T 1648—2015	荔枝等级规格	本标准规定了荔枝等级规格的术语和定义、要求、检验规则、包装、标识及贮运。 本标准适用于新鲜荔枝的规格、等级划分。
QB/T 1380—2014	热带、亚热带水果罐头	本标准规定了热带、亚热带水果罐头的术语和定义、产品分类及代号、要求、试验方法、检验规则和标志、包装、运输、贮存。 本标准适用于龙眼罐头、杨梅罐头、椰果罐头、荔枝罐头和红毛丹罐头。本标准不适用于菠萝罐头和柑橘罐头。
QB/T 1384—2017	果汁类罐头	本标准规定了果汁类罐头产品分类及代号、要求、试验方法、检验规则和标志、包装、运输、贮存。 本标准适用于以新鲜饱满（或经速冻冷藏）、成熟适度的菠萝、柠檬、柑橘、葡萄、荔枝等水果的果肉或其皮肉、果芯为原料，经榨汁、筛滤或浸取提汁、加糖或不加糖、装罐、先密封后杀菌或先杀菌后密封、冷却制成的罐藏食品。
QB/T 4262—2011	荔枝酒	本标准规定了荔枝酒产品的术语和定义、要求、试验方法、检验规则、标志、包装、运输、贮存。 本标准适用于发酵型荔枝酒的生产、检验与销售。
SB/T 11101—2014	荔果类果品流通规范	本标准规定了荔果类鲜果的商品质量基本要求、商品等级、包装、标识和流通过程要求。 本标准适用于荔枝、龙眼的流通，其他荔果类果品的流通可参照执行。
SN/T 0654—2019	出口水果中克菌丹残留量的检测 气相色谱法和气相色谱-质谱/质谱法	本标准规定了出口水果中克菌丹残留量的气相色谱和气相色谱-质谱/质谱检测方法。 本标准适用于苹果、梨、橘子、橙子、桃、桑葚、葡萄、猕猴桃、草莓、橄榄、荔枝、芒果、香蕉、火龙果、西瓜、甜瓜等水果中克菌丹的测定。
SN/T 0148—2011	进出口水果蔬菜中有机磷农药残留量检测方法 气相色谱和气相色谱-质谱法	本标准规定了水果蔬菜中敌敌畏、乙酰甲胺磷、硫线磷、百治磷、乙拌磷、乐果、甲基对硫磷、毒死蜱、嘧啶磷、倍硫磷、丙虫硫磷、辛硫磷、灭菌磷、三硫磷、三唑磷、哒嗪硫磷、亚胺硫磷、敌百虫、灭线磷、甲拌磷、氧化乐果、内吸磷、二嗪磷、地虫硫磷、异稻瘟净、氯唑磷、甲基毒死蜱、对氧磷、杀螟硫磷、溴硫磷、乙基溴硫磷、噻唑磷、丙溴磷、乙硫磷、敌瘟磷、吡唑硫磷、蝇毒磷、甲胺磷、治螟磷、特丁硫磷、久效磷、除线磷、皮蝇磷、甲基嘧啶磷、对硫磷、甲基毒虫畏、异柳磷、稻丰散、杀扑磷、甲基硫环磷、伐杀磷、伏杀硫磷、甲基谷硫磷、二溴磷、速灭磷、甲基乙拌磷、巴胺磷、乙嘧硫磷、磷胺、地毒磷、马拉硫磷、甲基异柳磷、水胺硫磷、喹硫磷、杀虫畏、碘硫磷、硫环磷、威菌磷、苯硫磷、乙基谷硫磷 70 种有机磷类农药残留量的气相色谱及气相色谱-质谱检测方法。 本标准适用于菠萝、苹果、荔枝、胡萝卜、马铃薯、茄子、菠菜、荷兰豆、鲜木耳、鲜蘑菇、鲜牛蒡、鲜香菇、大葱中上述 70 种有机磷类农药残留量的检测。
SN/T 4891—2017	出口食品中螺虫乙酯残留量的测定 高效液相色谱和液相色谱-质谱/质谱法	本标准规定了出口食品中螺虫乙酯及其代谢物残留量的液相色谱-质谱/质谱测定方法和出口食品中螺虫乙酯残留量的高效液相色谱测定方法。 本标准液相色谱-质谱/质谱法适用于猪肉、猪肝、猪脂肪、牛奶、鸡蛋、蜂蜜、大豆、小麦、白菜、荔枝和葡萄干等出口食品中螺虫乙酯及其代谢物残留量的定量测定和确证；高效液相色谱法适用于大豆、小麦、白菜、荔枝和葡萄干等出口食品中螺虫乙酯残留量的定量测定。
SN/T 4070—2014	芒果、荔枝中桔小实蝇检疫辐照处理最低剂量	本标准规定了携带桔小实蝇（*Bactrocera dorsalis*）的芒果、荔枝等新鲜水果运用辐照技术进行检疫处理的最低吸收剂量。 本标准适用于芒果、荔枝检疫辐照处理。
SN/T 3725—2013	出口食品中对氯苯氧乙酸残留量的测定	本标准规定了食品中对氯苯氧乙酸残留量的液相色谱-质谱/质谱测定方法。 本标准适用于茄子、番茄、豆芽、苹果、柑橘、荔枝、葡萄、大米、玉米、大豆、猪肉、虾肉、蜂蜜、茶叶中对氯苯氧乙酸残留量的测定和确证。

标准号	标准名称	摘要
SN/T 2556—2010	出口荔枝蒸热处理建议操作规程	本标准规定了出口荔枝蒸热处理的必须条件和检疫操作程序。 本标准适用于携带桔小实蝇等有害生物风险的出口荔枝的蒸热处理和检疫监管。
SN/T 0796—2010	出口荔枝检验检疫规程	本标准规定了出口荔枝的检验检疫方法及结果判定。 本标准适用于出口荔枝的检验检疫。
13. 木菠萝		
NY/T 489—2002	木菠萝	本标准规定了木菠萝鲜果的要求、试验方法、检验规则、标志、标签、包装、贮存和运输条件。 本标准适用于干苞类型木菠萝鲜果的质量评定及其贸易。
NY/T 2515—2013	植物新品种特异性、一致性和稳定性测试指南　木菠萝	本标准规定了木菠萝（*Artocarpus heterophyllus* Lam.）新品种特异性、一致性和稳定性测试的技术要求和结果判定的一般原则。 本标准适用于木菠萝新品种特异性、一致性和稳定性测试和结果判定。
NY/T 2667.13—2019	热带作物品种审定规范　第13部分：木菠萝	本部分规定了木菠萝（*Artocarpus heterophyllus* Lam.）品种审定的审定要求、判定规则和审定程序。 本部分适用于木菠萝品种的审定，尖蜜拉（*Artocarpus champeden* Sprcng）品种的审定可参照执行。
NY/T 2668.13—2019	热带作物品种试验技术规程　第13部分：木菠萝	本部分规定了木菠萝（*Artocarpus heterophyllus* Lam.）的品种比较试验、区域性试验和生产性试验的技术要求。 本部分适用于木菠萝品种试验，尖蜜拉（*Artocarpus champeden* Sprcng）品种试验可参照执行。
NY/T 1473—2007	木菠萝　种苗	本标准规定了木菠萝（*Artocarpus heterophyllus* Lam.）种苗的术语和定义、要求、试验方法、检验规则、包装、标签、运输和贮存。 本标准适用于木菠萝嫁接苗。
NY/T 3008—2016	木菠萝栽培技术规程	本标准规定了木菠萝（*Artocarpus heterophyllus* Lam.）栽培的地选择、园地规划、园地开垦、定植、田间管理、树体管理、主要病虫害防治和果实采收等技术要求。 本标准适用于木菠萝的栽培管理。
NY/T 3199—2018	热带作物主要病虫害防治技术规程　木菠萝	本标准规定了木菠萝（*Artocarpus heterophyllus* Lam.）主要病虫害的防治原则和防治措施。 本标准适用于木菠萝种植区的主要病虫害防治。
NY/T 949—2006	木菠萝干	本标准规定了木菠萝干的要求、试验方法、检验规则、标志、标签、包装、运输和贮存。 本标准适用于以木菠萝为原料、经加工制成的木菠萝干。
14. 毛叶枣		
NY/T 484—2018	毛叶枣	本标准规定了毛叶枣（*Ziziphus mauritiana* Lam.）鲜果的术语和定义、质量要求、容许度、检验方法、检验规则、判定规则、包装、标识、运输及储存等技术要求。 本标准适用于毛叶枣鲜果。
NY/T 750—2020	绿色食品　热带、亚热带水果	本标准规定了绿色食品热带、亚热带水果的术语和定义、要求、检验规则、标签、包装、运输和储存。 本标准适用于绿色食品热带和亚热带水果，包括荔枝、龙眼、香蕉、菠萝、芒果、枇杷、黄皮、番木瓜、番石榴、杨梅、杨桃、橄榄、红毛丹、毛叶枣、莲雾、人心果、西番莲、山竹、火龙果、菠萝蜜、番荔枝和青梅。
NY/T 3516—2019	热带作物种质资源描述规范　毛叶枣	本标准规定了毛叶枣（*Ziziphus mauritiana* Lam.）种质资源描述的基本信息、植物学特征、生物学特性及农艺性状、品质性状、抗逆性等性状的描述方法。 本标准适用于毛叶枣种质资源的描述。
NY/T 2667.17—2020	热带作物品种审定规范　第17部分：毛叶枣	本部分规定了毛叶枣（*Zixyphus mauritiana* Lam.）品种审定要求、判定规则和审定程序。 本部分适用于毛叶枣品种审定。

标准号	标准名称	摘要
NY/T 2668.17—2020	热带作物品种试验技术规程 第17部分：毛叶枣	本部分规定了毛叶枣（*Zisyphus mauritiana* Lam.）的品种比较试验、区域性试验和生产性试验的方法。 本部分适用于毛叶枣品种试验。
NY/T 3814—2020	热带作物主要病虫害防治技术规程 毛叶枣	本标准规定了槟榔黄化病毛叶枣（*Zisyphus mauritiana* Lam.）主要病虫害的防治原则和防治措施， 本标准适用于我国毛叶枣种植区的主要病虫害的防治。
15. 青梅		
NY/T 750—2020	绿色食品 热带、亚热带水果	本标准规定了绿色食品热带、亚热带水果的术语和定义、要求、检验规则、标签、包装、运输和储存。 本标准适用于绿色食品热带和亚热带水果，包括荔枝、龙眼、香蕉、菠萝、芒果、枇杷、黄皮、番木瓜、番石榴、杨梅、杨桃、橄榄、红毛丹、毛叶枣、莲雾、人心果、西番莲、山竹、火龙果、菠萝蜜、番荔枝和青梅。
16. 人心果		
NY/T 750—2020	绿色食品 热带、亚热带水果	本标准规定了绿色食品热带、亚热带水果的术语和定义、要求、检验规则、标签、包装、运输和储存。 本标准适用于绿色食品热带和亚热带水果，包括荔枝、龙眼、香蕉、菠萝、芒果、枇杷、黄皮、番木瓜、番石榴、杨梅、杨桃、橄榄、红毛丹、毛叶枣、莲雾、人心果、西番莲、山竹、火龙果、菠萝蜜、番荔枝和青梅。
NY/T 3026—2016	鲜食浆果类水果采后预冷保鲜技术规程	本标准规定了鲜食浆果类果品的术语和定义、基本要求、预冷和储藏。 本标准适用于葡萄、猕猴桃、草莓、蓝莓、树莓、蔓越莓、无花果、石榴、番石榴、醋栗、穗醋栗、杨桃、番木瓜、人心果等鲜食浆果类果品的采后预冷和储藏保鲜。
17. 酸角		
LY/T 1741—2018	酸角果实	本标准规定了酸角果实的要求、试验方法、检验规则、标签和标志、运输和贮存。 本标准适用于酸角果实的质量评价，也可参考用于进口酸角果实的质量评价。
NY/T 1041—2018	绿色食品 干果	本标准规定了绿色食品干果的要求、检验规则、标签、标志、包装、运输和储存。 本标准适用于以绿色食品水果为原料，经脱水，未经糖渍，添加或不添加食品添加剂而制成的荔枝干、桂圆干、葡萄干、柿饼、干枣、杏干（包括包仁杏干）、香蕉片、无花果干、酸梅（乌梅）干、山楂干、苹果干、菠萝干、芒果干、梅干、桃干、猕猴桃干、草莓干、酸角干。
18. 石榴		
GB/T 35566—2017	植物新品种特异性、一致性、稳定性测试指南 石榴属	本标准规定了石榴科石榴属（*Punica* L.）植物新品种特异性、一致性、稳定性测试技术要求。 本标准适用于石榴属所有植物新品种的测试。
LY/T 1893—2010	石榴苗木培育技术规程	本标准规定了石榴苗木培育技术、苗木出圃和质量分级、苗木检验、包装、标志和运输。 本标准适用于石榴育苗。
LY/T 2135—2018	石榴质量等级	本标准规定了石榴的术语和定义、要求、检验方法、检验规则。 本标准适用于中国甜石榴的市场贸易。
NY/T 844—2017	绿色食品 温带水果	本标准规定了绿色食品温带水果的术语和定义、要求、检验规则、标签、包装、运输和储存。 本标准适用于绿色食品温带水果，包括苹果、梨、桃、草莓、山楂、柰子、蓝莓、无花果、树莓、桑葚、猕猴桃、葡萄、樱桃、枣、杏、李、柿、石榴、梅和醋栗等。

标准号	标准名称	摘要
NY/T 3026—2016	鲜食浆果类水果采后预冷保鲜技术规程	本标准规定了鲜食浆果类果品的术语和定义、基本要求、预冷和储藏。 本标准适用于葡萄、猕猴桃、草莓、蓝莓、树莓、蔓越莓、无花果、石榴、番石榴、醋栗、穗醋栗、杨桃、番木瓜、人心果等鲜食浆果类果品的采后预冷和储藏保鲜。
SN/T 3844—2014	出口果汁中熊果苷的测定	本标准规定了果汁中熊果苷含量的液相色谱-串联质谱测定方法和液相色谱测定方法。 本标准适用于苹果汁、石榴汁、橙汁、葡萄汁、桃汁等果汁中熊果苷含量的测定和确证。
19. 山竹子		
NY/T 1396—2007	山竹子	本标准规定了山竹子（*Garcinia mangostana* L.）鲜果的要求、试验方法、检验规则、包装和标志、运输和贮存。 本标准适用于山竹子鲜果，加工用的山竹子也可参照使用。
20. 杨梅		
GB/T 22441—2008	地理标志产品　丁岙杨梅	本标准规定了丁岙杨梅的术语和定义、地理标志产品保护范围、要求、试验方法、检验规则、标志、标签、包装、运输、贮存。 本标准适用于国家质量监督检验检疫行政主管部门根据《地理标志产品保护规定》批准保护的丁岙杨梅。
GB/T 19690—2008	地理标志产品　余姚杨梅	本标准规定了余姚杨梅的术语和定义、地理标志产品保护范围、要求、试验方法、检验规则及标志、标签、包装、运输和贮存。 本标准适用于国家质量监督检验检疫行政主管部门根据《地理标志产品保护规定》批准保护的余姚杨梅。
GB/T 26532—2011	地理标志产品　慈溪杨梅	本标准规定了慈溪杨梅的术语和定义、地理标志产品保护范围、要求、试验方法、检验规则及标志、标签、包装、运输和贮存。 本标准适用于国家质量监督检验检疫行政主管部门根据《地理标志产品保护规定》批准保护的慈溪杨梅。
LY/T 2127—2013	杨梅栽培技术规程	本标准规定了杨梅（*Myrica rubra*）产地选择、品种选择、栽植、整形修剪、花果调控、土壤管理、施肥管理、病虫害控制、采收、档案管理等技术要求。 本标准适用于杨梅生产。
LY/T 1747—2018	杨梅质量等级	本标准规定了杨梅产品的质量要求、质量安全要求、检验方法与包装、贮运。 本标准适用于杨梅鲜果的生产与流通。
NY/T 750—2020	绿色食品　热带、亚热带水果	本标准规定了绿色食品热带、亚热带水果的术语和定义、要求、检验规则、标签、包装、运输和储存。 本标准适用于绿色食品热带和亚热带水果，包括荔枝、龙眼、香蕉、菠萝、芒果、枇杷、黄皮、番木瓜、番石榴、杨梅、杨桃、橄榄、红毛丹、毛叶枣、莲雾、人心果、西番莲、山竹、火龙果、菠萝蜜、番荔枝和青梅。
NY/T 2761—2015	植物新品种特异性、一致性和稳定性测试指南　杨梅	本标准规定了杨梅新品种特异性、一致性和稳定性测试的技术要求和结果判定的一般原则。 本标准适用于杨梅（*Myrica* Linn.）新品种特异性、一致性和稳定性测试和结果判定。
NY/T 2861—2015	杨梅良好农业规范	本标准规定了杨梅生产组织管理、质量安全管理、种植操作规范、采收、分级、包装与标识、贮运等基本要求。 本标准适用于杨梅生产管理。
NY/T 1464.71—2018	农药田间药效试验准则　第71部分：杀菌剂防治杨梅褐斑病	本部分规定了杀菌剂防治杨梅褐斑病（*Mycosphacrcalla myricac* Saw.）田间药效小区试验的方法和基本要求。 本部分适用于杀菌剂防治杨梅褐斑病登记用田间药效小区试验及药效评价。

标准号	标准名称	摘要
NY/T 1464.68—2018	农药田间药效试验准则 第68部分：杀虫剂防治杨梅果蝇	本部分规定了杀虫剂防治杨梅果蝇田间药效小区试验的方法和基本要求。 本部分适用于杀虫剂防治杨梅果蝇，如黑腹果蝇、拟果蝇、高桥氏果蝇等的登记用田间药效小区试验及药效评价。
NY/T 2315—2013	杨梅低温物流技术规范	本标准规定了杨梅（*Myrica rubra* Sieb. & Zucc.）鲜果的采收和质量要求、分级、预冷、贮藏、包装、运输以及销售等低温物流技术。 本标准适用于东魁和荸荠种等杨梅品种的低温物流，其他品种可参照本标准执行。
QB/T 1380—2014	热带、亚热带水果罐头	本标准规定了热带、亚热带水果罐头的术语和定义、产品分类及代号、要求、试验方法、检验规则和标志、包装、运输、贮存。 本标准适用于龙眼罐头、杨梅罐头、椰果罐头、荔枝罐头和红毛丹罐头。 本标准不适用于菠萝罐头和柑橘罐头。
QX/T 198—2013	杨梅冻害等级	本标准规定了杨梅种植区越冬期冻害和开花期冻害的等级。 本标准适用于杨梅种植区越冬期冻害和开花期冻害的监测、预报和评估等工作。
21. 无花果		
GB 31653—2021	食品安全国家标准 食品中黄曲霉毒素污染控制规范	本标准规定了在采收、储存前处理、储存、运输、加工等环节过程中控制食品中黄曲霉毒素的基本要求和管理准则。 本标准适用于花生、玉米、核桃、榛子、开心果、松子、巴西果、无花果和油料棉籽的黄曲霉毒素污染控制。
LY/T 2450—2015	无花果栽培技术规程	本标准规定了无花果（*Ficus carica* L.）栽培的园地选择、栽植技术、土肥水管理、整形修剪、病虫害防治及果实的采收等技术要求。 本标准适用于我国无花果适宜栽培区的露地栽培。
LY/T 2754—2016	无花果硬枝扦插技术规程	本标准规定了无花果（*Ficus carica* L.）扦插育苗、扦插后管理、苗木出圃等技术内容。 本标准适用于无花果品种苗木的繁育。
NY/T 844—2017	绿色食品 温带水果	本标准规定了绿色食品温带水果的术语和定义、要求、检验规则、标签、包装、运输和储存。 本标准适用于绿色食品温带水果，包括苹果、梨、桃、草莓、山楂、柰子、蓝莓、无花果、树莓、桑葚、猕猴桃、葡萄、樱桃、枣、杏、李、柿、石榴、梅和醋栗等。
NY/T 1041—2018	绿色食品 干果	本标准规定了绿色食品干果的要求、检验规则、标签、标志、包装、运输和储存。 本标准适用于以绿色食品水果为原料，经脱水，未经糖渍，添加或不添加食品添加剂而制成的荔枝干、桂圆干、葡萄干、柿饼、干枣、杏干（包括包仁杏干）、香蕉片、无花果干、酸梅（乌梅）干、山楂干、苹果干、菠萝干、芒果干、梅干、桃干、猕猴桃干、草莓干、酸角干。
NY/T 2587—2014	植物新品种特异性、一致性和稳定性测试指南 无花果	本标准规定了无花果（*Ficus carica* L.）新品种特异性、一致性和稳定性测试的技术要求和结果判定的一般原则。 本标准适用于无花果新品种特异性、一致性和稳定性测试和结果判定。
NY/T 3912—2021	无花果采收贮运技术规范	该标准全文未在全国标准信息公共服务或其他行业标准服务公众平台备案。
NY/T 3026—2016	鲜食浆果类水果采后预冷保鲜技术规程	本标准规定了鲜食浆果类果品的术语和定义、基本要求、预冷和储藏。 本标准适用于葡萄、猕猴桃、草莓、蓝莓、树莓、蔓越莓、无花果、石榴、番石榴、醋栗、穗醋栗、杨桃、番木瓜、人心果等鲜食浆果类果品的采后预冷和储藏保鲜。
SB/T 11026—2013	浆果类果品流通规范	本标准规定了浆果类果品的商品质量基本要求、商品等级、包装、标识和流通过程要求。 本标准适用于葡萄、草莓、猕猴桃、火龙果、蓝莓、无花果、杨桃、枇杷等浆果类果品的流通，其他浆果类果品的流通可参照执行。

二、其他

标准号	标准名称	摘要
1. 草莓		
GB/Z 26575—2011	草莓生产技术规范	本指导性技术文件规定了草莓生产的基本要求，主要包括生产基地的选择和管理、生产投入品管理、栽培管理、有害生物防治、劳动保护、批次管理、档案记录等方面。 本指导性技术文件适用于草莓的生产。
GB/T 36810—2018	草莓枯萎病菌检疫鉴定方法	本标准规定了草莓枯萎病菌的检疫鉴定方法。 本标准适用于草莓苗中及其携带土壤中草莓枯萎病菌的检疫鉴定。
GB 4789.42—2016	食品安全国家标准 食品微生物学检验 诺如病毒检验	本标准规定了食品中诺如病毒（Norovirus）的实时荧光 RT-PCR 检测方法。 本标准适用于贝类，生食蔬菜，胡萝卜、瓜、坚果等硬质表面食品，草莓、番茄、葡萄等软质水果等食品中诺如病毒核酸的检测。
GB/T 28976—2012	草莓潜隐环斑病毒检疫鉴定方法	本标准规定了草莓潜隐环斑病毒的检疫鉴定方法。 本标准适用于植物材料，包括无性繁殖材料、种子和苗木中草莓潜隐环斑病毒的检疫鉴定。
GB/T 29429—2012	草莓角斑病菌检疫鉴定方法	本标准规定了草莓角斑病菌的检疫鉴定以形态学特征、生物学特征和 PCR 特异性反应为依据，明确了样品采集、病原菌分离、致病性测定、PCR 反应、样品保存的方法。 本标准适用于草莓种苗中草莓角斑病菌的检疫和鉴定。
GB 23200.68—2016	食品安全国家标准 食品中啶酰菌胺残留量的测定 气相色谱-质谱法	本标准规定了食品中啶酰菌胺残留量的气相色谱-质谱检测方法。 本标准适用于菠菜、胡萝卜、草莓、花生、板栗、茶叶、葱、鸡肉、鳕鱼和蜂蜜中啶酰菌胺残留量的检测和确证；其他食品可参照执行。
GB 23200.67—2016	食品安全国家标准 食品中炔苯酰草胺残留量的测定 气相色谱-质谱法	本标准规定了食品中炔苯酰草胺残留量的气相色谱-质谱检测方法。 本标准适用于菠菜、胡萝卜、草莓、花生、鸡肉、葱、鳕鱼、蜂蜜、板栗和茶叶中炔苯酰草胺残留量的检测和确证，其他食品可参照执行。
GB 23200.66—2016	食品安全国家标准 食品中吡螨胺残留量的测定 气相色谱-质谱法	本标准规定了食品中吡螨胺残留量检测和制样、气相色谱-质谱检测和确证方法。 本标准适用于菠菜、藕、草莓、花生、鸡肉、猪肉、鳕鱼、蜂蜜、板栗和茶叶中吡螨胺残留量的测定和确证；其他食品可参照执行。
GB 23200.65—2016	食品安全国家标准 食品中四氟醚唑残留量的检测方法	本标准规定了食品中四氟醚唑残留量检测和制样、气相色谱-质谱检测和确证方法。 本标准适用于菠菜、藕、草莓、花生、鸡肉、猪肉、鳕鱼、蜂蜜、板栗、茶叶和酱油中四氟醚唑残留量的测定和确证，其他食品可参照执行。
GB 23200.58—2016	食品安全国家标准 食品中氯酯磺草胺残留量的测定 液相色谱-质谱/质谱法	本标准规定了食品中氯酯磺草胺残留量的液相色谱-质谱/质谱法。 本标准适用于玉米、大米、大豆、栗子、核桃、菜心、番茄、辣椒、菠菜、洋葱、橙、草莓、芒果、樱桃、香菇、茶叶等植物源性产品和鸡肝、猪肝、牛奶等动物源性产品中氯酯磺草胺残留量的检测和确证，其他食品可参照执行。
GB 23200.49—2016	食品安全国家标准 食品中苯醚甲环唑残留量的测定 气相色谱-质谱法	本标准规定了食品中苯醚甲环唑的制样、气相色谱-质谱联用检测和确证方法。 本标准适用于豌豆、紫苏、胡萝卜、菠菜、大米、黄豆、中药、茶叶、杏仁、西柚、菠萝、草莓、酱油、醋、蜂蜜、王浆干粉、猪肉、牛肉、鸡肉、鳗鱼和龙虾仁等食品中苯醚甲环唑残留量的测定和确证，其他食品可参照执行。
GB 23200.4—2016	食品安全国家标准 除草剂残留量检测方法 第4部分：气相色谱-质谱/质谱法测定 食品中芳氧苯氧丙酸酯类除草剂残留量	本标准规定了食品中2,4-滴丁酯、氟吡禾灵、吡氟禾草灵、炔草酯、禾草灵、氰氟草酯、噁唑禾草灵、精喹禾灵等芳氧苯氧丙酸酯类除草剂残留量的气相色谱-质谱/质谱检测方法。 本标准适用于大豆、大麦茶、粳米、胡萝卜、菠菜、青刀豆、蒜苗、草莓、蜂蜜、猪肉、鱼、禽蛋中2,4-滴丁酯、氟吡禾灵、吡氟禾草灵、炔草酯、禾草灵、氰氟草酯、噁唑禾草灵、精喹禾灵残留量的测定和确证，其他食品可参照执行。

标准号	标准名称	摘要
GB 23200.28—2016	食品安全国家标准 食品中多种醚类除草剂残留量的测定 气相色谱-质谱法	本标准规定了食品中苯醚类除草剂的气相色谱-负化学离子源-质谱检测方法。 本标准适用于大米、大豆、菠菜、大葱、辣椒、草莓、甜豌豆、绿茶、龙虾仁、鳗鱼、猪肉和蜂蜜 12 种食品中醚类除草剂残留量的测定和确证，其他食品可参照执行。
GB/T 23381—2009	食品中 6-苄基腺嘌呤的测定 高效液相色谱法	本标准规定了用高效液相色谱法测定食品中 6-苄基腺嘌呤（6-BA）含量的方法。 本标准适用于果蔬类（豆芽、黄瓜、番茄、香菇、草莓、橙类）等植物性食品及其制品中 6-苄基腺嘌呤的测定。
GB/T 17980.135—2004	农药 田间药效试验准则（二）第 135 部分：除草剂防治草莓地杂草	本部分规定了除草剂防治草莓地杂草田间药效小区试验的方法和基本要求。 本部分适用于防治草莓地杂草的登记用田间药效小区试验及药效评价。其他田间药效试验参照本部分执行。
GB/T 17980.120—2004	农药 田间药效试验准则（二）第 120 部分：杀菌剂防治草莓灰霉病药效试验	本部分规定了杀菌剂防治草莓灰霉病（*Botrytis cinerea*）田间药效小区试验的方法和要求。 本部分适用于杀菌剂防治草莓灰霉病登记用田间药效小区试验及药效评价。其他田间药效试验参照本部分执行。
GB/T 17980.119—2004	农药 田间药效试验准则（二）第 119 部分：杀菌剂防治草莓白粉病药效试验	本部分规定了杀菌剂防治草莓白粉病（*Sphaerotheca macularis*）田间药效小区试验的方法和要求。 本部分适用于杀菌剂防治草莓白粉病登记用田间药效小区试验及药效评价。其他田间药效试验参照本部分执行。
NY/T 444—2001	草莓	本标准规定了草莓的产品分类、质量指标、检验方法及包装、运输和贮藏要求。 本标准适用于鲜草莓的生产、运输、贮藏和销售。
NY/T 844—2017	绿色食品 温带水果	本标准规定了绿色食品温带水果的术语和定义、要求、检验规则、标签、包装、运输和储存。 本标准适用于绿色食品温带水果，包括苹果、梨、桃、草莓、山楂、柰子、蓝莓、无花果、树莓、桑葚、猕猴桃、葡萄、樱桃、枣、杏、李、柿、石榴、梅和醋栗等。
NY/T 2931—2016	草莓种质资源描述规范	本标准规定了草莓属（*Fragaria*）种质资源的描述内容和描述方式。 本标准适用于草莓种质资源性状的描述。
NY/T 2020—2011	农作物优异种质资源评价规范 草莓	本标准规定了草莓属（*Fragaria*）优异种质资源评价的术语定义、技术要求、鉴定方法和判定。 本标准适用于草莓属（*Fragaria*）优异种质资源的评价。
NY/T 1487—2007	农作物种质资源鉴定技术规程 草莓	本标准规定了草莓属（*Fragaria*）种质资源鉴定的要求和方法。 本标准适用于草莓属（*Fragaria*）种质资源的植物学特征、生物学特性、果实性状和抗性的鉴定。
NY/T 2346—2013	植物新品种特异性、一致性和稳定性测试指南 草莓	本标准规定了草莓新品种特异性、一致性和稳定性测试的技术要求和结果判定的一般原则。 本标准适用于草莓（*Fragaria* L.）新品种特异性、一致性和稳定性测试和结果判定。
NY/T 3550—2020	浆果类水果良好农业规范	本标准规定了浆果类水果生产的组织管理、质量安全管理、种植操作规范、采后技术规范、贮藏运输等要求。 本标准适用于葡萄、柿子、猕猴桃、草莓、石榴、蓝莓等浆果类水果的生产管理。
NY/T 5105—2002	无公害食品 草莓生产技术规程	本标准规定了无公害食品草莓的生产技术。 本标准适用于无公害食品草莓的生产。
NY/T 3848—2021	设施草莓生产技术规程	该标准全文未在全国标准信息公共服务或其他行业标准服务公众平台备案。

标准号	标准名称	摘要
NY/T 406—2000	脱毒草莓种苗病毒检测技术规程	本标准规定了脱毒草莓种苗的病毒检测方法和操作规程。 本标准适用于脱毒草莓母本株、组培苗及脱毒草莓种苗的病毒检测。
NY/T 3032—2016	草莓脱毒种苗生产技术规程	本标准规定了草莓茎尖培养脱毒方法、脱毒种苗保存与繁殖、检测病毒种类和 RT-PCR 检测方法。 本标准适用于草莓脱毒种苗的培育及草莓活体材料中病毒的检测。
NY/T 3129—2017	棉隆土壤消毒技术规范	本标准规定了使用棉隆进行土壤消毒的术语和定义、基本要求、消毒前准备、消毒处理、消毒后管理以及注意事项。 本标准适用于为控制草莓、番茄、菊科和蔷薇科观赏花卉及姜等高附加值农作物连作障碍而进行的土壤消毒处理。
NY/T 2725—2015	氯化苦土壤消毒技术规程	本标准规定了氯化苦土壤消毒相关术语和定义、基本原则和技术方法。 本标准适用于为控制草莓、番茄、黄瓜、茄子、辣椒、姜、东方百合、烟草等作物连作障碍而进行的土壤消毒处理。
NY/T 3263.1—2018	绿色防控技术规程 第1部分：温室果蔬（草莓、番茄）	本部分规定了温室草莓和温室番茄授粉蜂群准备、蜂群运输、蜂群配置、授粉期管理原则和技术方法。 本部分适用于温室草莓使用西方蜜蜂授粉及病虫害绿色防控技术和方法。 本部分适用于温室番茄使用熊蜂授粉及病虫害绿色防控技术和方法。
NY/T 1156.9—2008	农药室内生物测定试验准则　杀菌剂第9部分：抑制灰霉病菌试验叶片法	本部分规定了叶片法测定杀菌剂抑制灰霉病菌的试验方法。 本部分适用于农药登记用杀菌剂对黄瓜、番茄、草莓、葡萄等作物的灰霉病菌的室内生物活性测定试验。
NY/T 1156.10—2008	农药室内生物测定试验准则　杀菌剂第10部分：防治灰霉病试验盆栽法	本部分规定了盆栽法测定杀菌剂防治灰霉病的试验方法。 本部分适用于农药登记用杀菌剂防治黄瓜、番茄、草莓、葡萄等作物灰霉病的室内生物活性测定试验。
NY/T 2009—2011	水果硬度的测定	本标准规定了新鲜水果硬度的手持式硬度计测定方法。 本标准适用于苹果、梨、桃、李、杏、樱桃、草莓、芒果、猕猴桃果实硬度的测定。
NY/T 3026—2016	鲜食浆果类水果采后预冷保鲜技术规程	本标准规定了鲜食浆果类果品的术语和定义、基本要求、预冷和储藏。 本标准适用于葡萄、猕猴桃、草莓、蓝莓、树莓、蔓越莓、无花果、石榴、番石榴、醋栗、穗醋栗、杨桃、番木瓜、人心果等鲜食浆果类果品的采后预冷和储藏保鲜。
NY/T 2787—2015	草莓采收与贮运技术规范	本标准规定了鲜食草莓（*Fragaria×ananassa* Duch.）的采收、质量要求、预冷、贮藏、包装、运输以及销售环节的技术规范。 本标准适用于鲜食草莓的采收、贮藏与运输。
NY/T 1789—2009	草莓等级规格	本标准规定了草莓的等级规格要求、试验方法、检验规则、包装和标识。 本标准适用于鲜食草莓。
NY/T 1041—2018	绿色食品　干果	本标准规定了绿色食品干果的要求、检验规则、标签、标志、包装、运输和储存。 本标准适用于以绿色食品水果为原料，经脱水，未经糖渍，添加或不添加食品添加剂而制成的荔枝干、桂圆干、葡萄干、柿饼、干枣、杏干（包括包仁杏干）、香蕉片、无花果干、酸梅（乌梅）干、山楂干、苹果干、菠萝干、芒果干、梅干、桃干、猕猴桃干、草莓干、酸角干。
QB/T 4632—2014	草莓罐头	本标准规定了草莓罐头的术语和定义、产品分类及代号、要求、试验方法、检验规则和标志、包装、运输、贮存。 本标准适用于以草莓为原料，经预处理、装罐、加汤汁、密封、杀菌、冷却而制成的草莓罐藏食品。
SB/T 11026—2013	浆果类果品流通规范	本标准规定了浆果类果品的商品质量基本要求、商品等级、包装、标识和流通过程要求。 本标准适用于葡萄、草莓、猕猴桃、火龙果、蓝莓、无花果、杨桃、枇杷等浆果类果品的流通，其他浆果类果品的流通可参照执行。

标准号	标准名称	摘要
SN/T 1046—2002	出口冷冻草莓检验规程	本标准规定了出口冷冻草莓的抽样、检验及检验结果的判定。 本标准适用于以新鲜、成熟、无病虫害、果形正常的草莓为原料，经挑选、去蒂、清洗、去杂质，按合同要求加工而成的出口冷冻罐装、袋装草莓的检验。
SN/T 4138—2015	出口水果和蔬菜中敌敌畏、四氯硝基苯、丙线磷等 88 种农药残留的筛选检测 QuEChERS-气相色谱-负化学源质谱法	本标准规定了水果和蔬菜中 88 种农药残留量检测的气相色谱-负化学源质谱筛选检测方法。 本标准适用于胡萝卜、白菜、生姜、苹果、梨、黄桃、草莓、菠菜、西瓜、豇豆、火龙果等蔬菜和水果中 88 种农药残留量的筛选检测，本标准不适用于橙子等柑橘类水果中灭藻醌残留量的检测。
SN/T 0654—2019	出口水果中克菌丹残留量的检测 气相色谱法和气相色谱-质谱/质谱法	本标准规定了出口水果中克菌丹残留量的气相色谱和气相色谱-质谱/质谱检测方法。 本标准适用于苹果、梨、橘子、橙子、桃、桑葚、葡萄、猕猴桃、草莓、橄榄、荔枝、芒果、香蕉、火龙果、西瓜、甜瓜等水果中克菌丹的测定。
SN/T 0192—2017	出口水果中溴螨酯残留量的检测方法	本标准规定了水果中溴螨酯残留量的检测和确证方法。 本标准适用于苹果、樱桃、柠檬、草莓、菠萝、葡萄、西瓜中溴螨酯残留量的检测和确证。
SN/T 0151—2016	出口植物源食品中乙硫磷残留量的测定	本标准规定了出口植物源食品中乙硫磷残留量测定的气相色谱检测及气相色谱-质谱确证方法。 本标准适用于大米、番茄、西兰花、大豆油、桃子、橘子、草莓、苹果、茶叶等乙硫磷残留量的检测和确证。
SN/T 0293—2014	出口植物源性食品中百草枯和敌草快残留量的测定 液相色谱-质谱/质谱法	本标准规定了出口植物源性食品中百草枯和敌草快的制样和液相色谱-质谱/质谱测定方法。 本标准适用于大米、大豆、玉米、小麦、棉籽、干木耳、甘蓝、苹果、香蕉、草莓中百草枯和敌草快残留量的测定和确证。
SN/T 4014—2013	出口食品中苯磺酰氯胺钠和对甲苯磺酰氯胺钠残留量的测定 气相色谱-质谱/质谱法	本标准规定了出口食品中苯磺酰氯胺钠和对甲苯磺酰氯胺钠残留量的气相色谱-质谱/质谱测定方法。 本标准适用于鸡肉、猪肉、牛肉、鱼肉、鸡蛋、莱豆、草莓、牛奶、冰激凌和蜂蜜中苯磺酰氯胺钠和对甲苯磺酰氯胺钠残留量的测定和确证。
SN/T 2321—2009	进出口食品中腈菌唑残留量检测方法 气相色谱质谱法	本标准中规定了食品中腈菌唑残留量的气相色谱-质谱检测和确证方法。 本标准适用于大米、小米、玉米、豆类、红茶、绿茶、花茶、乌龙茶、大麦茶、草莓、苹果、梨、小白菜、黄瓜、辣椒、胡萝卜、花生、榛子等植物源性产品；牛肉、羊肉、猪肉、鸡肉、鱼肉、猪肝、羊肝、鸡肝、牛奶、蜂蜜等动物源性产品中腈菌唑残留量的检测和确证。
SN/T 1982—2007	进出口食品中氟虫腈残留量检测方法 气相色谱-质谱法	本标准规定了食品中氟虫腈残留量检测和制样、气相色谱-质谱检测和确证方法。 本标准适用于菠菜、藕、草莓、花生、鸡肉、猪肉、鳕鱼、蜂蜜、板栗、茶叶和酱油中氟虫腈残留量的测定和确证。
SN/T 3729. 1—2013	出口食品及饮料中常见水果品种的鉴定方法 第 1 部分：草莓成分检测 PCR 法	SN/T 3729 的本部分规定了出口食品和饮料中草莓成分的实时荧光 PCR 检测方法。 本部分适用于果汁、果酱及其他以水果为原辅料的食品中草莓成分的定性检测。本部分所规定方法的最低检出限（LOD）为 1%（质量分数）。
SN/T 2152—2008	进出口食品中氟铃脲残留量检测方法 高效液相色谱-质谱/质谱法	本标准规定了进出口食品中氟铃脲残留量的液相色谱-质谱/质谱检测方法。 本标准适用于大米、大豆、番茄、洋葱、蘑菇、苹果、草莓、芦笋、胡萝卜、紫苏叶、花生、板栗、鸡肉、牛肉和猪肾中氟铃脲残留量的测定和确证。

标准号	标准名称	摘要
SN/T 0519—2010	进出口食品中丙环唑残留量的检测方法	本标准规定了食品中丙环唑残留量的气相色谱检测方法和气相色谱-质谱检测与确证方法。 本标准适用于大米、荞麦、绿豆、苹果、草莓、香蕉、柑橘、韭菜、西兰花、蘑菇、枸杞、茶叶、板栗、蜂蜜、猪肾、牛肉、鸡肉、鱼肉等食品中丙环唑残留量的测定和确证。
SN/T 4877.10—2017	基因条形码筛查方法 第10部分：检疫性疫霉	SN/T 4877的本部分规定了栗疫霉黑水病菌、马铃薯疫霉绯腐病菌、草莓疫霉红心病菌、树莓疫霉根腐病菌、柑橘冬生疫霉、雪松疫霉根腐病菌、苜蓿疫霉根腐病菌、菜豆疫霉病菌、栎树猝死病菌、大豆疫霉病菌和丁香疫霉病菌的DNA条形码筛查。 本部分适用于栗疫霉黑水病菌、马铃薯疫霉绯腐病菌、草莓疫霉红心病菌、树莓疫霉根腐病菌、柑橘冬生疫霉、雪松疫霉根腐病菌、苜蓿疫霉根腐病菌、菜豆疫霉病菌、栎树猝死病菌、大豆疫霉病菌和丁香疫霉病菌的DNA条形码筛查种序列的扩增、分析及结果判定等。
SN/T 4647—2016	草莓疫霉红心病菌检疫鉴定方法	本标准规定了草莓疫霉红心病菌（*Phytophthora fragariae* Hickman）的检疫鉴定方法。 本标准适用于进出境草莓种苗的根及果实上的草莓疫霉红心病菌的检疫和鉴定。
SN/T 3675—2013	草莓花枯病菌检疫鉴定方法	本标准规定了草莓花枯病菌检疫鉴定方法。 本标准适用于草莓种子、种苗及果实上的草莓花枯病菌的检疫和鉴定。
SN/T 3447—2012	草莓簇生植原体检疫鉴定方法	本标准规定了草莓簇生植原体检疫鉴定的基本原则和分子生物学检测方法。 本标准适用于草莓及草莓苗中草莓簇生植原体的检疫和鉴定。
SN/T 2338—2009	草莓滑刃线虫检疫鉴定方法	本标准规定了草莓滑刃线虫检疫和鉴定方法。 本标准适用于进出境花卉、苗木、盆景及草莓、柑橘、番茄等经济作物中草莓滑刃线虫的检疫鉴定。
2. 醋栗		
NY/T 844—2017	绿色食品 温带水果	本标准规定了绿色食品温带水果的术语和定义、要求、检验规则、标签、包装、运输和储存。 本标准适用于绿色食品温带水果，包括苹果、梨、桃、草莓、山楂、柰子、蓝莓、无花果、树莓、桑葚、猕猴桃、葡萄、樱桃、枣、杏、李、柿、石榴、梅和醋栗等。
NY/T 2514—2013	植物新品种特异性、一致性和稳定性测试指南 黑穗醋栗	本标准规定了黑穗醋栗新品种特异性、一致性和稳定性测试的技术要求和结果判定的一般原则。 本标准适用于茶藨属（*Ribes* L.）的黑穗醋栗（*Ribes nigrum* L.）、吉苦沙茶藨（*Ribes dikuscha* Fisch. ex Turcz.）、乌苏里茶藨（*Ribe ussuriense* Jancz.）、兴安茶藨（*Ribes pauciflorum* Turcz.）的所有品种。
NY/T 3026—2016	鲜食浆果类水果采后预冷保鲜技术规程	本标准规定了鲜食浆果类果品的术语和定义、基本要求、预冷和储藏。 本标准适用于葡萄、猕猴桃、草莓、蓝莓、树莓、蔓越莓、无花果、石榴、番石榴、醋栗、穗醋栗、杨桃、番木瓜、人心果等鲜食浆果类果品的采后预冷和储藏保鲜。
3. 金橘		
GB/T 33470—2016	金桔	本标准规定了金桔的术语和定义、产品质量要求、检测方法、检验规则、包装、标志、运输和贮藏。 本标准适用于金弹（*Fortunella Crassifolia Swingle*）中的金桔鲜果（含滑皮金桔）。
GH/T 1151—2017	糖桔饼（原SB/T 10056-1992）	本标准规定了糖桔饼的技术要求、试验方法、检验规则以及标志、包装、运输、贮存。 本标准适用于以柑桔类为原料，加白砂糖、经割缝、糖煮、干燥等工艺加工制成的糖桔饼（包括金桔饼）。
4. 李		
GB/T 19557.8—2004	植物新品种特异性、一致性和稳定性测试指南 李	本标准规定了李新品种特异性、一致性和稳定性测试的技术要求、测试结果的判定原则以及技术报告的内容和形式。 本标准适用于李（*Prunuss* spp.）新品种的特异性、一致性和稳定性的测试和评价。

标准号	标准名称	摘要
GB/T 36841—2018	桃丛簇花叶病毒检疫鉴定方法	本标准规定了桃丛簇花叶病毒检疫鉴定的血清学和分子生物学检测方法。 本标准适用于桃树、葡萄、李、洋李等植物材料及传播介体如线虫中桃丛簇花叶病毒的检疫和鉴定。
GB/T 19495.4—2018	转基因产品检测 实时荧光定性聚合酶链式反应（PCR）检测方法	GB/T 19495 的本部分规定了植物及其加工产品中转基因成分筛选和品系检测实时荧光定性聚合酶链式反应（PCR）检测方法有关的仪器设备、试剂和材料、检测步骤、质量控制、防污染措施以及方法的最低检出限。 本部分适用于大豆、玉米、油菜、水稻、棉花、马铃薯、亚麻、甜菜、苜蓿、番茄、木瓜、苹果、菊苣、剪股颖、烟草、李子、甜瓜、小麦、茄子和桉树等植物转基因筛选检测，也适用于大豆、玉米、油菜、棉花、水稻、马铃薯、亚麻、甜菜和木瓜等植物的品系特异性检测。
GB/T 17980.44—2000	农药 田间药效试验准则（一）除草剂防治果园杂草	本标准规定了除草剂防治果园杂草田间药效小区试验的方法和基本要求。 本标准适用于除草剂防治苹果、梨、柑桔、桃、李、樱桃、杏、橄榄、扁桃、荔枝、龙眼、栗树等果园以及坚果（包括榛子）果园杂草的登记用田间药效小区试验及药效评价。其他田间药效试验参照本标准执行。
GB/T 26901—2020	李贮藏技术规程	本标准规定了李果实的采收、果品质量要求、分选与包装、贮藏前准备、预冷与入库、贮藏方式与贮藏条件、贮藏管理、贮藏期限、出库与包装、运输等。 本标准适用于中国李（*Prunus salicina* Lindl.）的新鲜果实商业贮藏和运输，其他种类的李可参照执行。
GH/T 1147—2017	雪花应子	本标准规定了雪花应子的技术要求、检验方法、检验规则、包装与标志、运输与贮存。 本标准适用于采用李胚、白砂糖为主要原料，经糖渍、干燥加工而成的雪花应子。
LY/T 2826—2017	李栽培技术规程	本标准规定了李栽培的产地环境条件及建园、土肥水管理、花果管理、整形修剪、病虫害防治以及果实采收的技术要求。 本标准适用于中国李（*Prunus salicina* Lindl.）和欧洲李（*Prunus domestica* L.）适栽地区。
NY/T 844—2017	绿色食品 温带水果	本标准规定了绿色食品温带水果的术语和定义、要求、检验规则、标签、包装、运输和储存。 本标准适用于绿色食品温带水果，包括苹果、梨、桃、草莓、山楂、柰子、蓝莓、无花果、树莓、桑葚、猕猴桃、葡萄、樱桃、枣、杏、李、柿、石榴、梅和醋栗等。
NY/T 2924—2016	李种质资源描述规范	本标准规定了李属李亚属（*Prunus* Subgenus. *Prunus* Mill.）种质资源的描述内容和描述方法。 本标准适用于李种质资源的描述。
NY/T 2027—2011	农作物优异种质资源评价规范 李	本标准规定了李属李亚属（*Prunus* Subgenus. *Prunus* Mill.）优异种质资源评价的术语定义、技术要求、鉴定方法和判定。 本标准适用于李属李亚属（*Prunus* Subgenus. *Prunus* Mill.）优异种质资源评价。
NY/T 2009—2011	水果硬度的测定	本标准规定了新鲜水果硬度的手持式硬度计测定方法。 本标准适用于苹果、梨、桃、李、杏、樱桃、草莓、芒果、猕猴桃果实硬度的测定。
NY/T 2380—2013	李贮运技术规范	本标准规定了鲜李贮运的贮前质量与采收要求、库房与入库要求、冷藏条件、出库与贮后质量、运输和检验。 本标准适用于鲜李的贮藏和运输。
SN/T 4344—2015	杏褪绿卷叶植原体检疫鉴定方法	本标准规定了杏褪绿卷叶植原体的检疫和鉴定方法。 本标准适用于进出境杏、桃及李子苗木中杏褪绿卷叶植原体的检疫和鉴定。
SN/T 3687—2013	桃 X 病植原体检疫鉴定方法	本标准规定了植物检疫中桃 X 病（Peach X disease）的现场检疫和分子生物学鉴定方法。 本标准适用于进出境桃、油桃、樱桃、李树等种苗中桃 X 病植原体的检疫鉴定。
SN/T 0533—2016	出口水果中乙氧喹啉残留量检测方法	本标准规定了出口水果中乙氧喹啉测定的高效液相色谱和液相色谱-质谱/质谱检测方法。 本标准适用于出口苹果、梨、桃、李、柑橘中乙氧喹啉的测定。

标准号	标准名称	摘要
SN/T 1204—2016	植物及其加工产品中转基因成分实时荧光PCR定性检验方法	本标准规定了植物及其加工产品中转基因成分筛选和品系鉴定实时荧光PCR检测方法。 本标准适用于大豆、玉米、油菜籽、水稻、棉花、马铃薯、亚麻、甜菜、苜蓿、番茄、木瓜、苹果、菊苣、剪股颖、烟草、李子、甜瓜、小麦、茄子和桉树转基因筛选检测，也适用于大豆、玉米、油菜、水稻、棉花、马铃薯、亚麻和甜菜等作物的品系特异性实时荧光PCR检验。
WS/T 5—1996	含氰甙类食物中毒诊断标准及处理原则	本标准规定了含氰甙类食物中毒的诊断标准、判定原则及处理原则。 本标准适用于因食用苦杏仁、桃仁、李子仁、枇杷仁、樱桃仁、木薯等含氰甙类食物引起的食物中毒。不适用于将苦杏仁作为药用引起的中毒。
QB/T 1383—1991	糖水李子罐头	本标准规定了糖水李子罐头的产品分类、技术要求、试验方法、检验规则和标志、包装、运输、贮存的基本要求。 本标准适用于以李子为原料，经去皮、装罐、加糖水、密封、杀菌制成的糖水李子罐头。
5. 哈密瓜		
GB/T 23398—2009	地理标志产品　哈密瓜	本标准规定了哈密瓜的术语和定义、地理标志产品保护范围、要求、试验方法、检验规则及标志、标签、包装、运输、贮存。 本标准适用于国家质量监督检验检疫行政部门根据《地理标志产品保护规定》批准保护的哈密瓜。
GH/T 1184—2020	哈密瓜	本标准规定了哈密瓜的术语和定义、质量要求、试验方法、检验规则、包装和标签、贮存和运输。 本标准适用于哈密瓜的收购和销售。
NY/T 5180—2002	无公害食品　哈密瓜生产技术规程	本标准规定了无公害食品哈密瓜生产技术管理措施。 本标准适用于露地和苗期小拱棚覆盖的无公害哈密瓜的生产。
SB/T 11030—2013	瓜类贮运保鲜技术规范	本标准规定了瓜类贮运保鲜的采收和质量要求、贮前处理和操作、贮藏技术以及出库与运输的技术要求。 本标准适用于哈密瓜、白兰瓜等甜瓜的贮运保鲜，其他瓜类的贮运保鲜可参照执行。
SN/T 1424—2011	对日本出口哈密瓜检疫规程	本标准规定了新疆出口日本的哈密瓜基地及加工场所的注册登记、现场检疫、实验室检验以及检疫结果评定和签证的要求。 本标准适用于新疆产哈密瓜出口日本检疫。
BJS 201706	食品中氯酸盐和高氯酸盐的测定	本方法规定了食品中氯酸盐和高氯酸盐含量的液相色谱-串联质谱测定方法。 本方法适用于包装饮用水、液体乳、大米、胡萝卜、哈密瓜、猪肉、鱼肉、茶叶、婴幼儿配方乳粉（不包括特殊医学用途的婴幼儿配方乳粉）中氯酸盐和高氯酸盐的测定。
6. 黑莓		
GB 23200. 59—2016	食品安全国家标准　食品中敌草腈残留量的测定　气相色谱-质谱法	本标准规定了食品中敌草腈残留量的气相色谱-质谱法。 本标准适用于大米、大豆、栗子、菠菜、洋葱、香菇、番茄、芒果、橙、黑莓、西瓜、猪肉和牛奶中敌草腈残留量的检测和确证，其他食品可参照执行。
GB/T 35240—2017	树莓苗木质量分级	本标准规定了树莓和黑莓苗木质量分级的术语和定义、分级要求、检验方法、检验规则和起苗、包装、运输、贮藏。 本标准适用于树莓和黑莓无性繁育类型的苗木。
7. 柠檬		
GB/T 29370—2012	柠檬	本标准规定了柠檬鲜果的要求、检验方法、检验规则、标志、标签、包装、运输与贮存。 本标准适用于柠檬鲜果。

标准号	标准名称	摘要
GB/T 9659—2008	柑桔嫁接苗	本标准规定了柑桔嫁接苗的定义、砧穗组合方式、砧木与接穗要求、出圃苗木质量指标、检验及包装、标志、运输等要求。 本标准适用于甜橙类、宽皮柑桔类、柚类、柠檬类、金柑、杂柑等一年生嫁接苗（含大田苗和容器苗）。
GB/T 36845—2018	柑橘顽固病螺原体检疫鉴定方法	本标准规定了进境植物检疫中柑橘顽固病螺原体 *Spiroplasma citri* Saglio et al 的检疫鉴定方法。 标准适用于本标准适用于进出境中的葡萄柚、柠檬、橘子、橙和酸性橙等柑橘属植物种果，苗木及昆虫介体等柑橘顽固病螺原体的检疫鉴定。
GB 23200. 74—2016	食品安全国家标准 食品中井冈霉素残留量的测定 液相色谱-质谱/质谱法	本标准规定了食品中井冈霉素残留量的液相色谱-质谱/质谱检测方法。 本标准适用于大米、卷心菜、葱、胡萝卜、番茄、黄瓜、菠菜、木耳、梨、柠檬、杏仁、茶叶、猪肉、猪肝、罗非鱼、虾中井冈霉素残留的检测和确证，其他食品可参照执行。
GB 23200. 64—2016	食品安全国家标准 食品中吡丙醚残留量的测定 液相色谱-质谱/质谱法	本标准规定了食品中吡丙醚残留量的制样和测定方法。 本标准适用于大米、大豆、菠菜、柠檬、茶叶、蘑菇、牛肉、猪肝和牛奶中吡丙醚残留量的检测，其他食品可参照执行。
GB 1886. 22—2016	食品安全国家标准 食品添加剂 柠檬油	本标准适用于在常温下用冷磨法从柠檬［*Citrus limon*（L.）Burm. f.］的新鲜全果中提取的精油，再经精制得到的食品添加剂柠檬油。
GB 25533—2010	食品安全国家标准 食品添加剂 果胶	本标准适用于以柚子、柠檬、柑橘、苹果等水果的果皮或果渣以及其他适当的可食用的植物为原料，经提取、精制而得的食品添加剂果胶。商品化的果胶产品可含有用于标准化目的的糖类和用于控制 pH 值的缓冲盐类。
GH/T 1274—2019	工业用杯式榨汁机	本标准规定了工业用杯式榨汁机的术语和定义、型号命名和基本参数、要求、试验方法、检验规则、标志、包装、运输和贮存。 本标准适用于采用榨杯装置的同时分离果汁与皮渣籽核的工业用柑橘类榨汁设备，柑橘类包括甜橙、宽皮橘、葡萄柚以及柠檬等。
NY/T 426—2012	绿色食品 柑橘类水果	本标准规定了绿色食品柑橘类水果的术语和定义、要求、试验方法、检验规则、标志和标签、包装、运输和贮存。 本标准适用于绿色食品宽皮柑橘类、甜橙类、柚类、柠檬类、金柑类和杂交柑橘类等柑橘类水果的鲜果。
NY/T 2314—2013	水果套袋技术规程 柠檬	本标准规定了柠檬套袋前管理、套袋、套袋后管理、除袋、果实采收等套袋栽培技术要求。 本标准适用于柠檬果实套袋栽培。
NY/T 2721—2015	柑橘商品化处理技术规程	本标准规定了鲜食柑橘类水果商品化处理的厂区建设要求，果实清洗消毒、预分选、防腐保鲜、脱绿、贮藏、打蜡、分级、质量检验、包装标识、预冷等生产工艺。 本标准适用于鲜食柑橘类水果，包括宽皮柑橘、橙类、柚和葡萄柚类、杂柑类、柠檬类和金柑类果实的采后商品化处理。
NY/T 974—2006	柑橘苗木脱毒技术规范	本标准规定了国内柑橘苗木的脱毒对象、脱毒技术、脱毒效果检测和质量要求。 本标准适用于甜橙、宽皮柑橘、柚、葡萄柚、柠檬、来檬、枸橼（佛手）、酸橙和金柑以及有关杂交种苗木的脱毒。
NY/T 973—2006	柑橘无病毒苗木繁育规程	本标准规定了柑橘无病毒苗木繁育的术语和定义、要求、柑橘病毒病和类似病毒病害检测方法、脱毒技术以及无病毒母本园、无病毒采穗圃和无病毒苗圃的建立和管理。 本标准适用于全国柑橘产区的甜橙、宽皮柑橘、柚、葡萄柚、柠檬、来檬、枸橼（佛手）、酸橙和金柑以及以它们为亲本的杂交种的无病毒苗木的繁育。
NY/T 1189—2017	柑橘贮藏	本标准规定了柑橘贮藏的术语和定义，柑橘贮藏用果的质量要求、采收要求、防腐保鲜、包装、贮藏环境条件、库房管理、入库管理、出库方法和试验方法。 本标准适用于甜橙类、橘类、柑类、柚类、柠檬、杂柑等各种柑橘类水果的各类贮藏。
NY/T 1190—2006	柑橘等级规格	本标准规定了甜橙类、宽皮柑橘类、橘橙类、柠檬来檬类、柚、橘柚类、葡萄柚、金柑类鲜果的等级规格要求、检验方法、包装与标识。 本标准适用于柑橘鲜果外观质量分级、检验、包装。

标准号	标准名称	摘要
QB/T 1799—2011	冷磨柠檬（精）油	本标准规定了冷磨柠檬（精）油的要求、试验方法、检验规则及标志、包装、运输、贮存和保质期。 本标准适用于对冷磨柠檬（精）油的质量进行分析评价。
QB/T 1384—2017	果汁类罐头	本标准规定了果汁类罐头产品分类及代号、要求、试验方法、检验规则和标志、包装、运输、贮存。 本标准适用于以新鲜饱满（或经速冻冷藏）、成熟适度的菠萝、柠檬、柑橘、葡萄、荔枝等水果的果肉或其皮肉、果芯为原料，经榨汁、筛滤或浸取提汁、加糖或不加糖、装罐、先密封后杀菌或先杀菌后密封、冷却制成的罐藏食品。
SN/T 0192—2017	出口水果中溴螨酯残留量的检测方法	本标准规定了水果中溴螨酯残留量的检测和确证方法。 本标准适用于苹果、樱桃、柠檬、草莓、菠萝、葡萄、西瓜中溴螨酯残留量的检测和确证。
SN/T 3288—2012	柠檬干枯病菌检疫鉴定方法	本标准规定了柠檬干枯病菌 *Phoma tracheiphila*（Petri）L. A. Kantsch. et Gikaschvili 的检疫鉴定方法。 本标准适用于来自柠檬干枯病菌发生国家或地区柑橘属寄主（*Citrus* spp.）中柠檬干枯病菌的检疫鉴定。
SN/T 4648—2016	柑橘黑斑病菌检疫鉴定方法	本标准规定了柑橘黑斑病菌（*Guignardia citricarpa* Kiely）的检疫鉴定方法。 本标准适用于柑橘（柑、橘、柠檬、橙、柚、金橘、枳）水果和苗木生产、加工及进出口贸易中柑橘黑斑病菌的检疫和鉴定。
8. 枇杷		
GB/T 13867—1992	鲜枇杷果	本标准规定了枇杷鲜果的质量规格和检验方法。 本标准适用于全国范围的枇杷收购和销售。
GB/T 19908—2005	地理标志产品　塘栖枇杷	本标准规定了塘栖枇杷的地理标志产品保护范围、术语和定义、要求、试验方法、检验规则及标志、标签、包装、运输和贮存。 本标准适用于国家质量监督检验检疫行政主管部门根据《地理标志产品保护规定》批准保护的塘栖枇杷。
GH/T 1272—2019	枇杷冷链流通技术规程	本标准规定了枇杷采收、预冷、分级、包装、贮藏、运输、销售等冷链流通环节的技术要求。 本标准适用于鲜食枇杷的冷链流通。
NY/T 3433—2019	植物品种特异性、一致性和稳定性测试指南　枇杷属	本标准规定了枇杷属（*Eriobotrya* Lindl.）品种特异性、一致性和稳定性测试的技术要求和结果判定的一般原则。 本标准适用于枇杷属品种特异性、一致性和稳定性测试和结果判定。
NY/T 2929—2016	枇杷种质资源描述规范	本标准规定了枇杷属（*Eriobotrya* Lindl.）种质资源的描述内容和描述方法。 本标准适用于枇杷属种质资源收集、保存、鉴定、评价过程中的描述。
NY/T 2021—2011	农作物优异种质资源评价规范　枇杷	本标准规定了枇杷［*Eriobotrya japonica*（Thunb.）Lindl.］优异种质资源评价的术语定义、技术要求、鉴定方法和判定。 本标准适用于枇杷优异种质资源评价。
NY/T 1304—2007	农作物种质资源鉴定技术规程　枇杷	本标准规定了枇杷［*Eriobotrya japonica*（Thunb.）Lindl.］种质资源鉴定的技术要求和方法。 本标准适用于枇杷［*Eriobotrya japonica*（Thunb.）Lindl.］种质资源的植物学特征、生物学特性和果实性状的鉴定，亦可供枇杷属其他种的资源鉴定参照执行。
NY/T 2667.9—2018	热带作物品种审定规范　第9部分：枇杷	本部分规定了枇杷［*Eriobotrya japonica*（Thunb.）Lindl.］品种审定的审定要求、判定规则和审定程序。 本部分适用于枇杷品种的审定。
NY/T 2668.9—2018	热带作物品种试验技术规程　第9部分：枇杷	本部分规定了枇杷［*Eriobotrya japonica*（Thunb.）Lindl.］的品种比较试验、区域试验和生产试验的方法。 本部分适用于枇杷品种试验。
NY/T 3847—2021	枇杷生产技术规程	该标准全文未在全国标准信息公共服务或其他行业标准服务公众平台备案。
NY/T 3102—2017	枇杷贮藏技术规范	本标准规定了枇杷果实的采收，采后的分级、预冷，入库前准备，储藏技术，包装，运输等要求。 本标准适用于鲜食枇杷的储藏。

标准号	标准名称	摘要
NY/T 2304—2013	农产品等级规格 枇杷	本标准规定了新鲜枇杷的等级规格要求、评定方法、标识规定、包装规定及储运规定。 本标准适用于新鲜枇杷的等级规格划分。
QB/T 2391—2017	枇杷罐头	本标准规定了枇杷罐头的术语和定义、产品分类及代号、要求、试验方法、检验规则和标志、包装、运输、贮存。 本标准适用于以新鲜或冷藏、成熟适度的枇杷或罐藏枇杷为原料，经预处理、装罐、加汤汁、密封、杀菌、冷却而制成的枇杷罐藏食品。
QX/T 281—2015	枇杷冻害等级	本标准规定了我国枇杷开花期和幼果期的冻害等级划分指标和冻害等级。 本标准适用于枇杷开花期和幼果期冻害的监测、预报和评估等工作。
SB/T 11026—2013	浆果类果品流通规范	本标准规定了浆果类果品的商品质量基本要求、商品等级、包装、标识和流通过程要求。 本标准适用于葡萄、草莓、猕猴桃、火龙果、蓝莓、无花果、杨桃、枇杷等浆果类果品的流通，其他浆果类果品的流通可参照执行。
SB/T 11100—2014	仁果类果品流通规范	本标准规定了仁果类果品的商品质量基本要求、商品等级、包装、标识和流通过程要求。 本标准适用于苹果、梨、山楂、枇杷等仁果类生鲜果品的流通，其他仁果类果品的流通可参照执行。 本标准不适用于工业加工用的仁果类果品。
SN/T 4642—2016	枇杷桔小实蝇、梨小食心虫检疫处理技术标准	本标准规定了枇杷中桔小实蝇、梨心食心虫的检疫处理方法。 本标准适用于枇杷中桔小实蝇、梨小食心虫的检疫处理。
SN/T 3581—2013	美澳型核果褐腐病菌实时荧光 PCR 检测方法	本标准规定了美澳型核果褐腐病菌［*Monilinia fructicola*（Winter）Honey］的应用 *Taq* Man MGB 探针进行实时荧光 PCR 的检测方法。 本标准适用于美澳型核果褐腐病菌的寄主包括核果类水果，以及木瓜属、山楂属、枇杷属等传带美澳型核果褐腐病菌的寄主上的该病菌的分子检测。
WS/T 5—1996	含氰甙类食物中毒诊断标准及处理原则	本标准规定了含氰甙类食物中毒的诊断标准、判定原则及处理原则。 本标准适用于因食用苦杏仁、桃仁、李子仁、枇杷仁、樱桃仁、木薯等含氰甙类食物引起的食物中毒。不适用于将苦杏仁作为药用引起的中毒。
9. 葡萄柚		
GB/T 36845—2018	柑橘顽固病螺原体检疫鉴定方法	本标准规定了进境植物检疫中柑橘顽固病螺原体 *Spiroplasma citri* Saglio et al 的检疫鉴定方法。 标准适用于本标准适用于进出境中的葡萄柚、柠檬、橘子、橙和酸性橙等柑橘属植物种果，苗木及昆虫介体等柑橘顽固病螺原体的检疫鉴定。
GH/T 1274—2019	工业用杯式榨汁机	本标准规定了工业用杯式榨汁机的术语和定义、型号命名和基本参数、要求、试验方法、检验规则、标志、包装、运输和贮存。 本标准适用于采用榨杯装置的同时分离果汁与皮渣籽核的工业用柑橘类榨汁设备，柑橘类包括甜橙、宽皮橘、葡萄柚以及柠檬等。
NY/T 973—2006	柑橘无病毒苗木繁育规程	本标准规定了柑橘无病毒苗木繁育的术语和定义、要求、柑橘病毒病和类似病毒病害检测方法、脱毒技术以及无病毒母本园、无病毒采穗圃和无病毒苗圃的建立和管理。 本标准适用于全国柑橘产区的甜橙、宽皮柑橘、柚、葡萄柚、柠檬、来檬、枸橼（佛手）、酸橙和金柑以及以它们为亲本的杂交种的无病毒苗木的繁育。
NY/T 974—2006	柑橘苗木脱毒技术规范	本标准规定了国内柑橘苗木的脱毒对象、脱毒技术、脱毒效果检测和质量要求。 本标准适用于甜橙、宽皮柑橘、柚、葡萄柚、柠檬、来檬、枸橼（佛手）、酸橙和金柑以及有关杂交种苗木的脱毒。
NY/T 1190—2006	柑橘等级规格	本标准规定了甜橙类、宽皮柑橘类、橘橙类、柠檬来檬类、柚、橘柚类、葡萄柚、金柑类鲜果的等级规格要求、检验方法、包装与标识。 本标准适用于柑橘鲜果外观质量分级、检验、包装。

标准号	标准名称	摘要
NY/T 2721—2015	柑橘商品化处理技术规程	本标准规定了鲜食柑橘类水果商品化处理的厂区建设要求，果实清洗消毒、预分选、防腐保鲜、脱绿、贮藏、打蜡、分级、质量检验、包装标识、预冷等生产工艺。 本标准适用于鲜食柑橘类水果，包括宽皮柑橘、橙类、柚和葡萄柚类、杂柑类、柠檬类和金柑类果实的采后商品化处理。
10. 桑葚		
NY/T 844—2017	绿色食品　温带水果	本标准规定了绿色食品温带水果的术语和定义、要求、检验规则、标签、包装、运输和储存。 本标准适用于绿色食品温带水果，包括苹果、梨、桃、草莓、山楂、柰子、蓝莓、无花果、树莓、桑葚、猕猴桃、葡萄、樱桃、枣、杏、李、柿、石榴、梅和醋栗等。
SN/T 0654—2019	出口水果中克菌丹残留量的检测　气相色谱法和气相色谱-质谱/质谱法	本标准规定了出口水果中克菌丹残留量的气相色谱和气相色谱-质谱/质谱检测方法。 本标准适用于苹果、梨、橘子、橙子、桃、桑葚、葡萄、猕猴桃、草莓、橄榄、荔枝、芒果、香蕉、火龙果、西瓜、甜瓜等水果中克菌丹的测定。
SN/T 4849.4—2017	出口食品及饲料中常见小浆果成分的检测方法　实时荧光PCR法　第4部分：桑葚	SN/T 4849 的本部分规定了出口食品及饮料中桑葚成分的检测方法实时荧光PCR法。 本部分适用于鲜果、冷冻果、蜜饯、鲜榨果汁、果肉型果汁、果干、果酱等以桑葚为原辅料的初加工食 品及饮料中桑葚成分的定性检测（清汁及果酒除外）。本部分所规定方法的最低检出限（LOD）为1%（体积比）。
11. 沙棘		
GB/T 23234—2009	中国沙棘果实质量等级	本标准规定了中国沙棘的果实质量等级规格指标、安全卫生要求、检验方法、等级判定规则以及包装、标志、运输和贮存。 本标准适用于中国沙棘（*Hippophae rhamnoides* L. subsp. *sinensis* Rousi.）果实。
GB 1886.319—2021	食品安全国家标准　食品添加剂　沙棘黄	本标准适用于以植物沙棘（*Hippophae rhamnoides* L.）的果实、果渣等为原料，经正己烷或乙醇提取，或超临界二氧化碳萃取，再经精制等工艺制得的食品添加剂沙棘黄。
GB/T 22244—2008	保健食品中前花青素的测定	本标准规定了保健食品中前花青素的测定方法。 本标准适用于以葡萄籽、葡萄皮、沙棘、玫瑰果、蓝浆果、法国松树皮提取物等为主要原料制造的保健食品中前花青素的测定。
LY/T 2287—2014	植物新品种特异性、一致性和稳定性测试指南　沙棘	本标准规定了胡颓子科沙棘属（*Hippophae* L.）植物新品种特异性、一致性和稳定性测试技术要求。 本标准适用于所有沙棘属植物新品种的测试。
LY/T 3074—2018	沙棘种质资源异地保存库营建技术规程	本标准规定了沙棘种质资源库建立的库址选择、种质资源收集保存对象和方法、种质资源林营建与管理、档案管理等内容。 本标准适用于我国“三北”地区营建沙棘种质资源异地保存库。
LY/T 2676—2016	半干旱地区灌木林平茬与复壮技术规范	本标准规定了半干旱地区沙棘（*Hippophae* spp.）、沙拐枣（*Calligonum* spp.）、柠条（*Caragana* spp.）、沙柳（*Salix* spp.）、羊柴（*Hedysarum* spp.）、胡枝子（*Lespedeza* spp.）、沙木蓼（*Atraphaxis* spp.）、驼绒藜（*Ceratoides* spp.）、紫穗槐（*Amorpha fruticosa*）等主要灌木树种人工林平茬复壮条件、平茬复壮技术（初始年龄、平茬方式、平茬方法、作业季节、茬口形状及高度、平茬间隔期、作业管理）、平茬复壮后管理以及档案管理等方面的技术要求。 本标准适用于全国半干旱地区灌木平茬复壮。
NY/T 981—2006	沙棘汁加工技术规范	本标准规定了沙棘汁加工的原料贮存、分拣、清洗、压榨、分离、均质、脱气、灭菌、灌装、包装、运输和贮存等工序的加工技术要求。 本标准适用于以沙棘纯果及带枝条沙棘果为原料沙棘汁的生产。
NY/T 751—2017	绿色食品　食用植物油	本标准规定了绿色食品食用植物油的要求、检验规则、标签、包装、运输和储存。 本标准适用于绿色食品食用植物油，包括菜籽油、大豆油、花生油、芝麻油、亚麻籽油、葵花籽（仁）油、玉米油、油茶籽油、米糠油、核桃油、红花籽油、葡萄籽油、橄榄油、牡丹籽油、棕榈（仁）油、沙棘籽油及食用调和油等。

标准号	标准名称	摘要
SL 494—2010	沙棘果叶采摘技术规范	本标准规定了沙棘果实采摘的要求、技术方法和贮运，适用于中国沙棘亚种、蒙古沙棘亚种与中国沙棘亚种杂交种以剪枝法采果的生产。
12. 山楂		
GB/T 22250—2008	保健食品中绿原酸的测定	本标准规定了保健食品中绿原酸的测定方法。 本标准适用于以金银花、菊花、杜仲、山楂等一种或几种为主要原料的保健食品中绿原酸的测定。
GB 14891. 3—1997	辐照干果果脯类卫生标准	本标准规定了辐照干果果脯类食品的技术要求和检验方法。 本标准适用于经 γ 射线或电子束照射的花生仁、桂圆、空心莲、核桃、生杏仁、红枣、桃脯、杏脯、山楂脯及其他蜜饯类食品。
GB 5009. 185—2016	食品安全国家标准　食品中展青霉素的测定	本标准代替 GB/T 5009. 185—2003《苹果和山楂制品中展青霉素的测定》、NY/T 1650—2008《苹果及山楂制品中展青霉素的测定高效液相色谱法》、SN/T 2008—2007《进出口果汁中棒曲霉毒素的检测方法高效液相色谱法》和 SN/T 2534—2010《进出口水果和蔬菜制品中展青霉素含量检测方法液相色谱-质谱/质谱法与高效液相色谱法》和 SN/T 1859—2007《饮料中棒曲霉素和 5-羟甲基糠醛的测定方法液相色谱-质谱法和气相色谱-质谱法》中展青霉素部分。 本标准规定了食品中展青霉素的测定方法。 本标准第一法为同位素稀释-液相色谱串联质谱法，适用于苹果和山楂为原料的水果及其制品、果蔬汁类和酒类食品中展青霉素含量的测定。 本标准第二法为高效液相色谱法，适用于苹果为原料的水果及其果蔬汁类和酒类食品中展青霉素含量的测定。
GB 1886. 127—2016	食品安全国家标准　食品添加剂　山楂核烟熏香味料 Ⅰ 号、Ⅱ 号	本标准适用于以山楂核为原料，在 800 °C 以下经蒸馏（无氧裂解）、冷凝、分离等方法制得的水溶性食品添加剂山楂核烟熏香料 Ⅰ 号、Ⅱ 号。 本标准不适用于与水不相容的油状物及由其制得的产物和由其他材料或其他方法所制得的产物，如木醋酸等。
GB/T 19416—2003	山楂汁及其饮料中果汁含量的测定	本标准规定了山楂汁及其饮料中钾、总磷、氨基酸态氮、总黄酮（芦丁）四种组分的测定方法和果汁含量的计算方法。 本标准适用于山楂浓缩汁、果汁及果汁含量不低于 2. 5%的饮料中果汁含量的测定。
GB/T 31318—2014	蜜饯　山楂制品	本标准规定了蜜饯类山楂制品的产品分类、技术要求、试验方法、检验规则、标签、包装、贮存。 本标准适用于以山楂、白砂糖和/或淀粉糖为主要原料，经煮制、制浆、成型、干燥，或经糖渍、干燥等工艺加工制成的可直接食用的蜜饯山楂制品。
GH/T 1159—2017	山楂	本标准规定了山楂的等级规格、检验方法、检验规则、包装、运输与保管。 本标准适用于山楂鲜果的收购、销售。
LY/T 3208—2020	植物新品种特异性、一致性、稳定性测试指南　山楂属	本标准规定了蔷薇科山楂属（*Crataegus* L.）植物新品种特异性、一致性、稳定性测试技术要求。 本标准适用于所有山楂属植物新品种的测试。
NY/T 1041—2018	绿色食品　干果	本标准规定了绿色食品干果的要求、检验规则、标签、标志、包装、运输和储存。 本标准适用于以绿色食品水果为原料，经脱水，未经糖渍，添加或不添加食品添加剂而制成的荔枝干、桂圆干、葡萄干、柿饼、干枣、杏干（包括包仁杏干）、香蕉片、无花果干、酸梅（乌梅）干、山楂干、苹果干、菠萝干、芒果干、梅干、桃干、猕猴桃干、草莓干、酸角干。
NY/T 844—2017	绿色食品　温带水果	本标准规定了绿色食品温带水果的术语和定义、要求、检验规则、标签、包装、运输和储存。 本标准适用于绿色食品温带水果，包括苹果、梨、桃、草莓、山楂、柰子、蓝莓、无花果、树莓、桑葚、猕猴桃、葡萄、樱桃、枣、杏、李、柿、石榴、梅和醋栗等。
NY/T 2928—2016	山楂种质资源描述规范	本标准规定了山楂属（*Crataegus* L.）植物种质资源描述的内容和方法。 本标准适用于山楂属种质资源收集、保存、鉴定和评价过程的描述。

标准号	标准名称	摘要
NY/T 2325—2013	农作物种质资源鉴定评价技术规范　山楂	本标准规定了山楂属（*Crataegus* L.）种质资源鉴定评价的术语和定义、技术要求、鉴定方法和判定。 本标准适用于山楂属种质资源的鉴定和优异种质资源评价。
NY/T 3417—2019	苹果树主要害虫调查方法	本标准规定了我国苹果树主要害虫桃小食心虫、苹果全爪螨、山楂叶螨、二斑叶螨、苹果绣线菊蚜、苹果棉蚜、苹果小卷叶蛾、金纹细蛾的调查方法。 本标准适用于我国各苹果主产区主要害虫的调查。
NY/T 2741—2015	仁果类水果中类黄酮的测定　液相色谱法	本标准规定了液相色谱法测定仁果类水果中类黄酮的方法。 本标准适用于仁果类水果（苹果、梨和山楂）中主要类黄酮含量的测定。
SB/T 11100—2014	仁果类果品流通规范	本标准规定了仁果类果品的商品质量基本要求、商品等级、包装、标识和流通过程要求。 本标准适用于苹果、梨、山楂、枇杷等仁果类生鲜果品的流通，其他仁果类果品的流通可参照执行。 本标准不适用于工业加工用的仁果类果品。
SB/T 10059—1992	山楂酱	本标准规定了山楂酱的技术要求、试验方法、检验规则和标志、包装、运输、贮存。 本标准适用于以山楂为原料，经去籽、破碎或打浆、加白砂糖浓缩制成的山楂酱。
SB/T 10057—1992	山楂糕、条、片	本标准规定了山楂糕、条、片的技术要求、试验方法、检验规则以及标志、包装、运输、贮存。 本标准适用于以山楂（红果）、白砂糖为原料，经煮制、打浆、成型或干燥等工艺加工制成的山楂糕、条、片。
SB/T 10202—1993	山楂浓缩汁	本标准规定了山楂浓缩汁的技术要求、试验方法、检验规则、标志、包装、运输和贮存。 本标准适用于以新鲜山楂为原料，经浸提或压榨、杀菌、浓缩等工艺加工制成的山楂浓缩汁。 本标准不适用于加糖类山楂浓缩汁。
QB/T 1381—2014	山楂罐头	本标准规定了山楂罐头的术语和定义、产品分类及代号、要求、试验方法、检验规则和标志、包装、运输、贮存。 本标准适用于以山楂为原料，经预处理、加汤汁、密封、杀菌、冷却而制成的山楂罐藏食品。
QB/T 1983—1994	山楂酒	本标准规定了山楂酒的技术要求、试验方法、检验规则和标志、包装、运输、贮存要求。 本标准适用于以山楂为原料，经破碎、发酵（或部分发酵）、陈酿调配而成的饮料酒。
SN/T 3581—2013	美澳型核果褐腐病菌实时荧光 PCR 检测方法	本标准规定了美澳型核果褐腐病菌［*Monilinia fructicola*（Winter）Honey］的应用 *Taq* Man MGB 探针进行实时荧光 PCR 的检测方法。 本标准适用于美澳型核果褐腐病菌的寄主包括核果类水果，以及木瓜属、山楂属、枇杷属等传带美澳型核果褐腐病菌的寄主上的该病菌的分子检测。
SN/T 3426—2012	美洲山楂锈病菌检疫鉴定方法	本标准规定了美洲山楂锈病菌的检疫鉴定方法。 本标准适用于美洲山楂锈病菌寄主上的美洲山楂锈病菌的检疫鉴定。
SN/T 3416—2012	山楂小卷叶蛾检疫鉴定方法	本标准规定了山楂卷叶蛾的现场检疫和实验室鉴定方法。 本标准适用于进出境植物检疫、国内植物检疫中山楂卷叶蛾检疫和鉴定。
SN/T 4333—2015	苹果溴甲烷检疫熏蒸处理操作规程及技术要求	本标准规定了苹果溴甲烷检疫熏蒸处理的操作规程和技术指标。 本标准适用于使用溴甲烷对携带桃蛀果蛾、苹果蠹蛾和山楂叶螨的进出境苹果的常压检疫熏蒸处理。
SN/T 4653—2016	出口中药材中氨基甲酸酯类农药残留量的检测方法　液相色谱-质谱/质谱法	本标准规定了中药材中灭多威、异丙威、西维因、仲丁威、猛杀威、残杀威、克百威、噁虫威、灭蚜威、灭虫威、3-羟基-克百威和抗蚜威残留量的液相色谱-质谱/质谱测定方法。 本标准适用于出口济银花、苏叶、杭菊、甘草、山楂、白芷、黄连、枸杞、人参、红花中灭多威、异丙威、西维因、仲丁威、猛杀威、残杀威、克百威、噁虫威、灭蚜威、灭虫威、3-羟基-克百威和抗蚜威残留量的确证和定量测定。

标准号	标准名称	摘要
SN/T 3729.8—2013	出口食品及饮料中常见水果品种的鉴定方法 第8部分：山楂成分检测 实时荧光PCR法	SN/T 3729的本部分规定了出口食品和饮料中山楂成分的实时荧光PCR检测方法。 本部分适用于果汁、果酱及其他以水果为原辅料的食品中山楂成分的定性检测。本部分所规定方法的最低检出限（LOD）为1%（质量分数）。
SN/T 4063—2014	出口植物性中药材中汞含量的测定 直接进样-冷原子吸收光谱法	本标准规定了植物性中药材中汞含量的直接进样-冷原子吸收光谱测定方法。 本标准适用于人参、甘草、大青叶、紫苏叶、菊花、红花、枸杞、山楂、麻黄、藿香、黄柏、肉桂等植物性中药材中汞含量的测定。
SN/T 4061—2014	出口辐照植物性中药材鉴定方法-热释光法	本标准规定了辐照植物性中药材的热释光鉴定。 本标准适用于人参、五加皮、枸杞、山楂、苏叶、菊花等植物性中药材辐照的鉴定。
13. 树莓		
GB/T 27657—2011	树莓	本标准规定了鲜食树莓的质量要求、质量容许度要求、安全指标要求、试验方法、检验规则、包装、标识规定、运输和贮存等内容。 本标准适用于鲜食树莓。
GB/T 35240—2017	树莓苗木质量分级	本标准规定了树莓和黑莓苗木质量分级的术语和定义、分级要求、检验方法、检验规则和起苗、包装、运输、贮藏。 本标准适用于树莓和黑莓无性繁育类型的苗木。
LY/T 2299—2014	树莓苗木质量等级	本标准规定了树莓苗木的分级标准、检验方法和检验规则。 本标准适用于露地培育的树莓根蘖苗和压条苗的质量分级。
LY/T 2299—2014	树莓苗木质量等级	本标准规定了树莓苗木的分级标准、检验方法和检验规则。 本标准适用于露地培育的树莓根蘖苗和压条苗的质量分级。
NY/T 844—2017	绿色食品 温带水果	本标准规定了绿色食品温带水果的术语和定义、要求、检验规则、标签、包装、运输和储存。 本标准适用于绿色食品温带水果，包括苹果、梨、桃、草莓、山楂、柰子、蓝莓、无花果、树莓、桑葚、猕猴桃、葡萄、樱桃、枣、杏、李、柿、石榴、梅和醋栗等。
NY/T 2520—2013	植物新品种特异性、一致性和稳定性测试指南 树莓	本标准规定了树莓新品种特异性、一致性和稳定性测试的技术要求和结果判定的一般原则。 本标准适用于悬钩子属（*Rubus* L.）的红树莓（*Rubus idaeus* L.）、黑树莓（*Rubus occidentalis* L.）和茅莓悬钩子（*Rubus parvifolius* L.）的所有品种。
NY/T 3026—2016	鲜食浆果类水果采后预冷保鲜技术规程	本标准规定了鲜食浆果类果品的术语和定义、基本要求、预冷和储藏。 本标准适用于葡萄、猕猴桃、草莓、蓝莓、树莓、蔓越莓、无花果、石榴、番石榴、醋栗、穗醋栗、杨桃、番木瓜、人心果等鲜食浆果类果品的采后预冷和储藏保鲜。
SN/T 4877.10—2017	基因条形码筛查方法 第10部分：检疫性疫霉	SN/T 4877的本部分规定了栗疫霉黑水病菌、马铃薯疫霉绯腐病菌、草莓疫霉红心病菌、树莓疫霉根腐病菌、柑橘冬生疫霉、雪松疫霉根腐病菌、苜蓿疫霉根腐病菌、菜豆疫霉病菌、栎树猝死病菌、大豆疫霉病菌和丁香疫霉病菌的DNA条形码筛查。 本部分适用于栗疫霉黑水病菌、马铃薯疫霉绯腐病菌、草莓疫霉红心病菌、树莓疫霉根腐病菌、柑橘冬生疫霉、雪松疫霉根腐病菌、苜蓿疫霉根腐病菌、菜豆疫霉病菌、栎树猝死病菌、大豆疫霉病菌和丁香疫霉病菌的DNA条形码筛查种序列的扩增、分析及结果判定等。
SN/T 4849.2—2017	出口食品及饲料中常见小浆果成分的检测方法 实时荧光PCR法 第2部分：树莓	SN/T 4849的本部分规定了出口食品及饮料中树莓成分的检测方法实时荧光PCR法。 本部分适用于鲜果、冷冻果、蜜饯、鲜榨果汁、果肉型果汁、混浊汁、果干、果酱及其他以树莓为原辅料的食品及饮料中树莓成分的定性检测（清汁及果酒除外）包括红树莓、黄树莓、黑树莓。此部分所规定方法的红树莓最低检出限（LOD）为0.1%（体积比），黄树莓和黑树莓的最低检出限（LOD）为0.1%（体积比）。
14. 甜橙		
GB/T 12947—2008	鲜柑橘	本标准规定了甜橙类和宽皮柑橘类相关的术语和定义、要求、检验方法、检验规则、标志、标签与包装、贮存与运输及销售。 本标准适用于甜橙类、宽皮柑橘类鲜果的生产、收购和销售。

标准号	标准名称	摘要
GB/T 9659—2008	柑桔嫁接苗	本标准规定了柑桔嫁接苗的定义、砧穗组合方式、砧木与接穗要求、出圃苗木质量指标、检验及包装、标志、运输等要求。 本标准适用于甜橙类、宽皮柑桔类、柚类、柠檬类、金柑、杂柑等一年生嫁接苗（含大田苗和容器苗）。
GH/T 1274—2019	工业用杯式榨汁机	本标准规定了工业用杯式榨汁机的术语和定义、型号命名和基本参数、要求、试验方法、检验规则、标志、包装、运输和贮存。 本标准适用于采用榨杯装置的同时分离果汁与皮渣籽核的工业用柑橘类榨汁设备，柑橘类包括甜橙、宽皮橘、葡萄柚以及柠檬等。
NY/T 426—2012	绿色食品　柑橘类水果	本标准规定了绿色食品柑橘类水果的术语和定义、要求、试验方法、检验规则、标志和标签、包装、运输和贮存。 本标准适用于绿色食品宽皮柑橘类、甜橙类、柚类、柠檬类、金柑类和杂交柑橘类等柑橘类水果的鲜果。
NY/T 2276—2012	制汁甜橙	本标准规定了制汁用甜橙相关的品种、要求、检验方法、检验规则、包装运输和贮存。 本标准适用于制汁甜橙的生产指导与购销。
NY/T 974—2006	柑橘苗木脱毒技术规范	本标准规定了国内柑橘苗木的脱毒对象、脱毒技术、脱毒效果检测和质量要求。 本标准适用于甜橙、宽皮柑橘、柚、葡萄柚、柠檬、来檬、枸橼（佛手）、酸橙和金柑以及有关杂交种苗木的脱毒。
NY/T 973—2006	柑橘无病毒苗木繁育规程	本标准规定了柑橘无病毒苗木繁育的术语和定义、要求、柑橘病毒病和类似病毒病害检测方法、脱毒技术以及无病毒母本园、无病毒采穗圃和无病毒苗圃的建立和管理。 本标准适用于全国柑橘产区的甜橙、宽皮柑橘、柚、葡萄柚、柠檬、来檬、枸橼（佛手）、酸橙和金柑以及以它们为亲本的杂交种的无病毒苗木的繁育。
NY/T 2336—2013	柑橘及制品中多甲氧基黄酮含量的测定　高效液相色谱法	本标准规定了柑橘及其制品中多甲氧基黄酮（甜橙黄酮、川皮苷和蜜橘黄酮）含量的液相色谱测定方法。 本标准适用于柑橘及其制品中多甲氧基黄酮（甜橙黄酮、川皮苷和蜜橘黄酮）含量的测定。 本标准定量测定范围：甜橙黄酮、川皮苷和蜜橘黄酮均为 0.02~30 mg/L。 本标准方法定量限：甜橙黄酮、川皮苷和蜜橘黄酮均为 0.02 mg/kg。 本标准方法检出限：甜橙黄酮、川皮苷和蜜橘黄酮均为 0.01 mg/kg。
NY/T 1189—2017	柑橘贮藏	本标准规定了柑橘贮藏的术语和定义，柑橘贮藏用果的质量要求、采收要求、防腐保鲜、包装、贮藏环境条件、库房管理、入库管理、出库方法和试验方法。 本标准适用于甜橙类、橘类、柑类、柚类、柠檬、杂柑等各种柑橘类水果的各类贮藏。
NY/T 1190—2006	柑橘等级规格	本标准规定了甜橙类、宽皮柑橘类、橘橙类、柠檬来檬类、柚、橘柚类、葡萄柚、金柑类鲜果的等级规格要求、检验方法、包装与标识。 本标准适用于柑橘鲜果外观质量分级、检验、包装。
NY/T 3221—2018	橙汁胞等级规格	本标准规定了橙汁胞的术语和定义，要求，等级，规格，检验方法，包装、储藏和标识。 本标准适用于以甜橙果实为原料，经过去皮、脱囊衣、分散和去除杂质的食品工业用或直接食用的橙汁胞。
SB/T 11028—2013	柑橘类果品流通规范	本标准规定了柑橘类鲜果的商品质量基本要求、商品等级、包装、标识和流通过程要求。 本标准适用于宽皮柑橘、柚、甜橙等柑橘类鲜果的流通，其他柑橘类鲜果的流通可参照执行。
15. 西番莲		
NY/T 491—2002	西番莲	本标准规定了西番莲鲜果的要求、试验方法、检验规则、标志、标签、包装、运输和贮存。 本标准适用于黄果西番莲、紫果西番莲及杂交西番莲鲜果的质量评定和贸易。

标准号	标准名称	摘要
NY/T 750—2020	绿色食品 热带、亚热带水果	本标准规定了绿色食品热带、亚热带水果的术语和定义、要求、检验规则、标签、包装、运输和储存。 本标准适用于绿色食品热带和亚热带水果，包括荔枝、龙眼、香蕉、菠萝、芒果、枇杷、黄皮、番木瓜、番石榴、杨梅、杨桃、橄榄、红毛丹、毛叶枣、莲雾、人心果、西番莲、山竹、火龙果、菠萝蜜、番荔枝和青梅。
NY/T 2517—2013	植物新品种特异性、一致性和稳定性测试指南 西番莲	本标准规定了西番莲属（*Passiflora* L.）新品种特异性、一致性和稳定性测试的技术要求和结果判定的一般原则。 本标准适用于西番莲属的紫果西番莲、黄果西番莲、杂交种西番莲、西番莲、大果西番莲、橙果西番莲、樟叶西番莲、香蕉西番莲、翅茎西番莲、蓝翅西番莲、红花西番莲、洋红西番莲、艳红西番莲、紫花西番莲新品种特异性、一致性和稳定性测试和结果判定。
NY/T 292—1995	绿色食品 西番莲果汁饮料	本标准规定了绿色食品西番莲果汁饮料的术语、技术要求、试验方法、检验规则及标志、包装、运输、贮存。 本标准适用于获得绿色食品标志的西番莲果汁饮料。
16. 樱桃		
GB/T 26906—2011	樱桃质量等级	本标准规定了樱桃的质量要求、检验方法、检验规则和包装与标志等。 本标准适用于甜樱桃的质量分级，不适用于中国樱桃和欧洲酸樱桃。
GB 23200. 58—2016	食品安全国家标准 食品中氯酯磺草胺残留量的测定 液相色谱-质谱/质谱法	本标准规定了食品中氯酯磺草胺残留量的液相色谱-质谱/质谱法。 本标准适用于玉米、大米、大豆、栗子、核桃、菜心、番茄、辣椒、菠菜、洋葱、橙、草莓、芒果、樱桃、香菇、茶叶等植物源性产品和鸡肝、猪肝、牛奶等动物源性产品中氯酯磺草胺残留量的检测和确证，其他食品可参照执行。
GB 23200. 56—2016	食品安全国家标准 食品中喹氧灵残留量的检测方法	本标准规定了进出口食品中喹氧灵残留量的液相色谱与液相色谱-质谱/质谱的检测方法。 本标准适用于大豆、花椰菜、樱桃、木耳、葡萄酒、茶叶、蜂蜜、猪肝、鸡肉、鳗鱼中喹氧灵残留量的测定和确证，其他食品可参照执行。
GB/T 17980. 44—2000	农药 田间药效试验准则（一）除草剂防治果园杂草	本标准规定了除草剂防治果园杂草田间药效小区试验的方法和基本要求。 本标准适用于除草剂防治苹果、梨、柑桔、桃、李、樱桃、杏、橄榄、扁桃、荔枝、龙眼、栗树等果园以及坚果（包括榛子）果园杂草的登记用田间药效小区试验及药效评价。其他田间药效试验参照本标准执行。
GB/T 30988—2014	多酚类植物基因组DNA 提取纯化及测试方法	本标准规定了以茶树为代表的多酚类植物基因组 DNA 提取纯化方法以及 DNA 纯度、浓度测试方法。 本标准适用于茶树、马铃薯、樱桃、葡萄以及其他富含多酚类的植物的植物基因组 DNA 提取及纯化。
GH/T 1238—2019	甜樱桃冷链流通技术规程	本标准规定了甜樱桃采收、分级、预冷、包装、贮藏、出库、标识、运输、销售冷链流通环节技术要求。 本标准适用于鲜食甜樱桃的冷链流通。
NY/T 844—2017	绿色食品 温带水果	本标准规定了绿色食品温带水果的术语和定义、要求、检验规则、标签、包装、运输和储存。 本标准适用于绿色食品温带水果，包括苹果、梨、桃、草莓、山楂、柰子、蓝莓、无花果、树莓、桑葚、猕猴桃、葡萄、樱桃、枣、杏、李、柿、石榴、梅和醋栗等。
NY/T 3056—2016	植物品种特异性、一致性和稳定性测试指南 樱桃	本标准规定了樱桃（*Prunusavium* L.）及其种间杂交获得的品种特异性、一致性和稳定性测试的技术要求，测试结果判定原则。 本标准适用于樱桃及其种间杂交获得的品种特异性、一致性和稳定性的测试和结果判定。
NY/T 3641—2020	欧洲甜樱桃品种鉴定 SSR 分子标记法	本标准规定了利用简单重复序列（Simplc sequence repeat，SSR）标记的遗传多态性进行欧洲甜樱桃（*Prunus avium* L.）品种鉴定的操作程序、数据记录与统计、判定规则。 本标准适用于欧洲甜樱桃品种的 SSR 指纹数据采集及品种鉴定。
NY/T 2717—2015	樱桃良好农业规范	本标准规定了樱桃生产的组织管理、质量安全管理、种植操作规范、果实采后技术要求。 本标准适用于具有一定规模化、组织化的甜樱桃种植管理。

标准号	标准名称	摘要
NY/T 3764—2020	甜樱桃大苗繁育技术规程	本标准规定了苗圃地选择与整理、砧木苗的培育、嫁接、嫁接苗的管理、起苗出圃、分级、贮藏、检疫、包装运输等甜樱桃大苗繁育技术要求。
NY/T 3704—2020	果园有机肥施用技术指南	本标准规定了果园有机肥种类及质量要求、施用原则、施用技术要求和南方果园绿肥种植及利用方式。 本标准适用于苹果、柑橘、梨、桃、樱桃等果园，其他果园可参执行。
NY/T 2951.2—2016	盲蝽综合防治技术规范　第2部分：果树	本部分规定了枣、葡萄、苹果、桃、梨、樱桃等果树上盲蝽的防治策略、防治技术和防治效果评价方法。 本部分适用于全国不同地区果树上盲蝽的防治。
NY/T 2163.2—2016	盲蝽测报技术规范　第2部分：果树	本部分规定了枣、葡萄、苹果、桃、梨、樱桃6种果树上盲蝽发生程度分级指标、成虫诱测、系统调查、普查、预测预报方法和数据汇总等内容。 本部分适用于全国果园盲蝽调查和预测预报。
NY/T 3263.2—2020	主要农作物蜜蜂授粉及病虫害综合防控技术规程　第2部分：大田果树（苹果、樱桃、梨、柑桔）	本部分规定了苹果、樱桃、梨和柑桔等大田果树蜜蜂授粉与病虫害综合防控的术语和定义、蜜蜂授粉和综合防控技术。 本部分适用于大田苹果、樱桃、梨和柑桔产区蜜蜂授粉与病虫害综合防控
NY/T 2009—2011	水果硬度的测定	本标准规定了新鲜水果硬度的手持式硬度计测定方法。 本标准适用于苹果、梨、桃、李、杏、樱桃、草莓、芒果、猕猴桃果实硬度的测定。
NY/T 2302—2013	农产品等级规格　樱桃	本标准规定了樱桃果实的等级规格要求、评定规则、包装和标识。 本标准适用于鲜食甜樱桃的等级规格划分。
QB/T 1688—2014	樱桃罐头	本标准规定了樱桃罐头的术语和定义、产品分类及代号、要求、试验方法、检验规则和标志、包装、运输、贮存。 本标准适用于以樱桃为原料，经预处理、装罐、加汤汁、密封、杀菌、冷却而制成的樱桃罐藏食品。
SN/T 3687—2013	桃X病植原体检疫鉴定方法	本标准规定了植物检疫中桃X病（Peach X disease）的现场检疫和分子生物学鉴定方法。 本标准适用于进出境桃、油桃、樱桃、李树等种苗中桃X病植原体的检疫鉴定。
SN/T 3862—2014	出口食品中沙蚕毒素类农药残留量的筛查测定　气相色谱法	本标准规定了食品中杀螟丹、杀虫环、杀虫双、杀虫磺、杀虫单等沙蚕毒素类农药残留量的气相色谱筛查测定方法。 本标准适用于大米、玉米、马铃薯、菠菜、洋葱、橙子、樱桃、大豆、辣椒、蘑菇等食品中杀暝丹、杀虫环、杀虫双、杀虫磺、杀虫单等沙蚕毒素类农药残留量的筛查测定。
SN/T 0192—2017	出口水果中溴螨酯残留量的检测方法	本标准规定了水果中溴螨酯残留量的检测和确证方法。 本标准适用于苹果、樱桃、柠檬、草莓、菠萝、葡萄、西瓜中溴螨酯残留量的检测和确证。
WS/T 5—1996	含氰甙类食物中毒诊断标准及处理原则	本标准规定了含氰甙类食物中毒的诊断标准、判定原则及处理原则。 本标准适用于因食用苦杏仁、桃仁、李子仁、枇杷仁、樱桃仁、木薯等含氰甙类食物引起的食物中毒。不适用于将苦杏仁作为药用引起的中毒。

第三章　特种粮食作物

稻谷、小麦、玉米和大豆是我国最主要的四大粮食作物。习惯上将水稻和小麦称为主粮，其他统称为杂粮（或称为杂粮杂豆）。在一个地区，也把当地的主要粮食作物称为大宗粮食作物，零星分散的粮食作物称为小杂粮。特种粮食是粮食作物中的一类，是对其中种植面积比较小，食用功能比较独特，而又具有市场需求或市场开发前景的粮食作物的总称，大体上属于我国农业统计中大小杂粮的范畴。特种粮食从来源上大致可以分为三类：一是具有独特食用功能及生态适应性的小杂粮作物，如荞麦、小米、粮用豆类；二是由主要粮食作物变异产生的新类型，如颜色变异产生的黑米、红米、黑麦、紫玉米，气味变异产生的香稻以及营养成分（淀粉）变异产生的黏玉米、甜玉米、爆裂玉米等；三是可供开发的具有粮食功能的其他作物，如富含淀粉的籽粒苋、木薯、板栗、魔芋等。与传统主粮相比，特种粮食作物富含的多种营养成分，可以更好地满足人们对食品多元化、功能化的需求。我国特种粮食作物品种繁多，主要分布在黄土高原、内蒙古高原、云贵高原和青藏高原等生态较差的地区（干旱半干旱地区、高寒地区）。在高海拔冷凉山地和干旱瘠薄地区种植特种粮食作物，可实现填闲补缺，因此，特种粮食作物也是种植业结构调整中不可缺少的作物，是改良和发展粮食生产的潜力作物。特种粮食作物不仅是重要的食用作物，为人类食物营养提供必要来源，还是重要的饲料和工业原料，可广泛应用于化工和医药等领域，具有很高的综合利用价值，因此发展特种作物种植具有重要意义。特种粮食作物是一个相对和变化的概念，为了便于阅读查询，本章根据相对明确和固定的农业生物学特性对所列特种粮食作物进行了分类，包括麦类、稻米类、粮用豆类及其他，共四大类，27 种。本章汇编了截至 2021 年 6 月 17 日现行有效的相关国家及行业标准共计 358 项，标准内容涵盖粮食作物的定义、种质资源、栽培生产技术、病虫害防治、质量安全检测、储运保鲜技术、品质等级、产品及其加工技术等各个环节。

一、麦类

标准号	标准名称	摘要
1. 大麦		
GB/T 40194—2021	大麦条纹花叶病毒检疫鉴定方法	本文件规定了大麦条纹花叶病毒的血清学和分子生物学检疫鉴定方法。 本文件适用于可能带有大麦条纹花叶病毒的植物及其产品的检疫鉴定。
GB 4404.1—2008 (XG1—2020)	粮食作物种子　第 1 部分：禾谷类	GB 4404 的本部分规定了稻（*Oryza sativa*）、玉米（*Zea mays*）、小麦（*Triticum aestivum*）、大麦（*Hordeum vulgare*）、高粱（*Sorghum bicolor*）、粟（*Setaris italica*）和黍（*Panicum miliaceum*）种子的质量要求、检验方法和检验规则。 本部分适用于中华人民共和国境内生产、销售的上述禾谷类作物种子，种子涵盖包衣种子和非包衣种子。
GB 4404.1—2008	粮食作物种子　第 1 部分：禾谷类	GB 4404 的本部分规定了稻（*Oryza sativa*）、玉米（*Zea mays*）、小麦（*Triticum aestivum*）、大麦（*Hordeum vulgare*）、高粱（*Sorghum bicolor*）、粟（*Setaris italica*）和黍（*Panicum miliaceum*）种子的质量要求、检验方法和检验规则。 本部分适用于中华人民共和国境内生产、销售的上述禾谷类作物种子，种子涵盖包衣种子和非包衣种子。
GB/T 19557.31—2018	植物品种特异性、一致性和稳定性测试指南　大麦	GB/T 19557 的本部分给出了大麦品种特异性、一致性和稳定性测试的技术要点和结果判定的一般原则。 本部分给出了大麦品种特异性、一致性和稳定性测试和结果判定。

标准号	标准名称	摘要
GB/T 7416—2008	啤酒大麦	本标准规定了啤酒大麦的术语和定义、产品分类、要求、分析方法、检验规则、标志、包装、运输和贮存。 本标准适用于啤酒酿造专用大麦的收购、检验与销售。
GB 5009. 96—2016	食品安全国家标准 食品中赭曲霉毒素A的测定	本标准规定了食品中赭曲霉毒素A的测定方法。 本标准第一法适用于谷物、油料及其制品、酒类、酱油、醋、酱及酱制品、葡萄干、胡椒粒/粉中赭曲霉毒素A的测定，第二法适用于玉米、稻谷(糙米)、小麦、小麦粉、大豆、咖啡、葡萄酒中赭曲霉毒素A的测定，第三法适用于玉米、小麦等粮食产品、辣椒及其制品等、啤酒等酒类、酱油等产品、生咖啡、熟咖啡中赭曲霉毒素A的测定，第四法适用于玉米、小麦、大麦、大米、大豆及其制品中赭曲霉毒素A的测定，第五法适用于小麦、玉米、大豆中赭曲霉毒素A的测定。
GB/T 20770—2008	粮谷中486种农药及相关化学品残留量的测定 液相色谱-串联质谱法	本标准规定了大麦、小麦、燕麦、大米、玉米中486种农药及相关化学品残留量液相色谱-串联质谱测定方法。 本标准适用于大麦、小麦、燕麦、大米、玉米中486种农药及相关化学品残留的定性鉴别，376种农药及相关化学品残留量的定量测定。
GB 5009. 222—2016	食品安全国家标准 食品中桔青霉素的测定	本标准规定了食品中桔青霉素的测定方法。 本标准第一法适用于大米、玉米、辣椒、红曲类产品中桔青霉素的测定，第二法适用于大米、大麦、燕麦、小麦中桔青霉素的测定。
GB 23200. 9—2016	食品安全国家标准 粮谷中475种农药及相关化学品残留量的测定 气相色谱-质谱法	本标准规定了大麦、小麦、燕麦、大米、玉米中475种农药及相关化学品残留量气相色谱-质谱测定方法。 本标准适用于大麦、小麦、燕麦、大米、玉米中475种农药及相关化学品残留量的测定。其他粮谷可参照执行，其他食品可参照执行。
GB 23200. 37—2016	食品安全国家标准 食品中烯啶虫胺、呋虫胺等20种农药残留量的测定 液相色谱-质谱/质谱法	本标准规定了食品中烯啶虫胺、呋虫胺、螺环菌胺、丁苯吗啉、杀螨隆-甲脒、十三吗啉、叶菌唑、杀螨隆-脲、密灭汀、泰妙菌素、多杀霉素A、多杀霉素D、氨基阿维菌素、甲氨基阿维菌素1、甲氨基阿维菌素2、烯丙酰草胺、驱虫磷、烯唑醇、阿维菌素和甲基甲酸胺阿维菌素农药残留量液相色谱-质谱/质谱测定方法和制样方法。 本标准适用于进出口大米、糙米、玉米、大麦和小麦中以上20种农药残留量的检测和确证，其他食品可参照执行。
GB 23200. 34—2016	食品安全国家标准 食品中涕灭砜威、吡唑醚菌酯、嘧菌酯等65种农药残留量的测定 液相色谱-质谱/质谱法	本标准规定了食品中65种农药残留量的液相色谱-质谱/质谱测定方法。 本标准适用于大米、糙米、大麦、小麦和玉米中涕灭砜威、嘧菌酯、地散磷、丁苯草酮、联苯肼酯、噻嗪酮、萎锈灵、3-羟基克百威、烯草酮、氰霜唑、噻草酮、环丙酰菌胺、氟啶脲、枯草隆、环虫酰肼、噻虫胺、二苯隆、杀草隆、二甲嘧酚、苄氯三唑醇、除虫脲、敌草隆、乙虫腈、氟虫腈、氟啶胺、啶蜱脲、氟虫脲、磺菌胺、苯硫威、唑螨酯、嘧菌腙、氟草隆、氟啶酮、呋线威、氟铃脲、咪草酸甲酯、抗倒胺、异菌脲、茚虫威、吡虫啉、异噁隆、异噁唑草酮、氟丙氧脲、甲基苯噻隆、苯嗪草酮、甲氧虫酰肼、敌草胺、双苯氟脲、噁咪唑、噁嗪草酮、辛硫磷、增效醚、吡唑醚菌酯、吡唑特、苄草唑、戊菌隆、毒草胺、吡丙醚、精喹禾灵、螺螨酯、虫酰肼、氟苯脲、噻酰菌胺、噻虫啉和噻虫嗪残留量的检测，其他食品可参照执行。
GB 23200. 33—2016	食品安全国家标准 食品中解草嗪、莎稗磷、二丙烯草胺等110种农药残留量的测定 气相色谱-质谱法	本标准规定了食品中110种农药残留量检测的气相色谱-质谱检测方法。 本标准适用于大米、糙米、大麦、小麦、玉米中110种农药残留量的测定，其他食品可参照执行。
GB/T 5009. 221—2008	粮谷中敌草快残留量的测定	本标准规定了粮谷中敌草快残留量的测定方法。 本标准适用于玉米、大麦中敌草快残留量的测定。
GB/T 18085—2000	植物检疫 小麦矮化腥黑穗病菌检疫鉴定方法	本标准规定了进境植物检疫中小麦矮化腥黑穗病菌的检疫和鉴定方法。 本标准适用于进口小麦、大麦和黑麦中小麦矮化腥黑穗病菌的检疫和鉴定。

标准号	标准名称	摘要
GB/T 17980.41—2000	农药　田间药效试验准则（一）除草剂防治麦类作物地杂草	本标准规定了除草剂防治麦类作物地杂草田间药效小区试验的方法和基本要求。 本标准适用于除草剂防治冬小麦或春小麦、冬大麦或春大麦、冬黑麦或春黑麦、冬燕麦或春燕麦、硬粒小麦等麦类作物地杂草的登记用田间小区试验的药效和安全性评价。其他田间药效试验参照本标准执行。
GB/T 17980.23—2000	农药　田间药效试验准则（一）杀菌剂防治禾谷类锈病（叶锈、条锈、秆锈）	本标准规定了杀菌剂防治禾谷类锈病［*P. striiformis*（条锈）；*P. recondita*（叶锈）；*P. horde*（大麦叶锈）；*P. graminis*（秆锈）；*P. coronate*（燕麦冠锈）］田间药效小区试验的方法和基本要求。 本标准适用于杀菌剂防治禾谷类锈病的登记用田间小区药效试验及药效评价，其他田间药效试验参照本标准执行。
GB/T 17980.21—2000	农药　田间药效试验准则（一）杀菌剂防治禾谷类种传病害	本标准适用于杀菌剂防治小麦、大麦、燕麦种传病害的登记用田间药效小区试验及药效评价。其他田间药效试验参照本标准执行。
GB 23200.4—2016	食品安全国家标准　除草剂残留量检测方法　第4部分：气相色谱-质谱/质谱法测定　食品中芳氧苯氧丙酸酯类除草剂残留量	本标准规定了食品中2,4-滴丁酯、氟吡禾灵、吡氟禾草灵、炔草酯、禾草灵、氰氟草酯、噁唑禾草灵、精喹禾灵等芳氧苯氧丙酸酯类除草剂残留量的气相色谱-质谱/质谱检测方法。 本标准适用于大豆、大麦茶、粳米、胡萝卜、菠菜、青刀豆、蒜苗、草莓、蜂蜜、猪肉、鱼、禽蛋中2,4-滴丁酯、氟吡禾灵、吡氟禾草灵、炔草酯、禾草灵、氰氟草酯、噁唑禾草灵、精喹禾灵残留量的测定和确证，其他食品可参照执行。
GB/T 34787—2017	粮油机械　滚筒精选机	本标准规定了滚筒精选机的术语和定义、工作原理、型号、基本参数项目、技术要求、试验方法、检验规则、标志、包装、运输与储存要求。 本标准适用于： ——从谷物中分离出大麦、燕麦、荞子、野豌豆和其他小颗粒杂质的单一型和组合型滚筒精选机。 ——从混合米中将不同米粒进行分级的单一型和组合型滚筒精选机。 ——从谷物种子中分离出不合格粒的单一型和组合型滚筒精选机。
GB/T 27627—2011	粮油机械　碟片精选机	本标准规定了碟片精选机的术语和定义、工作原理、型号及基本参数项目、技术要求、试验方法、检验规则、标志、包装、运输和储存要求。 本标准适用于从谷物中分离出大麦、燕麦、荞子、野豌豆和其他小颗粒杂质的碟片精选机。
GB/T 21163.2—2007	农业谷物干燥机　干燥性能的测定　第2部分：附加测定规程和特定谷物要求	本部分规定了连续式谷物干燥机和批式谷物干燥机对特定谷物，包括小麦、大麦、燕麦、玉米、水稻、高粱和油菜等的干燥性能测试与评价的附加规程和操作指南。本部分是GB/T 21163.1一般方法的补充。其一般方法是以干燥小麦为基本原料的，且限定其湿基含水率范围为20%～15%。
NY/T 1510—2016	绿色食品　麦类制品	本标准规定了绿色食品麦类制品的术语和定义、要求、检验规则、标签、包装、运输和储存。 本标准适用于以绿色食品大麦（含米大麦）、燕麦（含莜麦）、小麦、荞麦等为主要原料的即食麦类制品和发芽麦类制品，不适用于麦茶和焙烤类麦类制品。
NY/T 2224—2012	植物新品种特异性、一致性和稳定性测试指南　大麦	本标准规定了大麦新品种特异性、一致性和稳定性（DUS）测试的技术要求和结果判定的一般原则。 本标准适用于大麦（*Hordeum vulgare* L.）新品种特异性、一致性和稳定性测试和结果判定。
NY/T 2466—2013	大麦品种鉴定技术规程　SSR分子标记法	本标准规定了利用简单重复序列（Simple sequence repeats. SSR）分子标记进行大麦（*Hordeum vulgare* L.）品种鉴定的试验方法、数据记录格式和判定标准。 本标准适用于大麦DNA分子数据的采集和品种鉴定。
NY/T 3568—2020	小麦品种抗河谷孢囊线虫鉴定技术规程	本标准规定了小麦品种抗禾谷孢囊线虫的术语和定义、材料和设备、室内盆栽人工接种鉴定法、抗性评价、鉴定记录。 本标准适用于小麦种质资源和品种对禾谷孢囊线虫的抗性鉴定和评价，大麦、燕麦和黑麦等抗禾谷孢囊线虫鉴定可参照执行。

标准号	标准名称	摘要
NY/T 3559—2020	小麦孢囊线虫综合防控技术规范	本标准规定了小麦孢囊线虫病的术语定义、防治原则、防治适期、田间监测、种植抗病、耐病品种、农业防治、生物防治、化学防治、综合防控效果评价、记录保存。 本标准适用于小麦孢囊线虫病的综合防治，大麦、燕麦、黑麦等禾谷类作物孢囊线虫病的综合防治也可参照执行。
NY/T 1156.15—2008	农药室内生物测定试验准则　杀菌剂第15部分：防治麦类叶锈病试验盆栽法	本部分规定了盆栽法测定杀菌剂防治麦类叶锈病的试验方法。 本部分适用于农药登记用杀菌剂防治小麦、大麦等麦类叶锈病病菌的室内生物活性测定试验。
NY/T 1443.6—2007	小麦抗病虫性评价技术规范　第6部分：小麦抗黄矮病评价技术规范	本标准规定了小麦抗黄矮病鉴定技术方法和抗性评价方法。 本标准适用于普通小麦（包括选育品种/系、地方品种、特殊遗传材料、近等基因系、重组自交系、DH群体）、杂交小麦、转基因小麦、其他栽培小麦种、野生小麦、小麦野生近缘种、大麦、黑麦、小黑麦、燕麦、野生燕麦对小麦黄矮病抗性的田间鉴定和评价。
NY/T 3060.1—2016	大麦品种抗病性鉴定技术规程　第1部分：抗条纹病	本部分规定了大麦条纹病抗病性鉴定的技术方法和抗病性评价标准。 本部分适用于大麦（*Hordeum vulgare* L.）品种对条纹病抗性的田间鉴定和抗病性评价。
NY/T 3060.2—2016	大麦品种抗病性鉴定技术规程　第2部分：抗白粉病	本部分规定了大麦白粉病抗病性鉴定的技术方法和抗病性评价标准。 本部分适用于大麦（*Hordeum vulgare* L.）品种对白粉病抗性的鉴定和抗病性评价。
NY/T 3060.3—2016	大麦品种抗病性鉴定技术规程　第3部分：抗赤霉病	本部分规定了大麦赤霉病抗病性鉴定的技术方法和抗病性评价标准。 本部分适用于大麦（*Hordeum vulgare* L.）品种对赤霉病抗性的田间鉴定和抗病性评价。
NY/T 3060.4—2016	大麦品种抗病性鉴定技术规程　第4部分：抗黄花叶病	本部分规定了大麦黄花叶病抗病性鉴定的技术方法和抗病性评价标准。 本部分适用于大麦（*Hordeum vulgare* L.）品种对黄花叶病抗性的田间鉴定和抗病性评价。
NY/T 3060.5—2016	大麦品种抗病性鉴定技术规程　第5部分：抗根腐病	本部分规定了大麦根腐病抗病性鉴定的技术方法和抗病性评价标准。 本部分适用于大麦（*Hordeum vulgare* L.）品种对根腐病抗性的田间鉴定和抗病性评价。
NY/T 3060.6—2016	大麦品种抗病性鉴定技术规程　第6部分：抗黄矮病	本部分规定了大麦黄矮病抗病性鉴定的技术方法和抗病性评价标准。 本部分适用于大麦（*Hordeum vulgare* L.）品种对黄矮病抗性的田间鉴定和抗病性评价。
NY/T 3060.7—2016	大麦品种抗病性鉴定技术规程　第7部分：抗网斑病	本部分规定了大麦网斑病抗病性鉴定的技术方法和抗病性评价标准。 本部分适用于大麦（*Hordeum vulgare* L.）品种对网斑病抗性的田间鉴定和抗病性评价。
NY/T 3060.8—2016	大麦品种抗病性鉴定技术规程　第8部分：抗条锈病	本部分规定了大麦条锈病抗病性鉴定的技术方法和抗病性评价标准。 本部分适用于大麦（*Hordeum vulgare* L.）品种对条锈病抗性的田间鉴定和抗病性评价。
NY/T 118—2021	饲料原料　皮大麦	该标准全文未在全国标准信息公共服务或其他行业标准服务公众平台备案。
NY/T 118—1989	饲料用皮大麦	本标准规定了饲料用皮大麦的质量指标及分级标准。 本标准适用于饲料用皮大麦，即有稃大麦。
NY/T 363—2020	种子除芒机　质量评价技术规范	本标准规定了种子除芒机质量评价的术语和定义、基本要求、质量要求、检测方法和检验规则。 本标准适用于对水稻、大麦、甜菜等带芒、刺种子（小粒种子和牧草种子除外）进行除芒处理的种子除芒机（以下简称除芒机）的质量评定。
NY/T 3606—2020	地理标志农产品品质鉴定与质量控制技术规范　谷物类	本标准规定了稻米、小麦、玉米、高粱、粟米、黍米、大麦、燕麦、荞麦等谷物类地理标志农产品的产品品质特色鉴定、质量控制。 本标准适用于稻米、小麦、玉米、高粱、粟米、黍米、大麦、燕麦、荞麦等谷物类地理标志农产品的产品品质特色鉴定和质量控制。
NY/T 3135—2017	饲料原料　干啤酒糟	本标准规定了饲料原料干啤酒糟的要求、试验方法、检验规则及产品的标签、包装、运输、储存和保质期要求。 本标准适用于以大麦等谷物为主要原料生产啤酒的过程中，经糖化工艺后过滤获得的残渣，再经干燥获得的饲料原料干啤酒糟。

标准号	标准名称	摘要
NY/T 891—2014	绿色食品 大麦及大麦粉	本标准规定了绿色食品大麦及大麦粉的术语和定义、要求、检验规则、标志和标签、包装、运输和贮存。 本标准适用于绿色食品啤酒大麦、食用大麦和大麦粉。
NY/T 2006—2011	谷物及其制品中β-葡聚糖含量的测定	本标准规定了谷物及其制品中β-葡聚糖含量的酶—比色测定方法。 本标准适用于燕麦、大麦、青稞、黑麦等谷物及其加工制品（面粉、麸皮、麦片、饮料等）中β-葡聚糖含量的测定。
QB/T 5586—2021	大麦嫩苗粉	该标准全文未在全国标准信息公共服务或其他行业标准服务公众平台备案。
QB/T 2762—2006	复合麦片	本标准规定了复合麦片的术语和定义、要求、试验方法、检验规则和标签、包装、运输、贮存。 本标准适用于以大麦、小麦、大米等为原料，经制浆、干燥、破碎工艺制成原片，再添加（或不添加）奶粉、植脂末、白砂糖等原料混合而成的产品。
SN/T 2088—2008	进境小麦、大麦检验检疫操作规程	本标准规定了进境小麦、大麦及其他麦类检验检疫的程序和方法。 本标准适用于进境小麦、大麦及其他麦类的检验检疫。
SN/T 2504—2010	进出口粮谷检验检疫操作规程	本标准规定了进出口粮谷的检验检疫程序及操作方法。 本标准适用于进出口粮谷类产品的检验检疫，包括各类小麦、大麦、大米、稻谷、豆类和粟类等。
SN/T 3892—2014	麦类壳多胞斑点病菌检疫鉴定方法	本标准规定了麦类壳多胞斑点病菌疫鉴定方法。 本标准适用于进出境小麦、大麦和黑麦种子、组培苗中的麦类壳多胞斑点病菌的鉴定。
SN/T 3749—2013	麦类条斑病菌检疫鉴定方法	本标准规定了麦类条斑病菌的检疫鉴定方法。 本标准适用于冬小麦、大麦、黑麦等寄主的种子、病残体及随种子携带土壤的麦类条斑病菌的检疫。
SN/T 1071. 1—2019	出口粮谷中环庚草醚残留量的测定	本标准规定了出口粮谷中环庚草醚残留量测定的气相色谱-质谱和气相色谱-质谱/质谱检测方法。 本标准适用于出口糙米、大米、大麦、小麦、玉米、绿豆中环庚草醚残留量的测定。
SN/T 4524—2016	出口粮谷中6种麦角碱的测定 液相色谱-质谱/质谱法	本标准规定了出口粮谷中麦角新碱、麦角生碱、麦角胺、麦角克碱、麦角卡里碱、麦角柯宁碱测定的液相色谱-质谱/质谱检测方法。 本标准适用于麦类（大麦、小麦、燕麦、黑麦）、大米、高粱和玉米中麦角新碱、麦角生碱、麦角胺、麦角克碱、麦角卡里碱、麦角柯宁碱的测定和确证。
SN/T 0660—2016	出口粮谷中克螨特残留量的测定	本标准规定了出口粮谷中克螨特残留量的气相色谱和液相色谱/质谱/质谱检测方法。 本标准适用于出口小麦、大麦、大米、大豆、玉米中克螨特残留量的测定。
SN/T 0591—2016	出口粮谷及油籽中二嗯硫磷残留量的测定 气相色谱和气相色谱-质谱法	本标准规定了出口粮谷及油籽中二嗯硫磷残留量检测的制样、气相色谱测定和气相色谱-质谱测定及确证方法。 本标准适用于大米、小麦、大麦、玉米、高粱、绿豆、赤豆、花生、大豆、油菜籽中二嗯硫磷残留量的检测和确证。
SN/T 4419. 15—2016	出口食品常见过敏原LAMP系统检测方法 第15部分：大麦	SN/T 4419的本部分规定了出口食品中过敏原大麦成分的环介导等温扩增（LAMP）检测方法。 本部分适用于食品及其原料中过敏原大麦成分的定性检测。 本部分所规定方法的最低检测限（LOD）为0.5%（质量分数）。
SN/T 0526—2015	出口食品中增效醚残留量的检测方法 液相色谱-质谱/质谱法	本标准规定了食品中增效醚残留量的制样方法与液相色谱-质谱/质谱测定方法。 本标准适用于猪肉、鸡肝、牛肾、牛脂肪、鸡蛋、牛奶、柑桔、大豆、花生、大蒜、马铃薯、菠菜、芹菜、小麦、大米、大麦、芝麻等食品中增效醚残留量的液相色谱-质谱/质谱的测定。
SN/T 0683—2014	出口粮谷中三环唑残留量的测定 液相色谱-质谱/质谱法	本标准规定了出口粮谷中三环唑残留量的测定方法。 本标准适用于玉米、大麦、糙米、大米、小麦中三环唑残留量的测定和确证。

标准号	标准名称	摘要
SN/T 0218—2014	出口粮谷中天然除虫菊素残留总量的检测方法　气相色谱-质谱法	本标准规定了粮谷中天然除虫菊素残留量的气相色谱-质谱检测方法。 本标准适用于大麦、小麦、玉米、大米、糙米和高粱中天然除虫菊素（除虫菊素Ⅰ、除虫菊素Ⅱ、瓜叶菊素Ⅰ、瓜叶菊素Ⅱ、茉莉菊素Ⅰ、茉莉菊素Ⅱ）残留问题的检测和确证。
SN/T 1961. 11—2013	出口食品过敏原成分检测　第 11 部分：实时荧光 PCR 方法检测麸质成分	SN/T 1961 的本部分规定了食品中过敏原麸质（大麦、小麦、燕麦、黑麦）成分的实时荧光 PCR 检测方法。 本部分适用于食品及其原料中过敏原麸质（大麦、小麦、燕麦、黑麦）成分的定性检测。 本部分所规定方法的最低检出限（LOD）为 0. 01%（质量分数）。
SN/T 0520—2012	出口粮谷中烯菌灵残留量测定方法　液相色谱-质谱/质谱法	本标准规定了出口粮谷中烯菌灵残留量的测定方法。 本标准适用于小麦、大麦、大米、高粱、玉米、糙米中烯菌灵残留量的液相色谱-质谱/质谱仪检测。
SN/T 0605—2012	出口粮谷中双苯唑菌醇残留量检测方法　液相色谱-质谱/质谱法	本标准规定了出口粮谷中双苯唑菌醇残留量的测定方法。 本标准适用于出口糙米、玉米大麦、小麦、荞麦、大米、高粱、燕麦中双苯唑菌醇残留量的液相色谱-质谱/质谱测定和确证。
SN/T 0527—2012	出口粮谷中甲硫威（灭虫威）及代谢物残留量的检测方法　液相色谱-质谱/质谱法	本标准规定了出口粮谷中甲硫威及代谢物（甲硫威亚砜和甲硫威砜）残留量液相色谱-质谱/质谱测定方法。 本标准适用于出口大米、玉米、糙米、大麦和小麦中甲硫威、甲硫威亚砜和甲硫威砜残留量的定性定量测定。
SN/T 2915—2011	出口食品中甲草胺、乙草胺、甲基吡噁磷等 160 种农药残留量的检测方法　气相色谱-质谱法	本标准规定了食品中 160 种农药残留量的气相色谱-质谱检测方法。 本标准适用于大米、糙米、大麦、小麦、玉米中 160 种农药残留量的测定。
SN/T 1606—2005	进出口植物性产品中苯氧羧酸类除草剂残留量检验方法　气相色谱法	本标准规定了进出口粮谷中麦草畏、2,4-滴丙酸、2,4-滴，2,4,5-三氯苯氧基丙酸、2,4,5-三氯苯氧基乙酸、2,4-滴丁酸残留量的抽样、制样和气相色谱-质谱测定方法。 本标准适用于进出口小麦、大麦、大豆、油菜籽和大米中麦草畏、2,4-滴丙酸、2,4-滴，2,4,5-三氯苯氧基丙酸、2,4,5-三氯苯氧基乙酸、2,4-滴丁酸残留量的检验。
SN/T 0702—2011	进出口粮谷和坚果中乙酯杀螨醇残留量的检测方法　气相色谱-质谱法	本标准规定了粮谷及坚果中乙酯杀螨醇残留量测定的制样、气相色谱-质谱测定及确证方法。 本标准适用于大米、小麦、大麦、玉米、大豆、燕麦、核桃仁、杏仁、榛子仁、花生、芝麻、栗子、甘薯、山药中乙酯杀螨醇残留量的测定和确证。
SN/T 0134—2010	进出口食品中杀线威等 12 种氨基甲酸酯类农药残留量的检测方法　液相色谱-质谱/质谱法	本标准规定了食品中杀线威、灭多威、抗蚜威、涕灭威、速灭威、噁虫威、克百威、甲萘威、乙硫甲威、异丙威、乙霉威和仲丁威等 12 种氨基甲酸酯类农药残留量的液相色谱-质谱/质谱检测方法。 本标准适用于玉米、糙米、大麦、白菜、大葱、小麦、大豆、花生、苹果、柑橘、牛肝、鸡肾和蜂蜜中杀线威、灭多威、抗蚜威、涕灭威、速灭威、噁虫威、克百威、甲萘威、乙硫甲威、异丙威、乙霉威、仲丁威残留量的检测和确证。
SN/T 2325—2009	进出口食品中四唑嘧磺隆、甲基苯苏呋安、醚磺隆等 45 种农药残留量的检测方法　高效液相色谱-质谱/质谱法	本标准规定了食品中四唑嘧磺隆、甲基苯苏呋安、醚磺隆等 45 种农药残留量的高效液相色谱-质谱/质谱检测方法及样品的制备和保存方法。 本标准适用于糙米、大米、玉米、大麦和小麦中氟唑嘧磺草胺、醚磺隆、咪草酸、甲基噻吩磺隆、烟嘧磺隆、灭草喹、萘草胺、甲氧磺草胺、氯酯磺草胺、丙苯磺隆、甲磺草胺、甲酰胺磺隆、甲基胺苯磺隆、玉嘧磺隆、苯磺隆、三氟啶磺隆、四唑嘧磺隆、苄嘧磺隆、嘧啶磺隆、乙磺隆、氯嘧磺隆、咪唑磺隆、苯并双环酮、乙氧嘧磺隆、环丙嘧磺隆、吡嘧磺隆、噁草酸、双氟磺草胺、醚苯磺隆、甲磺隆、氯磺隆、五氟磺草胺、双氯磺草胺、甲基碘磺隆、烯草酮砜、甲磺胺磺隆、氟磺隆、杀鼠灵、2-甲-4-氯丙酸、氟嘧磺隆、氟磺胺草醚、氟胺磺隆、氯吡嘧磺隆、达诺杀和特乐酚 45 种农药残留量的检测。

标准号	标准名称	摘要
SN/T 2324—2009	进出口食品中抑草磷、毒死蜱、甲基毒死蜱等33种有机磷农药的残留量检测方法	本标准规定了粮谷类食品中33种有机磷农药残留量［抑草磷、毒死蜱、甲基毒死蜱、敌敌畏、敌瘟磷、杀螟硫磷、倍硫磷、地虫硫磷、异柳磷、氧异柳磷、甲基立枯磷、三唑磷、毒虫畏（E）、毒虫畏（Z）、丙线磷、特丁磷、二嗪磷、甲基毒虫畏（E）、甲基毒虫畏（Z）、苯硫磷、乙嘧啶磷、丰索磷、马拉硫磷、治螟磷、对硫磷、甲基对硫磷、稻丰散、甲基嘧啶磷、喹硫磷、杀虫畏、甲基乙拌磷、完灭硫磷、完灭硫磷砜］的气相色谱检测方法及气相色谱-质谱确证方法。 本标准适用于进出口大米、糙米、玉米、大麦、小麦中33种有机磷农药残留量的测定和确证。
SN/T 2320—2009	进出口食品中百菌清、苯氟磺胺、甲抑菌灵、克菌丹、灭菌丹、敌菌丹和四溴菊酯残留量检测方法 气相色谱质谱法	本标准规定了食品中百菌清、苯氟磺胺、甲抑菌灵、克菌丹、灭菌丹、敌菌丹和四溴菊酯残留量的检测方法（GC/MS）。 本标准适用于大米、糙米、大麦、小麦、玉米及大白菜中百菌清、苯氟磺胺、甲抑菌灵、克菌丹、灭菌丹、敌菌丹和四溴菊酯残留量的检测和确证。
SN/T 2228—2008	进出口食品中31种酸性除草剂残留量的检测方法　气相色谱-质谱法	本标准规定了食品中31种酸性除草剂残留量的气相色谱-质谱测定方法。 本标准适用于大米、糙米、大麦、小麦和玉米中二氯皮考啉酸、对氯苯氧乙酸、2-苯基苯酚、麦草畏、2甲4氯、2,4-滴丙酸、溴苯腈、2,4-滴、三氯吡氧乙酸、1-萘乙酸/NAA、5-氯苯酚、2,4,5滴丙酸、草灭平、2甲4氯丁酸、2,4,5-涕、氟草烟、2,4-滴丁酸、苯达松、碘苯腈、毒莠定、二氯喹啉酸、吡氟禾草灵、吡氟氯禾灵、麦草氟、三氟羧草醚、水杨菌胺、嘧草硫醚、环酰菌胺、氯甲酰草胺、喹禾灵、双草醚等31种酸性除草剂残留量的测定。
SN/T 2321—2009	进出口食品中腈菌唑残留量检测方法　气相色谱质谱法	本标准中规定了食品中腈菌唑残留量的气相色谱-质谱检测和确证方法。 本标准适用于大米、小米、玉米、豆类、红茶、绿茶、花茶、乌龙茶、大麦茶、草莓、苹果、梨、小白菜、黄瓜、辣椒、胡萝卜、花生、榛子等植物源性产品；牛肉、羊肉、猪肉、鸡肉、鱼肉、猪肝、羊肝、鸡肝、牛奶、蜂蜜等动物源性产品中腈菌唑残留量的检测和确证。
SN/T 4655—2016	出口食品中草甘膦及其代谢物残留量的测定方法　液相色谱-质谱/质谱法	本标准规定了出口食品中草甘膦及其代谢物（氨甲基膦酸）残留量的液相色谱-质谱/质谱测定方法。 本标准适用于茶叶、小麦、玉米、稻谷、甘蔗、大豆、柑橘、苹果、桃、葡萄、香蕉、西瓜、大麦茶、棉籽油中草甘膦及其代谢物（氨甲基膦酸）残留量的检测和确证。
2. 黑麦		
GB/T 18085—2000	植物检疫　小麦矮化腥黑穗病菌检疫鉴定方法	本标准规定了进境植物检疫中小麦矮化腥黑穗病菌的检疫和鉴定方法。 本标准适用于进口小麦、大麦和黑麦中小麦矮化腥黑穗病菌的检疫和鉴定。
GB/T 17980. 41—2000	农药　田间药效试验准则（一）除草剂防治麦类作物地杂草	本标准规定了除草剂防治麦类作物地杂草田间药效小区试验的方法和基本要求。 本标准适用于除草剂防治冬小麦或春小麦、冬大麦或春大麦、冬黑麦或春黑麦、冬燕麦或春燕麦、硬粒小麦等麦类作物地杂草的登记用田间小区试验的药效和安全性评价。其他田间药效试验参照本标准执行。
GB/T 24853—2010	小麦、黑麦及其粉类和淀粉糊化特性测定　快速粘度仪法	本标准规定了小麦、黑麦及其粉类和淀粉糊化特性的快速粘度分析仪测定的术语和定义、原理、仪器和试剂、扦样、试样制备、操作步骤和结果表述等。 本标准适用于小麦、黑麦及其粉类和淀粉的糊化特性测定。
GB/T 10361—2008	小麦、黑麦及其面粉，杜伦麦及其粗粒粉降落数值的测定　Hagberg-Perten 法	(ISO3093：2004，MOD) 本标准规定了采用降落数值法对谷物中α-淀粉酶的活性进行测定的方法。 本标准适用于谷物，特别适用于小麦、黑麦及其面粉、杜伦麦及其粗粒粉。 本标准中规定了全杜伦麦粗粒粉和全麦粉的粒度。 本标准不适用于低α-淀粉酶活性的测定，有关方法可参照ISO7973。
NY/T 2488—2013	植物新品种特异性、一致性和稳定性测试指南　黑麦	本标准规定了黑麦（*Secale cereale* L.）新品种特异性、一致性和稳定性测试的技术要求和结果判定的一般原则。 本标准适用于黑麦新品种特异性、一致性和稳定性测试和结果判定。

标准号	标准名称	摘要
NY/T 3187—2018	草种子检验规程 活力的人工加速老化测定	本标准规定了草种子活力测定的人工加速老化方法。 本标准适用于扁穗冰草（*Agropyron cristatum*）、无芒雀麦（*Bromus inermis*）、老芒麦（*Elymus sibiricus*）、苇状羊茅（*Festuca arundinacea*）、多年生黑麦草（*Lolium perenne*）、紫花苜蓿（*Medicago sativa*）、草地早熟禾（*Poa pratensis*）和白三叶（*Trifolium repens*）种子。
NY/T 1443.6—2007	小麦抗病虫性评价技术规范 第6部分：小麦抗黄矮病评价技术规范	本标准规定了小麦抗黄矮病鉴定技术方法和抗性评价方法。 本标准适用于普通小麦（包括选育品种/系、地方品种、特殊遗传材料、近等基因系、重组自交系、DH群体）、杂交小麦、转基因小麦、其他栽培小麦种、野生小麦、小麦野生近缘种、大麦、黑麦、小黑麦、燕麦、野生燕麦对小麦黄矮病抗性的田间鉴定和评价。
NY/T 3568—2020	小麦品种抗禾谷孢囊线虫鉴定技术规程	本标准规定了小麦品种抗禾谷孢囊线虫的术语和定义、材料和设备、室内盆栽人工接种鉴定法、抗性评价、鉴定记录。 本标准适用于小麦种质资源和品种对禾谷孢囊线虫的抗性鉴定和评价，大麦、燕麦和黑麦等抗禾谷孢囊线虫鉴定可参照执行。
NY/T 3559—2020	小麦孢囊线虫综合防控技术规范	本标准规定了小麦孢囊线虫病的术语定义、防治原则、防治适期、田间监测、种植抗病、耐病品种、农业防治、生物防治、化学防治、综合防控效果评价、记录保存。 本标准适用于小麦孢囊线虫病的综合防治，大麦、燕麦、黑麦等禾谷类作物孢囊线虫病的综合防治也可参照执行。
NY/T 2006—2011	谷物及其制品中β-葡聚糖含量的测定	本标准规定了谷物及其制品中β-葡聚糖含量的酶—比色测定方法。 本标准适用于燕麦、大麦、青稞、黑麦等谷物及其加工制品（面粉、麸皮、麦片、饮料等）中β-葡聚糖含量的测定。
SN/T 3749—2013	麦类条斑病菌检疫鉴定方法	本标准规定了麦类条斑病菌的检疫鉴定方法。 本标准适用于冬小麦、大麦、黑麦等寄主的种子、病残体及随种子携带土壤的麦类条斑病菌的检疫。
SN/T 3892—2014	麦类壳多胞斑点病菌检疫鉴定方法	本标准规定了麦类壳多胞斑点病菌疫鉴定方法。 本标准适用于进出境小麦、大麦和黑麦种子、组培苗中的麦类壳多胞斑点病菌的鉴定。
SN/T 1961.11—2013	出口食品过敏原成分检测 第11部分：实时荧光PCR方法检测麸质成分	SN/T 1961的本部分规定了食品中过敏原麸质（大麦、小麦、燕麦、黑麦）成分的实时荧光PCR检测方法。 本部分适用于食品及其原料中过敏原麸质（大麦、小麦、燕麦、黑麦）成分的定性检测。 本部分所规定方法的最低检出限（LOD）为0.01%（质量分数）。
SN/T 4524—2016	出口粮谷中6种麦角碱的测定 液相色谱-质谱/质谱法	本标准规定了出口粮谷中麦角新碱、麦角生碱、麦角胺、麦角克碱、麦角卡里碱、麦角柯宁碱测定的液相色谱-质谱/质谱检测方法。 本标准适用于麦类（大麦、小麦、燕麦、黑麦）、大米、高粱和玉米中麦角新碱、麦角生碱、麦角胺、麦角克碱、麦角卡里碱、麦角柯宁碱的测定和确证。
3. 藜麦		
LS/T 3245—2015	藜麦米	本标准规定了藜麦米的术语和定义、分类、质量要求、卫生要求、检验方法、检验规则、标签标识以及对包装、储存和运输的要求。 本标准适用于以藜麦为原料加工而成的商品藜麦米。
NY/T 3687—2020	藜麦栽培技术规程	本标准规定了藜麦栽培技术的术语和定义、产量要求、基本要求、技术要求、收获及生产记录与档案。 本标准适用于藜麦种植。
4. 青稞		
GB/T 11760—2021	青稞	本文件规定了青稞的相关术语和定义、质量要求、检验方法、检验规则、标签标识、包装、储藏和运输要求。 本文件适用于收购、储存、运输、加工和销售的商品青稞。
GB/T 11760—2008	裸大麦	本标准规定了裸大麦的相关术语和定义、质量要求和卫生要求、检验方法、检验规则、标签标识，以及包装、储存和运输要求。 本标准适用于收购、储存、运输、加工和销售的商品裸大麦（青稞、元麦、裸麦、米大麦）。

标准号	标准名称	摘要
GB/T 19331—2007	地理标志产品　互助青稞酒	本标准规定了互助青稞酒的地理标志产品保护范围、术语和定义、要求、试验方法、检验规则和标志、标签、包装、运输、贮存。 本标准适用于国家质量监督检验检疫行政主管部门根据《地理标志产品保护规定》批准保护的互助青稞酒。
NY/T 210—1992	饲料用裸大麦	本标准规定了饲料用裸大麦的质量指标及分级标准。 本标准适用于饲料用商品裸大麦（米大麦、元麦、青稞）。
NY/T 2006—2011	谷物及其制品中β-葡聚糖含量的测定	本标准规定了谷物及其制品中β-葡聚糖含量的酶—比色测定方法。 本标准适用于燕麦、大麦、青稞、黑麦等谷物及其加工制品（面粉、麸皮、麦片、饮料等）中β-葡聚糖含量的测定。
5. 荞麦		
GB/T 10458—2008	荞麦	本标准规定了荞麦的相关术语和定义、分类、质量要求和卫生要求、检验方法、检验规则、标签标识以及对包装、储存和运输的要求。 本标准适用于收购、储存、运输、加工和销售的商品荞麦。
GB 4404. 3—2010	粮食作物种子　第3部分：荞麦	GB 4404 的本部分规定了苦荞麦［Fagopyrum tataricum（L.）Gaertn］和甜荞麦［*Fagopyrum esculentum* Moench］种子的质量要求、检验方法和检验规则。 本部分适用于中华人民共和国境内生产、销售的上述荞麦种子，涵盖包衣种子和非包衣种子。
GB 23200. 77—2016	食品安全国家标准　食品中苄螨醚残留量的检测方法	本标准规定了食品中苄螨醚残留量检测的气相色谱测定和气相色谱-质谱确证的方法。 本标准适用于芦笋、马铃薯、葱、梨、桃、玉米、荞麦、茶叶、食醋、蜂蜜、核桃仁、兔肉、鸡肝、虾仁、鸡肉中苄螨醚残留量的测定，其他食品可参照执行。
GB 23200. 60—2016	食品安全国家标准　食品中炔草酯残留量的检测方法	本标准规定了食品中炔草酯残留量检测的气相色谱测定和气相色谱-质谱确证的方法。 本标准适用于芦笋、马铃薯、葱、梨、桃、玉米、荞麦、茶叶、食醋、蜂蜜、核桃仁、兔肉、鸡肝、虾仁、鸡肉中炔草酯残留量的检测，其他食品可参照执行。
GB/T 5009. 219—2008	粮谷中矮壮素残留量的测定	本标准规定了粮谷中矮壮素残留量的测定方法。 本标准适用于玉米、荞麦中矮壮素残留量的测定。
GB/T 20771—2008	蜂蜜中486种农药及相关化学品残留量的测定　液相色谱-串联质谱法	本标准规定了洋槐蜜、油菜蜜、椴树蜜、荞麦蜜、枣花蜜中486种农药及相关化学品残留量液相色谱-串联质谱测定方法。 本标准适用于洋槐蜜、油菜蜜、椴树蜜、荞麦蜜、枣花蜜中486种农药及相关化学品残留的定性鉴别，也适用于461种农药及相关化学品残留量的定量测定。
GB 14891. 2—1994	辐照花粉卫生标准	本标准规定了辐照花粉的技术要求及检验方法。 本标准适用于经γ射线或电子束照射的玉米、荞麦、高粱、芝麻、油菜、向日葵、紫云英的蜜源的纯花粉及混合花粉。
GB/T 35028—2018	荞麦粉	本标准规定了荞麦粉的术语和定义、产品分类、技术要求、检验方法、检验规则、标签标志、包装、运输和储存。 本标准适用于以荞麦为原料制成的商品荞麦粉。
NY/T 894—2014	绿色食品　荞麦及荞麦粉	本标准规定了绿色食品荞麦及荞麦粉的术语和定义、分类、要求、检验规则、标志和标签、包装、运输和贮存。 本标准适用于绿色食品荞麦、荞麦米、荞麦粉。
NY/T 1325—2015	绿色食品　芽苗类蔬菜	本标准规定了绿色食品芽苗类蔬菜的要求、检验规则、标签、包装、运输和贮存。 本标准适用于绿色食品种芽类芽苗菜，包括绿豆芽、黄豆芽、黑豆芽、青豆芽、红豆芽、蚕豆芽、红小豆芽、豌豆苗、花生芽、苜蓿芽、小扁豆芽、萝卜芽、菘蓝芽、沙芥芽、芥菜芽、芥蓝芽、白菜芽、独行菜芽、种芽香椿、向日葵芽、荞麦芽、胡椒芽、紫苏芽、水芹芽、小麦苗、胡麻芽、蕹菜芽、芝麻芽、黄秋葵芽等。

标准号	标准名称	摘要
NY/T 3606—2020	地理标志农产品品质鉴定与质量控制技术规范　谷物类	本标准规定了稻米、小麦、玉米、高粱、粟米、黍米、大麦、燕麦、荞麦等谷物类地理标志农产品的产品品质特色鉴定、质量控制。 本标准适用于稻米、小麦、玉米、高粱、粟米、黍米、大麦、燕麦、荞麦等谷物类地理标志农产品的产品品质特色鉴定和质量控制。
NY/T 1510—2016	绿色食品　麦类制品	本标准规定了绿色食品麦类制品的术语和定义、要求、检验规则、标签、包装、运输和储存。 本标准适用于以绿色食品大麦（含米大麦）、燕麦（含莜麦）、小麦、荞麦等为主要原料的即食麦类制品和发芽麦类制品，不适用于麦茶和焙烤类麦类制品。
NY/T 2493—2013	植物新品种特异性、一致性和稳定性测试指南　荞麦	本标准规定了荞麦［*Fagopyrum esculentum* Moench（甜荞），*Fagopyrum tataricum*（L.）Gaerth（苦荞）］新品种特异性、一致性和稳定性测试的技术要求和结果判定的一般原则。 本标准适用于荞麦新品种特异性、一致性和稳定性测试和结果判定。
NY/T 1295—2007	荞麦及其制品中总黄酮含量的测定	本标准规定了荞麦及其制品中总黄酮含量的分光光度测定法。 本标准适用于荞麦及荞麦制品中总黄酮含量的测定，其最低检出限为 0.5 mg。
SN/T 0519—2010	进出口食品中丙环唑残留量的检测方法	本标准规定了食品中丙环唑残留量的气相色谱检测方法和气相色谱-质谱检测与确证方法。 本标准适用于大米、荞麦、绿豆、苹果、草莓、香蕉、柑橘、韭菜、西兰花、蘑菇、枸杞、茶叶、板栗、蜂蜜、猪肾、牛肉、鸡肉、鱼肉等食品中丙环唑残留量的测定和确证。
SN/T 2432—2010	进出口食品中哒螨灵残留量的检测方法	本标准规定了进出口食品中哒螨灵残留量检测的气相色谱测定和气相色谱-质谱确证的方法。 本标准适用于芦笋、马铃薯、葱、梨、桃、玉米、荞麦、茶叶、食醋、蜂蜜、核桃仁、兔肉、鸡肝、虾仁、鸡肉中哒螨灵残留量的检测。
SN/T 2147—2008	进出口食品中硫线磷残留量的检测方法	本标准规定了进出口食品中硫线磷残留量的气相色谱测定和气相色谱-质谱确证方法。 本标准适用于芦笋、马铃薯、大葱、苹果、桃、玉米、荞麦、茶叶、食醋、蜂蜜、核桃仁、兔肉、鸡肝和虾仁中硫线磷残留量的测定和确证。
SN 0139—1992	出口粮谷中二硫代氨基甲酸酯残留量检验方法	本标准规定了出口荞麦中对硫磷残留量的抽样和测定方法。 本标准适用于出口荞麦中对硫磷残留量的检验。
SN/T 4419.17—2016	出口食品常见过敏原LAMP系统检测方法　第17部分：荞麦	SN/T 4419 的本部分规定了出口食品中过敏原荞麦成分的环介导等温扩增（LAMP）检测方法。 本部分适用于食品及其原料过敏原荞麦成分的定性检测。 本部分所规定方法的最低检测限（LOD）为 0.5%（质量分数）。
SN/T 3769—2014	出口粮谷中敌百虫、辛硫磷残留量测定方法　液相色谱-质谱/质谱法	本标准规定了粮谷中敌百虫、辛硫磷有机磷农药残留量的液相色谱-质谱/质谱法检测和确证方法。 本标准适用于玉米、糙米、大米、小麦和荞麦中敌百虫、辛硫磷有机磷农药残留量的液相色谱-质谱/质谱法检测和确证方法。
SN/T 3768—2014	出口粮谷中多种有机磷农药残留量测定方法　气相色谱-质谱法	本标准规定了粮谷中敌敌畏、乙酰甲胺磷、丙线磷、二嗪硫磷、特丁磷、甲基乙拌磷、二嗪磷、乙嘧硫磷、甲基嘧啶磷、马拉硫磷、杀螟硫磷、对硫磷、倍硫磷、稻丰散、丁胺磷、苯硫磷等16种有机磷农药残留量的气相色谱/质谱法检测和确证方法。 本标准适用于玉米、糙米、大米、小麦和荞麦中敌敌畏、乙酰甲胺磷、丙线磷、二嗪硫磷、特丁磷、甲基乙拌磷、二嗪磷、乙嘧硫磷、甲基嘧啶磷、马拉硫磷、杀螟硫磷、对硫磷、倍硫磷、稻丰散、丁胺磷、苯硫磷等16种有机磷农药残留量的气相色谱-质谱法检测和确证方法。
SN/T 1961.18—2013	出口食品过敏原成分检测　第18部分：实时荧光PCR方法检测荞麦成分	SN/T 1961 的本部分规定了食品中过敏原荞麦成分的实时荧光 PCR 检测方法。 本部分适用于食品及其原料中过敏原荞麦成分的定性检测。 本部分所规定方法的最低检出限（LOD）为 0.01%（质量分数）。

标准号	标准名称	摘要
SN/T 1961.3—2012	食品中过敏原成分检测方法 第3部分：酶联免疫吸附法检测荞麦蛋白成分	SN/T 1961 的本部分规定了食品中过敏原荞麦蛋白成分的酶联免疫吸附检测方法。 本部分适用于烘焙类食品（饼干、面包、糕点等）、面条（小麦、玉米）面粉、粥、豆粉、寿司、米粉等各种食品中过敏原荞麦蛋白成分的测定。 本方法对标准荞麦蛋白量检测范围：0.78~50 ng/mL。
SN/T 0605—2012	出口粮谷中双苯唑菌醇残留量检测方法 液相色谱-质谱/质谱法	本标准规定了出口粮谷中双苯唑菌醇残留量的测定方法。 本标准适用于出口糙米、玉米大麦、小麦、荞麦、大米、高粱、燕麦中双苯唑菌醇残留量的液相色谱-质谱/质谱测定和确证。
SN/T 0596—2012	出口粮谷及油籽中稀禾定残留量检测方法 气相色谱-质谱法	本标准规定了出口粮谷中稀禾定残留量的气相色谱-质谱测定和确证方法。 本标准适用于出口玉米、大米、大豆、花生和荞麦中稀禾定残留量的测定。
6. 小黑麦		
NY/T 2571—2014	植物新品种特异性、一致性和稳定性测试指南 小黑麦	本标准规定了小黑麦（*X Triticosecale* Witt.）新品种特异性、一致性和稳定性测试的技术要求和结果判定的一般原则。 本标准适用于小黑麦新品种特异性、一致性和稳定性测试和结果判定。
NY/T 1443.6—2007	小麦抗病虫性评价技术规范 第6部分：小麦抗黄矮病评价技术规范	本标准规定了小麦抗黄矮病鉴定技术方法和抗性评价方法。 本标准适用于普通小麦（包括选育品种/系、地方品种、特殊遗传材料、近等基因系、重组自交系、DH群体）、杂交小麦、转基因小麦、其他栽培小麦种、野生小麦、小麦野生近缘种、大麦、黑麦、小黑麦、燕麦、野生燕麦对小麦黄矮病抗性的田间鉴定和评价。
7. 燕麦		
GB 4404.4—2010	粮食作物种子 第4部分：燕麦	GB 4404 的本部分规定了燕麦（*Arena sativa* L.）种子的质量要求、检验方法和检验规则。 本部分适用于中华人民共和国境内生产、销售的上述燕麦种子，涵盖包衣种子和非包衣种子。
GB/T 29575—2013	法国野燕麦检疫鉴定方法	本标准规定了法国野燕麦 *Arena ludoviciana* Durieu 的实验室检测与其形态特征鉴定方法。 本标准适用于法国野燕麦的检疫鉴定。
GB/T 36778—2018	燕麦花叶病毒检疫鉴定方法	本标准规定了燕麦花叶病毒的血清学、分子生物学及免疫电镜检测与鉴定方法。 本标准适用于燕麦属（*Avena*）植株、种子及种子中夹杂的土壤上的燕麦花叶病毒的检疫和鉴定。
GB 5009.222—2016	食品安全国家标准 食品中桔青霉素的测定	本标准规定了食品中桔青霉素的测定方法。 本标准第一法适用于大米、玉米、辣椒、红曲类产品中桔青霉素的测定，第二法适用于大米、大麦、燕麦、小麦中桔青霉素的测定。
GB/T 38163—2019	常见过敏蛋白的测定 液相色谱-串联质谱法	本标准规定了固态食品中牛奶、鸡蛋、大豆、花生、榛子、杏仁和核桃过敏蛋白的液相色谱-串联质谱检测方法。 本标准适用于含小麦粉、燕麦粉、腰果、可可粉等固态食品基质中牛奶、鸡蛋、大豆、花生、榛子、杏仁和核桃过敏蛋白的液相色谱-串联质谱测定和确证。
GB 23200.9—2016	食品安全国家标准 粮谷中475种农药及相关化学品残留量的测定 气相色谱-质谱法	本标准规定了大麦、小麦、燕麦、大米、玉米中475种农药及相关化学品残留量气相色谱-质谱测定方法。 本标准适用于大麦、小麦、燕麦、大米、玉米中475种农药及相关化学品残留量的测定。其他粮谷可参照执行，其他食品可参照执行。
GB/T 20770—2008	粮谷中486种农药及相关化学品残留量的测定 液相色谱-串联质谱法	本标准规定了大麦、小麦、燕麦、大米、玉米中486种农药及相关化学品残留量液相色谱-串联质谱测定方法。 本标准适用于大麦、小麦、燕麦、大米、玉米中486种农药及相关化学品残留的定性鉴别，376种农药及相关化学品残留量的定量测定。

标准号	标准名称	摘要
GB/T 17980.41—2000	农药　田间药效试验准则（一）除草剂防治麦类作物地杂草	本标准规定了除草剂防治麦类作物地杂草田间药效小区试验的方法和基本要求。 本标准适用于除草剂防治冬小麦或春小麦、冬大麦或春大麦、冬黑麦或春黑麦、冬燕麦或春燕麦、硬粒小麦等麦类作物地杂草的登记用田间小区试验的药效和安全性评价。其他田间药效试验参照本标准执行。
GB/T 17980.23—2000	农药　田间药效试验准则（一）杀菌剂防治禾谷类锈病（叶锈、条锈、秆锈）	本标准规定了杀菌剂防治禾谷类锈病［*P. striiformis*（条锈）；*P. recondita*（叶锈）；*P. horde*（大麦叶锈）；*P. graminis*（秆锈）；*P. coronata*（燕麦冠锈）］田间药效小区试验的方法和基本要求。 本标准适用于杀菌剂防治禾谷类锈病的登记用田间小区药效试验及药效评价，其他田间药效试验参照本标准执行。
GB/T 17980.21—2000	农药　田间药效试验准则（一）杀菌剂防治禾谷类种传病害	本标准适用于杀菌剂防治小麦、大麦、燕麦种传病害的登记用田间药效小区试验及药效评价。其他田间药效试验参照本标准执行。
GB/T 21163.2—2007	农业谷物干燥机　干燥性能的测定　第2部分：附加测定规程和特定谷物要求	本部分规定了连续式谷物干燥机和批式谷物干燥机对特定谷物，包括小麦、大麦、燕麦、玉米、水稻、高粱和油菜等的干燥性能测试与评价的附加规程和操作指南。本部分是GB/T 21163.1一般方法的补充。其一般方法是以干燥小麦为基本原料的，且限定其湿基含水率范围为20%~15%。
GB/T 27627—2011	粮油机械　碟片精选机	本标准规定了碟片精选机的术语和定义、工作原理、型号及基本参数项目、技术要求、试验方法、检验规则、标志、包装、运输和储存要求。 本标准适用于从谷物中分离出大麦、燕麦、荞子、野豌豆和其他小颗粒杂质的碟片精选机。
GB/T 34787—2017	粮油机械　滚筒精选机	本标准规定了滚筒精选机的术语和定义、工作原理、型号、基本参数项目、技术要求、试验方法、检验规则、标志、包装、运输与储存要求。 本标准适用于： ——从谷物中分离出大麦、燕麦、荞子、野豌豆和其他小颗粒杂质的单一型和组合型滚筒精选机。 ——从混合米中将不同米粒进行分级的单一型和组合型滚筒精选机。 ——从谷物种子中分离出不合格粒的单一型和组合型滚筒精选机。
LS/T 3260—2019	燕麦米	本标准规定了燕麦米的术语和定义、质量要求、检验方法、检验规则、标识、包装、储存与运输。 本标准适用于食用商品燕麦米。
LS/T 6114—2015	粮油检验　粮食中赭曲霉毒素A测定胶体金快速定量法	本标准规定了赭曲霉毒素A的胶体金快速定量检测方法的原理、试剂及材料、仪器设备、样品制备、样品测定与结果表述。 本标准适用于小麦、玉米、燕麦等粮食及其制品中赭曲霉毒素A的快速定量检测。 方法检出限为3 μg/kg。
NY/T 2355—2013	植物新品种特异性、一致性和稳定性测试指南　燕麦	本标准规定了燕麦新品种特异性、一致性和稳定性测试的技术要求和结果判定的一般原则。 本标准适用于燕麦（*Avena sativa* L. & *Avena nuda* L.）新品种特异性、一致性和稳定性测试和结果判定。
NY/T 892—2014	绿色食品　燕麦及燕麦粉	本标准规定了绿色食品燕麦及燕麦粉的术语和定义、要求、检验规则、标志和标签、包装、运输和贮存。 本标准适用于绿色食品燕麦（裸燕麦、莜麦）及燕麦粉，包括燕麦米。
NY/T 1510—2016	绿色食品　麦类制品	本标准规定了绿色食品麦类制品的术语和定义、要求、检验规则、标签、包装、运输和储存。 本标准适用于以绿色食品大麦（含米大麦）、燕麦（含莜麦）、小麦、荞麦等为主要原料的即食麦类制品和发芽麦类制品，不适用于麦茶和焙烤类麦类制品。
NY/T 1443.6—2007	小麦抗病虫性评价技术规范　第6部分：小麦抗黄矮病评价技术规范	本标准规定了小麦抗黄矮病鉴定技术方法和抗性评价方法。 本标准适用于普通小麦（包括选育品种/系、地方品种、特殊遗传材料、近等基因系、重组自交系、DH群体）、杂交小麦、转基因小麦、其他栽培小麦种、野生小麦、小麦野生近缘种、大麦、黑麦、小黑麦、燕麦、野生燕麦对小麦黄矮病抗性的田间鉴定和评价。

标准号	标准名称	摘要
NY/T 3568—2020	小麦品种抗河谷孢囊线虫鉴定技术规程	本标准规定了小麦品种抗禾谷孢囊线虫的术语和定义、材料和设备、室内盆栽人工接种鉴定法、抗性评价、鉴定记录。 本标准适用于小麦种质资源和品种对禾谷孢囊线虫的抗性鉴定和评价，大麦、燕麦和黑麦等抗禾谷孢囊线虫鉴定可参照执行。
NY/T 3559—2020	小麦孢囊线虫综合防控技术规范	本标准规定了小麦孢囊线虫病的术语定义、防治原则、防治适期、田间监测、种植抗病、耐病品种、农业防治、生物防治、化学防治、综合防控效果评价、记录保存。 本标准适用于小麦孢囊线虫病的综合防治，大麦、燕麦、黑麦等禾谷类作物孢囊线虫病的综合防治也可参照执行。
NY/T 3606—2020	地理标志农产品品质鉴定与质量控制技术规范 谷物类	本标准规定了稻米、小麦、玉米、高粱、粟米、黍米、大麦、燕麦、荞麦等谷物类地理标志农产品的产品品质特色鉴定、质量控制。 本标准适用于稻米、小麦、玉米、高粱、粟米、黍米、大麦、燕麦、荞麦等谷物类地理标志农产品的产品品质特色鉴定和质量控制。
NY/T 2006—2011	谷物及其制品中β-葡聚糖含量的测定	本标准规定了谷物及其制品中β-葡聚糖含量的酶—比色测定方法。 本标准适用于燕麦、大麦、青稞、黑麦等谷物及其加工制品（面粉、麸皮、麦片、饮料等）中β-葡聚糖含量的测定。
QB/T 5454—2019	糠醛蒸馏塔	本标准规定了糠醛蒸馏塔的术语和定义、分类与型号命名、要求、试验方法、检验规则及标志、运输包装和贮存。 本标准适用于以玉米芯、花生壳、棉籽壳、燕麦壳、甘蔗渣等为原料生产工业糠醛的塔类设备。
SN/T 5010—2017	燕麦花叶病毒检疫鉴定方法	该标准全文未在全国标准信息公共服务或其他行业标准服务公众平台备案。
SN/T 4074—2014	燕麦全蚀病菌检疫鉴定方法	本标准规定了燕麦全蚀病菌（*Gaeumannomyces graminis* var. *avenae*）的检疫鉴定方法。 本标准适用于禾本科植物、草本植物的种苗、种子及混杂的植物残体中的燕麦全蚀病菌的检测。
SN/T 3849—2014	出口食品中多种抗氧化剂的测定	本标准规定了出口食品中 13 种抗氧化剂的两种检测方法，即高效液相色谱法（HPLC）、液相色谱-质谱/质谱法（LC-MS/MS）。 本标准适用于食用油、黄油、油炸坚果、坚果、方便面、杂粮粉、燕麦片、膨化食品、腌肉、风干水产、油炸面制品、饼干、胶基果糖中叔丁基对苯二酚（TBHQ）、二丁基羟基甲苯（BHT）、叔丁基茴香醚（BHA）、没食子酸丙酯（PC）、没食子酸辛酯（OG）、没食子酸十二酯（DG）、正二氢愈创木酸（NDGA）、2，6-二叔丁基-4-羟甲基苯酚（Ionox-100）、芦丁（Rutin）、槲皮素（QR）、乙氧喹啉（EQ）和 4-己基间苯二酚（4-HR）、没食子酸异戊酯（IAG）等 13 种抗氧化剂的测定。
SN/T 1961. 11—2013	出口食品过敏原成分检测 第 11 部分：实时荧光 PCR 方法检测麸质成分	SN/T1961 的本部分规定了食品中过敏原麸质（大麦、小麦、燕麦、黑麦）成分的实时荧光 PCR 检测方法。 本部分适用于食品及其原料中过敏原麸质（大麦、小麦、燕麦、黑麦）成分的定性检测。 本部分所规定方法的最低检出限（LOD）为 0. 01%（质量分数）。
SN/T 4524—2016	出口粮谷中 6 种麦角碱的测定 液相色谱-质谱/质谱法	本标准规定了出口粮谷中麦角新碱、麦角生碱、麦角胺、麦角克碱、麦角卡里碱、麦角柯宁碱测定的液相色谱-质谱/质谱检测方法。 本标准适用于麦类（大麦、小麦、燕麦、黑麦）、大米、高粱和玉米中麦角新碱、麦角生碱、麦角胺、麦角克碱、麦角卡里碱、麦角柯宁碱的测定和确证。
SN/T 0702—2011	进出口粮谷和坚果中乙酯杀螨醇残留量的检测方法 气相色谱-质谱法	本标准规定了粮谷及坚果中乙酯杀螨醇残留量测定的制样、气相色谱-质谱测定及确证方法。 本标准适用于大米、小麦、大麦、玉米、大豆、燕麦、核桃仁、杏仁、榛子仁、花生、芝麻、栗子、甘薯、山药中乙酯杀螨醇残留量的测定和确证。
SN/T 0605—2012	出口粮谷中双苯唑菌醇残留量检测方法 液相色谱-质谱/质谱法	本标准规定了出口粮谷中双苯唑菌醇残留量的测定方法。 本标准适用于出口糙米、玉米大麦、小麦、荞麦、大米、高粱、燕麦中双苯唑菌醇残留量的液相色谱-质谱/质谱测定和确证。

标准号	标准名称	摘要
8. 莜麦		
GB/T 13359—2008	莜麦	本标准规定了莜麦的有关术语和定义、质量要求和卫生要求、检验方法、检验规则、标签标识、包装、运输及储存要求。 本标准适用于收购、储存、运输、加工和销售的商品莜麦（裸燕麦、油麦）。
GB/T 13360—2008	莜麦粉	本标准规定了莜麦粉的术语和定义、分类、质量要求和卫生要求、检验方法、判定规则、标签标识以及包装、储存和运输的要求。 本标准适用于以莜麦为原料加工的商品莜麦粉（裸燕麦粉、莜麦面、莜面）。
NY/T 892—2014	绿色食品　燕麦及燕麦粉	本标准规定了绿色食品燕麦及燕麦粉的术语和定义、要求、检验规则、标志和标签、包装、运输和贮存。 本标准适用于绿色食品燕麦（裸燕麦、莜麦）及燕麦粉，包括燕麦米。
NY/T 1510—2016	绿色食品　麦类制品	本标准规定了绿色食品麦类制品的术语和定义、要求、检验规则、标签、包装、运输和储存。 本标准适用于以绿色食品大麦（含米大麦）、燕麦（含莜麦）、小麦、荞麦等为主要原料的即食麦类制品和发芽麦类制品，不适用于麦茶和焙烤类麦类制品。

二、稻米类

标准号	标准名称	摘要
1. 高粱		
GB/T 8231—2007	高粱	本标准规定了高粱的相关术语和定义、分类、分量要求、检验方法、判定规则、包装、运输和贮存等要求。 本标准适用于收购、贮存、运输、加工、销售的食用高粱。
GB/T 19557.15—2018	植物品种特异性、一致性和稳定性测试指南　高粱	GB/T 19557 的本部分给出了高粱［*Sorghum bicolor*（L.）Moench］品种特异性、一致性和稳定性测试的技术要点和结果判定的一般原则。 本部分适用于高粱品种特异性、一致性和稳定性测试和结果判定。
GB 4404.1—2008	粮食作物种子　第1部分：禾谷类	GB 4404 的本部分规定了稻（*Oryza sativa*）、玉米（*Zea mays*）、小麦（*Triticum aestivum*）、大麦（*Hordeum vulgare*）、高粱（*Sorghum bicolor*）、粟（*Setaris italica*）和黍（*Panicum miliaceum*）种子的质量要求、检验方法和检验规则。 本部分适用于中华人民共和国境内生产、销售的上述禾谷类作物种子，种子涵盖包衣种子和非包衣种子。
GB 4404.1—2008（XG1—2020）	粮食作物种子　第1部分：禾谷类	GB 4404 的本部分规定了稻（*Oryza sativa*）、玉米（*Zea mays*）、小麦（*Triticum aestivum*）、大麦（*Hordeum vulgare*）、高粱（*Sorghum bicolor*）、粟（*Setaris italica*）和黍（*Panicum miliaceum*）种子的质量要求、检验方法和检验规则。 本部分适用于中华人民共和国境内生产、销售的上述禾谷类作物种子，种子涵盖包衣种子和非包衣种子。
GB/T 17319—2011	高粱种子生产技术操作规程	本标准规定了高粱亲本和杂交种生产的技术要求。 本标准适用于“三系”杂交高粱各类种子的生产。
GB/T 5503—2009	粮油检验　碎米检验法	本标准规定了主要米类粮食碎米检验的术语和定义、仪器和设备、样品制备、测定步骤及结果计算。 本标准适用于大米、高粱米、小米、黍米、稷米中碎米含量的测定。
GB/T 36832—2018	黑高粱检疫鉴定方法	本标准规定了黑高粱检疫鉴定的形态学方法和分子筛查方法。 本标准适用于黑高粱的检疫鉴定。
GB/T 15804—2011	高粱蚜测报技术规范	本标准规定了高粱蚜系统调查、大田普查和预测方法等方面的技术内容。 本标准适用于高粱蚜测报调查和预测。

标准号	标准名称	摘要
GB/T 15686—2008	高粱 单宁含量的测定	(ISO9648：1988，MOD) 本标准规定了一种通用的高粱单宁含量测定方法，这种测定方法并不是针对某一种类型的多酚类物质的测定。用雄鸡进行动物实验测定的高粱代谢能与本方法测定的结果之间，具有很好的负相关性，证明了本方法的有效性。
GB 1886.32—2015	食品安全国家标准 食品添加剂 高粱红	本标准适用于以黑紫色或红棕色高粱（*Sorghum vulgare* pers.）壳为原料用水或稀乙醇水溶液抽提后，经浓缩、干燥制得的食品添加剂高粱红。
GB/T 15671—2009	农作物薄膜包衣种子技术条件	本标准规定了薄膜包衣种子技术要求、质量检验以及标志、包装、运输和贮存。 本标准适用于小麦、水稻、玉米、棉花、大豆、高粱、谷子等农作物的薄膜包衣种子，其他农作物薄膜包衣种子可参照执行。
GB/T 26633—2011	工业用高粱	本标准规定了工业用高粱的术语和定义、质量要求和卫生要求、检验方法、检验规则、标签标识和追溯要求，以及包装、储存和运输要求。 本标准适用于工业用商品高粱。
GB 14891.2—1994	辐照花粉卫生标准	本标准规定了辐照花粉的技术要求及检验方法。 本标准适用于经 γ 射线或电子束照射的玉米、荞麦、高粱、芝麻、油菜、向日葵、紫云英的蜜源的纯花粉及混合花粉。
LS/T 3215—1985	高粱米	本标准适用于省、自治区、直辖市之间调拨的商品高粱米。
JB/T 12446—2015	生物质处理设备 秸秆烘干机	本标准规定了生物质处理设备秸秆烘干机的术语和定义、结构与型号、要求、试验方法、检验规则、标志、包装、运输及贮存。 本标准适用于利用发电余热对稻、麦、玉米、高粱、油菜等生物质秸秆进行烘干处理的带式烘干机。其他生物质烘干机也可参照使用。
NY/T 115—2021	饲料原料 高粱	该标准全文未在全国标准信息公共服务或其他行业标准服务公众平台备案。
NY/T 115—1989	饲料用高粱	本标准规定了饲料用高粱的质量指标及分级标准。 本标准适用于饲料用高粱籽实。
NY/T 3751—2020	高粱品种纯度鉴定 SSR 分子标记法	本标准规定了高粱（*Sorghum bicolor* L.）品种纯度鉴定 SSR 分子标记法的术语和定义、缩略语、原理、检测方法、试剂及溶液配制、仪器设备、检测程序、结果计算于表示和结果报告。 本标准适用于高粱杂交种和常规种纯度鉴定。
NY/T 3606—2020	地理标志农产品品质鉴定与质量控制技术规范 谷物类	本标准规定了稻米、小麦、玉米、高粱、粟米、黍米、大麦、燕麦、荞麦等谷物类地理标志农产品的产品品质特色鉴定、质量控制。 本标准适用于稻米、小麦、玉米、高粱、粟米、黍米、大麦、燕麦、荞麦等谷物类地理标志农产品的产品品质特色鉴定和质量控制。
NY/T 3607—2020	农产品中生氰糖苷的测定 液相色谱-串联质谱法	本标准规定了农产品中生氰糖苷的测定方法的原理、试剂和材料、仪器和设备、试样制备、分析步骤、结果计算及精密度等内容。 本标准适用于木薯、亚麻籽、苦杏仁、竹笋、高粱等含氰化物农产品中 8 种生氰糖苷类化合物含量的测定。
NY/T 3556—2020	粮谷中硒代半胱氨酸和硒代蛋氨酸的测定 液相色谱-电感耦合等离子体质谱法	本标准规定了粮谷中硒代半胱氨酸、硒-甲基硒代半胱氨酸和硒代蛋氨酸的液相色谱电感耦合等离子体质谱测定方法。 本标准适用于稻米、小麦、玉米、高粱、小米中硒代半胱氨酸、硒-甲基硒代半胱氨酸和硒代蛋氨酸含量的测定。
NY/T 11—1985	谷物籽粒粗淀粉测定法	本标准适用于水稻、小麦、玉米、谷子、高粱等谷物籽粒中粗淀粉含量的测定。
NY/T 9—1984	谷类籽粒赖氨酸测定法 染料结合赖氨酸（DBL）法	本标准适用于测定水稻、玉米、高粱、麦类等谷类籽料的赖氨酸含量。
NY/T 1464.61—2016	农药田间药效试验准则 第 61 部分：除草剂防治高粱田杂草	本部分规定了除草剂防治高粱田杂草田间药效小区试验的方法和基本要求。 本部分适用于除草剂防治高粱田杂草的登记用田间药效小区试验及药效评价。
NY/T 2645—2014	农作物品种试验技术规程 高粱	本标准规定了国家高粱品种试验技术方法与技术规则。 本标准适用于国家高粱品种试验。

标准号	标准名称	摘要
NY/T 2467—2013	高粱品种鉴定技术规程 SSR 分子标记法	本标准规定了利用简单重复序列（simple sequence repeats, SSR）标记法进行高粱［*Sorghum bicolor*（L.）Moench］品种鉴定的操作程序、等位变异数据记录与统计、判定方法。 本标准适用于高粱品种的 SSR 指纹数据采集和品种鉴定。
NY/T 2233—2012	植物新品种特异性、一致性和稳定性测试指南 高粱	本标准规定了高粱新品种特异性、一致性和稳定性测试的技术要求和结果判定的一般原则。 本标准适用于高粱［*Sorghum bicolor*（L.）Moench］新品种特异性、一致性和稳定性测试和结果判定。
NY/T 2050—2011	玉米霜霉病菌检疫检测与鉴定方法	本标准规定了玉米霜霉病菌的现场检验及室内鉴定的方法。 本标准适用于玉米、甘蔗、高粱等禾本科植物上玉米霜霉病菌的检疫检测与鉴定。
NY/T 1004—2020	秸秆粉碎还田机 质量评价技术规范	本标准规定了秸秆粉碎还田机的基本要求、质量要求、检测方法和检验规则。 本标准适用于以粉碎玉米、高粱、小麦、水稻、棉花等作物秸秆为主的秸秆粉碎还田机的质量评定。
SN/T 1362—2011	假高粱检疫鉴定方法	本标准规定了进出境植物及植物产品中假高粱的检疫与鉴定方法。 本标准适用于进出境粮食、种子、芝麻、苗木等植物及其植物产品中混杂假高粱的分离与鉴定，还适用于进出境羊毛、皮张及运输工具等夹带的假高粱的鉴定。
SN/T 1483. 1—2004	高粱瘿蚊检疫鉴定方法	本标准规定了高粱瘿蚊 *Contarinia sorghicola* Coquillett 检疫和鉴定方法。 本标准适用于高粱瘿蚊的检疫和鉴定。
SN/T 1155—2002	植物检疫 玉米霜霉病菌检疫鉴定方法	本标准规定了植物检疫中玉米霜霉病菌检疫和鉴定方法。 本标准适用于玉米、甘蔗、高粱及其他寄主中玉米霜霉病菌的检疫和鉴定。
SN/T 5333—2020	玉米霜霉病菌（非中国种）检疫鉴定方法	本文件规定了爪哇霜霉病菌、菲律宾霜霉病菌、甘蔗霜霉病菌和高粱霜霉病菌 4 种玉米霜霉病菌非中国种的检疫鉴定方法。 本文件适用于玉米、高粱和甘蔗等禾本科植物的植株及种子中玉米霜霉病菌（非中国种）的检疫和鉴定。
SN/T 3165—2012	高粱根腐病菌检疫鉴定方法	本标准规定了高粱根腐病菌的检测和鉴定方法。 本标准适用于高粱等种子、苗木及其根围栽培介质中高粱根腐病菌的检测和鉴定。
SN/T 4977—2017	进境高粱检验检疫规程	该标准全文未在全国标准信息公共服务或其他行业标准服务公众平台备案。
SN/T 4876. 4—2017	DNA 条形码方法 第 4 部分：检疫性高粱属	SN/T 4876 的本部分规定了检疫性高粱属的 DNA 条形码检测方法。 本部分适用于使用 DNA 条形码对检疫性高粱属进行的测定、结果比对分析与判定。
SN/T 4524—2016	出口粮谷中 6 种麦角碱的测定 液相色谱-质谱/质谱法	本标准规定了出口粮谷中麦角新碱、麦角生碱、麦角胺、麦角克碱、麦角卡里碱、麦角柯宁碱测定的液相色谱-质谱/质谱检测方法。 本标准适用于麦类（大麦、小麦、燕麦、黑麦）、大米、高粱和玉米中麦角新碱、麦角生碱、麦角胺、麦角克碱、麦角卡里碱、麦角柯宁碱的测定和确证。
SN/T 0218—2014	出口粮谷中天然除虫菊素残留总量的检测方法 气相色谱-质谱法	本标准规定了粮谷中天然除虫菊素残留量的气相色谱-质谱检测方法。 本标准适用于大麦、小麦、玉米、大米、糙米和高粱中天然除虫菊素（除虫菊素Ⅰ、除虫菊素Ⅱ、瓜叶菊素Ⅰ、瓜叶菊素Ⅱ、茉莉菊素Ⅰ、茉莉菊素Ⅱ）残留问题的检测和确证。
SN/T 0520—2012	出口粮谷中烯菌灵残留量测定方法 液相色谱-质谱/质谱法	本标准规定了出口粮谷中烯菌灵残留量的测定方法。 本标准适用于小麦、大麦、大米、高粱、玉米、糙米中烯菌灵残留量的液相色谱-质谱/质谱仪检测。
SN/T 0605—2012	出口粮谷中双苯唑菌醇残留量检测方法 液相色谱-质谱/质谱法	本标准规定了出口粮谷中双苯唑菌醇残留量的测定方法。 本标准适用于出口糙米、玉米大麦、小麦、荞麦、大米、高粱、燕麦中双苯唑菌醇残留量的液相色谱-质谱/质谱测定和确证。

标准号	标准名称	摘要
2. 黑米		
NY/T 832—2004	黑米	本标准规定了黑米的定义、分类、质量要求、检验方法及标志、包装、运输、贮存的要求。 本标准适用于收购、贮存、运输、加工、销售的商品黑米。
NY/T 419—2014	绿色食品 稻米	本标准规定了绿色食品稻米的术语和定义、要求、检验规则、标志和标签、包装、运输和贮存。 本标准适用于绿色食品稻米，包括大米、糙米、胚芽米、蒸谷米、黑米、红米，不适用于加入添加剂的稻米。
NY/T 3164—2017	黑米花色苷的测定 高效液相色谱法	本标准规定了黑米中的矢车菊素-3-*O*-葡萄糖苷和芍药素-3-*O*-葡萄糖苷 2 种花色苷的高效液相色谱检测方法。 本标准适用于黑米中矢车菊素-3-*O*-葡萄糖苷和芍素-3-*O*-葡萄糖苷的测定。 矢车菊素-3-*O*-葡萄糖苷和芍药素-3-*O*-葡萄糖苷 2 种花色苷的检出限均为 0.10 mg/kg，定量限均为 0.40 mg/kg。
3. 红米		
GB 25534—2010	食品安全国家标准 食品添加剂 红米红	本标准适用于以红米（*Oryza sativa* L.）为原料，经提取、精制，可用糊精稀释的粉末、浸膏或液态的食品添加剂红米红。
NY/T 419—2014	绿色食品 稻米	本标准规定了绿色食品稻米的术语和定义、要求、检验规则、标志和标签、包装、运输和贮存。 本标准适用于绿色食品稻米，包括大米、糙米、胚芽米、蒸谷米、黑米、红米，不适用于加入添加剂的稻米。
4. 黍米		
GB/T 13356—2008	黍米	本标准规定了黍米的相关术语和定义、质量要求、卫生要求、检验方法、检验规则、标签标识，以及包装、储存和运输要求。 本标准适用于以黍为原料加工而成的商品黍米（大黄米、软黄米）。
GB/T 13355—2008	黍	本标准规定了黍的相关术语和定义、质量要求、卫生要求、检验方法、检验规则、标签标识，以及包装、储存和运输要求。 本标准适用于收购、储存、运输、加工和销售的商品黍（黍子），不适用于名贵品种的黍。
GB 4404.1—2008	粮食作物种子 第 1 部分：禾谷类	GB 4404 的本部分规定了稻（*Oryza sativa*）、玉米（*Zea mays*）、小麦（*Triticum aestivum*）、大麦（*Hordeum vulgare*）、高粱（*Sorghum bicolor*）、粟（*Setaris italica*）和黍（*Panicum miliaceum*）种子的质量要求、检验方法和检验规则。 本部分适用于中华人民共和国境内生产、销售的上述禾谷类作物种子，种子涵盖包衣种子和非包衣种子。
GB 4404.1—2008 (XG1—2020)	粮食作物种子 第 1 部分：禾谷类	GB 4404 的本部分规定了稻（*Oryza sativa*）、玉米（*Zea mays*）、小麦（*Triticum aestivum*）、大麦（*Hordeum vulgare*）、高粱（*Sorghum bicolor*）、粟（*Setaris italica*）和黍（*Panicum miliaceum*）种子的质量要求、检验方法和检验规则。 本部分适用于中华人民共和国境内生产、销售的上述禾谷类作物种子，种子涵盖包衣种子和非包衣种子。
GB/T 5503—2009	粮油检验 碎米检验法	本标准规定了主要米类粮食碎米检验的术语和定义、仪器和设备、样品制备、测定步骤及结果计算。 本标准适用于大米、高粱米、小米、黍米、稷米中碎米含量的测定。
GB/T 18105—2000	米类加工精度异色相差分染色检验法（IDS 法）	本标准规定了米类加工精度异色相差分染色检验的试剂、仪器设备、操作方法和注意事项。 本标准适用于米类（大米、小米、高粱米、黍米、稷米等）加工精度的检验。
LS/T 3267—2020	糯性黍（稷）米粉	本标准规定了糯性黍（稷）米粉的术语和定义、要求、检验方法、检验规则、标签、标志、包装、运输、贮存的要求。 本标准适用于以糯性黍（稷）米为原料在生产加工过程不添加任何物质制成供人类食用或用作食品原料的糯性黍（稷）米粉。
NY/T 893—2014	绿色食品 粟米及粟米粉	本标准规定了绿色食品粟米及粟米粉的术语和定义、要求、检验规则、标志和标签、包装、运输和贮存。 本标准适用于绿色食品粟米及粟米粉，包括小米、黍米、稷米及粟米粉。

标准号	标准名称	摘要
NY/T 893—2021	绿色食品　粟、黍、稷及其制品	该标准全文未在全国标准信息公共服务或其他行业标准服务公众平台备案。
NY/T 2492—2013	植物新品种特异性、一致性和稳定性测试指南　糜子	本标准规定了糜子（*Panicum miliaceum* L.）新品种特异性、一致性和稳定性测试的技术要求和结果判定的一般原则。 本标准适用于糜子新品种特异性、一致性和稳定性测试和结果判定。
NY/T 3606—2020	地理标志农产品品质鉴定与质量控制技术规范　谷物类	本标准规定了稻米、小麦、玉米、高粱、粟米、黍米、大麦、燕麦、荞麦等谷物类地理标志农产品的产品品质特色鉴定、质量控制。 本标准适用于稻米、小麦、玉米、高粱、粟米、黍米、大麦、燕麦、荞麦等谷物类地理标志农产品的产品品质特色鉴定和质量控制。
5. 香稻		
NY/T 596—2002	香稻米	本标准规定了香稻米的有关定义、分类、要求、试验方法、检验规则及包装、运输、贮存的要求。 本标准适用于生产、加工、贮运、购销、进出口及科研等过程对香稻米的检验、评价和鉴定。 本标准不适用于通过添加增香剂、风味增强剂等手段生产的含有香味的稻米。
6. 小米		
GB/T 11766—2008	小米	本标准规定了小米的相关术语和定义、分类、质量要求、卫生要求、检验方法、检验规则、标签标识以及包装、储存和运输。 本标准适用于粟（谷子）经加工制成的商品小米。
GB/T 19503—2008	地理标志产品　沁州黄小米	本标准规定了沁州黄小米的地理标志产品保护范围、术语和定义、要求、试验方法、检验规则及标志、标签、包装、运输、贮存。 本标准适用于国家质量监督检验检疫行政主管部门根据《地理标志产品保护规定》批准保护的沁州黄小米。
GB/T 18105—2000	米类加工精度异色相差分染色检验法（IDS 法）	本标准规定了米类加工精度异色相差分染色检验的试剂、仪器设备、操作方法和注意事项。 本标准适用于米类（大米、小米、高粱米、黍米、稷米等）加工精度的检验。
GB/T 15683—2008	大米　直链淀粉含量的测定	本标准规定了非熟化大米直链淀粉含量的测定方法——基准方法。 本标准适用于直链淀粉含量高于 5%（质量分数）的大米。 本标准在延伸应用范围得到确认后，也可以用于糙米、玉米、小米和其他谷物的测定。
GB/T 5503—2009	粮油检验　碎米检验法	本标准规定了主要米类粮食碎米检验的术语和定义、仪器和设备、样品制备、测定步骤及结果计算。 本标准适用于大米、高粱米、小米、黍米、稷米中碎米含量的测定。
JB/T 13177—2017	杂粮色选机	本标准规定了杂粮色选机的术语和定义、基本参数与型号标示、技术要求、试验方法、检验规则及标志、包装、运输和贮存。 本标准适用于从花生仁、大豆和小米等适合色选的杂粮中选出异色粒的杂粮色选机。
NY/T 893—2014	绿色食品　粟米及粟米粉	本标准规定了绿色食品粟米及粟米粉的术语和定义、要求、检验规则、标志和标签、包装、运输和贮存。 本标准适用于绿色食品粟米及粟米粉，包括小米、黍米、稷米及粟米粉。
NY/T 3606—2020	地理标志农产品品质鉴定与质量控制技术规范　谷物类	本标准规定了稻米、小麦、玉米、高粱、粟米、黍米、大麦、燕麦、荞麦等谷物类地理标志农产品的产品品质特色鉴定、质量控制。 本标准适用于稻米、小麦、玉米、高粱、粟米、黍米、大麦、燕麦、荞麦等谷物类地理标志农产品的产品品质特色鉴定和质量控制。
NY/T 3566—2020	粮食作物中脂肪酸含量的测定　气相色谱法	本标准规定了粮食作物中脂肪酸含量的气相色谱检测方法。 本标准适用于稻米、小麦、玉米、豆类、薯类和小米等粮食作物中脂肪酸含量的测定。
NY/T 3556—2020	粮谷中硒代半胱氨酸和硒代蛋氨酸的测定　液相色谱-电感耦合等离子体质谱法	本标准规定了粮谷中硒代半胱氨酸、硒-甲基硒代半胱氨酸和硒代蛋氨酸的液相色谱电感耦合等离子体质谱测定方法。 本标准适用于稻米、小麦、玉米、高粱、小米中硒代半胱氨酸、硒-甲基硒代半胱氨酸和硒代蛋氨酸含量的测定。

标准号	标准名称	摘要
SN/T 3536.2—2017	出口食品中酸性橙 II 号的检测方法 第 2 部分：液相色谱-质谱/质谱法	SN/T 3536 的本部分规定了食品中酸性橙 II 号检测的液相色谱质谱/质谱法。 本部分适用于枣糕、黄鱼、柑橘、橙汁、熏肠、红瓜子、火锅底料、辣椒碎、小米、红枣酸奶及腐竹中酸性橙 II 号的检测和确证。
SN/T 2321—2009	进出口食品中腈菌唑残留量检测方法 气相色谱质谱法	本标准中规定了食品中腈菌唑残留量的气相色谱-质谱检测和确证方法。 本标准适用于大米、小米、玉米、豆类、红茶、绿茶、花茶、乌龙茶、大麦茶、草莓、苹果、梨、小白菜、黄瓜、辣椒、胡萝卜、花生、榛子等植物源性产品；牛肉、羊肉、猪肉、鸡肉、鱼肉、猪肝、羊肝、鸡肝、牛奶、蜂蜜等动物源性产品中腈菌唑残留量的检测和确证。
SN/T 2230—2008	进出口食品中腐霉利残留量的检测方法 气相色谱-质谱法	本标准规定了进出口食品中腐霉利残留量的气相色谱-质谱检测方法。 本标准适用于茶叶、脐橙、板栗、葡萄酒、洋葱、小米、蜂蜜、鱼肉、鸡肝、猪肝中腐霉利残留量的测定和确证。
7. 薏苡		
NY/T 2572—2014	植物新品种特异性、一致性和稳定性测试指南 薏苡	本标准规定了薏苡属（*Coix* Linn.）新品种特异性、一致性和稳定性测试的技术要求和结果判定的一般原则。 本标准适用于薏苡属新品种特异性、一致性和稳定性测试和结果判定。
NY/T 2977—2016	绿色食品 薏仁及薏仁粉	本标准规定了绿色食品薏仁及薏仁粉的术语和定义、要求、检验规则、标签、包装、运输和储存。 本标准适用于绿色食品薏仁，包括带皮薏仁及纯薏仁粉。不适用于即食薏仁粉。

三、粮用豆类

标准号	标准名称	摘要
1. 黑豆		
GB 1886.115—2015	食品安全国家标准 食品添加剂 黑豆红	本标准适用于以黑豆（*Glyeine soja* Sieb. et Zucc）种皮为原料，用稀乙醇溶液抽提的提取物，经浓缩、干燥制得的食品添加剂黑豆红。
NY/T 285—2012	绿色食品 豆类	本标准规定了绿色食品豆类的分类、技术要求、检验规则、标志和标签、包装、运输和贮存。 本标准适用于绿色食品大豆类（包括普通大豆、高油大豆、高蛋白大豆）和其他粮用豆类（包括蚕豆、豌豆、小豆、绿豆、菜豆（芸豆）、豇豆、黑豆、饭豆、鹰嘴豆、木豆、扁豆、羽扇豆等）；不适用于豆类蔬菜。
NY/T 1325—2015	绿色食品 芽苗类蔬菜	本标准规定了绿色食品芽苗类蔬菜的要求、检验规则、标签、包装、运输和贮存。 本标准适用于绿色食品种芽类芽苗菜，包括绿豆芽、黄豆芽、黑豆芽、青豆芽、红豆芽、蚕豆芽、红小豆芽、豌豆苗、花生芽、苜蓿芽、小扁豆芽、萝卜芽、菘蓝芽、沙芥芽、芥菜芽、芥蓝芽、白菜芽、独行菜芽、种芽香椿、向日葵芽、荞麦芽、胡椒芽、紫苏芽、水芹芽、小麦苗、胡麻芽、蕹菜芽、芝麻芽、黄秋葵芽等。
2. 红小豆		
GB/T 10461—2008	小豆	本标准规定了小豆的术语和定义、分类、质量要求和卫生要求、检验方法、检验规则、标签标识，以及包装、储存和运输要求。 本标准适用于收购、储存、运输、加工、销售的商品小豆，不适用于小豆中的名贵品种。
GB/T 20442—2006	地理标志产品 宝清红小豆	本标准规定了宝清红小豆的地理标志产品保护范围、术语和定义、自然环境和栽培技术、质量要求、试验方法、检验规则、标签、标志、包装、运输和贮存。 本标准适用于地理标志产品主管部门批准保护的宝清红小豆。

标准号	标准名称	摘要
NY/T 599—2002	红小豆	本标准规定了红小豆的定义、分类、质量要求、检验方法、检验规则及包装、运输和贮存等要求。 本标准适用于生产、加工、收购、销售及进出口贸易等过程中对红小豆质量的检验、评价和鉴定。
NY/T 285—2012	绿色食品　豆类	本标准规定了绿色食品豆类的分类、技术要求、检验规则、标志和标签、包装、运输和贮存。 本标准适用于绿色食品大豆类（包括普通大豆、高油大豆、高蛋白大豆）和其他粮用豆类［包括蚕豆、豌豆、小豆、绿豆、莱豆（芸豆）、豇豆、黑豆、饭豆、鹰嘴豆、木豆、扁豆、羽扇豆等］；不适用于豆类蔬菜。
NY/T 1325—2015	绿色食品　芽苗类蔬菜	本标准规定了绿色食品芽苗类蔬菜的要求、检验规则、标签、包装、运输和贮存。 本标准适用于绿色食品种芽类芽苗菜，包括绿豆芽、黄豆芽、黑豆芽、青豆芽、红豆芽、蚕豆芽、红小豆芽、豌豆苗、花生芽、苜蓿芽、小扁豆芽、萝卜芽、菘蓝芽、沙芥芽、芥菜芽、芥蓝芽、白菜芽、独行菜芽、种芽香椿、向日葵芽、荞麦芽、胡椒芽、紫苏芽、水芹芽、小麦苗、胡麻芽、蕹菜芽、芝麻芽、黄秋葵芽等。
NY/T 2423—2013	植物新品种特异性、一致性和稳定性测试指南　小豆	本标准规定了小豆［*Vigna angularis*（Willd）Ohwi & Ohashi］新品种特异性、一致性、稳定性测试的技术要求和结果判定的一般原则。 本标准适用于小豆新品种特异性、一致性和稳定性测试和结果判定。
NY/T 5206—2004	无公害食品　红小豆生产技术规程	本标准规定了无公害食品红小豆生产的产地环境、生产技术、病虫害防治、采收和生产档案。 本标准适用于无公害食品红小豆生产。
NY/T 1464. 24—2007	农药田间药效试验准则　第 24 部分：除草剂防治红小豆田杂草	本部分规定了除草剂防除红小豆田杂草田间药效小区试验的方法和基本要求。 本部分适用于除草剂防除红小豆田杂草的登记用田间药效小区试验及药效评价，其他田间药效试验可参照本部分执行。
NY/T 1129—2006	豆类清选机	本标准规定了豆类清选机的型号标记、要求、试验方法、检验规则、标志、包装、运输和贮存。 本标准适用于用水清选大豆、红小豆、绿豆等豆类的卧式和立式清选机。
SN/T 0602—2016	出口植物源食品中苄草唑残留量测定方法　液相色谱-质谱/质谱法	本标准规定了出口食品中苄草唑残留量的超高效液相色谱-质谱/质谱测定方法。 本标准适用于出口大米、糙米、玉米、红小豆、卷心菜、胡萝卜、香蕉中苄草唑残留量的测定。
SN/T 0326—1994	出口红豆馅检验规程	本标准规定了出口红豆馅的抽样和品质及微生物检验方法。 本标准适用于以红小豆为主体原料加入其他辅料制作的出口红豆馅检验。
3. 绿豆		
GB/T 10462—2008	绿豆	本标准规定了绿豆的相关术语和定义、分类、质量要求和卫生要求、检验方法、检验规则、标签标识以及包装、储存和运输要求。 本标准适用于收购、储存、运输、加工和销售的商品绿豆。
GB 4404. 2—2010	粮食作物种子　第 2 部分：豆类	GB 4404 的本部分规定了大豆［*Glycine max*（L.）Merr］、蚕豆［*Vicia faba* L.］、赤豆［*Vigna angularis*（Willd）Ohwi & Ohashi］和绿豆［*Vigna radiata*（L.）Wilczek］种子的质量要求、检验方法和检验规则。 本部分适用于中华人民共和国境内生产、销售的上述豆类种子，涵盖包衣种子和非包衣种子。
GB 22556—2008	豆芽卫生标准	本标准规定了豆芽的指标要求、食品添加剂、生产加工过程的卫生要求、包装、标识、贮存及运输和检验方法。 本标准适用于以大豆或绿豆为原料，经生产加工而成的豆芽。

标准号	标准名称	摘要
NY/T 285—2012	绿色食品 豆类	本标准规定了绿色食品豆类的分类、技术要求、检验规则、标志和标签、包装、运输和贮存。 本标准适用于绿色食品大豆类（包括普通大豆、高油大豆、高蛋白大豆）和其他粮用豆类［包括蚕豆、豌豆、小豆、绿豆、莱豆（芸豆）、豇豆、黑豆、饭豆、鹰嘴豆、木豆、扁豆、羽扇豆等］；不适用于豆类蔬菜。
NY/T 1325—2015	绿色食品 芽苗类蔬菜	本标准规定了绿色食品芽苗类蔬菜的要求、检验规则、标签、包装、运输和贮存。 本标准适用于绿色食品种芽类芽苗菜，包括绿豆芽、黄豆芽、黑豆芽、青豆芽、红豆芽、蚕豆芽、红小豆芽、豌豆苗、花生芽、苜蓿芽、小扁豆芽、萝卜芽、菘蓝芽、沙芥芽、芥菜芽、芥蓝芽、白菜芽、独行菜芽、种芽香椿、向日葵芽、荞麦芽、胡椒芽、紫苏芽、水芹芽、小麦苗、胡麻芽、蕹菜芽、芝麻芽、黄秋葵芽等。
NY/T 598—2002	食用绿豆	本标准规定了食用绿豆的术语和定义、分类、要求、试验方法和标志、标签、包装、运输、贮存等要求。 本标准适用于科研、生产、加工、销售等过程中对食用绿豆质量的检验、评价和鉴定。
NY/T 2350—2013	植物新品种特异性、一致性和稳定性测试指南 绿豆	本标准规定了绿豆新品种特异性、一致性和稳定性测试的技术要求和结果判定的一般原则。 本标准适用于绿豆（*Vigna radiata* L. Wilczek）新品种特异性、一致性和稳定性测试和结果判定。
NY/T 5204—2004	无公害食品 绿豆生产技术规程	本标准规定了无公害食品绿豆的产地环境、生产技术、病虫害防治、采收和生产档案。 本标准适用于无公害食品绿豆的生产。
NY/T 1464.17—2007	农药田间药效试验准则 第17部分：除草剂防治绿豆田杂草	本部分规定了除草剂防治绿豆田杂草田间药效小区试验的方法和基本要求。 本部分适用于除草剂防治绿豆田杂草的登记用田间药效小区试验及药效评价。其他田间药效试验参照本部分执行。
NY/T 5344.2—2006	无公害食品 产品抽样规范 第2部分：粮油	本部分规定了无公害农产品粮油类产品抽样的方法。 本部分适用于无公害农产品粮油类产品（小麦、大米、玉米、大豆、绿豆、蚕豆、花生仁/果、芝麻、油菜籽等）认证检验和监督检验的抽样。
NY/T 1129—2006	豆类清选机	本标准规定了豆类清选机的型号标记、要求、试验方法、检验规则、标志、包装、运输和贮存。 本标准适用于用水清选大豆、红小豆、绿豆等豆类的卧式和立式清选机。
QB/T 1405—2014	绿豆芽罐头	本标准规定了绿豆芽罐头的术语和定义、产品代号、要求、试验方法、检验规则和标志、包装、运输、贮存。 本标准适用于以绿豆芽为原料，经热烫、酸化、装罐、密封、杀菌、冷却而制成的绿豆芽罐藏食品。
SB/T 10065—2012	豆芽菜生长机技术条件	本标准规定了豆芽菜生长机的术语和定义、技术条件、试验方法、检验规则以及标志、包装、运输与贮存等。 本标准适用于温控豆芽菜（绿豆、黄豆及其他豆类）生长机，本标准不适用于非温控豆芽菜生长器。
SN/T 1586.1—2005	菜豆细菌性萎蔫病菌检测方法	本标准规定了进境植物检疫中菜豆细菌性萎蔫病菌检测方法。 本标准适用于来自菜豆细菌性萎蔫病发生国家和地区的菜豆、绿豆、豇豆、大豆和丁癸草等植物种子的进境检疫。
SN/T 0519—2010	进出口食品中丙环唑残留量的检测方法	本标准规定了食品中丙环唑残留量的气相色谱检测方法和气相色谱-质谱检测与确证方法。 本标准适用于大米、荞麦、绿豆、苹果、草莓、香蕉、柑橘、韭菜、西兰花、蘑菇、枸杞、茶叶、板栗、蜂蜜、猪肾、牛肉、鸡肉、鱼肉等食品中丙环唑残留量的测定和确证。
SN/T 0591—2016	出口粮谷及油籽中二嗯硫磷残留量的测定 气相色谱和气相色谱-质谱法	本标准规定了出口粮谷及油籽中二嗯硫磷残留量检测的制样、气相色谱测定和气相色谱-质谱测定及确证方法。 本标准适用于大米、小麦、大麦、玉米、高粱、绿豆、赤豆、花生、大豆、油菜籽中二嗯硫磷残留量的检测和确证。

标准号	标准名称	摘要
SN/T 1071.1—2019	出口粮谷中环庚草醚残留量的测定	本标准规定了出口粮谷中环庚草醚残留量测定的气相色谱-质谱和气相色谱-质谱/质谱检测方法。 本标准适用于出口糙米、大米、大麦、小麦、玉米、绿豆中环庚草醚残留量的测定。
SN/T 3625—2013	出口食品中细辛醚含量的测定 液相色谱法	本标准规定了食品中白菖蒲油主要成分α-细辛醚和β-细辛醚含量的液相色谱测定方法。 本标准适用于伏特加、白酒、猪肉、熏鱼肉、绿豆糕、调料粉、奶粉等出口食品中α-细辛醚和β-细辛醚含量的测定。
SN/T 1978—2007	进出口食品中狄氏剂和异狄氏剂残留量检测方法 气相色谱-质谱法	本标准规定了食品中狄氏剂和异狄氏剂残留量检测的制样和气相色谱-质谱检测方法。 本标准适用于大米、绿豆、菠菜、青豆、柑橘、葡萄、板栗、醋、玫瑰花、茶叶、猪肉、鸡肉、猪肝、鳗鱼、蜂蜜中狄氏剂和异狄氏剂残留量的测定和确证。
4. 木豆		
LY/T 2202—2013	木豆种子生产技术规程	本标准规定了木豆种子生产的立地选择、隔离要求、播种、种子生产管理、种子采收及调制等。 本标准适用于种用木豆种子生产。
NY/T 1269—2007	木豆	本标准规定了木豆［*Cajanus cajan*（L.）Mill sp.］干籽粒的术语和定义、等级、规格、试验方法、检验规则、标志、包装、运输和贮存的要求。 本标准适用于木豆干籽粒。
NY/T 285—2012	绿色食品 豆类	本标准规定了绿色食品豆类的分类、技术要求、检验规则、标志和标签、包装、运输和贮存。 本标准适用于绿色食品大豆类（包括普通大豆、高油大豆、高蛋白大豆）和其他粮用豆类［包括蚕豆、豌豆、小豆、绿豆、莱豆（芸豆）、豇豆、黑豆、饭豆、鹰嘴豆、木豆、扁豆、羽扇豆等］；不适用于豆类蔬菜。
5. 芸豆		
GB/T 23814—2009	莲蓉制品中芸豆成分定性 PCR 检测方法	本标准规定了莲蓉制品中芸豆成分的定性 PCR 检测方法。 本标准适用于由莲蓉制品半成品和成品中芸豆成分的定性检测。
NY/T 285—2012	绿色食品 豆类	本标准规定了绿色食品豆类的分类、技术要求、检验规则、标志和标签、包装、运输和贮存。 本标准适用于绿色食品大豆类（包括普通大豆、高油大豆、高蛋白大豆）和其他粮用豆类［包括蚕豆、豌豆、小豆、绿豆、莱豆（芸豆）、豇豆、黑豆、饭豆、鹰嘴豆、木豆、扁豆、羽扇豆等］；不适用于豆类蔬菜。
SN/T 2917—2011	出口食品中烯酰吗啉残留量检测方法	本标准规定了出口食品中烯酰吗啉残留量的液相色谱-质谱/质谱测定方法和气相色谱-质谱测定方法。 本标准第一法适用于葱、大蒜、菠菜、豌豆、番茄、马铃薯、苹果、柑橘、猪肉、猪肝、牛肾和牛奶中烯酰吗啉残留量的检测和确证，第二法适用于荷兰豆、白菜、鲜山葵、萝卜、脱水洋葱、干姜、大米、芸豆、核桃、普洱茶、猪肉、蜂蜜中烯酰吗啉残留量的检测和确证。
6. 鹰嘴豆		
NY/T 285—2012	绿色食品 豆类	本标准规定了绿色食品豆类的分类、技术要求、检验规则、标志和标签、包装、运输和贮存。 本标准适用于绿色食品大豆类（包括普通大豆、高油大豆、高蛋白大豆）和其他粮用豆类（包括蚕豆、豌豆、小豆、绿豆、莱豆（芸豆）、豇豆、黑豆、饭豆、鹰嘴豆、木豆、扁豆、羽扇豆等）；不适用于豆类蔬菜。
NY/T 2487—2013	植物新品种特异性、一致性和稳定性测试指南 鹰嘴豆	本标准规定了鹰嘴豆新品种特异性、一致性和稳定性测试的技术要求和结果判定的一般原则。 本标准适用于鹰嘴豆（*Cicer arietinum* L.）新品种特异性、一致性和稳定性测试和结果判定。

标准号	标准名称	摘要
SN/T 1452—2004	鹰嘴豆象检疫鉴定方法	本标准规定了进出境植物检疫中对鹰嘴豆象的检疫和鉴定方法。 本标准适用于进出境豆类中鹰嘴豆象的检疫和鉴定。

四、其他

标准号	标准名称	摘要
1. 板栗		
GB 23200.83—2016	食品安全国家标准 食品中异稻瘟净残留量的检测方法	本标准规定了食品中异稻瘟净的气相色谱法和气相色谱-质谱法。 本标准适用于茶叶、菠菜、苹果、板栗、蜂蜜、食醋、大米、鸡肉、牛肉、鱼肉中异稻瘟净残留量的测定和确证。
GB 23200.75—2016	食品安全国家标准 食品中氟啶虫酰胺残留量的检测方法	本标准规定了食品中氟啶虫酰胺残留量的气相色谱法检测和液相色谱-质谱/质谱确证方法。 本标准适用于生菜、胡萝卜、菜心、大米、柑橘、葡萄、板栗、牛肉、羊肝、鸡肉、罗非鱼、番茄酱、茶叶、蜂蜜中氟啶虫酰胺残留量的定量测定和定性确证，其他食品可参照执行。
GB 23200.72—2016	食品安全国家标准 食品中苯酰胺类农药残留量的测定 气相色谱-质谱法	本标准规定了食品中25种苯酰胺类农药残留量的气相色谱-质谱检测方法。 本标准适用于玉米、菠菜、蘑菇、苹果、大豆、板栗、茶叶、牛肉、牛肝、鸡肉、鱼肉、牛奶中25种苯酰胺类农药残留量的测定和确证，其他食品可参照执行。
GB 23200.71—2016	食品安全国家标准 食品中二缩甲酰亚胺类农药残留量的测定 气相色谱-质谱法	本标准规定了食品中乙烯菌核利、乙菌利、腐霉利、异菌脲残留量的气相色谱-质谱检测方法。 本标准适用于茶叶、大米、大蒜、苹果、菠菜、板栗、葡萄酒、蜂蜜、鱼肉、鸡肉、猪肾、猪肉中乙烯菌核利、乙菌利、腐霉利、异菌脲残留量的测定，其他食品可参照执行。
GB 23200.68—2016	食品安全国家标准 食品中啶酰菌胺残留量的测定 气相色谱-质谱法	本标准规定了食品中啶酰菌胺残留量的气相色谱-质谱检测方法。 本标准适用于菠菜、胡萝卜、草莓、花生、板栗、茶叶、葱、鸡肉、鳕鱼和蜂蜜中啶酰菌胺残留量的检测和确证；其他食品可参照执行。
GB 23200.67—2016	食品安全国家标准 食品中炔苯酰草胺残留量的测定 气相色谱-质谱法	本标准规定了食品中炔苯酰草胺残留量的气相色谱-质谱检测方法。 本标准适用于菠菜、胡萝卜、草莓、花生、鸡肉、葱、鳕鱼、蜂蜜、板栗和茶叶中炔苯酰草胺残留量的检测和确证，其他食品可参照执行。
GB 23200.66—2016	食品安全国家标准 食品中吡螨胺残留量的测定 气相色谱-质谱法	本标准规定了食品中吡螨胺残留量检测和制样、气相色谱-质谱检测和确证方法。 本标准适用于菠菜、藕、草莓、花生、鸡肉、猪肉、鳕鱼、蜂蜜、板栗和茶叶中吡螨胺残留量的测定和确证；其他食品可参照执行。
GB 23200.65—2016	食品安全国家标准 食品中四氟醚唑残留量的检测方法	本标准规定了食品中四氟醚唑残留量检测和制样、气相色谱-质谱检测和确证方法。 本标准适用于菠菜、藕、草莓、花生、鸡肉、猪肉、鳕鱼、蜂蜜、板栗、茶叶和酱油中四氟醚唑残留量的测定和确证，其他食品可参照执行。
GB 23200.63—2016	食品安全国家标准 食品中噻酰菌胺残留量的测定 液相色谱-质谱/质谱法	本标准规定了食品中噻酰菌胺农药残留量的液相色谱-质谱/质谱检测方法。 本标准适用于生菜、胡萝卜、菜心、大米、柑橘、葡萄、板栗、牛肉、羊肝、鸡肉、罗非鱼、番茄酱、茶叶、蜂蜜中噻酰菌胺农药残留的定性鉴定/定量测定，其他食品可参照执行。
GB 23200.54—2016	食品安全国家标准 食品中甲氧基丙烯酸酯类杀菌剂残留量的测定 气相色谱-质谱法	本标准规定了食品中11种甲氧基丙烯酸酯类杀菌剂残留量的制样和测定方法（气相色谱-质谱法）。 本标准适用于苹果、梨、葡萄、甘蓝、黄瓜、蘑菇、橙汁、茶饮料、大米、板栗、牛肉、猪肉、鸡肉、鸡蛋和牛奶等食品中11种甲氧基丙烯酸酯类［包括嘧菌酯、醚菌胺、嘧螨酯、氟嘧菌酯、醚菌酯、苯氧菌酯（Z、E两种构型）、肟醚菌胺、啶氧菌酯、吡唑醚菌酯和肟菌酯］杀菌剂残留量的测定，其他食品可参照执行。

标准号	标准名称	摘要
GB 23200.46—2016	食品安全国家标准 食品中嘧霉胺、嘧菌胺、腈菌唑、嘧菌酯残留量的测定 气相色谱-质谱法	本标准规定了试样的制备方法和保存条件以及粮谷、蔬菜、水果、坚果、茶叶、畜、禽、水产品、蜂产品中嘧霉胺、嘧菌胺、腈菌唑、嘧菌酯残留量检验的气相色谱-质谱测定方法。 本标准适用于大米、茄子、苹果、板栗、茶叶、牛肉、鸡肉、鱼、蜂蜜中嘧霉胺、嘧菌胺、腈菌唑、嘧菌酯残留量的测定，其他食品可参照执行。
GB 23200.41—2016	食品安全国家标准 食品中噻节因残留量的检测方法	本标准规定了大米、白菜、柑橘、马铃薯、茶叶、板栗、鸡肉、鱼肉、猪肉、牛肉、猪肝、蜂蜜、鸡蛋、牛奶中噻节因残留量的气相色谱测定方法。 本标准适用于大米、白菜、柑橘、马铃薯、茶叶、板栗、鸡肉、鱼肉、猪肉、牛肉、猪肝、蜂蜜、鸡蛋、牛奶中噻节因残留量的测定和确证，其他食品可参照执行。
GB 23200.23—2016	食品安全国家标准 食品中地乐酚残留量的测定 液相色谱-质谱/质谱法	本标准规定了食品中地乐酚残留量检验的液相色谱-质谱/质谱检测方法。 本标准适用于苹果、板栗、甘蓝、牛肉、蜂蜜、小麦、鸡肉、姜、茶叶、大豆和牛奶中地乐酚残留量的检测和确证，其他食品可参照执行。
GB 23200.22—2016	食品安全国家标准 坚果及坚果制品中抑芽丹残留量的测定 液相色谱法	本标准规定了坚果及坚果制品中抑芽丹残留量检测的制样和液相色谱检测方法。 本标准适用于核桃及制品、板栗及制品中抑芽丹残留量的测定，其他食品可参照执行。
GB 23200.20—2016	食品安全国家标准 食品中阿维菌素残留量的测定 液相色谱-质谱/质谱法	本标准规定了食品中阿维菌素残留量的液相色谱-质谱/质谱检测方法。 本标准适用于大米、大蒜、菠菜、苹果、板栗、茶叶、牛肉、羊肉、鸡肉、鱼肉、赤芍、食醋和蜂蜜中阿维菌素残留量的检测，其他食品可参照执行。
GB/T 22346—2008	板栗质量等级	本标准规定了板栗质量等级、检验方法、检验规则、包装、标志、运输和贮藏。 本标准适用于我国板栗的生产、收购和销售。
GH/T 1029—2002	板栗	本标准规定了板栗的技术要求、检验方法、检验规则及包装和运输。 本标准适用于板栗的生产、收购和销售。
JB/T 11906—2014	板栗脱蓬机	本标准规定了板栗脱蓬机的型号、安全要求及主要技术要求、试验方法、检验规则、标志、包装、运输与贮存。 本标准适用于板栗脱蓬机（以下简称脱蓬机）。
LY/T 1851—2009	植物新品种特异性、一致性、稳定性测试指南 板栗	本标准规定了板栗（*Castanea mollissima* Bl.）植物新品种特异性、一致性、稳定性测试技术要求。 本标准适用于所有板栗植物新品种的测试。
LY/T 2774—2016	板栗生产技术规程	本标准规定了板栗（*Castanea mollissima*）的适生栽培区立地条件、品种、栗园建立、整形修剪、土肥水管理、病虫害防治、采收及贮藏等方面的技术要求。 本标准适用于板栗栗园及散生栗树的生产栽培管理。
LY/T 1337—2017	板栗优质丰产栽培技术规程	本标准规定了板栗栽培区、优质丰产技术指标、种植区选择、品种选择、良种繁育、栽植、整形修剪、嫁接换种、土肥水管理、病虫害综合防治、采收、贮藏等技术要求。 本标准适用于我国板栗（*Castanea mollissima* Blume）和丹东栗（*Castanea crenata* Sieb. et Zucc.）的栽培。
LY/T 3008—2018	经济林品种区域试验技术规程	本标准规定了杏、核桃、板栗、柿、枣等经济林品种区域试验的定义、试验设置、试验材料要求、试验实施、区试报告等内容，其他经济林树种参照执行。 本标准适用于国家级和省级经济林品种的区域试验。
LY/T 1674—2006	板栗贮藏保鲜技术规程	本标准规定了贮藏板栗的采收与质量要求、贮藏前准备与采后处理、贮藏方式与贮藏条件、贮藏管理、贮藏期限、出库、包装与运输以及检验的技术要求。 本标准适用于壳斗科（Fagaceae）栗属（*Castanea* Miller）植物的板栗（*Castanea mollissima* Blume）。

标准号	标准名称	摘要
NY/T 1042—2017	绿色食品　坚果	本标准规定了绿色食品坚果的分类、要求、检验规则、标签、包装、运输和储存。 本标准适用于绿色食品核桃、山核桃、榛子、香榧、腰果、松子、杏仁、开心果、扁桃（巴旦木）、澳洲坚果（夏威夷果）、鲍鱼果、板栗、橡子、银杏、芡实（米）、莲子、菱角等鲜或干的坚果及其果仁，也适用于以坚果为主要原料，不添加辅料，经水煮、蒸煮等工艺制成的原味坚果制品；不适用于坚果类烘炒制品。
NY/T 2934—2016	板栗种质资源描述规范	本标准规定了板栗（*Castanea mollissima* Blume）种质资源的描述内容和描述方法。 本标准适用于板栗种质资源收集、保存、鉴定、评价过程的描述。
NY/T 2328—2013	农作物种质资源鉴定评价技术规范　板栗	本标准规定了板栗（*Castabea mollissima* Blume）种质资源鉴定评价的术语和定义、技术要求、鉴定方法和优异种质资源的判定。 本标准适用于板栗种质资源的鉴定和优异种质资源评价，栗属其他种可以参照本标准。
QB/T 1410—2017	坚果类罐头	本标准规定了坚果类罐头的术语和定义、产品分类及代号、要求、试验方法、检验规则和标志、包装、运输、贮存。 本标准适用于以核桃仁或板栗为主要原料，经预处理、调味、装罐、密封、杀菌、冷却而制成的罐藏食品。
SB/T 10557—2009	熟制板栗和仁	本标准规定了熟制板栗和仁的术语和定义、分类、要求、试验方法、检验规则、标签、标志、包装、运输、贮存。 本标准适用于 3. 1 和 3. 2 定义的产品的生产、检验和销售。
SB/T 10557—2009（XG1—2015）	《熟制板栗和仁》第1号修订单	本标准规定了熟制板栗和仁的术语和定义、分类、要求、试验方法、检验规则、标签、标志、包装、运输、贮存。 本标准适用于 3. 1 和 3. 2 定义的产品的生产、检验和销售。
SN/T 0875—2000	进出口板栗检验规程	本标准规定了出口板栗的检验方法及结果评定。 本标准适用于出口板栗的扦样、包装、品质、质量检验。
SN/T 2230—2008	进出口食品中腐霉利残留量的检测方法　气相色谱-质谱法	本标准规定了进出口食品中腐霉利残留量的气相色谱-质谱检测方法。 本标准适用于茶叶、脐橙、板栗、葡萄酒、洋葱、小米、蜂蜜、鱼肉、鸡肝、猪肝中腐霉利残留量的测定和确证。
SN/T 2152—2008	进出口食品中氟铃脲残留量检测方法　高效液相色谱-质谱/质谱法	本标准规定了进出口食品中氟铃脲残留量的液相色谱-质谱/质谱检测方法。 本标准适用于大米、大豆、番茄、洋葱、蘑菇、苹果、草莓、芦笋、胡萝卜、紫苏叶、花生、板栗、鸡肉、牛肉和猪肾中氟铃脲残留量的测定和确证。
SN/T 2073—2008	进出口植物性产品中吡虫啉残留量的检测方法　液相色谱串联质谱法	本标准规定了植物性产品中吡虫啉残留量的制样和液相色谱串联质谱测定方法。 本标准适用于毛豆、西兰花、萝卜、板栗、大米、辣椒和茶叶中吡虫啉残留量的检测。
SN/T 1982—2007	进出口食品中氟虫腈残留量检测方法　气相色谱-质谱法	本标准规定了食品中氟虫腈残留量检测和制样、气相色谱-质谱检测和确证方法。 本标准适用于菠菜、藕、草莓、花生、鸡肉、猪肉、鳕鱼、蜂蜜、板栗、茶叶和酱油中氟虫腈残留量的测定和确证。
SN/T 1978—2007	进出口食品中狄氏剂和异狄氏剂残留量检测方法　气相色谱-质谱法	本标准规定了食品中狄氏剂和异狄氏剂残留量检测的制样和气相色谱-质谱检测方法。 本标准适用于大米、绿豆、菠菜、青豆、柑橘、葡萄、板栗、醋、玫瑰花、茶叶、猪肉、鸡肉、猪肝、鳗鱼、蜂蜜中狄氏剂和异狄氏剂残留量的测定和确证。
SN/T 1969—2007	进出口食品中联苯菊酯残留量的检测方法　气相色谱-质谱法	本标准规定了食品中联苯菊酯残留量的气相色谱-质谱检测及确证方法。 本标准适用于大米、玉米、小松菜、西芹、大蒜、洋葱、大葱、萝卜、蘑菇、苹果、板栗、黄酒、玫瑰花、茶叶、牛肉、鸡肉、虾肉、蜂蜜中联苯菊酯残留量的检测和确证。

标准号	标准名称	摘要
SN/T 1968—2007	进出口食品中扑草净残留量检测方法　气相色谱-质谱法	本标准规定了食品中扑草净残留量检测的制样和气相色谱-质谱检测方法。 本标准适用于大米、花生、胡萝卜、西兰花、番茄、洋葱、蘑菇、苹果、柑橘、板栗、鸡肉、牛肉、鸡肾、紫菜中扑草净残留量的测定和确证。
SN/T 1923—2007	进出口食品中草甘膦残留量的检测方法　液相色谱-质谱/质谱法	本标准规定了食品中草甘膦残留量检验的制样和液相色谱-串联质谱测定方法。 本标准适用于大豆、小麦、大米、玉米、甘蔗、柑橙、紫苏、板栗、茶叶、虾、鱼、畜禽肉、蜂蜜、香料、人参中草甘膦（PMG）及其代谢产物氨甲基膦酸（AMPA）残留量的检测和确证。
SN/T 4558—2016	出口食品中三环锡（三唑锡）和苯丁锡含量的测定	本标准规定了出口食品中三环锡（三唑锡）和苯丁锡含量的气相色谱-质谱法和气相色谱法。 本标准适用于苹果、柑橘、萝卜、板栗、猪肉、猪肝、贝肉、大米、茶叶和蜂蜜等基质中三环锡（三唑锡）和苯丁锡含量的测定。
SN/T 4419.9—2016	出口食品常见过敏原LAMP系统检测方法　第9部分：栗子	SN/T 4419的本部分规定了食品中过敏原栗子成分的环介导等温扩增（LAMP）检测方法。 本部分适用于食品及其原料中过敏原板栗（*Castanea mollissima*）和锥栗［*Castaneahenryi*（*skan*）Rehd. et Wils.］成分的定性检测。 本部分所规定方法的最低检测限（LOD）为0.5%（质量分数）。
SN/T 4264—2015	出口食品中四聚乙醛残留量的检测方法　气相色谱-质谱法	本标准规定了出口食品中四聚乙醛残留量的气相色谱-质谱检测方法。 本标准适用于大米、大豆、菠菜、番茄、洋葱、生姜、苹果、板栗、茶叶、猪肉、猪肝、鱼肉中四聚乙醛残留量的测定。
SN/T 3855—2014	出口食品中乙二胺四乙酸二钠的测定	本标准第一法规定了出口食品中乙二胺四乙酸二钠的液相色谱测定方法。 本标准第一法适用于啤酒、果酒、果汁饮料、茶饮料、八宝粥、番茄酱、蓝莓果酱、鱼罐头、沙拉酱、金针菇罐头、板栗罐头中乙二胺四乙酸二钠的检测。 本标准第二法规定了出口食品中乙二胺四乙酸二钠的液相色谱-质谱/质谱测定方法。 本标准第二法适用于啤酒、果酒、果汁饮料、茶饮料、八宝粥、番茄酱、蓝莓果酱、鱼罐头、沙拉酱、金针菇罐头、板栗罐头中乙二胺四乙酸二钠的检测和确证。
SN/T 1738—2014	出口食品中虫酰肼残留量的测定	本标准第一法规定了食品中虫酰肼残留量的液相色谱-质谱/质谱测定方法。 本标准第二法规定了食品中虫酰肼残留量的气相色谱-质谱测定方法。 本标准第三法规定了食品中虫酰肼残留量的液相色谱测定方法。 本标准第一法适用于大米、玉米、大豆、猪肉、鸡肝、牛奶、蓝莓、橙子、菠菜、洋葱、板栗仁和茶叶中虫酰肼残留量的检测和确证。 本标准第二法适用于糙米、玉米、大豆、花生仁中虫酰肼残留量的测定。 本标准第三法适用于大米中虫酰肼残留量的测定。
SN/T 4013—2013	出口食品中异菌脲残留量的测定　气相色谱-质谱法	本标准规定了食品中异菌脲残留量的气相色谱-质谱测定方法。 本标准适用于大米、大豆、猪肉、牛肉、鸡肝、牛奶、橙子、蓝莓、菠菜、洋葱、胡萝卜、板栗和茶叶中异菌脲残留量的检测和确证。
SN/T 3272.4—2012	出境干果检疫规程　第4部分：板栗	SN/T 3272的本部分规定了出境板栗的检疫依据、检疫准备、现场检疫、实验室检疫、结果评定与处置以及样品及有害生物保存。 本部分适用于出境板栗的检疫。
SN/T 3258—2012	出口糖水板栗罐头检验规程	本标准规定了对出口糖水板栗罐头检验的抽样、检验和检验结果的判定及处置。 本标准适用于以板栗为主要原料，经加工制成的出口糖水板栗罐头的成品检验。
SN/T 0519—2010	进出口食品中丙环唑残留量的检测方法	本标准规定了食品中丙环唑残留量的气相色谱检测方法和气相色谱-质谱检测与确证方法。 本标准适用于大米、荞麦、绿豆、苹果、草莓、香蕉、柑橘、韭菜、西兰花、蘑菇、枸杞、茶叶、板栗、蜂蜜、猪肾、牛肉、鸡肉、鱼肉等食品中丙环唑残留量的测定和确证。
2. 爆裂玉米		
NY/T 1211—2006	专用玉米杂交种繁育制种技术操作规程	本标准规定了甜玉米、糯玉米、爆裂玉米品种（亲本）繁育的种子类别、种子的生产方法和田间纯度检查等内容。 本标准适用于甜玉米、糯玉米、爆裂玉米种子的生产。

标准号	标准名称	摘要
3. 木薯		
GB/T 36808—2018	木薯细菌性叶斑病菌检疫鉴定方法	本标准规定了植物检疫中木薯细菌性叶斑病的检疫鉴定方法。 本标准适用于木薯繁殖材料中叶、地上茎、幼苗、树干及树枝中木薯细菌性叶斑病菌检疫鉴定。
GB/T 28096—2011	木薯细菌性萎蔫病菌检疫鉴定方法	本标准规定了植物检疫中木薯细菌性萎蔫病菌的检疫鉴定方法。 本标准适用于木薯种子、苗木、种茎和其他繁殖材料中木薯细菌性萎蔫病菌的检疫鉴定。
GB 5009.36—2016	食品安全国家标准 食品中氰化物的测定	本标准代替 GB/T 5009.36—2003《粮食卫生标准的分析方法》的 4.4 氰化物、GB/T 5009.48—2003《蒸馏酒与配制酒卫生标准的分析方法》的 4.7 氰化物和 GB/T 8538—2008《饮用天然矿泉水检验方法》的 4.45 氰化物。 本标准规定了食品中氰化物的检测方法。 本标准第一法适用于蒸馏酒及其配制酒、木薯、包装饮用水、矿泉水中氰化物的检测，第二法和第三法适用于蒸馏酒及其配制酒、粮食、木薯、包装饮用水、矿泉水中氰化物的检测。
GB/T 29343—2012	木薯淀粉	本标准规定了木薯淀粉的术语和定义、分类、原料和食品添加剂、技术要求、检验方法、检验规则以及标签、标志、包装、运输、贮存、销售和召回的要求。 本标准适用于 3.1 中所定义产品的生产、检验和销售。
NB/T 34031—2015	能源木薯生产技术规程	本标准规定了能源木薯（*Manihot esculenta* Crantz）生产的气候条件、土地条件、规划、品种选择、种植方法、田间管理、病虫害防控、收获、种茎储藏等内容。 本标准适用于能源木薯生产的选地、规划和组织实施。
NY/T 1520—2007	木薯	本标准规定了木薯的术语和定义、要求、试验方法、检验规则、标签、包装、运输和贮存。 本标准适用于食用和工业用鲜木薯，不包括饲料用木薯。
NY/T 2984—2016	绿色食品 淀粉类蔬菜粉	本标准规定了绿色食品淀粉类蔬菜粉的术语和定义、要求、检验规则、标签、包装、运输和储存。 本标准适用于绿色食品马铃薯全粉、红薯全粉、木薯全粉、葛根全粉、山药全粉、马蹄粉等淀粉类蔬菜粉。
NY/T 1049—2015	绿色食品 薯芋类蔬菜	本标准规定了绿色食品薯芋类蔬菜的要求、检验规则、标签、包装、运输和贮存。 本标准适用于绿色食品马铃薯、生姜、魔芋、山药、豆薯、菊芋、甘露(草食蚕)、蕉芋、香芋、葛、甘薯、木薯、菊薯等薯芋类蔬菜。
NY/T 2669—2014	热带作物品种审定规范 木薯	本标准规定了木薯（*Manihot esculenta* Crantz）品种审定要求、判定规则和审定程序。 本标准适用于木薯品种的审定。
NY/T 1943—2010	木薯种质资源描述规范	本标准规定了木薯（*Manihot esculenta* Crantz）种质资源描述要求和描述方法。 本标准适用于木薯种质资源种质基本信息、植物学性状、农艺性状、品质性状的描述。
NY/T 3055—2016	植物品种特异性、一致性和稳定性测试指南 木薯	本标准规定了木薯（*Manihot esculenta* Crantz）品种特异性、一致性和稳定性测试的技术要求和结果判定的一般原则。 本标准适用于木薯品种特异性、一致性和稳定性测试和结果判定。
NY/T 2446—2013	热带作物品种区域试验技术规程 木薯	本标准规定了木薯（*Manihot esculenta* Crantz）品种区域试验的试验设置、参试品种（品系）确定、试验设计、田间管理、调查和记载项目、数据处理、报告撰写的原则、参试品种的评价办法等内容。 本标准适用于木薯品种区域试验的设计、方案制订和组织实施。
NY/T 356—2006	木薯 种茎	本标准规定了木薯种茎的术语和定义、要求、试验方法、检验规则、包装、标签、贮存与运输。 本标准适用于各品种木薯种茎。

标准号	标准名称	摘要
NY/T 2174—2012	主要热带作物品种AFLP分子鉴定技术规程	本标准规定了主要热带作物品种AFLP分子鉴定的术语和定义、试剂和材料、仪器和设备、鉴定步骤、结果计算和鉴定规则。 本标准适用于橡胶（*Heava brasiliensis* Muell-Arg）、芒果（*Mangifera indica* Linn.）、荔枝（*Litchi chinensis* Sonn.）、龙眼（*Dimocarpus longana* Lour.）、香蕉（*Musa nana* Lour.）、木薯（*Manihot esculenta* Crants）、柱花草（*Stylosanthes* Sw.）的品种AFLP分子鉴定；也可作为其他热带作物品种AFLP分子鉴定参考。
NY/T 2036—2011	热带块根茎作物品种资源抗逆性鉴定技术规范　木薯	本标准规定了木薯（*Manihot esculenta* Crantz）种质资源苗期抗逆性（耐寒、抗旱和耐盐性）鉴定。 本标准适用于木薯（*Manihot esculenta* Crantz）种质资源苗期抗逆性（耐寒、抗旱和耐盐性）鉴定。
NY/T 2445—2013	木薯种质资源抗虫性鉴定技术规程	本标准规定了木薯（*Manihot esculenta* Crantz）种质资源对朱砂叶螨（*Tetranychus cinnabarinus*）、木薯单爪螨（*Mononychellus mcgregori*）、蔗根锯天牛幼虫（*Dorysthenes granulosus*）和铜绿丽金龟（*Anomala corpulenta*）幼虫蛴螬的室内和田间抗性鉴定的技术方法和评价标准。 本标准适用于从事木薯育种、木薯生产和植物保护等单位鉴定木薯种质资源对朱砂叶螨、木薯单爪螨、蔗根锯天牛幼虫和铜绿丽金龟幼虫蛴螬的抗性。
NY/T 1685—2009	木薯嫩茎枝种苗快速繁殖技术规程	本规程规定了木薯（*Manihot esculenta* Crantz）嫩茎枝种苗繁殖的立地条件、品种与嫩茎枝选择、种植方法、温湿调控、水肥管理、病虫草害防治等技术要求。 本标准适用于木薯嫩茎枝种苗的快速繁殖生产。
NY/T 1681—2009	木薯生产良好操作规范（GAP）	本标准规定了木薯（*Manihot esculenta* Crantz）生产良好操作规范的要求，适用于对木薯生产良好操作规范的符合性判定。
NY/T 2046—2011	木薯主要病虫害防治技术规范	本标准规定了木薯主要病虫害防治原则、措施和方法。 本标准适用于木薯主要病虫害的防治。
NY/T 3005—2016	热带作物病虫害监测技术规程　木薯细菌性枯萎病	本标准规定了发生在木薯（*Manihot esculenta* Crantz）上细菌性枯萎病监测的术语和定义、监测网点建设与管理、症状识别与病情统、监测方法及监测数据保存。 本标准适用于木薯细菌性枯萎病的调查和监测。
NY/T 3607—2020	农产品中生氰糖苷的测定　液相色谱-串联质谱法	本标准规定了农产品中生氰糖苷的测定方法的原理、试剂和材料、仪器和设备、试样制备、分析步骤、结果计算及精密度等内容。 本标准适用于木薯、亚麻籽、苦杏仁、竹笋、高粱等含氰化物农产品中8种生氰糖苷类化合物含量的测定。
NY/T 2264—2012	木薯淀粉初加工机械离心筛　质量评价技术规范	本标准规定了木薯淀粉初加工机械离心筛的基本要求、质量要求、检测方法和检验规则。 本标准适用于木薯淀粉初加工机械离心筛（以下简称离心筛）的质量评定。
NY/T 2261—2012	木薯淀粉初加工机械碎解机　质量评价技术规范	本标准规定了木薯淀粉初加工机械碎解机的基本要求质量要求、检测方法和检验规则。 本标准适用于以鲜木薯为加工原料的碎解机的质量评定，以木薯干片为加工原料的碎解机可参照执行。
NY/T 875—2012	食用木薯淀粉	本标准规定了食用木薯淀粉的要求、试验方法、检验规则、标签、标志、包装、运输和贮存。 本标准适用于以木薯为原料制成的可食用淀粉。
NY/T 2552—2014	能源木薯等级规格　鲜木薯	本标准规定了能源木薯（*Manihot esculenta* Crantz）鲜薯块根的有关定义、分类分级标准、试验方法和检验规则以及标签、运输和贮存的要求。 本标准适用于能源木薯（*Manihot esculenta* Crantz）鲜薯块根。

标准号	标准名称	摘要
NY/T 120—2014	饲料用木薯干	本标准规定了饲料用木薯干的要求、试验方法、检验规则、包装、标签、运输和贮存。 本标准适用于以鲜木薯为原料生产的饲料用木薯干。
NY/T 139—1989	饲料用木薯叶粉	本标准规定了饲料用木薯叶粉的质量指标及分级标准。 本标准适用于以新鲜木薯叶（含部分叶柄）为原料，经干燥加工成的饲料用木薯叶粉。
NY/T 3192—2018	木薯变性燃料乙醇生产技术规程	本标准规定了木薯变性燃料乙醇生产的术语和定义、生产工艺、产品质量、安全与卫生、环境保护及产品标志、包装、运输与储存。 本标准适用于木薯变性燃料乙醇的生产。
NY 2091—2011	木薯淀粉初加工机械安全技术要求	本标准规定了木薯淀粉初加工机械的有关术语和定义，以及在设计、制造、安装、维护和使用操作等方面的安全技术要求。 本标准适用于以鲜木薯和木薯干片为加工原料的木薯淀粉初加工机械，其他薯类淀粉初加工机械可参照使用。
NY/T 737—2003	木薯淀粉加工机械通用技术条件	本标准规定了木薯淀粉加工机械产品的通用基本技术要求。 本标准适用于木薯淀粉加工中的输送、清洗、粉碎、搅拌、筛分等机械。其他薯类淀粉加工机械可参照使用。
QB/T 1840—1993	工业薯类淀粉	本标准规定了工业薯类淀粉的技术要求、试验方法、检验规则和标志、包装、运输、贮存。 本标准适用于以木薯、马铃薯、甘薯为原料，经加工制成的工业淀粉。
SN/T 4175—2015	木薯绵粉蚧检疫鉴定方法	本标准规定了木薯绵粉蚧 *Phenacoccus manihoti* Matile-Ferrero 的现场检疫和形态鉴定方法。 本标准适用于木薯绵粉蚧的现场检疫和实验室鉴定。
SN/T 1148—2019	木薯单爪螨检疫鉴定方法	本标准规定了进境植物检疫中木薯单爪螨 *Mononychellus tanajoa* (Bondar) 的检疫和鉴定方法。 本标准适用于进境植物及其产品中携带木薯单爪螨的检疫和鉴定。
SN/T 1616—2013	非洲木薯花叶病毒检测方法	本标准规定了非洲木薯花叶病毒检测鉴定的基本原则和方法。 本标准适用于可能带有非洲木薯花叶病毒的所有进境木薯及苗木等的检疫检测和鉴定。
SN/T 2546—2010	进境木薯干检验检疫规程	本标准规定了进境木薯干（片、块）检验检疫方法和检验检疫结果评定。 本标准适用于进境木薯干（片、块）、木薯粒的检验检疫。
SN/T 2232—2008	进出口食品中三唑醇残留量的检测方法 气相色谱-质谱法	本标准规定了食品中三唑醇残留量的气相色谱-质谱检测方法。 本标准适用于荷兰豆、什锦蔬菜、橙、大豆、木薯干、乌龙茶、大米、牛肉、鲴鱼、蜂王浆、龙虾仁和蜂蜜等食品中三唑醇残留量的测定和确证。
WS/T 5—1996	含氰甙类食物中毒诊断标准及处理原则	本标准规定了含氰甙类食物中毒的诊断标准、判定原则及处理原则。 本标准适用于因食用苦杏仁、桃仁、李子仁、枇杷仁、樱桃仁、木薯等含氰甙类食物引起的食物中毒。不适用于将苦杏仁作为药用引起的中毒。
4. 糯玉米		
GB/T 22326—2008	糯玉米	本标准规定了糯玉米的相关术语和定义、分类、质量要求和卫生要求、检验方法、检验规则、标签标识以及包装、储存和运输要求。 本标准适用于收购、储存、加工和贸易的商品糯玉米。
NY/T 1211—2006	专用玉米杂交种繁育制种技术操作规程	本标准规定了甜玉米、糯玉米、爆裂玉米品种（亲本）繁育的种子类别、种子的生产方法和田间纯度检查等内容。 本标准适用于甜玉米、糯玉米、爆裂玉米种子的生产。

标准号	标准名称	摘要
5. 甜玉米		
GB/T 22369—2008	甜玉米罐头	本标准规定了甜玉米罐头的产品分类及代号、技术要求、检验方法、检验规则、标签以及包装、运输和贮存要求。 本标准适用于甜玉米罐头的生产、销售和监督检查。
NY/T 1211—2006	专用玉米杂交种繁育制种技术操作规程	本标准规定了甜玉米、糯玉米、爆裂玉米品种（亲本）繁育的种子类别、种子的生产方法和田间纯度检查等内容。 本标准适用于甜玉米、糯玉米、爆裂玉米种子的生产。
NY/T 980—2006	罐装甜玉米加工技术规范	本标准规定了罐装甜玉米加工企业的卫生及设施要求、原料与空罐要求、加工工艺及关键控制点、质量记录、人员要求、成品检验和成品包装、标志、运输和贮存。 本标准适用于以甜玉米为原料的罐装甜玉米（包括软包装甜玉米穗、罐装甜玉米粒和罐装甜玉米羹）加工。
6. 玉米笋		
QB/T 4627—2019	玉米笋罐头	本标准规定了玉米笋罐头的术语和定义、产品分类及代号、要求、试验方法、检验规则和标签、包装、标志、运输和贮存。 本标准适用于以幼嫩的玉米小穗为原料，经预处理、装罐、加汤汁、密封、杀菌、冷却制成的玉米笋罐藏食品。

第四章　特种油料作物

油料作物是种子中含有大量脂肪，用来提取油脂供食用或作工业、医药原料等的一类作物。通常种子中含油率高于10%的植物性原料可作为油料作物，油料作物种子中富含油脂，主要存在于细胞质中，在细胞原生质体内形成油体原生质。油料作物可分为草本油料作物和木本油料作物，我国油料作物资源极为丰富，主要由大豆、油菜、花生、芝麻、向日葵、油茶子、乌桕子和油棕等。本章梳理了26种常见的油料作物的现行有效标准，包括9种草本油料作物和17种木本油料作物。本章列出了现行的国家和行业标准共计818项。

（一）草本油料作物

（1）大豆。豆属豆科，一年生草本植物。大豆含有16%~22%的油脂是我们生活中最主要的油料来源。大豆起源于我国，已有5 000的栽培种植历史，目前却成为世界第一大豆进口国，年进口量达1 400万吨。目前我国制定的有关大豆及其加工品的现行国家及行业标准有268项，其中国家标准105项、行业标准163项。

（2）花生。花生是一年生的豆科草本植物。花生仁的含油率一般为40%~51%，与大豆一样是世界上重要的油料作物。花生在我国种植区域非常广泛，除西藏、青海外全国各地都有种植，其中山东的花生产量居全国首位。目前花生的现行国家及行业标准有159项，国家标准39项，行业标准120项。

（3）油菜。油菜属十字花科，一年生草本植物，是我国播种面积最大，地区分布最广的油料作物。我国是世界上生产油菜籽最多的国家，长江流域是全国油菜最大产区。目前油菜的现行国家及行业标准有110项，其中国家标准22项，行业标准88项。

（4）芝麻。芝麻属胡麻科，一年生草本植物，是一种含油率高的优质油料作物。芝麻含有45%~55%的油脂，芝麻油具有特殊香味，是重要的调味品。此外，芝麻还大量用于生产油脂、麻糖、馅、糖果及面包等诸多食品。我国是世界上生产芝麻最多的国家之一，其中河南省产量居全国首位。目前我国芝麻现行国家及行业标准35项，国家标准10项，行业标准25项。

（5）向日葵。向日葵是桔梗目、菊科、向日葵属的一年生草本植物。根据葵花籽的用途，一般将其分为食用型、油用型和中间型三种类型。食用型含油率约20%~30%，油用型含油率约为50%，中间型介于两者之间。向日葵在我国的主产区分布在东北、华北和西北地区。目前我国有关向日葵的现行国家及行业标准有34项，国家标准11项，行业标准23项。

（6）胡麻。胡麻是胡麻科、胡麻属的油料作物。胡麻生性喜寒耐寒，因生长环境限制，胡麻产量不高，但出油率很高。近年来，胡麻油的营养和保健功能逐渐引起了人们的关注。目前在我国胡麻的现行国家及行业标准有5项，其中国家标准1项，行业标准4项。

（7）蓖麻。蓖麻为大戟科、蓖麻属的一年生或多年生草本植物。原产于热带地区，后引入中国。蓖麻油被广泛用于工业品制造。目前现行国家及行业标准共有9项，国家标准3项，行业标准6项。

（8）紫苏。紫苏是唇形科、紫苏属的一年生草本植物。紫苏适应性强，在我国各地广泛栽培，距今已有2000多年的栽培历史。紫苏种子可榨油，亦称苏子油，即可食用，又可用于工业。目前紫苏现行国家及行业标准共有17项，国家标准6项，行业标准11项。

（9）油莎豆。油莎豆，又名油莎草，是莎草科莎草属植物。原产于北非及地中海沿岸，20世纪60年代成功引入国内。油莎草出油率约30%~40%，营养价值高，是优质的植物食用油，被称为“油料植物之王”。目前油莎草的现行标准仅有1项。

（二）木本油料作物

（1）椰子。椰子属棕榈科椰子属植物，原产于亚洲东南部、印度尼西亚至太平洋群岛，中国广东南部诸岛及雷州半岛、海南、台湾及云南南部热带地区均有栽培。椰子是重要的热带木本油料作物，具有极高的经济价值。目前现行国家及行业标准共有 22 项，国家标准 2 项，行业标准 20 项。

（2）油橄榄。油橄榄是木樨科齐墩果属的油料作物，为著名亚热带果树和重要经济林木，产地主要集中在地中海沿岸国家。我国油橄榄主要分布在甘肃、广东、广西、云南、四川等地。油橄榄果实含油率约为 25%，橄榄油含有丰富的营养和功能活性成分，具有预防心脑血管疾病和抗肿瘤等功能，素有“植物油皇后”美誉。目前现行国家及行业标准共有 9 项，国家标准 2 项，行业标准 7 项。

（3）油茶。油茶属茶科，常绿小乔木。因其种子可榨油供食用，故名油茶，是世界四大木本油料作物之一。油茶树生长在中国南方亚热带地区的高山及丘陵地带，是中国特有的一种纯天然高级油料作物。茶油色清味香，营养丰富，耐储藏，是优质食用油，也可作为润滑油、防锈油用于工业。目前共有现行国家及行业标准 35 项，国家标准 8 项，行业标准 27 项。

（4）油棕。油棕是棕榈科、棕榈属直立乔木状植物。油棕原产非洲热带地区。中国台湾、海南及云南等热带地区有栽培。油棕是一种重要的热带油料作物，主要用于提取棕榈油。目前共有现行国家及行业标准 5 项，其中国家标准 2 项，行业标准 3 项。

（5）榛子。榛子为桦木科榛属落叶的灌木或小乔木，果实为黄褐色，接近球形，是世界四大干果之一，素有“坚果之王”的美誉。榛子仁油脂含量高，且多为不饱和脂肪酸，味清香，口感好。榛子油油色浅黄，是优良的食用油和工业用油。目前现行国家及行业标准共有 12 项，其中国家标准 4 项，行业标准 8 项。

（6）核桃。核桃是胡桃科胡桃属植物，与扁桃、腰果、榛子并称世界四大干果。核桃的油脂含量高达 65%~70%，居所有木本油料之首，有“树上油库”的美誉。核桃油被誉为“东方橄榄油”，其营养丰富、口感清淡，易被消化吸收，是一种高级保健食用油。中国是世界核桃生产第一大国，拥有最大的种植面积和产量。目前现行国家及行业标准共 67 项，其中国家标准 15 项，行业标准 52 项。

（7）核桃楸。核桃楸，亦称胡桃楸，是胡桃科胡桃属植物。核桃楸果仁营养丰富，含油率高，含有肉蔻酸、棕榈酸、油酸、亚油酸等多种物质，为高级食用油。目前现行国家及行业标准共有 2 项。

（8）油用牡丹。油用牡丹属毛茛目毛茛科芍药属，是一种新兴的木本油料作物，具有产籽量大、含油率高、品质优、抗性强等特点，是一种市场潜力大、种植前景好的油料作物。目前共有现行国家及行业标准 3 项。

（9）翅果。翅果是中国特有种，属国家二级保护植物。翅果种子出油率为 30%以上，其油理化性质与芝麻油、花生油相近，优质纯净，色泽橙黄透亮，清香可口。目前现行国家及行业标准仅有 1 项。

（10）山桐子。山桐子是大风子科山桐子属植物，落叶乔木。山桐子是一种木材和油料树种。山桐子果实和种子均含油，果实含油率为 4. 4%，种子含油率为 23. 4%，中国四川某些山区群众还有将其作为食用油的传统。目前现行国家及行业标准 4 项。

（11）油桐。油桐是大戟科、油桐属落叶乔木。油桐是重要的工业油料作物，种仁含油率高达 70%。桐油是一种重要的工业用油。目前现行国家及行业标准共有 4 项，国家标准 1 项，行业标准 3 项。

（12）盐肤木。盐肤木是漆树科、盐肤木属落叶小乔木或灌木，其皮部和种子还可榨油。盐肤木果油主要成分有亚油酸、油酸、棕榈酸等，为金黄色透明油状液体，婴幼儿慎用。目前现行国家及行业标准有 3 项，均为行业标准。

（13）美藤果。美藤果，学名南美油藤，属大戟科多年生木质藤本植物，原生于南美，21 世纪在我国云南引种成功。美藤果油呈金黄色或淡黄色，澄清透明，是一种富含不饱和脂肪酸的新型营养保健植物油资源。2013 年 1 月正式公告批准美藤果油为国家新资源食品。目前现行国家及行业标准仅有 1 项。

（14）毛梾。毛梾是山茱萸科、梾木属落叶乔木。毛梾是一种木本油料作物，果实含油率可达 27%~38%，可供食用或作高级润滑油。目前现行国家及行业标准仅 1 项。

（15）元宝枫。元宝枫为槭树科、槭属落叶乔木。元宝枫是集食用油、鞣料、蛋白、药用、化工、水土保持、木材及园林绿化观赏多效益于一体的优良经济树种。元宝枫油化学组成与芝麻油和花生油相近，可用于炒菜、煎炸食用，热榨的元宝枫油可用作口服保健油。目前现行国家及行业标准 3 项，国家标准 1 项，行业标准 2 项。

（16）松子。松子是松科植物红松等的种子，是常见坚果。松子油属于木本植物油，营养价值高，是良好的滋补品。目前有关松子的现行国家及行业标准共有 5 项，其中国家标准 1 项，行业标准 4 项。

（17）文冠果。文冠果属无患子科、文冠果属落叶灌木或小乔木，是中国特有的一种食用油料树种。文冠果种子含油量达 50%~70%，具有较高的工业价值和营养价值，。目前现行国家及行业标准共 3 项。

一、禾本油料作物

标准号	标准名称	摘要
1. 大豆		
GB 1352—2009	大豆	本标准规定了大豆的相关术语和定义、分类、质量要求和卫生要求、检验方法、检验规则、标签标识以及包装、储存和运输要求。 本标准适用于收购、储存、运输、加工和销售的商品大豆。 本标准不适用于本标准分类规定以外的特殊品种大豆。
GB 4404. 2—2010	粮食作物种子第 2 部分：豆类	GB 4404 的本部分规定了大豆［*Glycine max*（L.）Merr］、蚕豆［*Vicia faba* L.］、赤豆［*Vigna angularis*（Willd）Ohwi & Ohashi］和绿豆［*Vigna radiata*（L.）Wilczek］种子的质量要求、检验方法和检验规则。 本部分适用于中华人民共和国境内生产、销售的上述豆类种子，涵盖包衣种子和非包衣种子。
GB/T 15671—2009	农作物薄膜包衣种子技术条件	本标准规定了薄膜包衣种子技术要求、质量检验以及标志、包装、运输和贮存。 本标准适用于小麦、水稻、玉米、棉花、大豆、高粱、谷子等农作物的薄膜包衣种子，其他农作物薄膜包衣种子可参照执行。
GB/T 17318—2011	大豆原种生产技术操作规程	本标准规定了大豆原种生产技术要求。 本标准适应于大豆原种生产。
GB/T 23416. 7—2009	蔬菜病虫害安全防治技术规范第 7 部分：豆类	GB/T 23416 的本部分规定了豆类蔬菜常见病虫害的种类、防治原则、农业防治、物理防治、生物防治和化学防治。 本部分适用于菜豆、长豇豆、扁豆、蚕豆、刀豆、豌豆、四棱豆、菜用大豆、黎豆、红花菜豆等豆类蔬菜的病虫害防治。
GB/T 17980. 125—2004	农药田间药效试验准则（二）第 125 部分：除草剂防治大豆田杂草	本部分规定了除草剂防治大豆田杂草田间药效小区试验的方法和基本要求。 本部分适用于除草剂防治夏播大豆和春播大豆田杂草的登记用田间药效小区试验及药效评价。其他田间药效试验参照本部分执行。
GB/T 17980. 147—2004	农药田间药效试验准则（二）第 147 部分：大豆生长调节剂试验	本部分规定了用于调节大豆生长的植物生长调节剂的田间药效小区试验的方法和基本要求。 本部分适用于调节夏大豆和春大豆生长的植物生长调节剂的登记用田间药效小区试验和药效评价。其他田间药效试验参照执行。

标准号	标准名称	摘要
GB/T 17980.37—2000	农药田间药效试验准则（一）杀线虫剂防治胞囊线虫病	本标准规定了杀线虫剂防治马铃薯胞囊线虫（*Heterodera rostochiensis*）、大豆胞囊线虫（*Heterodera glycines*）、甜菜胞囊线虫（*Heterodera schachtii*）、禾谷类胞囊线虫（*H. Avenae*）田间药效小区试验的方法和基本要求。 本标准适用于杀线虫剂防治胞囊线虫病登记用田间药效小区试验及药效评价。其他田间药效试验参照本标准执行。
GB/T 17980.71—2004	农药田间药效试验准则（二）第71部分：杀虫剂防治大豆食心虫	本部分规定了杀虫剂防治大豆食心虫田间药效小区试验的方法和基本要求。 本部分适用于杀虫剂防治大豆食心虫（*Leguminivora glycinivorella*）登记用田间药效小区试验及药效评价。
GB/T 17980.88—2004	农药田间药效试验准则（二）第88部分：杀菌剂防治大豆根腐病药效试验	本部分规定了杀菌剂防治大豆根腐病（*Rhizoctonia solani*）田间药效试验的方法和要求。 本部分适用于杀菌剂防治大豆根腐病的登记用田间药效小区试验及评价。其他田间药效试验参照本部分执行。
GB/T 17980.89—2004	农药田间药效试验准则（二）第89部分：杀菌剂防治大豆锈病药效试验	本部分规定了杀菌剂防治大豆锈病（*Phakopsora pachyrhizi*）田间药效试验的方法和要求。 本部分适用于杀菌剂防治大豆锈病的登记用田间药效小区试验及评价。其他田间药效试验参照本部分执行。
GB/T 34808—2017	农业气象观测规范大豆	本标准规定了大豆农业气象观测的规则，包括观测原则和地段选择，发育期、生长状况、生长量、产量要素、主要农业气象灾害和病虫害、田间工作等的观测时次、项目、标准和计算方法，观测结果的记载记录格式等内容以及观测簿表填写。 本标准适用于开展大豆农业气象观测的业务、服务和研究。
GB/T 34813—2017	作物节水灌溉气象等级大豆	本标准规定了大豆节水灌溉气象等级的划分与灌水定额。 本标准适用于大豆节水灌溉的预报与服务。
GB/T 19557.4—2018	植物品种特异性、一致性和稳定性测试指南大豆	GB/T 19557 的本部分给出了大豆［*Glycin max*（L.）Merrill］品种特异性、一致性和稳定性测试的技术要点和结果判定的一般原则。 本部分适用于大豆品种特异性、一致性和稳定性测试和结果判定。
GB 12743—2003	大豆种子产地检疫规程	本标准规定了大豆种子产地的检疫性有害生物和限定非检疫性有害生物种类、健康种子生产、检验、检疫、签证等，适用于实施大豆种子产地检疫的植物检疫机构和所有繁育、生产大豆种子的单位和个人。
GB/T 19562—2004	大豆食心虫测报调查规范	本标准规定了大豆食心虫的虫源基数、冬后存活率、越冬幼虫上移化蛹羽化、成虫消长的系统调查。 本标准适用于我国北方大豆产区大豆食心虫测报调查；夏大豆产区可参照使用。
GB/T 35338—2017	大豆茎褐腐病菌检疫鉴定方法	本标准规定了大豆茎褐腐病菌的检疫鉴定方法。 本标准适用于大豆茎褐腐病菌的寄主携带大豆茎褐腐病菌的检疫鉴定。
GB/T 36821—2018	花生黑腐病菌检疫鉴定方法	本标准规定了花生黑腐病菌（*Calonectria ilicicola* Boedijn & Reitsma）的检疫鉴定方法。 本标准适用于花生、大豆等寄主植物及植物产品、土壤等传带的花生黑腐病菌的检疫鉴定。
GB/T 5009.130—2003	大豆及谷物中氟磺胺草醚残留量的测定	本标准规定了大豆及谷物中氟磺胺草醚残留量的高效液相色谱测定方法。 本标准适用于大豆及谷物中氟磺胺草醚残留量的测定。 本方法的检出限为 0.02 mg/kg；线性范围为 5~320 ng。
GB/T 5009.172—2003	大豆、花生、豆油、花生油中的氟乐灵残留量的测定	本标准规定了大豆、花生、豆油、花生油中氟乐灵残留量的测定方法。 本标准适用于大豆、花生、豆油、花生油中氟乐灵残留量的测定。 本方法的检出限为 0.001 ng。线性范围：0.01~0.10 μg/mL。
GB/T 5009.174—2003	花生、大豆中异丙甲草胺残留量的测定	本标准规定了花生、大豆中异丙甲草胺残留量的测定方法。 本标准适用于花生、大豆中异丙甲草胺残留量的测定。 本方法检出限：0.016 ng；线性范围：0.05~5.0 ng。
GB/T 5009.133—2003	粮食中绿麦隆残留量的测定	本标准规定了粮食中绿麦隆残留量的检验方法。 本标准适用于使用过该除草剂的小麦、玉米和大豆中绿麦隆残留量的测定。 本方法检出限为 0.01 mg/kg；线性范围为 0.04~2.00 mg。

标准号	标准名称	摘要
GB/T 5009. 142—2003	植物性食品中吡氟禾草灵、精吡氟禾草灵残留量的测定	本标准规定了植物性食品中吡氟禾草灵和精吡氟禾草灵残留量的测定方法。 本标准适用于甜菜田、大豆田一次喷洒化学除草剂吡氟禾草灵和精吡氟禾草灵收获后的甜菜、大豆。 本标准也适用于吡氟禾草灵酸的测定。 本方法检出限为 0.001 ng，线性范围：1.0×10^{-12}~4.0×10^{-10} g。
GB/T 23816—2009	大豆中三嗪类除草剂残留量的测定	本标准规定了大豆中西玛通、西玛津、氰草津、阿特拉通、嗪草酮、西草净、莠去津、扑灭通、特丁通、莠灭净、特丁津、扑草净、异丙净残留量的高效液相色谱和液相色谱-质谱/质谱的测定方法。 本标准适用于大豆中西玛通、西玛津、氰草津、阿特拉通、嗪草酮、西草净、莠去津、扑灭通、特丁通、莠灭净、特丁津、扑草净、异丙净残留量的检测及确证。
GB/T 23817—2009	大豆中磺酰脲类除草剂残留量的测定	本标准规定了大豆产品中环氧嘧磺隆、噻吩磺隆、甲磺隆、醚苯磺隆、氯磺隆、苄嘧磺隆、氟磺隆、吡嘧磺隆、氯嘧磺隆、氟嘧磺隆残留量的高效液相色谱和液相色谱-质谱/质谱的测定方法。 本标准适用于大豆中环氧嘧磺隆、噻吩磺隆、甲磺隆、醚苯磺隆、氯磺隆、苄嘧磺隆、氟磺隆、吡嘧磺隆、氯嘧磺隆、氟嘧磺隆残留量的检测及确证。
GB/T 23818—2009	大豆中咪唑啉酮类除草剂残留量的测定	本标准规定了大豆籽粒中咪唑烟酸、甲基咪草烟、咪草酸甲酯、咪唑乙烟酸、咪唑喹啉酸残留量的高效液相色谱和液相色谱-质谱/质谱测定方法。 本标准适用于大豆籽粒中咪唑烟酸、甲基咪草烟、咪草酸甲酯、咪唑乙烟酸、咪唑喹啉酸残留量的测定。
GB/T 23750—2009	植物性产品中草甘膦残留量的测定 气相色谱-质谱法	本标准规定了植物性产品中草甘膦（PMG）及其降解产物氨甲基膦酸（AMPA）残留量的气相色谱-质谱测定方法。 本标准适用于粮谷（大豆、小麦）、水果（甘蔗、柑橙）等植物产品中草甘膦及其降解产物氨甲基膦酸残留量的检测和确证。
GB 23200. 1—2016	食品安全国家标准 除草剂残留量检测方法 第 1 部分：气相色谱-质谱法测定粮谷及油籽中酰胺类除草剂残留量	本标准规定了粮谷及油籽中酰胺类除草剂残留量检验的抽样、制样和气相色谱-质谱联用测定方法。 本标准适用于大米、大豆中酰胺类除草剂残留量的定量测定，其他食品可参照执行。
GB 23200. 2—2016	食品安全国家标准 除草剂残留量检测方法 第 2 部分：气相色谱-质谱法测定粮谷及油籽中二苯醚类除草剂残留量	本标准规定了粮谷与油籽中环庚草醚、甲氧除草醚、苯草醚、甲羧除草醚、三氟硝草醚、乳氟禾草灵、除草醚、乙氧氟草醚、乙羧氟草醚 9 种二苯醚类除草剂残留量的气相色谱-质谱检测方法。 本标准适用于大米与大豆中 9 种二苯醚类除草剂残留量的检测与确证，其他食品可参照执行。
GB 23200. 3—2016	食品安全国家标准 除草剂残留量检测方法 第 3 部分：液相色谱-质谱/质谱法测定食品中环己酮类除草剂残留量	本标准规定了食品中吡喃草酮、禾草灭、噻草酮、烯草酮、烯禾啶、丁苯草酮、三甲苯草酮、环苯草酮残留量的液相色谱-质谱/质谱测定方法。 本标准适用于大米、大豆、猪肉、牛肝、鸡肝、牛奶、橙、蓝莓、菠菜、洋葱、核桃仁、茶叶中吡喃草酮、禾草灭、噻草酮、烯草酮、烯禾啶、丁苯草酮、三甲苯草酮、环苯草酮残留量的测定和确证，其他食品可参照执行。
GB 23200. 4—2016	食品安全国家标准 除草剂残留量检测方法 第 4 部分：气相色谱-质谱/质谱法测定食品中芳氧苯氧丙酸酯类除草剂残留量	本标准规定了食品中 2,4-滴丁酯、氟吡禾灵、吡氟禾草灵、炔草酯、禾草灵、氰氟草酯、噁唑禾草灵、精喹禾灵等芳氧苯氧丙酸酯类除草剂残留量的气相色谱-质谱/质谱检测方法。 本标准适用于大豆、大麦茶、粳米、胡萝卜、菠菜、青刀豆、蒜苗、草莓、蜂蜜、猪肉、鱼、禽蛋中 2,4-滴丁酯、氟吡禾灵、吡氟禾草灵、炔草酯、禾草灵、氰氟草酯、噁唑禾草灵、精喹禾灵残留量的测定和确证，其他食品可参照执行。
GB 23200. 5—2016	食品安全国家标准 除草剂残留量检测方法 第 5 部分：液相色谱-质谱/质谱法测定食品中硫代氨基甲酸酯类除草剂残留量	本标准规定了食品中 9 种硫代氨基甲酸酯类农药残留量的液相色谱-质谱联用测定方法。 本标准适用于大米、大豆、白萝卜、小白菜、椰菜、生姜、茶叶、花生、橙、葡萄、鸡肉、鸡肝和鱼肉中 9 种硫代氨基甲酸酯类农药残留的定量测定，其他食品可参照执行。

标准号	标准名称	摘要
GB 23200.24—2016	食品安全国家标准 粮谷和大豆中11种除草剂残留量的测定 气相色谱-质谱法	本标准规定了粮谷和大豆中11种除草剂残留量的气相色谱-质谱检测方法。 本标准适用于大米、玉米、小麦和大豆中乙草胺、戊草丹、甲草胺、异丙甲草胺、二甲戊灵、丁草胺、氟酰胺、丙草胺、灭锈胺、吡氟酰草胺和苯噻酰草胺残留量的测定和确证，其他食品可参照执行。
GB 23200.23—2016	食品安全国家标准 食品中地乐酚残留量的测定 液相色谱-质谱/质谱法	本标准规定了食品中地乐酚残留量检验的液相色谱-质谱/质谱检测方法。 本标准适用于苹果、板栗、甘蓝、牛肉、蜂蜜、小麦、鸡肉、姜、茶叶、大豆和牛奶中地乐酚残留量的检测和确证，其他食品可参照执行。
GB 23200.28—2016	食品安全国家标准 食品中多种醚类除草剂残留量的测定 气相色谱-质谱法	本标准规定了食品中苯醚类除草剂的气相色谱-负化学离子源-质谱检测方法。 本标准适用于大米、大豆、菠菜、大葱、辣椒、草莓、甜豌豆、绿茶、龙虾仁、鳗鱼、猪肉和蜂蜜12种食品中醚类除草剂残留量的测定和确证，其他食品可参照执行。
GB 23200.31—2016	食品安全国家标准 食品中丙炔氟草胺残留量的测定 气相色谱-质谱法	本标准规定了食品中丙炔氟草胺残留量的制样和气相色谱-质谱联用检测方法。 本标准适用于苹果、菠菜、姜、鱼、鸡肉、猪肉、大豆、大米、杏仁和猪肝中丙炔氟草胺残留量的定量测定，其他食品可参照执行。
GB 23200.32—2016	食品安全国家标准 食品中丁酰肼残留量的测定 气相色谱-质谱法	本标准规定了食品中丁酰肼残留量的气相色谱-质谱检测方法。 本标准适用于花生、大米、大豆、欧芹、苹果、鱼、鸡肉、茶叶和蜂蜜中丁酰肼残留量的测定，其他食品可参照执行。
GB 23200.45—2016	食品安全国家标准 食品中除虫脲残留量的测定 液相色谱-质谱法	本标准规定了食品中除虫脲残留的液相色谱-质谱检测方法。 本标准适用于大米、玉米、大豆、小麦、花生（仁）、橙子、苹果、西芹、洋葱、蘑菇（鲜）、蜂蜜、蘑菇（干）、茶、鸡肉、牛肉、猪肉、猪肝中除虫脲残留量的测定和确证，其他食品可参照执行。
GB 23200.52—2016	食品安全国家标准 食品中嘧菌环胺残留量的测定 气相色谱-质谱法	本标准规定了食品中嘧菌环胺残留量的气相色谱-质谱检测及确证方法。 本标准适用于大米、大豆、小菘菜、甜豌豆、梨、柑桔、花生、茶叶、牛肉、鸡肉、虾肉、蜂蜜中嘧菌环胺残留量的检测和确证，其他食品可参照执行。
GB 23200.53—2016	食品安全国家标准 食品中氟硅唑残留量的测定 气相色谱-质谱法	本标准规定了食品中氟硅唑残留量的气相色谱-质谱检测及确证方法。 本标准适用于大米、大豆、小菘菜、鲜豌豆、梨、柑桔、花生、茶叶、牛肉、鸡肉、虾肉、蜂蜜中氟硅唑残留量的检测和确证，其他食品可参照执行。
GB 23200.55—2016	食品安全国家标准 食品中21种熏蒸剂残留量的测定 顶空气相色谱法	本标准规定了食品中1,1,1-三氯乙烷、反-1,3-二氯丙烯、顺-1,3-二氯丙烯、三氯乙烯、1,2-二氯丙烷、溴二氯甲烷、1,1,2-三氯乙烷、四氯乙烯、三二溴氯甲烷、溴仿、1,1,2,2-四氯乙烷、1,3-二氯苯、1,4-二氯苯、1,2-二氯苯、1,2,4-三氯苯、1,2,3-三氯苯、六氯丁二烯、1,2-二溴乙烷、1,2-二氯乙烷、四氯化碳、三氯甲烷21种熏蒸剂残留量的顶空气相色谱法。 本标准适用于玉米、糙米、花生、大豆、小豆等食品中21种熏蒸剂残留量的测定，其他食品可参照执行。
GB 23200.56—2016	食品安全国家标准 食品中喹氧灵残留量的检测方法	本标准规定了进出口食品中喹氧灵残留量的液相色谱与液相色谱-质谱/质谱的检测方法。 本标准适用于大豆、花椰菜、樱桃、木耳、葡萄酒、茶叶、蜂蜜、猪肝、鸡肉、鳗鱼中喹氧灵残留量的测定和确证，其他食品可参照执行。
GB 23200.57—2016	食品安全国家标准 食品中乙草胺残留量的检测方法	本标准规定了食品中乙草胺残留量的气相色谱测定、气相色谱-质谱法确证和制样方法。 本标准适用于花生、大豆、玉米、小麦、洋葱、海菜、鸡肉、猪肉、腰果和松茸中乙草胺残留量的测定，其他食品可参照执行。
GB 23200.58—2016	食品安全国家标准 食品中氯酯磺草胺残留量的测定 液相色谱-质谱/质谱法	本标准规定了食品中氯酯磺草胺残留量的液相色谱-质谱/质谱法。 本标准适用于玉米、大米、大豆、栗子、核桃、菜心、番茄、辣椒、菠菜、洋葱、橙、草莓、芒果、樱桃、香菇、茶叶等植物源性产品和鸡肝、猪肝、牛奶等动物源性产品中氯酯磺草胺残留量的检测和确证，其他食品可参照执行。

标准号	标准名称	摘要
GB 23200.59—2016	食品安全国家标准 食品中敌草腈残留量的测定 气相色谱-质谱法	本标准规定了食品中敌草腈残留量的气相色谱-质谱法。 本标准适用于大米、大豆、栗子、菠菜、洋葱、香菇、番茄、芒果、橙、黑莓、西瓜、猪肉和牛奶中敌草腈残留量的检测和确证，其他食品可参照执行。
GB 23200.61—2016	食品安全国家标准 食品中苯胺灵残留量的测定 气相色谱-质谱法	本标准规定了食品中苯胺灵残留测定的气相色谱-质谱测定方法。 本标准适用于毛豆、芥末菜、芦柑、花生、茶叶、姜、香菇、鳗鱼、猪肉、鸡肝、大米、大豆等进出口食品中苯胺灵残留量的测定和确证，其他食品可参照执行。
GB 23200.62—2016	食品安全国家标准 食品中氟烯草酸残留量的测定 气相色谱-质谱法	本标准规定了食品中氟烯草酸残留量的气相色谱-质谱法。 本标准适用于玉米、芹菜、苹果、花生、茶叶、牛肉、鸡肝、鱼、蜂蜜、大豆和牛奶中氟烯草酸残留量的检测和确证，其他食品可参照执行。
GB 23200.64—2016	食品安全国家标准 食品中吡丙醚残留量的测定 液相色谱-质谱/质谱法	本标准规定了食品中吡丙醚残留量的制样和测定方法。 本标准适用于大米、大豆、菠菜、柠檬、茶叶、蘑菇、牛肉、猪肝和牛奶中吡丙醚残留量的检测，其他食品可参照执行。
GB 23200.70—2016	食品安全国家标准 食品中三氟羧草醚残留量的测定 液相色谱-质谱/质谱法	本标准规定了食品中三氟羧草醚残留量检测的液相色谱-质谱/质谱检测方法。 本标准适用于大豆、大米、糙米、毛豆、苹果和猪肉中三氟羧草醚残留量的测定。其他食品可参照执行。
GB 23200.72—2016	食品安全国家标准 食品中苯酰胺类农药残留量的测定 气相色谱-质谱法	本标准规定了食品中25种苯酰胺类农药残留量的气相色谱-质谱检测方法。 本标准适用于玉米、菠菜、蘑菇、苹果、大豆、板栗、茶叶、牛肉、牛肝、鸡肉、鱼肉、牛奶中25种苯酰胺类农药残留量的测定和确证，其他食品可参照执行。
GB 23200.76—2016	食品安全国家标准 食品中氟苯虫酰胺残留量的测定 液相色谱-质谱/质谱法	本标准规定了食品中氟苯虫酰胺残留量测定的液相色谱-质谱/质谱分析方法。 本标准适用于葱、萝卜、番茄、橙、大豆、苹果、茶、核桃、鱼、猪瘦肉、猪肝和牛奶中氟苯虫酰胺残留量的检测和确证，其他食品可参照执行。
GB 23200.39—2016	食品安全国家标准 食品中噻虫嗪及其代谢物噻虫胺残留量的测定 液相色谱-质谱/质谱法	本标准规定了食品中噻虫嗪和噻虫胺残留量的液相色谱-质谱/质谱检测方法。 本标准适用于大米、大豆、栗子、菠菜、油麦菜、洋葱、茄子、马铃薯、柑橘、蘑菇、茶等植物源性产品和鸡肝、猪肉、牛奶等动物源性产品中噻虫嗪、噻虫胺残留量的检测和确证，其他食品可参照执行。
GB 23200.35—2016	食品安全国家标准 植物源性食品中取代脲类农药残留量的测定 液相色谱-质谱法	本标准规定了植物源性食品中15种取代脲类农药残留量的液相色谱-质谱法。 本标准适用于玉米、大豆、橙、大米和大白菜中15种取代脲类农药残留的定量测定，其他食品可参照执行。
GB 23200.38—2016	食品安全国家标准 植物源性食品中环己烯酮类除草剂残留量的测定 液相色谱-质谱/质谱法	本标准规定了大米、大豆、玉米、小白菜、马铃薯、大蒜、葡萄和橙子中吡喃草酮（tepraloxydim）、禾草灭（alloxydim）、噻草酮（cycloxydim）、苯草酮（methoxyphenone）、烯禾啶（sethoxydim）和烯草酮（clethodim）等6种环己烯酮类除草剂的液相色谱-串联质谱法检测方法。 本标准适用于大米、大豆、玉米、小白菜、马铃薯、大蒜、葡萄和橙子中吡喃草酮、禾草灭、噻草酮、苯草酮、烯禾啶和烯草酮6种环己烯酮类除草剂残留量的检测与确证，其他食品可参照执行。
GB 23200.43—2016	食品安全国家标准 粮谷及油籽中二氯喹磷酸残留量的测定 气相色谱法	本标准规定了粮谷及油籽中二氯喹啉酸残留量的气相色谱测定方法。 本标准适用于糙米、大豆、玉米、小麦中二氯喹啉酸残留量的测定，其他食品可参照执行。

标准号	标准名称	摘要
GB 5009.209—2016	食品安全国家标准 食品中玉米赤霉烯酮的测定	本标准规定了食品中玉米赤霉烯酮的测定方法。 本标准第一法适用于粮食和粮食制品，酒类，酱油、醋、酱及酱制品，大豆、油菜籽、食用植物油中玉米赤霉烯酮的测定，第二法适用于大豆、油菜籽、食用植物油中玉米赤霉烯酮的测定，第三法适用于牛肉、猪肉、牛肝、牛奶、鸡蛋中玉米赤霉烯酮的测定。
GB 5009.224—2016	食品安全国家标准 大豆制品中胰蛋白酶抑制剂活性的测定	本标准规定了大豆制品中胰蛋白酶抑制剂活性（TIA）的测定方法。 本标准适用于大豆制品中胰蛋白酶抑制剂活性的测定。
GB 5009.272—2016	食品安全国家标准 食品中磷脂酰胆碱、磷脂酰乙醇胺、磷脂酰肌醇的测定	本标准规定了高效液相色谱法测定大豆磷脂、大豆油、菜籽油、花生油、葵花籽油中磷脂酰胆碱、磷脂酰乙醇胺、磷脂酰肌醇三种组分含量的方法。 本标准适用于含油大豆磷脂、脱油大豆磷脂、大豆油、菜籽油、花生油、葵花籽油中磷脂酰胆碱（PC）、磷脂酰乙醇胺（PE）、磷脂酰肌醇（PI）的测定。本标准不适用于大豆溶血磷脂酰胆碱及大豆溶血磷脂乙醇胺的测定。
GB 5009.96—2016	食品安全国家标准 食品中赭曲霉毒素 A 的测定	本标准规定了食品中赭曲霉毒素 A 的测定方法。 本标准第一法适用于谷物、油料及其制品、酒类、酱油、醋、酱及酱制品、葡萄干、胡椒粒/粉中赭曲霉毒素 A 的测定，第二法适用于玉米、稻谷（糙米）、小麦、小麦粉、大豆、咖啡、葡萄酒中赭曲霉毒素 A 的测定，第三法适用于玉米、小麦等粮食产品、辣椒及其制品等、啤酒等酒类、酱油等产品、生咖啡、熟咖啡中赭曲霉毒素 A 的测定，第四法适用于玉米、小麦、大麦、大米、大豆及其制品中赭曲霉毒素 A 的测定，第五法适用于小麦、玉米、大豆中赭曲霉毒素 A 的测定。
GB/T 38505—2020	转基因产品通用检测方法	本标准规定了转基因产品的定性检测方法。 本标准适用于水稻、玉米、大豆、油菜、马铃薯、甜菜、苜蓿等及其加工产品中转基因成分的实时荧光 PCR 通用检测。 本标准方法的最低检出限为 0.1%（质量分数）。
GB/T 19495.4—2018	转基因产品检测 实时荧光定性聚合酶链式反应（PCR）检测方法	GB/T 19495 的本部分规定了植物及其加工产品中转基因成分筛选和品系检测实时荧光定性聚合酶链式反应（PCR）检测方法有关的仪器设备、试剂和材料、检测步骤、质量控制、防污染措施以及方法的最低检出限。 本部分适用于大豆、玉米、油菜、水稻、棉花、马铃薯、亚麻、甜菜、苜蓿、番茄、木瓜、苹果、菊苣、剪股颖、烟草、李子、甜瓜、小麦、茄子和桉树等植物转基因筛选检测，也适用于大豆、玉米、油菜、棉花、水稻、马铃薯、亚麻、甜菜和木瓜等植物的品系特异性检测。
GB/T 19495.5—2018	转基因产品检测 实时荧光定量聚合酶链式反应（PCR）检测方法	GB/T 19495 的本部分规定了大豆、玉米、油菜、水稻（大米）、棉花、马铃薯、甜菜、木瓜等植物及其产品中转基因品系含量的实时荧光 PCR 定量检测方法。 本部分适用于上述植物及其产品中转基因品系拷贝数百分含量的定量检测方法。
GB/T 19495.9—2017	转基因产品检测 植物产品液相芯片检测方法	GB 19495 的本部分规定了转基因成分的液相芯片定性检测方法。 本部分适用于玉米、大豆、油菜、水稻、棉花等转基因植物及其产品 CaMV35S 和 NOS 基因的定性检测。
GB/T 33526—2017	转基因植物产品数字 PCR 检测方法	本标准规定了转基因成分检测的数字 PCR 方法。 本标准适用于玉米、大豆、油菜、水稻、马铃薯、苜蓿、棉花等转基因植物及其产品的转基因成分数字 PCR 检测。 本标准所能达到的检测低限为 0.1%（质量分数）。
GB/T 38132—2019	转基因植物品系定量检测数字 PCR 法	本标准规定了转基因植物品系的数字 PCR 定量检测方法。 本标准适用于种子及物理加工种子样品中转基因玉米 MON810 品系、MON89034 品系、MIR162 品系，转基因大豆 GTS-40-3-2 品系，转基因水稻克螟稻品系，转基因棉花 GHB119 品系，转基因油菜 RT73 品系的数字 PCR 法定量检测。 本方法的定量检测限为 0.1%（质量分数）。

标准号	标准名称	摘要
GB/T 35535—2017	大豆、油菜中外源基因成分的测定膜芯片法	本标准规定了膜芯片法检测大豆、油菜中外源基因成分的防污染措施、抽样与制样、原理、试剂与标准品、仪器与设备、试验方法和流程、结果判断、确证实验、结果表述。 本标准适用于大豆、油菜中外源基因成分的定性检测。
GB/T 5539—2008	粮油检验油脂定性试验	本标准规定了植物油脂定性试验的术语和定义、仪器设备、试验步骤和结果判定方法。 本标准适用于桐油、蓖麻油、亚麻油、矿物油、大豆油、花生油、芝麻油、棉籽油、菜籽油、植物油中猪脂、油茶籽油、茶籽油、大麻籽油的定性或检出试验。
GB/T 22506—2008	粮油检验酶改性磷脂中 1-和 2-溶血磷脂酰胆碱的测定　高效液相色谱法	本标准规定了用高效液相色谱法测定酶改性磷脂中 1-溶血磷脂酰胆碱（1-acly lysophosphatidyl-choline；1-LPC）和 2-溶血磷脂酰胆碱（2-acly lysophosphatidylcholine；2-LPC）的原理、试剂、仪器设备、样品准备、操作步骤、结果表示及精密度和准确度。 本标准适用以大豆磷脂、蛋黄磷脂、菜籽磷脂为原料制备的溶血磷脂酰胆碱的测定。 本标准的检出限为 0.1 μg。
GB/T 24870—2010	粮油检验大豆粗蛋白质、粗脂肪含量的测定　近红外法	本标准规定了大豆粗蛋白质、粗脂肪含量（干基）近红外测试方法的术语和定义、原理、仪器设备、测定、结果处理和表示、异常样品的确认和处理、准确性和精密度及测试报告的要求。 本标准适用于大豆粗蛋白质和粗脂肪含量（干基）的快速测试。 本标准不适用于仲裁检验。
GB/T 26625—2011	粮油检验大豆异黄酮含量测定　高效液相色谱法	本标准规定了高效液相色谱法测定大豆异黄酮（大豆甙、黄豆黄素、染料木甙、大豆黄素、黄豆黄素甙元、染料木素）含量的原理、试剂与材料、仪器与设备、试剂制备与保存、操作步骤、结果计算与表示、精密度的要求。 本标准适用于大豆、豆奶粉、豆豉中大豆异黄酮含量的测定。 本标准测试方法的最低检测限为 2.5 mg/kg。
GB/T 5510—2011	粮油检验粮食、油料脂肪酸值测定	本标准规定了粮食、油料脂肪酸值测定的术语和定义、原理、试剂与材料、仪器和设备、操作步骤、结果计算及表示、精密度。 本标准的苯提取法适用于小麦粉等粮食脂肪酸值的测定；石油醚提取法适用于大豆、花生、油菜籽、核桃、芝麻、葵花籽、玉米胚芽脂肪酸值的测定。 本标准不适用于其他油料脂肪酸值的测定。
GB/T 14488.1—2008	植物油料　含油量测定	（ISO 659：1998，MOD） 本标准规定了测定植物油料含油量的方法及其原理。 本方法适用于测定用于工业原料的油菜籽、大豆、葵花籽的含油量。但本方法并不排除用来测定其他植物油料种子的含油量。
GB/T 38163—2019	常见过敏蛋白的测定液相色谱-串联质谱法	本标准规定了固态食品中牛奶、鸡蛋、大豆、花生、榛子、杏仁和核桃过敏蛋白的液相色谱-串联质谱检测方法。 本标准适用于含小麦粉、燕麦粉、腰果、可可粉等固态食品基质中牛奶、鸡蛋、大豆、花生、榛子、杏仁和核桃过敏蛋白的液相色谱-串联质谱测定和确证。
GB/T 20194—2018	动物饲料中淀粉含量的测定　旋光法	本标准规定了动物饲料中淀粉含量测定的旋光法。 本标准适用于饲料原料、配合饲料、精料补充料、浓缩饲料和添加剂预混料中淀粉含量的测定。 本标准不适用于含有在分析过程中具有光学活性，且不溶于 40% 乙醇的淀粉以外的其他物质的产品，如马铃薯浆，甜菜的丝、叶、根、冠，酵母，大豆产品，羽扇豆以及富含葡萄糖的产品（如菊苣根和菊芋），此时可用酶法测定淀粉含量。 本标准不适用于直链淀粉超过 40% 的淀粉，如高直链玉米淀粉 HylonVII 的定量测定。 警示——处理产品时温、湿度过高，淀粉的测定结果可能过低。

标准号	标准名称	摘要
GB/T 8622—2006	饲料用大豆制品中尿素酶活性的测定	本标准规定了大豆制品及其副产品中尿素酶活性的测定。 本方法适用于大豆、由大豆制得的产品和副产品中尿素酶活性的测定。此方法可了解大豆制品的湿热处理程度。
GB/T 26629—2011	粮食收获质量调查和品质测报技术规范	本标准规定了稻谷、小麦、玉米、大豆等主要种类粮食收获质量调查和品质测报的术语和定义、操作规程等。 本标准适用于稻谷、小麦、玉米、大豆等主要种类粮食收获质量调查和品质测报。
GB/T 31785—2015	大豆储存品质判定规则	本标准规定了大豆储存品质的术语和定义、储存品质分类、储存品质指标、检验方法、检验规则及判定规则。 本标准适用于评价在安全储存水分和正常储存条件下大豆的储存品质，指导大豆的储存和适时出库。
GB/T 5009.51—2003	非发酵性豆制品及面筋卫生标准的分析方法	本标准规定了非发酵性豆制品及面筋各项卫生指标的分析方法。 本标准适用于以大豆或其他杂豆为原料制成的豆腐、卤制、炸卤、熏制、干燥豆制品及以小麦为原料制成的面筋等的各项卫生指标的分析。
GB/T 5009.52—2003	发酵性豆制品卫生标准的分析方法	本标准规定了发酵豆制品的各项卫生指标的分析方法。 本标准适用于以大豆或其他杂豆为原料经发酵制成的腐乳、豆豉等制品中各项卫生指标的分析。
GB/T 26880—2011	粮油储藏就仓干燥技术规范	本标准规定了就仓干燥的相关术语和定义、适合就仓干燥的条件、操作管理及评价。 本标准适用于散装稻谷和玉米，小麦、大豆等可参照执行。
GB 2712—2014	食品安全国家标准豆制品	本标准适用于预包装豆制品。 本标准不适用于大豆蛋白粉
GB 22556—2008	豆芽卫生标准	本标准规定了豆芽的指标要求、食品添加剂、生产加工过程的卫生要求、包装、标识、贮存及运输和检验方法。 本标准适用于以大豆或绿豆为原料，经生产加工而成的豆芽。
GB/T 20411—2006	饲料用大豆	本标准规定了饲料用大豆的有关定义、要求、抽样、检验方法、包装、标志、运输和贮存。本标准适用于收购、贮存、运输、加工、销售的饲料用大豆。
GB/T 18738—2006	速溶豆粉和豆奶粉	本标准规定了速溶豆粉和豆奶粉的术语和定义、产品分类、要求、试验方法、检验规则、标签、包装、运输和贮存要求。 本标准适用于以大豆为主要原料，经磨浆、加热灭酶、喷雾干燥而制成的粉状或微粒状食品。
GB/T 1535—2017	大豆油	本标准规定了大豆油的术语和定义、分类、质量要求、检验方法及规则、标签、包装、贮存、运输和销售等要求。 本标准适用于成品大豆油和大豆原油。 大豆原油的质量指标仅适用于大豆原油的贸易。
GB/T 1535—2017 (XG1—2019)	大豆油《第 1 号修改单》	本标准规定了大豆油的术语和定义、分类、质量要求、检验方法及规则、标签、包装、贮存、运输和销售等要求。 本标准适用于成品大豆油和大豆原油。大豆原油的质量指标仅适用于大豆原油的贸易。
GB/T 13382—2008	食用大豆粕	本标准规定了食用大豆粕的相关术语和定义、要求、检验方法、检验规则、标签标识以及包装、储存和运输的要求。 本标准适用于食品工业用商品大豆粕。
GB/T 22106—2008	非发酵豆制品	本标准规定了非发酵豆制品的术语和定义、分类、试验方法、技术要求、检验规则和包装、标签、运输与贮存的要求。 本标准适用于 3.1 定义产品的生产、销售和检验，不适用于未经制浆工艺制成的豆制品，非大豆的其他豆类加工的产品可参照执行。

标准号	标准名称	摘要
GB/T 23494—2009	豆腐干	本标准规定了豆腐干的术语和定义、产品分类、技术要求、试验方法、检验规则和标签、标志、包装、运输、贮存的要求。 本标准适用于3.1定义产品的生产、销售和检验；非大豆的其他豆类加工的产品可参照执行。 本标准不适用于未经制浆工艺制成的豆腐干。
GB/T 30885—2014	植物蛋白饮料豆奶和豆奶饮料	本标准规定了豆奶和豆奶饮料的术语和定义、产品分类、技术要求、试验方法、检验规则和标签、包装、运输、贮存。 本标准适用于以大豆为主要原料，经加工制成的预包装液体饮料。
GB/T 19541—2017	饲料原料豆粕	本标准规定了饲料原料豆粕的相关术语和定义、要求、试验方法、检验规则、标签、包装、运输和贮存。 本标准适用于大豆经预压浸提或直接溶剂浸提取油后获得的饲料原料豆粕；或由大豆饼浸提取油后获得的饲料原料豆粕；或大豆胚片经膨胀浸提制油工艺提取油后获得的饲料原料豆粕。
GB/T 22464—2008	大豆皂苷	本标准规定了大豆皂苷的术语和定义、质量要求和卫生要求、检验方法、检验规则、标签标识，以及包装、运输、贮存要求。 本标准适用于以大豆、大豆粕或大豆胚芽为原料提取的商品大豆皂苷。
GB/T 22491—2008	大豆低聚糖	本标准规定了大豆低聚糖的术语和定义、分类、质量要求、检验方法、检验规则、标签标识及包装、储存和运输要求。 本标准适用于以大豆及其加工副产品为原料生产的商品大豆低聚糖。
GB/T 22492—2008	大豆肽粉	本标准规定了大豆肽粉的术语和定义、质量要求和卫生要求、检验方法、检验规则、标签标识以及包装、储存和运输要求。 本标准适用于以大豆粕或大豆蛋白等为原料，生产的食用大豆肽粉商品。
GB/T 22493—2008	大豆蛋白粉	本标准规定了大豆蛋白粉的术语和定义、分类、质量要求、检验方法、检验规则、标签标识以及包装、储存和运输的要求。 本标准适用于作为食品工业原料的商品大豆蛋白粉。
GB/T 22494—2008	大豆膳食纤维粉	本标准规定了大豆膳食纤维粉的术语和定义、质量要求和卫生要求、检验方法、检验规则、标签标识以及包装、储存和运输的要求。 本标准适用于商品大豆膳食纤维粉。
GB/T 23878—2009	饲料添加剂 大豆磷脂	本标准规定了饲料添加剂大豆磷脂产品的技术要求、试验方法、检验规则及标签、包装、运输、贮存。 本标准适用于从大豆中提取的，用作饲料添加剂的大豆磷脂产品。
GB 28401—2012	食品安全国家标准 食品添加剂 磷脂	本标准适用于以大豆、葵花籽等植物油籽料或其加工副产物为主要原料，经脱水、脱杂、脱色或脱脂等工序制得的食品添加剂磷脂。
GB 30607—2014	食品安全国家标准 食品添加剂 酶解大豆磷脂	本标准适用于食用大豆油精炼过程中分离出来的油脚或食用大豆磷脂经过脂肪酶或磷脂酶降解、精制等工艺制取的食品添加剂酶解大豆磷脂。
GB 1886.181—2016	食品安全国家标准 食品添加剂 红曲红	本标准适用于以大米大豆为主要原料的液体培养基，经红曲菌（*Monascus*）液态发酵培养、提取、浓缩、精制而成；或以红曲米为原料，经萃取、浓缩、精制得到的食品添加剂红曲红。
GB 1886.238—2016	食品安全国家标准 食品添加剂 改性大豆磷脂	本标准适用于以天然大豆磷脂为原料，经过适度的乙酰化、羟基化、酰羟化、氢化等单个或多个工序成的食品添加剂改性大豆磷脂。
GB 1886.299—2018	食品安全国家标准 食品添加剂 冰结构蛋白	本标准主要适用于以大豆为原料，经酵母（*Saccharomyces cerevisiae*）发酵培养，再经分离、浓缩、精制得到的食品添加剂冰结构蛋白。
GB 1903.28—2018	食品安全国家标准 食品营养强化剂 硒蛋白	本标准适用于以硒含量较高的大豆等可食性植物为原料，经去脂、水提、乙醇沉淀、干燥的工艺精制而成富含硒代蛋氨酸的食品营养强化剂硒蛋白。
GB 1886.322—2021	食品安全国家标准 食品添加剂 可溶性大豆多糖	本标准适用于以大豆或大豆粕为原料，经脱脂、提取、纯化、灭菌、干燥等工艺生产的食品添加剂可溶性大豆多糖。

标准号	标准名称	摘要
BJS 201707	植物蛋白饮料中植物源性成分鉴定	本方法规定了食品核桃源性成分、花生源性成分、杏仁源性成分、芝麻源性成分、榛子源性成分、大豆源性成分鉴定的实时荧光 PCR 方法。 本方法适用于核桃露（乳）、杏仁露、果仁露等复合植物蛋白饮料中标识含有核桃源性成分、花生源性成分、杏仁源性成分、芝麻源性成分、榛子源性成分、大豆源性成分的检测及鉴定。
BJS 201712	食用油脂中脂肪酸的综合检测法	本方法适用于食用植物油（花生油、大豆油、玉米油、植物调和油、橄榄油、葵花籽油、芥花油、菜籽油、香油、棕榈油等）是否存在异常的检测及识别。
KJ 201708	食用油中黄曲霉毒素 B_1 的快速检测 胶体金免疫层析法	本方法规定了食用油中黄曲霉毒素 B_1 的胶体金免疫层析快速检测方法。 本方法适用于花生油、玉米油、大豆油及其他植物油脂等食用油中黄曲霉毒素 B_1 的快速测定。
JB/T 11912—2014	大豆联合收割机	本标准规定了大豆联合收割机的安全要求、技术要求、试验方法、检验规则、标志、包装、运输与贮存。 本标准适用于自走式大豆联合收割机，也适用于配套大豆割台收获大豆籽粒的联合收割机。
JB/T 6285—2014	大豆磨浆机试验方法	本标准规定了大豆磨浆机试验条件、试验方法和试验报告。 本标准适用于大豆磨浆机。
JB/T 13177—2017	杂粮色选机	本标准规定了杂粮色选机的术语和定义、基本参数与型号标示、技术要求、试验方法、检验规则及标志、包装、运输和贮存。 本标准适用于从花生仁、大豆和小米等适合色选的杂粮中选出异色粒的杂粮色选机。
LS/T 1218—2017	中国好粮油生产质量控制规范	本标准规范了中国好粮油生产质量控制规范的产地环境、品种、栽培技术、田间管理技术、收储条件、干燥技术、运输条件、加工、包装、销售等质量控制技术要求等。 本标准适用于中国好粮油的稻谷、小麦、饲用玉米、食用玉米、大豆、杂粮、杂豆的生产、收获、储存、运输及大米、小麦粉、食用植物油的加工等环节。
LS/T 6132—2018	粮油检验储粮真菌的检测 孢子计数法	本标准规定了粮食储藏过程中生长真菌的检测方法。 本标准适用于小麦、稻谷、玉米和大豆原粮储存过程中可生长真菌的检测。
LS/T 3611—1992	棍式碎饼机	本标准规定了辊式碎饼机（简称“碎饼机”）的产品分类、技术要求、试验方法、检验规则及标志、包装、运输、贮存。 本标准适用于破碎大豆饼及其他机榨油料作物饼类的碎饼机。
LS/T 3241—2012	豆浆用大豆	本标准规定了豆浆用大豆的术语和定义、技术要求、检验方法、检验规则、标志与标签以及包装、运输、储存要求。 本标准适用于家用和类似用途场所制作豆浆用的非转基因商品大豆。 本标准不适用于各类转基因大豆。
LS/T 3111—2017	中国好粮油大豆	本标准规定了中国好粮油大豆的术语和定义、质量与安全要求、检验方法、检验规则、标签标识、包装、储存和运输以及追溯信息的要求。 本标准适用于中国好粮油的国产食用单品种商品大豆。
LS/T 3301—2005	可溶性大豆多糖	本标准规定了可溶性大豆多糖的术语和定义、分类、质量要求、检验方法、检验规则、标识及包装、运输、贮存要求。 本标准适用于以大豆或大豆粕为原料加工的可溶性大豆多糖。
LS/T 3219—2017	大豆磷脂	本标准规定了大豆磷脂的术语和定义、分类、质量要求、检验方法、检验规则、标签、包装、储存和运输的要求。 本标准适用于食用商品大豆磷脂。
NY/T 3070—2016	大豆良种繁育基地建设标准	本标准规定了大豆良种繁育基地的建设规模与项目构成、工艺（农艺）与设备、功能分区与总体布局、田间工程与农业建筑工程、环保与节能等方面的内容和要求。 本标准是开展大豆良种繁育基地建设工程项目规划、项目建议书、可行性研究、初步设计等前期工作的依据，也是项目建设管理、监督检查和竣工验收的依据。
NY/T 1299—2014	农作物品种试验技术规程大豆	本标准规定了大豆品种试验方法与技术规则。 本标准适用于大豆品种试验工作。

标准号	标准名称	摘要
NY/T 850—2004	大豆产地环境技术条件	本标准规定了大豆产地的选择要求、环境空气质量、灌溉水质量、土壤质量的各个项目要求以及分析方法。 本标准适用于大豆产地。
NY/T 1542—2007	大豆栽培工	本标准规定了大豆栽培工的职业术语和定义、职业的基本要求和工作要求。 本标准适用于大豆栽培人员的职业技能鉴定。
NY/T 147—1990	东北地区大豆生产技术规程	本规程规定了大豆生产中的产量构成因素，主要生育时期指标、栽培技术，以及收获等操作技术。 本规程适用于积温 2 300℃以上的东北地区大豆主要产区，按本规程实施，在正常年景，清种大豆公顷产量可达 2 250 kg 以上。
NY/T 495—2002	东北地区大豆生产技术规程	本标准规定了东北地区大豆生产过程中的播前处理、田间管理、收获等大豆标准化生产技术要求。 本标准适用于黑龙江、吉林、辽宁三省和内蒙古自治区东四盟。
NY/T 1216—2006	东北高油大豆栽培技术规范	本规范规定了东北高油大豆生产的产地环境条件、选茬、整地、施肥、播种、化学除草、中耕管理、田间灌溉、化学调控、病虫害防治、收获等技术。 本规范适用于黑龙江、吉林、辽宁三省和内蒙古自治区东四盟地区高油大豆的生产。
NY/T 1424—2007	小粒大豆生产技术规程	本规程规定了东北地区小粒大豆生产的环境条件、地块选择、种子标准、耕作与施肥、播种、田间管理、收获等技术要求。 本规程适用于黑龙江、吉林、辽宁三省及内蒙古自治区东四盟地区的小粒大豆生产。
NY/T 1293—2007	黄淮海地区高蛋白夏大豆栽培技术规程	本标准规定了高蛋白夏大豆生产的产品质量、产量目标、品种选用、产地条件、播种、田间管理、收获等技术要求。 本标准适用于黄淮海地区京津以南的河北省中部、南部，河南、山东两省，山西南部，安徽、江苏两省的淮河以北平原地区的夏播大豆生产。
NY/T 2632—2021	玉米-大豆带状复合种植技术规程	该标准全文未在全国标准信息公共服务或其他行业标准服务公众平台备案。
NY/T 3681—2020	大豆麦茬免耕覆秸精量播种技术规程	本标准规定了大豆麦茬免耕覆秸精量播种技术的术语和定义、种子准备、播种、施肥、田间管理。 本标准适用于大豆麦茬免耕覆秸精量播种作业。
NY/T 3662—2020	大豆全程机械化生产技术规范	本标准规定了大豆机械化生产的基本要求、耕整地、播种、田间管理、收获作业环节的技术要求。 本标准适用于北方产区、黄淮流域产区等主要产区大豆机械化生产作业。 注：北方产区包括黑龙江、吉林、辽宁、内蒙古东部；黄淮流域产区包括山东、河南、河北、江苏、安徽。
NY/T 2159—2012	大豆主要病害防治技术规程	本标准规定了大豆主要病害的综合防治技术。 本标准适用于全国大豆主产区大豆病害的防治。
NY 686—2003	磺酰脲类除草剂合理使用准则	本标准规定了 21 种磺酰脲类除草剂防治田间杂草的使用剂量、使用时期、方法、作物品种敏感性、轮作后茬作物安全间隔期。 本标准适用于指导上述磺酰脲类除草剂在水稻、小麦、玉米、大豆、油菜等作物田防治杂草安全、有效、合理使用，起到增产增效的目的。
NY/T 3253—2018	农作物害虫性诱监测技术规范（夜蛾类）	本标准规定了性诱监测中夜蛾类害虫的定义和常见种类，夜蛾类害虫性信息素的主要成分和含量、诱芯的规格和持效性，适用于夜蛾类害虫性诱监测的诱捕器的结构和性能，夜蛾类害虫性诱捕器的设置方式、监测调查方法、数据利用和分析方法等应用技术。 本标准适用于监测斜纹夜蛾、甜菜夜蛾、小地老虎、大豆食心虫的成虫种群数量和发生动态。
NY/T 2115—2012	大豆疫霉病监测技术规范	本标准规定了大豆疫霉病（病原：*Phytophthora sojae* Kaufmann & Gerdemann）的监测方法。 本标准适用于田间大豆疫霉病的监测。

标准号	标准名称	摘要
NY/T 2063.4—2016	天敌昆虫室内饲养方法准则　第4部分：七星瓢虫室内饲养方法	本部分规定了采用大豆蚜（*Aphis glycines* Matsumura）室内饲养七星瓢虫（*Coccinella septempunctata* Linnaeus）的基本方法和要求。 本部分适用于以大豆［*Glycine max*（Linn.）Merr.］幼苗上的大豆蚜为活体猎物，繁殖七星瓢虫的室内饲养方法。应用其他植物及蚜虫时可参照执行。
NY/T 2063.6—2018	天敌昆虫室内饲养方法准则　第5部分：大草蛉室内饲养方法	本部分规定了采用大豆蚜（*Aphis glycines* Matsumura）室内饲养大草蛉（*Chrysopa pallens* Rambur）的基本方法和要求。 本部分适用于以大豆 *Glycine max*（L.）Merr. 幼苗上的大豆蚜为活体猎物繁殖大草蛉的室内饲养方法，也适用于其他植物。
NY/T 1298—2007	农作物品种审定规范大豆	本标准规定了大豆［*Glycine max*（L.）Merr.］品种审定应具备的丰产性、品质、适应性、抗逆性等方面的具体量化指标及其他非量化指标，以及审定大豆品种的评价方法及评价规则。 本标准适用于国家级大豆品种审定，省级大豆品种审定可参考执行。
NY/T 1788—2009	大豆品种纯度鉴定技术规程　SSR分子标记法	本标准规定了大豆品种纯度的SSR分子标记检测技术规程。 本标准适用于大豆品种纯度鉴定。
NY/T 2595—2014	大豆品种鉴定技术规程　SSR分子标记法	本标准规定了利用简单重复序列（Simple sequence repeats，SSR）标记进行大豆［*Glycine max*（L.）Merr.］品种鉴定的试验方法、数据记录格式和判定标准。 本标准适用于大豆SSR标记分子数据的采集和品种鉴定。
NY/T 375—2020	种子包衣机质量评价技术规范	本标准规定了种子包衣机质量评价的术语和定义、基本要求、质量要求、检测方法和检验规则。 本标准适用于包衣处理玉米、小麦、水稻、大豆等种子的种子包衣机质量评定。
NY/T 366—2020	种子分级机质量评价技术规范	本标准规定了种子分级机的术语和定义、基本要求、质量要求、检测方法和检验规则。 本标准适用于玉米、大豆等种子按照外形尺寸进行分级的种子分级机的质量评定。 本标准不适用于窝眼分级设备。
NY/T 1014—2006	脱粒机质量评价技术规范	本标准规定了脱粒机的质量指标、检验方法和检验规则。 本标准适用于小麦、水稻、玉米、大豆脱粒机的质量评价
NY/T 738—2020	大豆联合收割机作业质量	本标准规定了大豆联合收割机的作业质量要求、检测方法和检验规则。 本标准适用于大豆联合收割机作业的质量评定。
NY/T 2114—2012	大豆疫霉病菌检疫检测与鉴定方法	本标准规定了大豆疫霉病菌的现场和室内检疫检测及鉴定方法。 本标准适用于大豆植株、土壤样品以及大豆籽粒（包括种子）中大豆疫霉病菌的检疫检测与鉴定。
NY/T 3059—2016	大豆抗孢囊线虫鉴定技术规程	本标准规定了大豆抗孢囊线虫的鉴定方法和评价标准。 本标准适用于大豆种质资源和品种对大豆孢囊线虫的抗性鉴定和评价。
NY/T 3428—2019	大豆品种大豆花叶病毒病抗性鉴定技术规程	本标准规定了大豆抗大豆花叶病毒病人工接种鉴定技术和抗病性评价标准。 本标准适用于各类大豆种质资源、品种、品系和材料对大豆花叶病毒病的抗性鉴定和抗性评价。
NY/T 3114.1—2017	大豆抗病虫性鉴定技术规范　第1部分：大豆抗花叶病毒病鉴定技术规范	本部分规定了大豆抗花叶病毒病鉴定技术方法和抗性评价标准。 本部分适用于各种大豆种质资源对大豆花叶病毒病抗性的人工接种鉴定及评价。
NY/T 3114.2—2017	大豆抗病虫性鉴定技术规范　第2部分：大豆抗灰斑病鉴定技术规范	本部分规定了大豆抗灰斑病鉴定技术方法和抗性评价标准。 本部分适用于各种大豆种质资源对大豆灰斑病抗性的田间人工接种鉴定及评价。

标准号	标准名称	摘要
NY/T 3114.3—2017	大豆抗病虫性鉴定技术规范 第3部分：大豆抗霜霉病鉴定技术规范	本部分规定了大豆抗霜霉病鉴定技术方法和抗性评价标准。 本部分适用于各种大豆种质资源对大豆霜霉病抗性的田间人工接种鉴定及评价。
NY/T 3114.4—2017	大豆抗病虫性鉴定技术规范 第4部分：大豆抗细菌性斑点病鉴定技术规范	本部分规定了大豆抗细菌性斑点病鉴定技术方法和抗性评价标准。 本部分适用于各种大豆种质资源对大豆细菌性斑点病抗性的田间人工接种鉴定及评价。
NY/T 3114.5—2017	大豆抗病虫性鉴定技术规范 第5部分：大豆抗大豆蚜鉴定技术规范	本部分规定了大豆抗大豆蚜鉴定技术方法和抗性评价标准。 本部分适用于各种大豆种质资源对大豆蚜的人工接虫鉴定及评价。
NY/T 3114.6—2017	大豆抗病虫性鉴定技术规范 第6部分：大豆抗食心虫鉴定技术规范	本部分规定了大豆抗食心虫鉴定技术方法和抗性评价标准。 本部分适用于各种大豆种质资源对大豆食心虫的人工接虫鉴定及评价。
NY/T 719.1—2003	转基因大豆环境安全检测技术规范 第1部分：生存竞争能力检测	NY/T 719 的本部分规定了转基因大豆生产竞争能力的检测方法。 NY/T 719 的本部分适用于转基因大豆变为杂草的可能性、转基因大豆与非转基因大豆及杂草在农田中竞争能力的检测。
NY/T 719.2—2003	转基因大豆环境安全检测技术规范 第2部分：外源基因流散的生态风险检测	NY/T 719 的本部分规定了转基因大豆基因流散的生态风险检测方法。 NY/T 719 的本部分适用于转基因大豆与野生大豆、普通栽培大豆的流散率以及基因流散距离和频率的检测。
NY/T 719.3—2003	转基因大豆环境安全检测技术规范 第3部分：对生物多样性影响的检测	NY/T 719.3 的本部分规定了转基因大豆对生物多样性影响的检测方法。 NY/T 719.3 的本部分适用于转基因大豆对大豆田节肢动物多样性、大豆病害及大豆根瘤菌影响的检测。
NY/T 1103.2—2006	转基因植物及其产品食用安全检测抗营养素 第2部分：胰蛋白酶抑制剂的测定	本标准规定了转基因植物及其产品中胰蛋白酶抑制剂的测定方法。 本标准适用于转基因大豆及其产品、转基因谷物及其产品中胰蛋白酶抑制剂的测定。其他的转基因植物，如花生、马铃薯等也可用该方法进行测定。
NY/T 675—2003	转基因植物及其产品检测大豆定性 PCR 方法	本标准规定了转基因大豆及其产品的定性 PCR 检测方法。 本标准适用于转基因抗草甘膦大豆及其产品、转基因抗草甘膦大豆及其产品、转基因高油酸大豆及其产品，包括大豆种子、大豆、豆粕、大豆粉、大豆油及其他大豆制品中转基因成分的定性 PCR 检测。
NY/T 1205—2006	大豆水溶性蛋白含量的测定	本标准规定了大豆中水溶性蛋白含量的测定方法。 本标准适用于大豆中水溶性蛋白含量的测定。
NY/T 1526—2007	植物油中棕榈油的鉴别	本标准规定了用气相色谱法鉴别植物油中棕榈油的方法。 本标准适用于植物油（花生油、菜籽油、大豆油、葵花籽油、玉米油、芝麻油、油茶籽油）中的棕榈油的定性定量检测。 本方法棕榈油的最小检出量为 5%。
NY/T 1599—2008	大豆热损伤率的测定	本标准规定了大豆热损伤率的测定方法。 本标准适用于大豆热损伤率的测定。
NY/T 1740—2009	大豆中异黄酮含量的测定 高效液相色谱法	本标准规定了利用高效液相色谱法对大豆中异黄酮化合物分离、检测的方法。 本标准适用于大豆籽粒中异黄酮（黄豆苷、黄豆黄素苷和染料木苷）含量的测定。单个异黄酮化合物的最低检出限为 20 mg/kg。

标准号	标准名称	摘要
NY/T 2004—2011	大豆及制品中磷脂组分和含量的测定　高效液相色谱法	本标准规定了高效液相色谱法测定大豆及制品中磷脂组分和含量的方法。 本标准适用于大豆及制品（豆腐、豆浆、腐乳等）中磷脂酰胆碱、磷脂酰乙醇胺、磷脂酰肌醇的测定。
NY/T 3105—2017	植物油料含油量测定　近红外光谱法	本标准规定了植物油料含油量的近红外光谱测定方法。 本标准适用于油菜、花生、大豆、芝麻等植物油料含油量的测定。 本标准方法不适用于仲裁检验。
NY/T 3112—2017	植物油中异黄酮的测定　液相色谱-串联质谱法	本标准规定了植物油中异黄酮含量的测定方法。 本标准适用于植物油中大豆黄酮苷、染料木苷、大豆黄酮、染料木素标准4种异黄酮含量的测定。 本标准方法大豆黄酮苷、染料木苷、大豆黄酮、染料木素的检出限均为0.3 μg/kg。
NY/T 3298—2018	植物油料中粗蛋白质的测定　近红外光谱法	本标准规定了植物油料中粗蛋白质的近红外光谱测定方法。 本标准适用于油菜、大豆、花生、芝麻等植物油料中粗蛋白质含量的快速测定。 本标准方法不适用于仲裁检验。
NY/T 3299—2018	植物油料中油酸、亚油酸的测定　近红外光谱法	本标准规定了植物油料中油酸、亚油酸的近红外光谱测定方法。 本标准适用于油菜、花生、大豆、芝麻等主要植物油料中油酸、亚油酸的快速测定。 本标准方法不适用于仲裁检验。
NY/T 3673—2020	植物油料中角鲨烯含量的测定	本标准规定了油料中角鲨烯含量测定的气相色谱质谱法和气相色谱法。 本标准适用于油料（油菜籽、大豆、花生、芝麻等）中角鲨烯含量的测定。
NY/T 1010—2006	大豆品质同质性评价技术规范	本标准规定了大豆品质同质性评价术语定义、评价程序、扦样方法、检验方法、评价模式、评价结论。 本标准适用于大豆的品质同质性的评价。
NY/T 1933—2010	大豆等级规格	本标准规定了大豆的术语和定义、分类、等级规格要求、抽样方法、试验方法、检验规则、标签标识、包装、储存和运输。 本标准适用于商品大豆。
NY/T 3705—2020	鲜食大豆品种品质	本标准规定了鲜食大豆品种品质的术语和定义、分类、质量要求、检验方法和检验规则。 本标准适用于鲜食大豆品种的选育、审定和推广，不适用于市场销售。
NY/T 1359—2007	大豆带式精选机质量评价技术规范	本标准规定了大豆带式精选机的术语和定义、质量指标、试验方法和检验规则。 本标准适用于大豆带式精选机的质量评价和产品质量监督检验。
NY/T 1414—2007	大豆磨浆机质量评价技术规范	本标准规定了大豆磨浆机产品质量评价指标、检测方法和检验规则。 本标准适用于磨浆机产品质量评定。
NY/T 2317—2013	大豆蛋白粉及制品辐照杀菌技术规范	本标准规定了大豆蛋白粉及制品辐照杀菌处理的辐照前要求、辐照、辐照后质量要求、检验方法、标识和运输、贮存要求。 本标准适用于大豆蛋白粉及制品的辐照杀菌。
NY/T 1129—2006	豆类清选机	本标准规定了豆类清选机的型号标记、要求、试验方法、检验规则、标志、包装、运输和贮存。 本标准适用于用水清选大豆、红小豆、绿豆等豆类的卧式和立式清选机。
NY/T 5344.2—2006	无公害食品产品抽样规范　第2部分：粮油	本部分规定了无公害农产品粮油类产品抽样的方法。 本部分适用于无公害农产品粮油类产品（小麦、大米、玉米、大豆、绿豆、蚕豆、花生仁/果、芝麻、油菜籽等）认证检验和监督检验的抽样。

标准号	标准名称	摘要
NY/T 286—1995	绿色食品　大豆油	本标准规定了绿色食品大豆油的术语，技术要求，检验方法，检验规则及标志、包装、运输、贮藏。 本标准适用于获得绿色食品标志的大豆油。
NY/T 287—1995	绿色食品　高级大豆烹调油	本标准规定了绿色食品高级大豆烹调油的术语，技术要求，检验方法，检验规则及标志、包装、运输、贮藏。 本标准适用于获得绿色食品标志的高级大豆烹调油。
NY/T 1052—2014	绿色食品　豆制品	本标准规定了绿色食品豆制品的术语与定义、分类、要求、检验规则、标志和标签、包装、运输和贮存。 本标准适用于以豆类为原料加工制成的绿色食品豆制品（包括熟制豆类、豆腐、豆腐干、腐竹和腐皮、干燥豆制品、豆粉、大豆蛋白），不适用于豆类饮料、膨化豆制品和发酵性豆制品。
NY/T 2985—2016	绿色食品　低聚糖	本标准规定了绿色食品低聚糖的术语和定义、分类、要求、检验规则、标签、包装、运输和储存。 本标准适用于绿色食品低聚糖，包括低聚葡萄糖、低聚果糖、低聚麦芽糖、大豆低聚糖、棉子低聚糖等，不适用于低聚异麦芽糖、麦芽糊精。
NY/T 748—2020	绿色食品　豆类蔬菜	本标准规定了绿色食品豆类蔬菜的要求、检验规则、标签、包装、运输和储存。 本标准适用于绿色食品豆类蔬菜，包括菜豆、多花菜豆、长豇豆、扁豆、莱豆、蚕豆、刀豆、豌豆、食荚豌豆、四棱豆、菜用大豆、黎豆等。
NY/T 1252—2006	大豆异黄酮	本标准规定了大豆异黄酮基本组分的名称、大豆异黄酮的产品定义、分类、技术要求、检验方法、检验规则和标签、标志、包装、运输、贮存。 本标准适用于以食用大豆粕为主要原料生产的、主要成分为大豆异黄酮的粉状物产品。
NY/T 130—1989	饲料用大豆饼	本标准规定了饲料用大豆饼的质量指标及分级标准。 本标准适用于以大豆为原料，以压榨法取油后所得饲料用大豆饼。
NY/T 134—1989	饲料用黑大豆	本标准规定了饲料用黑大豆的质量指标及分级标准。 本标准适用于饲料用黑大豆籽实。
QB/T 5397—2019	大豆食品中异黄酮含量的测定	本标准规定了大豆食品中异黄酮（大豆苷、染料木苷、大豆苷元、染料木素、黄豆黄素、黄豆黄苷）含量测定的高效液相色谱法。 本标准适用于原料大豆及豆浆、豆腐、腐乳等大豆食品中异黄酮含量的测定。 本标准测试方法的线性范围：0.5~100 μg/mL。 本标准测试方法的检出限：2.5 μg/kg。
SB/T 10229—1994	豆制品理化检验方法	本标准规定了豆制品中水分、蛋白质、氯化钠、无盐固形物、总酸、氨基酸态氮以及豆类淀粉制品中淀粉含量的检验方法。 本标准适用于以大豆为原料生产的豆制产品以及以豆类淀粉为原料生产的豆类淀粉产品。
SB/T 10687—2012	大豆食品分类	本标准规定了大豆食品的分类、定义。 本标准适用于大豆食品的管理、生产、检验、科研、教学及其他有关领域。
SB/T 10649—2012	大豆蛋白制品	本标准规定了大豆蛋白制品的术语和定义、分类、原料、辅料和添加剂、技术要求、生产加工的卫生要求、检验方法、检验规则、标签、标志、包装、运输、贮存、销售和召回的要求。 本标准适用于3.1定义产品的生产、检验和销售。
SN/T 1131—2002	大豆疫霉病菌检疫鉴定方法	本标准规定了进出境植物检疫中大豆疫霉病菌的检疫和鉴定方法。 本标准适用于大豆夹带土壤中大豆疫霉病菌的检疫和鉴定，同时也适用于大豆疫病已发生地区大豆疫霉病菌的土壤分离和鉴定。

标准号	标准名称	摘要
SN/T 1586.1—2005	菜豆细菌性萎蔫病菌检测方法	本标准规定了进境植物检疫中菜豆细菌性萎蔫病菌检测方法。 本标准适用于来自菜豆细菌性萎蔫病发生国家和地区的菜豆、绿豆、豇豆、大豆和丁癸草等植物种子的进境检疫。
SN/T 1899—2007	大豆茎溃疡病菌检疫鉴定方法	本标准确立了进境大豆［*Glycine max*（L.）Merrill］种子及其夹带的植物残体的大豆茎溃疡病菌检疫和鉴定方法。 本标准适用于对来自大豆茎溃疡病发生国家和地区的所有用于加工和繁殖的大豆的进境检疫。
SN/T 2474—2010	大豆疫霉病菌实时荧光PCR检测方法	本标准规定了大豆疫霉病菌（*Phytophthora sojae* Kaufmann & Gerdemann）的实时荧光PCR检测鉴定方法。 本标准适用于大豆夹杂的土壤传带大豆疫霉病菌的检测。
SN/T 3399—2012	大豆茎溃疡病菌检疫鉴定方法-TaqMan MGB探针实时荧光PCR检测方法	本标准规定了大豆茎溃疡包括大豆北方茎溃疡病菌［*Diaporthe phaseolorum*（Cooke et Ell.）Sacc. var. *caulivora* Athow et Caldwell］和大豆南方茎溃疡病菌［*Diaporthe phaseolorum*（Cooke et Ell.）Sacc. var. *meridionalis* F. A. Fernandez］*Taq* Man MGB探针实时荧光PCR检疫鉴定方法。 本标准适用于大豆种子、病残体中大豆茎溃疡病菌的实时荧光PCR检疫鉴定。
SN/T 3579—2013	大豆疫病菌活性检测方法	本标准规定了应用激光扫描共聚焦显微镜对大豆疫霉病菌（*Phytophthora sojae* Kaufmann & Gerdemann）的活性进行检测的方法。 本标准适用于大豆及土壤中携带的大豆疫霉病菌的活性检测。
SN/T 4865—2017	大豆拟茎点种腐病菌检疫鉴定方法	本标准规定了进出境大豆种子及其夹带的植物残体中大豆拟茎点种腐病菌（*Phomopsis longicolla* Hobbs）的检疫鉴定方法。 本标准适用于大豆拟茎点种腐病菌的检疫和鉴定。
SN/T 3398—2012	大豆检疫性病毒多重实时荧光RT-PCR检测方法	本标准规定了烟草环斑病毒、南芥菜花叶病毒、番茄环斑病毒、南方菜豆花叶病毒和菜豆荚斑驳病毒的多重实时荧光RT-PCR检测方法。 本标准适用于大豆及其加工产品中上述五种病毒的检测。
SN/T 4877.10—2017	基因条形码筛查方法 第10部分：检疫性疫霉	SN/T 4877的本部分规定了栗疫霉黑水病菌、马铃薯疫霉绯腐病菌、草莓疫霉红心病菌、树莓疫霉根腐病菌、柑橘冬生疫霉、雪松疫霉根腐病菌、苜蓿疫霉根腐病菌、菜豆疫霉病菌、栎树猝死病菌、大豆疫霉病菌和丁香疫霉病菌的DNA条形码筛查。 本部分适用于栗疫霉黑水病菌、马铃薯疫霉绯腐病菌、草莓疫霉红心病菌、树莓疫霉根腐病菌、柑橘冬生疫霉、雪松疫霉根腐病菌、苜蓿疫霉根腐病菌、菜豆疫霉病菌、栎树猝死病菌、大豆疫霉病菌和丁香疫霉病菌的DNA条形码筛查种序列的扩增、分析及结果判定等。
SN/T 4877.5—2017	基因条形码筛查方法 第5部分：检疫性拟茎点霉	SN/T 4877的本部分规定了大豆北方茎溃疡病菌、大豆南方茎溃疡病菌、向日葵茎溃疡病菌、黄瓜黑色根腐病菌等4种检疫性拟茎点霉DNA条形码筛查方法。 本部分适用于进境植物及其产品中大豆北方茎溃疡病菌、大豆南方茎溃疡病菌、向日葵茎溃疡病菌、黄瓜黑色根腐病菌等4种检疫性拟茎点霉的筛查。
SN/T 1195—2003	大豆中转基因成分的定性PCR检测方法	本标准规定了大豆中转基因成分的定性聚合酶链式反应（PCR）检测方法。 本标准适用于大豆中抗草甘膦转基因大豆（roundup ready soybean）中的转基因成分的检测。
SN/T 1202—2010	食品中转基因植物成分定性PCR检测方法	本标准规定了食品中转基因植物成分的定性PCR检测方法。 本标准能够检测出以大豆、玉米、番茄、马铃薯、水稻、小麦为主要原料生产的食品中0.1%转基因成分。
SN/T 2668—2010	转基因植物品系特异性检测方法	本标准规定了几种重要的转基因植物品系特异性（转化事件特异性）检测方法。 本标准适用于转基因玉米（Bt10，Bt11，GA21，Mon810，Mon863，NK603，T25，TC1507）、转基因大豆（GTS-40-3-2，A2704-12）、转基因油菜（RT73，T45，Ms8，Rf3）、转基因番茄（华番1号）和转基因马铃薯（EH92-527-1）的品系特异性检测。

标准号	标准名称	摘要
SN/T 3576—2013	转基因成分检测大豆 PCR-DHPLC 检测方法	本标准规定了大豆中转基因成分的 PCR-DHPLC 检测方法。 本标准适用于转基因大豆（roundup ready soybean，RRS）中的转基因成分的检测。
SN/T 1204—2016	植物及其加工产品中转基因成分实时荧光 PCR 定性检验方法	本标准规定了植物及其加工产品中转基因成分筛选和品系鉴定实时荧光 PCR 检测方法。 本标准适用于大豆、玉米、油菜籽、水稻、棉花、马铃薯、亚麻、甜菜、苜蓿、番茄、木瓜、苹果、菊苣、剪股颖、烟草、李子、甜瓜、小麦、茄子和桉树转基因筛选检测，也适用于大豆、玉米、油菜、水稻、棉花、马铃薯、亚麻和甜菜等作物的品系特异性实时荧光 PCR 检验。
SN/T 5334. 2—2020	转基因植物产品的数字 PCR 检测方法 第 2 部分：转基因大豆	本文件规定了进出口大豆中转基因品系特异性的数字 PCR（dPCR）定量检测方法。 本文件适用于大豆种子、叶片中转基因成分定量检测。
SN/T 4417—2016	常见食品过敏原可视芯片检测方法	本标准规定了食品中大豆、花生、小麦、腰果、牛、鱼、鸡、虾等 8 种常见食品过敏原成分的可视芯片检测方法。 本标准适用于检测糕点、巧克力等食品中 8 种食品过敏原成分的定性检测，其他食品可参照使用。 本标准所规定方法的最低检出限（LOD）为 0. 01%（质量分数）。
SN/T 1849—2006	进境大豆检疫规程	本标准规定了进境大豆的检疫方法及检疫结果的评定。 本标准适用于经海港和陆路口岸进境加工用大豆的检疫，不适用于进境种用大豆的检疫。
SN/T 4645—2016	进口大豆品质检验方法	本标准规定了进口大豆感观和理化品质检验的术语和定义、分类及其检验方法。 本标准适用于进口大豆的品质检验。
SN/T 1606—2005	进出口植物性产品中苯氧羧酸类除草剂残留量检验方法　气相色谱法	本标准规定了进出口粮谷中麦草畏、2,4-滴丙酸、2,4-滴，2,4,5-三氯苯氧基丙酸、2,4,5-三氯苯氧基乙酸、2,4-滴丁酸残留量的抽样、制样和气相色谱-质谱测定方法。 本标准适用于进出口小麦、大麦、大豆、油菜籽和大米中麦草畏、2,4-滴丙酸、2,4-滴，2,4,5-三氯苯氧基丙酸、2,4,5-三氯苯氧基乙酸、2,4-滴丁酸残留量的检验。
SN/T 1739—2006	进出口粮谷和油籽中多种有机磷农药残留量的检测方法　气相色谱串联质谱法	本标准规定了进出粮谷及油籽中 55 种有机磷农药残留量的气相色谱-质谱检测方法。 本部分适用于进出口糙米、玉米、大豆、花生仁中 55 种有机磷农药残留量的测定和确证。
SN/T 0134—2010	进出口食品中杀线威等 12 种氨基甲酸酯类农药残留量的检测方法　液相色谱-质谱/质谱法	本标准规定了食品中杀线威、灭多威、抗蚜威、涕灭威、速灭威、噁虫威、克百威、甲萘威、乙硫甲威、异丙威、乙霉威和仲丁威等 12 种氨基甲酸酯类农药残留量的液相色谱-质谱/质谱检测方法。 本标准适用于玉米、糙米、大麦、白菜、大葱、小麦、大豆、花生、苹果、柑橘、牛肝、鸡肾和蜂蜜中杀线威、灭多威、抗蚜威、涕灭威、速灭威、噁虫威、克百威、甲萘威、乙硫甲威、异丙威、乙霉威、仲丁威残留量的检测和确证。
SN/T 1923—2007	进出口食品中草甘膦残留量的检测方法　液相色谱-质谱/质谱法	本标准规定了食品中草甘膦残留量检验的制样和液相色谱-串联质谱测定方法。 本标准适用于大豆、小麦、大米、玉米、甘蔗、柑橙、紫苏、板栗、茶叶、虾、鱼、畜禽肉、蜂蜜、香料、人参中草甘膦（PMG）及其代谢产物氨甲基膦酸（AMPA）残留量的检测和确证。
SN/T 2152—2008	进出口食品中氟铃脲残留量检测方法　高效液相色谱-质谱/质谱法	本标准规定了进出口食品中氟铃脲残留量的液相色谱-质谱/质谱检测方法。 本标准适用于大米、大豆、番茄、洋葱、蘑菇、苹果、草莓、芦笋、胡萝卜、紫苏叶、花生、板栗、鸡肉、牛肉和猪肾中氟铃脲残留量的测定和确证。

标准号	标准名称	摘要
SN/T 2232—2008	进出口食品中三唑醇残留量的检测方法 气相色谱-质谱法	本标准规定了食品中三唑醇残留量的气相色谱-质谱检测方法。 本标准适用于荷兰豆、什锦蔬菜、橙、大豆、木薯干、乌龙茶、大米、牛肉、鲫鱼、蜂王浆、龙虾仁和蜂蜜等食品中三唑醇残留量的测定和确证。
SN/T 2234—2008	进出口食品中丙溴磷残留量检测方法 气相色谱法和气相色谱-质谱法	本标准规定了食品中丙溴磷残留量测定的制样、气相色谱测定和气相色谱-质谱测定及确证方法。 本标准适用于西兰花、甘蓝、胡萝卜、生姜、苹果、梨、花生、茶叶、牛奶、蜂蜜、大米、大豆、鸡肉、兔肉、鱼肉、虾肉中丙溴磷残留量的测定和确证。
SN/T 2441—2010	进出口食品中涕灭威、涕灭威砜、涕灭威亚砜残留量检测方法 液相色谱-质谱/质谱法	本标准规定了食品中涕灭威及其代谢产物涕灭威砜、涕灭威亚砜残留量的液相色谱-质谱/质谱检测和确证。 本标准适用于生姜、番茄、菠菜、大米、花生、大豆、杏仁、苹果、柑橘、茶叶、猪肝、鸡肉、牛奶中涕灭威、涕灭威砜、涕灭威亚砜的测定和确证。
SN/T 2458—2010	进出口食品中十三吗啉残留量的测定 液相色谱-质谱/质谱法	本标准规定了进出口食品中十三吗啉残留量的液相色谱-质谱/质谱测定方法。 本标准适用于苹果、菠菜、姜、小麦、花生、牛肉、鸡肝、鱼肉、大豆、蜂蜜、奶和茶叶中十三吗啉残留量的检测和确证。
SN/T 0702—2011	进出口粮谷和坚果中乙酯杀螨醇残留量的检测方法 气相色谱-质谱法	本标准规定了粮谷及坚果中乙酯杀螨醇残留量测定的制样、气相色谱-质谱测定及确证方法。 本标准适用于大米、小麦、大麦、玉米、大豆、燕麦、核桃仁、杏仁、榛子仁、花生、芝麻、栗子、甘薯、山药中乙酯杀螨醇残留量的测定和确证。
SN/T 1605—2017	进出口植物性产品中氰草津、氟草隆、莠去津、敌稗、利谷隆残留量检验方法 液相色谱-质谱/质谱法	本标准规定了食用植物性产品中氰草津、氟草隆、莠去津、敌稗、利谷隆残留的液相色谱-质谱/质谱检测方法。 本标准适用于大米、橙子、玉米、菠菜、大白菜、大豆中氰草津、氟草隆、莠去津、敌稗、利谷隆残留量的测定和确证。
SN 0656—1997	出口油籽中乙霉威残留量检验方法	本标准规定了出口油籽中乙霉威残留量检验的抽样、制样、气相色谱测定方法及气相色谱-质谱确证方法。 本标准适用于出口大豆、花生仁中乙霉威残留量的检验。
SN/T 0586—2012	出口粮谷及油籽中特普残留量检测方法	本标准规定了出口粮谷及油籽中特普残留量的气相色谱检测方法。 本标准适用于出口大米、玉米、花生和大豆中特普残留量的检测。
SN/T 0596—2012	出口粮谷及油籽中稀禾定残留量检测方法 气相色谱-质谱法	本标准规定了出口粮谷中稀禾定残留量的气相色谱-质谱测定和确证方法。 本标准适用于出口玉米、大米、大豆、花生和荞麦中稀禾定残留量的测定。
SN/T 0603—2013	出口植物源食品中四溴菊酯残留量检验方法 液相色谱-质谱/质谱法	本标准规定了植物源食品中四溴菊酯残留量的液相色谱-质谱/质谱法（LC-MS/MS）测定和确证方法。 本标准适用于大米、糙米、玉米、小麦、茶叶、浓缩芒果汁、大豆、苹果、桔子、白菜、上海青中四溴菊酯残留量的测定和确证。
SN/T 3628—2013	出口植物源食品中二硝基苯胺类除草剂残留量测定 气相色谱-质谱/质谱法	本标准规定了出口植物源食品中乙丁烯氟灵、氟乐灵、乙丁氟灵、环丙氟灵、氯乙氟灵、氨基乙氟灵、氨基丙氟灵、双丁乐灵、异丙乐灵、二甲戊乐灵、磺乐灵共 11 种二硝基苯胺类除草剂残留量的气相色谱串联质谱检测方法。 本标准适用于大豆、大米、小麦、洋葱、卷心菜、柑橘和苹果中 11 种二硝基苯胺类除草剂残留量的测定。
SN/T 3699—2013	出口植物源食品中 4 种噻唑类杀菌剂残留量的测定 液相色谱-质谱/质谱法	本标准规定了植物源性食品中土菌灵、噻唑菌胺、辛噻酮和苯噻硫氰的液相色谱-质谱/质谱测定和确证方法。 本标准适用于大豆、玉米、小麦、葡萄、菜心、茶叶和洋葱中土菌灵、噻唑菌胺、辛噻酮和苯噻硫氰的测定。

标准号	标准名称	摘要
SN/T 0293—2014	出口植物源性食品中百草枯和敌草快残留量的测定　液相色谱-质谱/质谱法	本标准规定了出口植物源性食品中百草枯和敌草快的制样和液相色谱-质谱/质谱测定方法。 本标准适用于大米、大豆、玉米、小麦、棉籽、干木耳、甘蓝、苹果、香蕉、草莓中百草枯和敌草快残留量的测定和确证。
SN/T 3149—2012	出口食品中三苯锡、苯丁锡残留量检测方法　气相色谱-质谱法	本标准规定了出口食品中三苯锡和苯丁锡的气相色谱-质谱检测方法。 本标准适用于出口苹果、白菜、大葱、茶叶、大米、大豆、鱼肉、猪肉、猪肾、牛奶、鸡蛋中三苯锡和苯丁锡残留量的测定和确证。
SN/T 3539—2013	出口食品中丁氟螨酯的测定	本标准规定了出口食品中丁氟螨酯及其代谢物邻三氟甲基苯甲酸残留量的液相色谱-串联质谱检测方法。 本标准适用于大豆、茄子、甘蓝、番茄、苹果、茶叶、猪肉、鱼肉、猪肝等食品中丁氟螨酯及其代谢物邻三氟甲基苯甲酸残留量的测定和确证。
SN/T 3725—2013	出口食品中对氯苯氧乙酸残留量的测定	本标准规定了食品中对氯苯氧乙酸残留量的液相色谱-质谱/质谱测定方法。 本标准适用于茄子、番茄、豆芽、苹果、柑橘、荔枝、葡萄、大米、玉米、大豆、猪肉、虾肉、蜂蜜、茶叶中对氯苯氧乙酸残留量的测定和确证。
SN/T 3726—2013	出口食品中烯肟菌酯残留量的测定	本标准规定了食品中烯肟菌酯残留量的液相色谱-质谱/质谱测定方法。 本标准适用于菜心、黄瓜、番茄、葡萄、柑橘、大米、玉米、大豆、虾肉、猪肉、蜂蜜、茶叶中烯肟菌酯残留量的测定和确证。
SN/T 4013—2013	出口食品中异菌脲残留量的测定　气相色谱-质谱法	本标准规定了食品中异菌脲残留量的气相色谱-质谱测定方法。 本标准适用于大米、大豆、猪肉、牛肉、鸡肝、牛奶、橙子、蓝莓、菠菜、洋葱、胡萝卜、板栗和茶叶中异菌脲残留量的检测和确证。
SN/T 0707—2014	出口食品中二硝甲酚残留量的测定　液相色谱-质谱/质谱法	本标准规定了出口食品中二硝甲酚的制样和液相色谱-质谱/质谱测定方法。 本标准适用于鸡肉、猪肉、猪肝、牛肉、牛肝、牛肾、大米、玉米、小麦、大豆、苹果和甘蓝中二硝甲酚残留量的测定和确证。
SN/T 1738—2014	出口食品中虫酰肼残留量的测定	本标准第一法规定了食品中虫酰肼残留量的液相色谱-质谱/质谱测定方法。 本标准第二法规定了食品中虫酰肼残留量的气相色谱-质谱测定方法。 本标准第三法规定了食品中虫酰肼残留量的液相色谱测定方法。 本标准第一法适用于大米、玉米、大豆、猪肉、鸡肝、牛奶、蓝莓、橙子、菠菜、洋葱、板栗仁和茶叶中虫酰肼残留量的检测和确证。 本标准第二法适用于糙米、玉米、大豆、花生仁中虫酰肼残留量的测定。 本标准第三法适用于大米中虫酰肼残留量的测定。
SN/T 3859—2014	出口食品中仲丁灵农药残留量的测定	本标准规定了食品中仲丁灵残留量的气相色谱检测和气相色谱-质谱/质谱确证方法。 本标准适用于大米、大豆、梨、西瓜、番茄、卷心菜、茄子、南瓜、胡萝卜、猪肉、猪肝、鸡肉中仲丁灵残留量的测定。
SN/T 3862—2014	出口食品中沙蚕毒素类农药残留量的筛查测定　气相色谱法	本标准规定了食品中杀螟丹、杀虫环、杀虫双、杀虫磺、杀虫单等沙蚕毒素类农药残留量的气相色谱筛查测定方法。 本标准适用于大米、玉米、马铃薯、菠菜、洋葱、橙子、樱桃、大豆、辣椒、蘑菇等食品中杀暝丹、杀虫环、杀虫双、杀虫磺、杀虫单等沙蚕毒素类农药残留量的筛查测定。
SN/T 3935—2014	出口食品中烯效唑类植物生长调节剂残留量的测定　气相色谱-质谱法	本标准规定了出口食品中烯效唑、多效唑、抑芽唑、丙环唑、三唑酮、戊唑醇、已唑醇、糠菌唑、氟硅唑、腈菌唑和烯唑醇 11 种植物生长调节剂残留量的气相色谱-质谱测定方法。 本标准适用于甘蓝、番茄、苹果、柑橘、大米、玉米、大豆、花生油、鸡肉、蜂蜜中 11 种植物生长调节剂残留量的测定和确证。
SN/T 3983—2014	出口食品中氨基酸类有机磷除草剂残留量的测定　液相色谱-质谱/质谱法	本标准规定了大米、小麦、大豆、玉米、奶白菜、葡萄、橙子、马铃薯、大蒜、茶叶、虾肉、鱼肉和蜂蜜等食品中草甘膦（glyphosate）及其代谢产物氨甲基膦酸（aminomethyl phosphonic acid，AMPA）和草铵膦（glufosinate）等氨基酸类有机膦除草剂残留量的液相色谱-质谱/测定方法。 本标准适用于大米、小麦、大豆、玉米、奶白菜、葡萄、橙子、马铃薯、大蒜、茶叶、虾肉、鱼肉和蜂蜜中草甘膦、氨甲基膦酸（AMPA）和草铵膦残留量的测定与确证。

标准号	标准名称	摘要
SN/T 4046—2014	出口食品中噻虫啉残留量的测定	本标准规定了出口农产品中噻虫啉残留量的高效液相色谱测定方法。 本标准适用于番茄、大白菜、萝卜、马铃薯、苹果、香蕉、大豆、韭菜、洋葱、猪肉、鸡肉、猪肝、油脂、蜂蜜、大米、鸡蛋、牛奶、茶叶中噻虫啉残留量的测定。
SN/T 1017.7—2014	出口粮谷中涕灭威、甲萘威、杀线威、噁虫威、抗蚜威残留量的测定	SN/T 1017 的本部分规定了出口粮谷中涕灭威、甲萘威、杀线威、噁虫威、抗蚜威残留量的液相色谱-质谱/质谱和液相色谱的测定方法。 本部分适用于出口大米、玉米、小麦和大豆中涕灭威、甲萘威、杀线威、噁虫威、抗蚜威五种氨基甲酸酯类农药残留量的测定。
SN/T 0526—2015	出口食品中增效醚残留量的检测方法　液相色谱-质谱/质谱法	本标准规定了食品中增效醚残留量的制样方法与液相色谱-质谱/质谱测定方法。 本标准适用于猪肉、鸡肝、牛肾、牛脂肪、鸡蛋、牛奶、柑橘、大豆、花生、大蒜、马铃薯、菠菜、芹菜、小麦、大米、大麦、芝麻等食品中增效醚残留量的液相色谱-质谱/质谱的测定。
SN/T 0601—2015	出口食品中毒虫畏残留量测定方法　液相色谱-质谱/质谱法	本标准规定了出口食品中毒虫畏残留量的液相色谱-质谱/质谱测定方法。 本标准适用于出口大米、小麦、大豆、卷心菜、洋葱、苹果、柑橘、猪肉、牛肉和牛肾中毒虫畏残留量的定性定量测定。
SN/T 4264—2015	出口食品中四聚乙醛残留量的检测方法　气相色谱-质谱法	本标准规定了出口食品中四聚乙醛残留量的气相色谱-质谱检测方法。 本标准适用于大米、大豆、菠菜、番茄、洋葱、生姜、苹果、板栗、茶叶、猪肉、猪肝、鱼肉中四聚乙醛残留量的测定。
SN/T 0660—2016	出口粮谷中克螨特残留量的测定	本标准规定了出口粮谷中克螨特残留量的气相色谱和液相色谱/质谱/质谱检测方法。 本标准适用于出口小麦、大麦、大米、大豆、玉米中克螨特残留量的测定。
SN/T 0151—2016	出口植物源食品中乙硫磷残留量的测定	本标准规定了出口植物源食品中乙硫磷残留量测定的气相色谱检测及气相色谱-质谱确证方法。 本标准适用于大米、番茄、西兰花、大豆油、桃子、橘子、草莓、苹果、茶叶等乙硫磷残留量的检测和确证。
SN/T 0591—2016	出口粮谷及油籽中二噁硫磷残留量的测定　气相色谱和气相色谱-质谱法	本标准规定了出口粮谷及油籽中二噁硫磷残留量检测的制样、气相色谱测定和气相色谱-质谱测定及确证方法。 本标准适用于大米、小麦、大麦、玉米、高粱、绿豆、赤豆、花生、大豆、油菜籽中二噁硫磷残留量的检测和确证。
SN/T 4891—2017	出口食品中螺虫乙酯残留量的测定　高效液相色谱和液相色谱-质谱/质谱法	本标准规定了出口食品中螺虫乙酯及其代谢物残留量的液相色谱-质谱/质谱测定方法和出口食品中螺虫乙酯残留量的高效液相色谱测定方法。 本标准液相色谱-质谱/质谱法适用于猪肉、猪肝、猪脂肪、牛奶、鸡蛋、蜂蜜、大豆、小麦、白菜、荔枝和葡萄干等出口食品中螺虫乙酯及其代谢物残留量的定量测定和确证；高效液相色谱法适用于大豆、小麦、白菜、荔枝和葡萄干等出口食品中螺虫乙酯残留量的定量测定。
SN/T 0337—2019	出口植物源性食品中克百威及其代谢物残留量的测定　液相色谱-质谱/质谱法	本标准规定了出口植物源性食品中克百威及其代谢物 3-羟基克百威残留量的测定方法。 本标准适用于大米、小麦、大豆、花生、洋葱、油菜、菠菜、番茄、黄瓜、马铃薯、橙子、苹果、香蕉和茶叶中克百威及其代谢物 3-羟基克百威残留量的检测和确证。
SN/T 0491—2019	出口植物源食品中苯氟磺胺残留量检测方法	本标准规定了出口植物源食品中苯氟磺胺残留量的气相色谱检测方法和气相色谱质谱确证方法。 本标准适用于大米、小麦、大豆、玉米、糙米、梨、葡萄、马铃薯、番茄、黄瓜、蘑菇和干辣椒中苯氟磺胺残留量的测定。
SN/T 1873—2019	出口食品中硫丹残留量的检测方法	本标准规定了食品中 α-硫丹、β-硫丹和硫丹硫酸酯残留量的检测方法。 本标准第一法为气相色谱-质谱法，适用于鳗鱼、泥鳅、鲶鱼、黄鳝、牛肉、大豆、蘑菇、毛豆、菠菜、蒜薹、番茄、甘蓝、苹果、柑橘、茶叶中硫丹残留量的测定。 本标准第二法为气相色谱-质谱/质谱法，适用于鱼、肉、禽蛋、牛奶、粳米、大豆、蘑菇、菠菜、蒜薹、番茄、甘蓝、苹果、柑橘、茶叶、牛肝和甘蔗中硫丹残留量的测定。

标准号	标准名称	摘要
SN/T 5144—2019	出口食品中酮脲磺草吩酯残留量的测定 液相色谱-质谱/质谱法	本标准规定了出口食品中酮脲磺草吩酯残留量的液相色谱质谱/质谱测定方法。 本标准适用于玉米、小麦、大豆、糙米、马铃薯、菠菜、梨、葡萄、茶叶、鸡肉、猪肉、鱼肉、鸡肝、牛奶中酮脲磺草吩酯的确证和定量测定。
SN/T 0800.10—2019	进出口粮食、饲料大豆粉吸水率检验方法	本部分规定了进出口大豆粉吸水率的检验方法。 本部分适用于食品用和作为饲料原料使用的大豆粉吸水率的检验。
SN/T 3626—2013	出口食用油中正己醛含量的测定 顶空固相微萃取气相色谱法	本标准规定了食用油中正己醛的顶空固相微萃取气相色谱测定方法。 本标准适用于花生油、橄榄油、大豆油、玉米油、葵花油、调和油等食用油中正己醛的测定。
SN/T 0800.4—2015	出口粮食、饲料检验 第4部分：尿素酶活性测定方法	SN/T 0800 的本部分规定了尿素酶活性的测定方法。 本部分适用于出口粮食、饲料用大豆粕、饼、粉等大豆制品中尿素酶活性的测定。
SN/T 5141—2019	出口食品中汞形态的测定 液相色谱-电感耦合等离子体质谱法	本标准规定了进出口食品中汞形态的液相色谱电感耦合等离子体质谱测定方法。 本标准适用于鱼类、虾仁、大豆、猪肉、蛋类、菠萝、牛奶和乳粉中无机汞、甲基汞、乙基汞和苯基汞的检测和确证。
SN/T 5276—2020	出口食品中多种过敏原的测定 液相色谱-质谱/质谱法	本标准规定了加工食品中牛奶、鸡蛋、大豆、花生和坚果过敏原蛋白的液相色谱-质谱/质谱检测方法。 本标准适用于饼干、面包、饮料、早餐谷物等食品中牛奶、鸡蛋、大豆、花生、榛子、杏，和核桃过敏原蛋白的液相色谱-质谱/质谱测定和确证。
SN/T 4428—2016	出口油料和植物油中多种农药残留量的测定 液相色谱-质谱/质谱法	本标准规定了出口油料和植物油中多种农药残留量的液相色谱-质谱/质谱测定方法。 本标准适用于大豆油、玉米油、花生油、橄榄油、菜籽油、棕榈油、油菜籽、花生、芝麻、瓜子中 77 种农药残留量的测定。
SN/T 4655—2016	出口食品中草甘膦及其代谢物残留量的测定方法 液相色谱-质谱/质谱法	本标准规定了出口食品中草甘膦及其代谢物（氨甲基磷酸）残留量的液相色谱-质谱/质谱测定方法。 本标准适用于茶叶、小麦、玉米、稻谷、甘蔗、大豆、柑橘、苹果、桃、葡萄、香蕉、西瓜、大麦茶、棉籽油中草甘膦及其代谢物（氨甲基磷酸）残留量的检测和确证。
SN/T 4850—2017	出口食品中草铵膦及其代谢物残留量的测定 液相色谱-质谱/质谱法	本标准规定了出口食品中草铵膦及其代谢物 N-乙酰基草铵膦、3-(甲基膦基)丙酸残留量的液相色谱-质谱/质谱检测方法。 本标准适用于茶叶、稻谷、大豆、玉米、柑橘、苹果、桃、葡萄、香蕉、木瓜、番茄、胡萝卜、马铃薯、洋葱、开心果、菜籽油中草铵膦及其代谢物 N-乙酰基草铵膦、3-(甲基膦基)丙酸残留量的检测和确证。
SN/T 2233—2020	出口植物源性食品中甲氰菊酯残留量的测定	本文件第一法规定了出口植物源性食品中甲氰菊酯残留量的气相色谱串联质谱测定和确证方法。第二法规定了出口植物源性食品中甲氰菊酯残留量的气相色谱-电子捕获检测器（ECD）测定方法。 本文件适用于番茄、胡萝卜、甜椒、紫甘蓝、菠菜、韭菜、芹菜、大白菜、茄子、苹果、柑橘、葡萄、蘑菇、小麦、大豆和茶叶中甲氰菊酯残留量的测定和确证。
SN/T 3767.15—2014	出口食品中转基因成分环介导等温扩增（LAMP）检测方法 第15部分：大豆A2704-12品系	SN/T 3767 的本部分规定了大豆及其制品中转基因大豆 A2704-12 品系特异性的环介导等温扩增（LAMP）初筛检测方法。 本部分适用于大豆及其制品中转基因大豆 A2701-12 品系特异性的定性检测。 本方法的定性检测低限为 0.5%（质量分数）。
SN/T 3767.16—2014	出口食品中转基因成分环介导等温扩增（LAMP）检测方法 第16部分：大豆A5547-127品系	SN/T 3767 的本部分规定了食品中转基因大豆 A5547-127 品系特异性的环介导等温扩增（LAMP）初筛检测方法。 本部分适用于大豆及其加工产品中转基因大豆 A5547-127 品系特异性成分的定性检测。 本方法的定性检测低限为 0.5%（质量分数）。

标准号	标准名称	摘要
SN/T 3767.17—2014	出口食品中转基因成分环介导等温扩增（LAMP）检测方法 第17部分：大豆DP356043品系	SN/T 3767 的本部分规定了大豆及其加工产品中转基因大豆 DP356043 品系特异性的环介导等温扩增（LAMP）筛选检测方法。 本部分适用于大豆及其制品中转基因大豆 DP356043 品系特异性的定性检测。 本方法的定性检测低限为 0.5%（质量分数）。
SN/T 3767.18—2014	出口食品中转基因成分环介导等温扩增（LAMP）检测方法 第18部分：大豆GTS40-3-2品系	SN/T 3767 的本部分规定了食品中转基因大豆 GTS40-3-2 品系特异性的环介导等温扩增（LAMP）初筛检测方法。 本部分适用于大豆及其加工产品转基因大豆 GTS40-3-2 品系特异性成分的定性检测。 本方法的定性检测低限为 0.5%（质量分数）。
SN/T 3767.19—2014	出口食品中转基因成分环介导等温扩增（LAMP）检测方法 第19部分：大豆MON89788品系	SN/T 3767 的本部分规定了大豆及其加工产品中转基因大豆 MON89788 品系特异性的环介导等温扩增（LAMP）初筛检测方法。 本部分适用于大豆及其加工产品中转基因大豆 89788 品系特异性的定性检测。 本方法的定性检测低限为 0.5%（质量分数）。
SN/T 3767.2—2014	出口食品中转基因成分环介导等温扩增（LAMP）检测方法 第2部分：筛选方法	SN/T 3767 的本部分规定了植物源性食品中转基因成分的环介导等温扩增（LAMP）筛选检测方法。 本部分适用于进出口水稻、玉米、大豆、马铃薯及小麦其加工产品的定性检测。 本方法的定性检测低限为 0.5%（质量分数）。
SN/T 1961.19—2013	出口食品过敏原成分检测 第19部分：实时荧光PCR方法检测大豆成分	SN/T 1961 的本部分规定了食品中过敏原大豆成分的实时荧光 PCR 检测方法。 本部分适用于食品及其原料中过敏原大豆成分的定性检测。 本部分所规定方法的最低检出限（LOD）为 0.01%（质量分数）。
SN/T 4419.10—2016	出口食品常见过敏原LAMP系统检测方法 第10部分：大豆	SN/T 4419 的本部分规定了食品中过敏原大豆成分的环介导等温扩增（LAMP）检测方法。 本部分适用于食品及其原料中过敏原大豆成分的定性检测。
2. 花生		
GB/T 1532—2008	花生	本标准规定了花生的术语和定义、分类、质量要求和卫生要求、检验方法、检验规则、标签和标识以及对包装、储存和运输的要求。 本标准适用于加工、储存、运输、贸易的商品花生，不包括经过熟化处理的花生。
GB 4407.2—2008	经济作物种子 第2部分：油料类	GB4407 的本部分规定了油菜（*Brassica napus* L.）、向日葵（*Helianthus annuus* L.）、花生（*Arachis hypogaea* L.）和芝麻（*Sesamun indicum* L.）种子的质量要求、检验方法和检验规则。 本部分适用于中华人民共和国境内生产和销售的上述所提及的油料类种子。
GB/T 17980.126—2004	农药田间药效试验准则（二）第126部分：除草剂防治花生田杂草	本部分规定了除草剂防治花生田杂草田间药效小区试验的方法和基本要求。 本部分适用于除草剂防治春花生、夏花生田杂草的登记用田间药效小区试验及评价。其他田间试验参照本部分执行。
GB/T 17980.84—2004	农药田间药效试验准则（二）第84部分：杀菌剂防治花生锈病药效试验	本部分规定了杀菌剂防治花生锈病（*Puccinia arachidis*）田间药效试验的方法和要求。 本部分适用于杀菌剂防治花生锈病的登记用田间药效小区试验及评价。其他田间药效试验参照本部分执行。
GB/T 17980.85—2004	农药田间药效试验准则（二）第85部分：杀菌剂防治花生叶斑病药效试验	本部分规定了杀菌剂防治花生叶斑病（花生褐斑病 *Cercospora arachidicola*；花生黑斑病 *Phaeoisariopsis personata*）田间药效试验的方法和要求。 本部分适用于杀菌剂防治花生叶斑病的登记用田间药效小区试验及评价。其他田间药效试验参照本部分执行。

标准号	标准名称	摘要
GB/T 29582—2013	花生矮化病毒检疫鉴定方法	本标准规定了花生矮化病毒检疫鉴定方法。 本标准适用于活体植物材料，包括无性繁殖材料、组培苗、种子和苗木中花生矮化病毒的检测。
GB/T 36821—2018	花生黑腐病菌检疫鉴定方法	本标准规定了花生黑腐病菌（*Calonectria ilicicola* Boedijn & Reitsma）的检疫鉴定方法。 本标准适用于花生、大豆等寄主植物及植物产品、土壤等传带的花生黑腐病菌的检疫鉴定。
GB/T 14929. 2—1994	花生仁、棉籽油、花生油中涕灭威残留量测定方法	本标准规定了涕灭威残留量的测定方法。 本标准适用于花生仁、棉籽油、花生油中涕灭威及代谢物残留量的测定。
GB/T 5009. 172—2003	大豆、花生、豆油、花生油中的氟乐灵残留量的测定	本标准规定了大豆、花生、豆油、花生油中氟乐灵残留量的测定方法。 本标准适用于大豆、花生、豆油、花生油中氟乐灵残留量的测定。 本方法的检出限为 0. 001 μg。线性范围：0. 01～ 0. 10 μg/mL。
GB/T 5009. 174—2003	花生、大豆中异丙甲草胺残留量的测定	本标准规定了花生、大豆中异丙甲草胺残留量的测定方法。 本标准适用于花生、大豆中异丙甲草胺残留量的测定。 本方法检出限：0. 016 ng；线性范围：0. 05～5. 0 ng。
GB/T 5009. 180—2003	稻谷、花生仁中噁草酮残留量的测定	本标准规定了稻谷、花生仁中噁草酮残留量的测定方法。 本标准适用于稻谷、花生仁中噁草酮残留量的测定。 本方法检出限：0. 001 ng。 线性范围：0. 01～0. 1 μg/mL。
GB 23200. 6—2016	食品安全国家标准除草剂残留量检测方法 第 6 部分：液相色谱-质谱/质谱法测定食品中杀草强残留量	本标准规定了食品中杀草强残留量的液相色谱-串联质谱（LC-MS/MS）测定方法。 本标准适用于苹果、菠萝、菠菜、胡萝卜、紫苏叶、金银花、姜粉、花椒粉、茶叶、小麦、玉米、花生、肉、鱼及动物肝脏中杀草强残留量的检测和确证；其他食品可参照执行。
GB/T 38163—2019	常见过敏蛋白的测定 液相色谱-串联质谱法	本标准规定了固态食品中牛奶、鸡蛋、大豆、花生、榛子、杏仁和核桃过敏蛋白的液相色谱-串联质谱检测方法。 本标准适用于含小麦粉、燕麦粉、腰果、可可粉等固态食品基质中牛奶、鸡蛋、大豆、花生、榛子、杏仁和核桃过敏蛋白的液相色谱-串联质谱测定和确证。
GB 23200. 5—2016	食品安全国家标准 除草剂残留量检测方法 第 5 部分：液相色谱-质谱/质谱法测定食品中硫代氨基甲酸酯类除草剂残留量	本标准规定了食品中 9 种硫代氨基甲酸酯类农药残留量的液相色谱-质谱联用测定方法。 本标准适用于大米、大豆、白萝卜、小白菜、椰菜、生姜、茶叶、花生、橙、葡萄、鸡肉、鸡肝和鱼肉中 9 种硫代氨基甲酸酯类农药残留的定量测定，其他食品可参照执行。
GB 23200. 32—2016	食品安全国家标准 食品中丁酰肼残留量的测定 气相色谱-质谱法	本标准规定了食品中丁酰肼残留量的气相色谱-质谱检测方法。 本标准适用于花生、大米、大豆、欧芹、苹果、鱼、鸡肉、茶叶和蜂蜜中丁酰肼残留量的测定，其他食品可参照执行。
GB 23200. 45—2016	食品安全国家标准 食品中除虫脲残留量的测定 液相色谱-质谱法	本标准规定了食品中除虫脲残留的液相色谱-质谱检测方法。 本标准适用于大米、玉米、大豆、小麦、花生（仁）、橙子、苹果、西芹、洋葱、蘑菇（鲜）、蜂蜜、蘑菇（干）、茶、鸡肉、牛肉、猪肉、猪肝中除虫脲残留量的测定和确证，其他食品可参照执行。
GB 23200. 51—2016	食品安全国家标准 食品中呋虫胺残留量的测定 液相色谱-质谱/质谱法	本标准规定了进出口食品中呋虫胺残留量的制样和液相色谱-质谱/质谱检测方法。 本标准适用于小麦、花生、玉米、菠菜、苹果、胡萝卜、紫苏叶、猪肉及马哈鱼中呋虫胺残留量的检测和确证。其他食品可参照执行。

标准号	标准名称	摘要
GB 23200.52—2016	食品安全国家标准 食品中嘧菌环胺残留量的测定 气相色谱-质谱法	本标准规定了食品中嘧菌环胺残留量的气相色谱-质谱检测及确证方法。 本标准适用于大米、大豆、小菘菜、甜豌豆、梨、柑桔、花生、茶叶、牛肉、鸡肉、虾肉、蜂蜜中嘧菌环胺残留量的检测和确证，其他食品可参照执行。
GB 23200.53—2016	食品安全国家标准 食品中氟硅唑残留量的测定 气相色谱-质谱法	本标准规定了食品中氟硅唑残留量的气相色谱-质谱检测及确证方法。 本标准适用于大米、大豆、小菘菜、鲜豌豆、梨、柑桔、花生、茶叶、牛肉、鸡肉、虾肉、蜂蜜中氟硅唑残留量的检测和确证，其他食品可参照执行。
GB 23200.55—2016	食品安全国家标准 食品中21种熏蒸剂残留量的测定 顶空气相色谱法	本标准规定了食品中1,1,1-三氯乙烷、反-1,3-二氯丙烯、顺-1,3-二氯丙烯、三氯乙烯、1,2-二氯丙烷、溴二氯甲烷、1,1,2-三氯乙烷、四氯乙烯、三二溴氯甲烷、溴仿、1,1,2,2-四氯乙烷、1,3-二氯苯、1,4-二氯苯、1,2-二氯苯、1,2,4-三氯苯、1,2,3-三氯苯、六氯丁二烯、1,2-二溴乙烷、1,2-二氯乙烷、四氯化碳、三氯甲烷21种熏蒸剂残留量的顶空气相色谱法。 本标准适用于玉米、糙米、花生、大豆、小豆等食品中21种熏蒸剂残留量的测定，其他食品可参照执行。
GB 23200.57—2016	食品安全国家标准 食品中乙草胺残留量的检测方法	本标准规定了食品中乙草胺残留量的气相色谱测定、气相色谱-质谱法确证和制样方法。 本标准适用于花生、大豆、玉米、小麦、洋葱、海菜、鸡肉、猪肉、腰果和松茸中乙草胺残留量的测定，其他食品可参照执行。
GB 23200.61—2016	食品安全国家标准 食品中苯胺灵残留量的测定 气相色谱-质谱法	本标准规定了食品中苯胺灵残留测定的气相色谱-质谱测定方法。 本标准适用于毛豆、芥末菜、芦柑、花生、茶叶、姜、香菇、鳗鱼、猪肉、鸡肝、大米、大豆等进出口食品中苯胺灵残留量的测定和确证，其他食品可参照执行。
GB 23200.62—2016	食品安全国家标准 食品中氟烯草酸残留量的测定 气相色谱-质谱法	本标准规定了食品中氟烯草酸残留量的气相色谱-质谱法。 本标准适用于玉米、芹菜、苹果、花生、茶叶、牛肉、鸡肝、鱼、蜂蜜、大豆和牛奶中氟烯草酸残留量的检测和确证，其他食品可参照执行。
GB 23200.65—2016	食品安全国家标准 食品中四氟醚唑残留量的检测方法	本标准规定了食品中四氟醚唑残留量检测和制样、气相色谱-质谱检测和确证方法。 本标准适用于菠菜、藕、草莓、花生、鸡肉、猪肉、鳕鱼、蜂蜜、板栗、茶叶和酱油中四氟醚唑残留量的测定和确证，其他食品可参照执行。
GB 23200.66—2016	食品安全国家标准 食品中吡螨胺残留量的测定 气相色谱-质谱法	本标准规定了食品中吡螨胺残留量检测和制样、气相色谱-质谱检测和确证方法。 本标准适用于菠菜、藕、草莓、花生、鸡肉、猪肉、鳕鱼、蜂蜜、板栗和茶叶中吡螨胺残留量的测定和确证；其他食品可参照执行。
GB 23200.67—2016	食品安全国家标准 食品中炔苯酰草胺残留量的测定 气相色谱-质谱法	本标准规定了食品中炔苯酰草胺残留量的气相色谱-质谱检测方法。 本标准适用于菠菜、胡萝卜、草莓、花生、鸡肉、葱、鳕鱼、蜂蜜、板栗和茶叶中炔苯酰草胺残留量的检测和确证，其他食品可参照执行。
GB 23200.68—2016	食品安全国家标准 食品中啶酰菌胺残留量的测定 气相色谱-质谱法	本标准规定了食品中啶酰菌胺残留量的气相色谱-质谱检测方法。 本标准适用于菠菜、胡萝卜、草莓、花生、板栗、茶叶、葱、鸡肉、鳕鱼和蜂蜜中啶酰菌胺残留量的检测和确证；其他食品可参照执行。
GB 5009.25—2016	食品安全国家标准 食品中杂色曲霉素的测定	本标准规定了液相色谱-串联质谱法和高效液相色谱法测定杂色曲霉素的测定方法。 本标准适用于大米、玉米、小麦、黄豆及花生中杂色曲霉素的测定。

标准号	标准名称	摘要
GB 5009.272—2016	食品安全国家标准 食品中磷脂酰胆碱、磷脂酰乙醇胺、磷脂酰肌醇的测定	本标准规定了高效液相色谱法测定大豆磷脂、大豆油、菜籽油、花生油、葵花籽油中磷脂酰胆碱、磷脂酰乙醇胺、磷脂酰肌醇三种组分含量的方法。 本标准适用于含油大豆磷脂、脱油大豆磷脂、大豆油、菜籽油、花生油、葵花籽油中磷脂酰胆碱（PC）、磷脂酰乙醇胺（PE）、磷脂酰肌醇（PI）的测定。本标准不适用于大豆溶血磷脂酰胆碱及大豆溶血磷脂乙醇胺的测定。
GB 31653—2021	食品安全国家标准 食品中黄曲霉毒素污染控制规范	本标准规定了在采收、储存前处理、储存、运输、加工等环节过程中控制食品中黄曲霉毒素的基本要求和管理准则。 本标准适用于花生、玉米、核桃、榛子、开心果、松子、巴西果、无花果和油料棉籽的黄曲霉毒素污染控制。
GB 1886.323—2021	食品安全国家标准 食品添加剂 花生衣红	本标准适用于以花生红衣为原料，经水提取、纯化、干燥、精制等工艺制得的食品添加剂花生衣红。
GB/T 5539—2008	粮油检验油脂定性试验	本标准规定了植物油脂定性试验的术语和定义、仪器设备、试验步骤和结果判定方法。 本标准适用于桐油、蓖麻油、亚麻油、矿物油、大豆油、花生油、芝麻油、棉籽油、菜籽油、植物油中猪脂、油茶籽油、茶籽油、大麻籽油的定性或检出试验。
GB/T 24903—2010	粮油检验花生中白藜芦醇的测定 高效液相色谱法	本标准规定了高效液相色谱法测定花生中白藜芦醇含量的原理、试剂和材料、仪器和设备、操作步骤及结果计算。 本标准适用于花生果、花生仁中白藜芦醇含量的测定。 样品中白藜芦醇的检出限为 0.1 mg/kg。
GB/T 5510—2011	粮油检验粮食、油料脂肪酸值测定	本标准规定了粮食、油料脂肪酸值测定的术语和定义、原理、试剂与材料、仪器和设备、操作步骤、结果计算及表示、精密度。 本标准的苯提取法适用于小麦粉等粮食脂肪酸值的测定；石油醚提取法适用于大豆、花生、油菜籽、核桃、芝麻、葵花籽、玉米胚芽脂肪酸值的测定。 本标准不适用于其他油料脂肪酸值的测定。
GB 14891.3—1997	辐照干果果脯类卫生标准	本标准规定了辐照干果果脯类食品的技术要求和检验方法。 本标准适用于经 γ 射线或电子束照射的花生仁、桂圆、空心莲、核桃、生杏仁、红枣、桃脯、杏脯、山楂脯及其他蜜饯类食品。
GB/T 1534—2017	花生油	本标准规定了花生油的术语和定义、分类、质量要求、检验方法及规则、标签、包装、贮存运输和销售等要求。 本标准适用于成品花生油和花生原油。 花生原油的质量指标仅适用于花生原油的贸易。
GB/T 1534—2017（XG1—2019）	花生油《第 1 号修改单》	本标准规定了花生油的术语和定义、分类、质量要求、检验方法及规则、标签、包装、贮存运输和销售等要求。 本标准适用于成品花生油和花生原油。花生原油的质量指标仅适用于花生原油的贸易。
GB/T 13383—2008	食用花生饼、粕	本标准规定了食用花生饼、粕的相关术语和定义、分类、要求、检验方法、检验规则、标签标识以及包装、储存和运输要求。 本标准适用于食品工业用商品食用花生饼、粕。
GB/T 19693—2008	地理标志产品新昌花生（小京生）	本标准规定了新昌花生（小京生）的地理标志产品保护范围、术语和定义、要求、试验方法、检验规则、标志、标签、包装、运输及贮存。 本标准适用于国家质量监督检验检疫行政主管部门根据《地理标志产品保护规定》批准保护的新昌花生（小京生）。

标准号	标准名称	摘要
BJS 201712	食用油脂中脂肪酸的综合检测法	本方法适用于食用植物油（花生油、大豆油、玉米油、植物调和油、橄榄油、葵花籽油、芥花油、菜籽油、香油、棕榈油等）是否存在异常的检测及识别。
KJ 201708	食用油中黄曲霉毒素B1的快速检测胶体金免疫层析法	本方法规定了食用油中黄曲霉毒素B1的胶体金免疫层析快速检测方法。 本方法适用于花生油、玉米油、大豆油及其他植物油脂等食用油中黄曲霉毒素B1的快速测定。
JB/T 13076—2017	花生联合收获机	本标准规定了花生联合收获机的术语和定义、型号、技术要求、试验方法、检验规则、标志、包装、运输和贮存。 本标准适用于牵引式、悬挂式和自走式花生联合收获机。
JB/T 13177—2017	杂粮色选机	本标准规定了杂粮色选机的术语和定义、基本参数与型号标示、技术要求、试验方法、检验规则及标志、包装、运输和贮存。 本标准适用于从花生仁、大豆和小米等适合色选的杂粮中选出异色粒的杂粮色选机。
JB/T 5688. 1—2007	花生剥壳机技术条件	JB/T 5688的本部分规定了花生剥壳机的术语和定义、型号标志、技术要求、检验规则以及标志、包装、运输与贮存。 本部分适用于单滚筒、多滚筒花生剥壳机。
JB/T 5688. 2—2007	花生剥壳机试验方法	JB/T 5688的本部分规定了花生剥壳机性能试验、生产试验的条件及方法。 本部分适用于花生剥壳机。
LS/T 3311—2017	花生酱	本标准规定了花生酱的术语和定义、质量要求、检验方法、检验规则、标签标识、包装、储存和运输的要求。 本标准适用于食用商品花生酱。
NY/T 1067—2006	食用花生	本标准规定了食用花生的术语和定义、分类、要求、试验方法、检验规则、标识、包装、运输和贮存。 本标准适用于食用花生仁（果）的收购、加工、贮存及销售。
NY/T 1068—2006	油用花生	本标准规定了油用花生的术语和定义、要求、试验方法、检验规则、标识、包装、运输和贮存。 本标准适用于油用花生仁（果）的收购、加工、贮存及销售。
NY/T 3250—2018	高油酸花生	本标准规定了食用和油用高油酸花生原料的术语和定义、要求、检验规则、运输和储存。 本标准适用于食用和油用高油酸花生原料的收购、加工、运输、储存及销售。
NY/T 855—2004	花生产地环境技术条件	本标准规定了花生产地空气环境质量、灌溉水质量和土壤环境质量、采样及分析方法。 本标准适用于花生产地环境要求。
NY/T 2396—2013	麦田套种花生生产技术规程	本标准规定了麦田套种花生产地环境要求和生产管理措施。 本标准适用于麦田套种花生的生产。
NY/T 2397—2013	高油花生生产技术规程	本标准规定了高油花生生产产地环境要求和管理措施。 本标准适用于高油花生的生产。
NY/T 2398—2013	夏直播花生生产技术规程	本标准规定了夏直播花生生产产地环境要求和管理措施。 本标准适用于小麦、油菜、大蒜等茬口的夏直播花生生产。
NY/T 2399—2013	花生种子生产技术规程	本规程规定了花生原种、良种生产的分类、方法、检验以及环境和技术要求。 本规程适用于花生原种、良种的繁育。
NY/T 2400—2013	绿色食品花生生产技术规程	本标准规定了绿色食品花生生产地环境要求和生产管理措施。 本标准适用于绿色食品花生生产。

标准号	标准名称	摘要
NY/T 2401—2013	覆膜花生机械化生产技术规程	本标准规定了覆膜花生机械播种、收获和摘果生产产地环境要求和生产管理措施。 本标准适用于覆膜花生机械化生产。
NY/T 2402—2013	高蛋白花生生产技术规程	本标准规定了高蛋白花生生产产地环境要求和生产管理措施。 本标准适用于高蛋白花生生产。
NY/T 2403—2013	旱薄地花生高产栽培技术规程	本标准规定了旱薄地花生生产产地环境要求和管理措施。 本标准适用于旱薄地花生的生产。
NY/T 2404—2013	花生单粒精播高产栽培技术规程	本标准规定了花生单粒精播生产产地环境要求和管理措施。 本标准适用于花生单粒精播生产。
NY/T 2405—2013	花生连作高产栽培技术规程	本标准规定了连作春花生生产管理措施。 本标准适用于连作春花生的生产。
NY/T 2406—2013	花生防空秕栽培技术规程	本标准规定了花生防空秕生产产地环境要求和管理措施。 本标准适用于花生防空秕生产。
NY/T 2407—2013	花生防早衰适期晚收高产栽培技术规程	本标准规定了花生防早衰适期晚收生产管理措施。 本标准适用于花生防早衰适期晚收生产。
NY/T 2408—2013	花生栽培观察记载技术规范	本标准规定了花生的物候期、生育时期、植物学特征等测定指标。 本标准适用于我国各花生主产区花生栽培观察记载。
NY/T 3683—2020	半匍匐型花生栽培技术规程	本标准规定了半匍匐型花生生产的术语和定义、播前准备、播种与覆膜、田间管理、收获与晾晒、清除残膜。 本标准适用于半匍匐型花生生产。
NY/T 3160—2017	黄淮海地区麦后花生免耕覆秸精播技术规程	本标准规定了麦后花生免耕覆秸精播技术的术语和定义、基础条件、播前准备、播种时间、播种、田间管理、收获。 本标准适用于黄淮海地区小麦-花生一年两作区花生生产。
NY/T 3842—2021	东北产区花生生产技术规程	该标准全文未在全国标准信息公共服务或其他行业标准服务公众平台备案。
NY/T 3661—2020	花生全程机械化生产技术规范	本标准规定了花生机械化生产中的基本要求、耕整地、播种、田间管理、收获、干燥作业环节的技术要求。 本标准适用于黄淮海产区的花生机械化生产作业。 注：黄淮海产区包括北京、天津、山东的全部，河南、河北的大部，以及江苏和安徽北部。
NY/T 2308—2013	花生黄曲霉毒素污染控制技术规程	本标准规定了花生生产、储藏、运输与加工过程中黄曲霉毒素污染控制的技术及要求。 本标准适用于我国花生生产、储藏、运输及加工过程中黄曲霉毒素污染控制。
NY/T 2393—2013	花生主要虫害防治技术规程	本标准规定了花生主要虫害防治的原则、措施及推荐使用药剂的技术要求。 本标准适用于我国花生产区主要虫害防治。
NY/T 2394—2013	花生主要病害防治技术规程	本标准规定了花生主要病害防治的原则、措施及推荐使用药剂的技术要求。 本标准适用于我国花生产区主要病害防治。
NY/T 2395—2013	花生田主要杂草防治技术规程	本标准规定了花生田主要杂草防治的技术要求。 本标准适用于花生主要杂草的防治。
NY/T 2683—2015	农田主要地下害虫防治技术规程	本标准规定了农田主要地下害虫蛴螬、金针虫、蝼蛄的主要防治技术和方法。 本标准适用于全国小麦、玉米和花生为主的农作物生产中蛴螬、金针虫、蝼蛄的防治，其他作物地下害虫的防治可参考应用。

标准号	标准名称	摘要
NY/T 1464.76—2018	农药田间药效试验准则 第76部分：植物生长调节剂促进花生生长	本部分规定了植物生长调节剂促进花生生长田间药效小区试验的方法和要求。 本部分适用于植物生长调节剂促进花生生长的登记用田间药效小区试验及药效评价。
NY/T 2392—2013	花生田镉污染控制技术规程	本标准规定了花生田重金属镉污染控制技术中的要求、施肥、加工、运输及包装。 本标准适用于花生生产中田间重金属镉污染控制。
NY/T 2237—2012	植物新品种特异性、一致性和稳定性测试指南花生	本标准规定了花生新品种特异性、一致性和稳定性测试的技术要求和结果判定的一般原则。 本标准适用于花生（*Arachis hypogaea* L.）新品种特异性、一致性和稳定性测试和结果判定。
NY/T 2391—2013	农作物品种区域试验与审定技术规程花生	本标准规定了花生品种区域试验、生产试验与审定的术语、定义以及规程。 本标准适用于国家花生品种试验的组织、方案制定、实施和审定。
NY/T 2310—2013	花生黄曲霉侵染抗性鉴定方法	本标准规定了花生黄曲霉侵染抗性鉴定方法。 本标准适用于花生黄曲霉侵染抗性的鉴定。
NY/T 3061—2016	花生耐盐性鉴定技术规程	本标准规定了花生芽苗期耐盐性鉴定的术语和定义，以及鉴定准备、萌发期处理、苗期处理、指标值计算、鉴定等技术要求。 本标准适用于花生栽培种资源的芽苗期耐盐性鉴定。
NY/T 3062—2016	花生种质资源抗青枯病鉴定技术规程	本标准规定了花生抗青枯病鉴定的术语和定义、病圃选择、试验设计、播种与田间管理、田间调查及数据处理、抗病性评价。 本标准适用于花生种质资源抗青枯病的病圃鉴定和评价。
NY/T 3758—2020	花生种质资源保存和鉴定技术规程	本标准规定了花生种质资源保存和鉴定的术语和定义、种质资源保存、种质资源鉴定、种质资源信息管理的技术要求。 本标准适用于花生种质资源的保存和鉴定。
NY/T 2204—2012	花生收获机械质量评价技术规范	本标准规定了花生收获机械的基本要求、质量要求、检测方法和检验规则。 本标准适用于花生挖掘机和花生联合收获机的质量评定。
NY/T 993—2006	花生摘果机作业质量	本标准规定了花生摘果机作业的质量指标及其检测方法和检验规则。 本标准适用于花生摘果机作业质量的评定。
NY/T 994—2006	花生剥壳机作业质量	本标准规定了花生剥壳机作业的质量指标及其检测方法和检验规则。 本标准适用于简式、半复式、复式花生剥壳机作业质量的评定。
NY/T 502—2016	花生收获机作业质量	本标准规定了花生收获机的作业质量要求、检测方法和评定规则。 本标准适用于花生联合收获机、花生捡拾联合收获机、花生挖掘机的作业质量评定。
NY/T 3660—2020	花生播种机作业质量	本标准规定了花生播种机的作业质量要求、检测方法和检验规则。 本标准适用于花生播种机春季穴播作业的质量评定。
NY/T 2794—2015	花生仁中氨基酸含量测定 近红外法	本标准规定了近红外分析方法测定花生仁中氨基酸含量（湿基）的术语和定义、仪器与软件、样品选择与准备、模型建立与未知样品测定、结果处理和表示、异常样品的确认和处理、定标模型的升级与监控、准确性和精密度及测试报告的要求。 本标准适用于花生仁中天冬氨酸、苏氨酸、丝氨酸、谷氨酸、甘氨酸、亮氨酸、精氨酸和胱氨酸8种氨基酸含量（湿基）的无损测定，本方法的最低检出量为0.01%。 本标准不适用于仲裁检验。
NY/T 3105—2017	植物油料含油量测定近红外光谱法	本标准规定了植物油料含油量的近红外光谱测定方法。 本标准适用于油菜、花生、大豆、芝麻等植物油料含油量的测定。 本标准方法不适用于仲裁检验。

标准号	标准名称	摘要
NY/T 3106—2017	花生黄曲霉毒素检测抽样技术规程	本标准规定了花生黄曲霉毒素检测的抽样方法。 本标准适用于生产环节花生黄曲霉毒素检测的样品抽取。
NY/T 3298—2018	植物油料中粗蛋白质的测定　近红外光谱法	本标准规定了植物油料中粗蛋白质的近红外光谱测定方法。 本标准适用于油菜、大豆、花生、芝麻等植物油料中粗蛋白质含量的快速测定。 本标准方法不适用于仲裁检验。
NY/T 3299—2018	植物油料中油酸、亚油酸的测定　近红外光谱法	本标准规定了植物油料中油酸、亚油酸的近红外光谱测定方法。 本标准适用于油菜、花生、大豆、芝麻等主要植物油料中油酸、亚油酸的快速测定。 本标准方法不适用于仲裁检验。
NY/T 3319—2018	植物性饲料原料中镉的测定　直接进样原子荧光法	本标准规定了植物性饲料原料中镉快速测定的直接进样原子荧光法。 本标准适用于大米、大米粉、碎米、小麦、小麦粉、玉米、玉米粉、玉米蛋白粉、玉米干全酒精糟（DDGS）、豆粕、菜籽粕、花生粕植物性饲料原料中镉的测定。 本标准的定量限为 0.001 mg/kg（进样量为 10 mg 时）。
NY/T 3342—2018	花生中白藜芦醇及白藜芦醇苷异构体含量的测定　超高效液相色谱法	本标准规定了测定花生中白藜芦醇及白藜芦醇苷异构体（反式白藜芦醇、反式白藜芦醇苷、顺式白藜芦醇、顺式白藜芦醇苷）含量的超高效液相色谱法。 本标准适用于花生仁、花生红衣、花生芽中白藜芦醇及白藜芦醇苷异构体含量的测定。 本标准方法反式白藜芦醇、反式白藜芦醇苷定量检出限为 2.0 μg/kg，顺式白藜芦醇、顺式白藜芦醇苷定量检出限为 3.0 μg/kg。
NY/T 3673—2020	植物油料中角鲨烯含量的测定	本标准规定了油料中角鲨烯含量测定的气相色谱质谱法和气相色谱法。 本标准适用于油料（油菜籽、大豆、花生、芝麻等）中角鲨烯含量的测定。
NY/T 3679—2020	高油酸花生筛查技术规程　近红外法	本标准规定了高油酸花生的近红外法筛查的技术规程。 本标准适用于高油酸花生收获、储藏、运输、加工及销售过程中的筛查。 本标准不适用于仲裁检验。
NY/T 3691—2020	粮油作物产品中黄曲霉鉴定技术规程	本标准规定了粮油作物中黄曲霉分离培养、形态鉴定及分子生物学鉴定方法。 木标准适用于稻谷、小麦、玉米、花生等粮油作物产品中黄曲霉鉴定与调查。
NY/T 1526—2007	植物油中棕榈油的鉴别	本标准规定了用气相色谱法鉴别植物油中棕榈油的方法。 本标准适用于植物油（花生油、菜籽油、大豆油、葵花籽油、玉米油、芝麻油、油茶籽油）中的棕榈油的定性定量检测。 本方法棕榈油的最小检出量为 5%。
NY/T 1103.2—2006	转基因植物及其产品食用安全检测抗营养素　第 2 部分：胰蛋白酶抑制剂的测定	本标准规定了转基因植物及其产品中胰蛋白酶抑制剂的测定方法。 本标准适用于转基因大豆及其产品、转基因谷物及其产品中胰蛋白酶抑制剂的测定。其他的转基因植物，如花生、马铃薯等也可用该方法进行测定。
NY/T 5344.2—2006	无公害食品产品抽样规范　第 2 部分：粮油	本部分规定了无公害农产品粮油类产品抽样的方法。 本部分适用于无公害农产品粮油类产品（小麦、大米、玉米、大豆、绿豆、蚕豆、花生仁/果、芝麻、油菜籽等）认证检验和监督检验的抽样。
NY/T 1893—2010	加工用花生等级规格	本标准规定了加工用花生（仁、果）的等级、规格、包装和标识。 本标准仅适用于经过清理、脱壳、分拣等初级加工的花生（仁、果）。
NY/T 2390—2013	花生干燥与贮藏技术规程	本标准规定了花生干燥与贮藏的技术要求。 本标准适用于加工花生（食用花生、油用花生）与种用花生的干燥与贮藏。

标准号	标准名称	摘要
NY/T 2785—2015	花生热风干燥技术规范	本标准规定了花生果干燥术语和定义、基本要求、干燥技术要求、安全技术要求、干燥成品质量及检验等内容。
NY/T 2786—2015	低温压榨花生油生产技术规范	本标准规定了低温压榨花生油生产中的术语和定义、技术要求、标识、包装、贮存和运输等内容。 本标准适用于低温压榨花生油的生产。
NY/T 958—2006	花生酱	本标准规定了花生酱的术语和定义、要求、试验方法、检验规则、标志、包装、运输和贮存。 本标准适用于以花生仁为主要原料，经筛选、焙炒、脱皮、分选、研磨等工序，加入或不加入辅料制成的花生酱。
NY/T 133—1989	饲料用花生粕	本标准规定了饲料用花生粕的质量指标及分级标准。 本标准适用于以脱壳花生果为原料经有机溶剂浸提取油或预压-浸提取油后的饲料用花生粕。
NY/T 132—2019	饲料原料花生饼	本标准规定了饲料原料花生饼产品的术语和定义、技术要求、取样、试验方法、检验规则、标签、包装、运输和储存。 本标准适用于以脱壳或部分脱壳花生经压榨取油后的副产物，花生饼又名花生仁饼。 本标准规定了饲料原料花生饼产品的术语和定义、技术要求、取样、试验方法、检验规则、标签、包装、运输和储存。 本标准适用于以脱壳或部分脱壳花生经压榨取油后的副产物，花生饼又名花生仁饼。
NY/T 1325—2015	绿色食品　芽苗类蔬菜	本标准规定了绿色食品芽苗类蔬菜的要求、检验规则、标签、包装、运输和贮存。 本标准适用于绿色食品种芽类芽苗菜，包括绿豆芽、黄豆芽、黑豆芽、青豆芽、红豆芽、蚕豆芽、红小豆芽、豌豆苗、花生芽、苜蓿芽、小扁豆芽、萝卜芽、菘蓝芽、沙芥芽、芥菜芽、芥蓝芽、白菜芽、独行菜芽、种芽香椿、向日葵芽、荞麦芽、胡椒芽、紫苏芽、水芹芽、小麦苗、胡麻芽、蕹菜芽、芝麻芽、黄秋葵芽等。
NY/T 420—2017	绿色食品　花生及制品	本标准规定了绿色食品花生及制品的术语和定义、要求、检验规则、标签、包装、运输和储存。 本标准适用于绿色食品花生及制品，不适用于花生类糖制品、花生油、花生饮料和花生饼、粕。
QB/T 1733. 1—2015	花生制品通用技术条件	本部分规定了花生制品的试验方法、检验规则、标签及标志、包装、运输、贮存。 本部分适用于花生制品。
QB/T 1733. 2—2015	花生类糖制品	本部分规定了花生类糖制品的术语和定义、分类、要求、试验方法、检验规则、标签及标志、包装、运输、贮存。 本部分适用于花生类糖制品。
QB/T 1733. 3—2015	裹衣花生	本部分规定了裹衣花生的术语和定义、要求、试验方法、检验规则、标签及标志、包装、运输、贮存。 本部分适用于裹衣花生，包括糖衣型产品。
QB/T 1733. 4—2015	花生酱	本部分规定了花生酱的术语和定义、分类、要求、试验方法、检验规则、标签及标志、包装、运输、贮存。 本部分适用于花生酱。
QB/T 1733. 5—2015	油炸花生仁	本部分规定了油炸花生仁的术语和定义、要求、试验方法、检验规则、标签及标志、包装、运输、贮存。 本部分适用于油炸花生仁。
QB/T 1733. 6—2015	烤花生仁和烤花生碎	本部分规定了烤花生仁和烤花生碎的术语和定义、分类、要求、试验方法、检验规则、标签及标志、包装、运输、贮存。 本部分适用于烤花生仁和烤花生碎。

标准号	标准名称	摘要
QB/T 1733.7—2015	烤花生	本部分规定了烤花生的术语和定义、分类、要求、试验方法、检验规则、标签及标志、包装、运输、贮存。 本部分适用于烤花生。
QB/T 1409—1991	花生米罐头	本标准规定了花生米罐头的产品分类、技术要求、试验方法、检验规则和标志、包装、运输、贮存的基本要求。 本标准适用于以花生为原料，经去衣（或不去衣）、油炸、拌盐、装罐、密封制成的花生米罐头。
QB/T 2439—1999	植物蛋白饮料花生乳（露）	本标准规定了植物蛋白饮料——花生乳（露）的技术要求、试验方法、检验规则和标志、包装、运输、贮存。 本标准适用于以花生仁为原料，经加工、调配后，再经高压杀菌或无菌包装制成的乳浊状植物蛋白饮料。
SB/T 10614—2011	熟制花生（仁）	本标准规定了熟制花生和花生仁的术语和定义、分类、要求、试验方法、检验规则以及标签、标志、包装、运输和贮存的要求。 本标准适用于 3.3 和 3.4 定义的产品的生产、检验和销售。
SB/T 10614—2011（XG1—2015）	《熟制花生（仁）》第 1 号修订单	本标准规定了熟制花生和花生仁的术语和定义、分类、要求、试验方法、检验规则以及标签、标志、包装、运输和贮存的要求。
SN/T 1961.2—2007	食品中过敏原成分检测方法 第 2 部分：实时荧光 PCR 法检测花生成分	SN/T 1961 的本部分规定了食品中过敏原花生成分的实时荧光 PCR 检测方法。 本部分适用于检测糕点、糖果、冰激凌等食品中过敏原花生成分，其他食品可参照使用。
SN/T 4417—2016	常见食品过敏原可视芯片检测方法	本标准规定了食品中大豆、花生、小麦、腰果、牛、鱼、鸡、虾等 8 种常见食品过敏原成分的可视芯片检测方法。 本标准适用于检测糕点、巧克力等食品中 8 种食品过敏原成分的定性检测，其他食品可参照使用。 本标准所规定方法的最低检出限（LOD）为 0.01%（质量分数）。
SN/T 0134—2010	进出口食品中杀线威等 12 种氨基甲酸酯类农药残留量的检测方法 液相色谱-质谱/质谱法	本标准规定了食品中杀线威、灭多威、抗蚜威、涕灭威、速灭威、噁虫威、克百威、甲萘威、乙硫甲威、异丙威、乙霉威和仲丁威 12 种氨基甲酸酯类农药残留量的液相色谱-质谱/质谱检测方法。 本标准适用于玉米、糙米、大麦、白菜、大葱、小麦、大豆、花生、苹果、柑橘、牛肝、鸡肾和蜂蜜中杀线威、灭多威、抗蚜威、涕灭威、速灭威、噁虫威、克百威、甲萘威、乙硫甲威、异丙威、乙霉威、仲丁威残留量的检测和确证。
SN/T 0702—2011	进出口粮谷和坚果中乙酯杀螨醇残留量的检测方法 气相色谱-质谱法	本标准规定了粮谷及坚果中乙酯杀螨醇残留量测定的制样、气相色谱-质谱测定及确证方法。 本标准适用于大米、小麦、大麦、玉米、大豆、燕麦、核桃仁、杏仁、榛子仁、花生、芝麻、栗子、甘薯、山药中乙酯杀螨醇残留量的测定和确证。
SN/T 1590—2014	进出口食品中苏丹Ⅰ、Ⅱ、Ⅲ、Ⅳ的测定	本标准规定了进出口食品中苏丹Ⅰ、苏丹Ⅱ、苏丹Ⅲ、苏丹Ⅳ的液相色谱检测和液相色谱-质谱/质谱确证方法。 本标准适用于辣椒、辣椒酱、鸡蛋、裹衣花生、香肠及糖果中苏丹Ⅰ、苏丹Ⅱ、苏丹Ⅲ、苏丹Ⅳ的检测和确证。
SN/T 0327.1—2016	进出口烤花生果检验规程	SN/T 0327 的本部分规定了进出口烤花生果的抽样方法、检验规则、检验结果的判定、不合格处置、复验及检验有效期。 本部分适用于进出口烤花生果的检验。
SN/T 0327.2—2016	进出口油炸花生仁检验规程	SN/T 0327 的本部分规定了进出口油炸花生仁的抽样方法、检验规则、结果判定、检验有效期及存查样品的保管。 本部分适用于进出口油炸花生仁的检验。
SN 0592—1996	出口粮谷及油籽中苯丁锡残留量检验方法	本标准规定了出口粮谷及油籽中苯丁锡残留量检验的抽样、制样和气相色谱测定方法。 本标准适用于出口豌豆和花生仁中苯丁锡残留量的检验。

标准号	标准名称	摘要
SN 0656—1997	出口油籽中乙霉威残留量检验方法	本标准规定了出口油籽中乙霉威残留量检验的抽样、制样、气相色谱测定方法及气相色谱-质谱确证方法。 本标准适用于出口大豆、花生仁中乙霉威残留量的检验。
SN/T 0860—2016	出口食品中硒的测定方法	本标准规定了出口食品中硒含量的电感耦合等离子体质谱测定和荧光分光光度测定方法。 本标准的电感耦合等离子体质谱测定方法适用于大米、饼干、乳粉、含乳饮料、茶叶、葡萄、花生和蘑菇等样品中硒含量的测定。 本标准的荧光分光光度测定方法适用于蘑菇罐头中硒含量的测定。
SN/T 3136—2012	出口花生、谷类及其制品中黄曲霉毒素、赭曲霉毒素、伏马毒素 B_1、脱氧雪腐镰刀菌烯醇、T-2 毒素、HT-2 毒素的测定	本标准规定了出口花生、谷类及其制品中黄曲霉毒素 B_1、B_2、G_1、G_2，赭曲霉毒素 A，伏马毒素 B_1，脱氧雪腐镰刀菌烯醇，T-2 毒素，HT-2 毒素的测定——液相色谱-质谱/质谱检测方法。 本标准适用于出口花生、谷类及其制品中黄曲霉毒素 B_1、B_2、G_1、G_2，赭曲霉毒素 A，伏马毒素 B_1，脱氧雪腐镰刀菌烯醇，T-2 毒素和 HT-2 毒素的测定。
SN/T 3263—2012	出口食品中黄曲霉毒素残留量的测定	本标准规定了出口食品中黄曲霉毒素残留量的高效液相色谱法和荧光光度测定方法。 本标准中高效液相色谱法适用于玉米、茶叶、花生果、花生米和苦杏仁中黄曲霉毒素 B_1、B_2、G_1、G_2 的测定；荧光光度法适用于玉米、花生果、花生米和苦杏仁中黄曲霉毒素总量的测定。
SN/T 3868—2014	出口植物油中黄曲霉毒素 B_1、B_2、G_1、G_2 的检测-免疫亲和柱净化高效液相色谱法	本标准规定了出口植物油中黄曲霉毒素 B_1、B_2、G_1、G_2 的检测方法。 本标准适用于花生油、橄榄油、芝麻油中黄曲霉毒素的检测。
SN/T 3626—2013	出口食用油中正己醛含量的测定 顶空固相微萃取气相色谱法	本标准规定了食用油中正己醛的顶空固相微萃取气相色谱测定方法。 本标准适用于花生油、橄榄油、大豆油、玉米油、葵花油、调和油等食用油中正己醛的测定。
SN/T 3638—2013	出口食品中脂溶性着色剂的测定	本标准规定了出口食品中苏丹橙 G、甲基黄、对位红、柑桔红 2 号、苏丹红 G、苏丹Ⅰ、苏丹Ⅱ、苏丹Ⅲ、苏丹红 7B、苏丹红 B、苏丹Ⅳ共 11 种脂溶性着色剂的两种测定方法，即高效液相色谱法（HPLC 法）和液相色谱-质谱/质谱（LC-MS/MS 法）。 本标准适用于辣椒、辣椒酱、裹衣花生、香肠及糖果中苏丹橙 G、甲基黄、对位红、柑桔红 2 号、苏丹红 G、苏丹Ⅰ、苏丹Ⅱ、苏丹Ⅲ、苏丹红 7B、苏丹红 B、苏丹Ⅳ共 11 种脂溶性着色剂的测定。
SN/T 3851—2014	出口食品中磷脂的测定比色法	本标准规定了食品中磷脂含量的比色测定方法。 本标准适用于肉制品、豆制品、乳制品、鸡蛋、花生、糖果等中磷脂含量的测定。
SN/T 3935—2014	出口食品中烯效唑类植物生长调节剂残留量的测定 气相色谱-质谱法	本标准规定了出口食品中烯效唑、多效唑、抑芽唑、丙环唑、三唑酮、戊唑醇、己唑醇、糠菌唑、氟硅唑、腈菌唑和烯唑醇 11 种植物生长调节剂残留量的气相色谱-质谱测定方法。 本标准适用于甘蓝、番茄、苹果、柑橘、大米、玉米、大豆、花生油、鸡肉、蜂蜜中 11 种植物生长调节剂残留量的测定和确证。
SN/T 4419. 12—2016	出口食品常见过敏原 LAMP 系统检测方法 第 12 部分：花生	SN/T 4419. 12-2016 出口食品常见过敏原 LAMP 系列检测方法第 12 部分：花生 SN/T 4419 的本部分规定了食品中过敏原花生成分的环介导等温扩增（LAMP）检测方法。 本部分适用于食品及其原料中过敏原花生成分的定性检测。 本部分所规定方法的最低检测限（LOD）为 0.5%（质量分数）。
SN/T 1739—2006	进出口粮谷和油籽中多种有机磷农药残留量的检测方法 气相色谱串联质谱法	本标准规定了进出粮谷及油籽中 55 种有机磷农药残留量的气相色谱-质谱检测方法。 本部分适用于进出口糙米、玉米、大豆、花生仁中 55 种有机磷农药残留量的测定和确证。

标准号	标准名称	摘要
SN/T 1968—2007	进出口食品中扑草净残留量检测方法　气相色谱-质谱法	本标准规定了食品中扑草净残留量检测的制样和气相色谱-质谱检测方法。 本标准适用于大米、花生、胡萝卜、西兰花、番茄、洋葱、蘑菇、苹果、柑橘、板栗、鸡肉、牛肉、鸡肾、紫菜中扑草净残留量的测定和确证。
SN/T 1982—2007	进出口食品中氟虫腈残留量检测方法　气相色谱-质谱法	本标准规定了食品中氟虫腈残留量检测和制样、气相色谱-质谱检测和确证方法。 本标准适用于菠菜、藕、草莓、花生、鸡肉、猪肉、鳕鱼、蜂蜜、板栗、茶叶和酱油中氟虫腈残留量的测定和确证。
SN/T 2152—2008	进出口食品中氟铃脲残留量检测方法　高效液相色谱-质谱/质谱法	本标准规定了进出口食品中氟铃脲残留量的液相色谱-质谱/质谱检测方法。 本标准适用于大米、大豆、番茄、洋葱、蘑菇、苹果、草莓、芦笋、胡萝卜、紫苏叶、花生、板栗、鸡肉、牛肉和猪肾中氟铃脲残留量的测定和确证。
SN/T 2158—2008	进出口食品中毒死蜱残留量检测方法	本标准规定了进出口食品中毒死蜱残留量的气相色谱检测和气相色谱-质谱确证方法。 本标准适用于玉米、糙米、大葱、菠菜、辣椒、柑桔、苹果、花生、松子仁、茶叶、鱼肉、蜂蜜、猪肉、鸡肾、鸡肝中毒死蜱残留量的检测和确证。
SN/T 2234—2008	进出口食品中丙溴磷残留量检测方法　气相色谱法和气相色谱-质谱法	本标准规定了食品中丙溴磷残留量测定的制样、气相色谱测定和气相色谱-质谱测定及确证方法。 本标准适用于西兰花、甘蓝、胡萝卜、生姜、苹果、梨、花生、茶叶、牛奶、蜂蜜、大米、大豆、鸡肉、兔肉、鱼肉、虾肉中丙溴磷残留量的测定和确证。
SN/T 2321—2009	进出口食品中腈菌唑残留量检测方法　气相色谱质谱法	本标准中规定了食品中腈菌唑残留量的气相色谱-质谱检测和确证方法。 本标准适用于大米、小米、玉米、豆类、红茶、绿茶、花茶、乌龙茶、大麦茶、草莓、苹果、梨、小白菜、黄瓜、辣椒、胡萝卜、花生、榛子等植物源性产品；牛肉、羊肉、猪肉、鸡肉、鱼肉、猪肝、羊肝、鸡肝、牛奶、蜂蜜等动物源性产品中腈菌唑残留量的检测和确证。
SN/T 2441—2010	进出口食品中涕灭威、涕灭威砜、涕灭威亚砜残留量检测方法　液相色谱-质谱/质谱法	本标准规定了食品中涕灭威及其代谢产物涕灭威砜、涕灭威亚砜残留量的液相色谱-质谱/质谱检测和确证。 本标准适用于生姜、番茄、菠菜、大米、花生、大豆、杏仁、苹果、柑橘、茶叶、猪肝、鸡肉、牛奶中涕灭威、涕灭威砜、涕灭威亚砜的测定和确证。
SN/T 2458—2010	进出口食品中十三吗啉残留量的测定　液相色谱-质谱/质谱法	本标准规定了进出口食品中十三吗啉残留量的液相色谱-质谱/质谱测定方法。 本标准适用于苹果、菠菜、姜、小麦、花生、牛肉、鸡肝、鱼肉、大豆、蜂蜜、奶和茶叶中十三吗啉残留量的检测和确证。
SN/T 4454—2016	出口植物油中胆甾二烯、菜甾二烯、豆甾二烯、豆甾三烯含量的测定	本标准规定了植物油中胆甾二烯、菜甾二烯、豆甾二烯、豆甾三烯检验的气相色谱-质谱法。 本标准适用于初榨橄榄油、冷榨花生油中胆甾二烯、菜甾二烯、豆甾二烯、豆甾三烯含量的检测。
SN/T 5276—2020	出口食品中多种过敏原的测定　液相色谱-质谱/质谱法	本标准规定了加工食品中牛奶、鸡蛋、大豆、花生和坚果过敏原蛋白的液相色谱-质谱/质谱检测方法。 本标准适用于饼干、面包、饮料、早餐谷物等食品中牛奶、鸡蛋、大豆、花生、榛子、杏，和核桃过敏原蛋白的液相色谱-质谱/质谱测定和确证。
SN/T 0596—2012	出口粮谷及油籽中稀禾定残留量检测方法　气相色谱-质谱法	本标准规定了出口粮谷中稀禾定残留量的气相色谱-质谱测定和确证方法。 本标准适用于出口玉米、大米、大豆、花生和荞麦中稀禾定残留量的测定。
SN/T 0586—2012	出口粮谷及油籽中特普残留量检测方法	本标准规定了出口粮谷及油籽中特普残留量的气相色谱检测方法。 本标准适用于出口大米、玉米、花生和大豆中特普残留量的检测。

标准号	标准名称	摘要
SN/T 1738-2014	出口食品中虫酰肼残留量的测定	本标准第一法规定了食品中虫酰肼残留量的液相色谱-质谱/质谱测定方法。 本标准第二法规定了食品中虫酰肼残留量的气相色谱-质谱测定方法。 本标准第三法规定了食品中虫酰肼残留量的液相色谱测定方法。 本标准第一法适用于大米、玉米、大豆、猪肉、鸡肝、牛奶、蓝莓、橙子、菠菜、洋葱、板栗仁和茶叶中虫酰肼残留量的检测和确证。 本标准第二法适用于糙米、玉米、大豆、花生仁中虫酰肼残留量的测定。 本标准第三法适用于大米中虫酰肼残留量的测定。
SN/T 3852—2014	出口食品中氰氟虫腙残留量的测定 液相色谱-质谱/质谱法	本标准规定了出口食品中氰氟虫腙及其代谢物（3-三氟甲基苯甲酸甲酯）残留量的液相色谱-质谱/质谱检测和确证方法。 本标准适用于玉米、糙米、葡萄、柑橘、洋葱、花生、牛奶等食品中氰氟虫腙及其代谢物残留量的测定和确证。
SN/T 0526—2015	出口食品中增效醚残留量的检测方法 液相色谱-质谱/质谱法	本标准规定了食品中增效醚残留量的制样方法与液相色谱-质谱/质谱测定方法。 本标准适用于猪肉、鸡肝、牛肾、牛脂肪、鸡蛋、牛奶、柑桔、大豆、花生、大蒜、马铃薯、菠菜、芹菜、小麦、大米、大麦、芝麻等食品中增效醚残留量的液相色谱-质谱/质谱的测定。
SN/T 4428—2016	出口油料和植物油中多种农药残留量的测定 液相色谱-质谱/质谱法	本标准规定了出口油料和植物油中多种农药残留量的液相色谱-质谱/质谱测定方法。 本标准适用于大豆油、玉米油、花生油、橄榄油、菜籽油、棕榈油、油菜籽、花生、芝麻、瓜子中 77 种农药残留量的测定。
SN/T 0591—2016	出口粮谷及油籽中二嗯硫磷残留量的测定 气相色谱和气相色谱-质谱法	本标准规定了出口粮谷及油籽中二嗯硫磷残留量检测的制样、气相色谱测定和气相色谱-质谱测定及确证方法。 本标准适用于大米、小麦、大麦、玉米、高粱、绿豆、赤豆、花生、大豆、油菜籽中二嗯硫磷残留量的检测和确证。
SN/T 0337—2019	出口植物源性食品中克百威及其代谢物残留量的测定 液相色谱-质谱/质谱法	本标准规定了出口植物源性食品中克百威及其代谢物 3-羟基克百威残留量的测定方法。 本标准适用于大米、小麦、大豆、花生、洋葱、油菜、菠菜、番茄、黄瓜、马铃薯、橙子、苹果、香蕉和茶叶中克百威及其代谢物 3-羟基克百威残留量的检测和确证。
SN/T 0693—2019	出口植物源性食品中烯虫酯残留量的测定	本标准第一法规定了出口植物源性食品中烯虫酯残留量的气相色谱-质谱测定方法。第二法规定了粮谷中烯虫酯的残留量的液相色谱测定方法。 本标准第一法适用于大米、小麦、玉米、橙子、葡萄、番茄、马铃薯、菠菜、蘑菇、花生和茶叶中烯虫酯残留量的测定和确证。第二法适用于糙米中烯虫酯残留量的测定。
SN/T 5171—2019	出口植物源性食品中去甲乌药碱的测定 液相色谱-质谱/质谱法	规定了出口植物源食品中去甲乌药碱残留量的液相色谱-质谱/质谱的测定方法。 本标准适用于白菜、火龙果、橙子、花生、辣椒、川芎中去甲乌药碱残留量的测定，其他食品也可参照使用。
3. 油菜		
GB/T 11762—2006	油菜籽	本标准规定了油菜籽的术语和定义、分类、质量要求、检验方法、判定规则，以及对标识、包装、储存和运输的要求。 本标准适用于加工食用油的商品普通油菜籽和双低油菜籽。
GB 4407. 2—2008	经济作物种子第 2 部分：油料类	GB4407 的本部分规定了油菜（*Brassica napus* L.）、向日葵（*Helianthus annuus* L.）、花生（*Arachis hypogaea* L.）和芝麻（*Sesamun indicum* L.）种子的质量要求、检验方法和检验规则。 本部分适用于中华人民共和国境内生产和销售的上述所提及的油料类种子。
GB/T 17980. 35—2000	农药田间药效试验准则（一）杀菌剂防治油菜菌核病	本标准规定了杀菌剂防治油菜菌核病（*Sclerotinia sclerotiorum*）田间药效小区试验的方法和基本要求。 本标准适用于杀菌剂防治油菜菌核病登记用田间药效小区试验及药效评价。其他田间药效试验参照本标准执行。

标准号	标准名称	摘要
GB/T 17980. 45—2000	农药田间药效试验准则（一）除草剂防治油菜类作物杂草	本标准规定了除草剂防治油菜类作物地杂草田间药效小区试验的方法和基本要求。 本标准适用于除草剂防治秋播或春播、移栽或直播油菜类作物，包括芸薹、芜菁、黑芥、芥菜等地杂草的登记用田间药效小区试验及药效评价。其他田间药效试验参照本标准执行。
GB/T 19557. 14—2017	植物品种特异性、一致性和稳定性测试指南甘蓝型油菜	GB/T 19557 的本部分规定了甘蓝型油菜（*Brassica napus* L.）品种特异性、一致性和稳定性测试的技术要求和结果判定的一般原则。 本部分适用于甘蓝型油菜品种特异性、一致性和稳定性测试和结果判定。
GB/T 31793—2015	油菜茎基溃疡病菌检疫鉴定方法	本标准规定了油菜茎基溃疡病菌的检疫鉴定方法。 本标准适用于油菜和油菜茎基溃疡病菌其他十字花科寄主种子和植株中油菜茎基溃疡病菌的检疫和鉴定。
GB/T 21985—2008	主要农作物高温危害温度指标	本标准规定了水稻、冬小麦、玉米、棉花、油菜受高温危害的温度指标。 本标准适用于农业气象灾害监测、预警、评估，农业生产、科研和其他相关领域。
GB/T 27959—2011	南方水稻、油菜和柑桔低温灾害	本标准规定了南方水稻、油菜、柑桔致灾的低温灾害分类和等级。 本标准适用于各级气象、农业、统计、民政等有关部门对低温灾害监测、预报警报和发布及其评估。
GB/T 21163. 2—2007	农业谷物干燥机干燥性能的测定　第 2 部分：附加测定规程和特定谷物要求	本部分规定了连续式谷物干燥机和批式谷物干燥机对特定谷物，包括小麦、大麦、燕麦、玉米、水稻、高粱和油菜等的干燥性能测试与评价的附加规程和操作指南。本部分是 GB/T 21163. 1 一般方法的补充。其一般方法是以干燥小麦为基本原料的，且限定其湿基含水率范围为 20%~15%。
GB/T 31798—2015	油菜黑胫病菌检疫鉴定方法	本标准规定了油菜黑胫病菌（*Plenodomus biglobosus*）的检疫鉴定方法。 本标准适用于油菜种子、植株及其产品中油菜黑胫病菌的检疫和鉴定。
GB/T 38505—2020	转基因产品通用检测方法	本标准规定了转基因产品的定性检测方法。 本标准适用于水稻、玉米、大豆、油菜、马铃薯、甜菜、苜蓿等及其加工产品中转基因成分的实时荧光 PCR 通用检测。 本标准方法的最低检出限为 0. 1%（质量分数）。
GB/T 33526—2017	转基因植物产品数字 PCR 检测方法	本标准规定了转基因成分检测的数字 PCR 方法。 本标准适用于玉米、大豆、油菜、水稻、马铃薯、苜蓿、棉花等转基因植物及其产品的转基因成分数字 PCR 检测。 本标准所能达到的检测低限为 0. 1%（质量分数）。
GB/T 35535—2017	大豆、油菜中外源基因成分的测定　膜芯片法	本标准规定了膜芯片法检测大豆、油菜中外源基因成分的防污染措施、抽样与制样、原理、试剂与标准品、仪器与设备、试验方法和流程、结果判断、确证实验、结果表述。 本标准适用于大豆、油菜中外源基因成分的定性检测。
GB/T 38132—2019	转基因植物品系定量检测数字 PCR 法	本标准规定了转基因植物品系的数字 PCR 定量检测方法。 本标准适用于种子及物理加工种子样品中转基因玉米 MON810 品系、MON89034 品系、MIR162 品系，转基因大豆 GTS-40-3-2 品系，转基因水稻克螟稻品系，转基因棉花 GHB119 品系，转基因油菜 RT73 品系的数字 PCR 法定量检测。 本方法的定量检测限为 0. 1%（质量分数）。
GB/T 19495. 4—2018	转基因产品检测实时荧光定性聚合酶链式反应（PCR）检测方法	GB/T 19495 的本部分规定了植物及其加工产品中转基因成分筛选和品系检测实时荧光定性聚合酶链式反应（PCR）检测方法有关的仪器设备、试剂和材料、检测步骤、质量控制、防污染措施以及方法的最低检出限。 本部分适用于大豆、玉米、油菜、水稻、棉花、马铃薯、亚麻、甜菜、苜蓿、番茄、木瓜、苹果、菊苣、剪股颖、烟草、李子、甜瓜、小麦、茄子和桉树等植物转基因筛选检测，也适用于大豆、玉米、油菜、棉花、水稻、马铃薯、亚麻、甜菜和木瓜等植物的品系特异性检测。

标准号	标准名称	摘要
GB/T 19495.5—2018	转基因产品检测实时荧光定量聚合酶链式反应（PCR）检测方法	GB/T 19495 的本部分规定了大豆、玉米、油菜、水稻（大米）、棉花、马铃薯、甜菜、木瓜等植物及其产品中转基因品系含量的实时荧光 PCR 定量检测方法。 本部分适用于上述植物及其产品中转基因品系拷贝数百分含量的定量检测方法。
GB/T 19495.9—2017	转基因产品检测植物产品液相芯片检测方法	GB 19495 的本部分规定了转基因成分的液相芯片定性检测方法。 本部分适用于玉米、大豆、油菜、水稻、棉花等转基因植物及其产品 CaMV35S 和 NOS 基因的定性检测。
GB/T 22182—2008	油菜籽叶绿素含量测定　分光光度计法	本标准规定了用分光光度计法测定油菜籽中叶绿素含量的方法。 本方法不适用于油脂中叶绿素含量的测定。
GB/T 23890—2009	油菜籽中芥酸及硫苷的测定　分光光度法	本标准规定了油菜籽中芥酸、硫苷含量测定的分光光度法。 本标准适用于双低油菜种子和商品籽中芥酸、硫苷含量的快速检测。
GB/T 14488.1—2008	植物油料含油量测定	（ISO 659：1998，MOD） 本标准规定了测定植物油料含油量的方法及其原理。 本方法适用于测定用于工业原料的油菜籽、大豆、葵花籽的含油量。但本方法并不排除用来测定其他植物油料种子的含油量。
GB/T 5510—2011	粮油检验粮食、油料脂肪酸值测定	本标准规定了粮食、油料脂肪酸值测定的术语和定义、原理、试剂与材料、仪器和设备、操作步骤、结果计算及表示、精密度。 本标准的苯提取法适用于小麦粉等粮食脂肪酸值的测定；石油醚提取法适用于大豆、花生、油菜籽、核桃、芝麻、葵花籽、玉米胚芽脂肪酸值的测定。 本标准不适用于其他油料脂肪酸值的测定。
GB 5009.209—2016	食品安全国家标准食品中玉米赤霉烯酮的测定	本标准规定了食品中玉米赤霉烯酮的测定方法。 本标准第一法适用于粮食和粮食制品，酒类，酱油、醋、酱及酱制品，大豆、油菜籽、食用植物油中玉米赤霉烯酮的测定，第二法适用于大豆、油菜籽、食用植物油中玉米赤霉烯酮的测定，第三法适用于牛肉、猪肉、牛肝、牛奶、鸡蛋中玉米赤霉烯酮的测定。
GH/T 1131—2017	油菜冷链物流保鲜技术规程	本标准规定了油菜采收、产品质量、预冷、包装与标识、冷藏、出库、运输与销售等要求。 本标准适用于叶用油菜的冷链物流。
JB/T 12446—2015	生物质处理设备秸秆烘干机	本标准规定了生物质处理设备秸秆烘干机的术语和定义、结构与型号、要求、试验方法、检验规则、标志、包装、运输及贮存。 本标准适用于利用发电余热对稻、麦、玉米、高粱、油菜等生物质秸秆进行烘干处理的带式烘干机。其他生物质烘干机也可参照使用。
JB/T 12449—2015	油菜籽联合收获机	本标准规定了油菜籽联合收获机的安全要求、主要性能指标、技术要求、试验方法、检验规则、标志、包装、运输和贮存。 本标准适用于油菜籽联合收获机。
KJ 201710	蔬菜中敌百虫、丙溴磷、灭多威、克百威、敌敌畏残留的快速检测	本方法规定了蔬菜中敌百虫、丙溴磷、灭多威、克百威、敌敌畏残留的快速检测方法。 本方法适用于油菜、菠菜、芹菜、韭菜等蔬菜中敌百虫、丙溴磷、灭多威、克百威、敌敌畏残留的快速测定。
NY/T 846—2004	油菜产地环境技术条件	本标准规定了油菜产地适宜的气候条件、油菜产地空气、土壤、灌溉水质量要求及检测方法等。 本标准适用于油菜生产。
NY/T 1996—2011	双低油菜良好农业规范	本标准规定了双低油菜种植过程良好农业规范的术语和定义、组织、质量安全、种植规范及收获。 本标准适用于双低油菜种植管理。

标准号	标准名称	摘要
NY/T 1296—2007	农作物品种审定规范 油菜	本标准规定了油菜品种审定的定义、内容和应具备的丰产性、适应性、抗逆性、品质等方面的具体量化指标及其他非量化指标，给出了审定油菜品种的评价方法及评判规则。 本标准适用于国家级和省级油菜品种审定。
NY/T 2912—2016	北方旱寒区白菜型冬油菜品种试验记载规范	本标准规定了北方旱寒区白菜型冬油菜品种的物候期、生物学特性、形态特征、经济性状、抗逆性、抗病性、品质等性状的记载测定项目及标准。 本标准适用于各级农业科研、教学、推广、生产单位和种子部门从事北方旱寒区白菜型冬油菜育种、品种鉴定试验、区域试验、生产试验和原（良）种繁育时对品种的观察、测定记载。
NY 414—2000	低芥酸低硫苷油菜种子	本标准规定了非杂交低芥酸低硫苷油菜育种家种子、原种、良种种子和杂交低芥酸低硫苷油菜种子的定义、质量指标、检测方法、检验规程、等级判定规则和标志、包装、运输、储存要求。 本标准适用于商品经营的低芥酸低硫苷油菜种子，也适用于科研和教学育种单位及种子经营部门按要求繁殖的低芥酸低硫苷油菜种子、生产单位自用的低芥酸低硫苷油菜种子、科研教学育种单位及个人育成并经审定合格的低芥酸低硫苷油菜种子。本标准不适用于非低芥酸低硫苷油菜种子，也不适用于单低（低芥酸或低硫苷）油菜种子和油菜备荒种子。
NY/T 2246—2012	农作物生产基地建设标准油菜	本标准规定了国家农作物——油菜生产基地的建设标准。 本标准适用于新建、改建、扩建国家农作物生产基地建设（油菜）。本标准可作为编制农作物生产建设基地（油菜）规划方案、项目建议书、可行性研究报告、初步设计的依据。
NY/T 603—2002	甘蓝型、芥菜型双低常规油菜种子繁育技术规程	本标准规定了甘蓝型、芥菜型双低常规油菜种子繁育技术方法和程序。 本标准适用于甘蓝型、芥菜型常规油菜育种家种子、原种和大田用种的种子繁育与生产。 本标准规定的基本繁育方法和程序亦适用于非双低甘蓝型、芥菜型常规油菜种子。
NY/T 791—2004	双低杂交油菜种子繁育技术规程	本标准规定了甘蓝型双低杂交油菜亲本种子繁育及杂交制种的技术方法和程序。 本标准适用于甘蓝型双低杂交油菜的 F_1 杂交种及其亲本（细胞质雄性不育三系和细胞核雄性不育二系杂交油菜亲本）种子。
NY/T 1289—2007	长江上游地区低芥酸低硫苷油菜生产技术规程	本标准规定了长江上游地区低芥酸低硫苷油菜的生产技术要求。 本标准适用于长江上游地区低芥酸低硫苷油菜的生产。
NY/T 1290—2007	长江中游地区低芥酸低硫苷油菜生产技术规程	本标准规定了长江中游低芥酸低硫苷油菜的生产技术要求。 本标准适用于长江中游地区低芥酸低硫苷油菜生产。
NY/T 1291—2007	长江下游地区低芥酸低硫苷油菜生产技术规程	本标准规定了长江下游地区双低油菜的生产技术要求。 本标准适用于长江下游地区双低油菜生产。
NY/T 2208—2012	油菜全程机械化生产技术规范	本标准规定了油菜全程机械化生产的品种选择、大田准备、直播与移栽、田间管理、收获、油菜籽清选与烘干等环节的技术规范。 本标准适用于长江上、中、下游及黄淮海地区秋季播种、次年春末夏初收获的油菜全程机械化生产。其他地区油菜机械化生产可参照执行。
NY/T 2546—2014	油稻稻三熟制油菜全程机械化生产技术规程	本标准规定了油稻稻栽培模式下油菜全程机械化生产品种选择、机械播种和机械移栽、田间管理、机械收获等技术要求。 本标准适用于长江流域及华南油稻稻三熟制油菜产区油菜全程机械化生产。

标准号	标准名称	摘要
NY/T 2913—2016	北方旱寒区冬油菜栽培技术规程	本标准给出了北方旱寒区白菜型冬油菜栽培相关术语和定义。 本标准规定了北方旱寒区白菜型冬油菜栽培产地环境条件、品种选择、种子质量和种子处理、壮苗指标、产量指标、播种方式、田间管理、病虫害防治、收获与贮藏等方面的技术要求。 本标准适用于北方旱寒区白菜型冬油菜栽培。
NY/T 3632—2020	油菜农机农艺结合生产技术规程	本标准规定了油菜农机农艺结合生产过程中的术语和定义、机具要求、品种选择、产地要求、机械直播、田间管理、机械收获、油菜籽干燥入库。 本标准适用于我国冬油菜区推广应用。
NY/T 3633—2020	双低油菜轻简化高效生产技术规程	本标准规定了双低油菜轻简化高效生产的术语和定义、品种选择、产地条件、直播、免耕移栽、田间管理、收获、收获后品质检测、油菜籽干燥入库。 本标准适用于长江流域油菜种植区油菜轻简化生产。
NY/T 3638—2020	直播油菜生产技术规程	本标准规定了直播油菜生产的术语和定义、大田准备、播种、施肥、病虫草害防控、收获与储藏。 本标准适用于我国冬油菜和春油菜主产区。
NY/T 790—2004	双低油菜生产技术规程	本标准规定了双低油菜（低芥酸低硫苷油菜）的生产的术语和定义、技术要求、栽培管理和收获。 本标准适用于我国油菜主产区双低油菜生产。
NY/T 3263.3—2020	主要农作物蜜蜂授粉及病虫害综合防控技术规程　第3部分：油料作物（油菜、向日葵）	本部分规定了油菜和向日葵蜜蜂授粉的术语和定义、授粉蜂群的组织、蜂群入场时间、蜂群的配置、授粉期蜂群管理和作物主要病虫害综合防控技术。 本部分适用于大田油菜和向日葵蜜蜂授粉及病虫害综合防控。
NY/T 1464.41—2011	农药田间药效试验准则　第41部分：除草剂防治免耕油菜田杂草	本部分规定了除草剂防治免耕油菜田杂草田间药效小区试验的方法和基本要求。 本部分适用于除草剂防治免耕油菜（包括白菜型、甘蓝型、芥菜型）田杂草的登记用田间药效小区试验及药效评价。其他田间药效试验可参照使用。
NY/T 2038—2011	油菜菌核病测报技术规范	本标准规定了油菜菌核病的定义和术语、春季子囊盘萌发时期及其消长动态调查、病情系统调查、病情普查和预测方法及测报资料收集、汇总和汇报等内容。 本标准适用于秋播油菜菌核病调查和预测预报。
NY/T 794—2004	油菜菌核病防治技术规程	本标准规定了我国油菜菌核病［*Sclerotinia sclerotiorum*（Lib.）de Bary］的防治术语和定义、防治原则、指标、措施和方法。 本标准适用于长江流域及其他冬油菜区油菜菌核病的防治，东北、西北春油菜区和西南夏播油菜区可参照使用。
NY 686—2003	磺酰脲类除草剂合理使用准则	本标准规定了21种磺酰脲类除草剂防治田间杂草的使用剂量、使用时期、方法、作物品种敏感性、轮作后茬作物安全间隔期。 本标准适用于指导上述磺酰脲类除草剂在水稻、小麦、玉米、大豆、油菜等作物田防治杂草安全、有效、合理使用，起到增产增效的目的。
NY/T 3540—2020	油菜种子产地检疫规程	本规程规定了油菜种子产地检疫的程序和方法。 本规程适用于农业植物检疫机构对油菜种子实施产地检疫本规程规定了油菜种子产地检疫的程序和方法本规程适用于农业植物检疫机构对油菜种子实施产地检疫。
NY/T 2239—2012	植物新品种特异性、一致性和稳定性测试指南　甘蓝型油菜	本标准规定了甘蓝型油菜（*Brassica napus* L. *oleifera*）新品种特异性、一致性和稳定性测试的技术要求和结果判定的一般原则。 本标准适用于甘蓝型油菜（*Brassica napus* L. *oleifera*）品种特异性、一致性和稳定性测试和结果判定。

标准号	标准名称	摘要
NY/T 2439—2013	植物新品种特异性、一致性和稳定性测试指南 芥菜型油菜	本标准规定了芥菜型油菜新品种特异性、一致性和稳定性测试的技术要求和结果判定的一般原则。 本标准适用于芥菜型油菜［*Brassica juncea*（L.）Czern. & Coss ssp.］新品种特异性、一致性和稳定性测试和结果判定。
NY/T 2479—2013	植物新品种特异性、一致性和稳定性测试指南 白菜型油菜	本标准规定了白菜型油菜（*Brassica campestris* L.）新品种特异性、一致性和稳定性测试的技术要求和结果判定的一般原则。 本标准适用于白菜型油菜的所有品种。
NY/T 2468—2013	甘蓝型油菜品种鉴定技术规程 SSR分子标记法	本标准规定了利用简单重复序列（Simple sequence repeats，SSR）分子标记进行甘蓝型油菜（*Brassica napus* L.）品种鉴定的试验方法、数据记录格式和判定标准。 本标准适用于甘蓝型油菜DNA分子数据采集和品种鉴定。
NY/T 1288—2007	甘蓝型黄籽油菜种子颜色的鉴定	本标准规定了采用曝光时间指数法测定甘蓝型黄籽油菜种子粒色的方法。 本标准适用于甘蓝型黄籽油菜种子粒色的测定。
NY/T 3058—2016	油菜抗旱性鉴定技术规程	本标准规定了油菜抗旱性鉴定方法及评价标准。 本标准适用于油菜品种或种质资源的抗旱性鉴定。
NY/T 3066—2016	油菜抗裂角性鉴定技术规程	本标准规定了室内采用随机碰撞法鉴定油菜抗裂角性的术语和定义、仪器设备、鉴定方法及抗性评价。 本标准适用于甘蓝型油菜育种材料和种质资源鉴定的抗裂角性检测及评价。
NY/T 3067—2016	油菜耐渍性鉴定技术规程	本标准规定了油菜耐渍性鉴定的方法及评价标准。 本标准适用于油菜品种、种质资源的耐渍性检测。
NY/T 1231—2006	油菜联合收获机质量评价技术规范	本标准规定了油菜联合收获机的质量要求、检测方法和检验规则。 本标准适用于自走式油菜联合收获机的质量评定。
NY/T 1924—2010	油菜移栽机质量评价技术规范	本标准规定了油菜移栽机基本要求、质量要求、检测方法以及检验规则。 本标准适用于油菜裸苗和带土苗移栽机的质量评定。玉米、棉花、甜菜、烟草、蔬菜等其他作物移栽机的质量评价可参照执行。
NY/T 2089—2011	油菜直播机质量评价技术规范	本标准规定了油菜直播机的质量要求、检测方法和检验规则。 本标准适用于窝眼轮式、外槽轮式排种器播种机的质量评定；其他播种类型的油菜直播机可参照执行。
NY/T 2199—2012	油菜联合收割机作业质量	本标准规定了油菜联合收割机作业的质量要求、检测方法和检测规则。 本标准适用于油菜联合收割机（以下简称联合收割机）收获直播油菜的作业质量评定。
NY/T 2709—2015	油菜播种机作业质量	本标准规定了油菜播种机的作业质量要求、检测方法和检验规则。 本标准适用于油菜播种机作业的质量评定。
NY/T 3887—2021	油菜毯状苗移栽机作业质量	该标准全文未在全国标准信息公共服务或其他行业标准服务公众平台备案
NY/T 3068—2016	油菜品种菌核病抗性鉴定技术规程	本标准规定了油菜品种菌核病抗性鉴定的有关定义，抗性评价的鉴定方法、试验设计、调查方法、数据计算等技术及汇总报告格式。 本标准适用于各单位开展的油菜品种（系）菌核病抗性鉴定试验。抗病品种（系）的选育、品种（系）抗性比较试验、主导品种的抗病性监测可参照执行。
NY/T 3258—2018	油菜品种菌核病抗性离体鉴定技术规程	本标准规定了油菜菌核病抗性离体鉴定方法。本标准适用于油菜菌核病室内抗病鉴定。 本标准不适用于油菜季节性和形态学（如无花瓣油菜）避病的抗病鉴定。

标准号	标准名称	摘要
NY/T 3621—2020	油菜根肿病抗性鉴定技术规程	本标准规定了油菜根肿病抗性鉴定的鉴定方法和抗性评价标准。 本标准适用于油菜根肿病的抗性评价。
NY/T 792—2004	油菜籽芥酸硫苷的测定（光度法）	本标准规定了光度法测定油菜籽芥酸硫苷含量的有关术语和定义、原理、试剂、仪器以及分析步骤等。 本标准适用于双低油菜种子和商品油菜籽芥酸硫苷含量的快速定量测定，也适用于双低油菜育种中间材料芥酸硫苷含量的快速检测。本标准不适用于仲裁检验。
NY/T 1287—2007	油菜籽中叶绿素含量的测定 光度法	本标准规定了采用光度法测定油菜籽中叶绿素含量的方法。 本标准适用于油菜籽中叶绿素含量的测定，不适用于菜籽油中叶绿素含量的测定。
NY/T 1582—2007	油菜籽中硫代葡萄糖苷的测定 高效液相色谱法	本标准规定了采用高效液相色谱法测定油菜籽中硫代葡萄糖苷含量的方法。 本标准适用于油菜种子及商品菜籽中硫代葡萄糖苷含量的测定，不适用于葡萄糖分子被取代的硫代葡萄糖苷样品分析。
NY/T 1596—2008	油菜饼粕中异硫氰酸酯的测定 硫脲比色法	本标准规定了硫脲比色法测定油菜饼粕中异硫氰酸酯含量的方法。 本标准适用于油菜饼粕中异硫氰酸酯含量的测定。
NY/T 1797—2009	油菜籽中游离脂肪酸的测定 滴定法	本标准规定了滴定法测定油菜籽中游离脂肪酸含量的方法。 本标准适用于油菜籽中游离脂肪酸含量的测定。
NY/T 3105—2017	植物油料含油量测定 近红外光谱法	本标准规定了植物油料含油量的近红外光谱测定方法。 本标准适用于油菜、花生、大豆、芝麻等植物油料含油量的测定。 本标准方法不适用于仲裁检验。
NY/T 3295—2018	油菜籽中芥酸、硫代葡萄糖苷的测定 近红外光谱法	本标准规定了油菜籽中芥酸、硫代葡萄糖苷的近红外光谱测定方法。 本标准适用于油菜籽中芥酸、硫代葡萄糖苷含量的快速测定。 本标准方法不适用于仲裁检验。
NY/T 3296—2018	油菜籽中硫代葡萄糖苷的测定 液相色谱-串联质谱法	本标准规定了采用高效液相色谱-串联质谱法测定油菜籽中硫代葡萄糖苷含量的方法。 本标准适用于油菜籽中硫代葡萄糖苷含量的测定。 本标准方法油菜籽中硫代葡萄糖苷的检出限为 0.1 μmol/g。
NY/T 3297—2018	油菜籽中总酚、生育酚的测定 近红外光谱法	本标准规定了油菜籽中总酚、生育酚的近红外光谱测定方法。 本标准适用于油菜籽中总酚、生育酚的快速测定。 本标准方法不适用于仲裁检验。
NY/T 3298—2018	植物油料中粗蛋白质的测定 近红外光谱法	本标准规定了植物油料中粗蛋白质的近红外光谱测定方法。 本标准适用于油菜、大豆、花生、芝麻等植物油料中粗蛋白质含量的快速测定。 本标准方法不适用于仲裁检验。
NY/T 3299—2018	植物油料中油酸、亚油酸的测定近 红外光谱法	本标准规定了植物油料中油酸、亚油酸的近红外光谱测定方法。 本标准适用于油菜、花生、大豆、芝麻等主要植物油料中油酸、亚油酸的快速测定。 本标准方法不适用于仲裁检验。
NY/T 3673—2020	植物油料中角鲨烯含量的测定	本标准规定了油料中角鲨烯含量测定的气相色谱质谱法和气相色谱法。 本标准适用于油料（油菜籽、大豆、花生、芝麻等）中角鲨烯含量的测定。
NY/T 3674—2020	油菜薹中莱菔硫烷含量的测定 液相色谱串联质谱法	本标准规定了油菜薹中莱菔硫烷含量的液相色谱-串联质谱测定方法。 本标准适用于油菜薹中莱菔硫烷含量的测定。 本标准方法莱菔硫烷的检出限为 0.3 μg/kg，定量限为 1.0 μg/kg。

标准号	标准名称	摘要
NY/T 1103.3—2006	转基因植物及其产品食用安全检测抗营养素　第3部分：硫代葡萄糖苷的测定	本标准规定了转基因油菜籽及其产品中硫代葡萄糖苷的高效液相色谱测定方法。 本标准适用于转基因油菜籽及其产品中硫代葡萄糖苷的高效液相色谱测定。
NY/T 721.1—2003	转基因油菜环境安全检测技术规范　第1部分：生存竞争能力检测	NY/T 721 的本部分规定了转基因油菜生存竞争能力的检测方法。 NY/T 721 的本部分适用于转基因油菜变为杂草的可能性、转基因油菜与非转基因油菜及杂草在荒地和农田中竞争能力的检测。
NY/T 721.2—2003	转基因油菜环境安全检测技术规范　第2部分：外源基因流散的生态风险检测	NY/T 721 的本部分规定了转基因油菜基因流散的生态风险检测方法。 NY/T 721 的本部分适用于转基因油菜基因流散距离和不同距离的流散率的检测。
NY/T 721.3—2003	转基因油菜环境安全检测技术规范　第3部分：对生物多样性影响的检测	NY/T 721 的本部分规定了转基因油菜对生物多样性影响的检测方法。 NY/T 721 的本部分适用于转基因油菜对油菜田主要害虫及优势天敌种群数量、节肢动物群落结构及油菜病害影响的检测。
NY/T 1795—2009	双低油菜籽等级规格	本标准规定了双低油菜籽的等级、规格、包装和标识。 本标准适用于双低油菜籽。
NY/T 1087—2006	油菜籽干燥与储藏技术规程	本标准规定了油菜籽干燥与储藏的技术规程、质量控制、检测方法和包装、运输的技术要求。 本标准适用于油菜籽的热风机械干燥与储藏过程的质量控制。
NY/T 415—2000	低芥酸低硫苷油菜籽	本标准规定了低芥酸低硫苷油菜籽的定义、质量指标、检测方法、判定规则及包装、运输、储存要求。 本标准适用于经品质改良后的甘蓝型、白菜型、芥菜型商品油菜籽的生产、收购、加工及市场营销。本标准不适用于育种单位低芥酸低硫苷油菜品种选育的质量评价，也不适用于低芥酸低硫苷油菜种子。
NY/T 1990—2011	高芥酸油菜籽	本标准规定了高芥酸油菜籽的术语和定义、质量要求、试验方法、判定规则、标识、包装、贮存和运输。 本标准适用于工业用高芥酸油菜籽。
NY/T 2982—2016	绿色食品油菜籽	本标准规定了绿色食品油菜籽的术语和定义、要求、检验规则、包装、运输和储存。 本标准适用于加工食用油的绿色食品油菜籽。
NY/T 3786—2020	高油酸油菜籽	本标准规定了高油酸油菜籽的术语和定义，质量要求，检验方法，判定规则，标识，包装、储藏和运输。 本标准适用于加工食用油的高油酸油菜籽。
NY/T 416—2000	低芥酸菜籽油	本标准规定了低芥酸菜籽油的技术要求、检验规则、包装、运输、储存等要求。 本标准适用于以低芥酸油菜籽或低芥酸苷油菜籽为原料制成的食用菜籽油的市场流通、收购、销售、调拨、储存、加工和出口。
NY/T 5344.2—2006	无公害食品产品抽样规范　第2部分：粮油	本部分规定了无公害农产品粮油类产品抽样的方法。 本部分适用于无公害农产品粮油类产品（小麦、大米、玉米、大豆、绿豆、蚕豆、花生仁/果、芝麻、油菜籽等）认证检验和监督检验的抽样。
NY/T 125—1989	饲料用菜籽饼	本标准规定了饲料用菜籽饼的质量指标及分级标准。 本标准适用于油菜籽经压榨取油后的饲料用菜籽饼。

标准号	标准名称	摘要
NY/T 417—2000	饲料用低硫苷菜籽饼（粕）	本标准规定了饲料用低硫苷菜籽饼（粕）的定义、质量指标、检验方法及分级标准和包装、运输与储存要求。 本标准适用于低硫苷油菜籽压榨取油后的饲料用菜籽饼和预榨-浸出取油后的饲料用菜籽粕。 本标准不适用于非饲料用菜籽饼（粕），也不适用于经脱毒后的普通菜籽饼（粕）。
NY/T 126—2005	饲料用菜籽粕	本标准规定了饲料用菜籽粕的技术指标、质量分级、试验方法、检验规则、标签、包装、运输和贮存。 本标准适用于以油菜籽为原料，以预压浸提或者直接浸提法取油后得到的饲料用菜籽粕。
QX/T 107—2009	冬小麦、油菜涝渍等级	本标准规定了冬小麦、油菜涝渍的定义、指标及其计算方法、等级划分、等级命名、使用方法。 本标准适用于我国南方地区（秦岭—淮河沿线及其以南）冬小麦、油菜涝渍的调查、统计、预警和评估。
SN/T 1201—2014	饲料中转基因植物成分 PCR 检测方法	本标准规定了饲料中转基因植物成分的定性实时荧光 PCR 检测方法。 本标准适用于饲料中大豆、玉米、水稻、油菜、棉花、苜蓿和小麦等转基因植物成分的定性检测和相关品系的鉴定。 本标准同样适用于玉米酒糟粕转基因成分的定性检测和相关品系的鉴定。
SN/T 2668—2010	转基因植物品系特异性检测方法	本标准规定了几种重要的转基因植物品系特异性（转化事件特异性）检测方法。 本标准适用于转基因玉米（Bt10，Bt11，GA21，Mon810，Mon863，NK603，T25，TC1507）、转基因大豆（GTS-40-3-2，A2704-12）、转基因油菜（RT73，T45，Ms8，Rf3）、转基因番茄（华番 1 号）和转基因马铃薯（EH92-527-1）的品系特异性检测。
SN/T 1204—2016	植物及其加工产品中转基因成分实时荧光 PCR 定性检验方法	本标准规定了植物及其加工产品中转基因成分筛选和品系鉴定实时荧光 PCR 检测方法。 本标准适用于大豆、玉米、油菜籽、水稻、棉花、马铃薯、亚麻、甜菜、苜蓿、番茄、木瓜、苹果、菊苣、剪股颖、烟草、李子、甜瓜、小麦、茄子和桉树转基因筛选检测，也适用于大豆、玉米、油菜、水稻、棉花、马铃薯、亚麻和甜菜等作物的品系特异性实时荧光 PCR 检验。
SN/T 1197—2016	油菜中转基因成分检测 普通 PCR 和实时荧光 PCR 方法	本标准规定了油菜及其加工产品中转基因成分筛选、基因特异性和品系特异性普通 PCR 和实时荧光 PCR 检测方法。 本标准适用于油菜及其加工产品中转基因成分筛选、基因特异性和品系特异性定性检测。
SN/T 5334.4—2020	转基因植物产品的数字 PCR 检测方法 第 4 部分：转基因油菜	本文件规定了油菜中转基因品系数字 PCR 定量检测方法。 本文件适用于油菜种子、叶片中 11 种转基因品系定量检测。
SN/T 1606—2005	进出口植物性产品中苯氧羧酸类除草剂残留量检验方法 气相色谱法	本标准规定了进出口粮谷中麦草畏、2,4-滴丙酸、2,4-滴，2,4,5-三氯苯氧基丙酸、2,4,5-三氯苯氧基乙酸、2,4-滴丁酸残留量的抽样、制样和气相色谱-质谱测定方法。 本标准适用于进出口小麦、大麦、大豆、油菜籽和大米中麦草畏、2,4-滴丙酸、2,4-滴，2,4,5-三氯苯氧基丙酸、2,4,5-三氯苯氧基乙酸、2,4-滴丁酸残留量的检验。
SN/T 1868—2007	进出口油菜籽及其饼粕中硫代葡萄糖苷总量的测定方法	本标准规定了进出口油菜籽及其饼粕中硫代葡萄糖苷总量的测定方法。 本标准适用于油菜籽及其饼粕中硫代葡萄糖苷总量的测定。

标准号	标准名称	摘要
SN/T 3767.6—2014	出口食品中转基因成分环介导等温扩增（LAMP）检测方法 第6部分：玉米MIR162品系	SN/T 3767的本部分规定了转基因油菜RT-73品系特异性的环介导等温扩增（LAMP）初筛检测方法。 本部分适用于油菜RT-73（GT73）品系的定性检测。 本方法的定性检测低限为0.5%（质量分数）。
SN/T 3767.30—2014	出口食品中转基因成分环介导等温扩增（LAMP）检测方法 第30部分：油菜RT-73品系	SN/T 3767的本部分规定了稻谷和大米中转基因水稻Bt-63品系特异性的环介导等温扩增（LAMP）初筛检测方法。 本部分适用于稻谷和大米中转基因水稻Bt-63品系特异性的定性检测。 本方法的定性检测低限为0.5%（质量分数）。
SN/T 0591—2016	出口粮谷及油籽中二嗯硫磷残留量的测定 气相色谱和气相色谱-质谱法	本标准规定了出口粮谷及油籽中二嗯硫磷残留量检测的制样、气相色谱测定和气相色谱-质谱测定及确证方法。 本标准适用于大米、小麦、大麦、玉米、高粱、绿豆、赤豆、花生、大豆、油菜籽中二嗯硫磷残留量的检测和确证。
SN/T 4428—2016	出口油料和植物油中多种农药残留量的测定 液相色谱-质谱/质谱法	本标准规定了出口油料和植物油中多种农药残留量的液相色谱-质谱/质谱测定方法。 本标准适用于大豆油、玉米油、花生油、橄榄油、菜籽油、棕榈油、油菜籽、花生、芝麻、瓜子中77种农药残留量的测定。
SN/T 4778—2017	出口花粉中链霉素和双氢链霉素的测定方法 液相色谱-质谱/质谱法	本标准规定了出口花粉中链霉素和双氢链霉素的液相色谱-质谱/质谱法测定方法。 本标准适用于出口松花粉、玉米花粉、茶花粉、葵花粉、油菜花粉和杂花粉等中链霉素和双氢链霉素的测定和确证。
SN/T 0337—2019	出口植物源性食品中克百威及其代谢物残留量的测定 液相色谱-质谱/质谱法	本标准规定了出口植物源性食品中克百威及其代谢物3-羟基克百威残留量的测定方法。 本标准适用于大米、小麦、大豆、花生、洋葱、油菜、菠菜、番茄、黄瓜、马铃薯、橙子、苹果、香蕉和茶叶中克百威及其代谢物3-羟基克百威残留量的检测和确证。
4. 芝麻		
GB/T 11761—2006	芝麻	本标准规定了芝麻的术语和定义、技术要求、试验方法、检验规则、包装、标志、贮存和运输。 本标准适用于芝麻的质量评定及贸易。
GB 4407.2—2008	经济作物种子 第2部分：油料类	GB4407的本部分规定了油菜（*Brassica napus* L.）、向日葵（*Helianthus annuus* L.）、花生（*Arachis hypogaea* L.）和芝麻（*Sesamun indicum* L.）种子的质量要求、检验方法和检验规则。 本部分适用于中华人民共和国境内生产和销售的上述所提及的油料类种子。
GB 14891.2—1994	辐照花粉卫生标准	本标准规定了辐照花粉的技术要求及检验方法。 本标准适用于经γ射线或电子束照射的玉米、荞麦、高粱、芝麻、油菜、向日葵、紫云英的蜜源的纯花粉及混合花粉。
GB/T 5539—2008	粮油检验油脂定性试验	本标准规定了植物油脂定性试验的术语和定义、仪器设备、试验步骤和结果判定方法。 本标准适用于桐油、蓖麻油、亚麻油、矿物油、大豆油、花生油、芝麻油、棉籽油、菜籽油、植物油中猪脂、油茶籽油、茶籽油、大麻籽油的定性或检出试验。
GB/T 5508—2011	粮油检验粉类粮食含砂量测定	本标准规定了粉类粮食含砂量测定的术语和定义、原理、试剂与材料、仪器和用具、操作步骤、结果计算及表示以及重复性要求。 本标准适用于除能与沙尘共沉淀的芝麻粉等以外的粉类粮食含砂量的测定。

标准号	标准名称	摘要
GB/T 5510—2011	粮油检验粮食、油料脂肪酸值测定	本标准规定了粮食、油料脂肪酸值测定的术语和定义、原理、试剂与材料、仪器和设备、操作步骤、结果计算及表示、精密度。 本标准的苯提取法适用于小麦粉等粮食脂肪酸值的测定；石油醚提取法适用于大豆、花生、油菜籽、核桃、芝麻、葵花籽、玉米胚芽脂肪酸值的测定。 本标准不适用于其他油料脂肪酸值的测定。
GB/T 31579—2015	粮油检验芝麻油中芝麻素和芝麻林素的测定　高效液相色谱法	本标准规定了高效液相色谱法测定芝麻油中的芝麻素和芝麻林素的术语和定义、原理、试剂和耗材、仪器设备、试样的制备、分析步骤、结果计算以及精密度。 本标准适用于芝麻香油、芝麻原油和成品芝麻油中芝麻素和芝麻林素的测定。 本标准方法的检出限为：芝麻素 0.01 mg/g；芝麻林素 0.02 mg/g。
GB/T 22477—2008	芝麻粕	本标准规定了芝麻粕的术语和定义、质量要求与卫生要求、检验方法、检验规则、标签标识以及包装、储存和运输的要求。 本标准适用于饲料工业用的商品芝麻粕。
GB/T 23781—2009	黑芝麻糊	本标准规定了黑芝麻糊的要求、试验方法、检验规则和标志、包装、运输及贮存。 本标准适用于黑芝麻糊的生产、检验和销售。
GB/T 8233—2018	芝麻油	本标准规定了芝麻油的术语和定义、分类、质量要求、检验方法及规则、标签、包装、储存和运输等。 本标准适用于芝麻油、芝麻原油、芝麻香油、小磨芝麻香油和精炼芝麻油。芝麻原油的质量指标仅适用于原油的贸易。
BJS 201708	食用植物油中乙基麦芽酚的测定	本方法规定了食用植物油中乙基麦芽酚的液相色谱-串联质谱定性确证和定量测定方法。 本方法适用于芝麻油、芝麻调和油、菜籽油等食用植物油中乙基麦芽酚的确证及测定。
BJS 202101	食品中对苯二甲酸二辛酯的测定	本方法规定了食品中对苯二甲酸二辛酯的气相色谱质谱联用测定方法。 本方法适用于白酒、饮料、果冻、糕点、植物油、芝麻酱、黄油等食品中对苯二甲酸二辛酯含量的测定。
LS/T 3220—2017	芝麻酱	本标准规定了芝麻酱的术语和定义、质量要求、检验方法、检验规则、标签标识、包装、储存和运输的要求。 本标准适用于食用商品芝麻酱。
NY/T 3765—2020	芝麻种子生产技术规程	本标准规定了常规芝麻种子生产的术语和定义、原种生产、大田用种生产、种子检验、标签。 本标准适用于芝麻常规品种原种和大田用种的生产。
NY/T 2434—2013	植物新品种特异性、一致性和稳定性测试指南　芝麻	本标准规定了芝麻新品种特异性、一致性和稳定性测试的技术要求和结果判定的一般原则。 本标准适用于芝麻（*Sesamum indicum* L.）新品种特异性、一致性和稳定性测试和结果判定。
NY/T 3429—2019	芝麻品种资源耐湿性鉴定技术规程	本标准规定了芝麻品种资源耐湿性的鉴定方法和判定规则。 本标准适用于芝麻品种资源的耐湿性鉴定。
NY/T 1464.18—2007	农药田间药效试验准则　第 18 部分：除草剂防治芝麻田杂草	本部分规定了除草剂防治芝麻田杂草田间药效小区试验的方法和基本要求。 本部分适用于除草剂防治芝麻田杂草的登记用田间药效小区试验及药效评价。其他田间药效试验参照本部分执行。

标准号	标准名称	摘要
NY/T 2043—2011	芝麻茎点枯病防治技术规范	本标准规定了我国芝麻茎点枯病［*Macrophomina phaseolina*（Tassi.）Goid］的防治技术、防治措施和方法。 本标准适用于芝麻茎点枯病的防治。
NY/T 1526—2007	植物油中棕榈油的鉴别	本标准规定了用气相色谱法鉴别植物油中棕榈油的方法。 本标准适用于植物油（花生油、菜籽油、大豆油、葵花籽油、玉米油、芝麻油、油茶籽油）中的棕榈油的定性定量检测。 本方法棕榈油的最小检出量为5%。
NY/T —2008	芝麻中芝麻素含量的测定 高效液相色谱法	本标准规定了高效液相色谱法测定芝麻中芝麻素含量的方法。 本标准适用于芝麻中芝麻素含量的测定。 本方法芝麻素检出限为0.2 mg/kg。
NY/T 3105—2017	植物油料含油量测定 近红外光谱法	本标准规定了植物油料含油量的近红外光谱测定方法。 本标准适用于油菜、花生、大豆、芝麻等植物油料含油量的测定。 本标准方法不适用于仲裁检验。
NY/T 3298—2018	植物油料中粗蛋白质的测定 近红外光谱法	本标准规定了植物油料中粗蛋白质的近红外光谱测定方法。 本标准适用于油菜、大豆、花生、芝麻等植物油料中粗蛋白质含量的快速测定。 本标准方法不适用于仲裁检验。
NY/T 3299—2018	植物油料中油酸、亚油酸的测定 近红外光谱法	本标准规定了植物油料中油酸、亚油酸的近红外光谱测定方法。 本标准适用于油菜、花生、大豆、芝麻等主要植物油料中油酸、亚油酸的快速测定。 本标准方法不适用于仲裁检验。
NY/T 3673—2020	植物油料中角鲨烯含量的测定	本标准规定了油料中角鲨烯含量测定的气相色谱质谱法和气相色谱法。 本标准适用于油料（油菜籽、大豆、花生、芝麻等）中角鲨烯含量的测定。
NY/T 5344.2—2006	无公害食品产品抽样规范 第2部分：粮油	本部分规定了无公害农产品粮油类产品抽样的方法。 本部分适用于无公害农产品粮油类产品（小麦、大米、玉米、大豆、绿豆、蚕豆、花生仁/果、芝麻、油菜籽等）认证检验和监督检验的抽样。
NY/T 2307—2013	芝麻油冷榨技术规范	本标准规定了芝麻油冷榨技术要求及标识、包装、贮存和运输。 本标准适用于冷榨芝麻油生产。
NY/T 73-1988	小磨香油检验规程	本标准适用于采用水代法生产的小磨香油主要工序的检验，不适用于采用其他工艺生产的芝麻油的检验。
NY 68-1988	小磨香油	本标准适用于以优质芝麻为原料，采用水代法（即经筛选、漂洗、炒子、研磨、加水、撇油等工序）生产的作为调味品的小磨香油。
NY/T 1509—2017	绿色食品芝麻及其制品	本标准规定了绿色食品芝麻及其制品的分类、要求、检验规则、标签、包装、运输和储存。 本标准适用于绿色食品芝麻及芝麻酱、芝麻糊等制品，不适用于芝麻油和芝麻糖。
SN/T 0702—2011	进出口粮谷和坚果中乙酯杀螨醇残留量的检测方法 气相色谱-质谱法	本标准规定了粮谷及坚果中乙酯杀螨醇残留量测定的制样、气相色谱-质谱测定及确证方法。 本标准适用于大米、小麦、大麦、玉米、大豆、燕麦、核桃仁、杏仁、榛子仁、花生、芝麻、栗子、甘薯、山药中乙酯杀螨醇残留量的测定和确证。
SN/T 1961.12—2013	出口食品过敏原成分检测 第12部分：实时荧光PCR方法检测芝麻成分	SN/T 1961的本部分规定了食品中过敏原芝麻成分的实时荧光PCR法检测方法。 本部分适用于食品及其原料中过敏原芝麻成分的定性检测。 本部分所规定方法的最低检出限（LOD）为0.01%（质量分数）。

标准号	标准名称	摘要
SN/T 3868—2014	出口植物油中黄曲霉毒素 B1、B2、G1、G2 的检测-免疫亲和柱净化高效液相色谱法	本标准规定了出口植物油中黄曲霉毒素 B1、B2、G1、G2 的检测方法。 本标准适用于花生油、橄榄油、芝麻油中黄曲霉毒素的检测。
SN/T 4419. 14—2016	出口食品常见过敏原 LAMP 系统检测方法 第 14 部分：芝麻	SN/T 4419 的本部分规定了出口食品中过敏原芝麻成分的环介导等温扩增（LAMP）检测方法。 本部分适用于食品及其原料中过敏原芝麻成分的定性检测。 本部分所规定方法的最低检测限（LOD）为 0. 5%（质量分数）。
SN/T 0526—2015	出口食品中增效醚残留量的检测方法 液相色谱-质谱/质谱法	本标准规定了食品中增效醚残留量的制样方法与液相色谱-质谱/质谱测定方法。 本标准适用于猪肉、鸡肝、牛肾、牛脂肪、鸡蛋、牛奶、柑桔、大豆、花生、大蒜、马铃薯、菠菜、芹菜、小麦、大米、大麦、芝麻等食品中增效醚残留量的液相色谱-质谱/质谱的测定。
SN/T 4428—2016	出口油料和植物油中多种农药残留量的测定 液相色谱-质谱/质谱法	本标准规定了出口油料和植物油中多种农药残留量的液相色谱-质谱/质谱测定方法。 本标准适用于大豆油、玉米油、花生油、橄榄油、菜籽油、棕榈油、油菜籽、花生、芝麻、瓜子中 77 种农药残留量的测定。
5. 向日葵		
GB 4407. 2—2008	经济作物种子 第 2 部分：油料类	GB 4407 的本部分规定了油菜（*Brassica napus* L.）、向日葵（*Helianthus annuus* L.）、花生（*Arachis hypogaea* L.）和芝麻（*Sesamun indicum* L.）种子的质量要求、检验方法和检验规则。 本部分适用于中华人民共和国境内生产和销售的上述所提及的油料类种子。
GB 14891. 2—1994	辐照花粉卫生标准	本标准规定了辐照花粉的技术要求及检验方法。 本标准适用于经 γ 射线或电子束照射的玉米、荞麦、高粱、芝麻、油菜、向日葵、紫云英的蜜源的纯花粉及混合花粉。
GB/T 31792—2015	向日葵茎溃疡病菌检疫鉴定方法	本标准规定了向日葵茎溃疡病菌的检疫鉴定方法。 本标准适用于向日葵植株和种子中向日葵茎溃疡病菌的检疫和鉴定。
GB/T 31808—2015	向日葵白锈病菌检疫鉴定方法	本标准规定了向日葵白锈病菌的检疫鉴定方法。 本标准适用于向日葵种子和植株中向日葵白锈病菌的检疫和鉴定。
GB/T 5510—2011	粮油检验粮食、油料脂肪酸值测定	本标准规定了粮食、油料脂肪酸值测定的术语和定义、原理、试剂与材料、仪器和设备、操作步骤、结果计算及表示、精密度。 本标准的苯提取法适用于小麦粉等粮食脂肪酸值的测定；石油醚提取法适用于大豆、花生、油菜籽、核桃、芝麻、葵花籽、玉米胚芽脂肪酸值的测定。 本标准不适用于其他油料脂肪酸值的测定。
GB/T 14488. 1—2008	植物油料含油量测定	（ISO 659：1998，MOD） 本标准规定了测定植物油料含油量的方法及其原理。 本方法适用于测定用于工业原料的油菜籽、大豆、葵花籽的含油量。但本方法并不排除用来测定其他植物油料种子的含油量。
GB/T 11764—2008	葵花籽	本标准规定了葵花籽的相关术语和定义、分类、质量要求和卫生要求、检验方法、检验规则、标签标识以及包装、储存和运输的要求。 本标准适用于收购、储存、运输、贸易和加工用商品葵花籽。

标准号	标准名称	摘要
GB/T 10464—2017	葵花籽油	本标准规定了葵花籽油的术语和定义、分类、质量要求、检验方法及规则、标签、包装、贮存、运输和销售等要求。 本标准适用于成品葵花籽油和葵花籽原油。 葵花籽原油的质量指标仅适用于葵花籽原油的贸易。
GB/T 10464—2017（XG1—2019）	葵花籽油《第1号修改单》	本标准规定了葵花籽油的术语和定义、分类、质量要求、检验方法及规则、标签、包装、贮存、运输和销售等要求。 本标准适用于成品葵花籽油和葵花籽原油。 葵花籽原油的质量指标仅适用于葵花籽原油的贸易。
GB/T 22463—2008	葵花籽粕	本标准规定了葵花籽粕的术语和定义、质量要求与卫生要求、检验方法、检验规则、标签和标识以及包装、运输和贮存的要求。 本标准适用于商品葵花籽粕。
GB 28401—2012	食品安全国家标准 食品添加剂磷脂	本标准适用于以大豆、葵花籽等植物油籽料或其加工副产物为主要原料，经脱水、脱杂、脱色或脱脂等工序制得的食品添加剂磷脂。
BJS 201712	食用油脂中脂肪酸的综合检测法	本方法适用于食用植物油（花生油、大豆油、玉米油、植物调和油、橄榄油、葵花籽油、芥花油、菜籽油、香油、棕榈油等）是否存在异常的检测及识别。
JB/T 12824—2016	葵花籽脱粒机	本标准规定了葵花籽脱粒机的术语和定义、型号表示方法、技术要求、安全要求、试验方法、检验规则、标志、包装和贮存。 本标准适用于葵花籽机动脱粒机。
NY/T 3263.3—2020	主要农作物蜜蜂授粉及病虫害综合防控技术规程 第3部分：油料作物（油菜、向日葵）	本部分规定了油菜和向日葵蜜蜂授粉的术语和定义、授粉蜂群的组织、蜂群入场时间、蜂群的配置、授粉期蜂群管理和作物主要病虫害综合防控技术。 本部分适用于大田油菜和向日葵蜜蜂授粉及病虫害综合防控。
NY/T 2433—2013	植物新品种特异性、一致性和稳定性测试指南 向日葵	本标准规定了向日葵新品种特异性、一致性和稳定性测试的技术要求和结果判定的一般原则。 本标准适用于向日葵（*Helianthus annuus* L.）新品种特异性、一致性和稳定性测试和结果判定。
NY/T 3752—2020	向日葵品种真实性鉴定 SSR分子标记法	本标准规定了利用简单重复序列（Simple aequence repeat，SSR）分子标记法进行向日葵（*Helianthus annuus* L.）品种真实性检测的术语和定义，缩略语，原理，检测方案，仪器设备、试剂和溶液配制，检测程序，鉴定意见和结果报告。 本标准适用于向日葵品种真实性验证和品种真实性身份鉴定，不适用于实质性派生品种（Essential derived varieties，EDV）的鉴定。
NY/T 510—2016	葵花籽剥壳机械质量评价技术规范	本标准规定了葵花籽剥壳机械的质量要求、检测方法和检验规则。 本标准适用于葵花籽剥壳机械（以下简称剥壳机）的质量评定。
NY/T 3885—2021	向日葵联合收获机质量评价技术规范	该标准全文未在全国标准信息公共服务或其他行业标准服务公众平台备案。
NY/T 1526—2007	植物油中棕榈油的鉴别	本标准规定了用气相色谱法鉴别植物油中棕榈油的方法。 本标准适用于植物油（花生油、菜籽油、大豆油、葵花籽油、玉米油、芝麻油、油茶籽油）中的棕榈油的定性定量检测。 本方法棕榈油的最小检出量为5%。
NY/T 1581—2007	食用向日葵籽	本标准规定了食用向日葵籽的定义、要求、检验方法、检验规则及包装、运输、储存。 本标准适用于食用向日葵籽的生产、收购、储存、运输、加工和销售。
NY/T 601—2002	油葵籽	本标准规定了油葵籽的术语和定义、质量指标、试验方法、判定规则及包装、运输和贮存等要求。 本标准适用于商品油葵籽的生产、市场流通、收购、销售、储存及进出口贸易。

标准号	标准名称	摘要
NY/T 902—2015	绿色食品　瓜籽	本标准规定了绿色食品瓜籽的术语和定义、要求、检验规则、标签、包装、运输和贮存。 本标准适用于绿色食品葵花籽（包括油葵籽）、南瓜籽、西瓜籽、瓜蒌籽的生瓜籽及籽仁，不适用于烘炒类等进行熟制工艺加工的瓜籽及籽仁。
NY/T 1325—2015	绿色食品　芽苗类蔬菜	本标准规定了绿色食品芽苗类蔬菜的要求、检验规则、标签、包装、运输和贮存。 本标准适用于绿色食品种芽类芽苗菜，包括绿豆芽、黄豆芽、黑豆芽、青豆芽、红豆芽、蚕豆芽、红小豆芽、豌豆苗、花生芽、苜蓿芽、小扁豆芽、萝卜芽、菘蓝芽、沙芥芽、芥菜芽、芥蓝芽、白菜芽、独行菜芽、种芽香椿、向日葵芽、荞麦芽、胡椒芽、紫苏芽、水芹芽、小麦苗、胡麻芽、蕹菜芽、芝麻芽、黄秋葵芽等。
NY/T 127—1989	饲料用向日葵仁粕	本标准规定了饲料用向日葵仁粕的质量指标及分级标准。 本标准适用于以向日葵仁（带部分壳）为原料，以浸提法取油后的饲料用向日葵仁粕。
NY/T 128—1989	饲料用向日葵仁饼	本标准规定了饲料用向日葵仁饼的质量指标及分级标准。 本标准适用于以向日葵仁（带部分壳）为原料，压榨法取油后的饲料用向日葵仁饼。
SB/T 10553—2009	熟制葵花籽和仁	本标准规定了熟制葵花籽和仁的术语和定义、分类、要求、试验方法、检验规则、标签、标志、包装、运输、贮存的要求。 本标准适用于 3.1 和 3.2 定义的产品的生产、检验和销售。
SB/T 10553—2009 (XG1—2015)	《熟制葵花籽和仁》第 1 号修订单	本标准规定了熟制葵花籽和仁的术语和定义、分类、要求、试验方法、检验规则、标签、标志、包装、运输、贮存的要求。 本标准适用于 3.1 和 3.2 定义的产品的生产、检验和销售。
SN/T 3174—2012	向日葵黑茎病菌检疫鉴定方法	本标准规定了向日葵黑茎病菌（*Leptosphaeria lindquistii* Frezzi）分离培养、致病性测定、序列比对的实验步骤及鉴定方法等。 本标准适用于向日葵种子中向日葵黑茎病菌的检疫鉴定以及向日葵产区向日葵黑茎病菌的田间检测。
SN/T 4877.5—2017	基因条形码筛查方法　第 5 部分：检疫性拟茎点霉	SN/T 4877 的本部分规定了大豆北方茎溃疡病菌、大豆南方茎溃疡病菌、向日葵茎溃疡病菌、黄瓜黑色根腐病菌等 4 种检疫性拟茎点霉 DNA 条形码筛查方法。 本部分适用于进境植物及其产品中大豆北方茎溃疡病菌、大豆南方茎溃疡病菌、向日葵茎溃疡病菌、黄瓜黑色根腐病菌等 4 种检疫性拟茎点霉的筛查。
SN/T 1963—2007	进出口南瓜籽仁、葵花籽仁感官检验方法	本标准规定了进出口南瓜籽仁、葵花籽仁的抽样和检验方法。 本标准适用于进出口南瓜籽仁、葵花籽仁的检验。
SN/T 2229—2008	进出口食品中稻瘟灵残留量的检测方法	本标准规定了进出口食品中稻瘟灵残留量的气相色谱和气相色谱-质谱检测方法。 本标准适用于大米、玉米、柑橘、苹果、菠菜、大葱、松籽仁、葵花籽仁、茶叶、鱼、牛肝、鸡肾、蜂蜜及牛奶中稻瘟灵残留量的检测和确证。
SN/T 4419.13—2016	出口食品常见过敏原 LAMP 系统检测方法　第 13 部分：葵花籽	SN/T 4419 的本部分规定了出口食品中过敏原葵花籽成分的环介导等温扩增（LAMP）检测方法。 本部分适用于食品及其原料中过敏原葵花籽成分的定性检测。 本部分所规定方法的最低检测限（LOD）为 0.5%（质量分数）。
6. 胡麻		
GB/T 17980.19—2000	农药田间药效试验准则（一）杀菌剂防治水稻叶部病害	本标准规定了杀菌剂防治水稻叶部病害田间药效小区试验的方法和基本要求。 本标准适用于杀菌剂防治水稻叶部稻瘟病（*Piricularia oryzae*），胡麻叶斑病（*Helminthosporium oryzae*）、窄条叶斑病（*C. jansena*）、白叶枯病（*Xanthomonas oryzae*）的登记用田间药效小区试验及药效评价。其他田间药效试验参照本标准执行。

标准号	标准名称	摘要
NY/T 1464.70—2018	农药田间药效试验准则 第 70 部分：杀菌剂防治茭白胡麻叶斑病	本部分规定了杀菌剂防治茭白胡麻叶斑病［*Bipolaris zizaniae*（Nisik.）Shoemaker］田间药效小区试验的方法和基本要求。 本部分适用于杀菌剂防治茭白胡麻叶斑病登记用田间药效小区试验及药效评价。
NY/T 214—1992	饲料用胡麻籽饼	本标准规定了饲料用胡麻籽饼的质量指标及分级标准。 本标准适用于以亚麻籽为主体并混有部分芸芥籽等油料作物籽实，经压榨取油后的饲料用胡麻籽饼。
NY/T 215—1992	饲料用胡麻籽粕	本标准规定了饲料用胡麻籽饼的质量指标及级分标准。 本标准适用于以亚麻籽为主体并混有部分芸芥籽等油料作物籽实，经预压—浸提或有机溶剂浸提取油后的饲料用胡麻籽粕。
NY/T 1325—2015	绿色食品 芽苗类蔬菜	本标准规定了绿色食品芽苗类蔬菜的要求、检验规则、标签、包装、运输和贮存。 本标准适用于绿色食品种芽类芽苗菜，包括绿豆芽、黄豆芽、黑豆芽、青豆芽、红豆芽、蚕豆芽、红小豆芽、豌豆苗、花生芽、苜蓿芽、小扁豆芽、萝卜芽、菘蓝芽、沙芥芽、芥菜芽、芥蓝芽、白菜芽、独行菜芽、种芽香椿、向日葵芽、荞麦芽、胡椒芽、紫苏芽、水芹芽、小麦苗、胡麻芽、蕹菜芽、芝麻芽、黄秋葵芽等。
7. 蓖麻		
GB/T 5539—2008	粮油检验油脂定性试验	本标准规定了植物油脂定性试验的术语和定义、仪器设备、试验步骤和结果判定方法。 本标准适用于桐油、蓖麻油、亚麻油、矿物油、大豆油、花生油、芝麻油、棉籽油、菜籽油、植物油中猪脂、油茶籽油、茶籽油、大麻籽油的定性或检出试验。
GB/T 8234—2009	蓖麻籽油	本标准规定了蓖麻籽油的术语和定义、质量要求、检验方法、检验规则、标签以及包装、储存和运输的要求。 本标准适用于以蓖麻籽为原料加工的工业用商品蓖麻籽油。
GB/T 24301—2009	氢化蓖麻籽油	本标准规定了氢化蓖麻油的术语和定义、质量要求、检验方法、检验规则、标签标志、包装、储存和运输等要求。 本标准适用于以蓖麻籽油为原料加工的工业用的商品氢化蓖麻籽油。
HG/T 4310—2012	蓖麻油聚氧乙烯醚	本标准规定了蓖麻油聚氧乙烯醚产品的命名、要求、试验方法、检验规则及标志、包装、运输和贮存。 本标准适用于蓖麻油和环氧乙烷聚合而成的蓖麻油聚氧乙烯醚类非离子表面活性剂。该产品适用于纺织印染、涂料、油墨等行业。
LS/T 3107—1985	蓖麻籽	本标准适用于省、自治区、直辖市之间调拨的商品蓖麻籽。
NY/T 1266—2007	蓖麻籽	本标准规定了蓖麻籽的定义、要求、检验方法、检验规则、包装、运输和储存。 本标准适用于制油用蓖麻籽的生产、收购、包装、运输、储存、加工和销售。
NY/T 2568—2014	植物新品种特异性、一致性和稳定性测试指南蓖麻	本标准规定了蓖麻新品种特异性、一致性和稳定性测试的技术要求和结果判定的一般原则。 本标准适用于蓖麻（*Rcommnunis* L.）新品种以及变种间杂交选育所得的品种。
NY/T 1402.2—2007	天然生胶蓖麻油含量的测定 第 2 部分：总蓖麻油酸含量的测定气相色谱法	本部分规定了天然生胶总蓖麻油酸含量的测定——气相色谱法。 本部分适用于所有级别的天然橡胶。

标准号	标准名称	摘要
NY/T 1402.1—2014	天然生胶蓖麻油含量的测定　第1部分：蓖麻油甘油酯含量的测定薄层色谱法	本部分规定了用于测定天然生胶的蓖麻油和蓖麻油甘油酯含量的薄层色谱法。 本部分适用于所有等级的天然生胶。本部分规定的方法对于蓖麻油甘油酯的最低检测限量的质量分数约为0.05%。
8. 紫苏		
GB/T 17980.16—2000	农药田间药效试验准则（一）杀虫剂防治温室白粉虱	本标准规定了杀虫剂防治温室白粉虱（*Trialeurades vaporariorum*）田间药效小区试验的方法和基本要求。 本标准适用于杀虫剂防治蔬菜（黄瓜、番茄、青椒等）及观赏植物（藿午蓟属、锦紫苏属、大戟属、天竺葵属等）的温室白粉虱的登记用田间药效小区试验及药效评价。其他田间药效试验参照本标准执行。
GB/T 23416.6—2009	蔬菜病虫害安全防治技术规范　第6部分：绿叶菜类	GB/T 23416的本部分规定了叶菜类蔬菜常见病虫害的种类、防治原则、农业防治、物理防治、生物防治和化学防治。 本部分适用于菠菜、芹菜、莴苣、蕹菜、茴香、苋菜、芫荽、茼蒿、荠菜、冬寒菜、落葵、番杏、金花菜、紫背天葵、罗勒、榆钱菠菜、薄荷、菊苣、鸭儿芹、紫苏、香芹菜、苦苣、菊花脑、莳萝等叶菜类蔬菜的病虫害防治。
GB 23200.6—2016	食品安全国家标准除草剂残留量检测方法　第6部分：液相色谱-质谱/质谱法测定食品中杀草强残留量	本标准规定了食品中杀草强残留量的液相色谱-串联质谱（LC-MS-MS）测定方法。 本标准适用于苹果、菠萝、菠菜、胡萝卜、紫苏叶、金银花、姜粉、花椒粉、茶叶、小麦、玉米、花生、肉、鱼及动物肝脏中杀草强残留量的检测和确证；其他食品可参照执行。
GB 23200.30—2016	食品安全国家标准　食品中环氟菌胺残留量的测定　气相色谱-质谱法	本标准规定了食品中环氟菌胺残留量的制样和气相色谱-质谱检测方法。 本标准适用于小麦、玉米、花生、菠萝、苹果、青葱、胡萝卜、紫苏叶、金银花、姜粉、花椒粉及茶叶中环氟菌胺残留量的检测和确证，其他食品可参照执行。
GB 23200.49—2016	食品安全国家标准　食品中苯醚甲环唑残留量的测定　气相色谱-质谱法	本标准规定了食品中苯醚甲环唑的制样、气相色谱-质谱联用检测和确证方法。 本标准适用于豌豆、紫苏、胡萝卜、菠菜、大米、黄豆、中药、茶叶、杏仁、西柚、菠萝、草莓、酱油、醋、蜂蜜、王浆干粉、猪肉、牛肉、鸡肉、鳗鱼和龙虾仁等食品中苯醚甲环唑残留量的测定和确证，其他食品可参照执行。
GB 23200.51—2016	食品安全国家标准　食品中呋虫胺残留量的测定　液相色谱-质谱/质谱法	本标准规定了进出口食品中呋虫胺残留量的制样和液相色谱-质谱/质谱检测方法。 本标准适用于小麦、花生、玉米、菠菜、苹果、胡萝卜、紫苏叶、猪肉及马哈鱼中呋虫胺残留量的检测和确证。其他食品可参照执行。
LS/T 3254—2017	紫苏籽油	本标准规定了紫苏籽油的术语和定义、质量要求、检验方法、检验规则、标识、包装、储存和运输等要求。 本标准适用于以紫苏籽为原料加工的供人食用的商品紫苏籽油。
NY/T 2494—2013	植物新品种特异性、一致性和稳定性测试指南紫苏	本标准规定了紫苏［*Perilla frutescens*（L.）Britton］新品种特异性、一致性和稳定性测试的技术要求和结果判定的一般原则。 本标准适用于紫苏新品种特异性、一致性和稳定性测试和结果判定。
NY/T 1325—2015	绿色食品　芽苗类蔬菜	本标准规定了绿色食品芽苗类蔬菜的要求、检验规则、标签、包装、运输和贮存。 本标准适用于绿色食品种芽类芽苗菜，包括绿豆芽、黄豆芽、黑豆芽、青豆芽、红豆芽、蚕豆芽、红小豆芽、豌豆苗、花生芽、苜蓿芽、小扁豆芽、萝卜芽、菘蓝芽、沙芥芽、芥菜芽、芥蓝芽、白菜芽、独行菜芽、种芽香椿、向日葵芽、荞麦芽、胡椒芽、紫苏芽、水芹芽、小麦苗、胡麻芽、蕹菜芽、芝麻芽、黄秋葵芽等。

标准号	标准名称	摘要
NY/T 743—2020	绿色食品绿 叶类蔬菜	本标准规定了绿色食品绿叶类蔬菜的要求、检验规则、标签、包装、运输和储存。 本标准适用于绿色食品绿叶类蔬菜，包括菠菜、芹菜、落葵、莴苣（包括结球莴苣、莴笋、油麦菜、皱叶莴苣等）、蕹菜、茴香（包括小茴香、球茎茴香）、苋菜、青葙、芫荽、叶蒜菜、茼蒿（包括大叶茼蒿、小叶茼蒿、蒿子秆）、荠菜、冬寒菜、番杏、菜苜蓿、紫背天葵、榆钱菠菜、菊苣、鸭儿芹、苦苣、苦荬菜、菊花脑、酸模、珍珠菜、芝麻菜、白花菜、香芹菜、罗勒、薄荷、紫苏、莳萝、马齿苋、蕺菜、蒲公英、马兰、蒌蒿等。
SN/T 2789—2011	香紫苏油中乙酸芳樟酯和芳樟醇含量的测定 气相色谱法	本标准规定了香紫苏油中乙酸芳樟酯和芳樟醇含量的毛细管柱气相色谱测定方法。 本标准适用于以天然香紫苏植物（*Salvia sclarea* L.）的茎、叶和花穗水蒸气蒸馏而得到的香紫苏油中乙酸芳樟酯和芳樟醇含量的测定。
SN/T 1923—2007	进出口食品中草甘膦残留量的检测方法 液相色谱-质谱/质谱法	本标准规定了食品中草甘膦残留量检验的制样和液相色谱-串联质谱测定方法。 本标准适用于大豆、小麦、大米、玉米、甘蔗、柑橙、紫苏、板栗、茶叶、虾、鱼、畜禽肉、蜂蜜、香料、人参中草甘膦（PMG）及其代谢产物氨甲基膦酸（AMPA）残留量的检测和确证。
SN/T 2152—2008	进出口食品中氟铃脲残留量检测方法 高效液相色谱-质谱/质谱法	本标准规定了进出口食品中氟铃脲残留量的液相色谱-质谱/质谱检测方法。 本标准适用于大米、大豆、番茄、洋葱、蘑菇、苹果、草莓、芦笋、胡萝卜、紫苏叶、花生、板栗、鸡肉、牛肉和猪肾中氟铃脲残留量的测定和确证。
SN/T 4062—2014	出口植物性中药材中稀土元素的测定方法	本标准规定了出口植物性中药材中钪（Sc）、钇（Y）、镧（La）、铈（Ce）、镨（Pr）、钕（Nd）、钐（Sm）、铕（Eu）、钆（Gd）、铽（Tb）、镝（Dy）、钬（Ho）、铒（Er）、铥（Tm）、镱（Yb）、镥（Lu）等十六种元素（以下简称16种元素）含量的电感耦合等离子体质谱（ICP-MS）和电感耦合等离子体发射光谱（ICP-AES）测定方法。 本标准适用于人参、紫苏叶、金银花、枸杞、麻黄、黄柏等植物性中药材中16种稀土元素含量的测定。
SN/T 4063—2014	出口植物性中药材中汞含量的测定 直接进样-冷原子吸收光谱法	本标准规定了植物性中药材中汞含量的直接进样-冷原子吸收光谱测定方法。 本标准适用于人参、甘草、大青叶、紫苏叶、菊花、红花、枸杞、山楂、麻黄、藿香、黄柏、肉桂等植物性中药材中汞含量的测定。
SN/T 4064—2014	出口植物性中药材中多种元素的测定方法	本标准规定了出口植物性中药材中铅（Pb）、砷（As）、汞（Hg）、镉（Cd）、铜（Cu）、铬（Cr）、硒（Se）、镍（Ni）、锡（Sn）、锌（Zn）、锰（Mn）、铁（Fe）等十二种元素（以下简称12种元素）含量的电感耦合等离子体质谱法（ICP-MS）和电感耦合等离子体发射光谱法（ICP-AES）测定方法。 本标准适用于人参、黄柏、紫苏叶、金银花、枸杞、麻黄等植物性中药材中上述12种元素含量的测定。
9. 油莎豆		
LS/T 3259—2018	油莎豆油	本标准规定了油莎豆油的术语和定义、分类、质量要求、检验方法、检验规则、标签标识以及包装、储存、运输和销售要求。 本标准适用于油莎豆原油和成品油莎豆油。油莎豆原油的质量指标仅适用于原油的贸易。

二、木本油料作物

标准号	标准名称	摘要
1. 椰子		
GB 5009.236—2016	食品安全国家标准 动植物油脂水分及挥发物的测定	本标准规定了测定动植物油脂中水分及挥发物含量的两种方法。 本标准第一法［沙浴（电热板）法］适用于所有的动植物油脂；第二法（电热干燥箱法）仅适用于酸价低于 4 mg/g 的非干性油脂，不适用于月桂酸型的油（棕榈仁油和椰子油）。
GB/T 24893—2010	动植物油脂多环芳烃的测定	本标准规定了采用高效液相色谱法测定动植物油脂中 15 种多环芳烃的相关术语和定义、原理、试剂、仪器设备、一般动植物油脂的前处理方法、椰子油和含短链脂肪酸植物油的前处理方法、高效液相色谱分析、结果表示和精密度。 本标准适用于一般动植物油脂以及椰子油和含短链脂肪酸的植物油中多环芳烃的测定。 本标准不适用于萘、苊和芴等挥发性较强的组分定量分析以及棕榈油和橄榄果渣油中多环芳烃的测定。
NY/T 1810—2009	椰子种质资源描述规范	本标准规定了棕榈科（Arecaceae）椰子属（*Cocos*）中的椰子（*Cocos nucifera* L.）种质资源描述的要求和方法。 本标准适用于椰子种质资源的描述。
NY/T 353—2012	椰子种果和种苗	本标准规定了椰子（*Cocos nucifera* L.）种果和种苗的定义、要求、试验方法、检测规则和包装、标识、贮存、运输等。 本标准适用于海南高种、文椰 2 号、文椰 3 号、文椰 78F1 椰子品种种果和种苗的质量检测，也可作为其他椰子品种种果和种苗质量检测参考。
NY/T 2553—2014	椰子种苗繁育技术规程	本标准规定了椰子（*Cocos nucifera* L.）种苗繁育技术相关的术语和定义、种果选择、催芽、苗圃建设和苗圃管理。 本标准适用于椰子种苗繁育。
NY/T 2161—2012	椰子主要病虫害防治技术规程	本标准规定了椰子主要病虫害的防治原则、措施及推荐使用药剂。 本标准适用于我国椰子主要病虫害的防治。
NY/T 3515—2019	热带作物病虫害防治技术规程　椰子织蛾	本标准规定了椰子织蛾（*Opisinci arenosella* Walker）监测、防治技术。 本标准适用于椰子（*Cocos nucifera* Linn.）、槟榔（*Areca catechu* L.）、大王棕［*Roystonea regia*（HBK.）O. F. Cook］、蒲葵［*Livistona chinensis*（Jacq.）R. Br.］和中东海枣（*Phoenix sylvestris* Roxb）等棕榈植物上的椰子织蛾监测与防治。
NY/T 2516—2013	植物新品种特异性、一致性和稳定性测试指南　椰子	本标准规定了椰子（*Cocos nucifera* L.）新品种特异性、一致性和稳定性测试的技术要求和结果判定的一般原则。 本标准适用于椰子新品种特异性、一致性和稳定性测试和结果判定。
NY/T 2667.12—2018	热带作物品种审定规范　第 12 部分：椰子	本部分规定了椰子（*Cocos nucifera* L.）品种审定的审定要求、判定规则和审定程序。 本部分适用于椰子品种的审定。
NY/T 2668.12—2018	热带作物品种试验技术规程　第 12 部分：椰子	本部分规定了椰子（*Cocos nucifera* L.）的品种比较试验、区域试验和生产试验的技术要求。 本部分适用于椰子品种试验。
NY/T 490—2002	椰子果	本标准规定了成熟椰子果的要求、试验方法、检验规则、标志、标签、包装、运输和贮存。 本标准适用于加工用成熟椰子果的质量评定和贸易。
NY/T 1441—2007	椰子产品　椰青	本标准规定了椰青的术语和定义、分类、要求、试验方法、检验规则、包装、标签、标志、运输和贮存。 本标准适用于以椰子嫩果为原料，经整形或去皮抛光后再经过保鲜处理所生产的供鲜食的椰子产品。

标准号	标准名称	摘要
NY/T 1522—2007	椰子产品 椰纤果	本标准规定了椰纤果的术语和定义、分类、要求、试验方法、检验规则、包装、标志、标签、运输和贮存。 本标准适用于以椰子水或椰子汁（乳）等为主要原料，经木葡糖酸醋杆菌（*Gluconacetobacler xylinus*）发酵制成的一种纤维素凝胶物质，供作食品加工原料使用，经加工后可直接食用。
NY/T 786—2004	食用椰干	本标准规定了食用椰干的要求、试验方法、检验规则和标签、标识、包装、运输和贮存。 本标准适用于以充分成熟的椰子果实为原料，经过剥衣、去壳、去种皮、清洗、粉碎、榨汁（或不榨汁）、烘干等工序生产的颗粒状产品（俗称椰蓉），不适用于其他产品。
NY/T 230—2006	椰子油	本标准规定了椰子油的定义、分类、质量要求、试验方法、检验规则及标签、包装、贮存和运输。 本标准适用于以椰肉为原料生产的椰子油，不适用于其他原料生产的椰子油。
QB/T 2300—2006	植物蛋白饮料椰子汁及复原椰子汁	本标准规定了椰子汁及复原椰子汁的要求、试验方法、检验规则及标签、包装、运输、贮存。 本标准适用于椰子汁及复原椰子汁的生产、检验和贸易。
SN/T 1579—2005	椰子致死黄化植原体检测方法	本标准规定了植物检疫中椰子致死黄化植原体的检疫检测方法。 本标准适用于植物检疫中棕榈科植物（包括种果、苗木等繁殖材料）椰子致死黄化植原体的检疫检测。
SN/T 1159—2010	椰子红环腐线虫检疫鉴定方法	本标准规定了椰子红环腐线虫的检疫鉴定方法。 本标准适用于进境棕榈科植物（包括种果、苗木等繁殖材料）、土壤、栽培介质等传带的椰子红环腐线虫的检疫鉴定。
SN/T 1580—2013	椰子死亡类病毒检疫鉴定方法	本标准规定了植物检疫中椰子死亡类病毒的检疫鉴定方法。 本标准适用于棕榈科植物（包括种果、苗木等繁殖材料）椰子死亡类病毒的检疫鉴定。
SN/T 4728—2016	椰子败生类病毒检疫鉴定方法	本标准规定了椰子败生类病毒的检疫鉴定方法。 本标准适用于棕榈科植物种果、苗木及植株中椰子败生类病毒的检疫和鉴定。
SN/T 1149—2019	椰子缢胸叶甲检疫鉴定方法	本标准规定了椰子缢胸叶甲 *Promecotheca cumingi* Baly 的检疫鉴定方法。 本标准适用于进口棕榈科植物种苗、椰子果实、椰壳纤维中对椰子缢胸叶甲的检疫鉴定。
SN/T 1388—2016	出口椰子汁检验规程	本标准规定了出口椰子汁的抽样、检验、检验结果的判定、样品保存、检验有效期。 本标准适用于以新鲜椰子果肉为原料，经加工、调配工序后，再经高温杀菌或巴氏杀菌后经包装制成椰子汁饮料产品的检验。
2. 油橄榄		
GB/T 22501—2008	动植物油脂橄榄油中蜡含量的测定 气相色谱法	本标准等同采用国际橄榄油理事会的 COI/T. 20/Doc. no. 18/Rev. 2/2003《分析方法利用毛细管柱气相色谱测定蜡含量》（英文版）。 本标准适用于橄榄油中蜡含量的测定。本标准可用于鉴别机榨橄榄油与油橄榄果渣油。
GB/T 23347—2009	橄榄油、油橄榄果渣油	本标准规定了橄榄油、油橄榄果渣油的术语和定义、分类、技术质量要求、检验方法、检验规则、标签、包装、储存及运输的要求。 本标准适用于各类商品橄榄油、油橄榄果渣油。
LY/T 1937—2011	油橄榄苗木质量等级	本标准规定了油橄榄（*Olea europaea* L.）嫩枝扦插苗木的质量等级、检测方法和检验规则。 本标准适用于国内油橄榄嫩枝扦插繁殖苗木的生产与销售。
LY/T 2036—2012	油橄榄栽培技术规程	本标准规定了术语和定义，油橄榄栽培的主要品种、建园技术、土肥水管理、整形修剪、病虫害防治、采收与贮藏。 本标准适用于我国适生区油橄榄栽培与管理。

标准号	标准名称	摘要
LY/T 2298—2014	油橄榄扦插育苗技术规程	本标准规定了油橄榄扦插育苗的采穗圃营建、插穗采集与处理技术以及扦插方法和苗期管理。 本标准适用于油橄榄适生区优良品种的苗木生产。
LY/T 2783—2016	油橄榄采穗圃营建技术规程	本标准规定了油橄榄（*Olea europaea* L.）采穗圃营建的条件、方法、经营管理技术，包括圃地选择、品种选择、建园、抚育管理、病虫害防治、整形修剪等。 本标准适用于油橄榄适生区采穗圃的建设和管理。
LY/T 2784—2016	油橄榄高接换优技术规程	本标准规定了油橄榄（*Olea europaea* L.）高接换优的方法，包括术语和定义、接穗的采集、嫁接技术及接后管理。 本标准适用于中国油橄榄适生区品种更新。
LY/T 3007—2018	油橄榄低产园改造技术规程	本标准规定了油橄榄（*Olea europaea* L.）低产园改造目标、低产园调查、低产园改造措施和技术档案建立等内容和要求。 本标准适用于油橄榄低产园改造。
LY/T 1532—1999	油橄榄鲜果	本标准规定了油橄榄鲜果油用、餐用质量分级指标、检验方法及包装、运输、贮存的基本要求。 本标准适用于国家、集体、个体收购、销售、调拨、加工用的油橄榄栽培品种果实。
3. 油茶		
GB/T 26907—2011	油茶苗木质量分级	本标准规定了油茶苗木的有关术语和定义、苗木质量指标、检测方法、检验规则、包装、运输。 本标准适用于油茶产区良种苗木的生产与销售。
GB/T 28991—2020	油茶良种选育技术规程	本标准规定了油茶良种选育的优树选择、人工杂交、试验测定、区域试验等技术规程。 本标准适用于油茶的良种选育。
GB/T 5539—2008	粮油检验油脂定性试验	本标准规定了植物油脂定性试验的术语和定义、仪器设备、试验步骤和结果判定方法。 本标准适用于桐油、蓖麻油、亚麻油、矿物油、大豆油、花生油、芝麻油、棉籽油、菜籽油、植物油中猪脂、油茶籽油、茶籽油、大麻籽油的定性或检出试验。
GB/T 37917—2019	油茶籽	本标准规定了油茶籽相关的术语和定义、质量要求、检验方法、检验规则、标签标识以及包装、储存和运输。 本标准适用于以制油为主的油茶籽的收购、储存、运输和销售。
GB/T 11765—2018	油茶籽油	本标准规定了油茶籽油的术语和定义、分类、基本组成和主要物理参数、质量要求、检验方法及规则、标签、包装、储存、运输和销售等。 本标准适用于压榨法、水酶法、浸出法等加工技术生产的商品油茶籽油。 油茶籽原油的质量指标仅适用于油茶籽原油的贸易。
GB/T 35131—2017	油茶籽饼、粕	本标准规定了油茶籽饼、粕术语和定义、质量要求、检验方法、检验规则、标签标识以及包装、储存和运输的要求。 本标准适用于浸出油脂用油茶籽饼和提取茶皂素用油茶籽粕。
GB/T 24569—2009（XG1—2013）	《地理标志产品 常山山茶油》第1号修改单	本标准规定了常山山茶油的术语和定义、地理标志产品保护范围、物种、栽培技术和加工、质量要求、检验方法及检验规则、标签、标志、包装、贮存和运输等。 本标准适用于国家质量监督检验检疫行政主管部门根据《地理标志产品保护规定》批准保护的，经压榨加工工艺制取的常山山茶油。
LS/T 3119—2019	油茶籽	本标准规定了油茶籽的术语和定义、质量要求、检验方法、检验规则、标签标识以及包装、储存和运输要求。 本标准适用于收购、储存、运输、加工和销售的制油用油茶籽。
LY/T 1730.1—2008	油茶　第1部分：优树选择和优良无性系选育技术规程	LY/T 1730的本部分规定了油茶优树选择、油茶优良无性系良种选育方法、产量测定方法和年限、优良无性系的质量标准。 本部分适用于中国南方油茶产区的油茶优树选择和油茶优良无性系的选育。

标准号	标准名称	摘要
LY/T 1730. 2—2008	油茶　第2部分：优良家系和优良杂交组合选育技术规程	LY/T 1730的本部分规定了油茶优良家系和优良杂交组合的选育方法、产量测定方法和年限及其质量标准。 本部分适用于中国南方油茶产区的油茶优良家系和优良杂交组合选育。
LY/T 1730. 3—2008	油茶　第3部分：育苗技术及苗木质量分级	LY/T 1730的本部分规定了油茶苗木的术语和定义、苗木培育方式、苗圃地的选择和管理规程、苗木质量指标、检验方法、检验规则及包装、标志、运输。 本部分适用于中国南方油茶产区的油茶实生苗、嫁接苗的生产与销售。
LY/T 2678—2016	油茶栽培品种配置技术规程	本标准规定了油茶（*Camellia oleifera* Abel.）栽培品种配置的原则、品种选择、推荐组合、比例、方法等技术要求。 本标准适用于全国油茶产区。
LY/T 1935—2011	油茶低产林改造技术	本标准规定了油茶低产林改造目标、低改技术措施、病虫害防治等技术内容。 本标准适用于油茶低产林生产和管理。
LY/T 1936—2011	油茶采穗圃营建技术	本标准规定了油茶采穗圃营建的基本要求、建设设计、新造林采穗圃营建、大树换冠采穗圃营建、档案建立等方面的要求。 本标准适用于油茶采穗圃建设。
LY/T 2314—2014	油茶容器育苗技术规程	本标准规定了油茶容器苗培育的容器选择、育苗基质、培育管理、苗木出圃及档案管理等。 本标准适用于油茶容器苗培育。
LY/T 2447—2015	油茶播种育苗技术规程	本标准规定了油茶（*Camellia oleifera*）播种苗培育的采种、圃地准备、播种育苗、苗期管理、苗木出圃等技术要求。 本标准适用于油茶播种苗的培育。
LY/T 2117—2013	油茶无性系芽苗砧嫁接技术规程	本标准规定了油茶芽苗砧培育、接穗采集、嫁接操作等技术要求。 本标准适用于油茶芽苗砧嫁接。
LY/T 2204—2013	油茶高干嫁接技术规程	本标准规定了油茶大树高干嫁接的技术方法与步骤。 本标准适用于采用高干嫁接方法进行的油茶低产林改造和油茶采穗圃营建。
LY/T 2329—2014	油茶嫁接技术规程	本标准规定了油茶嫁接术语和定义、砧木培育、接穗采集、嫁接方法等技术要点。 本标准适用于全国油茶适生区的油茶嫁接苗生产和低产林高接换冠改造。
LY/T 1328—2015	油茶栽培技术规程	本标准规定了油茶栽培区、造林地选择、栽植、林分管理、病虫害防治、茶果采收和处理等内容和技术要求。 本标准适用于普通油茶（*Camellia oleifera* Abel.）的栽培，也适用于小果油茶（*C. meiocarpa* Hu）、攸县油茶（*C. yuhsiensis* Hu）、越南油茶（*C. vietnamensis* Huang）、广宁红花油茶（*C. semiserrata* Chi.）、宛田红花油茶（*C. Polyodonta How*. ex Hu.）、浙江红花油茶（*C. chekiangoLesa* Hu）、腾冲红花油茶（*C. retifulate* f. *simplex*）等用于制取食用植物油的其他山茶物种。
LY/T 2750—2016	油茶施肥技术规程	本标准规定了油茶施肥的术语和定义、原则、肥料种类及质量要求、施肥方法和配方肥制定技术。 本标准适用于中国油茶种植区的施肥。
LY/T 2677—2016	油茶整形修剪技术规程	本标准界定了油茶整形修剪技术术语和定义，规定了整形修剪原则、整形修剪时期、整形修剪步骤、整形修剪技术。 本标准适用于普通油茶、小果油茶、高州油茶的整形修剪。
LY/T 2679—2016	油茶高接换冠技术规程	本标准规定了油茶（*Camellia oleifera* Abel.）高接换冠林分选择、砧木与接穗品种选择、接穗采集与贮藏、嫁接时间和方法、接后管理等技术要求。 本标准适用于油茶低产林改造、采穗圃营建及无性系测试。
LY/T 3046—2018	油茶林下经济作物种植技术规程	本标准规定了油茶林下经济作物种植环境和种植技术等。 本标准适用于油茶林下经济作物的种植。

标准号	标准名称	摘要
LY/T 2680—2016	油茶主要有害生物综合防治技术规程	本标准规定了油茶主要有害生物的防治原则、防治策略、防治目标、预测预报、主要防治措施、防治效果检查等要求。 本标准适用于我国油茶主要有害生物的综合防治。
LY/T 2247—2014	油茶遗传资源调查编目技术规程	本标准规定了山茶属（*Camellia*）油用植物遗传资源的术语和定义、调查对象、调查内容、调查方法及描述、遗传资源编目数据库系统建立及调查编目总结和档案管理等技术要求。 本标准适用于油茶遗传资源的植物学特征、生物学特性、品质性状的调查、测定与编目。
LY/T 2742—2016	植物新品种特异性、一致性、稳定性测试指南油茶	本标准规定了山茶科山茶属（*Camellia* L.）油茶（*Camellia* spp.）植物新品种特异性、一致性、稳定性测试技术要求。 本标准适用于所有山茶属主要油用物种新品种的测试。
LY/T 2305—2014	油茶品种微卫星标记鉴别技术规程	本标准规定了以油茶（*Camellia* spp.）幼嫩组织（叶片、芽等）为材料，利用微卫星标记法对油茶品种进行分子鉴定的术语、原理、主要仪器和设备、试剂与溶液、操作程序和鉴定。
LY/T 2348—2014	油茶苗木产地检疫规程	本标准规定了油茶（*Camellia oleifera* Abel）苗木产地危险性病虫害和应施检疫的繁殖材料，产地检疫调查、室内检验、检验结果报告及疫情处理等技术规程。 本标准适用于油茶苗木产地检疫。
LY/T 2116—2013	油茶林产量测定方法	本标准规定了油茶林产量测定方法、产量登记与公布程序等。 本标准适用于油茶产区的示范林产量测定。
LY/T 2955—2018	油茶主要性状调查测定规范	本标准规定了油茶（*Camellia* spp.）树体、枝干、叶片、花、果实、种子、产量性状、油脂品质性状的抽样和测定方法。 本标准适用于油茶资源及各类试验林调查、测定。
LY/T 2034—2012	油茶果采后处理技术规程	本标准规定了油茶果实采收、采后处理、质量控制、检测方式和贮藏、运输等要求。 本标准适用于山茶属油用物种的果实采后处理。
LY/T 2033—2012	油茶籽	本标准规定了油茶籽相关的术语和定义、质量等级要求、检验方法、检验规则、标签标识以及包装、储存和运输的要求。 本标准适用于收购、储存、运输、销售的制油用的油茶籽。
LY/T 2800—2017	经济林产品质量安全监测技术规程	本标准适用于坚果、食用菌、油茶籽、竹笋等四类经济林产品的质量安全监测。
NY/T 1526—2007	植物油中棕榈油的鉴别	本标准规定了用气相色谱法鉴别植物油中棕榈油的方法。 本标准适用于植物油（花生油、菜籽油、大豆油、葵花籽油、玉米油、芝麻油、油茶籽油）中的棕榈油的定性定量检测。 本方法棕榈油的最小检出量为5%。
4. 油棕		
GB/T 31809—2015	油棕猝倒病菌检疫鉴定方法	本标准规定了油棕猝倒病菌的形态学和分子生物学检疫鉴定方法。 本标准适用于油棕猝倒病菌寄主植物的植株、插枝等植物材料及介质的检疫鉴定。
GB/T 18009—1999	棕榈仁油	本标准规定了棕榈仁油的特性指标、质量要求、检验规则、检验方法、包装、运输和贮存的要求。 本标准适用于从非洲油棕（*Elaeis guineensis* Jacp.）的成熟种仁中提取的植物油。
NY/T 1989—2011	油棕种苗	本标准规定了油棕种苗的术语和定义、要求、试验方法、检验规则、包装、标签、运输和贮存。 本标准适用于由成熟油棕种子培育的袋装种苗。

标准号	标准名称	摘要
NY/T 3519—2019	油棕种苗繁育技术规程	本标准规定了油棕（*Elaeis guineensis* Jacq.）种苗繁育的术语和定义、苗圃地选择、苗圃规划、育苗准备、种果采集、小苗培育、大苗培育和生产档案等育苗技术要求。 本标准适用于油棕杂交种子的种苗繁育。
SN/T 3435—2012	油棕枯萎病菌检疫鉴定方法	本标准规定了油棕枯萎病菌（*Fusarium oxysporum* Schlecht. f. sp. *elaeidis* Toovey）的检疫鉴定方法。 本标准适用于植物检疫中油棕上枯萎病菌的检疫鉴定。
5. 榛子		
GB/T 26430—2010	水果和蔬菜形态学和结构学术语	本标准界定了凤梨、芹菜、辣根、芜菁甘蓝、青花菜、花椰菜、抱子甘蓝、球茎甘蓝、辣椒、菊苣、西瓜、榛子、甜瓜、西葫芦、朝鲜蓟、胡桃、结球生菜、香蕉、菜豆、豌豆、萝卜（原变种）、菊牛蒡、茄子、菠菜、婆罗门参、蚕豆、玉米的形态学和结构学术语。
GB/T 17980.44—2000	农药田间药效试验准则（一）除草剂防治果园杂草	本标准规定了除草剂防治果园杂草田间药效小区试验的方法和基本要求。 本标准适用于除草剂防治苹果、梨、柑桔、桃、李、樱桃、杏、橄榄、扁桃、荔枝、龙眼、栗树等果园以及坚果（包括榛子）果园杂草的登记用田间药效小区试验及药效评价。其他田间药效试验参照本标准执行。
GB 31653—2021	食品安全国家标准 食品中黄曲霉毒素污染控制规范	本标准规定了在采收、储存前处理、储存、运输、加工等环节过程中控制食品中黄曲霉毒素的基本要求和管理准则。 本标准适用于花生、玉米、核桃、榛子、开心果、松子、巴西果、无花果和油料棉籽的黄曲霉毒素污染控制。
GB/T 38163—2019	常见过敏蛋白的测定 液相色谱-串联质谱法	本标准规定了固态食品中牛奶、鸡蛋、大豆、花生、榛子、杏仁和核桃过敏蛋白的液相色谱-串联质谱检测方法。 本标准适用于含小麦粉、燕麦粉、腰果、可可粉等固态食品基质中牛奶、鸡蛋、大豆、花生、榛子、杏仁和核桃过敏蛋白的液相色谱-串联质谱测定和确证。
LY/T 1650—2005	榛子坚果平榛、平欧杂种榛	本标准规定了榛子坚果的质量要求、检验方法、检验规则、包装、标签、标志、运输和贮存。 本标准只适用于平榛和平欧杂种榛坚果的生产、营销。在我国生产和销售的欧洲榛子坚果采用欧盟（EC）1284/2002 法规评价。
NY/T 1042—2017	绿色食品 坚果	本标准规定了绿色食品坚果的分类、要求、检验规则、标签、包装、运输和储存。 本标准适用于绿色食品核桃、山核桃、榛子、香榧、腰果、松子、杏仁、开心果、扁桃（巴旦木）、澳洲坚果（夏威夷果）、鲍鱼果、板栗、橡子、银杏、芡实（米）、莲子、菱角等鲜或干的坚果及其果仁，也适用于以坚果为主要原料，不添加辅料，经水煮、蒸煮等工艺制成的原味坚果制品；不适用于坚果类烘炒制品。
SN/T 3178—2012	榛子东部枯萎病菌检疫鉴定方法	本标准规定了进境植物检疫中榛树（*Corylus* spp.）苗木上的榛子东部枯萎病菌［*Anisogramma anomala*（Peck）E. Muller］的检疫和鉴定方法。 本标准适用于来自榛子东部枯萎病疫区的榛属苗木的检疫和榛子东部枯萎病菌的鉴定。
SN/T 2321—2009	进出口食品中腈菌唑残留量检测方法 气相色谱质谱法	本标准中规定了食品中腈菌唑残留量的气相色谱-质谱检测和确证方法。 本标准适用于大米、小米、玉米、豆类、红茶、绿茶、花茶、乌龙茶、大麦茶、草莓、苹果、梨、小白菜、黄瓜、辣椒、胡萝卜、花生、榛子等植物源性产品；牛肉、羊肉、猪肉、鸡肉、鱼肉、猪肝、羊肝、鸡肝、牛奶、蜂蜜等动物源性产品中腈菌唑残留量的检测和确证。
SN/T 0702—2011	进出口粮谷和坚果中乙酯杀螨醇残留量的检测方法 气相色谱-质谱法	本标准规定了粮谷及坚果中乙酯杀螨醇残留量测定的制样、气相色谱-质谱测定及确证方法。 本标准适用于大米、小麦、大麦、玉米、大豆、燕麦、核桃仁、杏仁、榛子仁、花生、芝麻、栗子、甘薯、山药中乙酯杀螨醇残留量的测定和确证。

标准号	标准名称	摘要
SN/T 5276—2020	出口食品中多种过敏原的测定 液相色谱-质谱/质谱法	本标准规定了加工食品中牛奶、鸡蛋、大豆、花生和坚果过敏原蛋白的液相色谱-质谱/质谱检测方法。 本标准适用于饼干、面包、饮料、早餐谷物等食品中牛奶、鸡蛋、大豆、花生、榛子、杏，和核桃过敏原蛋白的液相色谱-质谱/质谱测定和确证。
6. 核桃		
GB/T 26909—2011	植物新品种特异性、一致性、稳定性测试指南核桃属	本标准规定了核桃科核桃属（*Juglans* L.）植物新品种特异性、一致性和稳定性测试技术要求。 本标准适用于核桃属植物新品种的测试。
GB/T 38163—2019	常见过敏蛋白的测定 液相色谱-串联质谱法	本标准规定了固态食品中牛奶、鸡蛋、大豆、花生、榛子、杏仁和核桃过敏蛋白的液相色谱-串联质谱检测方法。 本标准适用于含小麦粉、燕麦粉、腰果、可可粉等固态食品基质中牛奶、鸡蛋、大豆、花生、榛子、杏仁和核桃过敏蛋白的液相色谱-串联质谱测定和确证。
GB 23200. 22—2016	食品安全国家标准 坚果及坚果制品中抑芽丹残留量的测定 液相色谱法	本标准规定了坚果及坚果制品中抑芽丹残留量检测的制样和液相色谱检测方法。 本标准适用于核桃及制品、板栗及制品中抑芽丹残留量的测定，其他食品可参照执行。
GB 23200. 3—2016	食品安全国家标准 除草剂残留量检测方法第 3 部分：液相色谱-质谱/质谱法测定食品中环己酮类除草剂残留量	本标准规定了食品中吡喃草酮、禾草灭、噻草酮、烯草酮、烯禾啶、丁苯草酮、三甲苯草酮、环苯草酮残留量的液相色谱-质谱/质谱测定方法。 本标准适用于大米、大豆、猪肉、牛肝、鸡肝、牛奶、橙、蓝莓、菠菜、洋葱、核桃仁、茶叶中吡喃草酮、禾草灭、噻草酮、烯草酮、烯禾啶、丁苯草酮、三甲苯草酮、环苯草酮残留量的测定和确证，其他食品可参照执行。
GB 23200. 50—2016	食品安全国家标准 食品中吡啶类农药残留量的测定 液相色谱-质谱/质谱法	本标准规定了食品中吡虫啉、啶虫脒、咪唑乙烟酸、氟啶草酮、啶酰菌胺、噻唑烟酸和氟硫草定等 7 种吡啶类农药残留量检测的制样和液相色谱-质谱/质谱测定方法。 本标准适用于大米、小麦、马铃薯、菠菜、柑橘、核桃仁、茶叶、猪肉、鱼肉、猪肝和牛奶中吡虫啉、啶虫脒、咪唑乙烟酸、氟啶草酮、啶酰菌胺、噻唑烟酸和氟硫草定残留量的测定和确证，其他食品可参照执行。
GB 23200. 58—2016	食品安全国家标准 食品中氯酯磺草胺残留量的测定 液相色谱-质谱/质谱法	本标准规定了食品中氯酯磺草胺残留量的液相色谱-质谱/质谱法。 本标准适用于玉米、大米、大豆、栗子、核桃、菜心、番茄、辣椒、菠菜、洋葱、橙、草莓、芒果、樱桃、香菇、茶叶等植物源性产品和鸡肝、猪肝、牛奶等动物源性产品中氯酯磺草胺残留量的检测和确证，其他食品可参照执行。
GB 23200. 60—2016	食品安全国家标准 食品中炔草酯残留量的检测方法	本标准规定了食品中炔草酯残留量检测的气相色谱测定和气相色谱-质谱确证的方法。 本标准适用于芦笋、马铃薯、葱、梨、桃、玉米、荞麦、茶叶、食醋、蜂蜜、核桃仁、兔肉、鸡肝、虾仁、鸡肉中炔草酯残留量的检测，其他食品可参照执行。
GB 23200. 76—2016	食品安全国家标准 食品中氟苯虫酰胺残留量的测定 液相色谱-质谱/质谱法	本标准规定了食品中氟苯虫酰胺残留量测定的液相色谱-质谱/质谱分析方法。 本标准适用于葱、萝卜、番茄、橙、大豆、苹果、茶、核桃、鱼、猪瘦肉、猪肝和牛奶中氟苯虫酰胺残留量的检测和确证，其他食品可参照执行。
GB 23200. 77—2016	食品安全国家标准 食品中苄螨醚残留量的检测方法	本标准规定了食品中苄螨醚残留量检测的气相色谱测定和气相色谱-质谱确证的方法。 本标准适用于芦笋、马铃薯、葱、梨、桃、玉米、荞麦、茶叶、食醋、蜂蜜、核桃仁、兔肉、鸡肝、虾仁、鸡肉中苄螨醚残留量的测定，其他食品可参照执行。

标准号	标准名称	摘要
GB 31653—2021	食品安全国家标准 食品中黄曲霉毒素污染控制规范	本标准规定了在采收、储存前处理、储存、运输、加工等环节过程中控制食品中黄曲霉毒素的基本要求和管理准则。 本标准适用于花生、玉米、核桃、榛子、开心果、松子、巴西果、无花果和油料棉籽的黄曲霉毒素污染控制。
GB/T 5510—2011	粮油检验粮食、油料脂肪酸值测定	本标准规定了粮食、油料脂肪酸值测定的术语和定义、原理、试剂与材料、仪器和设备、操作步骤、结果计算及表示、精密度。 本标准的苯提取法适用于小麦粉等粮食脂肪酸值的测定；石油醚提取法适用于大豆、花生、油菜籽、核桃、芝麻、葵花籽、玉米胚芽脂肪酸值的测定。 本标准不适用于其他油料脂肪酸值的测定。
GB/T 20398—2006	核桃坚果质量等级	本标准规定了核桃坚果的术语和定义、要求、试验方法、检验规则、分级、包装、标志、贮藏与运输。 本标准适用于核桃（*Juglans regia* Linne）和铁核桃（*J. sigillata* Dode）坚果的生产和销售。
GB/T 24307—2009	山核桃产品质量等级	本标准规定了山核桃（*Carya cathayensis* Sarg.）的产品分类、技术要求、检验方法、检验规则及包装、运输、贮藏要求。 本标准适用于山核桃产品。
GB 14891.3—1997	辐照干果果脯类卫生标准	本标准规定了辐照干果果脯类食品的技术要求和检验方法。 本标准适用于经 γ 射线或电子束照射的花生仁、桂圆、空心莲、核桃、生杏仁、红枣、桃脯、杏脯、山楂脯及其他蜜饯类食品。
GB/T 22327—2019	核桃油	本标准规定了核桃油的术语和定义、分类、质量要求、检验方法、检验规则、标签和标识、包装、储存、运输和销售等。 本标准适用于核桃原油和成品核桃油。核桃原油的质量指标仅适用于原油的贸易。
JB/T 12027—2014	核桃青皮脱皮机	本标准规定了核桃青皮脱皮机的术语和定义、产品型号、技术要求、试验方法、检验规则、标志和贮存。 本标准适用于带有清洗和不带清洗功能的核桃青皮脱皮机。
JB/T 12823—2016	核桃破壳机	本标准规定了核桃破壳机的术语和定义、产品型号、要求、试验方法、检验规则、标志、包装、运输和贮存。 本标准适用于挤压式或撞击式加工薄壳核桃的核桃破壳机（以下简称破壳机）。
LS/T 3121—2019	油用核桃	本标准规定了油用核桃的术语和定义、分类、质量要求、检验方法、检验规则、标签标识以及包装、储存和运输要求。 本标准适用于收购、储存、运输、加工和销售的制油用核桃和制油用铁核桃。
LS/T 3315—2018	核桃饼粕	本标准规定了核桃饼粕的术语和定义、质量要求、检验方法、检验规则、标签与标识以及包装、储存和运输要求。 本标准适用于商品核桃饼粕。
LY/T 3004.1—2018	核桃标准综合体 第1部分核桃名词术语	LY/T 3004 的本部分规定了核桃（*Juglans regia*）的名词术语和定义。 本部分适用于核桃科研、生产和流通的所有环节。
LY/T 3004.2—2018	核桃标准综合体 第2部分核桃良种选育标准	LY/T 3004 的本部分规定了核桃良种选育途径、无性系测定、区域试验和良种指标。 本部分适用于核桃良种选育。
LY/T 3004.3—2018	核桃标准综合体 第3部分核桃嫁接苗培育和分级标准	LY/T 3004 的本部分规定了核桃嫁接苗培育的圃地选择与整理、砧木苗的培育与嫁接、苗木的假植、包装运输、质量等级指标、测定方法及验收规则等技术。 本部分适用于核桃嫁接苗的培育、分级、检验和销售。

标准号	标准名称	摘要
LY/T 3004.4—2018	核桃标准综合体 第4部分核桃优质丰产栽培技术规程	LY/T 3004的本部分规定了核桃栽培地选择与规划、整地、栽植、栽后树体管理、早期间作、整形修剪、幼树期与成龄树土肥水管理、采收、有害生物和自然灾害防控等核桃优良良种丰产栽培技术。 本部分适用于核桃生产栽培。
LY/T 3004.5—2018	核桃标准综合体 第5部分核桃改劣换优技术规程	LY/T 3004的本部分规定了核桃低产劣质园改造的高接换优、换优后树体管理、换优后土壤管理和有害生物防控。 本部分适用于核桃改劣换优。
LY/T 3004.6—2018	核桃标准综合体 第6部分核桃采收和采后处理	LY/T 3004的本部分规定了核桃的采收和采后处理。 本部分适用于核桃采收和采后处理。
LY/T 3004.7—2018	核桃标准综合体 第7部分核桃坚果丰产指标	LY/T 3004的本部分规定了核桃丰产园的坚果产量指标。 本部分适用于核桃园丰产性能的测定。
LY/T 3004.8—2018	核桃标准综合体 第8部分核桃坚果质量及检测	LY/T 3004的本部分规定了核桃坚果质量等级、分级和检验方法。 本部分适用于核桃质量评定和流通各环节。
LY/T 2804—2017	薄壳山核桃遗传资源调查编目技术规程	本标准适用薄壳山核桃遗传资源的调查与编目。
LY/T 3008—2018	经济林品种区域试验技术规程	本标准规定了杏、核桃、板栗、柿、枣等经济林品种区域试验的定义、试验设置、试验材料要求、试验实施、区试报告等内容，其他经济林树种参照执行。 本标准适用于国家级和省级经济林品种的区域试验。
LY/T 1941—2011	美国山核桃栽培技术规程	本标准规定了薄壳山核桃（*Carya illinoinensis* Koch.）的营建、土肥水管理、整形修剪、病虫防治等技术要求。 本标准适用于薄壳山核桃的栽培管理。
LY/T 2344—2014	泡核桃栽培技术规程	本标准规定园地选择、造林、树体管理、土肥水管理、坚果采收、病虫害防治技术要求。 本标准适用于泡核桃适宜栽培区生产与流通。
LY/T 2315—2014	薄壳山核桃实生苗培育技术规程	本标准规定了薄壳山核桃（*Carya illinoinensis*）实生苗培育的术语和定义、种子质量、种子处理、圃地选择与整地、播种、苗期管理、苗木质量、苗木出圃等内容。 本标准适用于薄壳山核桃适生区实生苗培育。
LY/T 2433—2015	薄壳山核桃采穗圃营建技术规程	本标准规定了薄壳山核桃采穗圃营建的基本要求、采穗圃营建、采穗圃管理、档案建立等方面的要去。 本标准适用于薄壳山核桃采穗圃建设。
LY/T 3057—2018	“清香”核桃嫁接育苗技术规程	本标准规定了“清香”核桃（*Juglans regia* ‘Qingxiang’）嫁接育苗的苗圃地选择、砧木培育、嫁接、苗木出圃、有害生物防治、生产档案。 本标准适用于“清香”核桃嫁接育苗技术管理。
LY/T 2131—2019	山核桃培育技术规程	本标准规定了山核桃（*Carya cathayensis* Sarg.）生产技术，包括育苗、造林、整形修剪、成林丰产管理、病虫防治、采收及坚果处理等。 本标准适用于天目核桃的生产栽培。大别山山核桃（*C. dabieshanensis*）、湖南山核桃（*C. hunanensis*）的生产栽培也可参照使用。
LY/T 2852—2017	山核桃有害生物防治技术指南	本标准规定了山核桃主要有害生物防治的防治原则、监测调查与识别、防治策略和防治方法。 本标准适用于我国山核桃（*Carya cathayensis* Sarg.）生产中主要有害生物的防治。大别山山核桃（*C. dobieshanesis* M. C. Liu et Z. J. Li）、湖南山核桃（*C. hunanensis* Chang et R. H Chang et Lu）等的有害生物防治可以参照使用。

标准号	标准名称	摘要
LY/T 2703—2016	薄壳山核桃坚果和果仁质量等级	本标准规定了薄壳山核桃坚果和果仁分类、技术要求、质量分级、检验及包装、运输和贮存等要求。 本标准适用于商品薄壳山核桃坚果和果仁的收购、贮存、运输和贸易。
LY/T 3010—2018	麻核桃坚果评价技术规范	本标准规定了麻核桃（*Juglans hopeiensis* Hu）坚果的外观质量等级、配对指标及评价方法等要求。 本标准适用于麻核桃坚果的生产与评价。
LY/T 1922—2010	核桃仁	本标准规定了核桃仁的技术要求、检验方法、检测规则、包装、标志和运输、贮藏。 本标准适用于核桃仁加工、贮藏和销售。
NY/T 2935—2016	核桃种质资源描述规范	本标准规定了核桃（*Jugluns regia* L.）种质资源的描述内容和描述方法。 本标准适用于核桃种质资源收集、保存、鉴定、评价过程的描述。
NY/T 2330—2013	农作物种质资源鉴定评价技术规范　核桃	本标准规定了核桃（*Juglans regia* L.）种质资源鉴定评价的术语和定义、技术要求、鉴定方法和判定。 本标准适用于核桃的种质资源的鉴定和优异种质资源评价，核桃属（*Juglans* L.）的其他种可以参照本标准。
NY/T 1042—2017	绿色食品坚果	本标准规定了绿色食品坚果的分类、要求、检验规则、标签、包装、运输和储存。 本标准适用于绿色食品核桃、山核桃、榛子、香榧、腰果、松子、杏仁、开心果、扁桃（巴旦木）、澳洲坚果（夏威夷果）、鲍鱼果、板栗、橡子、银杏、芡实（米）、莲子、菱角等鲜或干的坚果及其果仁，也适用于以坚果为主要原料，不添加辅料，经水煮、蒸煮等工艺制成的原味坚果制品；不适用于坚果类烘炒制品。
QB/T 1410—2017	坚果类罐头	本标准规定了坚果类罐头的术语和定义、产品分类及代号、要求、试验方法、检验规则和标志、包装、运输、贮存。 本标准适用于以核桃仁或板栗为主要原料，经预处理、调味、装罐、密封、杀菌、冷却而制成的罐藏食品。
SB/T 10556—2009	熟制核桃和仁	本标准规定了熟制核桃和仁（简称产品）的术语和定义、分类、要求、试验方法、检验规则、标签、标志、包装、运输、贮存。 本标准适用于 3.1 和 3.2 定义的产品的生产、检验和销售。
SB/T 10616—2011	熟制山核桃（仁）	本标准规定了熟制山核桃和仁（简称产品）的术语和定义、分类、要求、试验方法、检验规则以及标签、标志、包装、运输和贮存。 本标准适用于 3.1 和 3.2 定义的产品的生产、检验和销售。
SB/T 10556—2009（XG1—2015）	《熟制核桃和仁》第1号修订单	本标准规定了熟制核桃和仁（简称产品）的术语和定义、分类、要求、试验方法、检验规则、标签、标志、包装、运输、贮存。 本标准适用于 3.1 和 3.2 定义的产品的生产、检验和销售。
SB/T 10616—2011（XG1—2015）	《熟制山核桃（仁）》第1号修订单	本标准规定了熟制山核桃和仁（简称产品）的术语和定义、分类、要求、试验方法、检验规则、标签、标志、包装、运输、贮存。 本标准适用于 3.1 和 3.2 定义的产品的生产、检验和销售。
SN/T 0880—2000	进出口核桃检验规程	本标准规定了进出口核桃的抽样和检验规程。 本标准适用于进出口漂洗和水洗加工的核桃检验。
SN/T 0881—2000	进出口核桃仁检验规程	本标准规定了进出口核桃的抽样和检验规程。 本标准适用于经加工挑选后的分等和混等的各种进出口核桃仁品质检验。
SN/T 1059.4—2005	进出口食品中大肠杆菌检验方法　谷氨酸脱羧酶法	本标准规定了进出口食品中大肠杆菌的抽样和检测方法。 本标准适用于进出口冻肉产品、奶及奶制品、速冻蔬菜、脱水蔬菜、水、食醋、非酒精饮料、核桃仁、保健茶等食品中大肠杆菌的检验。

标准号	标准名称	摘要
SN/T 1972—2007	进出口食品中莠去津残留量的检测方法 气相色谱-质谱法	本标准规定了食品中莠去津残留量的气相色谱-质谱检测方法。 本标准适用于柑橘、苹果、菠菜、大葱、胡萝卜、松子仁、核桃仁、茶叶、蜂蜜、鱼、牛肝、鸡肾、玉米、糙米、甘草、辣椒酱中莠去津残留量的测定和确证。
SN/T 2147—2008	进出口食品中硫线磷残留量的检测方法	本标准规定了进出口食品中硫线磷残留量的气相色谱测定和气相色谱-质谱确证方法。 本标准适用于芦笋、马铃薯、大葱、苹果、桃、玉米、荞麦、茶叶、食醋、蜂蜜、核桃仁、兔肉、鸡肝和虾仁中硫线磷残留量的测定和确证。
SN/T 2156—2008	进出口食品中苯线磷残留量的检测方法 气相色谱-质谱法	本标准规定了食品中苯线磷残留量的气相色谱-质谱检测方法。 本标准适用于柑桔、苹果、菠菜、大葱、白菜、松子仁、核桃仁、茶叶、蜂蜜、鱼、鸡肾、鸭肝、玉米、糙米、灵芝、辣椒酱中苯线磷残留量的测定和确证。
SN/T 2432—2010	进出口食品中哒螨灵残留量的检测方法	本标准规定了进出口食品中哒螨灵残留量检测的气相色谱测定和气相色谱-质谱确证的方法。 本标准适用于芦笋、马铃薯、葱、梨、桃、玉米、荞麦、茶叶、食醋、蜂蜜、核桃仁、兔肉、鸡肝、虾仁、鸡肉中哒螨灵残留量的检测。
SN/T 2540—2010	进出口食品中苯甲酰脲类农药残留量的测定 液相色谱-质谱/质谱法	本标准规定了食品中氟啶脲、杀铃脲、除虫脲、伏虫隆、氟虫脲、氟铃脲、氟幼脲、虱螨脲、氟酰脲、啶蜱脲残留量检测的制样和液相色谱-质谱/质谱测定方法。 本标准适用于大米、小麦、柑橘、菠菜、核桃仁、茶叶、猪肉、猪肝和牛奶中氟啶脲、杀铃脲、除虫脲、伏虫隆、氟虫脲、氟铃脲、氟幼脲、虱螨脲、氟酰脲、啶蜱脲残留量的确证和定量测定。
SN/T 2559—2010	进出口食品中苯并咪唑类农药残留量的测定 液相色谱-质谱/质谱法	本标准规定了食品中多菌灵、噻菌灵、甲基硫菌灵、硫菌灵、麦穗宁和烯菌灵残留量检测的制样和液相色谱-质谱/质谱测定方法。 本标准适用于大米、小麦、柑橘、葡萄、菠菜、马铃薯、核桃仁、茶叶、猪肉、鱼肉、猪肝和牛奶中多菌灵、噻菌灵、甲基硫菌灵、硫菌灵、麦穗宁和烯菌灵残留量的确证和定量测定。
SN/T 2560—2010	进出口食品中氨基甲酸酯类农药残留量的测定 液相色谱-质谱/质谱法	本标准规定了食品中灭害威、涕灭威、涕灭威砜、涕灭威亚砜、灭多威、久效威砜、久效威亚砜、二氧威、抗蚜威、克百威、噁虫威、残杀威、甲萘威、乙硫苯威、灭除威、异丙威、混杀威等20种氨基甲酸酯类农药残留量检测的制样和液相色谱-质谱/质谱测定方法。 本标准适用于大米、菠菜、马铃薯、柑橘、葡萄、核桃仁、茶叶、猪肉、鱼肉、猪肝和牛奶中灭害威、涕灭威、涕灭威砜、涕灭威亚砜、灭多威、久效威砜、久效威亚砜、二氧威、抗蚜威、克百威、噁虫威、残杀威、甲萘威、乙硫苯威、灭除威、异丙威、混杀威、仲丁威、甲硫威和猛杀威残留量的确定和定量测定。
SN/T 0125—2010	进出口食品中敌百虫残留量检测方法 液相色谱-质谱/质谱法	本标准规定了出口农产品中敌百虫残留量的液相色谱-质谱/质谱检测和确证方法。 本标准适用于出口清蒸猪肉罐头、猪肉、鸡肉、牛肉、鱼肉、香肠、糙米、玉米、洋葱、核桃中敌百虫残留量的测定。
SN/T 0702—2011	进出口粮谷和坚果中乙酯杀螨醇残留量的检测方法 气相色谱-质谱法	本标准规定了粮谷及坚果中乙酯杀螨醇残留量测定的制样、气相色谱-质谱测定及确证方法。 本标准适用于大米、小麦、大麦、玉米、大豆、燕麦、核桃仁、杏仁、榛子仁、花生、芝麻、栗子、甘薯、山药中乙酯杀螨醇残留量的测定和确证。
SN/T 2917—2011	出口食品中烯酰吗啉残留量检测方法	本标准规定了出口食品中烯酰吗啉残留量的液相色谱-质谱/质谱测定方法和气相色谱-质谱测定方法。 本标准第一法适用于葱、大蒜、菠菜、豌豆、番茄、马铃薯、苹果、柑橘、猪肉、猪肝、牛肾和牛奶中烯酰吗啉残留量的检测和确证，第二法适用于荷兰豆、白菜、鲜山葵、萝卜、脱水洋葱、干姜、大米、芸豆、核桃、普洱茶、猪肉、蜂蜜中烯酰吗啉残留量的检测和确证。

标准号	标准名称	摘要
SN/T 4066—2014	出口食品中灭螨醌和羟基灭螨醌残留量的测定 液相色谱-质谱/质谱法	本标准规定了出口食品中灭螨醌和羟基灭螨醌残留量测定的液相色谱-质谱/质谱分析方法。 本标准适用于牛肉、鸡肉、鸡肝、鱼、牛奶、蚕豆、黄瓜、白菜、桃子、核桃、大米、茶叶等食品中灭螨醌和羟基灭螨醌残留量的定量测定和确证。
SN/T 4419.3—2016	出口食品常见过敏原 LAMP 系统检测方法 第 3 部分：胡桃	SN/T 4419 的本部分规定了食品中过敏原胡桃、山核桃和长山核桃成分的环介导等温扩增（LAMP）检测方法。 本部分适用于食品及其原料中过敏原胡桃、山核桃和长山核桃成分的定性检测。 本部分所规定方法的最低检测限（LOD）为 0.5%（质量分数）。
SN/T 4886—2017	出口干果中多种农药残留量的测定 液相色谱-质谱/质谱法	本标准规定了出口干果中多种农药残留量的液相色谱-质谱/质谱筛选检测方法。 本标准适用于葡萄干、红枣干、核桃、杏仁等干果中麦穗宁、久效磷、杀虫脒、抗蚜威、噻虫嗪、氟啶虫酰胺、苯嗪草酮、噻虫胺、氯草敏、吡虫啉、乐果、啶虫脒、硫环磷、噻虫啉、抑霉唑、噁霜灵、醚苯磺隆、甲基苯噻隆、克百威、粉唑醇、嘧霉胺、甲萘威、阿特拉津、甲霜灵、敌草隆、萎锈灵、毒草安、多效唑、敌稗、甜菜宁、伐灭磷、乙嘧酚磺酸酯、咪酰胺、仲丁威、枯草隆、氯苯嘧啶醇、嘧菌酯、腈菌唑、咪唑菌酮、三唑酮、啶酰菌胺、氟硅唑、戊唑醇、异噁酰草胺、草萘胺、联苯三唑醇、氟酰胺、己唑醇、马拉硫磷、戊菌唑、三唑磷、杀虫威、精异丙甲草胺、苯醚甲环唑、喹硫磷、苯霜灵、吡菌磷、百克敏、二嗪农、辛硫磷、禾草丹、伏杀磷 62 种农药残留量的测定和确证。
SN/T 5276—2020	出口食品中多种过敏原的测定 液相色谱-质谱/质谱法	本标准规定了加工食品中牛奶、鸡蛋、大豆、花生和坚果过敏原蛋白的液相色谱-质谱/质谱检测方法。 本标准适用于饼干、面包、饮料、早餐谷物等食品中牛奶、鸡蛋、大豆、花生、榛子、杏，和核桃过敏原蛋白的液相色谱-质谱/质谱测定和确证。
SN/T 3272.3—2012	出境干果检疫规程 第 3 部分：山核桃	SN/T 3272 的本部分规定了出境山核桃的抽样、检疫、检疫结果判定及处置、样品及有害生物保存的要求。 本部分适用于出境山核桃的抽样、现场检疫和实验室检疫鉴定。
7. 核桃楸		
LY/T 2339—2014	核桃楸培育技术规程	本标准规定了核桃楸培育技术的内容和要求。 本标准主要适用于我国核桃楸的人工造林、抚育、改造和更新管理。
LY/T 3053—2018	核桃楸油料林栽培技术规程	本标准规定了核桃楸（*Juglans mandshurica* Maxim.）油料林栽培的种源及品种选择、育苗技术、栽培技术、病虫害防治、采收等技术要求。 本标准适用于我国东北地区核桃楸人工油料林培育。
8. 油用牡丹		
LS/T 3120—2019	油用牡丹籽	本标准规定了油用牡丹籽的术语和定义、质量要求、检验方法、检验规则、标签标识以及包装、储存和运输要求。 本标准适用于经加工后收购、储存、运输、加工和销售的制油用牡丹籽。
LY/T 2958—2018	油用牡丹栽培技术规程	本标准规定了油用牡丹栽培生产中的品种选择、种苗类型、播种、嫁接、幼苗管理、成年植株管理及籽种采收期等的技术内容和要求。 本标准适用于露地栽培油用牡丹。
LY/T 3109—2019	油用牡丹种子园建设技术规程	本标准规定了油用牡丹品种选择、种子园规划、种子园营建、幼苗管理、成苗管理、病虫害防治、种实采收及处理、档案管理等的技术内容和要求。 本标准适用于露地栽培的油用牡丹种子园建设和生产管理。
9. 翅果		
LS/T 3125—2020	翅果	本标准规定了翅果的术语和定义、质量要求、检验方法、检验规则、标签、标识以及包装、储存和运输的要求。 本标准适用于制油用的商品翅果。

标准号	标准名称	摘要
10. 山桐子		
LS/T 3116—2018	山桐子	本标准规定了山桐子的术语和定义、质量要求、检验方法、检验规则、标签标识以及包装、储存和运输要求。 本标准适用于收购、储存、运输、加工和销售的制油用山桐子。
LS/T 3258—2018	山桐子油	本标准规定了山桐子油的术语和定义、分类、质量要求、检验方法、检验规则、标签标识以及包装、储存、运输和销售要求。 本标准适用于山桐子原油和成品山桐子油。山桐子原油的质量指标仅适用于原油的贸易。
LS/T 3314—2018	山桐子饼粕	本标准规定了山桐子饼粕的术语和定义、质量要求、检验方法、检验规则、标签标识以及包装、储存和运输的要求。 本标准适用于商品山桐子饼粕。
LY/T 2817—2017	山桐子栽培技术规程	本标准规定了山桐子（*Idesia polycarpa* Maxim.）栽培的环境要求、栽植、林地抚育、整形修剪、病虫害防治、采收等技术要求。 本标准适用于全国山桐子自然分布区域内各地的栽培管理。
11. 油桐		
GB/T 5539—2008	粮油检验 油脂定性试验	本标准规定了植物油脂定性试验的术语和定义、仪器设备、试验步骤和结果判定方法。 本标准适用于桐油、蓖麻油、亚麻油、矿物油、大豆油、花生油、芝麻油、棉籽油、菜籽油、植物油中猪脂、油茶籽油、茶籽油、大麻籽油的定性或检出试验。
LY/T 2865—2017	桐油	本标准规定了桐油的术语和定义、要求、试验方法、检验规则及标志、包装、运输和贮存等。 本标准适用于收购、销售、调拨、储存、加工和出口的商品桐油。
SN/T 0801.4—2012	出口动植物油脂检验方法 第4部分：华司脱加热试验	SN/T 0801 的本部分规定了出口桐油华司脱加热试验的测定方法。 本部分适用于出口桐油华司脱加热试验的测定。
WS/T 6—1996	桐油食物中毒诊断标准及处理原则	本标准规定了食源性桐油中毒的诊断标准、判定原则及处理原则。 本标准适用于因误食用了桐油和混有桐油的食用油及其制作的食品引起的急性食物中毒。
12. 盐肤木		
LS/T 3122—2019	盐肤木果籽	本标准规定了盐肤木果籽相关的术语和定义、质量要求、检验方法、检验规则、标签标识以及包装、储存和运输要求。 本标准适用于收购、储存、运输、加工和销售的盐肤木果籽。
LS/T 3261—2019	盐肤木果油	本标准规定了盐肤木果油的术语和定义、分类、质量要求、检验方法、检验规则、标签标识以及包装、储存、运输和销售要求。 本标准适用于盐肤木果原油和成品盐肤木果油。 盐肤木果原油的质量指标仅适用于原油的贸易。
LS/T 3308—2017	盐肤木果饼（粕）	本标准规定了盐肤木果饼（粕）的术语和定义、质量要求、检验方法、检验规则、标签和标识以及包装、运输和储存的要求。 本标准适用于商品盐肤木果饼（粕）。
13. 美藤果		
LS/T 3264—2019	美藤果油	本标准规定了美藤果油（*Plukenetia volubilis* L.）的术语和定义、分类、质量要求、检验方法、检验规则、标签标识，以及包装、储存、运输和销售要求。 本标准适用于美藤果原油和成品美藤果油。 美藤果原油的质量指标仅适用于原油的贸易。

标准号	标准名称	摘要
14. 毛梾		
LY/T 3068—2018	毛梾育苗技术规程	本标准规定了毛梾［*Swida walteri*（Wanger.）Sojak］的种子采收与处理、大田播种育苗、容器播种育苗、嫁接育苗、病虫害防治、苗木出圃和分级、档案管理。 本标准适用于适生区的毛梾实生苗、嫁接苗繁育。
15. 元宝枫		
GB/T 37748—2019	元宝枫籽油	本标准规定了元宝枫籽油的术语和定义、分类、质量要求、检验方法及规则、标签、包装、储存、运输和销售等。 本标准适用于元宝枫籽原油和成品元宝枫籽油。元宝枫籽原油的质量指标仅适用于原油的贸易。
LS/T 3118—2019	元宝枫籽	本标准规定了元宝枫籽的术语和定义、质量要求、检验方法、检验规则、标签标识以及包装、储存和运输的要求。 本标准适用于收购、储存、运输、加工和销售的制油用元宝枫籽。
LS/T 3316—2019	元宝枫籽饼粕	本标准规定了元宝枫籽饼粕的术语和定义、质量要求、检验方法、检验规则、标签标识以及包装、储存和运输的要求。 本标准适用于商品元宝枫籽饼粕。
16. 松子		
GB 31653—2021	食品安全国家标准 食品中黄曲霉毒素污染控制规范	本标准规定了在采收、储存前处理、储存、运输、加工等环节过程中控制食品中黄曲霉毒素的基本要求和管理准则。 本标准适用于花生、玉米、核桃、榛子、开心果、松子、巴西果、无花果和油料棉籽的黄曲霉毒素污染控制。
NY/T 1042—2017	绿色食品　坚果	本标准规定了绿色食品坚果的分类、要求、检验规则、标签、包装、运输和储存。 本标准适用于绿色食品核桃、山核桃、榛子、香榧、腰果、松子、杏仁、开心果、扁桃（巴旦木）、澳洲坚果（夏威夷果）、鲍鱼果、板栗、橡子、银杏、芡实（米）、莲子、菱角等鲜或干的坚果及其果仁，也适用于以坚果为主要原料，不添加辅料，经水煮、蒸煮等工艺制成的原味坚果制品；不适用于坚果类烘炒制品。
SN/T 1972—2007	进出口食品中莠去津残留量的检测方法 气相色谱-质谱法	本标准规定了食品中莠去津残留量的气相色谱-质谱检测方法。 本标准适用于柑橘、苹果、菠菜、大葱、胡萝卜、松子仁、核桃仁、茶叶、蜂蜜、鱼、牛肝、鸡肾、玉米、糙米、甘草、辣椒酱中莠去津残留量的测定和确证。
SN/T 2158—2008	进出口食品中毒死蜱残留量检测方法	本标准规定了进出口食品中毒死蜱残留量的气相色谱检测和气相色谱-质谱确证方法。 本标准适用于玉米、糙米、大葱、菠菜、辣椒、柑桔、苹果、花生、松子仁、茶叶、鱼肉、蜂蜜、猪肉、鸡肾、鸡肝中毒死蜱残留量的检测和确证。
SN/T 2156—2008	进出口食品中苯线磷残留量的检测方法 气相色谱-质谱法	本标准规定了食品中苯线磷残留量的气相色谱-质谱检测方法。 本标准适用于柑桔、苹果、菠菜、大葱、白菜、松子仁、核桃仁、茶叶、蜂蜜、鱼、鸡肾、鸭肝、玉米、糙米、灵芝、辣椒酱中苯线磷残留量的测定和确证。
17. 文冠果		
LS/T 3265—2019	文冠果油	本标准规定了文冠果油的术语和定义、分类、质量要求、检验方法、检验规则、标签标识以及包装、储存、运输和销售要求。 本标准适用于文冠果原油和成品文冠果油。 文冠果原油的质量指标仅适用于原油的贸易。

标准号	标准名称	摘要
LY/T 2785—2016	文冠果播种育苗技术规程	本标准规定了文冠果（*Xanthoceras sorbifolia*）播种育苗的采种与加工、整地、播种、苗期管理、移植育苗、移植苗管理、苗木出圃以及苗圃档案等技术要求。 本标准适用于我国干旱、半干旱区的文冠果播种苗培育。
LY/T 1943—2011	文冠果栽培技术规程	本标准规定了文冠果（*Xanthoceras sorbifolia* Bunge）的适生区域与立地条件、苗木繁育、造林、抚育管理、主要病虫害防治、采收与贮藏等生产技术要求。 本标准适用于适生区文冠果的培育和经营管理。

第五章　特种糖料作物

糖类是人体主要营养来源之一，大约提供了人体生命活动所需 70%的能量。我国是全球最大的食糖生产和消费国之一，糖类产业在国民经济中占据重要位置，其产业链涉及上游的原料生产、中游的工业制造以及下游的终端消费。农作物是获得糖类原料的主要来源，顾名思义，一般将为制糖工业提供原料的作物称作糖料作物。我国是食糖消费大国，随着人民生活水平的提高人均食糖消费水平呈上升趋势，食糖净进口已成为常态，2020 年食糖进口量达 527.3 万吨。在当前国内外疫情形势复杂严峻的情况下，作为产业链第一环的糖料作物是我国保证糖类产业健康发展，确保人民群众的“食糖安全”第一道屏障。

在世界范围内，不同地区因其气候、环境、生态及饮食差异，糖料来源也多种多样，如热带地区的椰子、油棕榈的花序可割取糖液制成椰糖和棕榈糖，温带地区的枫树树汁可制成枫糖，非洲地区的糖棕同样可以制糖。在我国，目前种植的糖料作物有甘蔗、甜菜、甜高粱及甜叶菊等，其中甘蔗和甜菜占据了绝对主导地位。我国北方以种植甜菜为主，主要分布在新疆、内蒙古、黑龙江等地；南方以种植甘蔗为主，分布在广西、广东、云南等地。此外，甜高粱和甜叶菊在我国也有种植，是制糖原料的重要补充。标准制定是保障一个行业有序、规范、健康发展的重要基础，本章系统梳理了我国糖料作物目前的制修订情况。对于甘蔗，现行有效标准共有 88 项，其中国家标准有 32 项，行业标准 56 项，涉及种质资源、生产栽培技术规范、机械作业规范、病虫害鉴定防治、农残测定、产品界定、质量评价等方面。对于甜菜，现行有效的国家及行业标准共有 60 项，国家标准 22 项，行业标准 38 项，涉及种质资源、生产栽培技术规范、机械作业规范、病虫害鉴定防治、农残测定、转基因成分检测、产品界定、质量评价等方面。对于甜高粱，目前仅有 1 项地方标准。对于甜叶菊，目前有国家标准 1 项，行业标准 1 项。综上，目前我国种植的糖料作物，标准数量分布严重不均，2 种主要的糖料作物甘蔗和甜菜，目前已制定了较为系统全面的标准，而甜高粱和甜叶菊，标准数量严重不足，尚存在较大缺口。

标准号	标准名称	摘要
1. 甘蔗		
GB/T 9289—2010	制糖工业术语	本标准规定了甘蔗、甜菜或原糖为原料的制糖工业统一术语。 本标准适用于制糖工业编写标准、设计文件、教材、著作和研究报告、论文等。
GB/T 19566—2004	旱地糖料甘蔗高产栽培技术规程	本标准规定了旱地糖料甘蔗的主要经济技术指标、主要栽培措施和糖料甘蔗的收获。 本标准适用于全国糖料甘蔗生产适宜区旱地甘蔗高产栽培使用。
GB/T 29007—2012	甘蔗地深耕、深松机械作业技术规范	本标准规定了甘蔗地深耕、深松机械作业的作业条件、作业路线、作业要求和安全要求。 本标准适用于拖拉机配套机具进行的甘蔗地深耕、深松作业。
GB/T 35879—2018	甘蔗螟虫综合防治技术规程	本标准规定了甘蔗螟虫综合防治的术语和定义、测报措施、防治原则、主要防治技术措施、注意事项。 本标准适用于甘蔗二点螟（*Chilo infuscatellus* Snellen）、条螟（*Chilo sacchariphagus* Bojer）、黄螟（*Argyroploce schistaceana* Snellen）的综合防治。 甘蔗红尾白螟（*Tryporyza intacta* Snellen）、大螟（*Sesamia inferens* Walker）、台湾稻螟（*Chilo auricilius* Dudgeno）的防治可参考执行。

标准号	标准名称	摘要
GB/T 17980.49—2000	农药田间药效试验准则（一）除草剂防治甘蔗田杂草	本标准规定了除草剂防治甘蔗田杂草田间药效小区试验的方法和基本要求。本标准适用于除草剂防治春植或秋植新蔗，以及宿根甘蔗地及甘蔗间种覆盖作物（如豆科）田的杂草的登记用田间药效小区试验及药效评价。其他田间药效试验参照本标准执行。
GB/T 17980.61—2004	农药田间药效试验准则（二）第61部分：杀虫剂防治甘蔗螟虫	本部分规定了杀虫剂防治甘蔗螟虫田间药效小区试验的方法和基本要求。本部分适用于杀虫剂防治甘蔗二点螟（*Chilo infuscatellu*）、条螟（*Proceras veno satus*）、黄螟（*Argyroploce schistaceana*）、白螟（*Tryporyza intacta*）、大螟（*Sesamia inferens*）等蔗地的鳞翅目钻蛀性害虫的登记用田间药效小区试验及药效评价。
GB/T 17980.62—2004	农药田间药效试验准则（二）第62部分：杀虫剂防治甘蔗蚜虫	本部分规定了杀虫剂防治甘蔗蚜虫田间药效小区试验的方法和基本要求。本部分适用于杀虫剂防治甘蔗棉蚜（*Geratovaetuna lanigera*）等登记用田间药效小区试验及药效评价。
GB/T 17980.63—2004	农药田间药效试验准则（二）第63部分：杀虫剂防治甘蔗蔗龟	本部分规定了杀虫剂防治甘蔗蔗龟田间药效小区试验的方法和基本要求。本部分适用于杀虫剂防治甘蔗陷纹黑金龟甲（*Alissonotum impressiolle*）、乏点黑金龟甲（*Alissonotum pauper*）的成虫和幼虫；齿缘鳃金龟（*Exolomtha serrulata*）、两点褐鳃金龟（*Lepidiota stigma*）、红脚丽金龟（*Anomala cupripes*）和戴云金龟（*Polyphylla daviol*）的幼虫的登记用田间药效小区试验及药效评价。
GB/T 17980.101—2004	农药田间药效试验准则（二）第101部分：杀菌剂防治甘蔗凤梨病药效试验	本部分规定了杀菌剂防治甘蔗凤梨病（*Ceratocystis paradoxa*）田间药效小区试验的方法和基本要求。本部分适用于杀菌剂防治甘蔗凤梨病登记用田间药效小区试验及药效评价。
GB/T 34809—2017	甘蔗干旱灾害等级	本标准规定了甘蔗干旱灾害的指标及等级划分。本标准适用于我国甘蔗产区对甘蔗干旱灾害的调查、监测、预警和评估。
GB/T 35836—2018	甘蔗耐寒性鉴定技术规程	本标准规定了甘蔗耐寒性鉴定技术的术语和定义、田间耐寒性鉴定方法、耐寒性调查、耐寒性评价。本标准适用于甘蔗品种对非阴雨冻害、阴雨冻害和轻霜冻害的田间耐寒性鉴定。
GB/T 28067—2011	甘蔗黄叶病毒实时荧光RT-PCR检测方法	本标准规定了甘蔗黄叶病毒实时荧光RT-PCR检测方法所需的仪器与试剂、样品的采集与前处理、操作方法以及结果判定。本标准适用于甘蔗植株、种苗及种茎中甘蔗黄叶病毒的快速检测、诊断。
GB/T 36806—2018	甘蔗杆状病毒实时荧光PCR检测方法	本标准规定了甘蔗杆状IM病毒（*Sugarcane bacilliform IM virus*, SCBIMV）和甘蔗杆状MO病毒（*Sugarcane bacilliform MO virus*, SCBMOV）实时荧光PCR检测方法的仪器与设备、试剂与材料、样品的采集与前处理、检测以及结果判断与表述等。本标准适用于可能带有SCBIMV和SCBMOV病毒的活体寄主植物的快速检测、诊断。
GB/T 36820—2018	甘蔗条纹花叶病毒实时荧光反转录聚合酶链式反应（RT-PCR）检测方法	本标准规定了甘蔗条纹花叶病毒（*Sugarcane streak mosaic virus*）实时荧光反转录聚合酶链式反应（RT-PCR）检测方法的仪器与设备、试剂与材料、样品的采集与前处理、检测以及结果判断与表述等。本标准适用于可能带有甘蔗条纹花叶病毒的活体寄主植物的快速检测、诊断。
GB/T 36829—2018	甘蔗宿根矮化病菌实时荧光PCR检测方法	本标准规定了甘蔗宿根矮化病菌（*Leifsonia xyli* subsp. *xyli*）实时荧光PCR检测方法的仪器与设备、试剂与材料、样品的采集与前处理、检测以及结果判断与表述等。本标准适用于可能带有甘蔗宿根矮化病菌的活体寄主植物的快速检测、诊断。
GB/T 29578—2013	甘蔗白色条纹病菌的检疫鉴定方法	本标准规定了甘蔗白色条纹病菌的检疫鉴定方法。本标准适用于甘蔗蔗苗、茎秆等植物材料中甘蔗白色条纹病的检疫和鉴定。
GB/T 33127—2016	甘蔗线条病毒检疫鉴定方法	本标准规定了甘蔗线条病毒的检疫鉴定方法。本标准适用于可能带有甘蔗线条病毒的活体寄主植物的检疫鉴定。
GB/T 35874—2018	甘蔗黑穗病抗性鉴定技术规程	本标准规定了甘蔗黑穗病的抗性鉴定方法和抗病性评价标准。本标准适用于甘蔗品种、品系及种质资源对甘蔗黑穗病抗性的鉴定及评价。

标准号	标准名称	摘要
GB/T 5009.132—2003	食品中莠去津残留量的测定	本标准规定了食品中莠去津残留量的测定方法。 本标准适用于使用过该除草剂的甘蔗和玉米中莠去津残留量的测定。 本方法检出限为 0.03 mg/kg；线性范围为 0.40~2.00 μg。
GB/T 23750—2009	植物性产品中草甘膦残留量的测定 气相色谱-质谱法	本标准规定了植物性产品中草甘膦（PMG）及其降解产物氨甲基膦酸（AMPA）残留量的气相色谱-质谱测定方法。 本标准适用于粮谷（大豆、小麦）、水果（甘蔗、柑橙）等植物产品中草甘膦及其降解产物氨甲基膦酸残留量的检测和确证。
GB/T 35998—2018	甘蔗和蔗渣的蔗糖分、锤度及纤维分测定 湿式分解法	本标准规定了糖料甘蔗和蔗渣蔗糖分、锤度及纤维分测定方法。 本标准适用于糖料甘蔗和蔗渣的蔗糖分、锤度及纤维分湿式分解法分析。
GB/T 10499—2014	糖料甘蔗试验方法	本标准规定了糖料甘蔗相关质量指标的试验方法。 本标准适用于糖料甘蔗的收购和甘蔗质量指标分析试验。
GB/T 35887—2018	白砂糖试验方法	本标准规定了白砂糖粒度、蔗糖分、还原糖分、电导灰分、干燥失重、色值、混浊度、不溶于水杂质和黑点的试验方法。 本标准适用于制糖工业中以甘蔗、甜菜或原糖为原料生产的白砂糖。
GB/T 10498—2010	糖料甘蔗	本标准规定了糖料甘蔗的蔗糖分、蔗汁重力纯度和外观质量指标。 本标准适用于糖料甘蔗收购。
GB/T 15108—2017	原糖	本标准规定了原糖的要求、试验方法、检验规则和标识、包装、运输、贮存。 本标准适用于以甘蔗汁经清净、煮炼、分蜜制成的带有糖蜜的蔗糖结晶。
GB/T 1445—2018	绵白糖	本标准规定了绵白糖的技术要求、试验方法、检验规则和标识、包装、运输、贮存。 本标准适用于制糖工业中利用甜菜、甘蔗等为原料生产的绵白糖。
GB/T 317—2018	白砂糖	本标准规定了白砂糖的技术要求、试验方法、检验规则和标识、包装、运输、贮存。 本标准适用于以甘蔗、甜菜或原糖为直接或间接原料生产的白砂糖。
GB/T 35884—2018	赤砂糖	本标准规定了赤砂糖的技术要求、试验方法、检验规则和标识、包装、运输、贮存的要求。 本标准适用于以甘蔗、甜菜或原糖为直接或间接原料生产的赤砂糖。
GB/T 35885—2018	红糖	本标准规定了红糖的技术要求、试验方法、检验规则和标识、包装、运输、贮存的要求。 本标准适用于以甘蔗为原料，经提取糖汁，清净处理后，直接煮炼不经分蜜制炼而成的红糖。
GB 13104—2014	食品安全国家标准 食糖	本标准适用于以甘蔗、甜菜为原料生产的原糖、白砂糖、绵白糖、赤砂糖、红糖、方糖和冰糖等。
GB 1886.234—2016	食品安全国家标准 食品添加剂木糖醇	本标准适用于以玉米芯、甘蔗渣和木质等为原料经水解、净化制成木糖，再经加氢等工艺制成的食品添加剂木糖醇，或直接以木糖为原料经加氢等工艺制成的食品添加剂木糖醇。
GB 32044—2015	糖单位产品能源消耗限额	本标准的 4.1 和 4.2 为强制性的，其余为推荐性的。 本标准规定了糖单位产品能源消耗限额的技术要求、统计范围和计算方法、节能管理与措施。 本标准适用于甘蔗制糖、甜菜制糖、炼糖生产企业能耗的计算、考核以及对新建或改扩建装置的能耗控制。
HJ/T 186—2006	清洁生产标准甘蔗制糖业	本标准适用于甘蔗制糖生产企业（不包括酒精、造纸及其他副产品综合利用生产和生活消耗等）的清洁生产审核、清洁生产潜力与机会的判断、清洁生产绩效评定和清洁生产绩效公告制度。
JB/T 6275—2007	甘蔗收获机械试验方法	本标准规定了甘蔗收获机械的术语和定义、试验条件、性能试验和生产试验。 本标准适用于甘蔗收获机械田间试验。
JB/T 12441—2015	甘蔗种植机	本标准规定了甘蔗种植机的术语和定义、技术要求、试验方法、检验规则、标志、包装、运输和贮存。 本标准适用于与拖拉机配套的实时切段式甘蔗种植机（以下简称种植机）。

标准号	标准名称	摘要
NY/T 2254—2012	甘蔗生产良好农业规范	本标准规定了甘蔗种植过程中良好农业规范的基本要求。 本标准适用于甘蔗种植过程的质量安全管理。
NY/T 2775—2015	农作物生产基地建设标准　糖料甘蔗	为加强对糖料甘蔗生产基地建设项目的科学决策和管理，推进技术进步，全面提高项目建设质量和投资效益，特制定本建设标准。 本建设标准是编制、评估和审批国家糖料甘蔗生产基地建设项目可行性研究报告的重要依据，也是审查建设项目初步设计和监督、检查项目整个建设过程的参考尺度。 本建设标准适用于糖料甘蔗生产基地新建工程，改（扩）建工程可参照执行。 糖料甘蔗生产基地建设基本原则包括：遵守国家有关法律、法令；贯彻执行有关节能、节水、节约用地和环境保护等政策法规；符合国家和地区糖料甘蔗发展规划。 糖料甘蔗生产基地建设除执行本建设标准外，尚应符合国家现行的有关强制性标准、定额或指标的规定。
NY/T 1796—2009	甘蔗种苗	本标准规定了甘蔗种苗的术语与定义、质量指标、检验方法、包装、标志、运输和贮存的方法。 本标准适用于甘蔗种茎以及通过腋芽或茎尖组织培养技术培育的不带甘蔗花叶病毒［（*Sugarcane mosaic virus*，ScMV）和 *Sugarcane sorghum mosaic virus*（SrMV）］和甘蔗宿根矮化病菌［*Leifsonia xyli* subsp. *xyli*（Lxx）或 *Clavibacter xyli* subsp. *xyli*（Cxx）］的甘蔗脱毒种苗的质量鉴定。
NY/T 1787—2009	糖料甘蔗生产技术规程	本标准规定了糖料甘蔗的主要经济技术指标、主要栽培措施和收获。 本标准适用于全国甘蔗产区糖料甘蔗生产。
NY/T 2724—2015	甘蔗脱毒种苗生产技术规程	本标准规定了甘蔗脱毒种苗的术语和定义、脱毒种苗生产、甘蔗种苗病毒检测种类及方法、种苗包装、运输等要求。 本标准适用于甘蔗脱毒种苗生产。
NY/T 1785—2009	甘蔗种茎生产技术规程	本规程规定了甘蔗种茎生产中的品种选择、种茎繁育、田间管理、病虫害防治及检疫等技术要求与种茎砍收、运输等技术措施。 本规程适用于我国各蔗区甘蔗种茎生产及其管理。
NY/T 2991—2016	农机农艺结合生产技术规程　甘蔗	本标准规定了机械化蔗园选择、土地整理、联合播种、田间管理、联合收获及宿根管理等关键环节机械化作业规范及配套的农艺技术要求。 本标准适用于应用中大型甘蔗生产机械装备进行全程机械化作业的蔗园。
NY/T 2348—2013	植物新品种特异性、一致性和稳定性测试指南　甘蔗	本标准规定了甘蔗新品种特异性、一致性和稳定性测试的技术要求和测试结果判定的一般原则。 本标准适用于所有用营养器官繁殖的甘蔗属（*Saccharum* L.）的杂交种，也适用于其与近缘植物杂交育成的杂交种。
NY/T 1488—2007	农作物种质资源鉴定技术规程　甘蔗	本标准规定了甘蔗属（*Saccharum* L.）种质资源鉴定的要求和方法。 本标准适用于甘蔗属（*Saccharum* L.）种质资源的植物学特征、生物学特性和品质性状的鉴定。芒属（*Miscanthus* Anderss.）、蔗茅属（*Erianthus* Michx. sect. *Ripidium* Henrard）、河八王属（*Narenga* Bor.）和硬穗茅属（*ScLerostachya* Hack A. Camus）等甘蔗野生近缘属植物资源的鉴定可参照执行。
NY/T 1786—2009	农作物品种鉴定规范　甘蔗	标准规定了甘蔗品种鉴定的术语和定义及品种评价。 本标准适用于甘蔗品种鉴定。
NY/T 1784—2009	农作物品种试验技术规程　甘蔗	本标准规定了甘蔗品种试验中试验点的选择、参试品种确定、试验设计、田间管理、记载项目、数据处理、报告撰写的原则和技术、评价参试品种的办法。 本标准适用于国家和地方甘蔗品种试验方案制定和组织实施。
NY/T 2180—2012	农作物优异种质资源评价规范　甘蔗	本标准规定了甘蔗优异种质资源评价的术语和定义、技术要求、鉴定方法和判定。 本标准适用于甘蔗属（*Saccharum* L.）的大茎野生种（*S. robustum* B.）、细茎野生种（*S. spontaneum* L.，又称割手密）、热带种（*S. officinarum* L.）、印度种（*S. barberi* J.）、中国种（*S. sinense* R.）、选育品种、品系及蔗茅属斑茅种（*Erianthus arundinaceus* J.）优异种质资源的评价。

标准号	标准名称	摘要
NY/T 2936—2016	甘蔗种质资源描述规范	本标准规定了甘蔗种质资源的基本信息、植物学特征、生物学特性、产量性状、品质性状及抗性性状的描述方法。 本标准适用于对甘蔗属（*Saccharum* Linn.）及其近缘属植物，包括：蔗茅属（*Erianthus* Michx. sect. *Ripidium* Henrard）、芒属（*Miscanthus* Anderss.）、河八王属（*Narenga* Bor.）、硬穗茅属（*Sclerostachya* Hack A. Camus）甘蔗种质资源的描述。
NY/T 3172—2017	甘蔗种苗脱毒技术规范	本标准规定了甘蔗种苗脱毒及其目标病原、各级脱毒种苗原种、基础种和生产用种的繁殖与管理及其质量要求。 本标准适用于甘蔗种苗脱毒、脱毒种苗的田间繁殖与质量监控。
NY/T 3179—2018	甘蔗脱毒种苗检测技术规范	本标准规定了甘蔗脱毒种苗等的术语和定义、检测对象、抽样、检测方法和检测结果判定。 本标准适用于甘蔗宿根矮化病菌、甘蔗花叶病毒、高粱花叶病毒、甘蔗条纹花叶病毒和甘蔗黄叶病毒的检测以及甘蔗脱毒种苗的抽样和检定。
NY/T 3889—2021	甘蔗全程机械化生产技术规范	该标准全文未在全国标准信息公共服务或其他行业标准服务公众平台备案。
NY/T 1646—2008	甘蔗深耕机械作业质量	本标准规定了甘蔗深耕机械的作业质量指标及检测方法和检验规则。 本标准适用于甘蔗深耕机械作业质量的评定。
NY/T 2902—2016	甘蔗联合收获机作业质量	本标准规定了甘蔗联合收获机的作业质量要求、检测方法和检验规则。 本标准适用于甘蔗联合收获机作业的质量评定。
NY/T 1770—2009	甘蔗剥叶机质量评价技术规范	本标准规定了甘蔗剥叶机的产品质量评价指标、试验方法和检验规则。 本标准适用于甘蔗剥叶机的产品质量评定。
NY/T 1804—2009	甘蔗花叶病毒检测技术规范	本标准规定了甘蔗花叶病毒（*Sugarcane mosaic virus*, SCMV）双抗夹心酶联免疫吸附测定（DAS-ELISA）及反转录-聚合酶链式反应（RT-PCR）分子生物学检测方法。 本标准适用于甘蔗种茎、甘蔗组培苗中的甘蔗花叶病毒的检测。
NY/T 2903—2016	甘蔗收获机质量评价技术规范	本标准规定了甘蔗收获机的产品质量要求、检验方法和检验规则。 本标准适用于甘蔗收获机的质量评定。
NY/T 3754—2020	甘蔗品种真实性鉴定 SSR 分子标记法	本标准规定了甘蔗（*Saccharum* spp. hybrid）常规品种真实性 SSR 分子标记检测的术语和定义，缩略语、原理、检测方案，仪器设备、试剂盒溶液配制，检测程序，结果计算与表示和结果报告。 本标准适用于甘蔗常规品种真实性验证和身份鉴定，不适用于实质性派生品种（EDV）和转基因品种的鉴定。
NY/T 2050—2011	玉米霜霉病菌检疫检测与鉴定方法	本标准规定了玉米霜霉病菌的现场检验及室内鉴定的方法。 本标准适用于玉米、甘蔗、高粱等禾本科植物上玉米霜霉病菌的检疫检测与鉴定。
NY/T 2679—2015	甘蔗病原菌检测规程 宿根矮化病菌环介导等温扩增检测法	本标准规定了环介导等温扩增技术检测甘蔗宿根矮化病菌（*Leifsonia xyli* subsp. *xyli*）的原理、试剂和材料、仪器和设备、操作步骤、结果判定与表述等技术内容。 本标准适用于甘蔗组培苗、田间植株、种苗、种茎中甘蔗宿根矮化病菌的 LAMP 检测。
NY/T 2743—2015	甘蔗白色条纹病菌检验检疫技术规程实时荧光定量 PCR 法	本标准规定了甘蔗白色条纹病菌实时荧光定量 PCR 检测方法。 本标准适用于甘蔗种茎、种苗以及甘蔗或其他植物组织中的甘蔗白色条纹病菌（*Xanthomonas albilineans*）的检验检疫与检测。
NY/T 3271—2018	甘蔗等级规格	本标准规定了甘蔗等级规格的术语和定义、要求、抽样、评定方法、包装、标识。 本标准适用于鲜食甘蔗等级规格的划分，不适用于糖料甘蔗。
NY/T 3476—2019	饲料原料 甘蔗糖蜜	本标准规定了饲料原料甘蔗糖蜜的术语和定义、技术要求、取样、试验方法、检验规则、标签、包装、运输、储存。 本标准适用于甘蔗（*Saccharum officinarum* L.）经制糖工艺提取糖后获得的黏稠液体或甘蔗糖蜜精炼提取糖后获得的液体副产品，作为饲料原料。

标准号	标准名称	摘要
QB/T 5017—2016	糖料甘蔗　术语	本标准规定了糖料甘蔗统一术语。 本标准适用于糖料甘蔗编写标准、设计文件、教材、著作和研究报告、论文等。
QB/T 4570—2013	制糖行业清洁生产水平评价标准	本标准规定了制糖行业清洁生产的术语和定义、要求、数据采集和计算方法。 本标准适用于制糖（甘蔗、甜菜和原糖）生产企业（不包括酒精、造纸生产、颗粒粕和生活消耗等）的清洁生产审核和评估。
QB/T 1168—2015	甘蔗压榨机	本标准规定了甘蔗压榨机的术语和定义、产品分类、要求、试验方法、检验规则和标志、包装、运输、贮存。 本标准适用于甘蔗制糖工业用压榨机。烟梗脱水提汁、棕榈果茎除油、甜高粱秆提汁及其他植物杆茎脱水用压榨机也可参照使用。
QB/T 5007—2016	白砂糖中不溶水杂质的测定	本标准规定了白砂糖不溶水杂质的测定方法。 本标准适用于制糖工业中以甘蔗、甜菜、原糖等为原料生产的白砂糖。
QB/T 5012—2016	绵白糖试验方法	本标准规定了绵白糖的检验方法。 本标准适用于以制糖工业中利用甜菜、甘蔗为原料生产的绵白糖的测定。
QB/T 2684—2005	甘蔗糖蜜	本标准规定了甘蔗糖蜜的要求、试验方法、检验规则和运输、贮存。 本标准适用于从糖膏里分离出来的最终糖蜜作为酒精、酵母、味精等产品生产原料的甘蔗糖蜜。
QB/T 4095—2010	黄砂糖	本标准规定了黄砂糖的技术要求、试验方法、检验规则及标签、包装、运输、贮存。 本标准适用于以甘蔗、甘蔗糖、甜菜、甜菜糖、糖蜜为原料加工生产而得的黄砂糖。
QB/T 4562—2013	块糖	本标准规定了块糖的要求、试验方法、检验规则、标志、包装、运输和贮存。 本标准适用于以甘蔗为原料，经提汁、澄清、煮炼、成型的块状食糖，或以红糖、黑糖为原料采用二步法加工的块状食糖。
QB/T 4563—2013	金砂糖	本标准规定了金砂糖的要求、试验方法、检验规则、标志、包装、运输及贮存。 本标准适用于以甘蔗、甜菜及其制品为原料加工而得的金黄色食糖。
QB/T 4566—2013	黄方糖	本标准规定了黄方糖的要求、试验方法、检验规则和标志、包装、运输、贮存。 本标准适用于以甘蔗、甜菜及其制品为原料，加工生产而成的黄方糖。
QB/T 4567—2013	黑糖	本标准规定了黑糖的要求、试验方法、检验规则、标志、包装、运输及贮存。 本标准适用于以甘蔗、甜菜及其制品为原料加工而得的深褐色食糖。
QB/T 4574—2013	液体木糖醇	本标准规定了液体木糖醇的术语和定义、要求、试验方法、检验规则、标志、包装、运输及贮存。 本标准适用于玉米芯、甘蔗渣等富含多缩戊糖的原料经水解、加氢、结晶分离后的液体，或以木糖母液为原料直接经加氢后再经脱色、分离、浓缩等工艺制成的工业用液体木糖醇。
QX/T 284—2015	甘蔗长势卫星遥感评估技术规范	本标准规定了甘蔗长势卫星遥感评估的数据要求、指标、方法和流程。 本标准适用于应用卫星遥感技术对大面积、连片种植的甘蔗长势进行评估。
SN/T 0676—1997	进出口糖检验规程	本标准规定了进出口糖品质检验的技术要求、抽样和检验方法。 本标准适用于以甘蔗、甜菜为原料，经加工生产的进口原糖和进出口白砂糖的品质检验。
SN/T 1155—2002	植物检疫玉米霜霉病菌检疫鉴定方法	本标准规定了植物检疫中玉米霜霉病菌检疫和鉴定方法。 本标准适用于玉米、甘蔗、高粱及其他寄主中玉米霜霉病菌的检疫和鉴定。
SN/T 1400—2004	甘蔗流胶病菌检疫鉴定方法	本标准规定了进境植物检疫中甘蔗流胶病菌的检疫和鉴定方法。 本标准适用于进境甘蔗蔗茎、甘蔗叶片中甘蔗流胶病菌的检疫和鉴定。

标准号	标准名称	摘要
SN/T 3570—2013	褐纹甘蔗象检疫鉴定方法	本标准明确了褐纹甘蔗象的检疫鉴定方法。 本标准适用于植物检疫中褐纹甘蔗象的检疫鉴定。
SN/T 3676—2013	甘蔗凋萎病菌检疫鉴定方法	本标准规定了甘蔗凋萎病菌的检疫鉴定方法。 本标准适用于甘蔗种子、植株中甘蔗凋萎病菌的检疫鉴定。
SN/T 3677—2013	甘蔗壳多胞叶枯病菌检疫鉴定方法	本标准规定了甘蔗等寄主植物上的壳多胞叶枯病菌的检疫鉴定方法。 本标准适用于甘蔗壳多胞叶枯病菌的检疫鉴定。
SN/T 5333—2020	玉米霜霉病菌（非中国种）检疫鉴定方法	本文件规定了爪哇霜霉病菌、菲律宾霜霉病菌、甘蔗霜霉病菌和高粱霜霉病菌 4 种玉米霜霉病菌非中国种的检疫鉴定方法。 本文件适用于玉米、高粱和甘蔗等禾本科植物的植株及种子中玉米霜霉病菌（非中国种）的检疫和鉴定。
SN/T 1923—2007	进出口食品中草甘膦残留量的检测方法 液相色谱-质谱/质谱法	本标准规定了食品中草甘膦残留量检验的制样和液相色谱-串联质谱测定方法。 本标准适用于大豆、小麦、大米、玉米、甘蔗、柑橙、紫苏、板栗、茶叶、虾、鱼、畜禽肉、蜂蜜、香料、人参中草甘膦（PMG）及其代谢产物氨甲基膦酸（AMPA）残留量的检测和确证。
SN/T 4045—2014	出口食品中硝磺草酮残留量的测定 液相色谱-质谱/质谱法	本标准规定了出口食品中硝磺草酮残留量的液相色谱-质谱/质谱测定和确证方法。 本标准适用于玉米、糙米、苹果、柑橘、甘蔗、菠菜、鸡肉、牛肉、鸡肾、鸡蛋中硝磺草酮残留量的测定和确证。
SN/T 4655—2016	出口食品中草甘膦及其代谢物残留量的测定方法 液相色谱-质谱/质谱法	本标准规定了出口食品中草甘膦及其代谢物（氨甲基磷酸）残留量的液相色谱-质谱/质谱测定方法。 本标准适用于茶叶、小麦、玉米、稻谷、甘蔗、大豆、柑橘、苹果、桃、葡萄、香蕉、西瓜、大麦茶、棉籽油中草甘膦及其代谢物（氨甲基磷酸）残留量的检测和确证。
SN/T 1873—2019	出口食品中硫丹残留量的检测方法	本标准规定了食品中α-硫丹、β-硫丹和硫丹硫酸酯残留量的检测方法。 本标准第一法为气相色谱质谱法，适用于鳗鱼、泥鳅、鲶鱼、黄鳝、牛肉、大豆、蘑菇、毛豆、菠菜、蒜薹、番茄、甘蓝、苹果、柑橘、茶叶中硫丹残留量的测定。 本标准第二法为气相色谱质谱/质谱法，适用于鱼、肉、禽蛋、牛奶、粳米、大豆、蘑菇、菠菜、蒜薹、番茄、甘蓝、苹果、柑橘、茶叶、牛肝和甘蔗中硫丹残留量的测定。
WS/T 10—1996	变质甘蔗食物中毒诊断标准及处理原则	本标准规定了变质甘蔗食物中毒的诊断标准及处理原则。 本标准适用于变质甘蔗引起的急性食物中毒。
2. 甜菜		
GB/T 10496—2018	糖料甜菜	本标准规定了糖料甜菜的技术要求、试验方法、检验规则和运输、贮存的要求。 本标准适用于糖料甜菜收购。
GB/T 9289—2010	制糖工业术语	本标准规定了甘蔗、甜菜或原糖为原料的制糖工业统一术语。 本标准适用于制糖工业编写标准、设计文件、教材、著作和研究报告、论文等。
GB 19176—2010	糖用甜菜种子	本标准规定了糖用甜菜（*Beta vulgaris* var. *saccharifera*）种子的术语和定义、质量要求、检验方法、检验规则及包装、标志、运输和贮存要求。 本标准适用于中华人民共和国境内生产、销售的糖用甜菜种子。
GB/T 17980.15—2000	农药田间药效试验准则（一）杀虫剂防治马铃薯等作物蚜虫	本标准规定了杀虫剂防治马铃薯等作物蚜虫田间药效小区试验的方法和基本要求。 本标准适用于杀虫剂防治马铃薯（种用马铃薯除外）、甜菜、豌豆、蚕豆和其他蔬菜蚜虫的登记用田间药效小区试验及药效评价。其他田间药效试验参照本标准执行。

标准号	标准名称	摘要
GB/T 17980.37—2000	农药田间药效试验准则（一）杀线虫剂防治胞囊线虫病	本标准规定了杀线虫剂防治马铃薯胞囊线虫（*Heterodera rostochiensis*）、大豆胞囊线虫（*Heterodera glycines*）、甜菜胞囊线虫（*Heterodera schachtii*）、禾谷类胞囊线虫（*H. Avenae*）田间药效小区试验的方法和基本要求。 本标准适用于杀线虫剂防治胞囊线虫病登记用田间药效小区试验及药效评价。其他田间药效试验参照本标准执行。
GB/T 17980.50—2000	农药田间药效试验准则（一）除草剂防治甜菜地杂草	本标准规定了除草剂防治甜菜地杂草田间药效小区试验的方法和基本要求。 本标准适用于除草剂防治糖用或饲料用甜菜地杂草的登记用田间药效小区试验及药效评价。其他田间药效试验参照本标准执行。
GB/T 17980.86—2004	农药田间药效试验准则（二）第86部分：杀菌剂防治甜菜褐斑病	本部分规定了杀菌剂防治甜菜褐斑病（*Cercospora beticola*）田间药效试验的方法和要求。 本部分适用于杀菌剂防治甜菜褐斑病的登记用田间药效小区试验及评价。其他田间药效试验参照本部分执行。
GB/T 17980.87—2004	农药田间药效试验准则（二）第87部分：杀菌剂防治甜菜根腐病药效试验	本部分规定了杀菌剂防治甜菜根腐病（*Fusarium culmorum*；*Fusarium solani* spp.）田间药效试验的方法和要求。 本部分适用于杀菌剂防治甜菜根腐病的登记用田间药效小区试验及评价。其他田间药效试验参照本部分执行。
GB/T 5009.142—2003	植物性食品中吡氟禾草灵、精吡氟禾草灵残留量的测定	本标准规定了植物性食品中吡氟禾草灵和精吡氟禾草灵残留量的测定方法。 本标准适用于甜菜田、大豆田一次喷洒化学除草剂吡氟禾草灵和精吡氟禾草灵收获后的甜菜、大豆。 本标准也适用于吡氟禾草灵酸的测定。 本方法检出限为0.001 ng，线性范围：$1.0\times10^{-12}\sim4.0\times10^{-10}$ g。
GB/T 23392.4—2009	十字花科蔬菜病虫害测报技术规范　第4部分：甜菜夜蛾	GB/T 23392的本部分规定了甜菜夜蛾发生程度分级指标、调查内容及方法、测报资料收集和预测预报方法。 本部分适用于实施甜菜夜蛾的测报、防治以及生态研究、试验工作的调查和发生趋势预报。
GB/T 38505—2020	转基因产品通用检测方法	本标准规定了转基因产品的定性检测方法。 本标准适用于水稻、玉米、大豆、油菜、马铃薯、甜菜、苜蓿等及其加工产品中转基因成分的实时荧光PCR通用检测。 本标准方法的最低检出限为0.1%（质量分数）。
GB/T 19495.4—2018	转基因产品检测实时荧光定性聚合酶链式反应（PCR）检测方法	GB/T 19495的本部分规定了植物及其加工产品中转基因成分筛选和品系检测实时荧光定性聚合酶链式反应（PCR）检测方法有关的仪器设备、试剂和材料、检测步骤、质量控制、防污染措施以及方法的最低检出限。 本部分适用于大豆、玉米、油菜、水稻、棉花、马铃薯、亚麻、甜菜、苜蓿、番茄、木瓜、苹果、菊苣、剪股颖、烟草、李子、甜瓜、小麦、茄子和桉树等植物转基因筛选检测，也适用于大豆、玉米、油菜、棉花、水稻、马铃薯、亚麻、甜菜和木瓜等植物的品系特异性检测。
GB/T 19495.5—2018	转基因产品检测实时荧光定量聚合酶链式反应（PCR）检测方法	GB/T 19495的本部分规定了大豆、玉米、油菜、水稻（大米）、棉花、马铃薯、甜菜、木瓜等植物及其产品中转基因品系含量的实时荧光PCR定量检测方法。 本部分适用于上述植物及其产品中转基因品系拷贝数百分含量的定量检测方法。
GB/T 35887—2018	白砂糖试验方法	本标准规定了白砂糖粒度、蔗糖分、还原糖分、电导灰分、干燥失重、色值、混浊度、不溶于水杂质和黑点的试验方法。 本标准适用于制糖工业中以甘蔗、甜菜或原糖为原料生产的白砂糖。
GB 5009.7—2016	食品安全国家标准 食品中还原糖的测定	本标准代替GB/T 5009.7—2008《食品中还原糖的测定》、GB/T 5513—2008《粮油检验粮食中还原糖和非还原糖测定》还原糖部分、NY/T 17512009《甜菜还原糖的测定》。 本标准规定了食品中还原糖含量的测定方法。 本标准第一法、第二法适用于食品中还原糖含量的测定。 本标准第三法适用于小麦粉中还原糖含量的测定。 本标准第四法适用于甜菜块根中还原糖含量的测定

标准号	标准名称	摘要
GB/T 317—2018	白砂糖	本标准规定了白砂糖的技术要求、试验方法、检验规则和标识、包装、运输、贮存。 本标准适用于以甘蔗、甜菜或原糖为直接或间接原料生产的白砂糖。
GB/T 1445—2018	绵白糖	本标准规定了绵白糖的技术要求、试验方法、检验规则和标识、包装、运输、贮存。 本标准适用于制糖工业中利用甜菜、甘蔗等为原料生产的绵白糖。
GB/T 35884—2018	赤砂糖	本标准规定了赤砂糖的技术要求、试验方法、检验规则和标识、包装、运输、贮存的要求。 本标准适用于以甘蔗、甜菜或原糖为直接或间接原料生产的赤砂糖。
GB 13104—2014	食品安全国家标准 食糖	本标准适用于以甘蔗、甜菜为原料生产的原糖、白砂糖、绵白糖、赤砂糖、红糖、方糖和冰糖等。
GB 1886.111—2015	食品安全国家标准 食品添加剂 甜菜红	本标准适用于由红甜菜（紫菜头）用水抽提的提出物，经浓缩、喷雾干燥后所得的食品添加剂甜菜红。
GB 31618—2014	食品安全国家标准 食品营养强化剂 棉子糖	本标准适用于以甜菜糖蜜为原料，通过柱层析分离装置提取，再经精制、干燥等工艺制成的食品营养强化剂棉子糖。
GB 32044—2015	糖单位产品能源消耗限额	本标准的 4.1 和 4.2 为强制性的，其余为推荐性的。 本标准规定了糖单位产品能源消耗限额的技术要求、统计范围和计算方法、节能管理与措施。 本标准适用于甘蔗制糖、甜菜制糖、炼糖生产企业能耗的计算、考核以及对新建或改扩建装置的能耗控制。
JB/T 6276—2007	甜菜收获机械试验方法	本标准规定了甜菜收获机的术语和定义、技术参数测定、试验条件、田间调查、性能试验和生产试验。 本标准适用于甜菜茎叶收获机、甜菜挖掘机、甜菜捡拾机和甜菜联合收获机。
JB/T 12827—2016	甜菜割叶切顶机	本标准规定了甜菜割叶切顶机的产品型号、技术要求、试验方法、检验规则、标牌、包装、运输和贮存。 本标准适用于具有甜菜茎叶清理、块根头切顶、茎叶抛洒、集条或集堆收获功能的牵引或悬挂式机器。
LY/T 2821—2017	甜菜树培育技术规程	本标准规定了甜菜树（*Yunnanopilia longistaminea*）种子采集与处理、播种育苗、苗木分级、栽培、主要虫害防治和生产档案建立与管理的技术要求。 本标准适用于甜菜树的育苗与栽培。
NY/T 1748—2009	饲用甜菜	本标准规定了饲用甜菜的术语和定义、质量要求、试验方法、检验规则、标签、运输和贮存。 本标准适用于饲用甜菜块根的收购、贮存、运输、销售。
NY/T 3171—2017	甜菜包衣种子	本标准规定了甜菜包衣种子的质量要求。 本标准适用于糖用甜菜、食用甜菜、饲用甜菜种子。
NY/T 978—2006	甜菜种子生产技术规程	本标准规定了甜菜种子生产过程的主要技术要求及操作要点。 本标准适用于甜菜大田用种繁殖。
NY/T 1747—2017	甜菜栽培技术规程	本标准规定了糖用甜菜栽培技术规程。 本标准适用于甜菜种植区域内甜菜的直播栽培。
NY/T 3014—2016	甜菜全程机械化生产技术规程	本标准规定了甜菜全程机械化生产中的甜菜选地、机具选择、耕整地、直播与移栽、田间管理、收获、储藏与运输、农膜回收等技术要求。 本标准适用于东北、华北和西北等糖用甜菜全程机械化生产。
NY/T 3027—2016	甜菜纸筒育苗生产技术规程	本标准规定了甜菜纸筒育苗的基础条件和生产技术规程。 本标准适用于甜菜的纸筒育苗生产。

标准号	标准名称	摘要
NY/T 1412—2018	甜菜收获机械作业质量	本标准规定了甜菜收获机械的术语和定义、作业质量要求、检测方法和评定规则。 本标准适用于甜菜割叶切顶机、甜菜挖掘集条机、甜菜捡拾机、甜菜挖掘机和甜菜联合收获机作业的质量评定。
NY/T 1924—2010	油菜移栽机质量评价技术规范	本标准规定了油菜移栽机基本要求、质量要求、检测方法以及检验规则。 本标准适用于油菜裸苗和带土苗移栽机的质量评定。玉米、棉花、甜菜、烟草、蔬菜等其他作物移栽机的质量评价可参照执行。
NY/T 363—2020	种子除芒机质量评价技术规范	本标准规定了种子除芒机质量评价的术语和定义、基本要求、质量要求、检测方法和检验规则。 本标准适用于对水稻、大麦、甜菜等带芒、刺种子（小粒种子和牧草种子除外）进行除芒处理的种子除芒机的质量评定。
NY/T 2482—2013	植物新品种特异性、一致性和稳定性测试指南　糖用甜菜	本标准规定了糖用甜菜新品种特异性、一致性和稳定性测试的技术要求和结果判定的一般原则。 本标准适用于糖用甜菜（*Beta vulgaris* L. var. *saccharifera* Alef.）。
NY/T 3430—2019	甜菜种子活力测定高温处理法	本标准规定了甜菜种子的活力测定。 本标准适用于甜菜种子的活力测定。
NY/T 1750—2009	甜菜丛根病的检验酶联免疫法	本标准规定了甜菜丛根病的检验方法。 本标准适用于甜菜植株丛根病的检验。
NY/T 1754—2009	甜菜中钾、钠、α-氮的测定	本标准规定了甜菜块根中钾、钠、α-氮含量的测定方法。 本标准适用于甜菜块根中钾、钠、α-氮含量的测定。
NY/T 3317—2018	饲料原料甜菜粕颗粒	本标准规定了饲料原料甜菜粕颗粒要求、试验方法、检验规则、标签、包装、运输、储存和保质期。 本标准适用于以甜菜粕为原料，经压榨、烘干、制粒形成的产品。
QB/T 5018—2016	糖料甜菜术语	本标准规定了糖料甜菜生产的通用术语及其定义。 本标准适用于糖料甜菜专业编写标准、教材、著作和研究报告、论文等。
QB/T 5014—2016	糖料甜菜试验方法	本标准规定了糖料甜菜相关质量指标的试验方法。 本标准适用于糖料甜菜的收购和糖料甜菜质量指标分析试验。
QB/T 5015—2016	甜菜中α-氨基氮的测定	本标准规定了糖料甜菜中α-氨基氮的测定方法。 本标准适用于糖料甜菜中α-氨基氮的测定。
QB/T 5016—2016	甜菜中糖度的测定	本标准规定了糖用甜菜块根中糖度的测定方法。 本标准适用于制糖工业中利用甜菜为原料生产的糖用甜菜块根中糖度的测定。
QB/T 5007—2016	白砂糖中不溶水杂质的测定	本标准规定了白砂糖不溶水杂质的测定方法。 本标准适用于制糖工业中以甘蔗、甜菜、原糖等为原料生产的白砂糖。
QB/T 5012—2016	绵白糖试验方法	本标准规定了绵白糖的检验方法。 本标准适用于以制糖工业中利用甜菜、甘蔗为原料生产的绵白糖的测定。
QB/T 4095—2010	黄砂糖	本标准规定了黄砂糖的技术要求、试验方法、检验规则及标签、包装、运输、贮存。 本标准适用于以甘蔗、甘蔗糖、甜菜、甜菜糖、糖蜜为原料加工生产而得的黄砂糖。
QB/T 4563—2013	金砂糖	本标准规定了金砂糖的要求、试验方法、检验规则、标志、包装、运输及贮存。 本标准适用于以甘蔗、甜菜及其制品为原料加工而得的金黄色食糖。
QB/T 4566—2013	黄方糖	本标准规定了黄方糖的要求、试验方法、检验规则和标志、包装、运输、贮存。 本标准适用于以甘蔗、甜菜及其制品为原料，加工生产而成的黄方糖。

标准号	标准名称	摘要
QB/T 4567—2013	黑糖	本标准规定了黑糖的要求、试验方法、检验规则、标志、包装、运输及贮存。 本标准适用于以甘蔗、甜菜及其制品为原料加工而得的深褐色食糖。
QB/T 5005—2016	甜菜糖蜜	本标准规定了甜菜糖蜜的要求、试验方法、检验规则、运输及贮存的要求。 本标准适用于从糖膏里分离出来的最终糖蜜作为酒精、酵母、味精等产品生产原料的甜菜糖蜜。
QB/T 2469—2006	甜菜颗粒粕	本标准规定了甜菜颗粒粕的要求、试验方法、检验规则及标志、包装、运输、贮存。 本标准适用于以甜菜为原料生产的颗粒粕。
SN/T 0676—1997	进出口糖检验规程	本标准规定了进出口糖品质检验的技术要求、抽样和检验方法。 本标准适用于以甘蔗、甜菜为原料，经加工生产的进口原糖和进出口白砂糖的品质检验。
SN/T 1140—2002	甜菜胞囊线虫检疫鉴定方法	本标准规定了对甜菜胞囊线虫检疫和鉴定方法。 本标准适用于甜菜及其他藜科和十字花科等植物及植物繁殖材料的根和病土中甜菜胞囊线虫的检疫和鉴定。
SN/T 2035—2007	甜菜霜霉病菌检疫鉴定方法	本标准规定了植物检疫中甜菜霜霉病菌的检疫和鉴定方法。 本标准适用于甜菜、甜菜种子、甜菜种苗中甜菜霜霉病菌的检疫和鉴定。
SN/T 4181—2015	甜菜叶斑病菌检疫鉴定方法	本标准规定了甜菜叶斑病菌的检疫和鉴定方法。 本标准适用于甜菜种子、植株中甜菜叶斑病菌的检疫和鉴定。
SN/T 4721—2016	甜菜霜霉病菌监测技术指南	本标准规定了甜菜霜霉病菌（*Peronospora farinose* f. sp. *betae* Byford）的疫情监测方法。 本标准适用于甜菜霜霉病疫区及从国外引种甜菜的甜菜种植区开展甜菜霜霉病菌的疫情监测工作。
SN/T 3959—2014	甜菜中转基因成分检测普通 PCR 方法和实时荧光 PCR 方法	本标准规定了甜菜及加工产品中转基因成分检测的普通 PCR 和实时荧光 PCR 方法。 本标准适用于甜菜及加工产品中转基因成分的定性检测。
SN/T 1204—2016	植物及其加工产品中转基因成分实时荧光 PCR 定性检验方法	本标准规定了植物及其加工产品中转基因成分筛选和品系鉴定实时荧光 PCR 检测方法。 本标准适用于大豆、玉米、油菜籽、水稻、棉花、马铃薯、亚麻、甜菜、苜蓿、番茄、木瓜、苹果、菊苣、剪股颖、烟草、李子、甜瓜、小麦、茄子和桉树转基因筛选检测，也适用于大豆、玉米、油菜、水稻、棉花、马铃薯、亚麻和甜菜等作物的品系特异性实时荧光 PCR 检验。
SN/T 5334. 8—2020	转基因植物产品的数字 PCR 检测方法 第 8 部分：转基因甜菜	本文件规定了进、出口甜菜中转基因品系特异性的数字 PCR（dPCR）定量检测方法。 本文件适用于甜菜中转基因 H7-1 品系特异性的成分定量检测。
SN/T 3767. 29—2014	出口食品中转基因成分环介导等温扩增（LAMP）检测方法 第 29 部分：甜菜 H7-1 品系	SN/T 3767 的本部分规定了甜菜中转基因甜菜 H7-1 品系特异性的环介导等温扩增（LAMP）初筛检测方法。 本标准适用于甜菜及其制品中转基因甜菜 H7-1 品系特异性的定性检测。 本方法的定性检测低限为 0. 5%（质量分数）。
3. 甜高粱		
NB/T 34051—2017	咸水直灌盐碱地甜高粱栽培技术规程	本标准规定了环渤海地区盐碱地利用咸水直灌技术进行甜高粱种植和生产涉及的土地准备、品种选择、播种时期、播种、苗期管理、中后期管理、收获等栽培技术。 本标准适用于土壤含盐量 0. 25%～0. 35%，pH7. 0～9. 0 的盐碱地种植甜高粱，咸水资源和烟碱地资源丰富的渤海湾及相似类型地区可参考。

标准号	标准名称	摘要
4. 甜叶菊		
GB 8270—2014	食品安全国家标准 食品添加剂甜菊糖苷	本标准适用于以甜叶菊（*Stevia rebaudiana* Bertoni）干叶为原料，经提取、精制而得的食品添加剂甜菊糖苷。主要糖苷为甜菊苷和瑞鲍迪苷 A，其他已知糖苷包括瑞鲍迪苷 B、瑞鲍迪苷 C、瑞鲍迪苷 D、瑞鲍迪苷 F、杜克苷 A、甜茶苷及甜菊双糖苷。
SN/T 0868—2017	出口甜叶菊中总糖甙含量的测定	本标准规定了出口甜叶菊中总糖甙含量的测定方法。 本标准适用于甜叶菊中总糖甙的检测和确证。

第六章　特种纤维作物

纤维是指由连续或不连续的细丝组成的物质。纤维用途非常广泛，可用于纺织、包装、绳索、地毯、造纸以及制作复合材料。按照来源，纤维可分为天然纤维和人造纤维。天然纤维是可以从自然界直接获得的纤维，根据来源分成植物纤维、动物纤维和矿物纤维。植物纤维是人类自古以来获得纤维原料的最重要来源，与人类的生存生活息息相关。植物纤维按在植物体上的部位可分为种子纤维、果实纤维、韧皮纤维、叶纤维以及木纤维。在漫长的历史演化中，人类为了获得稳定的植物纤维，从自然界发现并驯化了许多可获得纤维原料的作物，如棉麻等，故称之为纤维作物。纤维作物按用途可分为：①纺织用纤维作物，如棉花、苎麻、亚麻、黄麻、红麻等；②绳索用纤维植物，如剑麻、蕉麻等；③填充用纤维作物，如木棉等。

本章系统梳理了国内常见的13种纤维作物的标准制定情况，分为棉、桑、麻（亚麻、洋麻、苎麻、黄麻、大麻、红麻、剑麻、汉麻）、木棉、毛竹、青檀等，具体如下。

（1）棉。棉花是目前最主要的纤维作物，产量大、生产成本低，可制作各种规格的织物。我国是棉花生产大国，在国内大部分地区都有种植，棉花产量居世界前列。截至2021年6月，涉及棉花的现行国家及行业标准共有233项，其中国家标准85项，行业标准148项。以上标准涉及种质资源、种植栽培、生产加工机械、病虫害鉴定防治、转基因测定、进出口规范、农药残留测定、棉制品、加工规范等。

（2）桑。桑树并非纤维作物，因其是蚕的重要食物来源，故将其收录。桑树原产我国的中北部，目前全国各地都有栽种。相传上古时期我们的先人就已开始植桑养蚕，后来随着丝绸贸易兴起，桑树成为了古代非常重要的栽培作物，植桑养蚕成为古代人民重要的生产活动。目前涉及桑蚕的现行国家及行业标准共有47项，其中国家标准18项，行业标准29项，包括桑树种苗、栽培、机械、制药、蚕种培育、病虫害防治、进出口、蚕丝制品、质量评价等方面。

（3）麻。麻是传统的纤维作物，是获得天然植物纤维的重要来源。麻的种类很多，目前大面积栽培的麻类作物有亚麻、苎麻、黄麻、红麻、大麻、剑麻等。在植物学分类上，他们不属于同一个种，但都有质地坚硬的纤维，可用于纺织和造纸，统称为麻类作物。我国是世界上主要产麻国之一，也是麻种类最多的国家。本章系统梳理了亚麻、洋麻、苎麻、黄麻、大麻、红麻、剑麻、汉麻等8种麻类作物的标准情况。其中，亚麻共有现行国家及行业标准33项，国家标准13项，行业标准20项；洋麻2项，均为行业标准；苎麻26项，国家标准11项，行业标准15项；黄麻8项，国家标准3项，行业标准5项；大麻14项，国家标准5项，行业标准9项；红麻7项，国家标准4项，行业标准3项；剑麻51项，国家标准5项，行业标准46项；汉麻1项，为行业标准。从标准分布看，各个作物的标准数量差异较大，剑麻最多，亚麻和苎麻中等，黄麻、大麻、红麻、汉麻较少。不同麻类作物标准数量可能也反映了它们产业发展和利用情况。

（4）木棉。木棉是木棉科、木棉属落叶大乔木。与棉花相似，木棉同属种子纤维植物，果内棉毛可作枕、褥、救生圈等填充材料。木棉在我国分布于亚热带地区，如云南、广西、广东、福建、海南等。截至2021年6月，仅有1项木棉相关的行业标准1项，涉及木棉纺织品进出口。

（5）毛竹。毛竹是禾本科、刚竹属单轴散生型常绿乔木状竹类植物。毛竹原产中国，是我国栽培悠久、面积最广、经济价值最高的竹种。毛竹生长速度快，一株毛竹从出笋到成竹只需2个月左右，当年即可做造纸原料。目前涉及毛竹的国家及行业标准有4项，其中国家标准2项，行业标准2项。

（6）青檀。青檀为榆科、青檀属植物，为中国特有的单种属，其茎皮、枝皮为制造书画宣纸的优质原料。目前有 1 项行业标准，涉及青檀育苗。

一、棉

标准号	标准名称	摘要
GB 4407.1—2008	经济作物种子　第 1 部分：纤维类	GB 4407 的本部分规定了陆地棉（*Gossypium hirsutum*）、海岛棉（*Gossypium barbadense*）、圆果黄麻（*Corchorus capsularis*）、长果黄麻（*Corchorus olitorius*）、红麻（*Hibiscus cannabinus*）和亚麻（*Linum usitatissimum*）种子的质量要求、检验方法和检验规则。 本部分适用于中华人民共和国境内生产、销售的上述纤维类种子。
GB/T 15671—2009	农作物薄膜包衣种子技术条件	本标准规定了薄膜包衣种子技术要求、质量检验以及标志、包装、运输和贮存。 本标准适用于小麦、水稻、玉米、棉花、大豆、高粱、谷子等农作物的薄膜包衣种子，其他农作物薄膜包衣种子可参照执行。
GB/T 3242—2012	棉花原种生产技术操作规程	本标准规定了棉花原种（包括杂交棉亲本种子）的生产技术要求。 本标准适用于棉花原种（包括杂交棉亲本种子）生产。
GB 10395.7—2006	农林拖拉机和机械安全技术要求　第 7 部分：联合收割机、饲料和棉花收获机	本部分规定了保证操作者及其他作业人员在自走式联合收割机、自走式饲料和棉花收获机正常运转、保养维修和使用过程中安全的技术要求。本部分是 GB 10395.1 的补充。本部分还给出了使用自走式联合收割机、自走式饲料和棉花收获机时，防止发生意外事故的指南。
GB/T 4269.2—2016	农林拖拉机和机械、草坪和园艺动力机械操作者操纵机构和其他显示装置用符号　第 2 部分：农用拖拉机和机械用符号	GB/T 4269 的本部分规定了农业拖拉机和机械的操作者操纵机构和其他显示装置用符号。 本部分适用于农业拖拉机和机械，如联合收获机、棉花采摘机和饲料收获机等的操纵机构和显示装置用符号。 注：特定机械和设备相关的其他符号在 GB/T 4269 的其他部分给出。
GB/T 21985—2008	主要农作物高温危害温度指标	本标准规定了水稻、冬小麦、玉米、棉花、油菜受高温危害的温度指标。 本标准适用于农业气象灾害监测、预警、评估，农业生产、科研和其他相关领域。
GB/T 34812—2017	作物节水灌溉气象等级棉花	本标准规定了棉花节水灌溉气象等级的划分及灌水定额。 本标准适用于棉花节水灌溉的预报与服务。
GB/T 25414—2010	棉花种植用地膜厚度限值及测定	本标准规定了棉花种植用地膜厚度限值及测定方法。 本标准适用于棉花种植用地膜。
GB/T 17980.128—2004	农药田间药效试验准则（二）第 128 部分：除草剂防治棉花田杂草	本部分规定了除草剂防治棉花田杂草田间药效试验的方法和基本要求。 本部分适用于除草剂防治春播棉花和夏播棉花田杂草的登记用田间药效小区试验及药效评价。其他田间药效试验参照本部分执行。
GB/T 17980.134—2004	农药田间药效试验准则（二）第 134 部分：棉花生长调节剂试验	本部分规定了棉花生长调节剂田间药效小区试验的方法和基本要求。 本部分适用于棉花生长调节剂的登记用田间药效小区试验及药效评价。其他田间药效试验参照本部分执行。
GB/T 17980.5—2000	农药田间药效试验准则（一）杀虫剂防治棉铃虫	本标准规定了杀虫剂防治棉铃虫（*Hefcoverpa armigera*）田间药效小区试验的方法和基本要求。 本标准适用于杀虫剂防治棉铃虫的登记用田间药效小区试验及药效评价。其他田间药效试验参照本标准执行。
GB/T 17980.73—2004	农药田间药效试验准则（二）第 73 部分：杀虫剂防治棉花红铃虫	本部分规定了杀虫剂防治棉红铃虫田间药效小区试验的方法和基本要求。 本部分适用于杀虫剂防治棉红铃虫（*Pectinophora gossypiella*）的登记用田间药效小区试验及药效评价。
GB/T 17980.74—2004	农药田间药效试验准则（二）第 74 部分：杀虫剂防治棉花红蜘蛛	本部分规定了杀虫剂防治棉花红蜘蛛田间药效小区试验的方法和基本要求。 本部分适用于杀虫剂防治棉花红蜘蛛（朱砂叶螨 *Tetranychus cinnabarinus*；截形叶螨 *Tetranychus truncatus*；土耳其斯坦叶螨 *Tetranychus turkestani*）的登记用田间药效小区试验及药效评价。

标准号	标准名称	摘要
GB/T 17980.75—2004	农药田间药效试验准则（二）第75部分：杀虫剂防治棉花蚜虫	本部分规定了杀虫剂防治棉花蚜虫田间药效小区试验的方法和基本要求。 本部分适用于杀虫剂防治棉花蚜虫（*Aphis gossypii*）的登记用田间药效小区试验及药效评价。
GB/T 17980.92—2004	农药田间药效试验准则（二）第92部分：杀菌剂防治棉花黄、枯萎病药效试验	本部分规定了杀菌剂防治棉花黄萎病（*Verticillium dahliae*）、枯萎病（*Fusarium oxysporum*）田间药效试验的方法和要求。 本部分适用于杀菌剂防治棉花黄萎病、枯萎病的登记用田间药效小区试验及评价。其他田间药效试验参照本部分执行。
GB/T 17980.93—2004	农药田间药效试验准则（二）第93部分：杀菌剂种子处理防治棉花苗期病害药效试验	本部分规定了杀菌剂种子处理防治棉花苗期立枯病（*Rhizoctonia solani*）、炭疽病（*Colletotrichum gossypii*）和红腐病（*Fusarium moniliforme* spp.）田间药效试验的方法和要求。 本部分适用于杀菌剂防治棉花立枯病、炭疽病和红腐病的登记用田间药效小区试验及评价。其他田间药效试验参照本部分执行。
GB 7411—2009	棉花种子产地检疫规程	本标准规定了棉花种子产地检疫的程序和方法。 本标准适用于各级植物检疫机构对棉花种子繁育基地实施产地检疫。
GB/T 20817—2006	棉花检疫规程	本标准规定了棉花的检疫程序和方法。 本标准适用于贸易性或非贸易性棉花（不包括籽棉和脱脂棉）的检疫。
GB/T 28084—2011	棉花黄萎病菌检疫检测与鉴定	本标准规定了棉花黄萎病田间症状识别、抽样，棉花黄萎病菌（*Verticillium dahlia* Kleb.）的分离培养、检测鉴定等方法。 本标准适用于棉花植物组织和棉籽中棉花黄萎病菌的检疫检测和鉴定。
GB/T 31791—2015	棉花曲叶病毒检疫鉴定方法	本标准规定了棉花曲叶病毒的免疫学及分子生物学检疫鉴定等方法。 本标准适用于可能携带棉花曲叶病毒的植物组织的检疫鉴定。
GB/T 31803—2015	棉花皱叶病毒检疫鉴定方法	本标准规定了棉花皱叶病毒的免疫学及分子生物学检疫鉴定等方法。 本标准适用于可能携带棉花皱叶病毒的活体寄主植物叶片组织的检疫鉴定。
GB/T 31807—2015	棉花根腐病菌检疫鉴定方法	本标准规定了棉花根腐病菌的检疫鉴定方法。 本标准适用于棉花根腐病寄主植物的植株、种子及介质的检疫鉴定。
GB/T 15800—2009	棉铃虫测报调查规范	本标准规定了棉铃虫越冬基数调查、成虫诱测、严重发生年份麦田一代发生情况调查、棉田系统调查、大田普查、棉花生育期调查、测报资料的统计汇总、监测预报数据传递的方法。 本标准适用于棉铃虫测报调查。
GB/T 15799—2011	棉蚜测报技术规范	本标准规定了早春虫源基数调查、系统调查、大田普查、天敌调查、预测方法、发生程度和为害损失的统计和历年测报资料统计汇总汇报方法等方面的技术和方法。 本标准适用于棉蚜测报调查和预报。
GB/T 15801—2011	棉红铃虫测报技术规范	本标准规定了越冬幼虫化蛹和羽化情况、成虫诱测、卵量调查、虫害花和羽化孔及单铃活虫数调查、越冬虫量调查、预测方法、发生为害期和发生程度划分及为害损失统计和测报资料汇总和汇报方法等内容。 本标准适用于棉红铃虫测报调查和预报。
GB/T 15802—2011	棉花叶螨测报技术规范	本标准规定了棉花叶螨春季虫源基数调查、棉田系统调查、大田普查、天敌调查、预测方法、发生为害期和发生程度划分及为害损失统计、测报资料汇总和汇报等技术内容。 本标准适用于我国各产棉区棉花叶螨田间调查和预报。
GB/T 22101.1—2008	棉花抗病虫性评价技术规范 第1部分：棉铃虫	GB/T 22101的本部分规定了转基因棉花、杂交棉花和常规棉花抗棉铃虫性鉴定方法和抗虫性评价标准。 本部分适用于棉花育种、棉花生产和植保单位对转基因棉花、杂交棉花和常规棉花抗棉铃虫性鉴定和抗虫性评价。
GB/T 22101.2—2009	棉花抗病虫性评价技术规范 第2部分：蚜虫	GB/T 22101的本部分规定了棉花抗棉蚜性鉴定方法和抗棉蚜性评价标准。 本部分适用于棉花抗棉蚜性鉴定和抗棉蚜性评价。
GB/T 22101.3—2009	棉花抗病虫性评价技术规范 第3部分：红铃虫	GB/T 22101的本部分规定了转基因棉花、杂交棉花和常规棉花抗抗棉红铃虫性鉴定方法和抗虫性评价标准。 本部分适用于转基因棉花、杂交棉花和常规棉花抗棉红铃虫性鉴定和抗虫性评价。

标准号	标准名称	摘要
GB/T 22101.4—2009	棉花抗病虫性评价技术规范　第4部分：枯萎病	GB/T 22101的本部分规定了棉花抗枯萎病［病原菌：尖镰孢萎蔫转化型（*Fusarium oxysporum* Schl. f. sp. *vasinfectum*（Atk.）Snyder et Hansen）］的鉴定方法和抗性评定标准。 本部分适用于棉花抗枯萎病性鉴定和抗性评价。
GB/T 22101.5—2009	棉花抗病虫性评价技术规范　第5部分：黄萎病	GB/T 22101的本部分规定了棉花抗黄萎病［病原菌：大丽轮枝菌（*Verticillium dahlia* Kleb.）］鉴定方法和抗性评定标准。 本部分适用于棉花抗黄萎病性鉴定和抗性评定。
GB/T 14929.2—1994	花生仁、棉籽油、花生油中涕灭威残留量测定方法	本标准规定了涕灭威残留量的测定方法。 本标准适用于花生仁、棉籽油、花生油中涕灭威及代谢物残留量的测定。
GB/T 32718—2016	棉花噻苯隆残留量测定方法	本标准规定了棉花中噻苯隆残留量的测定方法。 本标准适用于棉花中噻苯隆残留量的测定。
GB/T 6102.1—2006	原棉回潮率试验方法烘箱法	本标准规定了箱内热称法测定原棉回潮率的试验方法。 本标准适用于籽棉经锯齿轧棉机或辊轧棉机加工后所得的原棉。
GB/T 6102.2—2012	原棉回潮率试验方法电阻法	本标准规定了采用电阻法原理测定原棉回潮率的方法。 本标准适用于回潮率为3%~13%的原棉。
GB/T 6103—2006	原棉疵点试验方法手工法	本标准规定了手工挑拣原棉疵点的试验方法。 本标准适用于籽棉经锯齿轧棉机或皮辊轧棉机加工后所得的原棉。
GB/T 6499—2012	原棉含杂率试验方法	本标准规定了用原棉杂质分析机测定原棉含杂率的试验方法。 本标准适用于原棉含杂率的测定。
GB/T 13783—1992	棉纤维断裂比强度的测定　平束法	本标准规定了利用平行排列的棉纤维束测定棉纤维断裂比强度和断裂伸长率的试验方法。 本标准适用于能制成棉束的棉纤维，并使用专为测试平束棉纤维而设计的拉伸试验仪。其他拉伸试验仪如能装纳卜氏试样夹持器也可使用本方法。
GB/T 13777—2006	棉纤维成熟度试验方法　显微镜法	本标准规定了用显微镜测定经氢氧化钠膨胀后棉纤维成熟度的试验方法。 本标准适用于未经化学处理的原棉、棉卷、棉条以及纱线中取出的棉纤维。
GB/T 6099—2008	棉纤维成熟系数试验方法	本标准规定了根据棉纤维中腔胞壁对比法或偏光成熟度仪法来测定棉纤维成熟度的方法。 本标准适用于细绒棉、长绒棉及未经化学处理的棉纱、线松解后的棉纤维成熟系数、成熟度比、成熟纤维百分率的测试。
GB/T 6097—2012	棉纤维试验取样方法	本标准规定了棉纤维试验用批样、实验室样品、试验样品、试验棉条、试验试样的抽取或制备方法。 本标准适用于棉纤维的试验取样。
GB/T 6098—2018	棉纤维长度试验方法罗拉式分析仪法	本标准规定了使用罗拉式分析仪测定棉纤维长度的方法。 本标准适用于测定棉纤维长度指标，包括皮棉及纺纱各道工序中的半成品棉条的长度测定。 本标准不适用于从棉与其他纤维的混合物中取出的纤维，以及从棉纱或棉织物中取出的纤维的长度测定。
GB/T 16258—2018	棉纤维含糖试验方法分光光度法	本标准规定了用3,5-二羟基甲苯-硫酸溶液作显色剂，使用分光光度计定量测定棉纤维表面所含总糖的测定方法。 本标准适用于原棉、棉条、棉卷等棉纤维。
GB/T 20392—2006	HVI棉纤维物理性能试验方法	本标准规定了大容量纤维测试仪测定棉纤维的色特征、杂质、马克隆值、长度和长度整齐度、断裂比强度和断裂伸长率的测试方法。 本标准适用于取自原棉、部分加工过的棉花和某些落棉中的松散棉纤维。
GB/T 19617—2007	棉花长度试验方法手扯尺量法	本标准规定了手扯尺量测定棉花长度的取样方法、检验步骤、校准方法、结果计算等。 本标准适用于籽棉收购的长度检验和成包皮棉按批检验的长度检验。
GB/T 29886—2013	棉包回潮率试验方法微波法	本标准规定了采用微波测定棉包回潮率的方法。 本标准适用于回潮率在3%~13%的成包的细绒棉和长绒棉。
GB/T 35934—2018	棉花染色色差试验方法	本标准规定了棉花染色性能的试验方法。 本标准适用于各类棉纤维（彩棉除外），对以棉纤维为材料的本色纱线和坯布等也同样适用。

标准号	标准名称	摘要
GB/T 9996.1—2008	棉及化纤纯纺、混纺纱线　外观质量黑板检验方法　第1部分：综合评定法	GB/T 9996 的本部分规定了黑板上显现的纱线条干均匀程度及外观质量与标准样照对比的纱线外观质量黑板检验方法。本部分用综合评定法来评定纱线黑板的外观质量。 本部分适用于棉型化纤纯纺纱线、棉型化纤与化纤混纺纱线、纯棉及棉与化纤混纺纱线的外观质量品等的评定。本部分也适用于环锭机制机织及针织用梳棉、精梳纯棉纱线、气流纺纱线外观质量品等的评定。 本部分不适用于毛纺纱线外观质量品等的评定。
GB/T 9996.2—2008	棉及化纤纯纺、混纺纱线　外观质量黑板检验方法　第2部分：分别评定法	GB/T 9996 的本部分规定了黑板上显现的纱线条干均匀程度及外观质量与标准样照对比的纱线外观质量黑板检验方法，本部分用分别评定法评定纱线黑板的条干均匀度及棉结杂质总数。 本部分适用于环锭机制机织及针织用梳棉、精梳纯棉纱线，棉与化纤混纺纱线。本部分不适用于毛纺纱线。
GB/T 35257—2017	纺织品定量化学分析　壳聚糖纤维与某些其他纤维的混合物（乙酸法）	本标准规定了采用乙酸法测定去除非纤维物质后的壳聚糖纤维与其他纤维二组分混合物中纤维含量的方法。 本标准适用于壳聚糖纤维与纤维素纤维（棉、亚麻、苎麻、大麻、黏胶纤维、莫代尔纤维、莱赛尔纤维）、蛋白质纤维（羊毛、山羊绒、桑蚕丝）或合成纤维（聚酯纤维、聚酰胺纤维、聚丙烯腈纤维）的二组分混合物；本标准未给出的其他同类纤维可参照执行。
GB/T 35268—2017	纺织品定量化学分析　聚四氟乙烯纤维与某些其他纤维的混合物	本标准规定了采用化学分析方法测定聚四氟乙烯纤维二组混合物含量的方法。 本标准适用于聚四氟乙烯纤维与某些蛋白质纤维（羊毛、桑蚕丝等）、纤维素纤维（棉、亚麻、粘胶纤维等）、醋酯纤维、聚丙烯腈纤维、氨纶、聚酰胺纤维、聚酯纤维、聚酰亚胺纤维和聚苯硫醚纤维的二组分混合物。
GB 31653—2021	食品安全国家标准　食品中黄曲霉毒素污染控制规范	本标准规定了在采收、储存前处理、储存、运输、加工等环节过程中控制食品中黄曲霉毒素的基本要求和管理准则。 本标准适用于花生、玉米、核桃、榛子、开心果、松子、巴西果、无花果和油料棉籽的黄曲霉毒素污染控制。
GB 5009.148—2014	食品安全国家标准　植物性食品中游离棉酚的测定	本标准规定了植物油或以棉籽饼为原料的其他液体食品中游离棉酚的测定方法。 本标准适用于植物油或以棉籽饼为原料的其他液体食品中游离棉酚的测定。
GB/T 19495.9—2017	转基因产品检测　植物产品液相芯片检测方法	GB 19495 的本部分规定了转基因成分的液相芯片定性检测方法。 本部分适用于玉米、大豆、油菜、水稻、棉花等转基因植物及其产品 CaMV35S 和 NOS 基因的定性检测。
GB/T 33526—2017	转基因植物产品数字 PCR 检测方法	本标准规定了转基因成分检测的数字 PCR 方法。 本标准适用于玉米、大豆、油菜、水稻、马铃薯、苜蓿、棉花等转基因植物及其产品的转基因成分数字 PCR 检测。 本标准所能达到的检测低限为 0.1%（质量分数）。
GB/T 19495.4—2018	转基因产品检测　实时荧光定性聚合酶链式反应（PCR）检测方法	GB/T 19495 的本部分规定了植物及其加工产品中转基因成分筛选和品系检测实时荧光定性聚合酶链式反应（PCR）检测方法有关的仪器设备、试剂和材料、检测步骤、质量控制、防污染措施以及方法的最低检出限。 本部分适用于大豆、玉米、油菜、水稻、棉花、马铃薯、亚麻、甜菜、苜蓿、番茄、木瓜、苹果、菊苣、剪股颖、烟草、李子、甜瓜、小麦、茄子和桉树等植物转基因筛选检测，也适用于大豆、玉米、油菜、棉花、水稻、马铃薯、亚麻、甜菜和木瓜等植物的品系特异性检测。
GB/T 19495.5—2018	转基因产品检测　实时荧光定量聚合酶链式反应（PCR）检测方法	GB/T 19495 的本部分规定了大豆、玉米、油菜、水稻（大米）、棉花、马铃薯、甜菜、木瓜等植物及其产品中转基因品系含量的实时荧光 PCR 定量检测方法。 本部分适用于上述植物及其产品中转基因品系拷贝数百分含量的定量检测方法。
GB/T 38132—2019	转基因植物品系定量检测　数字 PCR 法	本标准规定了转基因植物品系的数字 PCR 定量检测方法。 本标准适用于种子及物理加工种子样品中转基因玉米 MON810 品系、MON89034 品系、MIR162 品系，转基因大豆 GTS-40-3-2 品系，转基因水稻克螟稻品系，转基因棉花 GHB119 品系，转基因油菜 RT73 品系的数字 PCR 法定量检测。 本方法的定量检测限为 0.1%（质量分数）。

标准号	标准名称	摘要
GB/T 35046—2018	国家棉花颜色级实物标准制作技术规范	本标准规定了国家棉花颜色级实物标准的原料选取、加工、实验、包装、标识、储存、运输基本要求。 本标准适用于国家棉花颜色级实物标准的制作。
GB/T 5539—2008	粮油检验油脂定性试验	本标准规定了植物油脂定性试验的术语和定义、仪器设备、试验步骤和结果判定方法。 本标准适用于桐油、蓖麻油、亚麻油、矿物油、大豆油、花生油、芝麻油、棉籽油、菜籽油、植物油中猪脂、油茶籽油、茶籽油、大麻籽油的定性或检出试验。
GB/T 32139—2015	棉花加工术语	本标准规定了棉花加工工业常用术语。 本标准适用于棉花生产、加工、流通和纺织等。
GB/T 22335—2018	棉花加工技术规范	本标准规定了棉花加工过程的基本要求、加工要求和检验要求。 本标准适用于棉花加工企业加工细绒棉、长绒棉。
GB 6975—2013	棉花包装	本标准规定了棉包的技术要求、包装方法、棉包标志和试验方法。 本标准适用于成包皮棉和棉短绒的包装。
GB/T 35834—2018	机采棉加工技术规范	本标准规定了机采棉加工过程的基本要求、加工要求和检验要求。 本标准适用于棉花加工企业加工机采棉的加工过程。
GB/T 19818—2005	籽棉清理机	本标准规定了籽棉清理机的技术要求、试验方法、检验规则及标志、包装与贮存要求。 本标准适用于各种型式籽棉清理机的设计、制造及质量检测。
GB/T 19820—2005	液压棉花打包机	本标准规定了 MDY 型液压棉花打包机的结构型式、产品分类及基本参数、技术要求、试验方法、检验规则及标志、包装与贮存要求。 本标准适用于液压棉花打包机的设计制造及质量检测。
GB/T 9653—2006	棉花打包机系列参数	本标准规定了液压式和机械式棉花打包机的型号和系列参数。 本标准适用于液压式和机械式棉花打包机。
GB/T 21397—2008	棉花收获机	本标准规定了棉花收获机的术语、定义、技术要求、试验方法、检验规则、标志、贮存等。 本标准适用于摘锭滚筒式棉花收获机械（简称采棉机），其他型式采棉机可参照使用。
GB/T 25416—2010	棉籽脱绒成套设备	本标准规定了棉籽脱绒成套设备的型号、技术要求、试验方法、检验规则、标志、包装和贮存。 本标准适用于泡沫酸式、过量式稀硫酸式棉籽脱绒成套设备。
GB/T 35327—2017	籽棉打模机	本标准规定了籽棉打模机（简称“打模机”）的产品系列及型号、技术要求、试验方法、检验规则及标志、包装、贮存和运输要求。 本标准适用于籽棉打模机的设计、制造及质量检测。
GB/T 35328—2017	棉模运输车	本标准规定了棉模运输车（简称“运模车”）的产品型号、技术要求、试验方法、检验规则及标志、包装、贮存和运输要求。 本标准适用于棉模运输车的设计、制造及质量检测。
GB/T 29885—2013	棉籽质量等级	本标准规定了棉籽的术语和定义、质量分级要求、检验方法以及包装、储存和运输的要求。 本标准适用于经加工脱绒后，供生产食用、饲用棉籽油和棉籽蛋白的商品棉籽。
GB/T 9107—1999	精制棉	本标准规定了精制棉的分类、要求、试验方法、检验规则及标志、包装、运输、贮存等内容。 本标准适用于由棉短绒经碱法蒸煮、漂白等精制处理后所得的精制棉。
GB/T 19635—2005	棉花 长绒棉	本标准规定了长绒棉的术语和定义、籽棉采摘晾晒存放和出售、籽棉收购和加工、质量要求、抽样、检验方法、检验规则、检验证书、包装及标志、储存、运输等内容。 本标准适用于生产、收购、加工、经营、储备、使用的长绒棉。
GB/T 1103.3—2005	棉花 天然彩色细绒棉	本标准规定了天然彩色细绒棉的术语和定义、分类、籽棉采摘、晾晒、存放和出售、籽棉收购和加工、质量要求、分级规定、检验方法、检验规则、检验证书、包装及标志、储存与运输要求等内容。 本标准适用于生产、收购、加工、经营、储备、使用的天然彩色细绒棉。

标准号	标准名称	摘要
GB 1103.1—2012	棉花 第1部分：锯齿加工细绒棉	GB 1103 的本部分规定了锯齿加工的细绒棉的质量要求、抽样、检验方法、检验规则、检验证书、包装及标志、储存与运输等要求。 本部分适用于生产、收购、加工、贸易、仓储和使用的锯齿加工的细绒棉。
GB 1103.2—2012	棉花 第2部分：皮辊加工细绒棉	GB 1103 的本部分规定了皮辊加工的细绒棉的质量要求、抽样、检验方法、检验规则、检验证书、包装及标志、储存与运输等要求。 本部分适用于生产、收购、加工、贸易、仓储和使用的皮辊加工的细绒棉。
GB/T 29887—2013	染色棉	本标准规定了染色棉的技术要求、试验方法以及包装和标志、运输、贮存要求。 本标准适用于加工、贸易、仓储和使用的染色棉。
GB/T 35872—2018	棉花不孕籽棉	本标准规定了不孕籽棉的技术要求、检验方法、标志、包装、贮存与运输。 本标准适用于不孕籽棉加工、交易、使用环节的检验。
GB/T 11763—2008	棉籽	本标准规定了棉籽的相关术语和定义、质量要求和卫生要求、检验方法、检验规则、标签、标识以及包装、储存和运输要求。 本标准适用于籽棉经加工脱绒后供制油的商品棉籽。
GB/T 1537—2019	棉籽油	本标准规定了棉籽油的术语和定义、分类、质量要求、检验方法及规则、标签和标识、包装、储存、运输和销售等。 本标准适用于成品棉籽油和棉籽原油。棉籽原油的质量指标仅适用于棉籽原油的贸易。
GB/T 21264—2007	饲料用棉籽粕	本标准规定了饲料用棉籽粕的技术指标，质量分级，检验方法及验收规则，标签、包装、贮存和运输的基本要求。 本标准适用于以棉籽为原料，以预榨浸出或直接浸出法取油后所得棉籽粕。
GB/T 40154—2021	饲料原料棉籽蛋白	该标准全文未在全国标准信息公共服务或其他行业标准服务公众平台备案。
GB 1886.256—2016	食品安全国家标准 食品添加剂 甲基纤维素	本标准适用于以木浆或棉浆等天然纤维素为原料，经碱化和醚化处理后，再经洗涤、干燥后制得的食品添加剂甲基纤维素。
FZ/T 01131—2016	纺织品定量化学分析 天然纤维素纤维与某些再生纤维素纤维的混合物（盐酸法）	本标准规定了采用盐酸法测定天然纤维素纤维与某些再生纤维素纤维的混合物纤维含量的方法。 本标准适用于天然纤维素纤维（如棉、亚麻、苎麻、大麻）与某些再生纤维素纤维（如黏纤、莫代尔、莱赛尔、铜氨纤维）的二组分混合物。
FZ/T 01132—2016	纺织品定量化学分析 维纶纤维与某些其他纤维的混合物	本标准规定了含维纶纤维的二组分混合物的定量化学分析方法。 本标准适用于维纶纤维与纤维素纤维（棉、苎麻、粘胶纤维等）、蛋白质纤维（桑蚕丝、羊毛等）、聚丙烯腈纤维、聚酯纤维、聚丙烯纤维、聚酰胺纤维的二组分混合物。
FZ/T 14033—2016	聚对苯二甲酸丙二醇酯/聚对苯二甲酸乙二醇酯（PTT/PET）复合纤维与棉混纺印染布	本标准规定了聚对苯二甲酸丙二醇酯/聚对苯二甲酸乙二醇酯（PTT/PET）复合纤维与棉混纺印染布（棉含量>50%）的术语和定义、分类、要求、试验和检验方法、检验规则及标志和包装。 本标准适用于服饰、家纺用，机织生产的各类漂白、染色和印花的聚对苯二甲酸丙二醇酯/聚对苯二甲酸乙二醇酯（PTT/PET）复合纤维与棉混纺印染布。
GH/T 1099—2014	籽棉垛温湿度测试方法	本标准规定了籽棉垛内温湿度的测试方法。 本标准适用于棉花生产、收购、加工、贸易、仓储等的籽棉垛内温湿度测定。
GH/T 1306—2020	籽棉颜色测试方法光电法	本标准规定了籽棉颜色的术语和定义、测试原理、仪器和工具、试验步骤、结果计算、测试报告。 本标准适用于棉花收购、加工环节的籽棉颜色值测试。
GH/T 1019—1999	棉花加工术语	本标准规定了棉花加工工业常用术语。 本标准适用于棉花加工及与之有关的科学技术、文化教育和出版物。
GH/T 1043—2007	棉花加工工艺系统安装及制作通用技术条件	本标准规定了棉花加工工艺系统安装及制作的通用技术条件。 本标准适用于棉花加工工艺系统的安装及制作。

标准号	标准名称	摘要
GH/T 1067—2010	棉包信息管理技术规程	本标准规定了棉包信息管理过程的技术要求。 本标准适用于棉花加工企业棉包信息技术管理。
GH/T 1008-1998	籽棉重杂物分离器	本标准规定了籽棉重杂物分离器设计和制造的技术要求、试验方法、检验规则和标志、包装及贮存要求。 本标准适用于清理籽棉重杂物的籽棉重杂物分离器。
GH/T 1016—1999	皮棉清理机	本标准规定了皮棉清理机的技术要求、试验方法、检验规则及标志、包装与贮存要求。 本标准适用于对锯齿轧花机轧出的皮棉随机进行清理的刺辊式皮棉清理机。
GH/T 1017—1999	液压棉花打包机	本标准规定了 MDY 型液压棉花打包机的结构型式、产品分类及基本参数、技术要求、试验方法、检验规则及标志、包装与贮存要求。 本标准适用于液压棉花打包机的设计制造及质量检测。
GH/T 1018—1999	集棉机	本标准规定了集棉机的技术要求、试验方法、检验规则、标志、包装、运输及贮存。 本标准适用于皮棉随机进行凝集的集棉机。
GH/T 1023—2000	棉短绒清理机	本标准规定了棉短绒清理机的产品分类、技术要求、试验方法、检验规则和标志、包装、运输、贮存。 本标准适用于以齿条滚筒为主要工作部件的棉短绒清理机。
GH/T 1024—2000	风力清籽机	本标准规定了风力清籽机的产品分类、技术要求、试验方法、检验规则和标志、包装、运输、贮存。 本标准适用于利用风选原理清除棉籽中粗大及细小杂质的棉籽清理机。
GH/T 1102—2015	棉花包装用气动焊接机	本标准规定了棉花包装用气动焊接机的定义、产品型号和基本参数、技术要求、试验方法、检验规则、标志、包装、运输和贮存。 本标准适用于棉花包装用气动焊接机的设计制造及质量检测。
GH/T 1263—2019	棉包刷唛机	本标准规定了棉包刷唛机的型号规格、要求、试验方法、检验规则及标志、包装、运输与贮存。 本标准适用于对棉包进行刷唛的机器设备。
GH/T 1264—2019	籽棉喂花机	本标准规定了籽棉喂花机的型号、技术要求、试验方法、检验规则及标志、包装、贮存和运输要求。 本标准适用于籽棉喂花机的设计、制造及质量检测。
GH/T 1267—2019	全自动棉花聚酯带捆扎机	本标准规定了全自动棉花聚酯带捆扎机的术语和定义、产品分类、技术要求、试验方法、检验规则、标志、包装、运输和贮存。 本标准适用于全自动棉花聚酯带捆扎机。
GH/T 1265—2019	棉花轧工质量分级仪	本标准规定了棉花轧工质量分级仪的型号、技术要求、试验方法、检验规则、标志、包装、运输与贮存。 本标准适用于棉花加工检验过程中使用的棉花轧工质量等级检测的仪器。
GH/T 1266—2019	棉花轧工质量分级检测方法　仪器法	本标准规定了棉花轧工质量分级检测方法（仪器法）的术语和定义、检测原理、设备和材料、试验方法、结果计算、精密度。 本标准适用于锯齿加工细绒棉轧工质量等级（仪器法）的测定。
GH/T 1098—2014	籽棉温湿度监测仪	本标准规定了籽棉温湿度监测仪的技术要求、试验方法、检验规则及标志、包装、运输与贮存。 本标准适用于棉花生产、收购、加工贸易、仓储等企业所用的籽棉温湿度监测仪的生产、检验和流通。
GH/T 1304—2020	籽棉回潮率微波测量仪	本标准规定了籽棉回潮率微波测量仪的产品型号、技术要求、试验方法、检验规则以及标志、包装要求。 本标准适用于采用微波法测定籽棉回潮率的仪器。
GH/T 1305—2020	籽棉颜色检测仪	本标准规定了籽棉颜色检测仪的术语和定义、产品型号、技术要求、试验方法、检验规则及标志、包装、运输与贮存。 本标准适用于光电法籽棉颜色检测仪的生产、检验。

标准号	标准名称	摘要
] GH/T 1020—2000	梳棉胎	本标准规定了梳棉胎的规格、分级、技术要求、试验方法、检验规则、包装、标志、贮存和运输。 本标准适用于以棉花为原料，以棉纱为辅料，经过清花、梳棉、铺网、网纱、研磨而成的梳棉胎。
GH/T 1042—2007	脱酚棉籽蛋白	本标准规定了脱酚棉籽蛋白产品的要求、检验方法、检验规则及标志、包装、运输和贮存。 本标准适用于以棉籽为原料，在低温条件下，浸出提油并脱除游离棉酚生产的脱酚棉籽蛋白产品。
GH/T 1063—2010	棉子低聚糖	本标准规定了棉子低聚糖的术语和定义、产品分类、要求，试检方法，检验规则，标志、包装、运输和贮存。 本标准适用于从棉籽中提取的棉子低聚糖。
GH/T 1161—2017	梳絮棉	本标准规定了梳絮棉的规格、技术要求、试验方法、检验规则、包装标志、储存、运输。 本标准适用于以棉花为原料，经过梳棉机梳理加工的絮棉产品。
GH/T 1162—2017	弹絮棉	本标准规定了弹絮棉的规格、技术要求、试验方法、检验规则、包装标志、储存、运输。 本标准适用于以棉花为原料，经过弹棉机弹制加工的絮棉产品。
GH/T 1262—2019	棉籽壳	本标准规定了棉籽壳的术语和定义、质量要求、检验方法、检验规则及标识、包装、运输和贮存等要求。 本标准适用于棉籽壳产品的加工、贸易、储运和使用。
JB/T 7886. 1—2013	棉花加工机械　第 1 部分：锯片	本部分规定了棉花加工机械锯片的型式与基本尺寸、技术要求、检验规则、标志、包装与贮存。
JB/T 7886. 2—2013	棉花加工机械　第 2 部分：隔圈	本部分规定了棉花加工机械隔圈的产品分类、技术要求、检验方法、检验规则、包装与贮存。
JB/T 7886. 3—2013	棉花加工机械　第 3 部分：毛刷	本部分规定了棉花加工机械毛刷的型式、技术要求、检验规则及标志、包装与贮存。
JB/T 7317—2013	籽棉烘干机	本标准规定了籽棉烘干机的型号、技术要求、试验条件、性能试验、生产试验、试验报告、检验规则及标志、包装与运输。
JB/T 12444—2015	棉秆联合收割机	本标准规定了自走式轮式切割型棉秆联合收割机的型号与基本参数、技术要求，试验方法、检验规则、标志、包装、运输与贮存。 本标准适用于棉花秸秆收割机。
NY/T 2673—2015	棉花术语	本标准规定了与棉花相关的基本术语和定义。 本标准适用于与棉花相关的科研、教学、生产、检验和管理领域。
NY/T 2675—2015	棉花良好农业规范	本规范规定了棉花良好生产经营的基本原则、产地环境、种植采收、加工储运、组织管理、可追溯体系、劳动者培训与福利等方面的要求。 本规范适用于良好棉花种植、加工及认证。
NY 480—2002	棉花长绒棉	本标准规定了棉花长绒棉的质量要求、分级条件、检验方法、检验规则、检验证书、包装及标志、储存与运输等。 本标准适用于生产、收购、加工、经营、储备、使用的长绒棉。
NY/T 1302—2007	农作物品种试验技术规程　棉花	本标准规定了棉花品种区域试验和生产试验技术要求与方法。 本标准适用于棉花品种区域试验和生产试验工作。
NY 400—2000	硫酸脱绒与包衣棉花种子	本标准规定了在棉花种子加工过程中毛子、脱绒子与包衣子的质量要求、检验方法。 本标准适用于硫酸脱绒、包衣处理的棉花种子。用其他技术脱绒的棉种质量指标可参考本标准。
NY/T 1779—2009	棉花南繁技术操作规程	本标准规定了我国棉花反季节南繁的术语和定义、气候和土壤条件、整地与播种、田间管理、病虫害防治及收获。 本标准适用于南繁棉田。

标准号	标准名称	摘要
NY/T 3078—2017	隐性核雄性不育两系杂交棉制种技术规程	本标准规定了利用棉花隐性核雄性不育两系法生产棉花杂交一代种子的制种田选择、亲本种植与管理、杂交制种、采摘收购与加工储藏、亲本繁殖与保纯、制种企业要求。 本标准适用于黄河流域棉区和长江流域棉区利用棉花隐性核雄性不育两系法生产棉花杂交一代种子。西北内陆棉区可参照执行。
NY/T 3079—2017	质核互作雄性不育三系杂交棉制种技术规程	本标准规定了利用棉花质核互作雄性不育三系法生产棉花杂交一代种子的制种田选择、亲本种植与管理、杂交制种、采摘收购与加工储藏、亲本繁殖与保纯、制种企业要求。 本标准适用于黄河流域棉区和长江流域棉区利用质核互作雄性不育三系法生产棉花杂交一代种子。西北内陆棉区可参照执行。
NY/T 1734—2009	杂交棉人工去雄制种技术操作规程	本标准规定了用人工去雄、人工授粉方式生产棉花一代杂种种子对制种方式、亲本质量、制种田选择、前期准备、栽培管理、人工去雄、人工授粉、收获等环节的技术要求和质量控制要求。 本标准适用于我国各大棉区。
NY/T 1384—2007	棉种泡沫酸脱绒、包衣技术规程	本标准规定了棉种泡沫酸脱绒、包衣操作程序。 本标准适用于棉花种子的泡沫酸脱绒、包衣。
NY/T 1385—2007	棉花种子快速发芽试验方法	本标准规定了棉花种子快速发芽试验的方法。 本标准适用于科研、生产和企业内部种子质量快速检测。
NY/T 207—1992	长江中下游棉花生产技术规程	本标准规定了长江中、下游棉区的棉花在前茬林内套插（栽）及早前茬后育苗移栽的栽培技术。要求亩产皮棉 75 kg 以上，品级、长度平均 3 级 27 mm 以上。 本标准适用于长江中下游棉区具有本标准所规定基础条件的棉田。
NY/T 879—2004	长绒棉生产技术规程	本标准规定了长绒棉（*G. Barbadense* L.）的种植环境、品种、栽培技术措施及采收。 本标准适用于长绒棉生产。
NY/T 1292—2007	长江流域棉花生产技术规程	本标准规定了育苗移栽棉花的生产目标、产地条件和高产、优质、高效生产技术。 本标准适用于湖北省、湖南省、江西省、四川省、浙江省、重庆市、安徽省的淮河以南、江苏省的苏北灌渠以南、河南省的南阳市和信阳市长江流域棉区育苗移栽棉花的生产。
NY/T 1387—2007	黄河流域棉花生产技术规程	本标准规定了黄河流域棉区的春棉单作及套种的生产技术。本规范的目标皮棉产量为 1 125 kg/hm^2 以上，霜前花率 80%以上。 本标准适用于黄河流域棉区具有本规范所规定基础条件的棉田。
NY/T 2633—2014	长江流域棉花轻简化栽培技术规程	本标准规定了长江流域棉花轻简化栽培的目标、种植模式、品种和种植密度、简化育苗移栽或机械直播、简化施肥、全程化学调控、全程化学除草、病虫害防治、整枝与打顶、收获、棉花秸秆机械粉碎还田等技术。 本标准适用于长江流域油棉连作、麦棉连作两熟制棉田。
NY/T 3084—2017	西北内陆棉区机采棉生产技术规程	本标准规定了机采棉的术语与定义、品种和种子、棉田选择、播前准备、播种、水肥管理、病虫害防治、化学调控、打顶、脱叶催熟、机械采收、残膜清除。 本标准适用于西北内陆棉区。
NY/T 3251—2018	西北内陆棉区中长绒棉栽培技术规程	本标准规定了西北内陆棉区中长绒棉的术语和定义、生产目标、基本要求、栽培技术、收获及异性纤维防控等。 本标准适用于西北内陆棉区中长绒棉生产。

标准号	标准名称	摘要
NY/T 3485—2019	西北内陆棉区棉花全程机械化生产技术规范	本标准规定了我国西北内陆棉区棉花生产全过程机械化的术语定义、基本要求，耕整地、播种、田间管理、采收储运、残膜滴灌带回收和秸秆处理等作业环节的技术要求。 本标准适用于我国西北内陆棉区棉花生产机械化作业。 本标准规定了我国西北内陆棉区棉花生产全过程机械化的术语定义、基本要求，耕整地、播种、田间管理、采收储运、残膜滴灌带回收和秸秆处理等作业环节的技术要求。 本标准适用于我国西北内陆棉区棉花生产机械化作业。
NY/T 3659—2020	黄河流域棉区棉花全程机械化生产技术规范	本标准规定了棉花生产过程中术语和定义、一般要求、耕整地、播种、田间管理、采收、籽棉储存与清理、棉秆处理和残地膜回收等环节的机械化作业技术要求。 本标准适用于黄河流域棉区棉花单作直播机械化生产作业。
NY/T 1771—2009	机采棉轧花机械操作技术规程	本标准规定了机采棉轧花机械术语和定义、技术要求、工艺过程要求和操作规程。 本标准适用于机采棉轧花机械，其他型式的轧花机械可参照执行。
NY/T 3695—2020	长江流域棉花麦（油）后直播种植技术规程	本标准规定了长江流域麦（油）后直播棉种植的目标产量、棉田基本要求、品种选择、种子质量、棉田准备、精量播种、芽前除草、保苗措施、田间管理等。 本标准适用于长江流域麦（油）棉两熟制田棉花种植。
NY/T 3031—2016	棉花小麦套种技术规程	本标准规定了棉花与小麦套种生产的品种选择、种子质量和栽培技术等要求。 本标准适用于黄淮海地区棉花与小麦套种生产方式。
NY/T 3129—2017	棉隆土壤消毒技术规范	本标准规定了使用棉隆进行土壤消毒的术语和定义、基本要求、消毒前准备、消毒处理、消毒后管理以及注意事项。 本标准适用于为控制草莓、番茄、菊科和蔷薇科观赏花卉及姜等高附加值农作物连作障碍而进行的土壤消毒处理。
NY/T 3243—2018	棉花膜下滴灌水肥一体化技术规程	本标准规定了棉花膜下滴灌水肥一体化技术的术语和定义、技术原理系统配置、水肥要求、播前准备、播种、田间管理、灌溉制度、施肥制度、系统运行和维护、收获等技术要求。 本标准适用于西北内陆及其他干旱区。
NY/T 3682—2020	棉花脱叶催熟剂喷施作业技术规程	本标准规定了棉田棉花脱叶催熟剂喷施作业的术语和定义、农业技术要求、脱叶催熟剂的选择及使用、施药机械的选择、作业前的准备、喷施作业、作业效果检查及补喷、安全防护。 本标准适用于悬挂/牵引式喷雾机、高地隙自走式喷雾机及植保无人飞机喷施棉花脱叶催熟剂。
NY/T 3893—2021	遥控飞行喷雾机棉花脱叶催熟作业规程	该标准全文未在全国标准信息公共服务或其他行业标准服务公众平台备案
NY/T 2163. 1—2016	盲蝽测报技术规范 第1部分：棉花	本部分规定了棉田盲蝽发生程度分级指标、成虫诱测、春季棉田外系统调查、棉田系统调查、棉田大田普查、预测预报方法、数据汇总和汇报等内容。 本部分适用于全国各棉区盲蝽虫情调查和预测预报。
NY/T 2950—2016	烟粉虱测报技术规范 棉花	本规范规定了棉田烟粉虱发生程度分级指标、越冬虫量调查、棉田系统调查、大田普查、预测预报、数据汇总汇报和参考资料等方面的技术和方法。 本规范适用于长江流域、黄河流域和西北内陆棉区烟粉虱的测报调查和预报。
NY/T 2917—2016	小地老虎防治技术规程	本标准规定了农田地下害虫小地老虎［*Agrotis ipsilon*（Hufnagel）］的防治原则、指标、措施和方法。 本标准适用于全国玉米、棉花、辣椒、烟草、小麦等作物为主的小地老虎的防治，其他作物小地老虎的防治可参考应用。
NY/T 2951. 1—2016	盲蝽综合防治技术规范　第1部分：棉花	本部分规定了我国棉田盲蝽的防治策略、防治技术和防治效果评价方法。 本部分适用于全国各棉区棉花上盲蝽的防治。

标准号	标准名称	摘要
NY/T 3259—2018	黄河流域棉田盲椿象综合防治技术规程	本标准规定了黄河流域棉区棉田盲椿象播种前防治、出苗至7叶期防治、蕾期防治、花铃期防治、收获期至越冬期防治的技术要求。 本标准适用于黄河流域棉区。
NY/T 3545—2020	棉蓟马测报技术规程	本标准规定了术语和定义、棉蓟马发生程度分级指标，以及越冬虫量调查、系统调查、大田普查和预测方法等内容。 本标准适用于棉田蓟马的测报调查和预报。
NY/T 3690—2020	棉花黄萎病防治技术规程	本标准规定了棉花黄萎病防治的防治原则、病田类型划分、防治技术等。 本标准适用于由大丽轮枝菌（*Verticillium dahliae*）引起的棉花黄萎病的防治。
NY/T 3700—2020	棉花黄萎病测报技术规范	本标准规定了棉花黄萎病测报技术的术语和定义、病情记载和计算方法、病情系统调查、病情普查、预测方法、数据收集汇总和报送。 本标准适用于棉花黄萎病的测报调查和预报。
NY/T 1464.26—2007	农药田间药效试验准则 第26部分：棉花催枯剂试验	本部分规定了棉花催枯剂田间药效小区试验的方法和基本要求。 本部分适用于棉花催枯剂在春播棉和夏播棉田催枯、脱叶登记用田间药效小区试验及药效评价。其他田间药效试验参照本部分进行。
NY/T 1464.3—2007	农药田间药效试验准则 第3部分：杀虫剂防治棉盲蝽	本部分规定了杀虫剂防治棉盲蝽［主要包括绿盲蝽（*Lygus lucorum*）、中黑盲蝽（*Adelphocoris suturalis*）、苜蓿盲蝽（*Adelphocoris lineolatus*）、三点苜蓿盲蝽（*Adelphocoris fasciaticollis*）和牧草盲蝽（*Lygus pratensis*）］田间药效小区试验的方法和基本要求。 本部分适用于杀虫剂防治棉盲蝽的登记用田间药效小区试验及药效评价。其他田间药效试验参照本部分执行。
NY/T 1464.51—2014	农药田间药效试验准则 第51部分：杀虫剂防治柑橘树蚜虫	本部分规定了杀虫剂防治柑橘树蚜虫田间药效小区试验的方法和基本要求。 本部分适用于杀虫剂防治柑橘树蚜虫，如橘蚜（*Toxoptera citricidus*）、橘二叉蚜（*Toxoptera aurantii*）、锈线菊蚜（*Aphis citricola*）、棉蚜（*Aphis gossypii*）等的登记用田间药效小区试验及药效评价。
NY/T 3280.1—2018	病毒微生物农药棉铃虫核型多角体病毒 第1部分：棉铃虫核型多角体病毒母药	本部分规定了棉铃虫核型多角体病毒母药的要求、试验方法、产品的检验与验收以及标志、标签、包装、储运、安全和保质期。 本部分适用于以病毒包涵体为主要成分的棉铃虫核型多角体病毒母药。
NY/T 3280.2—2018	病毒微生物农药棉铃虫核型多角体病毒 第2部分：棉铃虫核型多角体病毒水分散粒剂	本部分规定了棉铃虫核型多角体病毒水分散粒剂的要求、试验方法、产品的检验与验收以及标志、标签、包装、储运、安全和保质期。 本部分适用于以病毒包涵体为主要成分的棉铃虫核型多角体病毒母药添加适宜的助剂和填料后加工而成的棉铃虫核型多角体病毒水分散粒剂。
NY/T 3280.3—2018	病毒微生物农药棉铃虫核型多角体病毒 第3部分：棉铃虫核型多角体病毒悬浮剂	本部分规定了棉铃虫核型多角体病毒悬浮剂的要求、试验方法、产品的检验与验收以及标志、标签、包装、储运、安全和保质期。 本部分适用于以病毒包涵体为主要成分的棉铃虫核型多角体病毒母药添加适宜助剂加工而成的棉铃虫核型多角体病毒悬浮剂。
NY/T 2677—2015	农药沉积率测定方法	本标准规定了喷雾机喷洒农药时，在靶标（作物）上农药沉积率的测定方法。 本标准适用于喷杆式、风送式等大型喷雾机在大田作物（如水稻、小麦、棉花等）作业农药沉积率的测定；其他喷雾机（器）作业时农药沉积率的测定可参照执行。
NY/T 1297—2007	农作物品种审定规范 棉花	本标准规定了棉花品种审定的术语和定义、内容和依据，给出了审定棉花品种的评价标准和评判规则。 本标准适用于棉花品种的审定。
NY/T 2238—2012	植物新品种特异性、一致性和稳定性测试指南 棉花	本标准规定了棉花新品种特异性、一致性和稳定性测试的技术要求和结果判定的一般原则。 本标准适用于陆地棉（*Gossypium hirsutum* L.）与海岛棉（*Gossypium barbadense* L.）。

标准号	标准名称	摘要
NY/T 2323—2013	农作物种质资源鉴定评价技术规范 棉花	本标准规定了棉花种质资源的术语和定义、要求和评价方法。 本标准适用于棉属中的陆地棉（*Ghirsutum* L.）和海岛棉（*Gbarbadense* L.）种质资源鉴定评价。
NY/T 2469—2013	陆地棉品种鉴定技术规程 SSR分子标记法	本标准规定了利用简单重复序列（Simple sequence repeats, SSR）分子标记进行陆地棉（*Gossypium hirsutum* L.）品种鉴定的试验方法、数据记录和判定标准。 本标准适用于基于SSR分子标记法的陆地棉DNA分子数据采集和品种鉴定。
NY/T 2634—2014	棉花品种真实性鉴定 SSR分子标记法	本标准规定了棉花品种真实性鉴定SSR分子标记法。 本标准适用于陆地棉品种真实性鉴定。
NY/T 3760—2020	棉花品种纯度田间小区种植鉴定技术规程	本标准规定了棉花品种纯度田间小区种植鉴定的术语和定义试验设计、小区种植、鉴定方法、结果计算、容许误差、结果填报。 本标准适用于棉花品种纯度鉴定。
NY/T 1057—2006	棉种过量式稀硫酸脱绒技术规范	本标准规定了棉种过量式稀硫酸脱绒术语和定义、要求、检测方法。 本标准适用于棉种过量式稀硫酸脱绒。
NY/T 3534—2020	棉花抗旱性鉴定技术规程	本标准规定了棉花抗旱性鉴定方法及判定规则。 本标准适用于棉花品种及种质资源的抗旱性鉴定。
NY/T 3535—2020	棉花耐盐性鉴定技术规程	本标准规定了棉花耐盐性鉴定方法及判定规则。 本标准适用于棉花品种及种质资源的耐盐性鉴定。
NY/T 3567—2020	棉花耐渍涝型鉴定技术规程	本标准规定了棉花耐渍涝性鉴定的供试样品、鉴定方法和基本规则。 本标准适用于棉花品种及种质资源的耐渍涝性鉴定。
NY/T 2162—2012	棉花抗棉铃虫性鉴定方法	本标准规定了棉花对棉铃虫（*Helicoverpa armigera* Hübner）的抗虫性鉴定方法。 本标准适用于转基因抗虫棉花（Bt棉花、Bt+CpTI棉花）对棉铃虫的抗虫性鉴定。
NY/T 2676—2015	棉花抗盲椿象性鉴定方法	本标准规定了棉花对盲椿象抗性的鉴定要求、鉴定方法和结果判定。 本标准适用于棉花对盲椿象的抗虫性鉴定。
NY/T 2952—2016	棉花黄萎病抗性鉴定技术规程	本标准规定了棉花黄萎病（病原菌 *Verticillium dahlia* Kleb.）抗性的鉴定技术方法和程序。 本标准适用于棉花黄萎病抗性鉴定。
NY/T 3256—2018	棉花抗烟粉虱性鉴定技术规程	本标准规定了棉花对烟粉虱抗性的鉴定要求、鉴定方法和结果判定。 本标准适用于非转抗烟粉虱基因的棉花材料抗虫性鉴定。
NY/T 3427—2019	棉花品种枯萎病抗性鉴定技术规程	本标准规定了棉花品种对枯萎病［病原菌：尖孢镰刀菌萎蔫专化型 *Fusarium oxysporum* Schlectend：Fr. F. sp. *vasinfectum*（Atk.）W. C. Snyd. & H. N. Hans.］抗性的人工接菌鉴定技术方法和程序。 本标准适用于棉花品种区域试验枯萎病抗性室内鉴定。
NY/T 1408. 4—2018	农业机械化水平评价 第4部分：农产品初加工	本部分规定了农产品初级加工机械化作业水平的评价指标和计算方法。 本部分适用于粮油（粮食、油料）、果蔬（果类、蔬菜）、畜禽产品（肉类、蛋类、乳类）、水产品（鱼类、有壳类、藻类、软体类）及特色农产品（棉、糖、茶等）等农产品的初级加工机械化程度的统计和评价。
NY/T 1004—2020	秸秆粉碎还田机质量评价技术规范	本标准规定了秸秆粉碎还田机的基本要求、质量要求、检测方法和检验规则。 本标准适用于以粉碎玉米、高粱、小麦、水稻、棉花等作物秸秆为主的秸秆粉碎还田机的质量评定。
NY/T 1133—2006	采棉机作业质量	本标准规定了采棉机作业的质量指标及其检测方法和检验规则。 本标准适用于采棉机作业质量的评定。
NY/T 500—2015	秸秆粉碎还田机作业质量	本标准规定了秸秆粉碎还田机作业的质量要求、检测方法和检验规则。 本标准适用于麦类、水稻、玉米、棉花等作物秸秆还田作业的质量评定。

标准号	标准名称	摘要
NY/T 3214—2018	统收式棉花收获机作业质量	本标准规定了统收式棉花收获机作业的术语和定义、作业质量要求、检测方法和评定规则。 本标准适用于统收式棉花收获机作业质量的评定。
NY/T 2201—2012	棉花收获机质量评价技术规范	本标准规定了棉花收获机的基本要求、质量要求、检测方法和检验规则。 本标准适用于摘锭滚筒式棉花收获机的质量评定，其他型式棉花收获机可参照执行。
NY/T 3335—2018	棉花收获机安全操作规程	本标准规定了棉花收获机安全操作的基本条件、启动前检查、启动、起步、转移行驶和作业安全操作规程。 本标准适用于自走式棉花收获机的操作。
NY/T 1426—2007	棉花纤维品质评价方法	本标准规定了棉花的质量要求、检验方法和优质棉的纤维品质指标及其检验规则。 本标准适用于棉花纤维品质评价。
NY/T 1382—2007	棉籽中棉酚旋光体的测定　高效液相色谱法	本标准规定了棉花种子中棉酚旋光体的高效液相色谱测定方法。 本方法适用于棉花种子及其相关产品中棉酚旋光体的测定。
NY/T 3272—2018	棉纤维物理性能试验方法　AFIS 单纤维测试仪法	本标准规定了 AFIS 单纤维测试仪测定棉纤维的术语和定义、原理、仪器和工具、调湿和试验用标准大气、试样的制备、仪器调整和校准、试验步骤、数值修约、结果输出。 本标准适用于取自成包皮棉、棉卷、筵棉、棉条的棉花纤维的性能测定。
NY/T 3030—2016	棉花中水溶性总糖含量的测定　蒽酮比色法	本标准规定了棉花中水溶性总糖含量测定的蒽酮比色法。 本标准适用于棉花中水溶性总糖含量的测定。 本标准方法的线性范围为 0~0.1 mg/mL。 本标准方法的定量限为 0.003 mg/mL。
NY/T 129—1989	饲料用棉籽饼	本标准规定了饲料用棉籽饼的质量指标及分级标准。 本标准适用于以棉籽为原料，经脱壳或部分脱壳后再以压榨法取油后的饲料用棉籽饼。
NY/T 1701—2009	农作物秸秆资源调查与评价技术规范	本标准规定了农作物秸秆资源的调查范围、调查内容、调查方法、评价指标和计算方法、评价方法等。 本标准主要适用于谷物、豆类、薯类、油料、棉花等农作物秸秆资源的调查与评价，其中不计被调查区域播种面积小于总播种面积 5% 的农作物秸秆。其他农作物秸秆资源的调查与评价可参照执行。
NY/T 3020—2016	农作物秸秆综合利用技术通则	本标准规定了农作物秸秆综合利用中有关资源调查与评价，秸秆收储运，肥料化、饲料化、燃料化、基料化等利用中的通用技术要求。 本标准适用于指导稻谷、小麦、玉米、薯类、油料和棉花等农作物秸秆综合利用技术选择。
SN/T 3777.1—2015	纺织产品出口企业分类规范　第 1 部分：纺织原料	SN/T 3777 的本部分规定了对出口棉、麻、丝、毛等纺织原料企业实施分类的评定要素、评定方法和评定程序等要求。 本部分适用于出入境检验检疫机构对出口棉、麻、丝、毛等纺织原料企业的分类评定。
SN/T 4742—2017	棉花分级环保型装置技术要求	本标准规定了棉花分级环保型分级装置外观结构、工作台面设计、气流循环方式及流速、除尘效果、噪音控制、粉尘回收等技术要求。 本标准适用于通风除尘式棉花分级环保型装置的研发、设计、制作及使用。
SN/T 2760—2011	蒺藜草属检疫鉴定方法	本标准规定了进出境植物检疫中对蒺藜草属的检疫和形态鉴定方法。 本标准适用于进出境粮谷类、油籽类、纺织棉麻类等货物中的蒺藜草属的检疫和鉴定，也适用于蒺藜草属（非中国种）的检疫和鉴定。
SN/T 5138—2019	棉花黄萎病菌检疫鉴定方法	本标准规定了棉花黄萎病菌的检疫鉴定方法。 本标准适用于植物及其产品中棉花黄萎病菌的检测鉴定。
SN/T 4877.7—2017	基因条形码筛查方法　第 7 部分：检疫性轮枝菌	SN/T 4877 的本部分规定了棉花黄萎病菌和苜蓿黄萎病菌 DNA 条形码筛查中序列的扩增、分析及结果判定等。 本部分适用于检疫性轮枝菌 DNA 条形码筛查。

标准号	标准名称	摘要
SN/T 1199—2010	棉花中转基因成分定性 PCR 检验方法	本标准规定了棉籽中转基因成分的定性 PCR 检测方法。
SN/T 3577—2013	转基因成分检测棉花 PCR-DHPLC 检测方法	本标准规定了进出境棉花中转基因成分和品系的 PCR-DHPLC 检测方法。 本标准中检测方法适用于转基因棉花品系 MON531、MON1445、MON1698、MON15985 中的转基因成分和品系的检测。
SN/T 1204—2016	植物及其加工产品中转基因成分实时荧光 PCR 定性检验方法	本标准规定了植物及其加工产品中转基因成分筛选和品系鉴定实时荧光 PCR 检测方法。 本标准适用于大豆、玉米、油菜籽、水稻、棉花、马铃薯、亚麻、甜菜、苜蓿、番茄、木瓜、苹果、菊苣、剪股颖、烟草、李子、甜瓜、小麦、茄子和桉树转基因筛选检测，也适用于大豆、玉米、油菜、水稻、棉花、马铃薯、亚麻和甜菜等作物的品系特异性实时荧光 PCR 检验。
SN/T 5334. 5—2020	转基因植物产品的数字 PCR 检测方法 第 5 部分：转基因棉花	本文件规定了 GHB119、T304-40、GHB614、LLCotton25、MON1445、MON15985-7、MON88913 等 7 个转基因棉花品系的转化事件特异性数字 PCR 检测方法。 本文件适用于棉籽、棉籽粕、棉花叶子中上述 7 个转基因棉花品系的检测。 本文件的定量检测下限为 40 pg（约 20 拷贝）棉花基因组 DNA 或 0. 1%（w/w）含量转基因棉花品系成分。
SN/T 2141. 1—2008	纺织原料细度试验方法 第 1 部分：气流仪法	SN/T 2141 的本部分规定了采用气流仪测定纺织原料细度（或平均纤维直径、马克隆值等）的试验方法。 本部分适用于采用气流仪测定经过一定处理的绵羊毛（包括含脂毛、洗净毛、碳化毛、羊毛条等）和从棉包、棉卷、生条或其他来源皮棉中取出的棉花纤维细度的检验。
SN/T 2162—2008	壳聚糖抗菌棉纺织品检验规程	本标准规定了壳聚糖抗菌棉纺织品的取样、检验项目、试验方法及检验结果的判定。 本标准适用于经过壳聚糖抗菌整理的棉纺织品的质量评价。
SN/T 1361—2015	进出境棉花检疫规程	本标准规定了进出境棉花的检疫要求、工作程序、鉴定方法、后续监督、应急处置、除害处理、结果判定，以及风险评估的内容。 本标准适用于进出境未梳棉花的检疫及处理。进出境麻类纤维的检疫可参照执行。
SN/T 4512. 2—2016	进口农业机械检验技术要求 第 2 部分：棉花采摘机	SN/T 4512 的本部分规定了进出口棉花采摘机的检验技术要求。 本部分适用于自走式棉花采摘机（简称“采棉机”），其他形式采棉机可参照使用。 本部分不适用于进口旧采棉机。
SN/T 4671—2016	进出口棉花中草甘膦及其代谢物残留量的测定 液相色谱-质谱/质谱法	本标准规定了进出口棉花中草甘量的液相色谱-质谱/质谱仪方法。 本标准适用于棉花中草甘膦及其代谢物氨甲基磷的测定和确证。
SN/T 4672—2016	进出口棉花中烟碱类农药残留量的液相色谱-质谱/质谱法	本标准规定了进出口棉花中烟碱类农药残留量的液相色谱-质谱/质谱测定方法。 本标准适用于棉花中呋虫胺、烯啶虫胺、噻虫嗪、噻虫胺、吡虫啉、啶虫咪和噻虫啉残留量的定量测定和确证。
SN/T 4673—2016	进出口棉花中乙烯利、噻苯隆、敌草隆农药残留量的测定 液相色谱-质谱/质谱法	本标准规定了进出口棉花中乙烯利、噻苯隆和敌草隆农药残留量的液相色谱-质谱/质谱测定方法。 本标准适用于棉花中乙烯利、噻苯隆和敌草隆残留量的定量测定和确证。
SN/T 5050. 1—2018	进出口棉花 第 1 部分：荧光度的测定 UV 法	该标准全文未在全国标准信息公共服务或其他行业标准服务公众平台备案。

标准号	标准名称	摘要
SN/T 5050.2—2018	进出口棉花　第2部分：长度测定粘贴仪测试法	该标准全文未在全国标准信息公共服务或其他行业标准服务公众平台备案。
SN/T 1856—2006	进出口棉花粘性测试方法	本标准规定了进出口棉花粘性的测试方法。 本标准适用于各类进出口棉花的粘性测试，也适用于纺织厂对原棉或棉条的粘性测试。
SN/T 2628—2010	进出口棉花短纤维指数及棉结的测定HVI法	本标准规定了进出口棉花的短纤维指数及棉结检测的取样和试验方法。 本标准适用于进出口原棉，包括锯齿棉、皮辊棉的短纤维指数及棉结测试。
SN/T 4184.1—2015	进出口纺织原料检验规程　第1部分：棉花	SN/T 4184的本部分规定了进出口可用于纺纱的各类型棉花，包括：细绒棉（锯齿加工细绒棉和皮辊加工细绒棉）、长绒棉和天然彩色细绒棉检验的基本要求、结果评定与不合格处置以及检验记录的要求。 本部分适用于出入境检验检疫机构对进出口可用于纺纱的各类型棉花的检验。
SN/T 4491—2016	进出口棉花短绒率测定　光电仪测试法	本标准规定了进出口棉花短绒率光电仪的测试程序和技术要求。 本标准适用于进出口细绒棉的短绒率测试。长绒棉可参照执行。
SN/T 4492—2016	进出口棉花重量检验方法　自动计重法	本标准规定了采用自动计重法对进出口棉花进行重量检验的方法。 本标准适用于进出口棉花的重量检验。
SN/T 5233—2020	进出口纺织原料原棉回潮率测定　近红外光谱法	本标准规定了近红外光谱快速测定原棉回潮率的试验方法。 本标准适用于籽棉经锯齿轧棉机或皮辊轧棉加工后所得的回潮率范围在6%~15%的原棉。
SN/T 2331—2016	进出口棉纤维含糖检验方法　高效液相色谱法	本标准规定了棉花含糖量的高效液相色谱（HPL.C）法。 本标准适用于棉花含糖量的测定，包括葡萄糖、乳糖、纤维二糖、蜜二糖、松三糖。
SN/T 1013—2010	进出口机织物中纱线的线密度测定方法棉、涤棉机织物	本标准规定了测定机织物线密度的原理、仪器、试剂、制样、试验步骤、计算和试验报告。 本标准适用于棉、涤棉机织物线密度的测定。本部分不适用于针织物、纯化纤以及经割绒等工艺整理过的特殊织物。
SN/T 3317.4—2013	进出口纺织品　质量安全风险评估规范　第4部分：纺织原料棉花	SN/T 3317的部分规定了进出口棉花质量安全风险评估的基本原则、程序、内容、要求等。 本部分适用于进出口棉花在正常贸易、使用、消费过程中质量安全的风险评估。
SN/T 3981.1—2014	进出口纺织品　质量符合性评价方法　纺织原料　第1部分：棉花	SN/T 3981的本部分规定了进出口棉花，包括：细绒棉（锯齿加工细绒棉和皮辊加工细绒棉）、长绒棉和天然彩色细绒棉，质量符合性评价的基本要求、程序、内容、方法以及结果判定和报告方式。 本部分适用于进出口棉花法规性和非法规性要求的质量符合性评价。 本部分不适用于进出口废棉的质量符合性评价。废棉、棉短绒经分离提净后可用于纺纱的棉纤维可参考本标准进行质量符合性技术评价。
SN/T 3896.1—2014	进出口纺织品　纤维定量分析　近红外法　第1部分：聚酯纤维与棉的混合物	SN/T 3896的本部分规定了近红外光谱法快速测定聚酯纤维与棉的混合物的纤维含量的方法，给出了近红外光谱法测定聚酯纤维与棉的混合物的仪器设备要求、样品与环境要求、测定步骤、结果处理、疑似样品确认和处理以及测试报告要求。 本部分适用于除涂层织物和起绒织物以外的聚酯纤维与棉的混合物的纤维含量的快速测定。
SN/T 3896.4—2015	进出口纺织品　纤维定量分析　近红外法　第4部分：棉与聚氨酯弹性纤维的混合物	SN/T 3896的本部分规定了近红外光谱法快速测定棉与聚氨酯弹性纤维混合物的纤维含量的方法，给出了近红外光谱法测定聚酰胺纤维与聚氨酯弹性纤维的混合物的仪器设备要求、样品与环境要求、测定步骤、结果处理、疑似样品确认和处理以及测试报告要求。 本部分适用于除牛仔织物以外的成分分布均匀的棉与聚氨酯弹性纤维混合物的纤维含量的快速测定，其聚氨酯弹性纤维含量在0.5%~10.0%。

标准号	标准名称	摘要
SN/T 3896.8—2020	进出口纺织品　纤维定量分析　近红外法　第8部分：棉与聚酰胺的混合物	SN/T 3896的本部分规定了近红外光谱法快速测定棉与聚酰胺混合物中纤维含量原理、仪器设备、样品和环境要求、测定步骤、结果处理、测试报告。 本部分适用于除涂层织物、涂料印花织物以外的棉与聚酰胺纤维混合织物中纤维含量的快速测定，样品的棉含量在0%～100%。
SN/T 4106—2015	进出口纺织品　纤维定量分析　溶解法　金属纤维混纺产品	本标准规定了金属纤维二组分混纺产品的定量分析方法。 本标准适用于金属纤维与常用纤维（棉、苎麻、黏胶纤维、桑蚕丝、羊毛、锦纶、聚酯纤维、腈纶、丙纶）二组分混纺产品的定量分析。
SN/T 4830—2017	进出口纺织品　纤维定量分析　溶解法　聚苯硫醚纤维混纺产品	本标准规定了含有聚苯硫醚纤维二组分混纺产品的定量分析方法。 本标准适用于聚苯硫醚纤维与常用纤维素纤维（棉、苎麻、黏胶纤维等）蛋白质纤维（桑蚕丝、羊毛等）、聚酰胺纤维、聚酯纤维、聚丙烯腈纤维、聚丙烯纤维的二组分混纺产品的定量分析。
SN/T 5239—2020	进出口纺织品　纤维定量分析　显微投影仪法　木棉/棉混纺产品	本标准规定了用显微投影仪或数字式图像分析仪对木棉和棉混纺产品定量分析的试验方法。 本标准适用于木棉和棉混纺产品的定量分析。
SN/T 5238.1—2020	进出口纺织品　色牢度快速检测　第1部分：耐碱汗渍色牢度	本部分规定了进出口棉、涤纯纺产品及棉/涤混纺产品耐碱汗渍色牢度的快速测定方法。 本部分适用于进出口棉、涤纯纺产品及棉/涤混纺产品的耐碱汗渍色牢度的快速测定。
SN/T 5238.2—2020	进出口纺织品　色牢度快速检测　第2部分：耐酸汗渍色牢度	本部分规定了进出口棉、涤纯纺产品及棉/涤混纺产品的耐酸汗渍色牢度的快速测定方法。 本部分适用于进出口棉、涤纯纺产品及棉/涤混纺产品的耐酸汗渍色牢度的快速测定。
SN/T 4668—2016	进出口纺织品　纤维定性分析　天然彩色棉　紫外漫反射光谱法	本标准规定了天然彩色棉纤维的紫外漫反射光谱定性测定方法。 本标准适用于单组分天然绿色棉和天然棕色棉与染色棉纤维的定性鉴别。
SN/T 0293—2014	出口植物源性食品中百草枯和敌草快残留量的测定　液相色谱-质谱/质谱法	本标准规定了出口植物源性食品中百草枯和敌草快的制样和液相色谱-质谱/质谱测定方法。 本标准适用于大米、大豆、玉米、小麦、棉籽、干木耳、甘蓝、苹果、香蕉、草莓中百草枯和敌草快残留量的测定和确证。
SN/T 4655—2016	出口食品中草甘膦及其代谢物残留量的测定方法　液相色谱-质谱/质谱法	本标准规定了出口食品中草甘膦及其代谢物（氨甲基磷酸）残留量的液相色谱-质谱/质谱测定方法。 本标准适用于茶叶、小麦、玉米、稻谷、甘蔗、大豆、柑橘、苹果、桃、葡萄、香蕉、西瓜、大麦茶、棉籽油中草甘膦及其代谢物（氨甲基磷酸）残留量的检测和确证。
YY/T 0330—2015	医用脱脂棉	本标准适用于采用棉葵草棉属植物成熟种子的毛茸，经除去夹杂物，脱脂、漂白、加工而成的不含任何有色添加物质的医用脱脂棉。医用脱脂棉主要供医院临床作敷料用。本标准规定了医用脱脂棉的要求。

二、桑

标准号	标准名称	摘要
GB/T 19179—2003	桑蚕原种	本标准规定了桑蚕原种的术语和定义、质量指标、检验方法等。 本标准适用于生产、销售的商品桑蚕原种。
GB/T 19178—2003	桑蚕原种检验规程	本标准规定了桑蚕原种质量检验的项目、检验方法。 本标准适用于商品桑蚕原种的检验。

标准号	标准名称	摘要
GB 19173—2010	桑树种子和苗木	本标准规定了桑树（*Morus* L.）种子和苗木的术语和定义、质量要求、检验方法、检验规则及包装、标志和运输要求。 本标准适用于中华人民共和国境内生产、销售的桑树实生种、杂交种、实生苗、杂交苗、嫁接苗及扦插苗。
GB/T 29569—2013	桑蚕原种产地环境要求	本标准规定了桑蚕原种生产区域的环境要求和检测方法。 本标准适用于桑蚕原种生产基地和场所的选址、建设及产地保护。
GB/T 29573—2013	热带亚热带桑树栽培管理技术规程	本标准规定了热带亚热带桑树的栽培管理技术规范，包括桑苗繁育、桑园建设、管理与收获等规范。 本标准适用于海南、广东、广西、云南、福建、湖南和江西省南部等地处热带、亚热带地区的丝茧育桑园。
GB/T 19177—2003	桑树种子和苗木检验规程	本标准规定了桑树种子和苗木质量检验的检验项目及检验方法。 本标准适用于桑树种子和苗木的检验。
GB/T 20395—2006	桑蚕微粒子病病原鉴定方法	本标准规定了桑蚕中微粒子病原孢子的检疫和鉴定方法。 本标准适用于桑蚕茧中感染微粒子病的检疫和鉴定。
GB 23200. 10—2016	食品安全国家标准 桑枝、金银花、枸杞和荷叶中488种农药及相关化学品残留量的测定 气相色谱-质谱法	本标准规定了桑枝、金银花、枸杞和荷叶中488种农药及相关化学品残留量气相色谱-质谱测定方法。 本标准适用于桑枝、金银花、枸杞和荷叶中488种农药及相关化学品的定性鉴别，431种农药及相关化学品的定量测定，其他食品可参照执行。
GB 23200. 11—2016	食品安全国家标准 桑枝、金银花、枸杞和荷叶中413种农药及相关化学品残留量的测定 液相色谱-质谱法	本标准规定了桑枝、金银花、枸杞和荷叶中413种农药及相关化学品残留量液相色谱-质谱测定方法。 本标准适用于桑枝、金银花、枸杞和荷叶中413种农药及相关化学品残留量的测定，其他食品可参照执行。
GB/T 9111—2015	桑蚕干茧试验方法	本标准规定了桑蚕干茧试验方法。 本标准适用于桑蚕干茧。
GB/T 15268—2008	桑蚕鲜茧	本标准规定了桑蚕鲜茧的质量分级和试验方法。 本标准适用于桑蚕鲜茧采用缫丝检定的茧质检验。
GB/T 10108—2008	出口桑蚕丝织物	本标准规定了出口桑蚕丝织物的要求、试验方法、检验规则、包装和标志。 本标准适用于评定出口练白、染色、印花和色织的纯桑蚕丝、桑蚕丝与其他纤维交织的服用丝织物的品质。 本标准不适用于评定双宫丝、绢丝、䌷丝及其交织的服用丝织物的品质。
GB/T 29571—2013	桑蚕天然彩色茧	本标准规定了桑蚕天然彩色茧的质量要求、检验方法、检验规则、判定规则、报告和包装储运。 本标准适用于桑蚕天然彩色茧（鲜茧和干茧）的生产和流通。
GB/T 9176—2016	桑蚕干茧	本标准规定了桑蚕干茧的技术要求、质量标志、包装、标志、贮存和运输等要求。 本标准适用于生产、加工、经营、交易、贮存的桑蚕干茧。
GB/T 14033—2016	桑蚕捻线丝	本标准规定了桑蚕捻线丝的术语和定义、标示、要求、检验方法、检验规则、包装与标志。 本标准适用于1 500捻/m以下，2~9根所用原料生丝名义纤度在49 denier（54.4 dtex）及以下的绞装桑蚕捻线丝的品质评定。
GB/T 15551—2016	蚕桑丝织物	本标准规定了桑蚕丝织物的要求、试验方法、检验规则、包装和标志。 本标准适用于评定各类服用的染色、印花、色织等纯桑蚕丝织物、桑蚕丝与其他纱线交织丝织物成品的品质。

标准号	标准名称	摘要
GB/T 35257—2017	纺织品定量化学分析 壳聚糖纤维与某些其他纤维的混合物（乙酸法）	本标准规定了采用乙酸法测定去除非纤维物质后的壳聚糖纤维与其他纤维二组分混合物中纤维含量的方法。 本标准适用于壳聚糖纤维与纤维素纤维（棉、亚麻、苎麻、大麻、黏胶纤维、莫代尔纤维、莱赛尔纤维）、蛋白质纤维（羊毛、山羊绒、桑蚕丝）或合成纤维（聚酯纤维、聚酰胺纤维、聚丙烯腈纤维）的二组分混合物；本标准未给出的其他。
GB/T 35268—2017	纺织品定量化学分析 聚四氟乙烯纤维与某些其他纤维的混合物	本标准规定了采用化学分析方法测定聚四氟乙烯纤维二组混合物含量的方法。 本标准适用于聚四氟乙烯纤维与某些蛋白质纤维（羊毛、桑蚕丝等）、纤维素纤维（棉、亚麻、黏胶纤维等）、醋酯纤维、聚丙烯腈纤维、氨纶、聚酰胺纤维、聚酯纤维、聚酰亚胺纤维和聚苯硫醚纤维的二组分混合物。
FZ/T 01132—2016	纺织品定量化学分析 维纶纤维与某些其他纤维的混合物	本标准规定了含维纶纤维的二组分混合物的定量化学分析方法。 本标准适用于维纶纤维与纤维素纤维（棉、苎麻、黏胶纤维等）、蛋白质纤维（桑蚕丝、羊毛等）、聚丙烯腈纤维、聚酯纤维、聚丙烯纤维、聚酰胺纤维的二组分混合物。
LY/T 2096—2013	植物新品种特异性、一致性、稳定性测试指南桑属	本标准规定了桑科桑属（*Morus* L.）植物品种特异性、一致性、稳定性测试的要求。 本标准适用于桑属的鲁桑（*M. multicaulis* Perr.）、白桑（*M. alba* L.）、大叶白桑（*M. alba* var. *macrophylla* Loud.）、广东桑（*M. atropurpurea* Roxb.）、瑞穗桑（*M. mizuho* Hotta.）5 个种的新品种测试。
LY/T 3052—2018	桑树栽培技术规程	本标准规定了桑树栽培技术的术语和定义、种苗繁育、人工栽培、抚育管理、档案管理等方面的技术要求。 本标准适用于全国范围内桑树的栽培与管理。
LY/T 2470—2015	蒙桑培育技术规程	本标准规定了蒙桑（*Morus mongolica*）的嫁接繁殖、种子繁殖、苗木出圃、栽培等技术要求。 本标准适用于蒙桑苗木繁育及造林。 本标准适用于我国蒙桑各分布区。
LY/T 2755—2016	果桑栽培技术规程	本标准规定了果桑（*Morusalba* L.）栽培的环境条件要求、园地选择与规划、整地、栽植、整形与修剪、土肥管理、病虫害防治、采收等技术和相关指标。 本标准适用于果桑品种栽培，其他桑树品种可参考执行。
NY 326—1997	桑蚕一代杂交种	本标准规定了桑蚕一代杂交种质量检验的技术要求和指标。 本标准适用于桑蚕一代杂交种的检验。
NY/T 1093—2006	桑蚕一代杂交种繁育技术规程	本标准规定了桑蚕一代杂交种的生产条件、原蚕饲育、制种、蚕种保护、冷藏与浸酸、整理包装与运输等技术规范。 本标准适用于桑蚕一代杂交种的繁育。
NY/T 1492—2007	桑蚕原种繁育技术规程	本标准规定了桑蚕原种的繁育制度、种性保持、养蚕制种、蚕种保护、冷藏与浸酸、质量检验、质量预控等技术规范。 本标准适用于桑蚕原原母种、原原种和原种的繁育。
NY/T 327—1997	桑蚕一代杂交种检验规程	本标准规定了桑蚕一代杂交种质量检验的检测项目、检测基本要求和结果报告。 本标准适用于桑蚕一代杂交种的检验。
NY/T 2352—2013	植物新品种特异性、一致性和稳定性测试指南桑属	本标准规定了桑属新品种特异性、一致性和稳定性测试的技术要求和结果判定的一般原则。 本标准适用桑属（*Morus* L.）的鲁桑（*Morus multicaulis* Perr.）、白桑（*Morus alba* Linn.）、山桑（*Morus bombycis* Koidz.）、广东桑（*Morus atropurpurea* Roxb.）、瑞穗桑（*Morusmizuho* Hotta.）5 个种的新品种特异性、一致性和稳定性测试和结果判定。

标准号	标准名称	摘要
NY/T 1732—2020	桑蚕品种鉴定方法	本标准规定了桑蚕品种（杂交组合）鉴定的术语和定义，生产鉴定的要求，饲养鉴定、丝质检验和综合评价。 本标准适用于桑蚕品种（杂交组合）的生产鉴定。
NY/T 1313—2007	农作物种质资源鉴定技术规程　桑树	本标准规定了桑属（*Morus* Linn.）种质资源鉴定的技术要求和方法。 本标准适用于桑属（*Morus* Linn.）种质资源的植物学特征、生物学特性、经济性状和抗病性的鉴定。
NY/T 2181—2012	农作物优异种质资源评价规范　桑树	本标准规定了桑属（*Morus* Linn.）植物优异种质资源评价的术语定义、技术要求、鉴定方法及判定。 本标准适用于桑属植物优异种质资源评价。
NY/T 1027—2006	桑园用药技术规程	本标准规定了桑药使用的基本原则、桑园病虫害预测预报、桑药药效的生物检测、桑药使用的技术方法及蚕中毒事故的预防和相关的综合防治技术。 本标准适用于栽桑养蚕地区的桑树病虫防治。
NY/T 2852—2015	农业机械化水平评价　第5部分：果、茶、桑	本部分规定了果、茶、桑生产机械化水平的评价指标和计算方法。 本部分适用于对果、茶、桑生产机械化程度的统计和评价。
NY/T 218—1992	饲料用桑蚕蛹	本标准规定了饲料用桑蚕蛹的质量指标及分级标准。 本标准适用于桑蚕茧经缫丝后所得饲料用商品桑蚕蛹。
SB/T 10406—2007	蚕桑生产基地评价方法	本标准规定了蚕桑生产基地的评价指标体系。 本标准适用于以县级行政区域或跨县域建设的国家级蚕桑生产基地的评价。
SB/T 10407—2007	丝素与丝胶	本标准规定了丝素与丝胶的技术要求、试验方法、检验规则、标志、标签、包装、运输及储存等内容。 本标准适用于用桑蚕（*Bombyx mori*）和中国柞蚕（*Antheraea pernyi*）制备的丝素与丝胶。丝素与丝胶，是食品、化妆品、药品与医用材料和精细化工等其他产品的初级原料。
SB/T 10998—2013	饲料用桑叶粉	本标准规定了饲料用桑叶粉的质量指标及分级标准。 本标准适用于以桑树的叶、芽及部分嫩枝条为原料，经干燥、粉碎后加工制成的饲料用桑叶粉。
SN/T 1661—2005	进出口桑蚕干茧检验规程	本标准规定了进出口桑蚕干茧的品质检验项目、分级要求和检验方法。 本标准适用于进出口桑蚕干茧的品质检验。
SN/T 2136.4—2009	进出口纺织原料检验规程　动物纤维第4部分：桑蚕丝	SN/T 2136 的本部分规定了桑蚕丝（生丝、粗规格生丝、土丝、双宫丝）的品质检验、重量检验、包装使用鉴定规则。本部分适用于绞装、筒装桑蚕丝检验。
SN/T 2630—2010	进出口染色桑蚕捻线丝检验规程	本标准规定了出口染色桑蚕捻线丝的组批与抽样、检验方法和检验规则及检验结果的评定。本标准适用于2~9根所用原料生丝名义纤度在49 den（54.4 dtex）及以下的出口染色绞装、筒装桑蚕捻线丝的检验。
SN/T 2631—2010	进出口染色桑蚕丝外观检验方法	本标准规定了进出口染色桑蚕丝的组批、抽样、外观检验方法及检验结果的评定。 本标准适用于经染色加工后的绞装、桶装生丝和桑蚕捻线丝以及桑蚕绢丝的外观检验和外观质量品级评定。
SN/T 0771—2011	出口高捻筒装桑蚕捻线丝捻度试验方法	本标准规定了出口1 500捻及以上桶装桑蚕捻丝捻度的实验条件、样品的抽取和结果计算等。 本标准适用于2~9根，其桑蚕丝名义纤度在33 D（37 dtex）及以下的1 500捻及以上非练染筒装捻线丝的捻度试验。
SN/T 3780—2014	进出口纺织品　纤维定性分析　香蕉、菠萝、莲、椰壳和桑皮纤维	本标准规定了采用显微镜观察法、纤维细度测试法、密度测试法、纤维旋转测试法、着色试验法、热分解测试法等方法对五种植物纤维进行定性鉴别。 本标准适用于香蕉纤维、菠萝纤维、莲纤维、椰壳纤维、桑皮纤维材料的定性鉴别。

标准号	标准名称	摘要
SN/T 4106—2015	进出口纺织品 纤维定量分析 溶解法金属纤维混纺产品	本标准规定了金属纤维二组分混纺产品的定量分析方法。 本标准适用于金属纤维与常用纤维（棉、苎麻、黏胶纤维、桑蚕丝、羊毛、锦纶、聚酯纤维、腈纶、丙纶）二组分混纺产品的定量分析。
SN/T 4830—2017	进出口纺织品 纤维定量分析 溶解法聚苯硫醚纤维混纺产品	本标准规定了含有聚苯硫醚纤维二组分混纺产品的定量分析方法。 本标准适用于聚苯硫醚纤维与常用纤维素纤维（棉、苎麻、黏胶纤维等）蛋白质纤维（桑蚕丝、羊毛等）、聚酰胺纤维、聚酯纤维、聚丙烯腈纤维、聚丙烯纤维的二组分混纺产品的定量分析。
SN/T 4831—2017	进出口纺织品 纤维定性分析 天然彩色桑蚕丝	本标准规定了天然彩色桑蚕丝的定性鉴别方法。 本标准适用于单组分天然彩色桑蚕丝的定性鉴别。 本标准不适用于混用、混纺产品
SN/T 1660—2005	出口蚕种检验检疫规程	本标准规定了出口蚕种的检验检疫。 本标准适用于桑蚕种的出口检验检疫，其他蚕种亦可参照执行。

三、麻

标准号	标准名称	摘要
1. 亚麻		
GB 4407.1—2008	经济作物种子 第1部分：纤维类	GB 4407 的本部分规定了陆地棉（*Gossypium hirsutum*）、海岛棉（*Gossy pium barbadense*）、圆果黄麻（*Corchorus capsularis*）、长果黄麻（*Corchorus olitorius*）、红麻（*Hibiscus cannabinus*）和亚麻（*Linum usitatissimum*）种子的质量要求、检验方法和检验规则。 本部分适用于中华人民共和国境内生产、销售的上述纤维类种子。
GB/T 17260—2008	亚麻纤维细度的测定 气流法	本标准规定了测定亚麻纤维细度的方法。 本标准的定流量法和定流量简化法适用于亚麻梳成麻、梳成短麻和麻条；定压法适用于棉型亚麻。
GB/T 35378—2017	植物单根短纤维拉伸力学性能测试方法	本标准规定了植物单根短纤维拉伸力学性能的原理、试验设备、试样制备和测试方法。 本标准适用于长度 1.2～5.0 mm 植物单根短纤维（如竹、木、藤和黄麻、亚麻等麻纤维）的测定。其他长度的植物单根纤维的拉伸力学性能也可参照本标准测定。
GB/T 35257—2017	纺织品定量化学分析 壳聚糖纤维与某些其他纤维的混合物（乙酸法）	本标准规定了采用乙酸法测定去除非纤维物质后的壳聚糖纤维与其他纤维二组分混合物中纤维含量的方法。 本标准适用于壳聚糖纤维与纤维素纤维（棉、亚麻、苎麻、大麻、黏胶纤维、莫代尔纤维、莱赛尔纤维）、蛋白质纤维（羊毛、山羊绒、桑蚕丝）或合成纤维（聚酯纤维、聚酰胺纤维、聚丙烯腈纤维）的二组分混合物；本标准未给出的其他。
GB/T 35268—2017	纺织品定量化学分析 聚四氟乙烯纤维与某些其他纤维的混合物	本标准规定了采用化学分析方法测定聚四氟乙烯纤维二组混合物含量的方法。 本标准适用于聚四氟乙烯纤维与某些蛋白质纤维（羊毛、桑蚕丝等）、纤维素纤维（棉、亚麻、黏胶纤维等）、醋酯纤维、聚丙烯腈纤维、氨纶、聚酰胺纤维、聚酯纤维、聚酰亚胺纤维和聚苯硫醚纤维的二组分混合物。
GB/T 19495.4—2018	转基因产品检测实时荧光定性聚合酶链式反应（PCR）检测方法	GB/T 19495 的本部分规定了植物及其加工产品中转基因成分筛选和品系检测实时荧光定性聚合酶链式反应（PCR）检测方法有关的仪器设备、试剂和材料、检测步骤、质量控制、防污染措施以及方法的最低检出限。 本部分适用于大豆、玉米、油菜、水稻、棉花、马铃薯、亚麻、甜菜、苜蓿、番茄、木瓜、苹果、菊苣、剪股颖、烟草、李子、甜瓜、小麦、茄子和桉树等植物转基因筛选检测，也适用于大豆、玉米、油菜、棉花、水稻、马铃薯、亚麻、甜菜和木瓜等植物的品系特异性检测。

标准号	标准名称	摘要
GB/T 5539—2008	粮油检验油脂定性试验	本标准规定了植物油脂定性试验的术语和定义、仪器设备、试验步骤和结果判定方法。 本标准适用于桐油、蓖麻油、亚麻油、矿物油、大豆油、花生油、芝麻油、棉籽油、菜籽油、植物油中猪脂、油茶籽油、茶籽油、大麻籽油的定性或检出试验。
GB/T 13834—2008	纤维用亚麻雨露干茎	本标准规定了纤维用亚麻雨露干茎的有关术语和定义、质量分等规定、试验方法、检验规则及实物标准。 本标准适用于纤维用亚麻雨露干茎。
GB/T 17345—2016	亚麻打成麻	本标准规定了亚麻打成麻的术语和定义、质量要求、抽样数量和取样方法、试验方法、检验规则、包装、标志、运输和贮存。 本标准适用于纤维用亚麻打成麻。
GB/T 34784—2017	精细亚麻	本标准规定了精细亚麻术语和定义、质量要求、抽样及试验方法、检验规则、包装、标志、运输和贮存。 本标准适用于精细亚麻。
GB/T 15681—2008	亚麻籽	本标准规定了亚麻籽的相关术语和定义、质量要求和卫生要求、检验方法、检验规则、标签标识以及包装、储存和运输要求。 本标准适用于收购、储存、运输、加工和销售的制油用亚麻籽。
GB/T 8235—2019	亚麻籽油	本标准规定了亚麻籽油的术语和定义、分类、质量要求、检验方法及规则、标签和标识、包装、储存、运输和销售等。 本标准适用于亚麻籽原油和成品亚麻籽油。亚麻籽原油的质量指标仅适用于原油的贸易。
GB 1886. 175—2016	食品安全国家标准 食品添加剂亚麻籽胶(又名富兰克胶)	本标准适用于以亚麻（*Linum usitatissimum* L.）的种子或籽皮为原料，经提取精制等工艺制成的食品添加剂亚麻籽胶（又名富兰克胶），主要成分为水溶性多糖。
FZ/T 01131—2016	纺织品定量化学分析 天然纤维素纤维与某些再生纤维素纤维的混合物（盐酸法）	本标准规定了采用盐酸法测定天然纤维素纤维与某些再生纤维素纤维的混合物纤维含量的方法。 本标准适用于天然纤维素纤维（如棉、亚麻、苎麻、大麻）与某些再生纤维素纤维（如粘纤、莫代尔、莱赛尔、铜氨纤维）的二组分混合物。
JB/T 11914—2014	亚麻收获机械	本标准规定了亚麻收获机械的术语和定义、技术要求、试验方法、检验规则、标志、包装运输与贮存等。 本标准适用于自走式亚麻收获机械。牵引式亚麻收获机械和悬挂式亚麻收获机械可参照使用。
LS/T 3317—2019	亚麻籽饼粕	本标准规定了亚麻籽饼粕的术语和定义、质量要求、检验方法、检验规则、标签标识以及包装、储存和运输的要求。 本标准适用于收购、储存、运输、加工和销售的亚麻籽饼粕。
NY/T 2562—2014	植物新品种特异性、一致性和稳定性测试指南亚麻	本标准规定了亚麻（*Linum usitatissimum* L.）新品种特异性、一致性和稳定性测试的技术要求和结果判定的一般原则。 本标准适用于亚麻新品种特异性、一致性和稳定性测试和结果判定。
NY/T 3759—2020	农作物优异种质资源评价规范亚麻	本标准规定了亚麻（*Linum usitatissimum* L.）优异种质资源的术语和定义、技术要求、鉴定方法和判定。 本标准适用于亚麻优异种质资源的评价。
NY/T 2338—2013	亚麻纤维细度快速检测显微图像法	本标准规定了用显微图像快速检测亚麻纤维细度的试验方法。 本标准适用于亚麻打成麻纤维细度的测定。
NY/T 3607—2020	农产品中生氰糖苷的测定 液相色谱-串联质谱法	本标准规定了农产品中生氰糖苷的测定方法的原理、试剂和材料、仪器和设备、试样制备、分析步骤、结果计算及精密度等内容。 本标准适用于木薯、亚麻籽、苦杏仁、竹笋、高粱等含氰化物农产品中 8 种生氰糖苷类化合物含量的测定。

标准号	标准名称	摘要
NY/T 214—1992	饲料用胡麻籽饼	本标准规定了饲料用胡麻籽饼的质量指标及分级标准。 本标准适用于以亚麻籽为主体并混有部分芸芥籽等油料作物籽实，经压榨取油后的饲料用胡麻籽饼。
NY/T 215—1992	饲料用胡麻籽粕	本标准规定了饲料用胡麻籽饼的质量指标及级分标准。 本标准适用于以亚麻籽为主体并混有部分芸芥籽等油料作物籽实，经预压—浸提或有机溶剂浸提取油后的饲料用胡麻籽粕。
NY/T 216—1992	饲料用亚麻仁饼	本标准规定了饲料用亚麻仁饼的质量指标及分级标准。 本标准适用于以亚麻籽为原料，以压榨法取油后的饲料用亚麻仁饼。
NY/T 217—1992	饲料用亚麻仁粕	本标准规定了饲料用亚麻仁粕的质量指标及分级标准。 本标准适用于以亚麻籽为原料，经预压—浸提或有机溶剂浸提取油后的饲料用亚麻仁粕。
SN/T 1144—2020	列当属检疫鉴定方法	本文件规定了进出境植物及植物产品中列当属 *Orobanche* spp. 的检疫鉴定方法。 本文件适用于列当属寄主植物（葫芦科、菊科、豆科、茄科、十字花科、大麻科、亚麻科、伞形科及禾本科等植物）、进出境植物产品中列当属的检疫鉴定。
SN/T 3895—2014	转基因亚麻籽 FP967 品系实时荧光 PCR 检测方法	本标准规定了转基因亚麻籽 FP967 品系（又称作 CDC Triffid）检测的实时荧光 PCR 方法。 本标准适用于转基因亚麻籽 FP967 品系（又称作 CDC Triffid）的定性检测。
SN/T 1204—2016	植物及其加工产品中转基因成分实时荧光 PCR 定性检验方法	本标准规定了植物及其加工产品中转基因成分筛选和品系鉴定实时荧光 PCR 检测方法。 本标准适用于大豆、玉米、油菜籽、水稻、棉花、马铃薯、亚麻、甜菜、苜蓿、番茄、木瓜、苹果、菊苣、剪股颖、烟草、李子、甜瓜、小麦、茄子和桉树转基因筛选检测，也适用于大豆、玉米、油菜、水稻、棉花、马铃薯、亚麻和甜菜等作物的品系特异性实时荧光 PCR 检验。
SN/T 3465—2012	进出口有机亚麻本色布质量符合性评价方法	本标准规定了有机亚麻本色布的抽样、检验、试验方法及检验结果的判定。
SN/T 3981.11—2015	进出口纺织品质量符合性评价方法纺织原料 第 11 部分：麻纤维	SN/T 3981 的本部分规定了进出口麻纤维（包括苎麻精干麻、亚麻打成麻、黄红麻纤维、大麻纤维、剑麻纤维）质量符合性评价的要求、程序、内容、方法以及结果判定和报告格式。 本部分适用于进出口麻纤维法规性和非法规性要求的质量符合性评价。
SN/T 4184.4—2015	进出口纺织原料检验规程 第 4 部分：麻纤维	SN/T4184 的本部分规定了进出口麻纤维（包括苎麻精干麻、亚麻打成麻、黄红麻纤维、大麻纤维、剑麻纤维）检验的基本要求、结果评定与不合格处置以及检验记录的要求。 本部分适用于出入境检验检疫机构对进出口麻纤维产品的检验。
2. 洋麻		
SN/T 0267—2014	出口商品运输包装麻袋检验规程	本标准规定了出口商品运输包装以黄麻、洋麻为主要原料的麻袋的技术要求、检验项目、抽样与检验方法。 本标准适用于海运、陆运、空运及铁路非危险货物运输包装用机织麻袋的检验。
SN/T 0740—2010	进出口黄麻麻袋检验规程	本标准规定了进出口黄麻麻袋的要求、抽样、检验和结果的判定。 本标准适用于以黄麻、洋麻为主要原料的机织麻袋的进出口检验。
3. 苎麻		
GB/T 19557.6—2004	植物新品种特异性、一致性和稳定性测试指南 苎麻	本标准规定了苎麻新品种特异性、一致性和稳定性测试的技术要求、测试结果的判定原则及技术报告的格式。 本标准适用于苎麻（*Bochmeria nivea* L.）新品种特异性、一致性和稳定性的鉴定评价。
GB/T 5883—1986	苎麻回潮率、含水率试验方法	本标准为测定生苎麻、精干麻（包括无油精干麻）、水麻及油麻回潮率或含水率的试验方法。凡生产、验收和交货中提请检验时均按照本标准试验。

标准号	标准名称	摘要
GB/T 5884—1986	苎麻纤维支数试验方法	本标准为切段称重法测定苎麻纤维（精干麻及精梳后的纤维）支数的方法。凡生产、验收和交货中提请检验时均按照本标准试验。
GB/T 5886—1986	苎麻单纤维断裂强度试验方法	本标准为测定苎麻单纤维断裂强度的试验方法。凡生产、验收和交货中提请检验时均按照本标准试验。
GB/T 5887—1986	苎麻纤维长度试验方法	本标准为测定苎麻纤维经梳理后的长纤维和短纤维的长度试验方法。凡生产、验收和交货中提请检验时，均按照本标准试验。
GB/T 32753—2016	苎麻精干麻硬条（并丝）率试验方法	本标准规定了实验室检测苎麻精干麻硬条（并丝）率的试验方法。 本标准适用于各种处理方式生产的苎麻精干麻的硬条（并丝）率检验。
GB/T 34783—2017	苎麻纤维细度的测定 气流法	本标准规定了气流法测定苎麻纤维细度的试验方法。 本标准适用于精干麻开松梳理后的苎麻纤维。
GB/T 35257—2017	纺织品定量化学分析 壳聚糖纤维与某些其他纤维的混合物（乙酸法）	本标准规定了采用乙酸法测定去除非纤维物质后的壳聚糖纤维与其他纤维二组分混合物中纤维含量的方法。 本标准适用于壳聚糖纤维与纤维素纤维（棉、亚麻、苎麻、大麻、粘胶纤维、莫代尔纤维、莱赛尔纤维）、蛋白质纤维（羊毛、山羊绒、桑蚕丝）或合成纤维（聚酯纤维、聚酰胺纤维、聚丙烯腈纤维）的二组分混合物；本标准未给出的其他
GB/T 31811—2015	苎麻落麻	本标准规定了苎麻落麻的术语和定义、要求、取样数量和取样方法、试验方法、检验规则、包装、标志、贮存和运输。 本标准适用于鉴定苎麻落麻的品质。
GB/T 20793—2015	苎麻精干麻	本标准规定了苎麻精干麻的术语和定义、技术要求、抽样数量、取样方法、试验方法、检验规则、包装、标志、贮存、运输。 本标准适用于苎麻精干麻的分等和分级。
GB/T 32754—2016	苎麻精干麻切段开松麻	本标准规定了苎麻精干麻切段开松麻的术语和定义、质量要求、取样数量和取样方法、试验方法、检验规则、包装、标志、贮存和运输。 本标准适用于切段长度在 50 mm 及以下、主体长度在 30 mm 及以上的苎麻精干麻切段开松麻。
FZ/T 01131—2016	纺织品定量化学分析 天然纤维素纤维与某些再生纤维素纤维的混合物（盐酸法）	本标准规定了采用盐酸法测定天然纤维素纤维与某些再生纤维素纤维的混合物纤维含量的方法。 本标准适用于天然纤维素纤维（如棉、亚麻、苎麻、大麻）与某些再生纤维素纤维（如黏纤、莫代尔、莱赛尔、铜氨纤维）的二组分混合物。
FZ/T 01132—2016	纺织品定量化学分析 维纶纤维与某些其他纤维的混合物	本标准规定了含维纶纤维的二组分混合物的定量化学分析方法。 本标准适用于维纶纤维与纤维素纤维（棉、苎麻、黏胶纤维等）、蛋白质纤维（桑蚕丝、羊毛等）、聚丙烯腈纤维、聚酯纤维、聚丙烯纤维、聚酰胺纤维的二组分混合物。
FZ/T 32006—2016	苎麻本色线	本标准规定了苎麻本色线的产品分类、要求、试验方法、检验规则、标志、包装、运输和贮存。 本标准适用于鉴定环锭细纱机生产的苎麻长纤纱经并捻而成的股线的品质，包括苎麻双股线、三股线及常规多股线。 本标准不适用于鉴定特种用途苎麻线的品质。
JB/T 13036—2017	苎麻纤维编织填料	本标准规定了苎麻纤维编织填料及其填料环的型号、要求、检验方法、检验规则、标志、包装、运输和贮存。 本标准适用于苎麻纤维编织填料及其填料环。
NY/T 2942—2016	苎麻种质资源描述规范	本标准规定了苎麻（*Boehmeria nivea*）种质资源基本信息、植物学特征、生物学特性、产量性状、品质性状及抗性性状的描述方法。 本标准适用于苎麻（*Boehmeria nivea*）种质资源性状的描述。苎麻属（*Boehmeria Jacq.*）其他种的种质资源性状描述可参照执行。

标准号	标准名称	摘要
NY/T 2178—2012	农作物优异种质资源评价规范　苎麻	本标准规定了苎麻（*Boehmeria nivea*）优异种质资源的术语和定义、技术要求、鉴定方法和判定。 本标准适用于苎麻优异种质资源的评价。
NY/T 1321—2007	农作物种质资源鉴定技术规程　苎麻	本标准规定了苎麻［*Boehmeria nivea*（L.）Gaud.］种质资源的鉴定技术和要求。 本标准适用于苎麻［*Boehmeria nivea*（L.）Gaud.］种质资源的植物学特征、生物学特性、品质性状和抗逆性的鉴定。苎麻属（*Boehmeria*）其他种的植物学特征、生物学特性、品质性状和抗逆性的鉴定可参照执行。
NY/T 2042—2011	苎麻主要病虫害防治技术规范	本标准规定了苎麻［*Boehmeria nivea*（Linn.）Gaudich.］主要病虫害防治技术规范的防治对象及防治等技术。 本标准适用于我国苎麻主要病虫害的防治。
NY/T 1537—2007	苎麻生物脱胶技术规范	本标准定义了苎麻生物脱胶的相关术语，规定了苎麻生物脱胶工艺过程中各主要工序的技术规范，提出了用于生物脱胶的苎麻和生物脱胶方法生产的苎麻精干麻的特殊质量要求。 本标准适用于生物脱胶用苎麻收获与流通、苎麻加工及其产品检验。
NY/T 1538—2007	苎麻纤维细度快速测定方法	本标准规定了采用纤维直径分析仪直接测定苎麻（精干麻和精梳麻条）纤维直径，间接得到纤维分特克斯数和公制支数的试验方法。 本标准适用于测定苎麻纤维细度。
NY/T 2635—2014	苎麻纤维拉伸断裂强度试验方法	本标准规定了苎麻单纤维及束纤维拉伸断裂强度试验方法。 本标准适用于苎麻纤维拉伸断裂强度的测定。
SN/T 4184.4—2015	进出口纺织原料检验规程　第4部分：麻纤维	SN/T 4184 的本部分规定了进出口麻纤维（包括苎麻精干麻、亚麻打成麻、黄红麻纤维、大麻纤维、剑麻纤维）检验的基本要求、结果评定与不合格处置以及检验记录的要求。 本部分适用于出入境检验检疫机构对进出口麻纤维产品的检验。
SN/T 3981.11—2015	进出口纺织品质量符合性评价方法纺织原料　第11部分：麻纤维	SN/T 3981 的本部分规定了进出口麻纤维（包括苎麻精干麻、亚麻打成麻、黄红麻纤维、大麻纤维、剑麻纤维）质量符合性评价的要求、程序、内容、方法以及结果判定和报告格式。 本部分适用于进出口麻纤维法规性和非法规性要求的质量符合性评价。
SN/T 4106—2015	进出口纺织品纤维定量分析溶解法金属纤维混纺产品	本标准规定了金属纤维二组分混纺产品的定量分析方法。 本标准适用于金属纤维与常用纤维（棉、苎麻、黏胶纤维、桑蚕丝、羊毛、锦纶、聚酯纤维、腈纶、丙纶）二组分混纺产品的定量分析。
SN/T 4830—2017	进出口纺织品纤维定量分析溶解法聚苯硫醚纤维混纺产品	本标准规定了含有聚苯硫醚纤维二组分混纺产品的定量分析方法。 本标准适用于聚苯硫醚纤维与常用纤维素纤维（棉、苎麻、粘胶纤维等）蛋白质纤维（桑蚕丝、羊毛等）、聚酰胺纤维、聚酯纤维、聚丙烯腈纤维、聚丙烯纤维的二组分混纺产品的定量分析。
4. 黄麻		
GB 4407.1—2008	经济作物种子　第1部分：纤维类	GB4407 的本部分规定了陆地棉（*Gossypium hirsutum*）、海岛棉（*Gossypium barbadense*）、圆果黄麻（*Corchorus capsularis*）、长果黄麻（*Corchorus olitorius*）、红麻（*Hibiscus cannabinus*）和亚麻（*Linum usitatissimum*）种子的质量要求、检验方法和检验规则。 本部分适用于中华人民共和国境内生产、销售的上述纤维类种子。
GB/T 35378—2017	植物单根短纤维拉伸力学性能测试方法	本标准规定了植物单根短纤维拉伸力学性能的原理、试验设备、试样制备和测试方法。 本标准适用于长度 1.2~5.0 mm 植物单根短纤维（如竹、木、藤和黄麻、亚麻等麻纤维）的测定。其他长度的植物单根纤维的拉伸力学性能也可参照本标准测定。

标准号	标准名称	摘要
GB/T 12945—2003	熟黄麻	本标准规定了熟黄麻的质量要求：分等规定、抽样方法、检验方法及包装、标志、运输、贮存要求。 本标准适用于熟黄麻的生产、收购、销售各环节的质量鉴定。
NY/T 3738—2020	植物品种特异性（可区别性）、一致性和稳定性测试指南 黄麻	本标准规定了黄麻属（*Corchorus* L.）圆果种（*Corchorus capsularis*）和长果种（*C. olitorius*）的品种特异性（可区别性）、一致性和稳定性测试的技术要求，测试结果判定原则。 本标准适用于黄麻属（*Corchorus* L.）圆果种（*C. capsularis*）和长果种（*C. olitorius*）的品种特异性（可区别性）、一致性和稳定性的测试和结果判定。
NY/T 2870—2015	黄麻、红麻纤维线密度的快速检测 显微图像法	本标准规定了用显微图像快速检测黄麻、红麻纤维线密度的试验方法。 本标准适用于黄麻、红麻纤维线密度的测定。
NY/T 1035—2006	天然纤维地毯背衬海绵配合胶乳	本标准规定了天然纤维（如剑麻、水草、黄麻等）地毯背衬海绵配合胶乳的技术要求、试验方法、检验规则及包装、标志、贮存和运输。 本标准适合于用浓缩天然胶乳生产的地毯背衬海绵配合胶乳。
SN/T 0740—2010	进出口黄麻麻袋检验规程	本标准规定了进出口黄麻麻袋的要求、抽样、检验和结果的判定。 本标准适用于以黄麻、洋麻为主要原料的机织麻袋的进出口检验。
SN/T 0267—2014	出口商品运输包装麻袋检验规程	本标准规定了出口商品运输包装以黄麻、洋麻为主要原料的麻袋的技术要求、检验项目、抽样与检验方法。 本标准适用于海运、陆运、空运及铁路非危险货物运输包装用机织麻袋的检验。
5. 大麻		
GB/T 16984—2008	大麻原麻	本标准规定了大麻原麻的技术要求、试验方法、检验规则、包装、标志、运输和贮存。 本标准适用于经过剥制加工的大麻韧皮，包括水沤大麻、干剥大麻、鲜剥大麻等。
GB/T 18147. 1—2008	大麻纤维试验方法 第1部分：含油率试验方法	GB/T 18147 的本部分规定了大麻纤维含油率的试验方法。 本部分适用于大麻精麻、大麻麻条、大麻落麻。
GB/T 18147. 2—2008	大麻纤维试验方法 第2部分：残胶率试验方法	GB/T 18147 的本部分规定了大麻纤维残胶率的试验方法。 本部分适用于大麻精麻、大麻麻条、大麻落麻。
GB/T 5539—2008	粮油检验油脂定性试验	本标准规定了植物油脂定性试验的术语和定义、仪器设备、试验步骤和结果判定方法。 本标准适用于桐油、蓖麻油、亚麻油、矿物油、大豆油、花生油、芝麻油、棉籽油、菜籽油、植物油中猪脂、油茶籽油、茶籽油、大麻籽油的定性或检出试验。
GB/T 35257—2017	纺织品定量化学分析 壳聚糖纤维与某些其他纤维的混合物（乙酸法）	本标准规定了采用乙酸法测定去除非纤维物质后的壳聚糖纤维与其他纤维二组分混合物中纤维含量的方法。 本标准适用于壳聚糖纤维与纤维素纤维（棉、亚麻、苎麻、大麻、粘胶纤维、莫代尔纤维、莱赛尔纤维）、蛋白质纤维（羊毛、山羊绒、桑蚕丝）或合成纤维（聚酯纤维、聚酰胺纤维、聚丙烯腈纤维）的二组分混合物；本标准未给出的其他。
FZ/T 01131—2016	纺织品定量化学分析 天然纤维素纤维与某些再生纤维素纤维的混合物（盐酸法）	本标准规定了采用盐酸法测定天然纤维素纤维与某些再生纤维素纤维的混合物纤维含量的方法。 本标准适用于天然纤维素纤维（如棉、亚麻、苎麻、大麻）与某些再生纤维素纤维（如黏纤、莫代尔、莱赛尔、铜氨纤维）的二组分混合物。
NY/T 3252. 1—2018	工业大麻种子 第1部分：品种	本部分规定了工业大麻品种的术语和定义、要求、检验规则和判定规则。 本部分适用于对工业大麻种子品种安全性要求的检验。

标准号	标准名称	摘要
NY/T 3252. 2—2018	工业大麻种子　第 2 部分：种子质量	本部分规定了工业大麻种子的术语和定义，质量要求，检验方法和检验规则包装、标志和储藏。 本部分适用于工业大麻种子质量的检验、评判、包装和储藏。
NY/T 3252. 3—2018	工业大麻种子　第 3 部分：常规种繁育技术规程	本部分对工业大麻常规种种子繁育的术语和定义，基本要求，种子生产，采收、采后处理及档案建立，包装、标签与储藏做出了规定。 本部分适用于工业大麻常规种原种和大田用种种子的繁育与生产。
NY/T 2569—2014	植物新品种特异性、一致性和稳定性测试指南　大麻	本标准规定了大麻新品种特异性、一致性和稳定性测试的技术要求和结果判定的一般原则。 本标准适用于大麻（*Cannabissativa* L.）新品种特异性、一致性和稳定性测试和结果判定。
SN/T 1144—2020	列当属检疫鉴定方法	本文件规定了进出境植物及植物产品中列当属 *Orobanche* spp. 的检疫鉴定方法。 本文件适用于列当属寄主植物（葫芦科、菊科、豆科、茄科、十字花科、大麻科、亚麻科、伞形科及禾本科等植物）、进出境植物产品中列当属的检疫鉴定。
SN/T 4184. 4—2015	进出口纺织原料检验规程　第 4 部分：麻纤维	SN/T 4184 的本部分规定了进出口麻纤维（包括苎麻精干麻、亚麻打成麻、黄红麻纤维、大麻纤维、剑麻纤维）检验的基本要求、结果评定与不合格处置以及检验记录的要求。 本部分适用于出入境检验检疫机构对进出口麻纤维产品的检验。
SN/T 3981. 11—2015	进出口纺织品质量符合性评价方法纺织原料　第 11 部分：麻纤维	SN/T 3981 的本部分规定了进出口麻纤维（包括苎麻精干麻、亚麻打成麻、黄红麻纤维、大麻纤维、剑麻纤维）质量符合性评价的要求、程序、内容、方法以及结果判定和报告格式。 本部分适用于进出口麻纤维法规性和非法规性要求的质量符合性评价。
WS/T 84—1996	大麻油食物中毒诊断标准及处理原则	本标准规定了大麻油食物中毒的诊断标准、判定原则和处理原则。 本标准适用于因食用大麻油引起的食物中毒，也适用于因食用大麻籽或大麻籽制作的豆腐引起的食物中毒。
6. 红麻		
GB 4407. 1—2008	经济作物种子　第 1 部分：纤维类	GB4407 的本部分规定了陆地棉（*Gossypium hirsutum*）、海岛棉（*Gossypium barbadense*）、圆果黄麻（*Corchorus capsularis*）、长果黄麻（*Corchorus olitorius*）、红麻（*Hibiscus cannabinus*）和亚麻（*Linum usitatissimum*）种子的质量要求、检验方法和检验规则。 本部分适用于中华人民共和国境内生产、销售的上述纤维类种子。
GB/T 12411—2006	黄、红麻纤维试验方法	本标准规定了黄、红麻纤维试验中束纤维断裂强力、纤维线密度、回潮率、含杂率的取样和试验方法。 本标准适用于黄、红麻纤维物理性能测试的取样；适用于黄、红麻束纤维断裂强力、纤维线密度、回潮率、含杂率的测试。
GB/T 12946—2003	熟红麻	本标准规定了熟红麻的质量要求、分等规定、抽样方法、检验方法及标志、包装、运输、贮存等。 本标准适用于熟红麻的生产、收购、销售各环节的质量鉴定。
GB/T 24904—2010	粮食包装麻袋	本标准规定了麻袋的分类、技术要求、检验方法、检验规则及标志、包装、运输、储存的要求。 本标准适用于以黄麻、红麻为主要材料制成的用于盛装粮食、油料的新麻袋和旧麻袋。
NY/T 2870—2015	黄麻、红麻纤维线密度的快速检测　显微图像法	本标准规定了用显微图像快速检测黄麻、红麻纤维线密度的试验方法。 本标准适用于黄麻、红麻纤维线密度的测定。
SN/T 4184. 4—2015	进出口纺织原料检验规程　第 4 部分：麻纤维	SN/T 4184 的本部分规定了进出口麻纤维（包括苎麻精干麻、亚麻打成麻、黄红麻纤维、大麻纤维、剑麻纤维）检验的基本要求、结果评定与不合格处置以及检验记录的要求。 本部分适用于出入境检验检疫机构对进出口麻纤维产品的检验。

标准号	标准名称	摘要
SN/T 3981.11—2015	进出口纺织品质量符合性评价方法纺织原料　第11部分：麻纤维	SN/T3981的本部分规定了进出口麻纤维（包括苎麻精干麻、亚麻打成麻、黄红麻纤维、大麻纤维、剑麻纤维）质量符合性评价的要求、程序、内容、方法以及结果判定和报告格式。 本部分适用于进出口麻纤维法规性和非法规性要求的质量符合性评价。
7. 剑麻		
GB/T 30355—2013	龙舌兰剑麻综合利用导则	本标准规定了龙舌兰属（*Agave* L.）剑麻综合利用的术语定义、基本原则、基本要求和管理要求。 本标准适用于龙舌兰属H.11648麻、剑麻（*A. sisalana* Perr.）等品种。
GB/T 15032—2008	制绳机械设备通用技术条件	本标准规定了制绳机械设备的通用基本技术要求。 本标准适用于加工以剑麻纤维为原料的制绳机械，也适用于加工以其他天然纤维及合成纤维为原料的制股机和制绳机，加工以钢丝为原料的制股机和制绳机可参照使用。
GB/T 15030—2009	剑麻钢丝绳芯	本标准规定了剑麻钢丝绳芯的术语和定义、产品的命名、结构、规格代号和标记、要求、取样和试验、包装和标志、运输和贮存。 本标准适用于以剑麻纤维为原料制成的钢丝绳芯。
GB/T 15029—2009	剑麻白棕绳	本标准规定了剑麻白棕绳的术语和定义、产品分类、结构、规格代号和标记、要求、取样和试验、包装和标志、运输和贮存。 本标准适用于以剑麻纤维为原料制成的白棕绳。
GB/T 15031—2009	剑麻纤维	本标准规定了剑麻纤维的术语和定义、产品代号和标记、要求、抽样、试验方法及标志、运输和贮存。 本标准适用于剑麻叶片抽取的纤维。
NY/T 3202—2018	标准化剑麻园建设规范	本标准规定了标准化剑麻园建设的术语和定义、园地要求、麻园建设、麻园管理和质量控制等技术要求。 本标准适用于剑麻品种H.11648的园地建设，其他剑麻品种的麻园建设可参照执行。
NY/T 2667.14—2020	热带作物品种审定规范　第14部分：剑麻	本部分规定了剑麻（*Agave sisalana* Perrine）品种审定要求、判定规则和审定程序。 本部分适用于剑麻品种的审定。
NY/T 2668.14—2019	热带作物品种试验技术规程　第14部分：剑麻	本部分规定了剑麻（*Agave sisalana* Perrine）的品种比较试验、品种区域性试验和品种生产性试验的技术要求。 本部分适用于剑麻品种试验。
NY/T 1439—2007	剑麻　种苗	本标准规定了剑麻种苗的术语和定义、生产基本条件、质量要求、检验方法、检验规则，以及包装、标志和运输。 本标准适用于剑麻中H.11648麻的珠芽苗、吸芽苗、腋芽苗和组培苗的质量鉴定，其他品种剑麻种苗质量鉴定可参照执行。
NY/T 2448—2013	剑麻种苗繁育技术规程	本标准规定了剑麻种苗繁育的术语和定义、苗圃地选择与处理、种苗繁殖、培育和出圃等技术要求。 本标准适用于剑麻品种H.11648的种苗繁育，其他剑麻品种的种苗繁育可参照执行。
NY/T 222—2004	剑麻栽培技术规程	本标准规定了剑麻田的植区与园地选择、规划与开垦、种苗准备、定植、田间管理、施肥、病虫草害防治、安全与质量控制、割叶及麻田更新等的技术要求。 本标准适用于我国植麻区剑麻的栽培与管理。 本标准适用于龙舌兰麻H.11648。
NY/T 1803—2009	剑麻主要病虫害防治技术规程	本标准规定了斑马纹病、茎腐病、新菠萝灰粉蚧三种剑麻主要病虫害防治技术。 本标准适用于剑麻产区的剑麻病虫害防治。
NY/T 1942—2010	龙舌兰麻抗病性鉴定技术规程	本标准规定了龙舌兰麻（*Agave*）抗病性鉴定方法。 本标准适用于龙舌兰麻（*Agave*）对剑麻斑马纹病和剑麻茎腐病的抗性鉴定。

标准号	标准名称	摘要
NY/T 1539—2007	剑麻纤维及制品商业公定重量的测定	本标准规定了剑麻纤维及制品商业公定重量的测定方法。 本标准适用于剑麻纤维及制品的商贸结算，也可用于计算产品线密度、体积质量等质量指标进行质量分析。
NY/T 243—2011	剑麻纤维及制品回潮率的测定	本标准规定了用烘箱法和蒸馏法测定剑麻纤维及制品回潮率的方法。 烘箱法适用于剑麻纤维和不含油脂的剑麻制品；蒸馏法适用于含油脂和不含油脂的所有剑麻纤维及制品。
NY/T 245—2016	剑麻纤维制品含油率的测定	本标准规定了剑麻纤维制品含油率的测定方法。 本标准适用于剑麻纤维制品中含油率的测定。
NY/T 3605—2020	剑麻纤维制品水溶酸和盐含量的测定	本标准规定了剑麻纤维制品水溶酸和盐含量的测定方法。 本标准适用于剑麻纤维制品水溶酸和盐含量的测定。
NY/T 248—1995	剑麻织物厚度的测定	本标准规定了剑麻织物厚度的测定方法。 本标准适用于厚度或结构相同的剑麻织物。 本标准不适用于两种或两种以上厚度或结构的剑麻织物，但适用于不同部分可以分别测试、记录试验结果的剑麻织物。
NY/T 252—1995	剑麻织物短时间中度静负载厚度减损的测定	本标准规定了剑麻织物在短时间中度静负载后厚度减损的测定方法。 本标准适用于所有厚度和结构相同的剑麻织物。 本标准不适用于两种及两种以上厚度或结构的剑麻织物，但适用于不同部分可以分别测试的剑麻织物。
NY/T 254—1995	剑麻织物长时间高度静负载后厚度减损的测定	本标准参照采用国际标准 ISO 3416—1986《铺地纺织品—长时间重度静负荷后厚度损失的测定》。 本标准规定了剑麻织物在长时间重度静负载后厚度减损的测定方法。 本标准适用于所有厚度和结构相同的剑麻织物。 本标准不适用于两种及两种以上厚度或结构的剑麻织物，但适用于不同部分可以分别测试的剑麻织物。
NY/T 256—1995	剑麻织物在不同水和热处理下尺寸变化的测定	本标准规定了剑麻织物在不同水和热处理下尺寸变化的测定方法。 本标准适用于所有机织剑麻织物。
NY/T 251—2019	剑麻织物单位面积质量的测定	本标准规定了剑麻织物单位面积质量的测定方法。 本标准适用于剑麻织物生产、贸易、验收等。
NY/T 257—1995	剑麻细纱捻度和捻缩的测定　直接计数法	本标准规定用直接计数法测定剑麻痧线的捻向、捻度和退捻后的长度变化。 本标准适用于剑麻纱线捻度和捻缩的测定。
NY/T 250—2009	剑麻纱线断裂强力的测定	本标准规定了剑麻纱线断裂强力的测定方法。 本标准适用于剑麻纤维为原料纺制的纱线。
NY/T 247—2009	剑麻纱线细度均匀度的测定　片段长度称重法	本标准规定了用片段长度称重法测定剑麻纱线细度均匀度的方法。 本标准适用于剑麻纤维为原料纺制的纱线。
NY/T 246—2020	剑麻纱线线密度的测定	本标准规定了剑麻纱线线密度的测定方法。 本标准适用于剑麻纱线线密度的测定。
NY/T 1036—2006	热带作物机械术语	本标准规定了热带作物机械主要产品天然橡胶初加工机械和剑麻加工机械的工艺与操作、设备±零部件、性能与试验方面的术语。 下列术语和定义适合于本标准。
NY 1495—2007	热带作物纤维刮麻机械设备安全技术要求	本标准规定了热带作物纤维刮麻机械设备的术语和定义、危险一览表、要求和使用信息等。 本标准适用于剑麻纤维、菠萝叶纤维和香蕉茎秆纤维的手拉式和横向喂入式刮麻机。 本标准的第 5 章为强制性，其余为推荐性。
NY 1874—2010	制绳机械设备安全技术要求	本标准规定了以剑麻纤维为加工原料的制绳机械设备的有关术语和定义，以及设计、制造、安装、使用和维护等安全技术要求。 本标准适用于以剑麻纤维为加工原料的制绳机械设备的制造、安装和使用。

标准号	标准名称	摘要
NY/T 407—2000	剑麻加工机械　产品质量分等	本标准规定了剑麻加工机械产品的质量分等、质量指标、试验方法及检验规则。 本标准适用于剑麻加工机械产品质量分等。
NY/T 258—2018	剑麻加工机械　理麻机	本标准规定了剑麻加工机械理麻机的术语和定义，产品型号规格和主要参数、技术要求、试验方法、检验规则及标志和包装等要求。 本标准适用于将剑麻直纤维梳理牵伸成麻条的机械。
NY/T 259—2009	剑麻加工机械　并条机	本标准规定了剑麻加工机械并条机的术语和定义、产品型号规格、主要技术参数、技术要求、试验方法、检验规则及标识、包装、运输和贮存等要求。 本标准适用于剑麻加工机械并条机。
NY/T 341—2012	剑麻加工机械　制绳机	本标准规定了剑麻加工机械制绳机的术语和定义、型号规格和主要技术参数、技术要求、试验方法、检验规则及标志、包装、运输与贮存要求。 本标准适用于剑麻制绳机，也适用于其他纤维制绳机。
NY/T 342—2012	剑麻加工机械　纺纱机	本标准规定了剑麻加工机械纺纱机的术语和定义、型号规格和主要技术参数、技术要求、试验方法、检验规则、标志、包装、运输与贮存要求。 本标准适用于将麻条进行牵伸加捻形成纱条的纺纱机。
NY/T 260—2011	剑麻加工机械　制股机	本标准规定了剑麻加工机械制股机的术语和定义、型号规格、技术要求、试验方法、检验规则及标志和包装等要求。 本标准适用于将剑麻纱加工成股条的机械；其他采用天然纤维和合成纤维的纱线加工成股条的机械，也可参照使用。
NY/T 261—2012	剑麻加工机械　纤维压水机	本标准规定了剑麻纤维压水机的术语和定义、型号规格和基本性能参数、技术要求、试验方法、检验规则、包装、贮存及运输。 本标准适用于剑麻纤维加工中一次性完成纤维脱胶、压水的机械。
NY/T 264—2015	剑麻加工机械　刮麻机	本标准规定了剑麻加工机械刮麻机的术语和定义、型号规格和主要技术参数、技术要求、试验方法、检验规则及标志、包装、运输和贮存等要求。 本标准适用于横向喂入式刮麻机。
NY/T 647—2014	剑麻加工机械　手喂式刮麻机质量评价技术规范	本标准规定了剑麻加工机械手喂式刮麻机的质量要求、检测方法和检验规则。 本标准适用于剑麻加工机械手喂式刮麻机的质量评定。
NY/T 1801—2009	剑麻加工机械　纤维干燥设备	本标准规定了剑麻加工机械纤维干燥设备的术语和定义、型号规格、技术要求、试验方法、检验规则及标志与包装要求。 本标准适用于将剑麻的湿纤维由载麻链板传送，以热气流连续干燥的干燥设备。
NY/T 3324—2018	剑麻制品包装、标识、储存和运输	本标准规定了剑麻制品的包装、标识、储存和运输。 本标准适用于剑麻纱、剑麻钢丝绳芯、剑麻布、剑麻地毯、剑麻白棕绳，其他剑麻制品参照使用。
NY/T 1802—2009	剑麻产品质量分级规则	本标准规定了剑麻产品质量的分级原则、分级要求、等级评定及等级标志。 本标准适用于剑麻纤维及制品质量的分级。
NY/T 2648—2014	剑麻纤维加工技术规程	本标准规定了剑麻叶片加工成纤维全过程的技术要求与方法。 本标准适用于从剑麻叶片中获取干纤维的机械化加工。
NY/T 255—2007	剑麻纱	本标准规定了剑麻纱的术语、定义、产品分类、产品标记、技术要求、试验方法、包装、标志、运输和贮存。 本标准适用于剑麻纤维原料纺制的纱。
NY/T 457—2001	农用剑麻纱	本标准规定了农用剑麻纱的主要性能、检验方法和商品外观、每一批货品的组成。 本标准适用于农用剑麻纱。
NY/T 458—2001	剑麻地毯	本标准规定了剑麻地毯技术要求、试验方法、检验规则。 本标准适用于以剑麻纱线为经纬线编织的无绒头编织地毯。

标准号	标准名称	摘要
NY/T 712—2011	剑麻布	本标准规定了剑麻布的术语和定义、标记、要求、试验方法、包装和标志、运输和贮存。 本标准适用于用剑麻纱机织的布。
NY/T 3194—2018	剑麻叶片	本标准规定了剑麻叶片的术语和定义、要求、取样、试验方法和检验规则。 本标准适用于剑麻（H. 11648 品种）的成熟叶片，其他剑麻品种可参照执行。
NY/T 1523—2007	钢丝绳芯用剑麻纱	本标准规定了钢丝绳芯用剑麻纱的术语和定义、产品分类、产品标记、要求、取样和试验、包装、标志及运输和贮存。 本标准适用于加工钢丝绳芯用的剑麻纱。
SN/T 4184.4—2015	进出口纺织原料检验规程　第 4 部分：麻纤维	SN/T 4184 的本部分规定了进出口麻纤维（包括苎麻精干麻、亚麻打成麻、黄红麻纤维、大麻纤维、剑麻纤维）检验的基本要求、结果评定与不合格处置以及检验记录的要求。 本部分适用于出入境检验检疫机构对进出口麻纤维产品的检验。
SN/T 3981.11—2015	进出口纺织品质量符合性评价方法纺织原料　第 11 部分：麻纤维	SN/T 3981 的本部分规定了进出口麻纤维（包括苎麻精干麻、亚麻打成麻、黄红麻纤维、大麻纤维、剑麻纤维）质量符合性评价的要求、程序、内容、方法以及结果判定和报告格式。 本部分适用于进出口麻纤维法规性和非法规性要求的质量符合性评价。
8. 汉麻		
LS/T 3253—2017	汉麻籽油	本标准规定了汉麻籽油的术语和定义、质量要求、检验方法、检验规则、标签、包装、储存、运输和销售等要求。 本标准适用于经压榨等方法制备的供人食用的商品汉麻籽油。

四、木棉

标准号	标准名称	摘要
SN/T 5239—2020	进出口纺织品　纤维定量分析　显微投影仪法　木棉/棉混纺产品	本标准规定了用显微投影仪或数字式图像分析仪对木棉和棉混纺产品定量分析的试验方法。 本标准适用于木棉和棉混纺产品的定量分析。

五、毛竹

标准号	标准名称	摘要
GB/T 20391—2006	毛竹林丰产技术	本标准规定了毛竹材用、笋用和笋材两用丰产林的产量、结构、技术经济指标、培育措施、验收、建档和调查方法。 本标准适用于材用、笋用和笋材两用毛竹丰产林。
GB/T 30762—2014	主要竹笋质量分级	本标准规定了竹笋的术语和定义、质量指标、试验方法、检验规则、标志、标签、包装与贮存。 本标准适用于生产和销售的毛竹春笋、毛竹冬笋、麻竹笋、早竹笋、绿竹笋、苦竹笋。
LY/T 2337—2014	毛竹笋栽培技术规程	本标准规定了毛竹（*Phyllostachys edulis*）笋栽培的产地环境、竹林培育技术、竹笋采收。 本标准适用于毛竹笋标准化栽培。
LY/T 2762—2016	毛竹林下多花黄精复合经营技术规程	本标准规定了毛竹林下多花黄精复合经营的有关术语和定义、培育技术和病虫害防治等。 本标准适用于材用林经营类型的毛竹林下多花黄精复合经营。

六、青檀

标准号	标准名称	摘要
LY/T 2434—2015	青檀播种育苗技术规程	本标准规定了青檀（*Pteroceltis tatarinowii* Maxim.）苗圃地选择、整地与作床、播种育苗、苗期管理、苗木出圃等技术要求。

第七章　特种药用植物

药用植物是指全部或部分具有药用价值，或其分泌物和所含成分可直接入药或提炼成药物成分的植物类群。我国药用植物资源种类丰富，品种繁多，20 世纪 80 年代进行过全面系统的资源普查，发现我国的药用植物资源种类包括 383 科，2 309 属，11 146 种。在这些药用植物中，临床常用的植物药材有 700 多种，其中 300 多种以人工栽培为主，传统中药材的 80%为野生资源。药用植物的药用部分因植物种类而异，有的用其根，有的用其茎、枝叶，有的用其籽粒，有的用其整个植株等。根入药的，如人参、何首乌、板蓝根等；叶入药的，如艾叶、桑叶等；籽粒入药的中药，如：枸杞、五味子、决明子等；全株入药的，如益母草、蒲公英等。我国是使用、研究药用植物最早的国家，历代都有药用植物专著，典型的代表作是我国现存最早的药物学专著《神农本草经》和明代李时珍的《本草纲目》。近年来药用植物不再局限于传统的入药治病，而广泛应用于饮食、保健、绿色农业、畜禽业等人类生活的各个方面，主要收录在《中华人民共和国药典》一部和《中华人民共和国兽药典》二部医药专著中。《中华人民共和国药典》2020 版一部收载药材和饮片、植物油脂和提取物、成方制剂和单味制剂等，共收载品种 2 711 种，《中华人民共和国兽药典》2010 版二部收载药材和饮片、植物油脂和提取物、成方制剂和单味制剂，共收载品种 1 114 种。基于药用植物当前开发利用现状调查，本章节筛选了涵盖百合科、唇形科、豆科、菊科、伞形科、五加科等 39 个科，具有代表性的 64 种药用植物，搜集到截至 2021 年 7 月 16 日现行有效的国家标准、各类行业标准、地方标准，以及《中华人民共和国药典》和《中华人民共和国兽药典》标准共计 1 693 项，标准内容主要涵盖药用植物的种质资源类、农业生产类（产地环境、育苗、病虫害监测防治、栽培生产技术）、质量安全检测类、地理标志产品、使用说明（功能与主治、用法与用量）和保鲜储藏等初加工技术及初加工产品类，考虑到本书主要供农业科技工农作者参考，因此本章仅汇编了国家及行业标准项 310 项，而地方标准、《中华人民共和国药典》和《中华人民共和国兽药典》、农业农村部公告及相关团体标准暂不列出。

一、桔梗科

标准号	标准名称	摘要
桔梗		
LY/T 2068—2012	桔梗种子生产技术规程	本标准规定了桔梗种子生产的术语和定义、种子生产者、生产环境、隔离要求、生产管理、果实采收、种子清选、种子包装贮藏。 本标准适用于桔梗种子的生产。
NY/T 2586—2014	植物新品种特异性、一致性和稳定性测试指南　洋桔梗	本标准规定了洋桔梗［*Eustoma grandiflourm*（Raf.）Shinners］新品种特异性、一致性和稳定性测试的技术要求和结果判定的一般原则。 本标准适用于洋桔梗新品种特异性、一致性和稳定性测试和结果判定。
SN/T 4604—2016	进出口中药材中真菌毒素的测定	本标准规定了进出口中药材中黄曲霉素 B_1、B_2、G_1、G_2、M_1、M_2，赭曲霉素 A，伏马菌素 B_1、B_2，T-2 毒素，HT-2 毒素，二羟基苯甲酸内脂类真菌毒素的液相色谱-质谱/质谱检测方法。 本标准适用于进出口当归、桔梗、五味子、枸杞、大青叶、金银花、地龙中黄曲霉素 B_1、B_2、G_1、G_2、M_1、M_2，赭曲霉素 A，伏马菌素 B_1、B_2，T-2 毒素。HT-2 毒素，二羟基苯甲酸内脂类真菌毒素的液相色谱-质谱/质谱测定。

二、百合科

标准号	标准名称	摘要
1. 黄精		
LY/T 2762—2016	毛竹林下多花黄精复合经营技术规程	本标准规定了毛竹林下多花黄精复合经营的有关术语和定义、培育技术和病虫害防治等。 本标准适用于材用林经营类型的毛竹林下多花黄精复合经营。
2. 芦荟		
NY/T 2575—2014	植物新品种特异性、一致性和稳定性测试指南　芦荟	本标准规定了芦荟属植物（*Aloe* L.）新品种特异性、一致性和稳定性测试的技术要求和结果判定的一般原则。 本标准适用于芦荟属及其变种的新品种特异性、一致性和稳定性测试和结果判定。
NY/T 870—2004	鲜芦荟	本标准规定了鲜芦荟的要求、试验方法、检验规则、标志、标签、包装、运输和贮存。 本标准适用于加工食品、化妆品库拉索鲜芦荟（*Aloe vera* L.）的质量评定和贸易。
NY/T 1693—2009	芦荟及制品中芦荟甙的测定　高效液相色谱法	本标准规定了芦荟及其制品中芦荟甙（Barbaloin）含量的高效液相色谱测定方法。 本标准适用于食用芦荟及其制品中芦荟甙含量的测定。 本方法的最低检出量为 0.05 mg/kg。
QB/T 2489—2018	食品原料用芦荟制品	本标准规定了食品原料用芦荟制品的术语和定义、分类、要求、试验方法、检验规则和标签。 本标准适用于以库拉索芦荟（*Aloe vera* L.）加工而成的食品原料用芦荟制品的生产、检验和销售。
QB/T 2844—2007	食用芦荟制品　芦荟酱罐头	本标准规定了食用芦荟制品——芦荟酱罐头的要求、试验方法、检验规则和标志、包装、运输、贮存。 本标准适用于以库拉索芦荟（*Aloe vera* L.）为原料加工而成的芦荟酱罐头的生产和流通。
QB/T 2843—2007	食用芦荟制品　芦荟罐头	本标准规定了食用芦荟制品——芦荟罐头的要求、试验方法、检验规则和标志、包装、运输、贮存。 本标准适用于以库拉索芦荟（*Aloe vera* L.）为原料加工而成的芦荟罐头的生产和流通。
QB/T 2842—2007	食用芦荟制品　芦荟饮料	本标准规定了食用芦荟制品——芦荟饮料的分类、要求、试验方法、检验规则和标签。 本标准适用于以库拉索芦荟（*Aloe vera* L.）为原料加工而成的芦荟饮料的生产和流通。
QB/T 2488—2006	化妆品用芦荟汁、粉	本标准规定了化妆品用芦荟汁、粉的定义、分类、要求、试验方法、检验规则和标志、包装、运输、贮存。 本标准适用于以芦荟（*Aloe vera* L.）为原料，经清洗、榨汁、杀菌等工序制成的芦荟汁、粉。
SN/T 4136—2015	出口芦荟干粉中芦荟甙含量的测定　高效液相色谱法	本标准规定了出口芦荟干粉中芦荟甙含量的高效液相色谱测定方法。 本标准适用于以库拉索芦荟为原料制成的食用芦荟干粉中芦荟甙含量的定量测定。
3. 麦冬		
GB/T 23400—2009	地理标志产品　涪城麦冬	本标准规定了涪城麦冬的术语和定义、地理标志产品保护范围、生长环境、栽培、采收、加工、质量要求、试验方法、检验规则及标志、包装、运输、贮存。 本标准适用于国家质量监督检验检疫行政部门根据《地理标志产品保护规定》批准保护的涪城麦冬。

三、唇形科

标准号	标准名称	摘要
1. 线纹香茶菜		
NY/T 3727—2020	植物品种特异性（可区别性）、一致性和稳定性测试指南 线纹香茶菜	本标准适用于线纹香茶菜［*Rabdosia lophanthoides*（Buch. -Ham. ex D. Don）Hara］及其变种品种特异性（可区别性）、一致性和稳定性的测试。本标准规定了线纹香茶菜［*Rabdosia lophanthoides*（Buch. -Ham. ex D. Don）Hara］及其变种，包括狭基变种［*Rabdosia lophanthoides* var. gerardiana（Benth.）Hara］、细花变种［*Rabdosia lophanthoides* var. graciliflora（Benth.）Hara］、小花变种（*Rabdosia lophanthoides* var. micrantha C. Y. Wu）的特异性（可区别性）、一致性和稳定性测试的技术要求和结果判定的一般原则。
2. 丹参		
GB/T 22745—2008	地理标志产品 方城丹参（裕丹参）	本标准规定了方城丹参（裕丹参）的术语和定义、地理标志产品保护范围、生长环境、栽培和加工、质量要求、试验方法、检验规则、标签、标志、包装、运输和贮存。 本标准适用于国家质量监督检验检疫行政主管部门根据《地理标志产品保护规定》批准保护的方城丹参（裕丹参）。
NY/T 2526—2013	植物新品种特异性、一致性和稳定性测试指南 丹参	本标准规定了丹参（*Salvia miltiorrhiza* Bge.）新品种特异性、一致性和稳定性测试的技术要求和结果判定的一般原则。 本标准适用于丹参新品种特异性、一致性和稳定性测试和结果判定。

四、冬青科

标准号	标准名称	摘要
苦丁		
NY/T 864—2012	苦丁茶	本标准规定了冬青科冬青属苦丁茶冬青（*Ilex kudingcha* C. J. Tseng）、冬青科冬青属大叶冬青（*Ilex latifolia* Thunb.）苦丁茶的术语和定义、要求、试验方法、检测规则、标识、包装、运输和贮存。 本标准适用于采用冬青科冬青属苦丁茶冬青、冬青科冬青属大叶冬青芽、叶为原料制成的苦丁茶。

五、豆科

标准号	标准名称	摘要
1. 甘草		
GB/T 19618—2004	甘草	本标准规定了西甘草、东甘草分等质量标准的术语、技术要求和检验方法等内容。 本标准适用于西甘草、东甘草的加工、收购、调拨和销售。 本标准所指甘草为豆科植物甘草（*Glycyrrhiza uralensis* Fisch）、胀果甘草（*Glycyrrh izainflata* Bat.）及光果甘草（*Glycyrrhiz gablabra* L.）干燥根及根茎的加工产品。
GB 1886. 240—2016	食品安全国家标准 食品添加剂 甘草酸一钾	本标准适用于以甘草（*Radix glycyrrhizae*）为原料，经提取精制而得的食品添加剂甘草酸一钾。
GB 1886. 241—2016	食品安全国家标准 食品添加剂 甘草酸三钾	本标准以豆科植物甘草（*Glycyrrh izauralensis* Fisch.）、胀果甘草（*Glycyrrh izainflate* Bat.）及果甘草（*Glycyrrh izaglabra* L.）的干燥根及根茎为原料，经过提取、浓缩、钾碱化和干燥等工艺而制得的食品添加剂甘草酸三钾。

标准号	标准名称	摘要
GB 1886.242—2016	食品安全国家标准 食品添加剂 甘草酸铵	本标准适用于原料为甘草（豆科植物甘草 *Glycyrrhiza uralensis* Fisch.、胀果甘草 *Glycyrrh izainflata* Bat. 及光果甘草 *Glycyrrhiza glabra* L.），经水浸提、硫酸（或盐酸）酸化沉淀、乙醇浸提、氨化、结晶等工艺制得的食品添加剂甘草酸铵。
GB 1886.89—2015	食品安全国家标准 食品添加剂 甘草抗氧化物	本标准适用于甘草（*Radix Glycyrrhizae*）的根经物理方法用有机溶剂提取精制所得的食品添加剂甘草抗氧化物。
BJY 201911	胆香鼻炎片中苍耳子、金银花及甘草植物组织检查项补充检验方法	该标准全文未在全国标准信息公共服务或其他行业标准服务公众平台备案
QB/T 4951—2016	化妆品用原料 光果甘草（Glycyrrhiza glabra）根提取物	本标准规定了化妆品用原料光果甘草根提取物的分类、要求、试验方法、检验规则、标志、包装、运输、贮存和保质期。 本标准适用于以乙酸乙酯和乙醇为溶剂，从光果甘草根中提取的用作化妆品美白剂的光果甘草根提取物，其主要成分为光甘草定。
SN/T 4261—2015	出口中药材中苯并（α）芘残留量的测定	本标准规定了中药材中苯并（α）芘残留量的气相色谱-串联质谱测定方法及高效液相色谱测定方法。 本标准第一法和第二法均适用于熟地黄、人参、黄芪、甘草、半夏、番泻叶、菊花、枸杞、苦杏仁、绞股蓝、茯苓、僵蚕、蜂胶等中药材中苯并（α）芘残留量的测定，第一法可以对苯并（α）芘进行确证。
SN/T 4063—2014	出口植物性中药材中汞含量的测定 直接进样-冷原子吸收光谱法	本标准规定了植物性中药材中汞含量的直接进样-冷原子吸收光谱测定方法。 本标准适用于人参、甘草、大青叶、紫苏叶、菊花、红花、枸杞、山楂、麻黄、藿香、黄柏、肉桂等植物性中药材中汞含量的测定。
SN/T 4653—2016	出口中药材中氨基甲酸酯类农药残留量的检测方法 液相色谱-质谱/质谱法	本标准规定了中药材中灭多威、异丙威、西维因、仲丁威、猛杀威、残杀威、克百威、噁虫威、灭蚜威、灭虫威、3-羟基-克百威和抗蚜威残留量的液相色谱-质谱/质谱测定方法。 本标准适用于出口济银花、苏叶、杭菊、甘草、山楂、白芷、黄连、枸杞、人参、红花中灭多威、异丙威、西维因、仲丁威、猛杀威、残杀威、克百威、噁虫威、灭蚜威、灭虫威、3-羟基-克百威和抗蚜威残留量的确证和定量测定。
2. 黄芪		
NY/T 2592—2014	植物新品种特异性、一致性和稳定性测试指南 黄芪	本标准规定了蒙古黄芪［*Astragalus membranaceus*（Fisch.）Bge. var. mongholicus（Bge.）Hsiao］和膜荚黄芪［*Astragalus membranaceus*（Fisch.）Bge.］新品种特异性、一致性和稳定性测试的技术要求和结果判定的一般原则。 本标准适用于蒙古黄芪［*Astragalus membranaceus*（Fisch.）Bge. var. mongholicus（Bge.）Hsiao］和膜荚黄芪［*Astragalus membranaceus*（Fisch.）Bge.］新品种特异性、一致性和稳定性测试和结果判定。
SN/T 4261—2015	出口中药材中苯并（α）芘残留量的测定	本标准规定了中药材中苯并（α）芘残留量的气相色谱-串联质谱测定方法及高效液相色谱测定方法。 本标准第一法和第二法均适用于熟地黄、人参、黄芪、甘草、半夏、番泻叶、菊花、枸杞、苦杏仁、绞股蓝、茯苓、僵蚕、蜂胶等中药材中苯并（α）芘残留量的测定，第一法可以对苯并（α）芘进行确证。
3. 葛		
GB/T 30637—2014	食用葛根粉	本标准规定了食用葛根粉的术语和定义、技术要求、试验方法、检验规则及标签、包装、运输和贮存。 本标准适用于以葛根为原料而生产的食用葛根粉。
GB/T 22251—2008	保健食品中葛根素的测定	本标准规定了保健食品中葛根素的测定方法。 本标准适用于以葛根为主要原料的保健食品中葛根素的测定。
LY/T 2044—2012	葛根栽培技术规程	本标准规定了葛根栽培的良种选择、育苗技术、栽培地选择、栽培管理、葛根采收、运输和贮存、葛根质量要求等方面的技术规范。 本标准适用于葛根适生区的人工栽培。

标准号	标准名称	摘要
NY/T 1049—2015	绿色食品 薯芋类蔬菜	本标准规定了绿色食品薯芋类蔬菜的要求、检验规则、标签、包装、运输和贮存。 本标准适用于绿色食品马铃薯、生姜、魔芋、山药、豆薯、菊芋、甘露（草食蚕）、蕉芋、香芋、葛、甘薯、木薯、菊薯等薯芋类蔬菜。
NY/T 2984—2016	绿色食品 淀粉类蔬菜粉	本标准规定了绿色食品淀粉类蔬菜粉的术语和定义、要求、检验规则、标签、包装、运输和储存。 本标准适用于绿色食品马铃薯全粉、红薯全粉、木薯全粉、葛根全粉、山药全粉、马蹄粉等淀粉类蔬菜粉。
SN/T 4527—2016	出口中药材中多种有机氯、拟除虫菊酯类农药残留量的测定	本标准规定了中药材中六氯苯、α-六六六、五氯硝基苯、γ-六六六、七氯、五氯苯胺、艾氏剂、β-六六六、δ-六六六、环氧七氯、三唑酮、α-硫丹、p,p′-滴滴伊、狄氏剂、异狄氏剂、o,p′-滴滴涕、β-硫丹、p,p′-滴滴滴、p,p′-滴滴涕、异狄氏剂醛、联苯菊酯、甲氰菊酯、胺菊酯、氯菊酯、氯氰菊酯、氰戊菊酯、溴氰菊酯农药残留量的气相色谱检测方法。 本标准适用于人参、半夏、山药、葛根、柴胡、党参等中药材中27种有机氯、拟除虫菊酯类农药残留量的测定。
4. 决明子		
GB 1886.301—2018	食品安全国家标准 食品添加剂 半乳甘露聚糖	本标准适用于以瓜尔豆、田箐豆、香豆、决明子、刺槐豆的胚乳片或其胶为原料，经半乳糖苷酶、半纤维酶、蛋白酶一种或两种以上的酶酶解、纯化等步骤加工制得的低聚合度的食品添加剂半乳甘露聚糖。
SN/T 4065—2014	出口植物性中药材中富马酸单甲酯和富马酸二甲酯残留量的测定 液相色谱法	本标准规定了出口植物性中药材中富马酸单甲酯和富马酸二甲酯残留量的液相色谱测定方法。 本标准适用于出口植物性中药材中五味子、陈皮、枸杞、苦杏仁、决明子、山茱萸、豆蔻和牛蒡子中富马酸单甲酯和富马酸二甲酯残留量的测定。

六、杜仲科

标准号	标准名称	摘要
杜仲		
GB/T 24305—2009	杜仲产品质量等级	本标准规定了杜仲（皮）、胶用杜仲叶的术语和定义、产品质量等级、检验方法、检验规则及标志、包装、运输、贮存。 本标准适用于杜仲（皮、叶）产品。
GB/T 22742—2008	地理标志产品 灵宝杜仲	本标准规定了灵宝杜仲的术语和定义、地理标志产品保护范围、自然环境、栽培和加工、要求、试验方法、检验规则、标志、标签、包装、运输和贮存。 本标准适用于国家质量监督检验检疫行政主管部门根据《地理标志产品保护规定》批准保护的灵宝杜仲。
GB/T 22250—2008	保健食品中绿原酸的测定	本标准规定了保健食品中绿原酸的测定方法。 本标准适用于以金银花、菊花、杜仲、山楂等一种或几种为主要原料的保健食品中绿原酸的测定。
LY/T 3005.1—2018	杜仲综合体 第1部分 良种选育技术规程	LY/T 3005的本部分规定了杜仲的育种目标、选择育种、杂交育种、无性系测定、区域试验、档案管理等技术要求。 本部分适用于杜仲的良种选育工作。
LY/T 3005.2—2018	杜仲综合体 第2部分 采穗圃营建技术规程	LY/T 3005的本部分规定了杜仲采穗圃选址、品种、营建、新建采穗圃、高接换优采穗圃、采穗圃管理、穗条采集、档案建立等内容。 本部分适用于杜仲采穗圃的营建与管理。
LY/T 3005.3—2018	杜仲综合体 第3部分 嫁接育苗技术规程	LY/T 3005的本部分规定了杜仲良种苗木嫁接繁殖的圃地选择、整地作床、砧木培育、嫁接苗培育、苗木出圃、苗木分级、苗木包装和运输、假植、档案管理的技术操作。 本部分适用于杜仲良种苗木生产。

标准号	标准名称	摘要
LY/T 3005.4—2018	杜仲综合体　第4部分　果用杜仲栽培技术规程	LY/T 3005的本部分规定了果用杜仲栽培过程中良种选择、建园、杜仲高产果园适宜树形、环剥与环割技术、土壤配方施肥技术、间作、采收等的操作标准。 本部分适用于杜仲果用良种栽培生产。
LY/T 3005.5—2018	杜仲综合体　第5部分　雄花用杜仲栽培技术规程	LY/T 3005的本部分规定了杜仲雄花园营建过程中的植苗建园、高接换优、树体管理、土肥水管理、采摘等技术的操作。 本部分适用于以收获雄花为目的的杜仲栽培与管理。
LY/T 3005.6—2018	杜仲综合体　第6部分　材药兼用杜仲栽培技术规程	LY/T 3005的本部分规定了杜仲材药兼用林栽培的术语和定义、苗木选择、栽植、栽后管理、间作与复合经营、剥皮和初加工等技术要求。 本部分适用于杜仲材、药（皮）兼用林栽培管理。
LY/T 3005.7—2018	杜仲综合体　第7部分　叶用杜仲栽培技术规程	LY/T 3005的本部分规定了叶用杜仲栽培过程中良种选择、苗木规格、栽植与管理、采收等技术要求。 本部分适用于叶用杜仲栽培管理。
LY/T 3005.8—2018	杜仲综合体　第8部分　剥皮再生技术规程	LY/T 3005的本部分规定了杜仲剥皮再生技术中术语与定义、剥皮树龄与树体指标、剥皮时间、剥皮方法、剥皮后管理、再生皮烂皮病的防治、树皮初加工与储藏等技术要求。 本部分适用于杜仲药用林杜仲皮的采收与生产。
LY/T 3005.9—2018	杜仲综合体　第9部分　种仁质量等级	LY/T 3005的本部分规定了杜仲种仁质量等级相关的品质、标识、包装、贮存及运输要求。 本部分适用于制油为目的的杜仲种仁。
LS/T 3117—2019	杜仲籽	本标准规定了杜仲籽的术语和定义、质量要求、检验方法、检验规则、标签标识以及包装、储存和运输的要求。 本标准适用于收购、储存、运输、加工和销售的制油用杜仲籽。
LS/T 3306—2017	杜仲籽饼（粕）	本标准规定了杜仲籽饼（粕）的术语和定义、质量要求、检验方法、检验规则、标签和标识以及包装、运输和储存的要求。 本标准适用于商品杜仲籽饼（粕）。
SN/T 1594—2019	出口茶叶及代用茶中噻嗪酮残留量的测定	本标准规定了出口茶叶及代用茶中噻嗪酮残留量测定的液相色谱-质谱/质谱和气相色谱检测方法。 本标准适用于出口绿茶、红茶、普洱茶、乌龙茶、牛蒡茶、菊花茶、杜仲茶和麦茶中噻嗪酮残留量的测定。
SN 0181—1992	出口中药材中六六六、滴滴涕残留量检验方法	本标准规定了出口田七、杜仲、罗汉果、桂皮中六六六、滴滴涕残留量的抽样和测定方法。 本标准适用于出口田七、杜仲、罗汉果、桂皮中六六六、滴滴涕残留量的检验。

七、多孔菌科

标准号	标准名称	摘要
1. 茯苓		
NY/T 1742—2009	食用菌菌种通用技术要求	本标准规定了食用菌各级菌种的质量要求、抽样、试验方法、检验规则及标签、标志、包装、运输和贮存。 本标准适用于平菇（糙皮侧耳，*Pleurotus ostreatus*）、白黄侧耳（*Pleurotus cornucopiae*）、肺形侧耳（*Pleurotus pulmonarius*）、佛州侧耳（*Pleurotus floridanus*）、香菇（*Lentinula edodes*）、黑木耳（*Auricularia auricula*）、毛木耳（*Auricularia polytricha*）、双孢蘑菇（*Agaricus bisporus*）、金针菇（*Flammulina velutipes*）、榆黄蘑（*Pleurotus citrinopileatus*）、白灵菇（*Pleurotus nebrodensis*）、杏鲍菇（*Pleurotus eryngii*）、茶树菇（*Agrocybe cylindracea*）、鸡腿菇（*Coprinus comatus*）、灵芝（*Ganoderma lucidum*）、茯苓（*Poria cocos*）、猴头菌（*Hericium erinaceus*）、灰树花（*Grifola frondosa*）、草菇（*Volvariella volvacea*）、滑菇（*Pholiota nameko*）等食用菌的母种（一级种）、原种（二级种）和栽培种（三级种）。

标准号	标准名称	摘要
SN/T 4261—2015	出口中药材中苯并（α）芘残留量的测定	本标准规定了中药材中苯并（α）芘残留量的气相色谱-串联质谱测定方法及高效液相色谱测定方法。 本标准第一法和第二法均适用于熟地黄、人参、黄芪、甘草、半夏、番泻叶、菊花、枸杞、苦杏仁、绞股蓝、茯苓、僵蚕、蜂胶等中药材中苯并（α）芘残留量的测定，第一法可以对苯并（α）芘进行确证。
2. 灵芝		
GB/T 29344—2012	灵芝孢子粉采收及加工技术规范	本标准规定了灵芝孢子粉的采收和加工技术要求。 本标准适用于赤芝（*Ganoderma lucidum*）和松杉灵芝（*Ganoderma tsugae*）孢子粉的采收、加工。
GH/T 1335—2021	灵芝孢子粉	本文件规定了灵芝孢子粉的术语和定义、质量要求、检验方法、检验规则、标志、包装、运输和贮存等内容。 本文件适用于以灵芝孢子粉为单一原料，经干燥等主要工艺加工制成的粉状产品。
LY/T 1826—2009	木灵芝干品质量	本标准规定了木灵芝干品质量要求、产品分级、检验方法、检验规则，以及标志、包装、运输和贮存。 本标准适用于木灵芝（Cut-log *Ganoderma lucidum*）干品。
LY/T 2476—2015	灵芝短段木栽培技术规程	本标准规定了灵芝短段木熟料袋栽的术语和定义、生产条件、技术要求、包装、运输和贮存。 本标准适用于灵芝短段木熟料袋栽室内发菌、室外大棚埋段出芝。
NY/T 1677—2008	破壁灵芝孢子粉破壁率的测定	本标准规定了破壁灵芝孢子粉破壁率的测定方法。 本标准适用于未添加任何辅料破壁灵芝孢子粉破壁率的测定。
NY/T 1742—2009	食用菌菌种通用技术要求	本标准规定了食用菌各级菌种的质量要求、抽样、试验方法、检验规则及标签、标志、包装、运输和贮存。 本标准适用于平菇（糙皮侧耳，*Pleurotus ostreatus*）、白黄侧耳（*Pleurotus cornucopiae*）、肺形侧耳（*Pleurotus pulmonarius*）、佛州侧耳（*Pleurotus floridanus*）、香菇（*Lentinula edodes*）、黑木耳（*Auricularia auricula*）、毛木耳（*Auricularia polytricha*）、双孢蘑菇（*Agaricus bisporus*）、金针菇（*Flammulina velutipes*）、榆黄蘑（*Pleurotus citrinopileatus*）、白灵菇（*Pleurotus nebrodensis*）、杏鲍菇（*Pleurotus eryngii*）、茶树菇（*Agrocybe cylindracea*）、鸡腿菇（*Coprinus comatus*）、灵芝（*Ganoderma lucidum*）、茯苓（*Poria cocos*）、猴头菌（*Hericium erinaceus*）、灰树花（*Grifola frondosa*）、草菇（*Volvariella volvacea*）、滑菇（*Pholiota nameko*）等食用菌的母种（一级种）、原种（二级种）和栽培种（三级种）。
NY/T 1845—2010	食用菌菌种区别性鉴定拮抗反应	本标准规定了应用拮抗反应进行食用菌菌种区别性鉴定的方法。 本标准适用于糙皮侧耳（*Pleurotus ostreatus*）、白黄侧耳（*Pleurotus cornucopiae*）、肺形侧耳（*Pleurotus pulmonarius*）、佛州侧耳（*Pleurotus ostreatusvar. florida*）、杏鲍菇（*Pleurotus eryngii*）、金顶侧耳（*Pleurotus citrinopileatus*）、猴头菇（Hericium erinaceus）、白灵菇（*Pleurotus nebrodensis*）、黑木耳（*Auricularia auricula*）、毛木耳（*Auricularia polytricha*）、茶树菇（*Agrocybe cylindrica*）、金针菇（*Flammulina velutipes*）、滑菇（*Pholiotana meko*）、香菇（*Lentinula edodes*）、灰树花（*Grifola frondosa*）、灵芝（*Ganoderma* spp.）、鸡腿菇（*Coprinus comatus*）、黄伞（*Pholiota adiposa*）、斑玉蕈（*Hypsizygus marmoreus*）等食用菌菌种区别性的鉴定，包括母种、原种和栽培种。
NY/T 2278—2012	灵芝产品中灵芝酸含量的测定　高效液相色谱法	本标准规定了灵芝及其制品中灵芝酸A和灵芝酸B的高效液相色谱测定方法。 本标准适用于灵芝及其制品灵芝酸A和灵芝酸B的测定。 本标准灵芝酸A和灵芝酸B的定量测定范围均为30~500 mg/kg。 本标准灵芝酸A和灵芝酸B的检测限均为10 mg/kg。
NY/T 3676—2020	灵芝中总三萜含量的测定　分光光度法	本标准规定了灵芝中总三萜含量的分光光度测定方法。 本标准适用于灵芝子实体、切片以及超细粉等灵芝产品总三萜含量的测定，测定范围为0.06%~10%。 按照样品0.5 g称样量，加50 mL提取液，提取液的移取量为2.5 ml进行测定计算，该方法的检出限（LOD）为0.02%，定量限（LOQ）为0.06%。

标准号	标准名称	摘要
SN/T 2156—2008	进出口食品中苯线磷残留量的检测方法 气相色谱-质谱法	本标准规定了食品中苯线磷残留量的气相色谱-质谱检测方法。 本标准适用于柑桔、苹果、菠菜、大葱、白菜、松子仁、核桃仁、茶叶、蜂蜜、鱼、鸡肾、鸭肝、玉米、糙米、灵芝、辣椒酱中苯线磷残留量的测定和确证。

八、葫芦科

标准号	标准名称	摘要
1. 绞股蓝		
NY/T 2671—2015	甘味绞股蓝生产技术规程	本标准规定了甘味绞股蓝（Sweet *Gynostemma pentaphyllum*）生产的产地、种苗繁育、生产管理、采收、设备设施及投入品管理。 本标准适用于甘味绞股蓝的生产。
SN/T 4261—2015	出口中药材中苯并（α）芘残留量的测定	本标准规定了中药材中苯并（α）芘残留量的气相色谱-串联质谱测定方法及高效液相色谱测定方法。 本标准第一法和第二法均适用于熟地黄、人参、黄芪、甘草、半夏、番泻叶、菊花、枸杞、苦杏仁、绞股蓝、茯苓、僵蚕、蜂胶等中药材中苯并（α）芘残留量的测定，第一法可以对苯并（α）芘进行确证。
2. 罗汉果		
GB/T 35476—2017	罗汉果质量等级	本标准规定了罗汉果的术语和定义、质量要求与等级、检验方法、检验规则、标签、标志、包装、运输和贮存。 本标准适用于干燥后罗汉果的质量等级评定。 本标准不适用于新鲜罗汉果。
GB 1886.77—2016	食品安全国家标准 食品添加剂 罗汉果甜苷	本标准适用于以罗汉果［*Siraitia grosvenorii*（Swingle）C. Jeffrey］为原料，经水煮提取、浓缩、干燥等工艺精制而成的食品添加剂罗汉果甜苷。
GB 1886.268—2016	食品安全国家标准 食品添加剂 罗汉果酊	本标准适用于以食用酒精为溶剂，经浸提罗汉果［*Siraitia grosvenorii*（Swingle）C. Jeffrey］制得的食品添加剂罗汉果酊。
GB/T 20357—2006	地理标志产品 永福罗汉果	本标准规定了永福罗汉果的地理标志产品保护范围、术语和定义、自然环境和种植、质量要求、试验方法、检验规则及包装、标志、标签、贮存和运输。 本标准适用于国家质量监督检验检疫行政主管部门根据《地理标志产品保护规定》批准保护的永福罗汉果。
QB/T 4810—2015	香料 罗汉果浸膏	本标准规定了罗汉果浸膏的术语和定义、要求、试验方法、检验规则和标志、包装、运输、贮存、保质期。 本标准适用于对罗汉果浸膏的质量进行分析评价。
NY/T 694—2003	罗汉果	本标准规定了罗汉果（*M. grosvenori* Swingle）干燥果实的要求、试验方法、检验规则以及包装、标志、贮藏和运输。 本标准适用于食用罗汉果。
SN 0181—1992	出口中药材中六六六、滴滴涕残留量检验方法	本标准规定了出口田七、杜仲、罗汉果、桂皮中六六六、滴滴涕残留量的抽样和测定方法。 本标准适用于出口田七、杜仲、罗汉果、桂皮中六六六、滴滴涕残留量的检验。

九、蒺藜科

标准号	标准名称	摘要
蒺藜		
GB/T 36838—2018	墙藜检疫鉴定方法	本标准规定了墙藜（*Chenopodium murale* L.）的检疫鉴定方法。 本标准适用于墙藜的检疫鉴定。

标准号	标准名称	摘要
GB/T 36753—2018	翅蒺藜检疫鉴定方法	本标准规定了翅蒺藜的检疫形态鉴定方法。 本标准适用于进出境植物检疫工作中的翅蒺藜检疫鉴定。
NY/T 2689—2015	外来入侵植物监测技术规程 少花蒺藜草	本标准规定了少花蒺藜草监测的程序和方法。 本标准适用于少花蒺藜草适生区域农业、环保、植保、畜牧、草原部门开展对少花蒺藜草监测。
SN/T 2760—2011	蒺藜草属检疫鉴定方法	本标准规定了进出境植物检疫中对蒺藜草属的检疫和形态鉴定方法。 本标准适用于进出境粮谷类、油籽类、纺织棉麻类等货物中的蒺藜草属的检疫和鉴定，也适用于蒺藜草属（非中国种）的检疫和鉴定。

十、姜科

标准号	标准名称	摘要
砂仁		
NY/T 3725—2020	植物品种特异性（可区别性）、一致性和稳定性测试指南 砂仁	本标准适用于砂仁（*Amomum villosum* Lour.）品种及其变种特异性（可区别性）、一致性和稳定性测试。 本标准规定了砂仁品种及其变种特异性（可区别性）、一致性和稳定性测试的技术要求和结果判定的一般原则。

十一、景天科

标准号	标准名称	摘要
红景天		
NY 318—1997	人参制品	本标准规定了人参茶、人参果茶、多维人参果茶、红景天人参茶、人参蜜片、人参酒的技术要求、试验方法、检验规则、标志、包装、运输、贮存。 本标准适用于人参茶、人参果茶、多维人参果茶、红景天人参茶、人参蜜片、人参酒。

十二、菊科

标准号	标准名称	摘要
1. 青蒿		
NY/T 1781—2009	青蒿原种生产技术规程	本标准规定了青蒿原种生产的术语和定义，种子生产程序和方法。 本标准适用于青蒿原种生产。
SN/T 2869.2—2011	植物种质资源鉴定方法 第2部分：中草药青蒿的鉴定	SN/T 2869 的本部分规定了进出境中草药青蒿植物资源鉴定的方法。 本部分适用于国家法律法规规定禁止出口或重点保护的青蒿物种及其遗传材料的出（过）境检测。
2. 白术		
LY/T 2693—2016	白术栽培技术规程	本标准规定了白术的环境、育苗、培育白术、留种、采收加工等技术要求。 本标准适用于菊科苍术属植物白术（*Atractylodes macrocephala* Koidz）药用栽培。
SB/T 11174.1—2016	中药材商品规格等级 第1部分：白术	SB/T 11174 的本部分规定了白术的商品规格等级。 本部分适用于白术中药材生产，流通以及使用过程中的商品规格等级评价。
3. 牛蒡		
GB/T 26430—2010	水果和蔬菜 形态学和结构学术语	本标准界定了凤梨、芹菜、辣根、芜菁甘蓝、青花菜、花椰菜、抱子甘蓝、球茎甘蓝、辣椒、菊苣、西瓜、榛子、甜瓜、西葫芦、朝鲜蓟、胡桃、结球生菜、香蕉、菜豆、豌豆、萝卜（原变种）、菊牛蒡、茄子、菠菜、婆罗门参、蚕豆、玉米的形态学和结构学术语。

标准号	标准名称	摘要
SN/T 1594—2019	出口茶叶及代用茶中噻嗪酮残留量的测定	本标准规定了出口茶叶及代用茶中噻嗪酮残留量测定的液相色谱-质谱/质谱和气相色谱检测方法。 本标准适用于出口绿茶、红茶、普洱茶、乌龙茶、牛蒡茶、菊花茶、杜仲茶和麦茶中噻嗪酮残留量的测定。
SN/T 0626.10—2016	出口速冻蔬菜检验规程　第10部分：块茎类	SN/T 0626的本部分规定了出口速冻块茎类蔬菜的检验方法。 本部分适用于出口速冻芋仔、速冻牛蒡、速冻蒜米等块茎类蔬菜的检验和结果判定。
SN/T 4065—2014	出口植物性中药材中富马酸单甲酯和富马酸二甲酯残留量的测定　液相色谱法	本标准规定了出口植物性中药材中富马酸单甲酯和富马酸二甲酯残留量的液相色谱测定方法。 本标准适用于出口植物性中药材中五味子、陈皮、枸杞、苦杏仁、决明子、山茱萸、豆蔻和牛蒡子中富马酸单甲酯和富马酸二甲酯残留量的测定。
SN/T 0148—2011	进出口水果蔬菜中有机磷农药残留量检测方法　气相色谱和气相色谱-质谱法	本标准规定了水果蔬菜中敌敌畏、乙酰甲胺磷、硫线磷、百治磷、乙拌磷、乐果、甲基对硫磷、毒死蜱、嘧啶磷、倍硫磷、丙虫硫磷、辛硫磷、灭菌磷、三硫磷、三唑磷、哒嗪硫磷、亚胺硫磷、敌百虫、灭线磷、甲拌磷、氧化乐果、内吸磷、二嗪磷、地虫硫磷、异稻瘟净、氯唑磷、甲基毒死蜱、对氧磷、杀螟硫磷、溴硫磷、乙基溴硫磷、噻唑磷、丙溴磷、乙硫磷、敌瘟磷、吡唑硫磷、蝇毒磷、甲胺磷、治螟磷、特丁硫磷、久效磷、除线磷、皮蝇磷、甲基嘧啶磷、对硫磷、甲基毒虫畏、异柳磷、稻丰散、杀扑磷、甲基硫环磷、伐杀磷、伏杀硫磷、甲基谷硫磷、二溴磷、速灭磷、甲基乙拌磷、巴胺磷、乙嘧硫磷、磷胺、地毒磷、马拉硫磷、甲基异柳磷、水胺硫磷、喹硫磷、杀虫畏、碘硫磷、硫环磷、威菌磷、苯硫磷、乙基谷硫磷70种有机磷类农药残留量的气相色谱及气相色谱-质谱检测方法。 本标准适用于菠萝、苹果、荔枝、胡萝卜、马铃薯、茄子、菠菜、荷兰豆、鲜木耳、鲜蘑菇、鲜牛蒡、鲜香菇、大葱中上述70种有机磷类农药残留量的检测。
4. 红花		
GB/T 22465—2008	红花籽油	本标准规定了红花籽油的相关术语和定义、分类、质量要求、检验方法、检验规则、标签以及包装、储存和运输要求。 本标准适用于以红花籽为原料加工的供人食用的商品红花籽油。
GB 1886.61—2015	食品安全国家标准　食品添加剂　红花黄	本标准适用于以菊科植物红花（*Carthamus tinctorius* L.）的花瓣为原料，经水提取、精制而成的食品添加剂红花黄。
LS/T 3115—2017	红花籽	本标准规定了红花籽的术语和定义、质量要求、检验方法、检验规则、标签标识以及包装、储存和运输要求。 本标准适用于制油用的商品红花籽。
NY/T 751—2017	绿色食品　食用植物油	本标准规定了绿色食品食用植物油的要求、检验规则、标签、包装、运输和储存。 本标准适用于绿色食品食用植物油，包括菜籽油、大豆油、花生油、芝麻油、亚麻籽油、葵花籽（仁）油、玉米油、油茶籽油、米糠油、核桃油、红花籽油、葡萄籽油、橄榄油、牡丹籽油、棕榈（仁）油、沙棘籽油及食用调和油等。
NY/T 2753—2015	植物新品种特异性、一致性和稳定性测试指南　红花	本标准规定了红花新品种特异性、一致性和稳定性测试的技术要求和结果判定的一般原则。 本标准适用于红花（*Carthamus tinctorius* L.）新品种特异性、一致性和稳定性测试和结果判定。
NY/T 703—2003	红花花绒	本标准规定了红花花绒的术语和定义、要求、试验方法、检验规则、标志、包装、运输和贮存。 本标准适用于以红花为原料制成的红花花绒产品。
NY/T 430—2000	绿色食品　食用红花籽油	本标准规定了绿色食品食用红花籽油的定义、技术要求、试验方法、检验规则及标志、标签、包装、贮存、运输。 本标准适用于获得A级绿色食品标志的食用红花籽油（高级烹调油）。
SN/T 4063—2014	出口植物性中药材中汞含量的测定　直接进样-冷原子吸收光谱法	本标准规定了植物性中药材中汞含量的直接进样-冷原子吸收光谱测定方法。 本标准适用于人参、甘草、大青叶、紫苏叶、菊花、红花、枸杞、山楂、麻黄、藿香、黄柏、肉桂等植物性中药材中汞含量的测定。

标准号	标准名称	摘要
SN/T 3874—2014	出口药用植物中总砷的测定	本标准规定了药用植物中总砷的氢化物原子荧光光度法和电感耦合等离子体质谱法的测定方法。 本标准适用于红花、川芎、当归、西洋参、连翘、番泻叶等药用植物或类似的药用植物中总砷的测定，测定低限为 0.010 mg/kg。
SN/T 3873—2014	出口药用植物中总汞的测定	本标准规定了药用植物中总汞的电感耦合等离子体质谱法（ICP/MS）和原子荧光法的测定方法。 本标准适用于红花、川芎、当归、西洋参、连翘、番泻叶等药用植物或类似的药用植物中总汞的测定，测定低限为 0.005 mg/kg。
SN/T 3650—2013	药用植物中多菌灵、噻菌灵和甲基硫菌灵残留量的测定 液相色谱-质谱/质谱法	本标准规定了药用植物中多菌灵、噻菌灵和甲基硫菌灵残留量的液相色谱-质谱/质谱检测方法。 本标准适用于当归、番泻叶、红花、川芎、枸杞等药用植物或类似药用植物中多菌灵、噻菌灵和甲基硫菌灵残留量的检测和确证。本方法对多菌灵、噻菌灵和甲基硫菌灵的测定低限为 0.05 mg/kg。
SN/T 4653—2016	出口中药材中氨基甲酸酯类农药残留量的检测方法 液相色谱-质谱/质谱法	本标准规定了中药材中灭多威、异丙威、西维因、仲丁威、猛杀威、残杀威、克百威、噁虫威、灭蚜威、灭虫威、3-羟基-克百威和抗蚜威残留量的液相色谱-质谱/质谱测定方法。 本标准适用于出口济银花、苏叶、杭菊、甘草、山楂、白芷、黄连、枸杞、人参、红花中灭多威、异丙威、西维因、仲丁威、猛杀威、残杀威、克百威、噁虫威、灭蚜威、灭虫威、3-羟基-克百威和抗蚜威残留量的确证和定量测定。
5. 蒲公英		
NY/T 743—2020	绿色食品 绿叶类蔬菜	本标准规定了绿色食品绿叶类蔬菜的要求、检验规则、标签、包装、运输和储存。 本标准适用于绿色食品绿叶类蔬菜，包括菠菜、芹菜、落葵、莴苣（包括结球莴苣、莴笋、油麦菜、皱叶莴苣等）、蕹菜、茴香（包括小茴香、球茎茴香）、苋菜、青葙、芫荽、叶菾菜、茼蒿（包括大叶茼蒿、小叶茼蒿、蒿子秆）、荠菜、冬寒菜、番杏、菜苜蓿、紫背天葵、榆钱菠菜、菊苣、鸭儿芹、苦苣、苦荬菜、菊花脑、酸模、珍珠菜、芝麻菜、白花菜、香芹菜、罗勒、薄荷、紫苏、莳萝、马齿苋、蕺菜、蒲公英、马兰、蒌蒿等。

十三、兰科

标准号	标准名称	摘要
1. 天麻		
GB/T 19776—2008	地理标志产品 昭通天麻	本标准规定了昭通天麻的术语和定义、地理标志产品保护范围、要求、试验方法及标志、包装、运输、贮存。 本标准适用于国家质量监督检验检疫行政主管部门根据《地理标志产品保护规定》批准保护的昭通天麻。
NY/T 2593—2014	植物新品种特异性、一致性和稳定性测试指南 天麻	本标准规定了天麻（*Gastrodia elata* BL.）新品种的特异性、一致性和稳定性测试的技术要求和结果判定的一般原则。 本标准适用于天麻（*Gastrodia elata* BL.）新品种的特异性、一致性和稳定性测试和结果判定。
LY/T 2622—2016	天麻林下栽培技术规程	本标准规定了天麻（*Gastrodia elata*）林下栽培的林地选择、菌材制备、栽培、管理、采收等技术要求。 本标准适用于东北地区天麻林下栽培。
2. 石斛		
LY/T 2698—2016	铁皮石斛杂交育种技术规程	本标准规定了铁皮石斛（*Dendrobium officinale* Kimura et Migo）杂交育种亲本的选择与栽培、杂交技术、F_1 代无菌苗的生产、子代测定、优良单株扩繁以及谱系档案管理等内容。 本标准适用于人工控制下的铁皮石斛杂交育种。

标准号	标准名称	摘要
LY/T 2675—2016	石斛种质鉴定技术规范	本标准规定了石斛种质鉴定技术规范及相应指标。 本标准适用于铁皮石斛（*Dendrobium catenatum* Lindley, *Dendrobium officinale* Kimura & Migo）、金钗石斛（*Dendrobium nobile* Lindley）、鼓槌石斛（*Dendrobium chrysotoxum* Lindley）、流苏石斛（*Dendrobium fimbriatum* Hoo）。
LY/T 2820—2017	齿瓣石斛培育技术规程	本标准规定了齿瓣石斛的种苗培育、栽培、抚育管理、采收和采后处理及生产档案建立与管理等方面的技术要求。 本标准适用于我国齿瓣石斛的育苗和栽培。
LY/T 2547—2015	铁皮石斛栽培技术规程	本标准规定了铁皮石斛（*Dendrobium officinale* Kimura et Migo）栽培环境，栽培品种、种苗繁育，栽培基质、栽培技术、病虫害防治，采收、储藏、运输操作规程等。 本标准适用于铁皮石斛规范化栽培。
LY/T 2449—2015	霍山石斛种苗繁育技术规程	本标准规定了霍山石斛（*Dendrobium huoshanense* C. Z. Tang et S. J. Cheng）种苗繁育的种源、蒴果选择与处理、种苗培育、种苗质量、存放及假植、文件记录和档案管理。 本标准适用于利用霍山石斛种子，采用无菌播种技术繁育霍山石斛种苗。
LY/T 2448—2015	霍山石斛栽培技术规程	本标准规定了霍山石斛的产地环境条件、栽培技术、采收、储藏、文件记录和档案管理。 本标准适用于霍山石斛（*Dendrobium huoshanense* C. Z. Tang et S. J. Cheng）的林下栽培和设施栽培。
NY/T 2758—2015	植物新品种特异性、一致性和稳定性测试指南　石斛属	本标准规定了石斛属（*Dendrobium* Sw.）新品种特异性、一致性和稳定性测试的技术要求和结果判定的一般原则。 本标准适用于石斛属新品种特异性、一致性和稳定性测试和结果判定。

十四、蓼科

标准号	标准名称	摘要
1. 大黄		
NY/T 1326—2015	绿色食品　多年生蔬菜	本标准规定了绿色食品多年生蔬菜的要求、检验规则、标签、包装、运输和贮存。 本标准适用于绿色食品多年生蔬菜，包括芦笋、百合、菜用枸杞、黄秋葵、襄荷、菜蓟、辣根、食用大黄等的新鲜产品。
SB/T 11174.5—2016	中药材商品规格等级　第5部分：大黄	SB/T 11174 的本部分规定了大黄的商品规格等级。 本部分适用于大黄中药材生产，流通及使用过程中的商品规格等级评价。
2. 何首乌		
NY/T 2591—2014	植物新品种特异性、一致性和稳定性测试指南　何首乌	本标准规定了蓼科何首乌属何首乌［*Fallopiamulti flora*（Thunb.）Haraldson］新品种特异性、一致性和稳定性测试的技术要求和结果判定的一般原则。 本标准适用于何首乌新品种特异性、一致性和稳定性测试和结果判定。

十五、麻黄科

标准号	标准名称	摘要
麻黄		
GB/T 26614—2011	麻黄属种子质量分级	本标准规定了麻黄属（*Ephedra* L.）种子质量分级指标及评定方法。 本标准适用于生产、销售和使用的麻黄属种子的质量分级。

标准号	标准名称	摘要
LY/T 3092—2019	木麻黄栽培技术规程	本标准规定了木麻黄科树种的苗木培育、造林、抚育管理、病虫害防治及档案管理等技术要求。
SN/T 4062—2014	出口植物性中药材中稀土元素的测定方法	本标准规定了出口植物性中药材中钪（Sc）、钇（Y）、镧（La）、铈（Ce）、镨（Pr）、钕（Nd）、钐（Sm）、铕（Eu）、钆（Gd）、铽（Tb）、镝（Dy）、钬（Ho）、铒（Er）、铥（Tm）、镱（Yb）、镥（Lu）等十六种元素（以下简称16种元素）含量的电感耦合等离子体质谱（ICP-MS）和电感耦合等离子体发射光谱（ICP-AES）测定方法。 本标准适用于人参、紫苏叶、金银花、枸杞、麻黄、黄柏等植物性中药材中16种稀土元素含量的测定。
SN/T 4063—2014	出口植物性中药材中汞含量的测定　直接进样-冷原子吸收光谱法	本标准规定了植物性中药材中汞含量的直接进样-冷原子吸收光谱测定方法。 本标准适用于人参、甘草、大青叶、紫苏叶、菊花、红花、枸杞、山楂、麻黄、藿香、黄柏、肉桂等植物性中药材中汞含量的测定。
SN/T 4064—2014	出口植物性中药材中多种元素的测定方法	本标准规定了出口植物性中药材中铅（Pb）、砷（As）、汞（Hg）、镉（Cd）、铜（Cu）、铬（Cr）、硒（Se）、镍（Ni）、锡（Sn）、锌（Zn）、锰（Mn）、铁（Fe）等十二种元素（以下简称12种元素）含量的电感耦合等离子体质谱法（ICP-MS）和电感耦合等离子体发射光谱法（ICP-AES）测定方法。 本标准适用于人参、黄柏、紫苏叶、金银花、枸杞、麻黄等植物性中药材中上述12种元素含量的测定。

十六、毛莨科

标准号	标准名称	摘要
1. 铁线莲		
NY/T 2583—2014	植物新品种特异性、一致性和稳定性测试指南　铁线莲属	本标准规定了铁线莲属（*Clematis* L.）种内及种间杂交新品种特异性、一致性和稳定性测试的技术要求和结果判定的一般原则。 本标准适用于铁线莲属种内及种间杂交新品种特异性、一致性和稳定性测试和结果判定。
2. 赤芍		
BJY 201903	心宁片中赤芍、三七茎叶植物组织检查项补充检验方法	该标准全文未在全国标准信息公共服务或其他行业标准服务公众平台备案。
3. 黄连		
GB/T 20358—2006	地理标志产品　石柱黄连	本标准规定了石柱黄连的地理标志产品保护范围、术语和定义、自然环境、栽培和加工、质量要求、试验方法、检验规则、标志、标签、包装、运输、贮存。 本标准适用于国家质量监督检验检疫行政主管部门根据《地理标志产品保护规定》批准保护的石柱黄连。
LY/T 1828—2009	黄连木栽培技术规程	本标准规定了黄连木生产中的苗木选择、林地选择、整地、植苗造林、抚育管理、低产林改造、果实采收、病虫害防治等技术。 本标准适用于黄连木生态能源林植苗造林的生产管理。
SN/T 4653—2016	出口中药材中氨基甲酸酯类农药残留量的检测方法　液相色谱-质谱/质谱法	本标准规定了中药材中灭多威、异丙威、西维因、仲丁威、猛杀威、残杀威、克百威、噁虫威、灭蚜威、灭虫威、3-羟基-克百威和抗蚜威残留量的液相色谱-质谱/质谱测定方法。 本标准适用于出口济银花、苏叶、杭菊、甘草、山楂、白芷、黄连、枸杞、人参、红花中灭多威、异丙威、西维因、仲丁威、猛杀威、残杀威、克百威、噁虫威、灭蚜威、灭虫威、3-羟基-克百威和抗蚜威残留量的确证和定量测定。

十七、木兰科

标准号	标准名称	摘要
1. 厚朴		
LY/T 2122—2013	厚朴栽培技术规程	本标准规定了厚朴和凹叶厚朴的产地环境条件及生态区域划分、苗木繁育、造林技术、幼林抚育、成林管理及树皮的采收与加工。 本标准适用于国有、集体、个人所进行的厚朴 *Magnolia officinalis* Rehd. et Wils. 或凹叶厚朴 *Maganolia biloba*（Rehd. et Wils.）Cheng 的栽培生产。
SB/T 11174.4—2016	中药材商品规格等级 第 4 部分：厚朴	SB/T 11174 的本部分规定了厚朴的商品规格等级。 本部分适用于全国范围内各地区厚朴在生产、流通及使用过程中所涉及的商品规格等级。
2. 五味子		
LY/T 1825—2009	北五味子实生苗	本标准规定了北五味子实生苗的定义、质量、技术要求、检验规则、贮藏和运输。 本标准适用于北五味子一年生实生苗。
SN/T 4065—2014	出口植物性中药材中富马酸单甲酯和富马酸二甲酯残留量的测定　液相色谱法	本标准规定了出口植物性中药材中富马酸单甲酯和富马酸二甲酯残留量的液相色谱测定方法。 本标准适用于出口植物性中药材中五味子、陈皮、枸杞、苦杏仁、决明子、山茱萸、豆蔻和牛蒡子中富马酸单甲酯和富马酸二甲酯残留量的测定。
3. 南五味子		
LY/T 2049—2012	华中五味子栽培技术规程	本标准规定了华中五味子（*Schisandra sphenanthera* Rehd. et Wils.）的产地环境条件、苗木繁育、建园和管理技术。 本标准适用于华中五味子的栽培。

十八、木樨科

标准号	标准名称	摘要
1. 女贞子		
LY/T 3120—2019	植物新品种特异性、一致性、稳定性测试指南　女贞属	本标准适用于所有木樨科女贞属植物新品种的测试。
2. 连翘		
GB/T 22743—2008	地理标志产品　卢氏连翘	本标准规定了卢氏连翘的术语和定义、地理标志产品保护范围、自然环境、抚育、采收和加工、要求、试验方法、检验规则、标志、标签、包装、运输和贮存。 本标准适用于国家质量监督检验检疫行政主管部门根据《地理标志产品保护规定》批准保护的卢氏连翘。
GB/T 24883—2010	植物新品种特异性、一致性、稳定性测试指南　连翘属	本标准规定了木樨科连翘属植物新品种特异性、一致性、稳定性测试技术要求。 本标准适用于所有连翘属植物新品种的测试。
LY/T 1827—2009	连翘栽培技术规程	本标准规定了连翘生产的育苗、造林、抚育管理和果实采收技术。 本标准适用于连翘的标准化生产。
SN/T 3873—2014	出口药用植物中总汞的测定	本标准规定了药用植物中总汞的电感耦合等离子体质谱法（ICP/MS）和原子荧光法的测定方法。 本标准适用于红花、川芎、当归、西洋参、连翘、番泻叶等药用植物或类似的药用植物中总汞的测定，测定低限为 0.005 mg/kg。

标准号	标准名称	摘要
SN/T 3874—2014	出口药用植物中总砷的测定	本标准规定了药用植物中总砷的氢化物原子荧光光度法和电感耦合等离子体质谱法的测定方法。 本标准适用于红花、川芎、当归、西洋参、连翘、番泻叶等药用植物或类似的药用植物中总砷的测定，测定低限为0.010 mg/kg。
WM/T 3—2004	贯叶连翘提取物	本标准规定了贯叶连翘提取物的技术要求、检验方法、检验规则和标签、包装、运输、贮存要求。 本标准适用于以贯叶连翘为原料经提取而成的规格为总金丝桃素0.30%、贯叶金丝桃素3.0%的提取物。

十九、茜草科

标准号	标准名称	摘要
栀子		
GB 28311—2012	食品安全国家标准　食品添加剂　栀子蓝	本标准适用于以栀子（*Gardenia jasminoides* Ellis）的果实为原料，经水或食用乙醇浸提、酶解（β-葡萄糖苷酶）、添加食用氨基酸化合、精制等工艺加工制成的食品添加剂栀子蓝。
GB 7912—2010	食品安全国家标准　食品添加剂　栀子黄	本标准适用于以茜草科植物栀子（*Gardenia jasminoides* Ellis）的果实为原料，经提取、精制而成，可用糊精稀释的粉末、浸膏或液态的食品添加剂栀子黄。
LY/T 1832—2009	栀子栽培技术规程	本标准规定了栀子的种苗繁育、建园定植、抚育管理、病虫害防治、采收加工等栽培技术。

二十、蔷薇科

标准号	标准名称	摘要
杏仁		
GB/T 20452—2006	仁用杏杏仁质量等级	本标准规定了仁用杏中龙王帽、一窝蜂、柏峪扁和优一等四个甜杏仁（大扁杏）品种杏仁和苦杏仁（山杏杏仁）的质量指标，包括杏仁平均仁质量、色泽、风味、破碎率、不饱满率、虫蛀率、霉变率、杂质率、异种率、含水率、黄曲霉素等。 本标准适用于仁用杏杏仁生产、营销和进出口。 本标准不适用于鲜食杏品种。
NY/T 3607—2020	农产品中生氰糖苷的测定　液相色谱-串联质谱法	本标准规定了农产品中生氰糖苷的测定方法的原理、试剂和材料、仪器和设备、试样制备、分析步骤、结果计算及精密度等内容。 本标准适用于木薯、亚麻籽、苦杏仁、竹笋、高粱等含氰化物农产品中8种生氰糖苷类化合物含量的测定。
SN/T 3263—2012	出口食品中黄曲霉毒素残留量的测定	本标准规定了出口食品中黄曲霉毒素残留量的高效液相色谱法和荧光光度测定方法。 本标准中高效液相色谱法适用于玉米、茶叶、花生果、花生米和苦杏仁中黄曲霉毒素 B_1、B_2、G_1、G_2 的测定；荧光光度法适用于玉米、花生果、花生米和苦杏仁中黄曲霉毒素总量的测定。
SN/T 3272.2—2012	出境干果检疫规程　第2部分：苦杏仁	SN/T 3272的本部分规定了出境苦杏仁的检疫方法和结果判定。 本部分适用于出境苦杏仁的检疫。
SN/T 4065—2014	出口植物性中药材中富马酸单甲酯和富马酸二甲酯残留量的测定　液相色谱法	本标准规定了出口植物性中药材中富马酸单甲酯和富马酸二甲酯残留量的液相色谱测定方法。 本标准适用于出口植物性中药材中五味子、陈皮、枸杞、苦杏仁、决明子、山茱萸、豆蔻和牛蒡子中富马酸单甲酯和富马酸二甲酯残留量的测定。

标准号	标准名称	摘要
SN/T 4261—2015	出口中药材中苯并（α）芘残留量的测定	本标准规定了中药材中苯并（α）芘残留量的气相色谱-串联质谱测定方法及高效液相色谱测定方法。 本标准第一法和第二法均适用于熟地黄、人参、黄芪、甘草、半夏、番泻叶、菊花、枸杞、苦杏仁、绞股蓝、茯苓、僵蚕、蜂胶等中药材中苯并（α）芘残留量的测定，第一法可以对苯并（α）芘进行确证。
WS/T 5—1996	含氰甙类食物中毒诊断标准及处理原则	本标准规定了含氰甙类食物中毒的诊断标准、判定原则及处理原则。 本标准适用于因食用苦杏仁、桃仁、李子仁、枇杷仁、樱桃仁、木薯等含氰甙类食物引起的食物中毒。不适用于将苦杏仁作为药用引起的中毒。

二十一、茄科

标准号	标准名称	摘要
枸杞		
GB/T 18672—2014	枸杞	本标准规定了枸杞的质量要求、试验方法、检验规则、标志、包装、运输和贮存。 本标准适用于经干燥加工制成的各品种的枸杞成熟果实。
GB/T 19116—2003	枸杞栽培技术规程	本标准规定了枸杞栽培的适宜区域、优良品种、优质丰产指标、育苗、建园、栽植、土肥水管理、整形修剪、病虫害防治、鲜果采收、制干和贮存。 本标准适用于枸杞种植者进行栽培和管理。
GB/T 19742—2008	地理标志产品　宁夏枸杞	本标准规定了宁夏枸杞的术语和定义、地理标志产品保护范围、要求、试验方法、检验规则及标签、标志、包装、运输、贮存。 本标准适用于国家质量监督检验检疫行政主管部门根据《地理标志产品保护规定》批准保护的宁夏枸杞。
GB/T 19742—2008	地理标志产品　宁夏枸杞	本标准规定了宁夏枸杞的术语和定义、地理标志产品保护范围、要求、试验方法、检验规则及标签、标志、包装、运输、贮存。 本标准适用于国家质量监督检验检疫行政主管部门根据《地理标志产品保护规定》批准保护的宁夏枸杞。
GB/T 18525.4—2001	枸杞干、葡萄干辐照杀虫工艺	本标准规定了枸杞干和葡萄干辐照杀虫的工艺和要求。 本标准适用于经加工、包装的枸杞干和葡萄干的杀虫。其他干果可参照使用。 本标准不适于上述干果的防霉、杀菌。
GB 23200.11—2016	食品安全国家标准　桑枝、金银花、枸杞和荷叶中413种农药及相关化学品残留量的测定　液相色谱-质谱法	本标准规定了桑枝、金银花、枸杞和荷叶中413种农药及相关化学品残留量液相色谱-质谱测定方法。 本标准适用于桑枝、金银花、枸杞和荷叶中413种农药及相关化学品残留量的测定，其他食品可参照执行。
GB 23200.10—2016	食品安全国家标准　桑枝、金银花、枸杞和荷叶中488种农药及相关化学品残留量的测定　气相色谱-质谱法	本标准规定了桑枝、金银花、枸杞和荷叶中488种农药及相关化学品残留量气相色谱-质谱测定方法。 本标准适用于桑枝、金银花、枸杞和荷叶中488种农药及相关化学品的定性鉴别，431种农药及相关化学品的定量测定，其他食品可参照执行。
LY/T 2099—2013	植物新品种特异性、一致性、稳定性测试指南　枸杞属	本标准规定了茄科枸杞属（*Lycium* L.）植物新品种特异性、一致性、稳定性测试技术要求。 本标准适用于所有枸杞属植物新品种的测试。
NY/T 1051—2014	绿色食品　枸杞及枸杞制品	本标准规定了绿色食品枸杞及枸杞制品的术语和定义、要求、检验规则、标志和标签、包装、运输与贮存。 本标准适用于绿色食品枸杞及枸杞制品（包括枸杞鲜果、枸杞原汁、枸杞干果、枸杞原粉）。

标准号	标准名称	摘要
NY/T 2528—2013	植物新品种特异性、一致性和稳定性测试指南 枸杞	本标准规定了枸杞新品种特异性、一致性和稳定性测试的技术要求和结果判定的一般原则。 本标准适用于黑果枸杞（*L. ruthenicum Murr.*）、截萼枸杞（*L. truncatum* Y. C. Wang）、新疆枸杞（*L. dasystemum* Pojark.）、中国枸杞（*L. chinese* Mill.）、宁夏枸杞（*L. barbarurn* Linn.）、云南枸杞（*L. yunnanense* Kuang et A. M. Lu）、柱筒枸杞（*L. cylindricum* Kuang et A. M. Lu）的所有新品种特异性、一致性和稳定性测试和结果判定。
NY/T 5249—2004	无公害食品 枸杞生产技术规程	本标准规定了无公害食品枸杞的产地环境条件、品种选择与育苗、建园、土肥水管理、整形修剪、病虫害防治、鲜果采收和制干的生产技术。 本标准适用于我国西北、华北各省（区）无公害食品枸杞的生产。
NY/T 1464. 19—2007	农药田间药效试验准则 第 19 部分：除草剂防治枸杞地杂草	本部分规定了除草剂防治枸杞田杂草田间药效小区试验的方法和基本要求。 本部分适用于除草剂防治枸杞田杂草的登记用田间药效小区试验及药效评价。其他田间药效试验参照本部分执行。
NY/T 1464. 63—2017	农药田间药效试验准则 第 63 部分：杀虫剂防治枸杞刺皮瘿螨	本部分规定了杀虫剂防治枸杞刺皮瘿螨（*Aculops lycii* Kuang）田间药效小区试验的方法和基本要求。 本部分适用于杀虫剂防治枸杞刺皮瘿螨的登记用田间药效小区试验及药效评价。
NY/T 2966—2016	枸杞干燥技术规范	本标准规定了枸杞干燥的术语和定义、基本要求、干燥技术要求、干燥成品质量及包装、运输和储存等。 本标准适用于采用热风烘房或隧道式干燥机等类型干燥设备（设施）干燥新鲜枸杞。
NY/T 3903—2021	枸杞中黄酮类化合物的测定	该标准全文未在全国标准信息公共服务或其他行业标准服务公众平台备案。
NY/T 2947—2016	枸杞中甜菜碱含量的测定 高效液相色谱法	本标准规定了枸杞中甜菜碱的测定方法。 本标准适用于枸杞中甜菜碱含量的测定。 本方法检出限为 0. 001 g/100 g。
QX/T 283—2015	枸杞炭疽病发生气象等级	本标准规定了枸杞炭疽病发生的气象等级与指标。 本标准适用于枸杞炭疽病的监测、预报、预警和评估。
QX/T 282—2015	农业气象观测规范 枸杞	本标准规定了枸杞农业气象观测的规则，包括观测的原则、地段的选择，发育期、生长状况、生长量观测，产量与品质调查，主要农业气象灾害、病虫害观测，主要田间工作记载、观测簿表填写的要求及生育期间气象条件鉴定的内容等。 本标准适用于开展枸杞相关气象业务、服务和研究的农业气象观测。
GH/T 1302—2020	鲜枸杞	本标准规定了鲜枸杞的术语和定义、质量要求、试验方法、检验规则、包装和标签、贮存和运输。 本标准适用于红枸杞鲜果的收购与销售。
GH/T 1271—2019	枸杞清汁	本标准规定了枸杞清汁的术语和定义、要求、检验规则、标志、包装、运输、贮存。 本标准适用于以鲜枸杞或干枸杞为原料制成的食品工业用枸杞清汁。
GH/T 1237—2019	枸杞浆	本标准规定了枸杞浆的术语和定义、要求、检验方法、检验规则、标志、包装、运输、贮存。 本标准适用于以鲜枸杞或干枸杞为原料制成的食品工业用枸杞浆。

标准号	标准名称	摘要
SN/T 4592—2016	出口食品中总黄酮的测定	本标准规定了出境食品中黄酮类化合物总量的分光光度法检测方法。 本标准适用于出境枸杞、茶叶、葡萄酒等植物源性食品中黄酮类化合物的测定。
SN/T 4604—2016	进出口中药材中真菌毒素的测定	本标准规定了进出口中药材中黄曲霉素 B_1、B_2、G_1、G_2、M_1、M_2，赭曲霉素 A，伏马菌素 B_1、B_2，T-2 毒素，HT-2 毒素，二羟基苯甲酸内脂类真菌毒素的液相色谱-质谱/质谱检测方法。 本标准适用于进出口当归、桔梗、五味子、枸杞、大青叶、金银花、地龙中黄曲霉素 B_1、B_2、G_1、G_2、M_1、M_2，赭曲霉素 A，伏马菌素 B_1、B_2，T-2 毒素。HT-2 毒素，二羟基苯甲酸内脂类真菌毒素的液相色谱-质谱/质谱测定。
SN/T 4653—2016	出口中药材中氨基甲酸酯类农药残留量的检测方法 液相色谱-质谱/质谱法	本标准规定了中药材中灭多威、异丙威、西维因、仲丁威、猛杀威、残杀威、克百威、噁虫威、灭蚜威、灭虫威、3-羟基-克百威和抗蚜威残留量的液相色谱-质谱/质谱测定方法。 本标准适用于出口济银花、苏叶、杭菊、甘草、山楂、白芷、黄连、枸杞、人参、红花中灭多威、异丙威、西维因、仲丁威、猛杀威、残杀威、克百威、噁虫威、灭蚜威、灭虫威、3-羟基-克百威和抗蚜威残留量的确证和定量测定。
SN/T 4260—2015	出口植物源食品中粗多糖的测定 苯酚-硫酸法	本标准规定了出口植物源性食品中粗多糖含量的比色测定法。 本标准适用于食用菌、枸杞、葡萄、枣类、果汁等植物源性食品中粗多糖含量的测定。 本标准不适用于添加淀粉、糊精组分的食品。 本标准方法的检出限为 0.5 mg/kg。
SN/T 4261—2015	出口中药材中苯并（α）芘残留量的测定	本标准规定了中药材中苯并（α）芘残留量的气相色谱-串联质谱测定方法及高效液相色谱测定方法。 本标准第一法和第二法均适用于熟地黄、人参、黄芪、甘草、半夏、番泻叶、菊花、枸杞、苦杏仁、绞股蓝、茯苓、僵蚕、蜂胶等中药材中苯并（α）芘残留量的测定，第一法可以对苯并（α）芘进行确证。
SN/T 4061—2014	出口辐照植物性中药材鉴定方法-热释光法	本标准规定了辐照植物性中药材的热释光鉴定。 本标准适用于人参、五加皮、枸杞、山楂、苏叶、菊花等植物性中药材辐照的鉴定。
SN/T 4062—2014	出口植物性中药材中稀土元素的测定方法	本标准规定了出口植物性中药材中钪（Sc）、钇（Y）、镧（La）、铈（Ce）、镨（Pr）、钕（Nd）、钐（Sm）、铕（Eu）、钆（Gd）、铽（Tb）、镝（Dy）、钬（Ho）、铒（Er）、铥（Tm）、镱（Yb）、镥（Lu）等十六种元素（以下简称 16 种元素）含量的电感耦合等离子体质谱（ICP-MS）和电感耦合等离子体发射光谱（ICP-AES）测定方法。 本标准适用于人参、紫苏叶、金银花、枸杞、麻黄、黄柏等植物性中药材中 16 种稀土元素含量的测定。
SN/T 4064—2014	出口植物性中药材中多种元素的测定方法	本标准规定了出口植物性中药材中铅（Pb）、砷（As）、汞（Hg）、镉（Cd）、铜（Cu）、铬（Cr）、硒（Se）、镍（Ni）、锡（Sn）、锌（Zn）、锰（Mn）、铁（Fe）等十二种元素（以下简称 12 种元素）含量的电感耦合等离子体质谱法（ICP-MS）和电感耦合等离子体发射光谱法（ICP-AES）测定方法。 本标准适用于人参、黄柏、紫苏叶、金银花、枸杞、麻黄等植物性中药材中上述 12 种元素含量的测定。
SN/T 4063—2014	出口植物性中药材中汞含量的测定 直接进样-冷原子吸收光谱法	本标准规定了植物性中药材中汞含量的直接进样-冷原子吸收光谱测定方法。 本标准适用于人参、甘草、大青叶、紫苏叶、菊花、红花、枸杞、山楂、麻黄、藿香、黄柏、肉桂等植物性中药材中汞含量的测定。
SN/T 4065—2014	出口植物性中药材中富马酸单甲酯和富马酸二甲酯残留量的测定 液相色谱法	本标准规定了出口植物性中药材中富马酸单甲酯和富马酸二甲酯残留量的液相色谱测定方法。 本标准适用于出口植物性中药材中五味子、陈皮、枸杞、苦杏仁、决明子、山茱萸、豆蔻和牛蒡子中富马酸单甲酯和富马酸二甲酯残留量的测定。

标准号	标准名称	摘要
SN/T 0878—2000	进出口枸杞子检验规程	本标准规定了进出口枸杞子的取样和检验方法。 本标准适用于进出口枸杞子检验。
SN/T 3650—2013	药用植物中多菌灵、噻菌灵和甲基硫菌灵残留量的测定　液相色谱-质谱/质谱法	本标准规定了药用植物中多菌灵、噻菌灵和甲基硫菌灵残留量的液相色谱-质谱/质谱检测方法。 本标准适用于当归、番泻叶、红花、川芎、枸杞等药用植物或类似药用植物中多菌灵、噻菌灵和甲基硫菌灵残留量的检测和确证。本方法对多菌灵、噻菌灵和甲基硫菌灵的测定低限为 0.05 mg/kg。
SN/T 0519—2010	进出口食品中丙环唑残留量的检测方法	本标准规定了食品中丙环唑残留量的气相色谱检测方法和气相色谱-质谱检测与确证方法。 本标准适用于大米、荞麦、绿豆、苹果、草莓、香蕉、柑橘、韭菜、西兰花、蘑菇、枸杞子、茶叶、板栗、蜂蜜、猪肾、牛肉、鸡肉、鱼肉等食品中丙环唑残留量的测定和确证。

二十二、忍冬科

标准号	标准名称	摘要
金银花		
GB 23200.6—2016	食品安全国家标准　除草剂残留量检测方法　第 6 部分：液相色谱-质谱/质谱法测定　食品中杀草强残留量	本标准规定了食品中杀草强残留量的液相色谱-串联质谱（LC-MS-MS）测定方法。 本标准适用于苹果、菠萝、菠菜、胡萝卜、紫苏叶、金银花、姜粉、花椒粉、茶叶、小麦、玉米、花生、肉、鱼及动物肝脏中杀草强残留量的检测和确证；其他食品可参照执行。
GB 23200.30—2016	食品安全国家标准　食品中环氟菌胺残留量的测定　气相色谱-质谱法	本标准规定了食品中环氟菌胺残留量的制样和气相色谱-质谱检测方法。 本标准适用于小麦、玉米、花生、菠萝、苹果、青葱、胡萝卜、紫苏叶、金银花、姜粉、花椒粉及茶叶中环氟菌胺残留量的检测和确证，其他食品可参照执行。
GB 23200.11—2016	食品安全国家标准　桑枝、金银花、枸杞和荷叶中 413 种农药及相关化学品残留量的测定　液相色谱-质谱法	本标准规定了桑枝、金银花、枸杞和荷叶中 413 种农药及相关化学品残留量液相色谱-质谱测定方法。 本标准适用于桑枝、金银花、枸杞和荷叶中 413 种农药及相关化学品残留量的测定，其他食品可参照执行。
GB 23200.10—2016	食品安全国家标准　桑枝、金银花、枸杞和荷叶中 488 种农药及相关化学品残留量的测定　气相色谱-质谱法	本标准规定了桑枝、金银花、枸杞和荷叶中 488 种农药及相关化学品残留量气相色谱-质谱测定方法。 本标准适用于桑枝、金银花、枸杞和荷叶中 488 种农药及相关化学品的定性鉴别，431 种农药及相关化学品的定量测定，其他食品可参照执行。
GB/T 22250—2008	保健食品中绿原酸的测定	本标准规定了保健食品中绿原酸的测定方法。 本标准适用于以金银花、菊花、杜仲、山楂等一种或几种为主要原料的保健食品中绿原酸的测定。
LY/T 2451—2015	金银花栽培技术规程	本标准规定了金银花（*Lonicera japonica* Thunb.）（直立型）的适生区域与栽植环境质量、选地、品种与苗木选择、整地栽植、土肥水管理、整形修剪、病虫害防治、采摘等生产技术要求。 本标准适用于适生区金银花（直立型）的栽培和管理。
NY/T 1506—2015	绿色食品　食用花卉	本标准规定了绿色食品食用花卉的术语和定义、要求、检验规则、标签、包装、运输和贮存。 本标准适用于绿色食品食用花卉的鲜品，包括菊花、玫瑰花、金银花、茉莉花、金雀花、代代花、槐花，以及国家批准的其他可食用花卉。

标准号	标准名称	摘要
NY/T 2303—2013	农产品等级规格　金银花	本标准规定了药食两用金银花的等级规格要求、检验规则、包装和标识。 本标准适用于金银花的等级规格划分。
SN/T 4604—2016	进出口中药材中真菌毒素的测定	本标准规定了进出口中药材中黄曲霉素 B_1、B_2、G_1、G_2、M_1、M_2，赭曲霉素 A，伏马菌素 B_1、B_2，T-2 毒素，HT-2 毒素，二羟基苯甲酸内脂类真菌毒素的液相色谱-质谱/质谱检测方法。 本标准适用于进出口当归、桔梗、五味子、枸杞、大青叶、金银花、地龙中黄曲霉素 B_1、B_2、G_1、G_2、M_1、M_2，赭曲霉素 A，伏马菌素 B_1、B_2，T-2 毒素。HT-2 毒素，二羟基苯甲酸内脂类真菌毒素的液相色谱-质谱/质谱测定。
SN/T 4062—2014	出口植物性中药材中稀土元素的测定方法	本标准规定了出口植物性中药材中钪（Sc）、钇（Y）、镧（La）、铈（Ce）、镨（Pr）、钕（Nd）、钐（Sm）、铕（Eu）、钆（Gd）、铽（Tb）、镝（Dy）、钬（Ho）、铒（Er）、铥（Tm）、镱（Yb）、镥（Lu）等十六种元素（以下简称 16 种元素）含量的电感耦合等离子体质谱（ICP-MS）和电感耦合等离子体发射光谱（ICP-AES）测定方法。 本标准适用于人参、紫苏叶、金银花、枸杞、麻黄、黄柏等植物性中药材中 16 种稀土元素含量的测定。
SN/T 4064—2014	出口植物性中药材中多种元素的测定方法	本标准规定了出口植物性中药材中铅（Pb）、砷（As）、汞（Hg）、镉（Cd）、铜（Cu）、铬（Cr）、硒（Se）、镍（Ni）、锡（Sn）、锌（Zn）、锰（Mn）、铁（Fe）等十二种元素（以下简称 12 种元素）含量的电感耦合等离子体质谱法（ICP-MS）和电感耦合等离子体发射光谱法（ICP-AES）测定方法。 本标准适用于人参、黄柏、紫苏叶、金银花、枸杞、麻黄等植物性中药材中上述 12 种元素含量的测定。

二十三、瑞香科

标准号	标准名称	摘要
沉香		
LY/T 2904—2017	沉香	本标准规定了沉香的术语和定义、要求、试验方法及判定。
LY/T 3223—2020	沉香质量分级	本文件规定了沉香的术语和定义、要求、试验方法、抽样和取样、判定及标记、运输和贮存。
SN/T 5213—2020	土沉香鉴定方法	本文件规定了土沉香的鉴定方法。 本文件适用于土沉香的鉴定。

二十四、伞形科

标准号	标准名称	摘要
1. 川芎		
GB/T 21823—2008	地理标志产品　都江堰川芎	本标准规定了都江堰川芎的术语和定义、地理标志产品保护范围、要求、试验方法、检验规则、标志、包装、运输和贮存。 本标准适用于国家质量监督检验检疫行政主管部门根据《地理标志产品保护规定》批准保护的都江堰川芎。
SN/T 3650—2013	药用植物中多菌灵、噻菌灵和甲基硫菌灵残留量的测定　液相色谱-质谱/质谱法	本标准规定了药用植物中多菌灵、噻菌灵和甲基硫菌灵残留量的液相色谱-质谱/质谱检测方法。 本标准适用于当归、番泻叶、红花、川芎、枸杞等药用植物或类似药用植物中多菌灵、噻菌灵和甲基硫菌灵残留量的检测和确证。本方法对多菌灵、噻菌灵和甲基硫菌灵的测定低限为 0.05 mg/kg。

标准号	标准名称	摘要
SN/T 5171—2019	出口植物源性食品中去甲乌药碱的测定　液相色谱-质谱/质谱法	规定了出口植物源食品中去甲乌药碱残留量的液相色谱-质谱/质谱的测定方法。 本标准适用于白菜、火龙果、橙子、花生、辣椒、川芎中去甲乌药碱残留量的测定，其他食品也可参照使用。
SN/T 3874—2014	出口药用植物中总砷的测定	本标准规定了药用植物中总砷的氢化物原子荧光光度法和电感耦合等离子体质谱法的测定方法。 本标准适用于红花、川芎、当归、西洋参、连翘、番泻叶等药用植物或类似的药用植物中总砷的测定，测定低限为 0.010 mg/kg。
SN/T 3873—2014	出口药用植物中总汞的测定	本标准规定了药用植物中总汞的电感耦合等离子体质谱法（ICP/MS）和原子荧光法的测定方法。 本标准适用于红花、川芎、当归、西洋参、连翘、番泻叶等药用植物或类似的药用植物中总汞的测定，测定低限为 0.005 mg/kg。
2. 当归		
SN/T 3874—2014	出口药用植物中总砷的测定	本标准规定了药用植物中总砷的氢化物原子荧光光度法和电感耦合等离子体质谱法的测定方法。 本标准适用于红花、川芎、当归、西洋参、连翘、番泻叶等药用植物或类似的药用植物中总砷的测定，测定低限为 0.010 mg/kg。
SN/T 3873—2014	出口药用植物中总汞的测定	本标准规定了药用植物中总汞的电感耦合等离子体质谱法（ICP/MS）和原子荧光法的测定方法。 本标准适用于红花、川芎、当归、西洋参、连翘、番泻叶等药用植物或类似的药用植物中总汞的测定，测定低限为 0.005 mg/kg。
SN/T 3650—2013	药用植物中多菌灵、噻菌灵和甲基硫菌灵残留量的测定　液相色谱-质谱/质谱法	本标准规定了药用植物中多菌灵、噻菌灵和甲基硫菌灵残留量的液相色谱-质谱/质谱检测方法。 本标准适用于当归、番泻叶、红花、川芎、枸杞等药用植物或类似药用植物中多菌灵、噻菌灵和甲基硫菌灵残留量的检测和确证。本方法对多菌灵、噻菌灵和甲基硫菌灵的测定低限为 0.05 mg/kg。
SN/T 4604—2016	进出口中药材中真菌毒素的测定	本标准规定了进出口中药材中黄曲霉素 B_1、B_2、G_1、G_2、M_1、M_2，赭曲霉素 A，伏马菌素 B_1、B_2，T-2 毒素，HT-2 毒素，二羟基苯甲酸内脂类真菌毒素的液相色谱-质谱/质谱检测方法。 本标准适用于进出口当归、桔梗、五味子、枸杞、大青叶、金银花、地龙中黄曲霉素 B_1、B_2、G_1、G_2、M_1、M_2，赭曲霉素 A，伏马菌素 B_1、B_2，T-2 毒素。HT-2 毒素，二羟基苯甲酸内脂类真菌毒素的液相色谱-质谱/质谱测定。
WM/T 4—2004	当归提取物	本标准规定了当归提取物的技术要求、检验方法、检验规则和标签、包装、运输、贮存要求 本标准适用于以当归为原料经提取而成的规格为阿魏酸 0.10%，藁本内酯 1.0%的提取物。
3. 白芷		
SN/T 4653—2016	出口中药材中氨基甲酸酯类农药残留量的检测方法　液相色谱-质谱/质谱法	本标准规定了中药材中灭多威、异丙威、西维因、仲丁威、猛杀威、残杀威、克百威、噁虫威、灭蚜威、灭虫威、3-羟基-克百威和抗蚜威残留量的液相色谱-质谱/质谱测定方法。 本标准适用于出口济银花、苏叶、杭菊、甘草、山楂、白芷、黄连、枸杞、人参、红花中灭多威、异丙威、西维因、仲丁威、猛杀威、残杀威、克百威、噁虫威、灭蚜威、灭虫威、3-羟基-克百威和抗蚜威残留量的确证和定量测定。
4. 柴胡		
NY/T 2589—2014	植物新品种特异性、一致性和稳定性测试指南　柴胡与狭叶柴胡	本指南规定了柴胡与狭叶柴胡（*Bupleurum chinense* DC. / B. *scorzonerifolum* Willd.）新品种特异性、一致性和稳定性测试的技术要求和结果判定的一般原则。 本指南适用柴胡与狭叶柴胡新品种特异性、一致性和稳定性测试和结果判定。

标准号	标准名称	摘要
SN/T 4527—2016	出口中药材中多种有机氯、拟除虫菊酯类农药残留量的测定	本标准规定了中药材中六氯苯、α-六六六、五氯硝基苯、γ-六六六、七氯、五氯苯胺、艾氏剂、β-六六六、δ-六六六、环氧七氯、三唑酮、α-硫丹、p,p′-滴滴伊、狄氏剂、异狄氏剂、o,p′-滴滴涕、β-硫丹、p,p′-滴滴滴、p,p′-滴滴涕、异狄氏剂醛、联苯菊酯、甲氰菊酯、胺菊酯、氯菊酯、氯氰菊酯、氰戊菊酯、溴氰菊酯农药残留量的气相色谱检测方法。 本标准适用于人参、半夏、山药、葛根、柴胡、党参等中药材中27种有机氯、拟除虫菊酯类农药残留量的测定。

二十五、山茱萸科

标准号	标准名称	摘要
山茱萸		
LY/T 2816—2017	山茱萸育苗技术规程	本标准规定了山茱萸（*Cornus officinalis*）播种育苗、嫁接育苗、扦插育苗、病虫害防治、苗木出圃和育苗档案管理等技术内容。 本标准适用于山茱萸的苗木生产。
SN/T 4065—2014	出口植物性中药材中富马酸单甲酯和富马酸二甲酯残留量的测定　液相色谱法	本标准规定了出口植物性中药材中富马酸单甲酯和富马酸二甲酯残留量的液相色谱测定方法。 本标准适用于出口植物性中药材中五味子、陈皮、枸杞、苦杏仁、决明子、山茱萸、豆蔻和牛蒡子中富马酸单甲酯和富马酸二甲酯残留量的测定。

二十六、十字花科

标准号	标准名称	摘要
大青叶		
SN/T 4604—2016	进出口中药材中真菌毒素的测定	本标准规定了进出口中药材中黄曲霉素 B_1、B_2、G_1、G_2、M_1、M_2，赭曲霉素 A，伏马菌素 B_1、B_2，T-2 毒素，HT-2 毒素，二羟基苯甲酸内脂类真菌毒素的液相色谱-质谱/质谱检测方法。 本标准适用于进出口当归、桔梗、五味子、枸杞、大青叶、金银花、地龙中黄曲霉素 B_1、B_2、G_1、G_2、M_1、M_2，赭曲霉素 A，伏马菌素 B_1、B_2，T-2 毒素。HT-2 毒素，二羟基苯甲酸内脂类真菌毒素的液相色谱-质谱/质谱测定。
SN/T 4063—2014	出口植物性中药材中汞含量的测定　直接进样-冷原子吸收光谱法	本标准规定了植物性中药材中汞含量的直接进样-冷原子吸收光谱测定方法。 本标准适用于人参、甘草、大青叶、紫苏叶、菊花、红花、枸杞、山楂、麻黄、藿香、黄柏、肉桂等植物性中药材中汞含量的测定。

二十七、石蒜科

标准号	标准名称	摘要
石蒜		
NY/T 2510—2013	植物新品种特异性、一致性和稳定性测试指南　石蒜属	本标准规定了石蒜属（*Lycoris* Herb.）新品种特异性、一致性和稳定性测试的技术要求和结果判定的一般原则。 本标准适用于石蒜属新品种特异性、一致性和稳定性测试和结果判定。
LY/T 2444—2015	石蒜类植物种球生产技术规程	本标准规定了石蒜类植物种球扦插繁殖、种球培育和养护、病虫害防治等技术要求。 本标准适用于中国石蒜（*Lycoris chinensis*）、长筒石蒜（*Lycoris longituba*）、换锦花（*Lycoris sprengeri*）等种球生产。

标准号	标准名称	摘要
SN/T 4179—2015	水仙退化病毒检疫鉴定方法	本标准规定了水仙退化病毒血清学、分子生物学检疫鉴定方法。 本标准适用于石蒜科等寄主植物中水仙退化病毒的检疫鉴定。

二十八、石竹科

标准号	标准名称	摘要
太子参		
GB/T 40137—2021	太子参种子、种根	本文件规定了太子参种子、种根的术语和定义、技术要求、检验方法、检验规则、贮藏与包装。 本文件适用于太子参种子、种根的生产、储藏、运输和销售。
GB/T 40136—2021	太子参种植技术规范	本文件规定了太子参种植的术语和定义、产地环境、种植技术和档案管理。 本文件适用于太子参的种植。
SB/T 11174.2—2016	中药材商品规格等级 第2部分：太子参	SB/T 11174 的本部分规定了太子参的商品规格等级。 本部分适用于太子参中药材生产，流通及使用过程中的商品规格等级评价。

二十九、薯蓣科

标准号	标准名称	摘要
山药		
GB/T 20351—2006	地理标志产品 怀山药	本标准规定了怀山药的地理标志产品保护范围、术语和定义、种植环境、栽培和加工、质量要求、试验方法、检验规则及标志、标签、包装、运输和贮存。 本标准适用于国家质量监督检验检疫行政主管部门根据《地理标志产品保护规定》批准保护的怀山药。
NY/T 2984—2016	绿色食品 淀粉类蔬菜粉	本标准规定了绿色食品淀粉类蔬菜粉的术语和定义、要求、检验规则、标签、包装、运输和储存。 本标准适用于绿色食品马铃薯全粉、红薯全粉、木薯全粉、葛根全粉、山药全粉、马蹄粉等淀粉类蔬菜粉。
NY/T 1049—2015	绿色食品 薯芋类蔬菜	本标准规定了绿色食品薯芋类蔬菜的要求、检验规则、标签、包装、运输和贮存。 本标准适用于绿色食品马铃薯、生姜、魔芋、山药、豆薯、菊芋、甘露（草食蚕）、蕉芋、香芋、葛、甘薯、木薯、菊薯等薯芋类蔬菜。
NY/T 2495—2013	植物新品种特异性、一致性和稳定性测试指南 山药	本标准规定了山药（*Dioscoreaalata* L.；*Dioscoreapolystachya* Turcz.；*Dioscoreajaponica* Thunb.）新品种特异性、一致性和稳定性测试的技术要求和结果判定的一般原则。 本标准适用于山药新品种特异性、一致性和稳定性测试和结果判定。
NY/T 3569—2020	山药、芋头贮藏保鲜技术规程	本标准规定了山药、芋头贮藏保鲜的采收和质量要求、贮藏设施、预冷、分级与包装、堆码、贮藏、出库及运输等技术要求。 本标准适用于山药、芋头的贮藏保鲜。
NY/T 1065—2006	山药等级规格	本标准规定了山药的等级、规格、包装和标识。 本标准适用于鲜食的长柱开有山药，不包括圆筒形、扁块形等其他形状的山药。

标准号	标准名称	摘要
QB/T 5421—2019	薯类罐头	本标准规定了薯类罐头的术语与定义、产品分类及代号、要求、试验方法、检验规则和标签、包装、标志、运输和贮存。 标准适用以新鲜或冷藏良好的番薯、马铃薯、山药、芋头等为主要原料，经预处理、装罐、加汤汁或不加汤汁、密封、杀菌而制成的薯类罐藏食品。
SN/T 0702—2011	进出口粮谷和坚果中乙酯杀螨醇残留量的检测方法　气相色谱-质谱法	本标准规定了粮谷及坚果中乙酯杀螨醇残留量测定的制样、气相色谱-质谱测定及确证方法。 本标准适用于大米、小麦、大麦、玉米、大豆、燕麦、核桃仁、杏仁、榛子仁、花生、芝麻、栗子、甘薯、山药中乙酯杀螨醇残留量的测定和确证。
SN/T 4527—2016	出口中药材中多种有机氯、拟除虫菊酯类农药残留量的测定	本标准规定了中药材中六氯苯、α-六六六、五氯硝基苯、γ-六六六、七氯、五氯苯胺、艾氏剂、β-六六六、δ-六六六、环氧七氯、三唑酮、α-硫丹、p,p′-滴滴伊、狄氏剂、异狄氏剂、o,p′-滴滴涕、β-硫丹、p,p′-滴滴滴、p,p′-滴滴涕、异狄氏剂醛、联苯菊酯、甲氰菊酯、胺菊酯、氯菊酯、氯氰菊酯、氰戊菊酯、溴氰菊酯农药残留量的气相色谱检测方法。 本标准适用于人参、半夏、山药、葛根、柴胡、党参等中药材中 27 种有机氯、拟除虫菊酯类农药残留量的测定。

三十、睡莲科

标准号	标准名称	摘要
莲子		
NY/T 1042—2017	绿色食品　坚果	本标准规定了绿色食品坚果的分类、要求、检验规则、标签、包装、运输和储存。 本标准适用于绿色食品核桃、山核桃、榛子、香榧、腰果、松子、杏仁、开心果、扁桃（巴旦木）、澳洲坚果（夏威夷果）、鲍鱼果、板栗、橡子、银杏、芡实（米）、莲子、菱角等鲜或干的坚果及其果仁，也适用于以坚果为主要原料，不添加辅料，经水煮、蒸煮等工艺制成的原味坚果制品；不适用于坚果类烘炒制品。
NY/T 1405—2015	绿色食品　水生蔬菜	本标准规定了绿色食品水生蔬菜的要求、检验规则、标签、包装、运输和贮存。 本标准适用于绿色食品茭白、水芋、慈姑、菱、荸荠、芡实、水蕹菜、豆瓣菜、水芹、莼菜、蒲菜、莲子米等水生蔬菜。不包括藕及其制品。
NY/T 1504—2007	莲子	本标准规定了莲子的术语和定义、要求、试验方法、检验规则及标志、包装、运输与贮存。 本标准适用于莲子干制品。
QB/T 5422—2019	八宝饭罐头	本标准规定了八宝饭罐头的产品分类及代号、要求、试验方法、检验规则和标签、包装、标志、运输和贮存。 本标准适用于以糯米、豆类或肉类等为主要原料，以水、白砂糖、猪油或食用植物油、红枣、蜜枣、核桃仁、莲子、瓜子仁、葡萄干等为辅料，经前处理、调味、装罐、加配料、密封、杀菌、冷却制成的八宝饭罐藏食品。
QB/T 1604—1992	清水莲子罐头	本标准规定了清水莲子罐头的产品分类、技术要求、试验方法、检验规则和标志、包装、运输、贮存的基本要求。 本标准适用于以莲子为原料，经去衣膜、预煮、捅莲芯、漂洗、装罐、密封、杀菌制成的清水莲子罐头。
QB 1603—1992	糖水莲子罐头	本标准规定了糖水莲子罐头的产品分类、技术要求、试验方法、检验规则和标志、包装、运输、贮存的基本要求。 本标准适用于以莲子为原料，经去衣膜、预煮、捅莲芯、漂洗、装罐、加糖水、密封、杀菌制成的糖水莲子罐头。

标准号	标准名称	摘要
SB/T 10050—1992	糖莲子	本标准规定了糖莲子的技术要求、检验规则、包装、运输和保质期。 本标准适用于以莲子为原料，经脱皮、去心加工而成的糖莲子。

三十一、苏木科

标准号	标准名称	摘要
番泻		
SN/T 3650—2013	药用植物中多菌灵、噻菌灵和甲基硫菌灵残留量的测定 液相色谱-质谱/质谱法	本标准规定了药用植物中多菌灵、噻菌灵和甲基硫菌灵残留量的液相色谱-质谱/质谱检测方法。 本标准适用于当归、番泻叶、红花、川芎、枸杞等药用植物或类似药用植物中多菌灵、噻菌灵和甲基硫菌灵残留量的检测和确证。本方法对多菌灵、噻菌灵和甲基硫菌灵的测定低限为 0.05 mg/kg。
SN/T 3873—2014	出口药用植物中总汞的测定	本标准规定了药用植物中总汞的电感耦合等离子体质谱法（ICP/MS）和原子荧光法的测定方法。 本标准适用于红花、川芎、当归、西洋参、连翘、番泻叶等药用植物或类似的药用植物中总汞的测定，测定低限为 0.005 mg/kg。
SN/T 3874—2014	出口药用植物中总砷的测定	本标准规定了药用植物中总砷的氢化物原子荧光光度法和电感耦合等离子体质谱法的测定方法。 本标准适用于红花、川芎、当归、西洋参、连翘、番泻叶等药用植物或类似的药用植物中总砷的测定，测定低限为 0.010 mg/kg。
SN/T 4261—2015	出口中药材中苯并（α）芘残留量的测定	本标准规定了中药材中苯并（α）芘残留量的气相色谱-串联质谱测定方法及高效液相色谱测定方法。 本标准第一法和第二法均适用于熟地黄、人参、黄芪、甘草、半夏、番泻叶、菊花、枸杞、苦杏仁、绞股蓝、茯苓、僵蚕、蜂胶等中药材中苯并（α）芘残留量的测定，第一法可以对苯并（α）芘进行确证。

三十二、檀香科

标准号	标准名称	摘要
檀香		
QB/T 5254—2018	天然植物材料熏香檀香	本标准规定了天然植物材料熏香中檀香的术语和定义、分类、要求、试验方法、检验规则、标志、包装、运输、贮存。 本标准适用于天然植物材料熏香中檀香。
LY/T 3056—2018	紫檀培育技术规程	本标准规定了印度紫檀等树种的适生环境、育苗、造林、幼林管护、成林管理、砍伐等技术规程。 本标准适用于蝶形花科紫檀属植物印度紫檀（*Pterocarpus indicus* Willd.）、檀香紫檀（*P. santalinus* Linn.）、马拉巴紫檀（*P . marsupium* Roxb.）、大果紫檀（*P. macrocarpus* Kurz）等树种的用材林培育。

三十三、天南星科

标准号	标准名称	摘要
1. 菖蒲		
GB 4789. 29—2020	食品安全国家标准 食品微生物学检验 唐菖蒲伯克霍尔德氏菌（椰毒假单胞菌酵米面亚种）检验	本标准规定了食品中唐菖蒲伯克霍尔德氏菌（椰毒假单胞菌酵米面亚种）[*Burkholderia gladioli*（*Pseudom. onas cocovenenans* subsp. *farino fermentans*）] 的检验方法。 本标准适用于食品中唐菖蒲伯克霍尔德氏菌（椰毒假单胞菌酵米面亚种）的检验。

标准号	标准名称	摘要
NY/T 322—2020	唐菖蒲切花等级规格	本标准规定了唐菖蒲切花的等级规格要求、抽样、检测、判定、包装、标识、储藏和运输要求。 本标准适用于唐菖蒲切花的等级规格划分。
NY/T 2558—2014	植物新品种特异性、一致性和稳定性测试指南　唐菖蒲属	本标准适用于鸢尾科唐菖蒲属（*Gladiolus* L.）新品种特异性、一致性和稳定性测试和结果判定。 本标准规定了唐菖蒲属新品种特异性、一致性和稳定性测试的技术要求和结果判定的一般原则。
SN/T 3625—2013	出口食品中细辛醚含量的测定　液相色谱法	本标准规定了食品中白菖蒲油主要成分α-细辛醚和β-细辛醚含量的液相色谱测定方法。 本标准适用于伏特加、白酒、猪肉、熏鱼肉、绿豆糕、调料粉、奶粉等出口食品中α-细辛醚和β-细辛醚含量的测定。
2. 半夏		
BJY 201920	半夏药材及饮片生半夏、法半夏、姜半夏、清半夏中水麦冬酸检查项补充检验方法	该标准全文未在全国标准信息公共服务或其他行业标准服务公众平台备案。
SN/T 4527—2016	出口中药材中多种有机氯、拟除虫菊酯类农药残留量的测定	本标准规定了中药材中六氯苯、α-六六六、五氯硝基苯、γ-六六六、七氯、五氯苯胺、艾氏剂、β-六六六、δ-六六六、环氧七氯、三唑酮、α-硫丹、p,p′-滴滴伊、狄氏剂、异狄氏剂、o,p′-滴滴涕、β-硫丹、p,p′-滴滴滴、p,p′-滴滴涕、异狄氏剂醛、联苯菊酯、甲氰菊酯、胺菊酯、氯菊酯、氯氰菊酯、氰戊菊酯、溴氰菊酯农药残留量的气相色谱检测方法。 本标准适用于人参、半夏、山药、葛根、柴胡、党参等中药材中27种有机氯、拟除虫菊酯类农药残留量的测定。
SN/T 4261—2015	出口中药材中苯并（α）芘残留量的测定	本标准规定了中药材中苯并（α）芘残留量的气相色谱-串联质谱测定方法及高效液相色谱测定方法。 本标准第一法和第二法均适用于熟地黄、人参、黄芪、甘草、半夏、番泻叶、菊花、枸杞、苦杏仁、绞股蓝、茯苓、僵蚕、蜂胶等中药材中苯并（α）芘残留量的测定，第一法可以对苯并（α）芘进行确证。

三十四、五加科

标准号	标准名称	摘要
1. 人参		
GB 6941—1986	人参种子	本标准适用于参业生产、科研和经营中对人参种子分级、分等和检验。
GB 6942—1986	人参种苗	本标准作为检验参苗质量和分级依据，适用于参业生产、科研和经营中对参苗分级及质量检验。
GB/T 34789—2017	人参优质种植技术规范	本标准规定了人参优质种植过程中的种植区域、选地、土壤改良、做畦、种子处理、播种与移栽、田间管理、病虫草鼠害防治、采收及档案管理。 本标准适用于人参（园参）的人工种植管理。
GB/T 19506—2009	地理标志产品　吉林长白山人参	本标准规定了吉林长白山人参的术语和定义、地理标志产品保护范围、产品分类、技术要求、试验方法、检验规则及标志、标签、包装、运输、贮存。 本标准适用于国家质量监督检验检疫行政主管部门根据《地理标志产品保护规定》批准保护的吉林长白山人参。
GB/T 22540—2018	蜜制人参分等质量	本标准规定了蜜制人参产品的术语和定义、技术要求、检验方法、检验规则、标志、标签和包装以及运输和贮存。 本标准适用于蜜制人参的分等和检验。
GB/T 22534—2018	保鲜人参分等质量	本标准规定了保鲜人参产品的术语和定义、技术要求、检验方法、检验规则、标志、标签和包装以及运输和贮存。 本标准适用于保鲜人参的分等和检验。

标准号	标准名称	摘要
GB/T 18765—2015	野山参鉴定及分等质量	本标准规定了野山参的术语和定义、技术要求、检验方法、检验规则、标志、标签和包装、运输和贮存。 本标准适用于野山参的等级分类和技术鉴定，也适用于野山参及其初级加工产品，不适用于野生人参。
GB/T 22996—2008	人参中多种人参皂甙含量的测定 液相色谱-紫外检测法	本标准规定了人参中人参皂甙（ginsenosides）Re、Rg、Rf、Rb_1、Rc、Rb_2含量的液相色谱-紫外检测方法。 本标准适用于生晒人参中人参皂甙 Re、Rg_1、Rf、Rb_1、Rc、Rb_2 含量的测定。 本标准的方法检出限：人参皂甙 Re、Rg_1、Rb_1、Rc、Rb_2 均为 50 mg/kg，人参皂甙 Rf 为 25 mg/kg。
GB/T 17980. 47—2000	农药 田间药效试验准则（一）除草剂防治根菜类蔬菜田杂草	本标准规定了除草剂防治根菜类蔬菜田杂草田间药效小区试验的方法和基本要求。 本标准适用于除草剂防治播种或移植、温室或覆膜的根菜类蔬菜田，包括胡萝卜、红甜菜、人参、红萝卜、辣根、根芹菜、芜菁等地杂草的登记用田间药效小区试验及药效评价。其他田间药效试验参照本标准执行。
NY/T 1043—2016	绿色食品 人参和西洋参	本标准规定了绿色食品人参和西洋参的术语和定义、要求、检验规则、标签、包装、运输和储存。 本标准适用于绿色食品保鲜参、活性参、生晒参、红参、人参蜜片和两洋参，西洋参应符合同家关于保健食品的相关规定。
NY/T 2748—2015	植物新品种特异性、一致性和稳定性测试指南 人参	本标准规定了人参新品种特异性、一致性和稳定性测试的技术要求和结果判定的一般原则。 本标准适用于人参（*Panaxginseng* C. A. Meyer）新品种特异性、一致性和稳定性测试和结果判定。
NY/T 2301—2013	参业 名词术语	本标准界定了人参和西洋参的形态特征、生物学特性、遗传育种、栽培生产、加工、产品、化学成分等方面的名词术语。 本标准适用于人参科研、教学、生产、检验、加工和贸易等领域。
NY/T 32—1986	人参田间调查记载方法	本标准作为田间调查依据，适用于参业生产、科研田间试验调查记载。
NY/T 1604—2008	人参产地环境技术条件	本标准规定了人参产地选择要求、环境空气质量、灌溉水质量、土壤环境质量的各个项目要求、采样方法以及试验方法。 本标准适用于人参产地环境要求。
NY 318—1997	人参制品	本标准规定了人参茶、人参果茶、多维人参果茶、红景天人参茶、人参蜜片、人参酒的技术要求、试验方法、检验规则、标志、包装、运愉、贮存。 本标准适用于人参茶、人参果茶、多维人参果茶、红景天人参茶、人参蜜片、人参酒。
NY/T 1464. 64—2017	农药田间药效试验准则 第 64 部分：杀菌剂防治五加科植物黑斑病	本部分规定了杀菌剂防治五加科植物黑斑病田间药效小区试验的试验条件、试验设计与安排、施药、调查、计算方法、结果与报告的编写。 本部分适用于包括人参黑斑病（*Alternaria panax* Whetzel）、西洋参黑斑病（*A. panax* Whetzel）和三七黑斑病（*A. teniuis*）登记用田间小区药效试验及评价。其他试验参照本部分执行。
NY/T 1842—2010	人参中皂苷的测定	本标准规定了测定人参中 9 种人参皂苷的高效液相色谱方法。 本标准适用于人参中人参皂苷 Rb_1、Rb_2、Rb_3、Rc、Rd、Re、Rg_1、Rg_2 和 Rf 的测定。
SN/T 5131—2019	人参鉴定方法	本标准规定了人参的 DNA 条形码检测鉴定方法。 本标准适用于中药材人参、饮片及其基原植物的检验鉴定，不适用于提取不到核酸的深加工产品和粉末混合物。
SN/T 1001—2001	出口人参检验方法	本标准规定了出口人参的定义、抽样、检验方法及外观规格质量标准等。 本标准适用于出口人参的检验。

标准号	标准名称	摘要
SN/T 1957—2007	进出口中药材及其制品中五氯硝基苯残留量检测方法　气相色谱-质谱法	本标准规定了中药材及其制品中五氯硝基苯残留量气相色谱-质谱检测方法。 本标准适用于人参、人参口服液中五氯硝基苯残留量的测定。
SN/T 1923—2007	进出口食品中草甘膦残留量的检测方法　液相色谱-质谱/质谱法	本标准规定了食品中草甘膦残留量检验的制样和液相色谱-串联质谱测定方法。 本标准适用于大豆、小麦、大米、玉米、甘蔗、柑橙、紫苏、板栗、茶叶、虾、鱼、畜禽肉、蜂蜜、香料、人参中草甘膦（PMG）及其代谢产物氨甲基膦酸（AMPA）残留量的检测和确证。
SN/T 4653—2016	出口中药材中氨基甲酸酯类农药残留量的检测方法　液相色谱-质谱/质谱法	本标准规定了中药材中灭多威、异丙威、西维因、仲丁威、猛杀威、残杀威、克百威、噁虫威、灭蚜威、灭虫威、3-羟基-克百威和抗蚜威残留量的液相色谱-质谱/质谱测定方法。 本标准适用于出口济银花、苏叶、杭菊、甘草、山楂、白芷、黄连、枸杞、人参、红花中灭多威、异丙威、西维因、仲丁威、猛杀威、残杀威、克百威、噁虫威、灭蚜威、灭虫威、3-羟基-克百威和抗蚜威残留量的确证和定量测定。
SN/T 4527—2016	出口中药材中多种有机氯、拟除虫菊酯类农药残留量的测定	本标准规定了中药材中六氯苯、α-六六六、五氯硝基苯、γ-六六六、七氯、五氯苯胺、艾氏剂、β-六六六、δ-六六六、环氧七氯、三唑酮、α-硫丹、p,p′-滴滴伊、狄氏剂、异狄氏剂、o,p′-滴滴涕、β-硫丹、p,p′-滴滴滴、p,p′-滴滴涕、异狄氏剂醛、联苯菊酯、甲氰菊酯、胺菊酯、氯菊酯、氯氰菊酯、氰戊菊酯、溴氰菊酯农药残留量的气相色谱检测方法。 本标准适用于人参、半夏、山药、葛根、柴胡、党参等中药材中27种有机氯、拟除虫菊酯类农药残留量的测定。
SN/T 4261—2015	出口中药材中苯并（α）芘残留量的测定	本标准规定了中药材中苯并（α）芘残留量的气相色谱-串联质谱测定方法及高效液相色谱测定方法。 本标准第一法和第二法均适用于熟地黄、人参、黄芪、甘草、半夏、番泻叶、菊花、枸杞、苦杏仁、绞股蓝、茯苓、僵蚕、蜂胶等中药材中苯并（α）芘残留量的测定，第一法可以对苯并（α）芘进行确证。
SN/T 4064—2014	出口植物性中药材中多种元素的测定方法	本标准规定了出口植物性中药材中铅（Pb）、砷（As）、汞（Hg）、镉（Cd）、铜（Cu）、铬（Cr）、硒（Se）、镍（Ni）、锡（Sn）、锌（Zn）、锰（Mn）、铁（Fe）等十二种元素（以下简称12种元素）含量的电感耦合等离子体质谱法（ICP-MS）和电感耦合等离子体发射光谱法（ICP-AES）测定方法。 本标准适用于人参、黄柏、紫苏叶、金银花、枸杞、麻黄等植物性中药材中上述12种元素含量的测定。
SN/T 4063—2014	出口植物性中药材中汞含量的测定　直接进样-冷原子吸收光谱法	本标准规定了植物性中药材中汞含量的直接进样-冷原子吸收光谱测定方法。 本标准适用于人参、甘草、大青叶、紫苏叶、菊花、红花、枸杞、山楂、麻黄、藿香、黄柏、肉桂等植物性中药材中汞含量的测定。
SN/T 4062—2014	出口植物性中药材中稀土元素的测定方法	本标准规定了出口植物性中药材中钪（Sc）、钇（Y）、镧（La）、铈（Ce）、镨（Pr）、钕（Nd）、钐（Sm）、铕（Eu）、钆（Gd）、铽（Tb）、镝（Dy）、钬（Ho）、铒（Er）、铥（Tm）、镱（Yb）、镥（Lu）等十六种元素（以下简称16种元素）含量的电感耦合等离子体质谱（ICP-MS）和电感耦合等离子体发射光谱（ICP-AES）测定方法。 本标准适用于人参、紫苏叶、金银花、枸杞、麻黄、黄柏等植物性中药材中16种稀土元素含量的测定。
SN/T 4061—2014	出口辐照植物性中药材鉴定方法-热释光法	本标准规定了辐照植物性中药材的热释光鉴定。 本标准适用于人参、五加皮、枸杞、山楂、苏叶、菊花等植物性中药材辐照的鉴定。

标准号	标准名称	摘要
2. 三七		
GB/T 19086—2008	地理标志产品 文山三七	本标准规定了文山三七的地理标志产品保护范围、术语和定义、要求、试验方法、检验规则及标志、包装、运输和贮存。 本标准适用于国家质量监督检验检疫行政主管部门根据《地理标志产品保护规定》批准保护的文山三七。
GB/Z 35038—2018	中药材（三七）产业项目运营管理规范	本指导性技术文件给出了中药材（三七）产业扶贫项目的项目条件、职责分工、项目组织与运行、项目预期成效分析、脱贫周期、项目评价与管理的内容，并提供了三七产业精准扶贫的标准化典型案例。 本指导性技术文件适用于中药材（三七）产业项目运营管理。
BJY 201903	心宁片中赤芍、三七茎叶植物组织检查项补充检验方法	该标准全文未在全国标准信息公共服务或其他行业标准服务公众平台备案。
BJY 201923	三七粉中三七茎叶检查项补充检验方法	该标准全文未在全国标准信息公共服务或其他行业标准服务公众平台备案。
NY/T 1464.64—2017	农药田间药效试验准则 第64部分：杀菌剂防治五加科植物黑斑病	本部分规定了杀菌剂防治五加科植物黑斑病田间药效小区试验的试验条件、试验设计与安排、施药、调查、计算方法、结果与报告的编写。 本部分适用于包括人参黑斑病（*Alternaria panaxwhetzel*）、西洋参黑斑病（*A. panaxwhetzel*）和三七黑斑病（*A. teniuis*）登记用田间小区药效试验及评价。其他试验参照本部分执行。
NY/T 2353—2013	植物新品种特异性、一致性和稳定性测试指南 三七	本标准规定了三七、珠子参和屏边三七及其变种的植物新品种的特异性、一致性和稳定性测试的技术要求和结果判定的一般原则。 本标准适用于三七、珠子参和屏边三七及其变种的植物新品种的特异性、一致性和稳定性的测试和结果判定；其他近似物种可参照本指南进行。
SB/T 11174.3—2016	中药材商品规格等级 第3部分：三七	SB/T 11174 的本部分规定了三七的商品规格等级。 本部分适用于全国范围内各地区三七在生产、流通及使用过程中所涉及的商品规格等级。
3. 五加		
CB/T 22245—2008	保健食品中异嗪皮啶的测定	本标准规定了保健食品中异嗪皮啶的测定方法。 本标准适用于以刺五加为主要原料的保健食品中异嗪皮啶的测定。
GB/T 21821—2008	地理标志产品 严东关五加皮酒	本标准规定了严东关五加皮酒的术语和定义、地理标志产品保护范围、要求、试验方法、检验规则和标志、标签、包装、运输、贮存。 本标准适用于国家质量监督检验检疫行政主管部门根据《地理标志产品保护规定》批准保护的严东关五加皮酒。
LY/T 1653—2006	刺五加育苗技术	本标准规定了刺五加［*Acantho panxsenticosus*（Rupr. et Maxim.）Harms］的实生育苗种子采集、调制处理、圃地整地、除草松土、灌水排水、灾害防治及无性育苗技术。 本标准适用于东北、华北地区刺五加露地育苗。
NY/T 1464.64—2017	农药田间药效试验准则 第64部分：杀菌剂防治五加科植物黑斑病	本部分规定了杀菌剂防治五加科植物黑斑病田间药效小区试验的试验条件、试验设计与安排、施药、调查、计算方法、结果与报告的编写。本部分适用于包括人参黑斑病（*Alternaria panaxwhetzel*）、西洋参黑斑病（*A. panaxwhetzel*）和三七黑斑病（*A. teniuis*）登记用田间小区药效试验及评价。其他试验参照本部分执行。
SN/T 4061—2014	出口辐照植物性中药材鉴定方法-热释光法	本标准规定了辐照植物性中药材的热释光鉴定。 本标准适用于人参、五加皮、枸杞、山楂、苏叶、菊花等植物性中药材辐照的鉴定。

标准号	标准名称	摘要
4. 西洋参		
GB/T 36397—2018	西洋参分等质量	本标准规定了西洋参产品的术语和定义、技术要求、检验方法、检验规则、标志、标签和包装以及运输和贮存。 本标准适用于西洋参的分等和检验。
NY/T 1043—2016	绿色食品　人参和西洋参	本标准规定了绿色食品人参和西洋参的术语和定义、要求、检验规则、标签、包装、运输和储存。 本标准适用于绿色食品保鲜参、活性参、生晒参、红参、人参蜜片和两洋参，西洋参应符合同家关于保健食品的相关规定。
NY 316—1997	西洋参制品	本标准规定了西洋参茶、天然西洋参茶、西洋参叶袋泡茶、西洋参饮料、西洋参酒的技术要求、试验方法、检验规则、标志、包装、运输、贮存。 本标准适用于西洋参茶、天然西洋参茶、西洋参叶袋泡茶、西洋参饮料、西洋参酒。
NY/T 2301—2013	参业　名词术语	本标准界定了人参和西洋参的形态特征、生物学特性、遗传育种、栽培生产、加工、产品、化学成分等方面的名词术语。 本标准适用于人参科研、教学、生产、检验、加工和贸易等领域。
NY/T 1464. 64—2017	农药田间药效试验准则　第 64 部分：杀菌剂防治五加科植物黑斑病	本部分规定了杀菌剂防治五加科植物黑斑病田间药效小区试验的试验条件、试验设计与安排、施药、调查、计算方法、结果与报告的编写。本部分适用于包括人参黑斑病（*Alternaria panaxwhetzel*）、西洋参黑斑病（*A. panaxwhetzel*）和三七黑斑病（*A. teniuis*）登记用田间小区药效试验及评价。其他试验参照本部分执行。
SN/T 0794—2018	进出口西洋参检验规程	该标准全文未在全国标准信息公共服务或其他行业标准服务公众平台备案。
SN/T 3874—2014	出口药用植物中总砷的测定	本标准规定了药用植物中总砷的氢化物原子荧光光度法和电感耦合等离子体质谱法的测定方法。 本标准适用于红花、川芎、当归、西洋参、连翘、番泻叶等药用植物或类似的药用植物中总砷的测定，测定低限为 0. 010 mg/kg。
SN/T 3873—2014	出口药用植物中总汞的测定	本标准规定了药用植物中总汞的电感耦合等离子体质谱法（ICP/MS）和原子荧光法的测定方法。 本标准适用于红花、川芎、当归、西洋参、连翘、番泻叶等药用植物或类似的药用植物中总汞的测定，测定低限为 0. 005 mg/kg。

三十五、罂粟科

标准号	标准名称	摘要
罂粟		
SN/T 4782—2017	出口食品及调味品中罂粟成分检测方法实时荧光 PCR 法	本标准规定了食品及调味品中罂粟成分检测的实时荧光 PCR 方法。 本标准适用于食品及调味品中罂粟成分定性检测。本标准所规定方法的最低检出限（LOD）为 0. 01%（质量分数）。

三十六、鸢尾科

标准号	标准名称	摘要
藏红花		
GB/T 22324. 1—2017	藏红花　第 1 部分：规格	本部分规定了藏红花（*Crocus sativus* L.）的技术要求。 本部分适用于藏红花的质量评定及其贸易。

标准号	标准名称	摘要
GB/T 22324. 2—2017	藏红花　第 2 部分：试验方法	GB/T 22324 的本部分规定了藏红花（*Crocus sativus* L.）试验方法。 本部分适用于花丝、无花丝藏红花和藏红花粉的质量检验。

三十七、芸香科

标准号	标准名称	摘要
1. 陈皮		
SN/T 4065—2014	出口植物性中药材中富马酸单甲酯和富马酸二甲酯残留量的测定　液相色谱法	本标准规定了出口植物性中药材中富马酸单甲酯和富马酸二甲酯残留量的液相色谱测定方法。 本标准适用于出口植物性中药材中五味子、陈皮、枸杞、苦杏仁、决明子、山茱萸、豆蔻和牛蒡子中富马酸单甲酯和富马酸二甲酯残留量的测定。
2. 玳玳花		
QB/T 4232—2011	玳玳花（精）油	本标准规定了玳玳花（精）油的要求、试验方法、检验规则和标志、包装、运输、贮存及保质期。 本标准适用于对玳玳花（精）油的质量进行分析评价。

三十八、樟科

标准号	标准名称	摘要
木姜子		
LY/T 2631—2016	毛叶木姜子育苗技术规程	本标准制定了毛叶木姜子（*Litsea mollifolia* Chun）播种育苗与扦插育苗技术内容和要求。 本标准适用于毛叶木姜子的苗木培育。

第八章　特种牧草作物

牧草，广义上泛指用于饲喂家畜的草类植物，包括草本、藤本、小灌木和灌木等栽培或野生的植物，狭义上仅指可供栽培的饲用草本植物，主要以豆科牧草和禾本科牧草为主，这两科囊括了绝大部分栽培牧草，此外还包括菊科、藜科、十字花科、蔷薇科等杂类牧草，但种类很少。草地资源是我国国土资源中重要的组成部分，我国拥有草地资源 3.93 亿 hm^2，占国土面积的 40%，占世界草地总面积的 13%，是仅次于澳大利亚的世界第二草原大国。我国牧草种质资源极为丰富，仅草地饲用植物就达 246 科 1 545 属 6 704 种，其中包括豆科 1 231 种和禾本科 1 127 种。中国的牧草主要分布在降水量大于 400 mm 以上的干旱、半干旱地区和南方的半湿润地区，天然牧草地域主要分为三大块：北方温带牧草地区、青藏高原高寒牧草地区和南方次生牧草地区。我国四大高原都有不同程度的牧草分布，另外新疆也有分布，主要位于天山和阿尔泰山地区。我国牧草育种研究工作起步较晚，育成的牧草品种在数量和质量上与国外发达国家相比具有较大差距，选育的牧草品种的品质、生产能力和抗逆性都无法超越引进品种，导致我国牧草主栽品种以进口品种为主。近年来，随着国家政策扶持力度的加大及社会对牧草产业发展的重视，我国牧草产业不断发展，与过去相比我国牧草研究水平取得了巨大的进步，但与我国大宗农作物、世界种业大国牧草发展水平相比，我国牧草产业的发展还存在明显的差距，仍需加大科研力量和基础设施的投入。本章筛选了牧草通用类，以及芭蕉科、豆科、禾本科、菊科、蓼科、蔷薇科、十字花科、松科、苋科共 9 个科中具有代表性的 40 种草本牧草，搜索到截至 2021 年 7 月 16 日现行有效的国家标准、各类行业标准、地方标准 769 项。标准内容主要涵盖种质资源类（种质鉴定、质量分级、加工储存等）、农业生产类（产地环境、栽培技术、病虫害防治等）、质量安全检测类（质量评定、检验检疫、检测技术等）以及初加工技术和产品储藏类。本章仅汇编了相关国家及行业标准共计 196 项，地方标准、团体标准等暂不列出。

一、通用类

标准号	标准名称	摘要
GB/T 30394—2013	草品种命名规则	本标准规定了牧草、草坪草和观赏草的育成品种、地方品种、野生栽培品种和引进品种命名的原则和方法。 本标准适用于各类草品种。
GB/T 30395—2013	草品种审定技术规程	本标准规定了牧草、草坪草及观赏草品种审定的内容及依据、品种试验和审定要求等内容。 本标准适用于草品种审定。
GB/T 2930.1—2017	草种子检验规程　扦样	GB/T 2930 的本部分规定了种子批的扦样程序和方法、实验室分样程序和方法以及对样品保存的要求。 本部分适用于牧草、草坪草、饲料作物、生态草、观赏草和药用植物等种子质量检验的扦样。
GB/T 2930.2—2017	草种子检验规程　净度分析	GB/T 2930 的本部分规定了草种子净度分析的程序和方法。 本部分适用于牧草、草坪草、饲料作物、生态草、观赏草和药用植物等种子质量检验的净度分析。
GB/T 2930.3—2017	草种子检验规程　其他植物种子数测定	GB/T 2930 的本部分规定了其他植物种子数的测定程序和方法。 本部分适用于牧草、草坪草、饲料作物、生态草、观赏草和药用植物等种子质量检验的其他植物种子数测定。

标准号	标准名称	摘要
GB/T 2930.4—2017	草种子检验规程 发芽试验	GB/T 2930 的本部分规定了种子发芽试验的方法和程序。 本部分适用于牧草、草坪草、饲料作物、生态草、观赏草和药用植物等种子质量检验的发芽试验。
GB/T 2930.5—2017	草种子检验规程 生活力的生物化学（四唑）测定	GB/T 2930 的本部分规定了草种子生活力的生物化学（四唑）测定程序和方法。 本部分适用于牧草、草坪草、饲料作物、生态草、观赏草和药用植物等种子质量检验的生活力测定。
GB/T 2930.6—2017	草种子检验规程 健康测定	GB/T 2930 的本部分规定了种子健康状况的测定程序和方法。 本部分适用于牧草、草坪草、饲料作物、生态草、观赏草和药用植物等种子检验的健康测定。
GB/T 2930.7—2017	草种子检验规程 种及品种测定	GB/T 2930 的本部分规定了种及品种的测定程序和方法。 本部分适用于牧草、草坪草、饲料作物等草种子质量检验的种及品种鉴定和特定形状测定。
GB/T 2930.8—2017	草种子检验规程 水分测定	GB/T 2930 的本部分规定了种子水分的测定程序和方法。 本部分适用于牧草、草坪草、饲料作物、生态草、观赏草和药用植物等种子质量检验的水分测定。
GB/T 2930.9—2017	草种子检验规程 重量测定	GB/T 2930 的本部分规定了种子重量的测定程序和方法。 本部分适用于牧草、草坪草、饲料作物、生态草、观赏草和药用植物等种子质量检验的重量测定。
GB/T 2930.10—2017	草种子检验规程 包衣种子测定	GB/T 2930 的本部分规定了经包衣或其他方式处理的种子的各项检验内容及程序和方法。 本部分适用于牧草、草坪草、饲料作物、生态草、观赏草和药用植物等种子质量检验的包衣种子测定。
GB/T 20497—2006	进口牧草草坪草疫情监测规程	本标准适用于所有国（境）外进口牧草、草坪草种子进境检疫放行后在境内种植期间的疫情监测。
GB/T 37068—2018	牧草抗性鉴定技术规范 耐酸性测定	本标准规定了牧草抗性鉴定中耐酸性测定的技术规范。 本标准适用于不同牧草和同一牧草不同品种间的耐酸性评价。
GB/T 37314—2019	牧草抗性鉴定技术规范 耐热性测定	本标准规定了牧草抗性鉴定中耐热性测定的技术规范。 本标准适用于同一草种不同品种间的耐热性评价。
CB/T 24866—2010	牧草及草坪草种子贮藏规范	本标准规定了牧草及草坪草种子贮藏的库房要求、种子入库、种子检查、管理措施。 本标准适用于牧草及草坪草种子经营和使用单位的常用牧草及草坪草种子贮藏。
GB/T 12994—2008	种子加工机械 术语	本标准规定了种子加工机械的加工工艺、种子加工机具、零部件、技术指标和工作参数有关的术语和定义。 本标准适用于农作物种子、林木种子、牧草种子加工机械。
GB/T 25421—2010	牧草免耕播种机	本标准规定了牧草免耕播种机的术语、技术要求、试验方法、检验规则及标志、包装、运输与贮存。 本标准适用于机械式排种牧草免耕播种机。
GB 15618—2018	土壤环境质量 农用地土壤污染风险管控标准（试行）	本标准规定了农用地土壤污染风险筛选值和管制值，以及监测、实施和监督要求。 本标准适用于耕地土壤污染风险筛查和分类。园地和牧草地可参照执行。
GB/T 10938—2008	旋转割草机	本标准规定了旋转割草机的术语和定义、型式和型号、基本参数、技术要求、试验方法、检验规则、标志、包装、运输和贮存等要求。 本标准适用于以收获牧草为主的，刀片做水平圆周运动的旋转割草机。
GB/T 30468—2013	青饲料牧草烘干机组	本标准规定了青饲料牧草烘干机组的型式与型号、设备工作的一般条件、技术要求、性能试验、检验规则、标志、包装、运输与贮存。 本标准适用于以无污染高温热空气为干燥介质，高温快速干燥方式的滚筒式青饲料牧草烘干机组。

标准号	标准名称	摘要
JB/T 5157—2007	牧草种子清选机技术条件	本标准规定了牧草种子清选机的技术要求、检验规则和标志、包装、运输和贮存要求。 本标准适用于风筛式牧草种子清选机。
JB/T 5158—2007	牧草种子除芒机技术条件	本标准规定了牧草种子除芒机的技术要求、检验规则及标志、包装、运输和贮存要求。 本标准适用于齿杆式牧草种子除芒机，也适用于齿杆式蔬菜种子除芒机。
JB/T 11920—2014	太阳能牧草种子干燥设备	本标准规定了太阳能牧草种子干燥设备的术语和定义、产品型号表示方法、技术要求、试验方法、检验规则、标志、包装、运输与贮存。 本标准适用于整体可以移动，采用太阳能真空管集热储热、空气源热泵辅助供热的牧草种子批式干燥设备。
JB/T 10907—2008	牧草种子制丸机	本标准规定了牧草种子制丸机的技术要求、试验方法、检验规则和标志、包装、运输、贮存要求。 本标准适用于牧草种子制丸机。
JB/T 5159—2007	牧草播种机	本标准规定了牧草播种机的术语、技术要求、试验方法、检验规则及标志、包装和贮存要求。 本标准适用于牧草播种机和牧草耕播机。
JB/T 6945—2007	牧草种子窝眼滚筒精选机	本标准规定了牧草种子窝眼滚筒精选机的技术要求、试验方法、验收规则、标志、包装及运输。 本标准适用于牧草种子窝眼滚筒精选机。
JB/T 7139—2011	牧草种子加工成套设备　术语	本标准规定了牧草种子加工成套设备的加工工艺、机具与零部件、技术指标与参数的术语和定义。 本标准适用于牧草种子加工成套设备。
JB/T 7290—2007	牧草种子悬浮速度测定方法	本标准规定了牧草种子悬浮速度的测定条件、测试设备、测试步骤与方法。 本标准适用于牧草种子及农作物种子、花卉、林木等种子悬浮速度的测定。
JB/T 8403—2014	牧草种子加工成套设备　技术条件	本标准规定了牧草种子加工成套设备的术语和定义、技术要求、试验方法、检验规则、标志、包装、运输与贮存。 本标准适用于牧草种子加工成套设备。
JB/T 10908—2008	割前脱牧草种子收获机	本标准规定了割前脱牧草种子收获机产品的技术要求、试验方法、检验规则及标志、包装、运输等。 本标准适用于采用梳刷脱粒方式对未割刈的禾本科和豆科牧草种子进行收获的收获机。
JB 8520—1997	旋转式割草机安全要求	本标准规定了旋转式割草机的安全技术要求。 本标准适用于以收获牧草为主的旋转式割草机。
JB/T 11918—2014	气力式牧草免耕播种机	本标准规定了气力式牧草免耕播种机的术语和定义、产品型号表示方法、技术要求、试验方法、检验规则、标志、包装、运输与贮存。 本标准适用于集中排种、正压气流输送并分配的条播作业的气力式牧草免耕播种机。
JB/T 12442—2015	大型秸秆方捆打(压)捆机	本标准规定了大型移动式捡拾秸秆方捆打（压）捆机的型号技术要求、试验方法、检验规则、标志、包装、运输与贮存。 本标准适用于以农作物秸秆和牧草等为原料的大型方捆打（压）捆机。
JB/T 9700—2013	牧草收获机械　试验方法通则	本标准规定了牧草收获机械通用的试验方法。 本标准适用于牧草（包括农作物秸秆）收获机械的草场（田间）试验。
NY/T 1091—2006	草品种审定技术规程	本标准规定了牧草及草坪草品种审定的术语定义、内容、审定机构、审定程序、品种试验、审定和登记标准及品种试验技术规范。 本标准适用于全国草品种审定委员会对牧草及草坪草的育成品种、引进品种、地方品种和野生栽培驯化品种的审定与登记。
NY/T 1210—2006	牧草与草坪草种子认证规程	本标准规定了牧草与草坪草种子认证的程序、方法和主要草种的认证标准。 本标准适用于牧草与草坪草各级认证种子生产、加工、销售过程中的种子认证。

标准号	标准名称	摘要
NY/T 1235—2006	牧草与草坪草种子清选技术规程	本标准规定了牧草与草坪草种子清选加工机械的选型要求、清选加工的环境要求、清选加工机械的技术条件、清选加工后的牧草与草坪草种子质量要求。 本标准适用于牧草与草坪草种子的生产、经营、使用单位以及牧草种子清选加工过程。
NY/T 1238—2006	牧草与草坪草种苗评定规程	本标准规定了牧草与草坪草种苗评定的程序和主要草种种苗的评定标准。 本标准适用于牧草与草坪草种子质量检验过程中的种苗评定。
NY/T 1239—2006	飞播种草技术规范	本标准规定了飞机播种牧草播区选择、地面处理、草种选择及其组合、播种量、播种期、飞行作业、播区管护和评价指标。 本标准适用于北方草原、黄土高原、南方草地、高寒草原等适宜飞播种草的地区。
NY/T 1310—2007	农作物种质资源鉴定技术规程　豆科牧草	本标准规定了豆科（*Leguminosae*）牧草种质资源鉴定的技术要求和方法。 本标准适用于豆科（*Leguminosae*）牧草种质资源的植物学特征、农艺性状、品质特性的鉴定。
NY/T 1354—2007	牧草免耕播种机作业质量	本标准规定了牧草免耕播种机作业质量要求、检测方法和检验规则。 本标准适用于在退化的天然草场上补播牧草的牧草免耕播种机作业质量的评定。
NY/T 1575—2007	草颗粒质量检验与分级	本标准规定了饲用草颗粒检验指标、检验方法和分级判别依据。 本标准适用于以豆科或禾本科牧草为原料，经干燥后制成的草颗粒产品。
NY/T 1692—2009	热带牧草品种资源抗性鉴定　柱花草抗炭疽病鉴定技术规程	本标准规定了柱花草抗炭疽病［*Colletotrichum gloeosporioides*（Penz.）Sacc.］鉴定的术语定义、试验方法和基本要求。 本标准适用于柱花草（*Stylosanthes* spp.）品种及其种质对炭疽病的抗性鉴定。
NY/T 2127—2012	牧草种质资源田间评价技术规程	本标准规定了牧草种质资源田间评价的技术要求和方法。 本标准适用于禾本科牧草和豆科牧草种质资源田间评价的评价地基本信息、建植与取样、形态特征、生物学特性和农艺性状的评价。
NY/T 2177—2012	农作物优异种质资源评价规范　豆科牧草	本标准规定了豆科牧草（*Leguminosae*）优异种质资源评价的术语和定义、技术要求、鉴定方法和判定。 本标准适用于豆科牧草优异种质资源的评价。
NY/T 2322—2013	草品种区域试验技术规程　禾本科牧草	本标准规定了禾本科牧草品种区域试验的试验设置、播种材料要求、田间管理、观测记载、数据整理等项内容。 本标准适用于禾本科收草。
NY/T 2458—2013	牧草收获机　质量评价技术规范	本标准规定了牧草收获机的产品质量评价指标、检测方法和检验规则。 本标准适用于牧草收获机的产品质量评定。
NY/T 2461—2013	牧草机械化收获作业技术规范	本标准规定了牧草机械收获的作业条件、作业准备、作业要求、安全要求及机具维护、保养与存放。 本标准适用于割草机、搂草机、打捆机或组合作业机组的牧草机械化收获作业。
NY/T 2463—2013	圆草捆打捆机　作业质量	本标准规定了圆草捆打捆机作业的质量要求、检测方法和检验规则。 本标准适用于圆草捆打捆机进行牧草打捆作业的质量评定。
NY/T 2767—2015	牧草病害调查与防治技术规程	本标准规定了牧草病害调查方法和灾情分级标准，规范了病害防治方法及调查资料收集、汇总要求。 本标准适用于牧草侵染性病害调查和防治。
NY/T 2769—2015	牧草中 15 种生物碱的测定　液相色谱-串联质谱法	本标准规定了牧草中双氢麦角汀、麦角柯宁碱、麦角异柯宁碱、麦角克碱、麦角异克碱、麦角隐亭、麦角异卡里碱、麦角辛、阿托品、莨卓碱、肾形千里光碱、千里光非灵、野百合碱、千里光宁和东莨菪碱 15 种生物碱含量的液相色谱-串联质谱测定方法。 本标准适用于牧草中上述 15 种生物碱单个或多个成分含量的测定。 本标准方法的检出限和定量限：上述 15 种生物碱的检出限均为 0.005 mg/kg，定量限均为 0.01 mg/kg。

标准号	标准名称	摘要
NY/T 2834—2015	草品种区域试验技术规程　豆科牧草	本标准规定了豆科牧草品种区域试验的试验设置、播种材料要求、田间管理、观测记载、数据整理等内容。 本标准适用于豆科牧草。
NY/T 2946—2016	豆科牧草种质资源描述规范	本标准规定了豆科（*Leguminosae*）牧草种质资源的基本信息、植物学特征、生物学特性、产量性状、品质性状及抗性性状的描述方法。 本标准适用于豆科（*Leguminosae*）牧草种质资源的描述。
NY/T 363—2020	种子除芒机　质量评价技术规范	本标准规定了种子除芒机质量评价的术语和定义、基本要求、质量要求、检测方法和检验规则。 本标准适用于对水稻、大麦、甜菜等带芒、刺种子（小粒种子和牧草种子除外）进行除芒处理的种子除芒机的质量评定。
NY/T 728—2003	禾本科牧草干草质量分级	本标准规定了禾本科牧草干草的质量指标及分级标准。 本标准适用于天然草地、改良草地和人工草地收获的禾本科或以禾本科为主的牧草经干燥后制成的草产品。
NY/T 991—2020	牧草收获机械　作业质量	本标准规定了牧草收获机械术语和定义、作业质量要求、检测方法和检验规则。 本标准适用于割草机、割草压扁机、搂草机、圆草捆包膜机（包括打捆包膜一体机）作业的质量评定。
SN/T 4657-2016	进境牧草种子检疫规程	本标准规定了进境牧草种子的检疫方法及处理原则。 本标准适用于进境牧草种子的检验检疫和处置。

二、芭蕉科

标准号	标准名称	摘要
芭蕉		
GB/T 28984—2012	香蕉苞片花叶病毒检疫鉴定方法	本标准规定了香蕉苞片花叶病毒血清学和分子生物学特征的检测方法。 本标准适用于香蕉组培苗和植株等芭蕉属寄主植物材料中香蕉苞片花叶病毒的检测，也适用于蚜虫等传播媒介中该病毒的检测。
SN/T 1822—2006	香蕉黑条叶斑病菌检疫鉴定方法	本标准规定了进境植物检疫中香蕉黑条叶斑病菌的检疫鉴定方法。 本标准适用于进境芭蕉属植物的芽苗、球茎等繁殖材料，香蕉叶片、苞片等包装、填充材料，以及香蕉果实等携带的香蕉黑条叶斑病菌的检疫鉴定。

三、豆科

标准号	标准名称	摘要
1. 白三叶		
NY/T 3187—2018	草种子检验规程　活力的人工加速老化测定	本标准规定了草种子活力测定的人工加速老化方法。 本标准适用于扁穗冰草（*Agropyron cristatum*）、无芒雀麦（*Bromus inermis*）、老芒麦（*Elymus sibiricus*）、苇状羊茅（*Festuca arundinacea*）、多年生黑麦草（*Lolium perenne*）、紫花苜蓿（*Medicago sativa*）、草地早熟禾（*Poa pratensis*）和白三叶（*Trifolium repens*）种子。
NY/T 2565—2014	植物新品种特异性、一致性和稳定性测试指南　白三叶	本标准规定了白三叶新品种特异性、一致性和稳定性测试的技术要求和结果判定的一般原则。 本标准适用于白三叶（*Trifolium repens* L.）新品种特异性、一致性和稳定性测试和结果判定。

标准号	标准名称	摘要
NY/T 141—1989	饲料用白三叶草粉	本标准规定了饲料用白三叶草粉的质量指标及分级标准。 本标准适用于饲料用白三叶草粉。
2. 刺槐		
GB 1886.301—2018	食品安全国家标准　食品添加剂　半乳甘露聚糖	本标准适用于以瓜尔豆［*Cyamops tetragonolobus*（L.）Taub］、田箐豆、香豆、决明子、刺槐豆的胚乳片或其胶为原料，经半乳糖苷酶、半纤维素酶、蛋白酶一种或两种以上的酶酶解、纯化等步骤加工制得的低聚合度的食品添加剂半乳甘露聚糖。
GB 29945—2013	食品安全国家标准　食品添加剂　槐豆胶（刺槐豆胶）	本标准适用于以刺槐豆种子 *Ceratonia siliqua*（L.）Taub.（Farm. *Leguminosae*）的胚乳或胚乳粉为原料，经加工制得的食品添加剂槐豆胶（刺槐豆胶）。商品化的槐豆胶（刺槐豆胶）可含有用于标准化目的的糊精和糖类。
LY/T 1871—2010	植物新品种特异性、一致性、稳定性测试指南　刺槐属	本标准规定了豆科刺槐属（*Robinia* L.）植物新品种特异性、一致性、稳定性测试技术要求。 本标准适用于所有刺槐属植物新品种的测试。
LY/T 2544—2015	四倍体刺槐培育技术规程	本标准规定了四倍体刺槐 *tetraploid Robinia pseudoacacia* L. 栽培区域及生物学特性、种根繁殖、造林技术、幼林管理、收割与间伐等技术要求。 本标准适用于四倍体刺槐速生生态林和饲料林的营造与管理。
LY/T 3071—2018	刺槐硬枝扦插育苗技术规程	本标准规定了刺槐（*Robinia pseudoacacia* L.）硬枝扦插采穗圃营建、育苗地选择、整地作床、穗条采集、插穗处理和沙藏催根、扦插和插后管理、苗木出圃、包装运输、档案管理等技术要求。 本标准适用于刺槐良种、新品种及优良无性系硬枝扦插苗的培育生产。
3. 红豆草		
NY/T 3131—2017	豆科牧草种子生产技术规程　红豆草	本标准规定了红豆草（*Onobrychis viciaefolia*）种子田的设置、整地要求、种子准备、播种技术、田间管理、种子收获和种子管理等环节的技术要点。 本标准适用于我国干旱、半干旱地区的红豆草种子生产。
NY/T 1574—2007	豆科牧草干草质量分级	本标准规定了豆科牧草干草的质量检测方法、分级标准、判别规则与标签。 本标准适用于苜蓿、沙打旺、红豆草和红三叶等豆科牧草产品。
4. 红三叶		
NY/T 2480—2013	植物新品种特异性、一致性和稳定性测试指南　红三叶	本标准规定了红三叶（*Trifolium pratense* L.）新品种特异性、一致性和稳定性测试的技术要求和结果判定的一般原则。 本标准适用于红三叶新品种特异性、一致性和稳定性的测试和结果判定。
NY/T 1574—2007	豆科牧草干草质量分级	本标准规定了豆科牧草干草的质量检测方法、分级标准、判别规则与标签。 本标准适用于苜蓿、沙打旺、红豆草和红三叶等豆科牧草产品。
5. 胡枝子		
标准号	标准名称	标准摘要
LY/T 2676—2016	半干旱地区灌木林平茬与复壮技术规范	本标准规定了半干旱地区沙棘（*Hippophae* spp.）、沙拐枣（*Calligonum* spp.）、柠条（*Caragana* spp.）、沙柳（*Salix* spp.）、羊柴（*Hedysarum* spp.）、胡枝子（*Lespedeza* spp.）、沙木蓼（*Atraphaxis* spp.）、驼绒藜（*Ceratoides* spp.）、紫穗槐（*Amorpha fruticosa*）等主要灌木树种人工林平茬复壮条件、平茬复壮技术（初始年龄、平茬方式、平茬方法、作业季节、茬口形状及高度、平茬间隔期、作业管理）、平茬复壮后管理以及档案管理等方面的技术要求。 本标准适用于全国半干旱地区灌木平茬复壮。
6. 葫芦巴		
GB/T 32734—2016	葫芦巴	本标准规定了葫芦巴（整的或粉状）的技术要求、试验方法以及包装、标志。 本标准适用于葫芦巴的质量评定及其贸易。

标准号	标准名称	摘要
QB/T 4811—2015	香料　葫芦巴酊	本标准规定了葫芦巴酊的术语和定义、要求、试验方法、检验规则和标志、包装、运输、贮存、保质期。 本标准适用于对葫芦巴酊的质量进行分析评价。
7. 棘豆		
NY/T 3306—2018	草原有毒棘豆防控技术规程	本标准规定了放牧草原有毒棘豆的术语和定义形态识别、危害等级划分以及防控技术。 本标准适用于甘肃棘豆（*Oxytropis kansuensis*）、黄花棘豆（*O. ochrocephala*）、小花棘豆（*O. glabra*）、冰川棘豆（*O. glacialis*）的防控。
8. 木豆		
LY/T 2202—2013	木豆种子生产技术规程	本标准规定了木豆种子生产的立地选择、隔离要求、播种、种子生产管理、种子采收及调制等。 本标准适用于种用木豆种子生产。
NY/T 1269—2007	木豆	本标准规定了木豆［*Cajanu scajan*（L.）Mill sp.］干籽粒的术语和定义、等级、规格、试验方法、检验规则、标志、包装、运输和贮存的要求。 本标准适用于木豆干籽粒。
9. 苜蓿		
GB/T 35329—2017	苜蓿疫霉根腐病菌检疫鉴定方法	本标准规定了苜蓿疫霉根腐病菌的检疫鉴定方法。 本标准适用于针对苜蓿疫霉根腐病菌寄主的植物、植物产品以及夹带土壤和介质中的苜蓿疫霉根腐病菌的检疫和鉴定。
GB/T 36823—2018	苜蓿籽蜂检疫鉴定方法	本标准规定了苜蓿籽蜂（*Bruchophagus roddi* Gussakovskiy）的实验室检测和形态特征鉴定方法。 本标准适用于苜蓿籽蜂的检疫和鉴定。
GB/T 37069—2018	苜蓿秋眠性分级评定	本标准规定了多年生四倍体苜蓿秋眠性分级评定规则。 本标准适用于紫花苜蓿、杂花苜蓿及黄花苜蓿品种、品系及其种质材料的秋眠级评定。
GB 1886.307—2020	食品安全国家标准　食品添加剂　叶绿素铜钾盐	本标准适用于蚕沙或草类、紫花苜蓿、荨麻、菠菜等植物为原料提取叶绿素，或者直接以叶绿素为原料，经皂化、铜代等步骤加T制得的食品添加剂叶绿素铜钾盐。使用溶剂为丙酮、二氯甲烷、甲醇、乙醇、异丙醇、正己烷和（或）石油醚（沸程为90~120℃）。
GB/T 38505—2020	转基因产品通用检测方法	本标准规定了转基因产品的定性检测方法。 本标准适用于水稻、玉米、大豆、油菜、马铃薯、甜菜、苜蓿等及其加工产品中转基因成分的实时荧光PCR通用检测。 本标准方法的最低检出限为0.1%（质量分数）。
GB/T 38133—2019	转基因苜蓿实时荧光PCR检测方法	本标准规定了苜蓿转基因成分的实时荧光聚合酶链式反应（PCR）定性检测方法。 本标准适用于种子、饲料中的转基因苜蓿J101、J163以及KK179品系的实时荧光PCR方法检测。
GB/T 19495.4—2018	转基因产品检测　实时荧光定性聚合酶链式反应（PCR）检测方法	GB/T 19495的本部分规定了植物及其加工产品中转基因成分筛选和品系检测实时荧光定性聚合酶链式反应（PCR）检测方法有关的仪器设备、试剂和材料、检测步骤、质量控制、防污染措施以及方法的最低检出限。 本部分适用于大豆、玉米、油菜、水稻、棉花、马铃薯、亚麻、甜菜、苜蓿、番茄、木瓜、苹果、菊苣、剪股颖、烟草、李子、甜瓜、小麦、茄子和桉树等植物转基因筛选检测，也适用于大豆、玉米、油菜、棉花、水稻、马铃薯、亚麻、甜菜和木瓜等植物的品系特异性检测。
GB/T 33526—2017	转基因植物产品　数字PCR检测方法	本标准规定了转基因成分检测的数字PCR方法。 本标准适用于玉米、大豆、油菜、水稻、马铃薯、苜蓿、棉花等转基因植物及其产品的转基因成分数字PCR检测。 本标准所能达到的检测低限为0.1%（质量分数）。

标准号	标准名称	摘要
NY/T 1325—2015	绿色食品　芽苗类蔬菜	本标准规定了绿色食品芽苗类蔬菜的要求、检验规则、标签、包装、运输和贮存。 本标准适用于绿色食品种芽类芽苗菜，包括绿豆芽、黄豆芽、黑豆芽、青豆芽、红豆芽、蚕豆芽、红小豆芽、豌豆苗、花生芽、苜蓿芽、小扁豆芽、萝卜芽、菘蓝芽、沙芥芽、芥菜芽、芥蓝芽、白菜芽、独行菜芽、种芽香椿、向日葵芽、荞麦芽、胡椒芽、紫苏芽、水芹芽、小麦苗、胡麻芽、蕹菜芽、芝麻芽、黄秋葵芽等。
NY/T 1780—2009	苜蓿种子生产技术规程	本标准规定了紫花苜蓿（*Medicago sativa*）、杂花苜蓿（*Medicago varia*）种子生产中对环境条件要求、种子田的准备、播种材料的准备、播种技术、种子田管理、收获、种子田收获后的管理、清选、分级、包装等生产条件与技术。 本标准适用于北方地区紫花苜蓿和杂花苜蓿种子的生产。
NY/T 3187—2018	草种子检验规程　活力的人工加速老化测定	本标准规定了草种子活力测定的人工加速老化方法。 本标准适用于扁穗冰草（*Agropyron cristatum*）、无芒雀麦（*Bromus inermis*）、老芒麦（*Elymus sibiricus*）、苇状羊茅（*Festuca arundinacea*）、多年生黑麦草（*Lolium perenne*）、紫花苜蓿（*Medicago sativa*）、草地早熟禾（*Poa pratensis*）和白三叶（*Trifolium repens*）种子。
NY/T 2703—2015	紫花苜蓿种植技术规程	本标准规定了紫花苜蓿（*Medicago sativa* L.）在饲草生产种植过程中的土壤选择、种子准备、苗床准备、播种和田间管理等内容。 本标准主要适用于北方地区紫花苜蓿种植。
NY/T 2747—2015	植物新品种特异性、一致性和稳定性测试指南　紫花苜蓿和杂花苜蓿	本标准规定了紫花苜蓿和杂花苜蓿（*Medicago sativa* L. 和 *Medicago varia* Martyn）新品种特异性、一致性和稳定性测试的技术要求和结果判定的一般原则。 本标准适用于紫花苜蓿和杂花苜蓿新品种特异性、一致性和稳定性测试和结果判定。
NY/T 2700—2015	草地测土施肥技术规程　紫花苜蓿	本标准规定了人工种植的紫花苜蓿（*Medicago sativa* L.）草地土壤养分测试和推荐施肥的方法和指标。 本标准适用于紫花苜蓿草地的土壤养分诊断和推荐施肥。
NY/T 2701—2015	人工草地杂草防除技术规范　紫花苜蓿	本标准规定了紫花苜蓿草地的杂草调查和防除方法。 本标准适用于紫花苜蓿草地管理中的杂草防除。
NY/T 2697—2015	饲草青贮技术规程　紫花苜蓿	本标准规定了紫花苜蓿的青贮方式、贮前准备、原料、切碎、添加剂使用、打捆或装填、裹包或密封、贮后管理等技术要求。 本标准适用于紫花苜蓿青贮饲料的生产。
NY/T 2699—2015	牧草机械收获技术规程　苜蓿干草	本标准规定了苜蓿（*Medicago sativa* L.）干草机械收获的作业条件、作业质量、作业机械功能、收获工艺、安全作业规程。 本标准适用苜蓿干草的机械化收获。
NY/T 1170—2020	苜蓿干草捆	本标准规定了苜蓿干草捆的术语和定义，技术要求，检测方法，分级判别规则，检验规则，标签、包装、储存和运输。 本标准适用于以苜蓿草为原料，经刈割、干燥和打捆后形成草捆。
NY/T 140—2002	苜蓿干草粉质量分级	本标准规定了饲用苜蓿干草粉质量指标及分级。 本标准适用于以苜蓿为原料，经人工干燥或自然晒干后，再经粉碎加工制成的苜蓿草粉。
NY/T 1574—2007	豆科牧草干草质量分级	本标准规定了豆科牧草干草的质量检测方法、分级标准、判别规则与标签。 本标准适用于苜蓿、沙打旺、红豆草和红三叶等豆科牧草产品。
NY/T 2163.4—2016	盲蝽测报技术规范　第4部分：苜蓿	本部分规定了苜蓿田盲蝽发生程度分级指标、成虫灯光诱测、系统调查、田间普查、预测预报方法和数据汇总等内容。 本部分适用于苜蓿田盲蝽调查和预测预报。

标准号	标准名称	摘要
NY/T 1464.23—2007	农药田间药效试验准则　第23部分：除草剂防治苜蓿田杂草	本部分规定了除草剂防治苜蓿地杂草田间药效小区试验的方法和基本要求。 本部分适用于除草剂防治苜蓿（春播、夏播、秋播、菜用、饲用、紫花、黄花等）田杂草的登记用田间小区试验的药效和安全性评价。
NY/T 1464.3—2007	农药田间药效试验准则　第3部分：杀虫剂防治棉盲蝽	本部分规定了杀虫剂防治棉盲蝽［主要包括绿盲蝽（*Lygus lucorum*）、中黑盲蝽（*Adelphocoris suturalis*）、苜蓿盲蝽（*Adelphocoris lineolatus*）、三点苜蓿盲蝽（*Adelphocoris fasciaticollis*）和牧草盲蝽（*Lygus pratensis*）］田间药效小区试验的方法和基本要求。 本部分适用于杀虫剂防治棉盲蝽的登记用田间药效小区试验及药效评价。其他田间药效试验参照本部分执行。
NY/T 1464.52—2014	农药田间药效试验准则　第52部分：杀虫剂防治柑枣树盲蝽	本部分规定了杀虫剂防治枣树盲蝽田间药效小区试验的方法和基本要求。 本部分规定了杀虫剂防治枣树盲蝽，如绿盲蝽（*Lygus lucorum*）、中黑盲蝽（*Adelphocoris suturalis*）、三点苜蓿盲蝽（*Adelphocoris fasciaticollis*）、苜蓿盲蝽（*Adelpocoris lineda*）和牧草盲蝽（*Lygus pratensis*）等的登记用田间药效小区试验及药效评价。
NY/T 1464.9—2007	农药田间药效试验准则　第9部分：杀菌剂防治辣椒病毒病	本部分规定了杀菌剂防治辣椒病毒病［黄瓜花叶病毒（CMV）、烟草花叶病毒（TMV）、马铃薯Y病毒（PVY）、苜蓿花叶病毒（AMV）、辣椒斑驳病毒（PeMV）等］田间药效试验的方法和要求。 本部分适用于杀菌剂防治辣椒病毒病的登记用田间药效小区试验及评价。其他田间药效试验参照本部分执行。
NY/T 2702—2015	紫花苜蓿主要病害防治技术规程	本标准规定了紫花苜蓿病害识别与诊断、调查、分级标准及防治技术等内容。 本标准适用于紫花苜蓿褐斑病［*Pseudopeziza medicaginis*（Lib.）Sacc］、霜霉病（*Peronospora aestivalis* Syd.）、白粉病（*Erysiphe pisi* DC.，*Leveillula leguminosarum* Golov.）、锈病（*Uromyces striatus* Schroet.）的防治。
NY/T 2951.4—2016	盲蝽综合防治技术规范　第4部分：苜蓿	本部分规定了苜蓿田盲蝽的防治策略、防治技术和防治效果评价方法。 本部分适用于全国不同地区苜蓿田盲蝽的防治。
NY/T 2994—2016	苜蓿草田主要虫害防治技术规程	本标准规定了苜蓿草田主要防治对象、防治指标和防治技术。 本标准适用于我国苜蓿草田主要虫害防治。
NY/T 3279.1—2018	病毒微生物农药　苜蓿银纹夜蛾核型多角体病毒　第1部分：苜蓿银纹夜蛾核型多角体病毒母药	本部分规定了苜蓿银纹夜蛾核型多角体病毒母药的要求、试验方法、产品的检验与验收以及标志、标签、包装、储运、安全和保质期。 本部分适用于以病毒包涵体为主要成分的苜蓿银纹夜蛾核型多角体病毒母药。
NY/T 3279.2—2018	病毒微生物农药　苜蓿银纹夜蛾核型多角体病毒　第2部分：苜蓿银纹夜蛾核型多角体病毒悬浮剂	本部分规定了苜蓿银纹夜蛾核型多角体病毒悬浮剂的要求、试验方法、产品的检验与验收以及标志、标签、包装、储运、安全和保质期。 本部分适用于以苜蓿银纹夜蛾核型多角体病毒包涵体为主要成分的母药添加适宜助剂加工而成的核型多角体病毒悬浮剂。
SN/T 1145—2014	苜蓿黄萎病菌检疫鉴定方法	本标准规定了苜蓿黄萎病菌的检疫鉴定方法。 本标准适用于苜蓿黄萎病菌的寄主携带苜蓿黄萎病菌的检疫鉴定。
SN/T 1201—2014	饲料中转基因植物成分PCR检测方法	本标准规定了饲料中转基因植物成分的定性实时荧光PCR检测方法。 本标准适用于饲料中大豆、玉米、水稻、油菜、棉花、苜蓿和小麦等转基因植物成分的定性检测和相关品系的鉴定。 本标准同样适用于玉米酒糟粕转基因成分的定性检测和相关品系的鉴定。
SN/T 1204—2016	植物及其加工产品中转基因成分实时荧光PCR定性检验方法	本标准规定了植物及其加工产品中转基因成分筛选和品系鉴定实时荧光PCR检测方法。 本标准适用于大豆、玉米、油菜籽、水稻、棉花、马铃薯、亚麻、甜菜、苜蓿、番茄、木瓜、苹果、菊苣、剪股颖、烟草、李子、甜瓜、小麦、茄子和桉树转基因筛选检测，也适用于大豆、玉米、油菜、水稻、棉花、马铃薯、亚麻和甜菜等作物的品系特异性实时荧光PCR检验。

标准号	标准名称	摘要
SN/T 2666—2010	苜蓿细菌性萎蔫病菌检疫鉴定方法	本标准规定了苜蓿细菌性萎蔫病菌［*Clavibacter michiganensis* subsp. *Insidiosus*（McCulloch）Davis］的检疫鉴定方法。 本标准适用于进出境苜蓿种子及其产品中苜蓿细菌性萎蔫病菌的检疫和鉴定。
SN/T 4877.7—2017	基因条形码筛查方法　第7部分：检疫性轮枝菌	SN/T 4877 的本部分规定了棉花黄萎病菌和苜蓿黄萎病菌 DNA 条形码筛查中序列的扩增、分析及结果判定等。 本部分适用于检疫性轮枝菌 DNA 条形码筛查。
SN/T 4877.10—2017	基因条形码筛查方法　第10部分：检疫性疫霉	SN/T 4877 的本部分规定了栗疫霉黑水病菌、马铃薯疫霉绯腐病菌、草莓疫霉红心病菌、树莓疫霉根腐病菌、柑橘冬生疫霉、雪松疫霉根腐病菌、苜蓿疫霉根腐病菌、菜豆疫霉病菌、栎树猝死病菌、大豆疫霉病菌和丁香疫霉病菌的 DNA 条形码筛查。 本部分适用于栗疫霉黑水病菌、马铃薯疫霉绯腐病菌、草莓疫霉红心病菌、树莓疫霉根腐病菌、柑橘冬生疫霉、雪松疫霉根腐病菌、苜蓿疫霉根腐病菌、菜豆疫霉病菌、栎树猝死病菌、大豆疫霉病菌和丁香疫霉病菌的 DNA 条形码筛查种序列的扩增、分析及结果判定等。
SN/T 5078—2018	苜蓿中转基因成分实时荧光 PCR 定性检测方法	该标准全文未在全国标准信息公共服务或其他行业标准服务公众平台备案。
SN/T 5334.7—2020	转基因植物产品的数字 PCR 检测方法　第7部分：转基因苜蓿	本文件规定了进、出口苜蓿中转基因品系特异性的数字 PCR（dPCR）定量检测方法。 本文件适用于苜蓿种子和苜蓿草中转基因苜蓿 Jl01、J163、KK179 品系特异性成分的定量检测。
10. 沙打旺		
GB/T 24868—2010	沙打旺种子生产技术规程	本标准规定了沙打旺（*Astragalus adsurgens* Pall.）种子生产的环境条件要求、种子田与播种材料的准备、播种技术、种子田管理、收获、干燥、清选、分级、检验与包装。 本标准适用于沙打旺种子的生产。
NY/T 1574—2007	豆科牧草干草质量分级	本标准规定了豆科牧草干草的质量检测方法、分级标准、判别规则与标签。 本标准适用于苜蓿、沙打旺、红豆草和红三叶等豆科牧草产品。
11. 柱花草		
NY/T 1194—2006	柱花草　种子	本标准规定了柱花草（*Stylosanthes* SW.）种子的术语和定义、要求、分级依据、检验方法以及贮存、包装、标签和运输。 本标准适用于圭亚那柱花草［*Stylosanthes guianensis*（Aubl.）SW.］、西卡柱花草（*Stylosanthes scabra* Vog.）、有钩柱花草［*Stylosanthes hamata*（Linn.）Taub.］，也可作为其他柱花草种子检验参考。
NY/T 351—1999	热带牧草　种子	本标准规定了热带牧草种子的定义、质量指标、检验、包装、标志、贮存和运输。 本标准适用于柱花草（*Stylosanthes*）、银合欢（*Leucaena leucocephala*）、坚尼草（*Panicum maximum*）种子的质量鉴定。
NY/T 1684—2009	柱花草种子生产技术规程	本标准规定了柱花草（*Stylosanthes* spp.）种子生产的术语和定义、生产用地选择、育苗、垦地与定植、田间管理、主要病虫害防治、采收等技术及种子生产单位和个人资质的要求。 本标准适用于柱花草种子的生产。
NY/T 3434—2019	植物品种特异性、一致性和稳定性测试指南　柱花草属	本标准规定了柱花草属（*Slvlosantes*）品种特异性、一致性和稳定性测试的技术要求和结果判定的一般原则。

标准号	标准名称	摘要
NY/T 2174—2012	主要热带作物品种AFLP分子鉴定技术规程	本标准规定了主要热带作物品种AFLP分子鉴定的术语和定义、试剂和材料、仪器和设备、鉴定步骤、结果计算和鉴定规则。 本标准适用于橡胶（*Heava brasiliensis* Muell-Arg）、芒果（*Mangifera indica* Linn.）、荔枝（*Litchi chinensis* Sonn.）、龙眼（*Dimocarpus longana* Lour.）、香蕉（*Musa nana* Lour.）、木薯（*Manihot esculenta* Crants）、柱花草（*Stylosanthes* SW.）的品种AFLP分子鉴定；也可作为其他热带作物品种AFLP分子鉴定参考。
NY/T 1692—2009	热带牧草品种资源抗性鉴定　柱花草抗炭疽病鉴定技术规程	本标准规定了柱花草抗炭疽病［*Colletotrichum gloeosporioides*（Penz.）Sacc.］鉴定的术语定义、试验方法和基本要求。 本标准适用于柱花草（*Stylosanthes* spp）品种及其种质对炭疽病的抗性鉴定。
12. 紫穗槐		
LY/T 2676—2016	半干旱地区灌木林平茬与复壮技术规范	本标准规定了半干旱地区沙棘（*Hippophae* spp.）、沙拐枣（*Calligonum* spp.）、柠条（*Caragana* spp.）、沙柳（*Salix* spp.）、羊柴（*Hedysarum* spp.）、胡枝子（*Lespedeza* spp.）、沙木蓼（*Atraphaxis* spp.）、驼绒藜（*Ceratoides* spp.）、紫穗槐（*Amorpha fruticosa*）等主要灌木树种人工林平茬复壮条件、平茬复壮技术（初始年龄、平茬方式、平茬方法、作业季节、茬口形状及高度、平茬间隔期、作业管理）、平茬复壮后管理以及档案管理等方面的技术要求。 本标准适用于全国半干旱地区灌木平茬复壮。
13. 紫云英		
GB 8080—2010	绿肥种子	本标准规定了紫云英（*Astragalus sinicus* L.）、毛叶苕子（*Vicia villosa* Roth）、光叶苕子（*Viciaui llosa* Roth var. *glabresens* Koch）、蓝花苕子（*Vicia cracca* L.）和白香草木樨（*Melilotus albus* Desr.）、黄香草木樨［*Melilotus officinalis*（L.）Pallas］种子的质量要求、检验方法和检验规则。 本标准适用于中华人民共和国境内生产、销售的上述绿肥作物种子，涵盖包衣种子和非包衣种子。
GB 14891.2—1994	辐照花粉卫生标准	本标准规定了辐照花粉的技术要求及检验方法。 本标准适用于经γ射线或电子束照射的玉米、荞麦、高粱、芝麻、油菜、向日葵、紫云英的蜜源的纯花粉及混合花粉。
SN/T 4848.8—2017	出口蜂蜜中常见蜜源植物成分的检测方法　实时荧光PCR法　第8部分：紫云英	SN/T 4848的本部分规定了出口蜂蜜中紫云英成分的实时荧光PCR检测方法。 本部分适用于出口蜂蜜中紫云英成分的定性检测。 本部分所规定方法的最低检出限（LOD）为0.1%（质量百分比）。

四、禾本科

标准号	标准名称	摘要
1. 稗		
NY/T 2566—2014	植物新品种特异性、一致性和稳定性测试指南　稗	本标准规定了稗新品种特异性、一致性和稳定性测试的技术要求和结果判定的一般原则。 本标准适用于稗［*Echinochloa crusgalli*（L.）Beauv.］新品种特异性、一致性和稳定性测试和结果判定。
NY/T 2728—2015	稻田稗属杂草抗药性监测技术规程	本标准规定了稻田稗属杂草（*Echinochloa* spp.）抗药性监测的基本方法。 本标准适用于稻田稗属杂草对除草剂抗药性监测。

标准号	标准名称	摘要
2. 冰草		
NY/T 3187—2018	草种子检验规程 活力的人工加速老化测定	本标准规定了草种子活力测定的人工加速老化方法。 本标准适用于扁穗冰草（*Agropyron cristatum*）、无芒雀麦（*Bromus inermis*）、老芒麦（*Elymus sibiricus*）、苇状羊茅（*Festuca arundinacea*）、多年生黑麦草（*Lolium perenne*）、紫花苜蓿（*Medicago sativa*）、草地早熟禾（*Poa pratensis*）和白三叶（*Trifolium repens*）种子。
NY/T 2483—2013	植物新品种特异性、一致性和稳定性测试指南 冰草属	本标准规定了冰草属（*Agropyron* Gaertn）新品种特异性、一致性和稳定性测试的技术要求和结果判定的一般原则。 本标准适用于冰草属新品种特异性、一致性和稳定性测试和结果判定。
3. 荻		
NB/T 34055—2017	南荻盐碱地高产栽培技术标准	本标准规定了盐碱地南荻栽培从种子检测、育苗、苗期管理、土地准备、定植、田间管理、采收等技术规范。 本标准适用于海滨盐碱地南荻栽培，内陆盐碱地可参考使用。
NB/T 34056—2017	南荻滩涂地高产栽培技术标准	本标准规定了南荻（*Miscanthus lutarioriparius*）栽培的术语和定义、基地建设、栽培管理、有害生物防治、南荻收获和贮藏等过程的实施条件和操作要求。 本标准适用于南方滩涂地南荻栽培管理。
4. 高丹草		
NY/T 3310—2018	苏丹草和高丹草品种真实性鉴别 SSR 标记法	本标准规定了利用 SSR（Simplc scquence rcpcat，简单重复序列）标记，进行苏丹草［*Sorghum sudanense*（Piper）Stapf. cv.］及其杂交种高丹草（*Sorghum bicolor×Sorghum sudanense*）品种真实性鉴别的方法及判定规则。 本标准适用于苏丹草及其杂交种高丹草品种真实性鉴别。
5. 狗牙根		
NY/T 1683—2009	主要热带草坪草种子种苗	本标准规定了热带草坪草的术语和定义、要求、试验方法、检验规则、标签、包装、运输和贮存。 本标准适用于狗牙根 *Cynodon dactylon*（L.）Pers.、地毯草 *Axonopus compressus*（Swartz）Beauv.、华南半细叶结缕草 *Zoysia matrella* cv. Huanan、平托花生 *Arachis pintoi* cv. Amarillo 的种子种苗。
NY/T 2491—2013	植物新品种特异性、一致性和稳定性测试指南 狗牙根	本标准规定了狗牙根新品种特异性、一致性和稳定性测试的技术要求和结果判定的一般原则。 本标准适用于狗牙根属的普通狗牙根［*Cynodon dactylon*（L.）Pers.］、杂交狗牙根［*Cynodon dactylon*（L.）Pets. ×*Cynodon transvalensis* Burtt-Davy］新品种特异性、一致性和稳定性测试和结果判定。
6. 菰		
NY/T 2498—2013	植物新品种特异性、一致性和稳定性测试指南 茭白	本标准规定了禾本科菰属菰（茭白）［*Zizania latifolia*（Griseb.）Turcz. ex Stapf.］新品种特异性、一致性和稳定性测试的技术要求和结果判定的一般原则。本标准适用于茭白新品种特异性、一致性和稳定性测试和结果判定。
7. 黑麦草		
NY/T 3187—2018	草种子检验规程 活力的人工加速老化测定	本本标准规定了草种子活力测定的人工加速老化方法。 本标准适用于扁穗冰草（*Agropyron cristatum*）、无芒雀麦（*Bromus inermis*）、老芒麦（*Elymus sibiricus*）、苇状羊茅（*Festuca arundinacea*）、多年生黑麦草（*Lolium perenne*）、紫花苜蓿（*Medicago sativa*）、草地早熟禾（*Poa pratensis*）和白三叶（*Trifolium repens*）种子。

标准号	标准名称	摘要
NY/T 2892—2016	禾本科草种子生产技术规程　多花黑麦草	本标准规定了多花黑麦草（*Loliun multiflorum* Lam.）种子生产对环境条件、种子田建植、田间管理、收获与加工、种子包装的技术要求。 本标准适用于多花黑麦草种子生产。
SN/T 3757—2013	紫羊茅腥黑粉菌检疫鉴定方法	本标准规定了紫羊茅腥黑粉菌的检疫鉴定方法。 本标准适用于紫羊茅、黑麦草种子上紫羊茅腥黑粉病菌的检疫鉴定。
NY/T 2485—2013	植物新品种特异性、一致性和稳定性测试指南　黑麦草属	本标准规定了黑麦草属（*Lolium* spp.）新品种特异性、一致性和稳定性测试的技术要求和结果判定的一般原则。 本标准适用于黑麦草属新品种特异性、一致性和稳定性测试和结果判定。
GB/T 28070—2011	黑麦草腥黑粉菌检疫鉴定方法	本标准规定了黑麦草腥黑粉菌的检疫鉴定方法和检疫鉴定流程，明确了取样和样品保存方法。 本标准适用于黑麦草传带黑麦草腥黑粉菌的检测以及小麦中污染的黑麦草腥黑粉菌的检测。
SN/T 1812—2006	禾草腥黑粉菌、剪股颖腥黑粉菌、黑麦草腥黑粉菌检疫鉴定方法	本标准规定了进境植物检疫中禾草腥黑粉菌（*Tilletia fusca*）、剪股颖腥黑粉菌（*Tilletia sphaerococca*）、黑麦草腥黑粉菌（*Tilletia lolii*）的检疫鉴定方法。 本标准适用于雀麦属、羊茅属、早熟禾属及其他禾草腥黑粉菌寄主草种中禾草腥黑粉菌；剪股颖属草种中剪股颖腥黑粉菌和黑麦草属草种中黑麦草腥黑粉菌的检疫鉴定。
8. 结缕草		
NY/T 2489—2013	植物新品种特异性、一致性和稳定性测试指南　结缕草属	本标准规定了结缕草属（*Zoysia* Willd.）新品种特异性、一致性和稳定性测试的技术要求和结果判定的一般原则。 本标准适用于结缕草属新品种特异性、一致性和稳定性测试的结果判定。
NY/T 1683—2009	主要热带草坪草种子种苗	本标准规定了热带草坪草的术语和定义、要求、试验方法、检验规则、标签、包装、运输和贮存。 本标准适用于狗牙根 *Cynodon dactylon*（L.）Pers.、地毯草 *Axonopus compressus*（Swartz）Beauv.、华南半细叶结缕草 *Zoysia matrella* cv. Huanan、平托花生 *Arachis pintoi* cv. Amarillo 的种子种苗。
9. 狼尾草		
NY/T 2356—2013	植物新品种特异性、一致性和稳定性测试指南　狼尾草属	本标准规定了狼尾草属新品种特异性、一致性和稳定性测试的技术要求和结果判定的一般原则。 本标准适用于狼尾草属御谷（*Pennisetum glaucum* L. R. Br.）、象草（*Pennisetum purpureum* Schum.）和御谷与象草杂交种（以下称杂交狼尾草）新品种特异性、一致性和稳定性测试和结果判定。
10. 芒麦		
NY/T 3187—2018	草种子检验规程　活力的人工加速老化测定	本标准规定了草种子活力测定的人工加速老化方法。 本标准适用于扁穗冰草（*Agropyron cristatum*）、无芒雀麦（*Bromus inermis*）、老芒麦（*Elymus sibiricus*）、苇状羊茅（*Festuca arundinacea*）、多年生黑麦草（*Lolium perenne*）、紫花苜蓿（*Medicago sativa*）、草地早熟禾（*Poa pratensis*）和白三叶（*Trifolium repens*）种子。
NY/T 2891—2016	禾本科草种子生产技术规程　老芒麦和披碱草	本标准规定了老芒麦（*Elymus sibiricus* L.）、披碱草（*Elymus dahuricus* Turcz.）种子生产中对环境条件、土地整理和播种材料的要求，以及播种、田间管理、收获、清选、分级和包装的生产与技术。 本标准适用于老芒麦和披碱草的种子生产。
11. 披碱草		
NY/T 2891—2016	禾本科草种子生产技术规程　老芒麦和披碱草	本标准规定了老芒麦（*Elymus sibiricus* L.）、披碱草（*Elymus dahuricus* Turcz.）种子生产中对环境条件、土地整理和播种材料的要求，以及播种、田间管理、收获、清选、分级和包装的生产与技术。 本标准适用于老芒麦和披碱草的种子生产。

标准号	标准名称	摘要
NY/T 2486—2013	植物新品种特异性、一致性和稳定性测试指南　披碱草属	本标准规定了披碱草属（*Elymus* spp.）新品种特异性、一致性和稳定性测试的技术要求和结果判定的一般原则。 本标准适用于披碱草属新品种特异性、一致性和稳定性测试和结果判定。
12. 雀麦		
NY/T 2484—2013	植物新品种特异性、一致性和稳定性测试指南　无芒雀麦	本标准规定了无芒雀麦新品种特异性、一致性和稳定性测试的技术要求和结果判定的一般原则。 本标准适用于无芒雀麦（*Bromus inermis* Leyss.）。
NY/T 3187—2018	草种子检验规程　活力的人工加速老化测定	本标准规定了草种子活力测定的人工加速老化方法。 本标准适用于扁穗冰草（*Agropyron cristatum*）、无芒雀麦（*Bromus inermis*）、老芒麦（*Elymus sibiricus*）、苇状羊茅（*Festuca arundinacea*）、多年生黑麦草（*Lolium perenne*）、紫花苜蓿（*Medicago sativa*）、草地早熟禾（*Poa pratensis*）和白三叶（*Trifolium repens*）种子。
SN/T 1812—2006	禾草腥黑粉菌、剪股颖腥黑粉菌、黑麦草腥黑粉菌检疫鉴定方法	本标准规定了进境植物检疫中禾草腥黑粉菌（*Tilletia fusca*）、剪股颖腥黑粉菌（*Tilletia sphaerococca*）、黑麦草腥黑粉菌（*Tilletia lolii*）的检疫鉴定方法。 本标准适用于雀麦属、羊茅属、早熟禾属及其他禾草腥黑粉菌寄主草种中禾草腥黑粉菌；剪股颖属草种中剪股颖腥黑粉菌和黑麦草属草种中黑麦草腥黑粉菌的检疫鉴定。
SN/T 3688—2013	硬雀麦检疫鉴定方法	本标准规定了植物检疫中硬雀麦 *Bromus rigidus* Roth 的检疫鉴定方法。 本标准适用于硬雀麦的检疫鉴定。
13. 苏丹草		
NY/T 3310—2018	苏丹草和高丹草品种真实性鉴别　SSR 标记法	本标准规定了利用 SSR（Simplc scquence rcpcat，简单重复序列）标记，进行苏丹草［*Sorghum sudanense*（Piper）Stapf. cv.］及其杂交种高丹草（*Sorghum bicolor*×*Sorghum sudanense*）品种真实性鉴别的方法及判定规则。 本标准适用于苏丹草及其杂交种高丹草品种真实性鉴别。
14. 鸭茅		
NY/T 2490—2013	植物新品种特异性、一致性和稳定性测试指南　鸭茅	本标准规定了鸭茅（*Dactylis glomerata* L.）新品种特异性、一致性和稳定性测试的技术要求和结果判定的一般原则。 本标准适用于鸭茅新品种特异性、一致性和稳定性测试和结果判定。
15. 羊草		
SN/T 1838—2006	具节山羊草检疫鉴定方法	本标准规定了植物和植物产品中具节山羊草的（*Jointed goatgrass*，*Aegilops Cylindrica* Horst）检疫鉴定方法。 本标准规定了植物和植物产品中具节山羊草（*Jointed goatgrass*，*Aegilops Cylindrica* Horst）检疫鉴定。
16. 羊茅		
NY/T 2573—2014	植物新品种特异性、一致性和稳定性测试指南　高羊茅　草地羊茅	本标准规定了羊茅属苇状羊茅（俗称高羊茅）（*Festuca arundinacea* Schreb.）和草甸羊茅（俗称草地羊茅）（*Festuca pratensis* Huds.）新品种特异性、一致性和稳定性测试的技术要求和结果判定的一般原则。 本标准适用于羊茅属高羊茅和草地羊茅两个种的新品种特异性、一致性和稳定性测试及结果判定。
NY/T 3187—2018	草种子检验规程　活力的人工加速老化测定	本标准规定了草种子活力测定的人工加速老化方法。 本标准适用于扁穗冰草（*Agropyron cristatum*）、无芒雀麦（*Bromus inermis*）、老芒麦（*Elymus sibiricus*）、苇状羊茅（*Festuca arundinacea*）、多年生黑麦草（*Lolium perenne*）、紫花苜蓿（*Medicago sativa*）、草地早熟禾（*Poa pratensis*）和白三叶（*Trifolium repens*）种子。

标准号	标准名称	摘要
SN/T 1812—2006	禾草腥黑粉菌、剪股颖腥黑粉菌、黑麦草腥黑粉菌检疫鉴定方法	本标准规定了进境植物检疫中禾草腥黑粉菌（*Tilletia fusca*）、剪股颖腥黑粉菌（*Tilletia sphaerococca*）、黑麦草腥黑粉菌（*Tilletia lolii*）的检疫鉴定方法。 本标准适用于雀麦属、羊茅属、早熟禾属及其他禾草腥黑粉菌寄主草种中禾草腥黑粉菌；剪股颖属草种中剪股颖腥黑粉菌和黑麦草属草种中黑麦草腥黑粉菌的检疫鉴定。
SN/T 3757—2013	紫羊茅腥黑粉菌检疫鉴定方法	本标准规定了紫羊茅腥黑粉菌的检疫鉴定方法。 本标准适用于紫羊茅、黑麦草种子上紫羊茅腥黑粉病菌的检疫鉴定。
17. 野燕麦		
GB/T 29575—2013	法国野燕麦检疫鉴定方法	本标准规定了法国野燕麦 *Arena ludoviciana* Durieu 的实验室检测与其形态特征鉴定方法。本标准适用于法国野燕麦的检疫鉴定。
SN/T 3441—2012	不实野燕麦的检疫鉴定方法	本标准规定了植物检疫中不实野燕麦的检疫鉴定方法。 本标准适用于所有不实野燕麦的检疫鉴定。
SN/T 3073—2011	细茎野燕麦检疫鉴定方法	标准规定了细茎野燕麦（*Avena barbata* Brot.）的检疫鉴定方法，阐明了与近似种的区别。本标准适用于细茎野燕麦的检疫和鉴定。
18. 早熟禾		
NY/T 3187—2018	草种子检验规程 活力的人工加速老化测定	本标准规定了草种子活力测定的人工加速老化方法。 本标准适用于扁穗冰草（*Agropyron cristatum*）、无芒雀麦（*Bromus inermis*）、老芒麦（*Elymus sibiricus*）、苇状羊茅（*Festuca arundinacea*）、多年生黑麦草（*Lolium perenne*）、紫花苜蓿（*Medicago sativa*）、草地早熟禾（*Poa pratensis*）和白三叶（*Trifolium repens*）种子。
NY/T 2428—2013	植物新品种特异性、一致性和稳定性测试指南 草地早熟禾	本标准规定了草地早熟禾（*Poapratensis* L.）新品种特异性、一致性和稳定性测试的技术要求和结果判定的一般原则。 本标准适用于草地早熟禾新品种特异性、一致性和稳定性测试和结果判定。
SN/T 1812—2006	禾草腥黑粉菌、剪股颖腥黑粉菌、黑麦草腥黑粉菌检疫鉴定方法	本标准规定了进境植物检疫中禾草腥黑粉菌（*Tilletia fusca*）、剪股颖腥黑粉菌（*Tilletia sphaerococca*）、黑麦草腥黑粉菌（*Tilletia lolii*）的检疫鉴定方法。 本标准适用于雀麦属、羊茅属、早熟禾属及其他禾草腥黑粉菌寄主草种中禾草腥黑粉菌；剪股颖属草种中剪股颖腥黑粉菌和黑麦草属草种中黑麦草腥黑粉菌的检疫鉴定。

五、菊科

标准号	标准名称	摘要
1. 大蓟		
NY/T 3637—2020	蔬菜蓟马类害虫综合防治技术规程	本标准规定了蔬菜蓟马类害虫综合防治的术语和定义、防治原则、测报措施、防治措施、注意事项。 本标准适用于西化蓟马［*FrankLiniella occidentaLis*（Pergandc）］、花蓟马［*FranklinieLLa intonsa*（Trybom）］、棕榈蓟马（*Thrips palmi* Karny）、葱蓟马（*Thrips tabaci* Lindeman）、普通大蓟马［*Megalurothrips usitatus*（Bagrall）］等蔬菜蓟马类害虫的综合防治。
2. 菊苣		
GB/T 23416.6—2009	蔬菜病虫害安全防治技术规范 第6部分：绿叶菜类	GB/T 23416 的本部分规定了叶菜类蔬菜常见病虫害的种类、防治原则、农业防治、物理防治、生物防治和化学防治。 本部分适用于菠菜、芹菜、莴苣、蕹菜、茴香、苋菜、芫荽、茼蒿、荠菜、冬寒菜、落葵、番杏、金花菜、紫背天葵、罗勒、榆钱菠菜、薄荷、菊苣、鸭儿芹、紫苏、香芹菜、苦苣、菊花脑、莳萝等叶菜类蔬菜的病虫害防治。

标准号	标准名称	摘要
GB/T 23528—2009	低聚果糖	本标准规定了低聚果糖的术语和定义、产品分类、要求、试验方法、检验规则、标志、包装、运输和贮存。 本标准适用于以蔗糖为原料或以菊芋、菊苣等植物根茎为原料制成的低聚果糖的生产、检验和销售。
GB/T 26430—2010	水果和蔬菜 形态学和结构学术语	本标准界定了凤梨、芹菜、辣根、芜菁甘蓝、青花菜、花椰菜、抱子甘蓝、球茎甘蓝、辣椒、菊苣、西瓜、榛子、甜瓜、西葫芦、朝鲜蓟、胡桃、结球生菜、香蕉、菜豆、豌豆、萝卜（原变种）、菊牛蒡、茄子、菠菜、婆罗、门参、蚕豆、玉米的形态学和结构学术语。
GB/T 19495.4—2018	转基因产品检测 实时荧光定性聚合酶链式反应（PCR）检测方法	GB/T 19495 的本部分规定了植物及其加工产品中转基因成分筛选和品系检测实时荧光定性聚合酶链式反应（PCR）检测方法有关的仪器设备、试剂和材料、检测步骤、质量控制、防污染措施以及方法的最低检出限。 本部分适用于大豆、玉米、油菜、水稻、棉花、马铃薯、亚麻、甜菜、苜蓿、番茄、木瓜、苹果、菊苣、剪股颖、烟草、李子、甜瓜、小麦、茄子和桉树等植物转基因筛选检测，也适用于大豆、玉米、油菜、棉花、水稻、马铃薯、亚麻、甜菜和木瓜等植物的品系特异性检测。
NY/T 743—2020	绿色食品 绿叶类蔬菜	本标准规定了绿色食品绿叶类蔬菜的要求、检验规则、标签、包装、运输和储存。 本标准适用于绿色食品绿叶类蔬菜，包括菠菜、芹菜、落葵、莴苣（包括结球莴苣、莴笋、油麦菜、皱叶莴苣等）、蕹菜、茴香（包括小茴香、球茎茴香）、苋菜、青葙、芫荽、叶菾菜、茼蒿（包括大叶茼蒿、小叶茼蒿、蒿子秆）、荠菜、冬寒菜、番杏、菜苜蓿、紫背天葵、榆钱菠菜、菊苣、鸭儿芹、苦苣、苦荬菜、菊花脑、酸模、珍珠菜、芝麻菜、白花菜、香芹菜、罗勒、薄荷、紫苏、莳萝、马齿苋、蕺菜、蒲公英、马兰、蒌蒿等。

六、菱科

标准号	标准名称	摘要
菱		
NY/T 1039—2014	绿色食品 淀粉及淀粉制品	本标准规定了绿色食品淀粉及淀粉制品的术语和定义、要求、检验规则、标志和标签、包装、运输和贮存。 本标准适用于绿色食品食用淀粉（包括谷类、薯类、豆类淀粉及菱角淀粉等其他食用淀粉）及食用淀粉制品［包括粉丝（条）、粉皮及其他食用淀粉制品等］；不适用于魔芋粉及魔芋粉制品、藕粉、植物全粉（如马铃薯全粉）、淀粉糖、膨化淀粉制品、油炸淀粉制品、方便粉丝。
NY/T 1042—2017	绿色食品 坚果	本标准规定了绿色食品坚果的分类、要求、检验规则、标签、包装、运输和储存。 本标准适用于绿色食品核桃、山核桃、榛子、香榧、腰果、松子、杏仁、开心果、扁桃（巴旦木）、澳洲坚果（夏威夷果）、鲍鱼果、板栗、橡子、银杏、芡实（米）、莲子、菱角等鲜或干的坚果及其果仁，也适用于以坚果为主要原料，不添加辅料，经水煮、蒸煮等工艺制成的原味坚果制品；不适用于坚果类烘炒制品。
NY/T 1405—2015	绿色食品 水生蔬菜	本标准规定了绿色食品水生蔬菜的要求、检验规则、标签、包装、运输和贮存。 本标准适用于绿色食品茭白、水芋、慈姑、菱、荸荠、芡实、水蕹菜、豆瓣菜、水芹、莼菜、蒲菜、莲子米等水生蔬菜。不包括藕及其制品。

七、蔷薇科

标准号	标准名称	摘要
蕨麻		
GB/T 28667—2012	蕨麻	本标准规定了蕨麻的术语和定义、原料要求、技术要求、试验方法、检验规则、包装、标签、运输和贮存。 本标准适用于经干燥加工制成的蕨麻。

八、十字花科

标准号	标准名称	摘要
豆瓣菜		
NY/T 1405—2015	绿色食品　水生蔬菜	本标准规定了绿色食品水生蔬菜的要求、检验规则、标签、包装、运输和贮存。 本标准适用于绿色食品茭白、水芋、慈姑、菱、荸荠、芡实、水蕹菜、豆瓣菜、水芹、莼菜、蒲菜、莲子米等水生蔬菜。不包括藕及其制品。

九、松科

标准号	标准名称	摘要
1. 马尾松		
GB/T 12901—2006	脂松节油	本标准规定了脂松节油的定义、要求、试验方法、检验规则、包装、标志、运输和贮存。 本标准适用于由马尾松、湿地松、思茅松、云南松、加勒比松、南亚松等来源的原料松脂经过蒸馏加工等工艺过程得到的脂松节油。
GB/T 24882—2010	松毛虫防治技术规程	本标准规定了马尾松毛虫、油松毛虫、赤松毛虫、落叶松毛虫、云南松毛虫、思茅松毛虫等6种主要松毛虫的发生类型、发生程度和成灾标准、防治对策、防治技术、施药方法、防治要求及防治效果检查。 本标准适用于全国范围内马尾松毛虫、油松毛虫、赤松毛虫、落叶松毛虫、云南松毛虫和思茅松毛虫的防治，其他种类松毛虫的防治可参照使用。
LY/T 1355—2010	松脂	本标准规定了松脂的质量要求、试验方法、检验规则以及标志、包装、运输和贮存。 本标准适用于由马尾松等立木采割得到的松脂（不包括湿地松）。
LY/T 1675—2006	马尾松毛虫监测与防治技术规程	本标准规定了马尾松毛虫（*Dendrolimus punctatus* Walker）的术语和定义、发生类型、发生程度和成灾标准、虫情和灾情监测、预测预报、防治对策、防治措施及防治效果检查。 本标准适用于全国范围内马尾松毛虫的监测与防治。
LY/T 2427—2015	马尾松种子园营建技术规程	本标准规定了马尾松无性系种子园园址选择和规划设计、建园亲本材料选用、建园技术、经营管理技术、档案管理等内容。 本标注适用于马尾松无性系种子园的营建。
LY/T 2697—2016	马尾松抚育经营技术规程	本标准规定了马尾松主要林分类型、林木分级标准、幼林抚育、中幼林抚育间伐的要点、对象、起始期、方式、强度、间隔期及林地管理技术等。 本标准适用于马尾松主要分布区马尾松的经营。

标准号	标准名称	摘要
LY/T 3030—2018	松毛虫监测预报技术规程	本规程规定了松毛虫监测预报的总体思路、灾情监测、预测预报等技术要求。 本规程适用于松毛虫，包括马尾松毛虫 *Dendrolimus punctatus*（Walker）、落叶松毛虫 *D. superans*（Butler）、油松毛虫 *D. tabulae formis* Tsai et Liu、赤松毛虫 *D. spectabilis* Butler、云南松毛虫 *D. houi Lajonquiere* 和思茅松毛虫 *D. kikuchii* Matsumura 的灾情监测调查和虫情预测预报。
2. 松针		
GB/T 29588—2013	松针褐斑病菌检疫鉴定方法	本标准规定了松针褐斑病菌的检疫鉴定方法。 本标准适用于松属（*Pinus*）苗木、枝叶中松针褐斑病菌的检疫和鉴定。
GB/T 36824—2018	松针红斑病菌检疫鉴定方法	本标准规定了松属（*Pinus*）、其他寄主植物及植物材料中松针红斑病菌检疫和鉴定方法。 本标准适用于松属及相关种属苗木、枝叶中松针红斑病菌的检疫和鉴定。
LY/T 1175—1995	粉状松针膏饲料添加剂	本标准规定了粉状松针膏饲料添加剂的技术要求、试验方法、检验规则及包装、标志、运输和贮存。 本标准适用于松针叶绿素-胡萝卜素软膏被松针粉吸附制成的粉状松针膏饲料添加剂。粉状松针膏添加剂主要用于畜禽的配（混）合饲料和颗粒饲料中作添加剂。
LY/T 1176—1995	粉状松针膏饲料添加剂的试验方法	本标准规定了粉状松针膏饲料添加剂各项物理化学指标的分析检验方法。 本标准适用于粉状松针膏饲料添加剂。
LY/T 1638—2005	针叶饲料粉	本标准规定了针叶饲料粉的要求、抽样方法、检测方法、检验规则、标志、包装、运输和贮存。 针叶饲料粉是针叶维生素粉或新鲜针叶，经石油醚萃取制备松针叶绿素—胡萝卜素软膏或深加工产品后的残渣经过一系列加工后制成的，不能用针叶维生素粉或新鲜针叶经极性溶剂（水、乙醇等）萃取后所得的残渣加工而成。
LY/T 2473—2015	红松针阔混交林培育技术规程	本标准规定了红松针阔混交林培育的作业设计、苗木质量、新造林、低质林补植改造、抚育间伐等原则性、技术性要求。 本标准适用于红松针阔混交林的培育与经营管理，包括新造林、低质林补植改造两种方式。
SN/T 3683—2013	松针褐枯病菌检疫鉴定方法	本标准规定了进出境植物检疫中松针褐枯病菌 *Mycosphaerella gibsonii* H. C. Evans 的检疫鉴定方法。 本标准适用于来自松针褐枯病菌疫区的寄主植物苗木、切枝以及松针的检疫。
SN/T 3893—2014	松针盾蚧检疫鉴定方法	本标准规定了松针盾蚧的检测、标本制作和室内鉴定等方法。 本标准适用于进出境植物检疫工作中的松针盾蚧的检测和鉴定。

十、苋科

标准号	标准名称	摘要
籽粒苋		
GB/T 26615—2011	籽粒苋种子质量分级	本标准规定了籽粒苋种子（*Amaranthus hypochondriacus* L.）质量分级指标及评定方法。 本标准适用于生产、销售和使用的籽粒苋种子的质量分级。
NY/T 2499—2013	植物新品种特异性、一致性和稳定性测试指南　籽粒苋	本标准规定了籽粒苋新品种特异性、一致性和稳定性测试的技术要求和结果判定的一般原则。 本标准适用于苋属（*Amaranthus* L.）、中尾穗苋（*Amaranthus caudatus* L.）、繁穗苋（*Amaranthus cruentus* L.）、千穗谷（*Amaranthus hypochondriacus* L.）、反枝苋（*Amaranthus retroflexus* L.）、绿穗（*Amaranthus hybridus* L.）、刺苋（*Amaranthus spinosus* L.）、苋（*Amaranthus tricolor* L.）新品种特异性、一致性和稳定性测试和结果判定。

第九章　特种能源作物

能源植物是指一年生或多年生植物，其栽培目的是生产固体、液体、气体或其他形式的能源，其中规模化人工栽培生产的能源植物称作“能源作物”，是生物质能源的主要原料来源之一。当前生产生物质能源最直接的原料是粮食作物和畜牧业的饲料，但从我国乃至全球当前和未来对粮食需求来看，这些作物不可能为主要的能源作物，特别是我国人口与土地资源之间的矛盾尤为突出，因此，发展非粮能源作物，推动绿色、清洁生物质能源的发展已是刻不容缓。能源作物经光合作用固定二氧化碳和水，将太阳能转化为化学能，储藏在植物体内，其共同特点是光合作用效率高、生长发育快，且能量利用效率也较高。根据能源作物能量转化利用化学成分及其用途不同，可将能源作物分为四大类：第一类为富含糖类，主要有甘蔗、甜高粱、甜菜、菊芋等，用于生产燃料乙醇；第二类为富含淀粉类，主要有大麦、木薯、马铃薯、甘薯等，用于生产燃料乙醇；第三类为富含油料类，主要有油菜、棕榈、蓖麻、文冠果、麻疯树、橡胶树、含油微藻类等，该类作物含有大量的油脂类化合物，用于生产生物石油和生物柴油；第四类为富含纤维类，主要有象草、柳枝稷、桉树等，用于生产生物柴油和燃气；第五类为用于制备薪炭类，如旱柳、泡桐等，用于主要提供薪柴和木炭。由于前三类主要的能源作物，如甘蔗、甜高粱、大麦、木薯、油菜、蓖麻等，在第三章特种粮食作物、第四章糖料作物、第五章油料作物中已有涉及，本章节不再进行介绍，主要收集专门用于生产生物石油、生物柴油、沼气，以及制备薪炭的非粮能源作物。根据能源作物用途分类，本章节筛选了 6 种富含油料类、4 种富含纤维素类和 5 种薪炭类三大类能源作物共计 15 种，搜集了截至 2021 年 6 月现行有效的国家标准、各类行业标准、地方标准和兽药标准共 231 项。标准内容主要涵盖种质资源类、农业生产类（生产技术、病虫害防治等）、质量判定以及初加工产品等类。本章仅汇编了相关国家及行业标准共 76 项。从能源作物标准的数量和分布情况来看，我国能源作物标准体系的研究尚处于起步阶段，存在数量较少、内容陈旧等问题，只有少数几种大宗能源作物，如橡胶树、杨树、桉树等发布的标准较为系统全面，许多重要的能源作物，如生产生物柴油的绿玉树、续随子、多花山竹子等，尚无制定相关标准，为促进我国非粮生物质能源产业化的快速发展，保证生物质原料的供应，下一步需要加大能源作物企业标准和地方标准的研究，加快行业标准乃至国家标准的制定。

一、富含油料类

标准号	标准名称	摘要
1. 光皮树		
LY/T 2530—2015	光皮树苗木质量分级	本标准规定了光皮树（*Swida wilsoniana*）苗木的术语和定义、苗木质量指标、检验方法、检验规则、苗木标志及档案。 本标准适用于光皮树产区的光皮树播种苗、嫁接苗、扦插苗的生产与销售。
LY/T 2293—2014	光皮树育苗技术规程	本标准规定了光皮树种子采集、种子处理、育苗、病虫害防治、苗木出圃、苗木装运和技术档案建立。 本标准适用于长江以南各省（区）。
2. 黄连木		
LY/T 1828—2009	黄连木栽培技术规程	本标准规定了黄连木生产中的苗木选择、林地选择、整地、植苗造林、抚育管理、低产林改造、果实采收、病虫害防治等技术。 本标准适用于黄连木生态能源林植苗造林的生产管理。

标准号	标准名称	摘要
SN/T 2471—2019	落叶松种子小蜂与黄连木种子小蜂检疫鉴定方法	本标准规定了落叶松种子小蜂 *Eurytoma laricis* 与黄连木种子小蜂 *Eurvtorna plotnikovi* 检疫鉴定方法。 本标准适用于落叶松种子小蜂与黄连木种子小蜂的检疫和鉴定。
3. 麻疯树		
LY/T 2309—2014	麻疯树育苗技术规程	本标准规定了麻疯树（*Jatropha curcas* L.）种子育苗和扦插育苗的技术要求。 本标准适用于麻疯树的田间育苗。
LY/T 2308—2014	麻疯树采穗圃营建技术规程	本标准规定了麻疯树（*Jatropha curcas* L.）采穗圃营建和管理，包括立地选择、整地、栽植、经营管理等技术要求。 本标准适用于麻疯树采穗圃的营建和管理。
LY/T 2032—2012	麻疯树优树选择技术规程	本标准规定了大戟科（*Euphorbiacae*）麻疯树属（*Jatropha* Linn.）生物柴油树种麻疯树（*Jatropha curcas* L.）优树选择的方法与要求。 本标准适用于中国西南地区麻疯树产区的麻疯树优树选择。
LY/T 2031—2012	麻疯树嫁接技术规程	本标准规定了麻疯树嫁接的技术方法与要求。 本标准适用于麻疯树的苗木嫁接和高接换种。
4. 乌桕		
LY/T 3266—2021	主要木本油料树种苗木质量等级	本文件规定了国内主要木本油料树种苗木的术语和定义、质量要求、检测方法、检验规则和包装、标签及储存、运输等。 本文件适用于我国油茶、核桃、山核桃、薄壳山核桃、光皮树、油用牡丹、长柄扁桃、油橄榄、元宝枫、翅果油树、杜仲、盐肤木、文冠果、千年桐、三年桐、乌桕、山苍子等木本油料树种苗木生产经营的质量要求，其近缘种参照执行。
LY/T 2621—2016	乌桕育苗技术规程	本标准规定了乌桕育苗的苗圃地选择、整地、育苗方法、苗木出圃等。 本标准适用于乌桕适生区乌桕苗木的培育。
LY/T 2431—2015	乌桕采穗圃营建技术规程	本标准规定了乌桕包括葡萄桕变种 *Sapium sebiferum* var. *laxicarpa* 和鸡爪桕变种 *Sapium sebiferum* var. *conferticarpa* 采穗圃的品种选择、圃地选择与整地、营建、管理、产穗量指标和档案管理等。 本标准适用于乌桕适生区内营建葡萄桕和鸡爪桕采穗圃。
5. 橡胶树		
GB/T 17822. 1—2009	橡胶树种子	本标准规定了橡胶树（*Hevea brasiliensis* Muell-Arg）种子的术语和定义、质量要求、检验方法、抽样、检验规则以及包装、标志、贮存和运输。 本标准适用于培育橡胶树实生砧苗或橡胶树有性系苗的橡胶树种子。
GB/T 17822. 2—2009	橡胶树苗木	本标准规定了橡胶树（*Hewea brasiliensis* Muell-Arg）苗木的术语定义、质量要求、检验方法、抽样、检验规则以及包装、标志、贮存和运输。 本标准适用于出圃时的各种橡胶树芽接苗和橡胶树有性系苗。
GB/T 35819—2018	天然橡胶生产良好操作规范	本标准规定了巴西橡胶树天然橡胶生产良好农业规范的基础要求。 本标准适用于对巴西橡胶树天然橡胶生产良好农业规范基础要求的符合性判定。
GB/T 29570—2013	橡胶树叶片营养诊断技术规程	本标准规定了橡胶树叶片营养诊断中叶片样品的采集方法、分析方法以及化学肥料施用量的计算方法。 本标准适用于我国橡胶树主要品种的叶片营养诊断及施肥指导。
NY/T 1314—2007	农作物种质资源鉴定技术规程　橡胶树	本标准规定了橡胶树（*Heuea brasiliensis* Muell. -Arg.）种质资源主要性状鉴定的技术要求和方法。 本标准适用于橡胶树（*Heuea brasiliensis* Muell. -Arg.）种质资源的植物学特征、生物学特性和抗逆性的鉴定。

标准号	标准名称	摘要
NY/T 2184—2012	农作物优异种质资源评价规范　橡胶树	本标准规定了橡胶树（*Hevea brasiliensis* Muell. -Arg.）优异种质资源评价的术语定义、技术要求、鉴定方法和判定。 本标准适用于橡胶树优异种质资源的评价。
NY/T 2667. 1—2014	热带作物品种审定规范　第 1 部分：橡胶树	本部分规定了橡胶树（*Hevea brasiliensis* Muell. -Arg.）品种审定要求、判定规则和审定程序。 本部分适用于橡胶树品种的审定。
NY/T 2749—2015	植物新品种特异性、一致性和稳定性测试指南　橡胶树	本标准规定了橡胶树（*Hevea brasilensis* Muell. -Arg.）新品种特异性、一致性和稳定性测试的技术要求和结果判定的一般原则。 本标准适用于橡胶树新品种特异性、一致性和稳定性的测试和结果判定。
NY/T 2944—2016	橡胶树种质资源描述规范	本标准规定了橡胶树（*Hevea brasiliensis* Muell. -Arg.）种质资源基本信息、植物学特征、生物学特性、生长性状、产量性状及抗性性状的描述方法。 本标准适用于橡胶树植物种质资源的描述。
NY/T 3813—2020	橡胶树种质资源收集、整理与保存技术规程	本标准规定了橡胶树属（*Hevea*）种质资源收集、整理与保存的术语和定义、收集、整理、保存的技术要求。 本标准适用于橡胶树属种质资源的收集、整理与保存工作。
NY/T 688—2018	橡胶树品种类型	本标准规定了橡胶树（*Hevea brasiliensis* Muell. -Arg.）的品种类型及指标测定。 本标准适用于橡胶树品种类型的划分。
NY/T 607—2018	橡胶树育种技术规程	本标准规定了橡胶树（*Hevea brasiliensis* Muell. -Arg.）育种的选育种程序、品种系比试验和品种性状鉴定。 本标准适用于我国橡胶树品种的选育。
NY/T 1686—2018	橡胶树育苗技术规程	本标准规定了橡胶树苗木培育的术语和定义、苗圃地选择、苗同规划、增殖圃建设与芽条增殖、橡胶树种子生产、地播苗圃建设与芽接桩培育、袋装苗培育、袋育苗培育、高截干培育和籽苗芽接苗培育的要求。 本标准适用于国内橡胶树育苗生产、管理和教学。
NY/T 2166—2012	橡胶树苗木繁育基地建设标准	本标准规定了橡胶树苗木繁育基地建设的基本要求。 本标准适用于我国县级以上橡胶树苗木繁育基地的新建、更新重建项目建设；在境外投资的橡胶树苗木繁育生产建设项目，应结合当地情况，灵活执行本标准；其他种类的橡胶树苗木繁育建设项目，可参照本标准。 本标准不适用于科研、试验性质的橡胶树育苗场地建设。
NY/T 2668. 1—2014	热带作物品种试验技术规程　第 1 部分：橡胶树	本部分规定了橡胶树（*Hevea brasiliensis*, Muell. -Arg.）品种比较试验、区域试验和抗寒前哨试验的方法。 本部分适用于橡胶树的品种试验。
NY/T 2167—2012	橡胶树种植基地建设标准	本标准规定了橡胶树种植基地建设的基本要求。 本标准适用于我国县级以上橡胶树种植基地的新建、更新重建、扩建项目建设；在境外投资的橡胶树种植基地项目建设，可结合当地情况灵活执行本标准；其他类型的橡胶树种植项目建设可以参照本标准。 本标准不适用于以科研、试验为主要目的的橡胶树种植项目建设。
NY/T 221—2016	橡胶树栽培技术规程	本标准规定了巴西橡胶树栽培有关的术语和定义、要求等。 本标准适用于国内巴西橡胶树栽培。
NY/T 2263—2012	橡胶树栽培学　术语	本标准规定了天然橡胶生产中橡胶树栽培学领域相关的术语和定义。 本标准适用于橡胶树种植业的育种、栽培、管理、科研、教学及其他相关领域。
NY/T 2037—2011	橡胶园化学除草技术规范	本标准规定了橡胶树（*Hevea brasiliensis* Muell. -Arg.）种植园杂草和橡胶树更新后残桩化学防除的术语、定义和要求。 本标准适用于橡胶苗圃、幼龄橡胶园和成龄橡胶园杂草，以及橡胶树更新后残桩的化学防除。

标准号	标准名称	摘要
NY/T 2250—2012	橡胶树棒孢霉落叶病监测技术规程	本标准规定了橡胶树棒孢霉落叶病监测网点的建设、管理及监测方法。 本标准适用于橡胶树种植区棒孢霉落叶病的调查和监测。
NY/T 1089—2015	橡胶树白粉病测报技术规程	本标准规定了橡胶树白粉病测报的术语和定义、测报网点建设与管理、测报数据的收采集和统计方法、流行强度和流行区的划分、测报等技术方法。 本标准适用于我国植胶区橡胶树白粉病的测报。
NY/T 2259—2012	橡胶树主要病虫害防治技术规范	本标准规定了橡胶树主要病虫害及其防治原则、防治措施。 本标准适用于我国橡胶产区橡胶树主要病虫害的防治。
NY/T 2810—2015	橡胶树褐根病菌鉴定方法	本标准规定了橡胶树褐根病菌（*Phellinus noxius*）的术语和定义、鉴定依据、试剂及配制方法、采样、症状鉴定、培养鉴定、PCR 鉴定、结果判定、标本和样品保存等技术要求。 本标准适用于橡胶树褐根病菌（*P. noxius*）的鉴定。
NY/T 2811—2015	橡胶树棒孢霉落叶病病原菌分子检测技术规范	本标准规定了橡胶树棒孢霉落叶病病原菌（*Corynespora cassiicola*）的术语和定义、检测方法、结果判定、样品保存等技术要求。 本标准适用于橡胶树的棒孢霉落叶病病原菌的检测。
NY/T 2814—2015	热带作物种质资源抗病虫鉴定技术规程 橡胶树白粉病	本标准规定了橡胶树种质资源抗白粉病鉴定的术语和定义、接种体制备、田间抗性鉴定、病情调查及统计、抗性判定。 本标准适用于橡胶树种质资源对白粉病抗性的田间鉴定及评价。
NY/T 3006—2016	橡胶树棒孢霉落叶病诊断与防治技术规程	本标准规定了橡胶树（*Hevcea brasiliensis*）棒孢霉落叶病的术语和定义、诊断方法及防治技术措施。 本标准适用于橡胶树棒孢霉落叶病的诊断与防治。
NY/T 3195—2018	热带作物种质资源抗病虫鉴定技术规程 橡胶树棒孢霉落叶病	本标准规定了橡胶树［*Hevea brasiliensis*（Willd. ex A. Juss.）Muell. Arg.］棒孢霉落叶病抗病性评价的术语和定义、病原菌分离鉴定及接种体制备、抗病性鉴定、抗病性评价、抗病性评价有效性判定和结果记录。 本标准适用于橡胶树棒孢霉落叶病抗病性品系筛选。
NY/T 3197—2018	热带作物种质资源抗病虫鉴定技术规程 橡胶树炭疽病	本标准规定了橡胶树种质抗炭疽病评价的术语和定义、接种体制备、田间接种鉴定、田间自然条件下抗病性评价、鉴定有效性判定、重复鉴定和抗病性终评。 本标准适用于橡胶树种质抗炭疽病品系筛选。
NY/T 3518—2019	热带作物病虫害监测技术规程 橡胶树炭疽病	本标准规定了橡胶树炭疽病监测的术语和定义、监测网点设置、症状识别与病情调查统计、监测方法。 本标准适用于橡胶树炭疽病的调查和监测。
NY/T 3323—2018	橡胶树损伤鉴定	本标准规定了生产上在大田定植的橡胶树非自然灾害下的人为损伤鉴定有关的术语和定义、损伤级别、鉴定方法、判定规则、复检、鉴定人员、鉴定报告、留存档案。 本标准适用于大田定植的橡胶树的损伤鉴定。
NY/T 1088—2020	橡胶树割胶技术规程	本标准规定了橡胶树［*Hevea brasiliensis*（Willd. ex A. Juss.）Muell. Arg.］割胶有关的术语和定义、割胶原则、开割前准备、开割标准与割面规划、割胶要求、割胶制度、割胶生产技术指标、死皮分级及防控管理和受害树复制。 本标准适用于橡胶树割胶生产及橡胶树死皮分级。
6. 油楠		
LY/T 2538—2015	油楠栽培技术规程	本标准规定了油楠（*Sindora glabra* Merr. ex de Wit）的种子调制、苗木培育、栽植、抚育管理等技术要求。 本标准适用于油楠人工林的栽培。

二、富含纤维类

标准号	标准名称	摘要
1. 桉树		
GB/T 19495.4—2018	转基因产品检测 实时荧光定性聚合酶链式反应（PCR）检测方法	GB/T 19495 的本部分规定了植物及其加工产品中转基因成分筛选和品系检测实时荧光定性聚合酶链式反应（PCR）检测方法有关的仪器设备、试剂和材料、检测步骤、质量控制、防污染措施以及方法的最低检出限。 本部分适用于大豆、玉米、油菜、水稻、棉花、马铃薯、亚麻、甜菜、苜蓿、番茄、木瓜、苹果、菊苣、剪股颖、烟草、李子、甜瓜、小麦、茄子和桉树等植物转基因筛选检测，也适用于大豆、玉米、油菜、棉花、水稻、马铃薯、亚麻、甜菜和木瓜等植物的品系特异性检测。
LY/T 2456—2015	桉树丰产林经营技术规程	本标准规定了桉树丰产林指标、造林规划设计、适生区与立地选择、栽培、抚育间伐、主伐更新、产销监管与建档等技术要求。 本标准适用于桉树短轮伐期工业原料林和中大径用材林培育及可持续经营管理。
LY/T 2749—2016	桉树速丰林配方施肥技术规程	本标准规定了桉树速丰林配方施肥的术语和定义、专用肥料配方制定、配方肥料生产以及施用技术。 本标准适用于桉树速丰林，尤其适用于短轮伐期的桉树人工林的施肥。
LY/T 2965—2018	桉树中大径材培育技术规程	本标准规定了桉树中大径材适宜种植区域、立地选择、主要造林树种选择、苗木培育、造林、成林抚育、采伐与更新、技术档案建立与管理等。 本标准适用于桉树中大径材人工林培育。
LY/T 3100—2019	桉树枝瘿姬小蜂防控技术规程	本标准规定了桉树枝瘿姬小蜂 *Leptocybe invasa* Fisher & LaSalle 的监测调查、防控技术与效果检查等要求。 本标准适用于桉树枝瘿姬小蜂的防控。
LY/T 2781—2016	桉树枝瘿姬小蜂检疫技术规程	本标准规定了桉树枝瘿姬小蜂的检疫范围、产地检疫、调运检疫、检验鉴定、除害处理、检疫监管及档案建立与管理的程序和方法。 本标准适用于林业植物检疫机构对桉树枝瘿姬小蜂寄主植物、繁育材料及其贮存场所等的检疫检验和除害处理。
SN/T 1204—2016	植物及其加工产品中转基因成分实时荧光PCR 定性检验方法	本标准规定了植物及其加工产品中转基因成分筛选和品系鉴定实时荧光PCR 检测方法。 本标准适用于大豆、玉米、油菜籽、水稻、棉花、马铃薯、亚麻、甜菜、苜蓿、番茄、木瓜、苹果、菊苣、剪股颖、烟草、李子、甜瓜、小麦、茄子和桉树转基因筛选检测，也适用于大豆、玉米、油菜、水稻、棉花、马铃薯、亚麻和甜菜等作物的品系特异性实时荧光 PCR 检验。
SN/T 2618—2010	桉树溃疡病菌检疫鉴定方法	本标准规定了植物检疫中桉树溃疡病菌 *Cryphonectria cubensis*（Bruner）Hodges 的检疫鉴定方法。 本标准适用于对来自疫区的所有桉属［*Eucalyptus*］和桉树溃疡病菌其他寄主的原木、木制品（含木质包装）和苗木的检疫鉴定。
SN/T 4848.4—2017	出口蜂蜜中常见蜜源植物成分的检测方法 实时荧光 PCR 法 第 4 部分：桉树	SN/T 4848 的本部分规定了出口蜂蜜中桉树成分的实时荧光 PCR 检测方法。 本部分适用于出口蜂蜜中桉树成分（柠檬桉、蓝桉、巨桉、直干桉、大叶桉、窿缘桉、赤桉）的定性检测。 本部分所规定方法的最低检出限（LOD）为 0.5%（质量百分比）。
2. 刺槐		
GB 29945—2013	食品安全国家标准 食品添加剂 槐豆胶（刺槐豆胶）	本标准适用于以刺槐豆种子 *Ceratonia siliqua*（L.）Taub.（Farm. *Leguminosae*）的胚乳或胚乳粉为原料，经加工制得的食品添加剂槐豆胶（刺槐豆胶）。商品化的槐豆胶（刺槐豆胶）可含有用于标准化目的的糊精和糖类。

标准号	标准名称	摘要
LY/T 1871—2010	植物新品种特异性、一致性、稳定性测试指南 刺槐属	本标准规定了豆科刺槐属（*Robinia* L.）植物新品种特异性、一致性、稳定性测试技术要求。 本标准适用于所有刺槐属植物新品种的测试。
LY/T 3071—2018	刺槐硬枝扦插育苗技术规程	本标准规定了刺槐（*Robinia pseudoacacia* L.）硬枝扦插采穗圃营建、育苗地选择、整地作床、穗条采集、插穗处理和沙藏催根、扦插和插后管理、苗木出圃、包装运输、档案管理等技术要求。 本标准适用于刺槐良种、新品种及优良无性系硬枝扦插苗的培育生产。
LY/T 2544—2015	四倍体刺槐培育技术规程	本标准规定了四倍体刺槐 *tetraploid Robinia pseudoacacia* L. 栽培区域及生物学特性、种根繁殖、造林技术、幼林管理、收割与间伐等技术要求。 本标准适用于四倍体刺槐速生生态林和饲料林的营造与管理。
3. 水葫芦		
NY/T 3019—2016	水葫芦综合防治技术规程	本标准规定了水葫芦综合防治原则、策略、技术方法及程序。 本标准适用于对水产养殖区、水源保护区、湿地、湖泊、沟渠、河道、交通运输水道等生境中水葫芦的防治。
4. 象草		
NY/T 2356—2013	植物新品种特异性、一致性和稳定性测试指南 狼尾草属	本标准规定了狼尾草属新品种特异性、一致性和稳定性测试的技术要求和结果判定的一般原则。 本标准适用于狼尾草属御谷（*Pennisetum glaucum* L. R. Br.）、象草（*Pennisetum purpureum* Schum.）和御谷与象草杂交种（以下称杂交狼尾草）新品种特异性、一致性和稳定性测试和结果判定。

三、制备薪炭类

标准号	标准名称	摘要
1. 柳树		
LY/T 3107—2019	柳树品种微卫星标记鉴别技术规程	本标准规定了以柳属（*Salix*）植物 DNA 为材料，利用微卫星标记（microsatellite）对国家和省审（认）定的柳树品种进行分子鉴定的规范化操作技术。
LY/T 3070—2018	柳树培育技术规程	本标准规定了杨柳科（Salicaceae）柳属（*Salix*）资源培育的术语和定义、杂交育种、苗木培育、造林、幼林抚育、病虫害防治、档案管理等相关环节的技术要求。 本标准适用于全国范围内柳树资源培育。
LY/T 2050—2012	柳树薪炭林栽培技术规程	本标准规定了柳树薪炭林的术语和定义、栽培条件、主要栽培技术、验收标准、未成林抚育管护与保护、轮伐及平茬、残次林改造等技术规范。 本标准适用于辽宁、吉林、黑龙江、内蒙古东部地区及同类地区亚湿润干旱区和半干旱区柳树薪炭林栽培。
2. 泡桐		
LY/T 2206—2013	四倍体泡桐苗木繁育技术规程	本标准规定了四倍体泡桐苗木繁育技术的术语和定义、圃地选择及整理、种根采集与贮藏、种根催芽和埋根育苗、苗期管理、病虫害防治、苗木分级与出圃、苗木假植与运输、档案管理。 本标准适用于我国四倍体泡桐适生区域。
LY/T 2213—2013	泡桐丛枝病防治技术规程	本标准规定了泡桐丛枝病的术语和定义、病原分布、传播途径、症状、预防方法和治疗措施。 本标准适用于泡桐丛枝病的防治。
3. 杞柳		
LY/T 1816—2009	杞柳速生丰产栽培技术规程	本标准规定了杞柳的速生丰产指标和营造、管理、病虫害防治、柳条采收等技术。 本标准适用于全国杞柳丰产林的营造。

标准号	标准名称	摘要
4. 杨树		
GB/T 17980.70—2004	农药 田间药效试验准则（二）第70部分：杀虫剂防治森林松毛虫	本部分规定了杀虫剂防治森林松毛虫田间药效小区试验的方法和基本要求。 本部分适用于杀虫剂防治油松毛虫（*Dendrolimus tabulac formis*）、春尺蠖（*Apocheima cinerarius*）、杨扁舟蛾（*Clostera anachoreta*）及午毒蛾（*Lymantria dispar*）等为害松树、杨树的鳞翅目幼虫的登记用田间药效小区试验及药效评价。
GB/T 33124—2016	杨树叶锈病菌检疫鉴定方法	本标准规定了杨树叶锈病菌 *Melam psora medusae* Thumen，1878 的形态学鉴定方法。 本标准适用于白杨 *Populus halsamifera* L.、黑棉杨 *Populus balsamifera* subsp. *trichocarpa*（Torr. 8. Gray）Brayshaw、美洲黑杨 *Populus deltoids* Mars 以及落叶松属 *Larix* spp.、松属 *Pinus* spp.、美国花旗松 *Pseudotsuga menziesii*（Mirb.）上的杨树叶锈病菌的检疫和鉴定。
GB/T 36807—2018	杨树（细菌性）枯萎病菌检疫鉴定方法	本标准规定了杨树（细菌性）枯萎病菌［*Enterobacter cancerogenus*（Urosevi）Dickey et Zumoff］的检疫鉴定方法。 本标准适用于进出境苗木、原木等植物及其产品中杨树（细菌性）枯萎病菌的检疫鉴定。
LY/T 1637—2005	杨树皮类脂	本标准规定了杨树皮类脂的要求、抽样方法、检测方法、检验规则、标志、包装、运输和贮存。 本标准适用于以杨树皮为原料，经过切碎、干燥、粉碎后，用石油醚作溶剂，经萃取、蒸发、浓缩等步骤制成的杨树皮类脂产品。
LY/T 1772—2008	杨树品种分子鉴定实验方法 DNA扩增片段长度多态性法（AFLP）	本标准规定了以杨树新鲜组织（叶片、芽等）为材料，利用扩增片段长度多态性DNA法（Amplified Fragment Length Polymorphism，简称AFLP）对杨树品种进行分子鉴定的实验方法。 本标准适用于杨树品种的分子鉴定。
LY/T 3029—2018	杨树烂皮病防治技术规程	本标准规定了杨树烂皮病 *Valsa sordida* Nit. 的病情调查、防治对策、防治措施。 本标准适用于杨树烂皮病的防治，杨树溃疡病 *Botryosphaeria* sp. 的防治亦可参考使用。
LY/T 3105—2019	杨直角叶蜂防治技术规程	本标准规定了杨直角叶蜂 *Stauronematus platycerus*（Hartig）虫情调查、防治措施等。 本标准适用于杨直角叶蜂和杨树其他叶蜂类害虫的防治。
SN/T 3434—2012	杨树炭团溃疡病菌检疫鉴定方法	本标准规定了进出境种苗、原木及木质包装检疫中杨树炭团溃疡病菌的检疫和鉴定方法。 本标准适用于进出境植物及其产品中杨树炭团溃疡病菌的检疫和鉴定。
5. 银合欢		
NY/T 1195—2006	银合欢 种子	本标准规定了银合欢［*Leucaena leucocephala*（Lam）de Wit］种子的术语和定义、要求、试验方法、检验规则、判定规则以及贮存、包装、标签和运输方法。 本标准适用于银合欢种子。
NY/T 351—1999	热带牧草 种子	本标准规定了热带牧草种子的定义、质量指标、检验、包装、标志、贮存和运输。 本标准适用于柱花草（*Stylosanthes*）、银合欢（*Leucaena leucocephala*）、坚尼草（*Panicum maximum*）种子的质量鉴定。
NY/T 352—1999	热带牧草 种苗	本标准规定了热带牧草种苗的定义、质量指标、检验、包装、标志、保管和运输。 本标准适用于王草［*Saccharum sinense* CIAT6263（国际热带农业中心）］、银合欢（*Leucaena leucocephala*）种苗的质量鉴定。

第十章　特种芳香植物

芳香植物是指含有芳香物质成分的植物类群，是植物界利用最为广泛、经济价值极高的一类新兴的特种经济作物。芳香植物的特点在于其含有较为丰富的精油成分，因精油具有抑菌、防霉、杀虫、抗氧化、多种生理活性，芳香植物广泛应用于食品工业、日化工业、医药、畜牧生产以及农业病虫害生物防治等领域。我国幅员辽阔，地形地貌和气候特征复杂多样，是芳香植物资源丰富、种类最多的国家之一。据不完全统计，目前已发现的共有100余科200属2 000多种或变种，其中含精油较高的芳香植物约500种。芳香植物遍布于祖国的大江南北，在众多的芳香植物中，已经开发利用的只是其中的一小部分（100余种），更多的芳香植物处于待开发利用的野生状态。然而，中国芳香植物资源和品质标准体系研究薄弱，为更好开展中国芳香植物资源利用研究提供借鉴参考，促进建立完善中国芳香植物及其产品分级和芳香植物资源标准体系，本章梳理汇编了截至2021年6月17日以前批准、发布的芳香植物相关现行标准。入选的包括分布较为集中的涵盖百合科、败酱科、唇形科、禾本科、菊科、兰科、牻牛儿苗科、木兰科、木樨科、漆树科、蔷薇科、檀香科、桃金娘科、樟科共14个的科中34种香源植物以及八角、草果、丁香、豆蔻、桂皮、胡椒、花椒、茴香、姜黄、肉桂、瑞香、莳萝、月桂叶、孜然共13种香辛料作物。其中收录香源植物相关国家及行业标准197项，香辛料作物相关国家及行业88项。地方标准、团体标准、农业农村部公告及兽药典相关标准暂未汇编入册。标准内容主要涵盖种质资源类、农业生产类（产地环境、育苗、病虫害监测防治、栽培生产技术）、质量安全检测类和储藏保鲜等初加工技术及初加工产品类。加工机械、包装、冷链物流等相关标准类别不包含在内。此外，以药用和菜用为主要用途的芳香植物（如艾草和葱姜蒜类，）的相关标准，分别见特种果蔬篇和特种药用植物篇。

一、香源植物

（一）百合科

标准号	标准名称	摘要
百合		
GB/T 38362—2019	进境百合种球疫情监测规程	本标准规定了进境百合种球的监测对象、监测时期、监测方法等内容。 本标准适用于进境百合种球的疫情监测。
GB/T 19557.10—2018	植物品种特异性、一致性和稳定性测试指南　百合属	GB/T 19557的本部分给出了百合属（*Lilium* L.）品种特异性、一致性和稳定性测试的技术要点和结果判定的一般原则。 本部分适用于百合属品种特异性、一致性和稳定性测试和结果判定。
NY/T 3706—2020	百合切花等级规格	本标准规定了百合切花的等级规格要求、抽样、检测、判定、包装、标识、储藏和运输的要求。 本标准适用于百合切花生产、贸易中的等级评定。
NY/T 3693—2020	百合枯萎病抗性鉴定技术规程	本标准规定了百合枯萎病抗性鉴定的试剂与耗材、仪器设备、枯萎病菌接种体制备、室内抗性鉴定、病情调查、抗病性评价和鉴定材料处理。 本标准适用于百合（*Lilium* spp.）种质资源对百合枯萎病抗性的室内鉴定与抗性评价。
NY/T 3570—2020	多年生蔬菜贮藏保鲜技术规程	本标准规定了多年生蔬菜储藏保鲜的采收和质量要求、储藏设施、预冷、分级与包装、堆码、储藏、出库及运输等技术要求。 本标准适用于芦笋、黄秋葵、食用百合、香椿的储藏保鲜。

标准号	标准名称	摘要
NY/T 2725—2015	氯化苦土壤消毒技术规程	本标准规定了氯化苦土壤消毒相关术语和定义、基本原则和技术方法。 本标准适用于为控制草莓、番茄、黄瓜、茄子、辣椒、姜、东方百合、烟草等作物连作障碍而进行的土壤消毒处理。
NY/T 1326—2015	绿色食品　多年生蔬菜	本标准规定了绿色食品多年生蔬菜的要求、检验规则、标签、包装、运输和贮存。 本标准适用于绿色食品多年生蔬菜，包括芦笋、百合、菜用枸杞、黄秋葵、襄荷、菜蓟、辣根、食用大黄等的新鲜产品。
SN/T 4076—2014	百合无症病毒检疫鉴定方法	本标准规定了百合无症病毒免疫学、分子生物学检疫鉴定方法。 本标准适用于百合属、印加百合属、郁金香属、水鬼蕉属等寄主植物的鳞球茎、叶片中百合无症病毒的检疫鉴定。
NY/T 2477—2013	百合品种鉴定技术规程　SSR 分子标记法	本标准规定了利用简单重复序列（Simple sequence repeats）分子标记进行百合属（*Lilium* L.）品种鉴定的试验方法、数据记录及判定标准。 本标准适用于百合品种 DNA 分子标记 SSR 数据采集和品种鉴定。
NY/T 2229—2012	植物新品种特异性、一致性和稳定性测试指南　百合	本标准规定了百合属（*Lilium* L.）新品种特异性、一致性和稳定性测试的技术要求和结果判定的一般原则。 本标准适用于百合属新品种特异性、一致性和稳定性测试和结果判定。
NY/T 1744—2009	切花百合脱毒种球	本标准规定了各级切花百合脱毒种球的术语和定义、检测对象、抽样、检测和生产维护、质量要求和判定原则。 本标准适用于各级切花百合脱毒种球繁育、生产及销售过程中的质量鉴定和认证等。
SN/T 4719—2016	进境百合种球传带检疫性线虫的检疫处理操作规程	本标准规定了进境百合种球传带检疫性线虫的检疫处理技术操作程序。 本标准适用于进境百合种球传带检疫性线虫的检疫处理。
SN/T 3746—2013	百合枯萎病菌检疫鉴定方法	本标准规定了百合枯萎病菌的检疫鉴定方法。 本标准适用于百合鳞球茎中携带的百合枯萎病菌的检疫鉴定。
LY/T 2065—2012	百合种球生产技术规程	本标准规定了百合种球的品种选择、子球繁育、成品球生产、成品球采后处理及贮藏的技术要求。 本标准适用于东方百合杂种系（O）、亚洲百合杂种系（A）、麝香百合杂种系（L）、东方麝香百合杂种系（CO/L）、麝香亚洲百合杂种系（L/A）的百合品种。

（二）败酱科

标准号	标准名称	摘要
缬草		
WM/T 7—2004	缬草提取物	本标准规定了缬草提取物的技术要求、检验方法、检验规则和标签、包装、运输、贮存要求。 本标准适用于以缬草为原料经提取而成的规格为缬草总酸 0.8%的提取物。

（三）唇形科

标准号	标准名称	摘要
1. 薄荷		
GB/T 34260—2017	夏香薄荷	本标准规定了夏香薄荷（枝叶、整的或碎叶）的技术要求、试验方法、包装和标志。 本标准适用于夏香薄荷的质量评定及其贸易。本标准不适用于冬香薄荷（*Saturejamontana* L.）。
GB/T 34259—2017	冬香薄荷	本标准规定了冬香薄荷（枝叶、整的或碎叶）的技术要求、试验方法、包装、标志。 本标准适用于冬香薄荷的质量评定及其贸易。本标准不适用于夏香薄荷（*Saturejahortensis* L.）。

标准号	标准名称	摘要
GB/T 32736—2016	干薄荷	本标准规定了薄荷干叶、碎叶、研碎干叶的技术要求、试验方法、包装和标志。 本标准适用于干薄荷的质量评定及其贸易。本标准不适用于薄荷嫩芽。
GB 1886.278—2016	食品安全国家标准 食品添加剂 椒样薄荷油	本标准适用于用水蒸气蒸馏法从开花期的椒样薄荷草（*Menthapiperita* L.）的地上部分制得的食品添加剂椒样薄荷油。
GB 1886.204—2016	食品安全国家标准 食品添加剂 亚洲薄荷素油	本标准适用于用水蒸气蒸馏法从亚洲种薄荷（*Mentha arvensis* L. var. *glabrata* Holmes）开花或未开花的地上部分中获得的精油，再经冷冻、脱去部分薄荷脑制得的食品添加剂亚洲薄荷素油。
GB 1886.199—2016	食品安全国家标准 食品添加剂 天然薄荷脑	本标准适用于以薄荷油为原料经冷冻法结晶分离制得的食品添加剂天然薄荷脑。
GB/T 23416.6—2009	蔬菜病虫害安全防治技术规范 第6部分：绿叶菜类	GB/T 23416 的本部分规定了叶菜类蔬菜常见病虫害的种类、防治原则、农业防治、物理防治、生物防治和化学防治。本部分适用于菠菜、芹菜、莴苣、蕹菜、茴香、苋菜、芫荽、茼蒿、荠菜、冬寒菜、落葵、番杏、金花菜、紫背天葵、罗勒、榆钱菠菜、薄荷、菊苣、鸭儿芹、紫苏、香芹菜、苦苣、菊花脑、莳萝等叶菜类蔬菜的病虫害防治。
NY/T 743—2020	绿色食品 绿叶类蔬菜	本标准规定了绿色食品绿叶类蔬菜的要求、检验规则、标签、包装、运输和储存。 本标准适用于绿色食品绿叶类蔬菜，包括菠菜、芹菜、落葵、莴苣（包括结球莴苣、莴笋、油麦菜、皱叶莴苣等）、蕹菜、茴香（包括小茴香、球茎茴香）、苋菜、青葙、芫荽、叶菾菜、茼蒿（包括大叶茼蒿、小叶茼蒿、蒿子秆）、荠菜、冬寒菜、番杏、菜苜蓿、紫背天葵、榆钱菠菜、菊苣、鸭儿芹、苦苣、苦荬菜、菊花脑、酸模、珍珠菜、芝麻菜、白花菜、香芹菜、罗勒、薄荷、紫苏、莳萝、马齿苋、蕺菜、蒲公英、马兰、蒌蒿等。
QB/T 1793—2014	天然薄荷脑	本标准规定了天然薄荷脑的要求、试验方法、检验规则和标志、包装、运输、贮存、保质期。 本标准适用于对用冷冻法从薄荷（精）油中经结晶分离的天然薄荷脑的质量进行分析评价。
GB/T 12652—2013	亚洲薄荷素油	本标准规定了亚洲薄荷素油的要求、试验方法、检验规则及标志、包装、运输、贮存和保质期。 本标准适用于对亚洲薄荷素油的质量进行分析评价。
QB/T 4228—2011	椒样薄荷（精）油	本标准规定了椒样薄荷（精）油的要求、试验方法、检验规则及标志、包装、运输、贮存和保质期。 本标准适用于对椒样薄荷（精）油的质量进行分析评价。
2. 藿香		
GB 1886.124—2015	食品安全国家标准 食品添加剂 广藿香油	本标准适用于用水蒸气蒸馏法从生长在中国南方的广藿香草（*Pogostemon cablin*）的叶和茎中提取的食品添加剂广藿香油。
QB/T 2522—2011	广藿香（精）油	本标准规定了广藿香（精）油的要求、试验方法、检验规则及标志、包装、运输、贮存和保质期。 本标准适用于对广藿香（精）油的质量进行分析评价。
SN/T 4063—2014	出口植物性中药材中汞含量的测定 直接进样-冷原子吸收光谱法	本标准规定了植物性中药材中汞含量的直接进样-冷原子吸收光谱测定方法。 本标准适用于人参、甘草、大青叶、紫苏叶、菊花、红花、枸杞、山楂、麻黄、藿香、黄柏、肉桂等植物性中药材中汞含量的测定
3. 荆芥		
SN/T 5215—2020	土荆芥监测与鉴定方法	本文件规定了土荆芥的监测和实验室鉴定方法。 本文件适用于土荆芥的监测以及种子和植株的鉴定。
4. 留兰香		
GB 1886.206—2016	食品安全国家标准 食品添加剂 *l*-香芹酮	本标准适用于以 *d*-苧烯为原料经化学反应，或以留兰香油为原料单离制得的食品添加剂 *l*-香芹酮。

标准号	标准名称	摘要
GB 1886.36—2015	食品安全国家标准 食品添加剂 留兰香油	本标准适用于用水蒸气蒸馏法从开花期的留兰香草（*Mentha spicata* L.）的地上部分提取的精油，再经精馏加工制得的含酮量最低为60%和80%两种规格的食品添加剂留兰香油。
QB/T 2521—2011	留兰香（精）油	本标准与美国食品化学品法典FCC（V）：2004《留兰香油》的一致性程度为非等效。 本标准规定了留兰香（精）油的要求、试验方法、检验规则、标志、包装、运输、贮存及保质期。 本标准适用于对留兰香（精）油的质量进行分析评价。
5. 罗勒		
GB/T 23416.6—2009	蔬菜病虫害安全防治技术规范 第6部分：绿叶菜类	GB/T 23416的本部分规定了叶菜类蔬菜常见病虫害的种类、防治原则、农业防治、物理防治、生物防治和化学防治。 本部分适用于菠菜、芹菜、莴苣、蕹菜、茴香、苋菜、芫荽、茼蒿、荠菜、冬寒菜、落葵、番杏、金花菜、紫背天葵、罗勒、榆钱菠菜、薄荷、菊苣、鸭儿芹、紫苏、香芹菜、苦苣、菊花脑、莳萝等叶菜类蔬菜的病虫害防治。
GB/T 22304—2008	干甜罗勒	本标准等同采用ISO 11163：1995《干甜罗勒规格》（英文版）。本标准等同翻译ISO 11163：1995。 本标准规定了磨碎或切碎的干甜罗勒的技术要求及相应贮运条件。 本标准适用于干甜罗勒的质量评定及其贸易。
6. 牛至		
GB/T 22302—2020	干牛至	本标准规定了干牛至（*Origanum vulgare* L.）的质量要求、取样方法、检验方法，以及包装、标志、贮存和运输。 本标准适用于干牛至的质量评定及其贸易。
7. 鼠尾草		
GB/T 32729—2016	干鼠尾草	本标准规定了干鼠尾草（整的或碎叶）的技术要求、试验方法、包装和标志。 本标准适用于干鼠尾草的质量评定及其贸易。
8. 薰衣草		
GB 1886.38—2015	食品安全国家标准 食品添加剂 薰衣草油	本标准适用于用水蒸气蒸馏法从中国薰衣草（*Lavandula angustifolia* Mill.）的开花部分提取的食品添加剂薰衣草油。
NY/T 3869—2021	薰衣草中樟脑、芳樟醇、乙酸芳樟酯和乙酸薰衣草酯的测定 气相色谱法	本标准规定了熏衣草中樟脑、芳樟醇、乙酸芳樟酯和乙酸薰衣草酯含量测定的气相色谱法。 本标准适用于熏衣草中樟脑、芳樟醇、乙酸芳樟酯和乙酸薰衣草酯含量的测定。 本标准给出了樟脑、芳樟醇、乙酸芳樟酯和乙酸薰衣草酯定量限分别为2.70 mg/kg、3.20 mg/kg、4.30 mg/kg、5.00 mg/kg。
NY/T 2585—2014	植物新品种特异性、一致性和稳定性测试指南 薰衣草属	本标准规定了唇形科（Lamiaceae）薰衣草属（*Lavandula* L.）新品种特异性、一致性和稳定性测试的技术要求和结果判定的一般原则。 本标准适用于薰衣草属中下列组新品种特异性、一致性和稳定性测试和结果判定。
SN/T 4644—2016	出口薰衣草干花检验检疫规程	本标准规定了出口薰衣草干花的抽样、检验检疫方法以及合格评定及处置要求。 本标准适用于出口薰衣草干花的检验检疫。
GH/T 1285—2020	薰衣草	本标准规定了薰衣草（干花）的技术要求、试验方法、包装、标志和贮运。 本标准适用于薰衣草（干花）的质量评定及其贸易。
9. 紫苏		
GB/T 23416.6—2009	蔬菜病虫害安全防治技术规范 第6部分：绿叶菜类	GB/T 23416的本部分规定了叶菜类蔬菜常见病虫害的种类、防治原则、农业防治、物理防治、生物防治和化学防治。 本部分适用于菠菜、芹菜、莴苣、蕹菜、茴香、苋菜、芫荽、茼蒿、荠菜、冬寒菜、落葵、番杏、金花菜、紫背天葵、罗勒、榆钱菠菜、薄荷、菊苣、鸭儿芹、紫苏、香芹菜、苦苣、菊花脑、莳萝等叶菜类蔬菜的病虫害防治。

标准号	标准名称	摘要
GB 23200.6—2016	食品安全国家标准 除草剂残留量检测方法 第6部分：液相色谱-质谱/质谱法测定 食品中杀草强残留量	本标准规定了食品中杀草强残留量的液相色谱-串联质谱（LC-MS-MS）测定方法。 本标准适用于苹果、菠萝、菠菜、胡萝卜、紫苏叶、金银花、姜粉、花椒粉、茶叶、小麦、玉米、花生、肉、鱼及动物肝脏中杀草强残留量的检测和确证；其他食品可参照执行。
GB 23200.51—2016	食品安全国家标准 食品中呋虫胺残留量的测定 液相色谱-质谱/质谱法	本标准规定了进出口食品中呋虫胺残留量的制样和液相色谱-质谱/质谱检测方法。 本标准适用于小麦、花生、玉米、菠菜、苹果、胡萝卜、紫苏叶、猪肉及马哈鱼中呋虫胺残留量的检测和确证。其他食品可参照执行。
GB 23200.49—2016	食品安全国家标准 食品中苯醚甲环唑残留量的测定 气相色谱-质谱法	本标准规定了食品中苯醚甲环唑的制样、气相色谱-质谱联用检测和确证方法。 本标准适用于豌豆、紫苏、胡萝卜、菠菜、大米、黄豆、中药、茶叶、杏仁、西柚、菠萝、草莓、酱油、醋、蜂蜜、王浆干粉、猪肉、牛肉、鸡肉、鳗鱼和龙虾仁等食品中苯醚甲环唑残留量的测定和确证，其他食品可参照执行。
GB 23200.30—2016	食品安全国家标准 食品中环氟菌胺残留量的测定 气相色谱-质谱法	本标准规定了食品中环氟菌胺残留量的制样和气相色谱-质谱检测方法。 本标准适用于小麦、玉米、花生、菠萝、苹果、青葱、胡萝卜、紫苏叶、金银花、姜粉、花椒粉及茶叶中环氟菌胺残留量的检测和确证，其他食品可参照执行。
NY/T 743—2020	绿色食品 绿叶类蔬菜	本标准规定了绿色食品绿叶类蔬菜的要求、检验规则、标签、包装、运输和储存。 本标准适用于绿色食品绿叶类蔬菜，包括菠菜、芹菜、落葵、莴苣（包括结球莴苣、莴笋、油麦菜、皱叶莴苣等）、蕹菜、茴香（包括小茴香、球茎茴香）、苋菜、青葙、芫荽、叶菾菜、茼蒿（包括大叶茼蒿、小叶茼蒿、蒿子秆）、荠菜、冬寒菜、番杏、菜苜蓿、紫背天葵、榆钱菠菜、菊苣、鸭儿芹、苦苣、苦荬菜、菊花脑、酸模、珍珠菜、芝麻菜、白花菜、香芹菜、罗勒、薄荷、紫苏、莳萝、马齿苋、蕺菜、蒲公英、马兰、蒌蒿等。
NY/T 1325—2015	绿色食品 芽苗类蔬菜	本标准规定了绿色食品芽苗类蔬菜的要求、检验规则、标签、包装、运输和贮存。 本标准适用于绿色食品种芽类芽苗菜，包括绿豆芽、黄豆芽、黑豆芽、青豆芽、红豆芽、蚕豆芽、红小豆芽、豌豆苗、花生芽、苜蓿芽、小扁豆芽、萝卜芽、菘蓝芽、沙芥芽、芥菜芽、芥蓝芽、白菜芽、独行菜芽、种芽香椿、向日葵芽、荞麦芽、胡椒芽、紫苏芽、水芹芽、小麦苗、胡麻芽、蕹菜芽、芝麻芽、黄秋葵芽等。
NY/T 2494—2013	植物新品种特异性、一致性和稳定性测试指南 紫苏	本标准规定了紫苏［*Perilla frutescens*（L.）Britton］新品种特异性、一致性和稳定性测试的技术要求和结果判定的一般原则。 本标准适用于紫苏新品种特异性、一致性和稳定性测试和结果判定。
SN/T 4064—2014	出口植物性中药材中多种元素的测定方法	本标准规定了出口植物性中药材中铅（Pb）、砷（As）、汞（Hg）、镉（Cd）、铜（Cu）、铬（Cr）、硒（Se）、镍（Ni）、锡（Sn）、锌（Zn）、锰（Mn）、铁（Fe）等十二种元素（以下简称12种元素）含量的电感耦合等离子体质谱法（ICP-MS）和电感耦合等离子体发射光谱法（ICP-AES）测定方法。 本标准适用于人参、黄柏、紫苏叶、金银花、枸杞、麻黄等植物性中药材中上述12种元素含量的测定。
SN/T 4063—2014	出口植物性中药材中汞含量的测定 直接进样-冷原子吸收光谱法	本标准规定了植物性中药材中汞含量的直接进样-冷原子吸收光谱测定方法。 本标准适用于人参、甘草、大青叶、紫苏叶、菊花、红花、枸杞、山楂、麻黄、藿香、黄柏、肉桂等植物性中药材中汞含量的测定。
SN/T 4062—2014	出口植物性中药材中稀土元素的测定方法	本标准规定了出口植物性中药材中钪（Sc）、钇（Y）、镧（La）、铈（Ce）、镨（Pr）、钕（Nd）、钐（Sm）、铕（Eu）、钆（Gd）、铽（Tb）、镝（Dy）、钬（Ho）、铒（Er）、铥（Tm）、镱（Yb）、镥（Lu）等十六种元素（以下简称16种元素）含量的电感耦合等离子体质谱（ICP-MS）和电感耦合等离子体发射光谱（ICP-AES）测定方法。 本标准适用于人参、紫苏叶、金银花、枸杞、麻黄、黄柏等植物性中药材中16种稀土元素含量的测定。

标准号	标准名称	摘要
SN/T 2789—2011	香紫苏油中乙酸芳樟酯和芳樟醇含量的测定 气相色谱法	本标准规定了香紫苏油中乙酸芳樟酯和芳樟醇含量的毛细管柱气相色谱测定方法。 本标准适用于以天然香紫苏植物（*Salviasclarea* L.）的茎、叶和花穗水蒸气蒸馏而得到的香紫苏油中乙酸芳樟酯和芳樟醇含量的测定。
SN/T 2152—2008	进出口食品中氟铃脲残留量检测方法 高效液相色谱-质谱/质谱法	本标准规定了进出口食品中氟铃脲残留量的液相色谱-质谱/质谱检测方法。 本标准适用于大米、大豆、番茄、洋葱、蘑菇、苹果、草莓、芦笋、胡萝卜、紫苏叶、花生、板栗、鸡肉、牛肉和猪肾中氟铃脲残留量的测定和确证。
SN/T 1923—2007	进出口食品中草甘膦残留量的检测方法 液相色谱-质谱/质谱法	本标准规定了食品中草甘膦残留量检验的制样和液相色谱-串联质谱测定方法。 本标准适用于大豆、小麦、大米、玉米、甘蔗、柑橙、紫苏、板栗、茶叶、虾、鱼、畜禽肉、蜂蜜、香料、人参中草甘膦（PMG）及其代谢产物氨甲基膦酸（AMPA）残留量的检测和确证。
LS/T 3254—2017	紫苏籽油	本标准规定了紫苏籽油的术语和定义、质量要求、检验方法、检验规则、标识、包装、储存和运输等要求。 本标准适用于以紫苏籽为原料加工的供人食用的商品紫苏籽油。

（四）禾本科

标准号	标准名称	摘要
1. 柠檬草		
GB 1886.191—2016	食品安全国家标准 食品添加剂 柠檬醛	本标准适用于以山苍子油或柠檬草油为原料经单离制得的、或以异戊烯酸和异戊烯醛或脱氢芳樟醇为原料经化学反应制得的食品添加剂柠檬醛。
GB/T 14454.13—2008	香料 羰值和羰基化合物含量的测定	GB/T 14454 的本部分的第一法规定了用盐酸羟胺法测定精油羰值和单离及合成香料中羰基化合物含量的方法。 本方法中用盐酸羟胺冷法肟化的方法适用于主要成分为易肟化的醛类或酮类的香料（香茅醛除外，香茅醛需要低温来避免环化和缩醛化现象）；用盐酸羟胺热法肟化的方法适用于主要成分为一般难于肟化的酮类的香料。
GH/T 1283—2020	柠檬草	本标准规定了柠檬草的技术要求、试验方法、包装、标志和贮运要求。 本标准适用于柠檬草的质量评定及其贸易。
2. 香茅		
GB 1886.271—2016	食品安全国家标准 食品添加剂 香茅油	本标准适用于用水蒸气蒸馏法从香茅［*Cymbopogon nardus*（L.）W. Watson var. *lenabatu* Stapf.］新鲜的或半干的地上叶、茎部分制得的食品添加剂香茅油。
QB/T 4655—2014	香叶醇	本标准规定了香叶醇的产品分类、要求、试验方法、检验规则和标志、包装、运输、贮存、保质期。 本标准适用于对以香茅（精）油为原料经单离制得的、或以柠檬醛为原料经化学反应制得的香叶醇的质量进行分析评价。
QB/T 4654—2014	香茅醛	本标准规定了香茅醛的产品分类、要求、试验方法、检验规则和标志、包装、运输、贮存、保质期。 本标准适用于对以香茅（精）油或柠檬桉（精）油为原料经单离制得的、或以柠檬醛为原料经化学反应制得的香茅醛的质量进行分析评价。
QB/T 4653—2014	香茅醇	本标准规定了香茅醇的要求、试验方法、检验规则和标志、包装、运输、贮存、保质期。 本标准适用于对以香茅（精）油为原料经单离制得的、或以柠檬醛为原料经化学反应制得的香茅醇的质量进行分析评价。
QB/T 1033—2011	香茅（精）油（爪哇型）	本标准规定了香茅（精）油（爪哇型）的要求、试验方法、检验规则及标志、包装、运输、贮存和保质期。 本标准适用于对香茅（精）油（爪哇型）的质量进行分析评价。

标准号	标准名称	摘要
QB/T 1467—2007	羟基香茅醛	本标准规定了羟基香茅醛的分类、要求、试验方法、检验规则和标志、包装、运输、贮存及保质期。 本标准适用于对从爪哇型香茅油或柠檬桉叶油单离出的香茅醛经水合取代、精馏（或蒸馏）而制得的羟基香茅醛及食品添加剂羟基香茅醛的质量进行分析评价。
SN/T 1510—2005	出口天然香茅油中香茅醛和含氧化合物含量的测定 气相色谱法	本标准规定了出口天然香茅油中香茅醛和含氧化合物含量的测定方法。 本标准适用于出口香茅油精油产品。

（五）菊科

标准号	标准名称	摘要
1. 艾草		
QB/T 4237—2011	艾蒿（精）油	本标准规定了艾蒿（精）油的要求、试验方法、检验规则和标志、包装、运输、贮存及保质期。 本标准适用于对艾蒿（精）油的质量进行分析评价。
2. 百里香		
GB/T 32735—2016	干百里香	本标准规定了干百里香（碎叶）的技术要求、试验方法、包装和标志。 本标准适用于干百里香的质量评定及其贸易。
3. 蒿		
GB/T 24869—2010	主要沙生草种子质量分级及检验	本标准规定了主要沙生草种子的质量分级指标及检验方法。 本标准适用于生态建设中使用的沙蓬（沙米）、黑沙蒿、乌丹蒿、阿拉善沙拐枣和驼绒藜种子检验与质量评价。
GB 1886. 70—2015	食品安全国家标准 食品添加剂 沙蒿胶	本标准适用于以沙蒿（*Artemisia* L.）籽为原料经水溶胀法提取加工制得的食品添加剂沙蒿胶。
NY/T 3285—2018	播娘蒿对乙酰乳酸合成酶抑制剂类除草剂靶标抗性检测技术规程	本标准规定了播娘蒿［*Descurainia sophia*（L.）Webb ex Prantl］对乙酰乳酸合成酶（Acetolactate synthase，ALS）抑制剂类除草剂靶标抗性检测技术规程的检测程序、结果分析及注意事项。 本规程适用于播娘蒿对乙酰乳酸合成酶抑制剂类除草剂产生靶标抗性的有关检测。
NY/T 1781—2009	青蒿原种生产技术规程	本标准规定了青蒿原种生产的术语和定义，种子生产程序和方法。 本标准适用于青蒿原种生产。
SN/T 2869. 2—2011	植物种质资源鉴定方法 第2部分：中草药青蒿的鉴定	SN/T 2869 的本部分规定了进出境中草药青蒿植物资源鉴定的方法。 本部分适用于国家法律法规规定禁止出口或重点保护的青蒿物种及其遗传材料的出（过）境检测。
QB/T 4237—2011	艾蒿（精）油	本标准规定了艾蒿（精）油的要求、试验方法、检验规则和标志、包装、运输、贮存及保质期。 本标准适用于对艾蒿（精）油的质量进行分析评价。
4. 菊		
GB/T 36754—2018	铺散矢车菊检疫鉴定方法	本标准规定了铺散矢车菊的检疫鉴定方法。 本标准适用于杂草监测过程中发现及进出境货物中携带的铺散矢车菊的植株和果实的检疫鉴定。
GB/T 19557. 19—2018	植物品种特异性、一致性和稳定性测试指南 菊花	GB/T 19557 的本部分给出了菊花［*Chrysanthemum* × *morifolium* Ramat.（*Chrysanthemum* × *grandiflorum* Ramat.），*Chrysanthemum pacificum* Nakai（*Ajania pacifica* Bremer and Humphries）and hybrids between them］品种特异性、一致性和稳定性测试的技术要点和结果判定的一般原则。 本部分适用于菊花品种及其杂交品种特异性、一致性和稳定性测试和结果判定。
GB 1886. 274—2016	食品安全国家标准 食品添加剂 杭白菊花油	本标准适用于用水蒸气蒸馏法从杭白菊（*Dendranthema morifolium* 或 *Chrysanthemum morifolium*）花中制得的食品添加剂杭白菊花油。

标准号	标准名称	摘要
GB 1886.118—2015	食品安全国家标准 食品添加剂 杭白菊花浸膏	本标准适用于以杭白菊花（茶菊花）（*Dendranthema morifolium* 或 *Chrysanthemum morifolium*）为原料，采用食用乙醇作溶剂，经浸提、浓缩制得的食品添加剂杭白菊花浸膏。
GB 1886.113—2015	食品安全国家标准 食品添加剂 菊花黄浸膏	本标准适用于以菊科植物大金鸡菊（*Coreopsis lanceolate* L.）的花序为原料，经提取精制而得的食品添加剂菊花黄浸膏。
GB 8270—2014	食品安全国家标准 食品添加剂 甜菊糖苷	本标准适用于以甜叶菊（*Stevia Rebaudiana* Bertoni）干叶为原料，经提取、精制而得的食品添加剂甜菊糖苷。主要糖苷为甜菊苷和瑞鲍迪苷A，其他已知糖苷包括瑞鲍迪苷B、瑞鲍迪苷C、瑞鲍迪苷D、瑞鲍迪苷F、杜克苷A、甜茶苷及甜菊双糖苷。
GB/T 29583—2013	黄顶菊检疫鉴定方法	本标准规定了黄顶菊［*Flaveria bidentis*（L.）Kuntze］的实验室检测及其形态特征鉴定方法。 本标准适用于黄顶菊的植株和瘦果的检疫鉴定。
GB/T 28109—2011	薇甘菊检疫鉴定方法	本标准规定了薇甘菊（*Mikania micrantha* Kunth）的实验室检测及其形状特征鉴定方法。 本标准适用于薇甘菊的植株和瘦果的检疫鉴定。
GB/T 28108—2011	匍匐矢车菊检疫鉴定方法	本标准规定了匍匐矢车菊（*Centaurea repens* L.）的实验室检测与其形态特征鉴定方法。 本标准适用于匍匐矢车菊的检疫鉴定。
GB/T 21517—2008	饲料添加剂 叶黄素	本标准规定了饲料添加剂叶黄素产品的分类、要求、试验方法、检验规则及标签、包装、贮存、运输。 本标准适用于以植物万寿菊中脂溶性提取物为原料，经皂化后，制成水剂或采用淀粉、玉米芯粉、白炭黑等辅料，有效成分主要是叶黄素和它的同分异构体玉米黄质，也有少量的其他类胡萝卜素和蜡质，在饲料工业中作为着色剂类饲料添加剂。
GB/T 20353—2006	地理标志产品 怀菊花	本标准规定了怀菊花的地理标志产品保护范围、术语和定义、种植环境、栽培和加工、质量要求、试验方法、检验规则及标志、标签、包装、运输和贮存。 本标准适用于国家监督检验检疫行政主管部门根据《地理标志产品保护规定》批准保护的怀菊花。
GB/T 20359—2006	地理标志产品 黄山贡菊	本标准规定了黄山贡菊的地理标志产品保护范围，术语和定义，生长环境、栽培和生产，分组级与实物标准样、要求、实验方法、检验规则以及标志、标签、包装、运输和贮存。 本标准适用于国家质量监督检验检疫行政主管部门根据《地理标志产品保护规定》批准保护的黄山贡菊。 本标准所指的黄山贡菊又名徽州贡菊，在标准全文中统一称为黄山贡菊。
GB/T 22250—2008	保健食品中绿原酸的测定	本标准规定了保健食品中绿原酸的测定方法。 本标准适用于以金银花、菊花、杜仲、山楂等一种或几种为主要原料的保健食品中绿原酸的测定。
GB/T 19692—2008	地理标志产品 滁菊	本标准规定了滁菊的地理标志产品保护范围、术语和定义、要求、试验方法、检验规则及标志、包装、运输、贮存。 本标准适用于国家质量监督检验检疫行政主管部门根据《地理标志产品保护规定》批准保护的滁菊。
GB/T 18862—2008	地理标志产品 杭白菊	本标准规定了杭白菊的术语和定义、地理标志产品保护范围、要求、试验方法、检验规则及标志、标签、包装、运输、贮存。 本标准适用于国家质量监督检验检疫行政主管部门根据《地理标志产品保护规定》批准保护的杭白菊。
GB 26405—2011	食品安全国家标准 食品添加剂 叶黄素	本标准适用于以万寿菊（*Tagetes erecta* L.）油树脂为原料，经皂化、提取精制而成的食品添加剂叶黄素。商品化的叶黄素产品可含有用于标准化等目的的食用植物油、糊精、抗氧化剂等辅料。
NY/T 3707—2020	非洲菊切花等级规格	本标准规定了非洲菊切花的等级规格要求、抽样、检测、判定、包装、标识、储藏和运输要求。 本标准适用于非洲菊切花生产、贸易中的等级评定。

标准号	标准名称	摘要
NY/T 323—2020	菊花切花等级规格	本标准规定了单头型、多头型、乒乓型菊花切花产品的等级规格要求、抽样、检测、判定、包装、标识、储藏和运输要求。 本标准适用于单头型、多头型、乒乓型菊花切花生产、运输、储藏各个环节的技术要求和生产、贸易中的等级评定。
NY/T 3432—2019	植物品种特异性、一致性和稳定性测试指南 万寿菊属	本标准规定了万寿菊属（*Tagetes* L.）品种特异性、一致性和稳定性测试的技术要求和结果判定的一般原则。 本标准适用于万寿菊属品种特异性、一致性和稳定性测试和结果判定。
NY/T 1506—2015	绿色食品 食用花卉	本标准规定了绿色食品食用花卉的术语和定义、要求、检验规则、标签、包装、运输和贮存。 本标准适用于绿色食品食用花卉的鲜品，包括菊花、玫瑰花、金银花、茉莉花、金雀花、代代花、槐花，以及国家批准的其他可食用花卉。
NY/T 3017—2016	外来入侵植物监测技术规程 银胶菊	本标准规定了银胶菊监测的程序和方法。 本标准适用于在银胶菊适生区域如果园、林地、耕地、道路两侧、养殖场、草场、河流、沟渠等开展对银胶菊的监测。
NY/T 2529—2013	黄顶菊综合防治技术规程	本标准规定了外来入侵植物黄顶菊的综合防治原则、策略和技术。 本标准适用于不同生境黄顶菊的综合防治。
NY/T 2512—2013	植物新品种特异性、一致性和稳定性测试指南 翠菊	本标准规定了翠菊（*Callistephus chinensis* Nees.）新品种特异性、一致性和稳定性测试的技术要求和结果判定的一般原则。 本标准适用于翠菊新品种特异性、一致性和稳定性测试和结果判定。
NY/T 2357—2013	植物新品种特异性、一致性和稳定性测试指南 非洲菊	本标准规定了大丁草属（*Cerbera Cass.*）非洲菊新品种特异性、一致性和稳定性测试的技术要求和结果判定的一般原则。 本标准适用于非洲菊新品种特异性、一致性和稳定性测试和结果判定。
NY/T 1464. 50—2013	农药田间药效试验准则 第50部分：植物生长调节剂调控菊花生长	本部分规定了植物生长调节剂化学调控菊花生长田间药效小区试验的方法和基本要求。 本部分适用于植物生长调节剂化学调控鲜切、盆栽、园栽菊花生长的登记用田间药效小区试验及药效评价。适用于采用不同繁殖方式（直播、扦插、组培、分株、压条、嫁接等）栽培的菊花。
NY/T 2228—2012	植物新品种特异性、一致性和稳定性测试指南 菊花	本标准规定了菊花［*Chrysanthemum* × *morifolium* Ramat.（*Chrysanthemum* × *grandiflorum* Ramat.）］新品种特异性、一致性和稳定性测试的技术要求和结果判定的一般原则。 本标准适用于菊花品种及其杂交新品种特异性、一致性和稳定性测试和结果判定。
NY/T 2151—2012	薇甘菊综合防治技术规程	本标准规定了薇甘菊的综合防治原则、策略、监测和防治技术。 本标准适用于薇甘菊发生区各级农业、林业、环保等部门对薇甘菊进行的综合防治。
NY/T 2034—2011	热带观赏植物种质资源描述规范非洲菊	本标准规定了非洲菊种质描述的要求和方法。 本标准适用于非洲菊种质在收集、整理和保存中的有关特性描述。
NY/T 2008—2011	万寿菊及其制品中叶黄素的测定 高效液相色谱法	本标准规定了万寿菊及其制品中叶黄素的高效液相色谱测定方法。 本标准适用于万寿菊及其制品中叶黄素的测定。
NY/T 1657—2008	花卉脱毒种苗生产技术规程香石竹、菊花、兰花、补血草、满天星	本标准规定了香石竹、菊花、兰花、补血草和满天星五种花卉脱毒种苗生产技术规程，适用于我国花卉种苗生产。
NY/T 1592—2008	非洲菊切花种苗等级规格	本标准规定了非洲菊切花种苗的等级划分、抽样方法、检测方法、判定原则以及包装和贮运的技术要求。 本标准适用于花卉生产及贸易中花卉种苗的等级划分。
NY/T 1591—2008	菊花切花种苗等级规格	本标准规定了菊花切花种苗的等级划分、抽样方法、检测方法、判定原则以及包装和贮运的技术要求。 本标准适用于花卉生产以及贸易中花卉种苗的等级划分。

标准号	标准名称	摘要
NY/T 877—2004	非洲菊　种苗	本标准规定了非洲菊（*Gerbera jamesonii*）种苗要求、试验方法、检验规则及包装、标识、运输和贮存。 本标准适用于非洲菊分株苗和组培苗。
NY/T 5121—2002	无公害食品　饮用菊花生产技术规程	本标准规定了无公害饮用菊花的术语定义、产地环境、菊苗繁育、种植技术、田间管理、病虫害防治、采收、干制加工的技术的要求。 本标准适用于无公害饮用菊花的生产。
SN/T 1144—2020	列当属检疫鉴定方法	本文件规定了进出境植物及植物产品中列当属 *Orobanche* spp. 的检疫鉴定方法。 本文件适用于列当属寄主植物（葫芦科、菊科、豆科、茄科、十字花科、大麻科、亚麻科、伞形科及禾本科等植物）、进出境植物产品中列当属的检疫鉴定。
SN/T 4653—2016	出口中药材中氨基甲酸酯类农药残留量的检测方法　液相色谱-质谱/质谱法	本标准规定了中药材中灭多威、异丙威、西维因、仲丁威、猛杀威、残杀威、克百威、嘧虫威、灭蚜威、灭虫威、3-羟基-克百威和抗蚜威残留量的液相色谱-质谱/质谱测定方法。 本标准适用于出口济银花、苏叶、杭菊、甘草、山楂、白芷、黄连、枸杞、人参、红花中灭多威、异丙威、西维因、仲丁威、猛杀威、残杀威、克百威、嘧虫威、灭蚜威、灭虫威、3-羟基-克百威和抗蚜威残留量的确证和定量测定。
SN/T 4261—2015	出口中药材中苯并（α）芘残留量的测定	本标准规定了中药材中苯并（α）芘残留量的气相色谱-串联质谱测定方法及高效液相色谱测定方法。 本标准第一法和第二法均适用于熟地黄、人参、黄芪、甘草、半夏、番泻叶、菊花、枸杞、苦杏仁、绞股蓝、茯苓、僵蚕、蜂胶等中药材中苯并（α）芘残留量的测定，第一法可以对苯并（α）芘进行确证。
SN/T 1020—2015	出口干菊花检验规程	本标准规定了出口食用干菊花的抽样、制样、包装、标志、感官、理化的检验方法，并对检验结果的判定、不合格产品处理、检验有效期、样品保存做了规定。 本标准适用于出口食用干菊花的检验。
SN/T 4063—2014	出口植物性中药材中汞含量的测定　直接进样-冷原子吸收光谱法	本标准规定了植物性中药材中汞含量的直接进样-冷原子吸收光谱测定方法。 本标准适用于人参、甘草、大青叶、紫苏叶、菊花、红花、枸杞、山楂、麻黄、藿香、黄柏、肉桂等植物性中药材中汞含量的测定。
SN/T 4061—2014	出口辐照植物性中药材鉴定方法-热释光法	本标准规定了辐照植物性中药材的热释光鉴定。 本标准适用于人参、五加皮、枸杞、山楂、苏叶、菊花等植物性中药材辐照的鉴定。
SN/T 3425—2012	菊花花枯病菌检疫鉴定方法	本标准规定了植物检疫中菊花花枯病病菌 *Didymella ligulicola*（K. F. Baker, Dimock & L. H. Davis）von Arx 的检疫鉴定方法。 本标准适用于来自所有菊花花枯病菌发生国家或地区菊花切花、植株中的菊花花枯病病菌的检疫鉴定。
SN/T 1144—2002	植物检疫列当的检疫鉴定方法	本标准规定了入境植物和植物产品中列当检疫、鉴定的方法。 本标准适用于对列当寄主植物（主要是：葫芦科、菊科、豆科、茄科、十字花科、大麻科、亚麻科、伞形科及禾本科等植物）、植物产品的入境检疫。
LY/T 2779—2016	薇甘菊检疫技术规程	本标准规定了薇甘菊的检疫范围、产地检疫、调运检疫、检测鉴定、除害处理及检疫监管的程序和方法。 本标准适用于植物检疫机构对薇甘菊植株活体、种子、藤茎及可携带种子、藤茎的载体、装载设备和运输工具的检验检疫和除害处理。
LY/T 2772—2016	地被菊繁殖技术规程	本标准规定了地被菊繁殖的相关术语、环境条件、母株栽培、繁殖方法、移植、病虫害防治、出圃等相关技术要求。 本标准适用于园林绿化用地被菊的规模化、标准化繁殖生产。

标准号	标准名称	摘要
LY/T 2422—2015	薇甘菊防治技术规程	本标准规定了对薇甘菊开展监测调查、防治、防效检查的方法。 本标准适用于林地上的薇甘菊的防治。金钟藤、葛藤等攀缘植物的防治可参考执行。
SB/T 11098.3—2014	鲜切花拍卖产品质量等级 第3部分：非洲菊	SB/T 11098 的本部分规定了非洲菊的采收、预冷处理、分拣、包装、组货、冷藏、规格划分等环节的技术要求。本标准与 SB/T 11098.1 结合使用。 本部分适用于参与拍卖的所有非洲菊栽培品种。其他交易方式可参照使用。
5. 菊花脑		
NY/T 743—2020	绿色食品 绿叶类蔬菜	本标准规定了绿色食品绿叶类蔬菜的要求、检验规则、标签、包装、运输和储存。 本标准适用于绿色食品绿叶类蔬菜，包括菠菜、芹菜、落葵、莴苣（包括结球莴苣、莴笋、油麦菜、皱叶莴苣等）、蕹菜、茴香（包括小茴香、球茎茴香）、苋菜、青葙、芫荽、叶菾菜、茼蒿（包括大叶茼蒿、小叶茼蒿、蒿子秆）、荠菜、冬寒菜、番杏、菜苜蓿、紫背天葵、榆钱菠菜、菊苣、鸭儿芹、苦苣、苦荬菜、菊花脑、酸模、珍珠菜、芝麻菜、白花菜、香芹菜、罗勒、薄荷、紫苏、莳萝、马齿苋、蕺菜、蒲公英、马兰、蒌蒿等。
GB/T 23416.6—2009	蔬菜病虫害安全防治技术规范 第6部分：绿叶菜类	GB/T 23416 的本部分规定了叶菜类蔬菜常见病虫害的种类、防治原则、农业防治、物理防治、生物防治和化学防治。 本部分适用于菠菜、芹菜、莴苣、蕹菜、茴香、苋菜、芫荽、茼蒿、荠菜、冬寒菜、落葵、番杏、金花菜、紫背天葵、罗勒、榆钱菠菜、薄荷、菊苣、鸭儿芹、紫苏、香芹菜、苦苣、菊花脑、莳萝等叶菜类蔬菜的病虫害防治。

（六）兰科

标准号	标准名称	摘要
香荚兰		
NY/T 3805—2020	香草兰扦插苗繁育技术规程	本标准规定了香草兰（香荚兰）（*Vanilla planifolia* Andrews）扦插苗繁育技术苗圃建设、母蔓选取、育苗时间、育苗方法、苗圃管理、育苗记录、出圃等技术要求。
NY/T 3733—2020	植物品种特异性（可区别性）、一致性和稳定性测试指南 香草兰	本标准适用于香草兰属（又称香荚兰 *Vanilla* L.）的墨西哥香草兰（*Vanilla planifolia*）、大花香草兰（*Vanilla pompon*）、塔希提香草兰（*Vanilla tahitensis*）、杂交种香草兰（*V. planifolia*×*V. pompon*、*V. planifolia*×*V. tahitensis*、*V. planifolia* × *V. odorata*、*V. planifolia* × *V. bahiana*、*V. planifolia* × *V. phaeantha*、*V. planifolia*×*V. imperialis*、*V. planifolia*×*V. siamensis*）品种特异性（可区别性）、一致性和稳定性测试和结果判定。 本标准规定了香草兰属品种特异性（可区别性）、一致性和稳定性测试的技术要求和结果判定的一般原则。
NY/T 362—2016	香荚兰 种苗	本标准规定了香荚兰（*Vanilla planifolia* Jacks.）种苗的术语和定义、要求、检验方法、检验规则、包装、标识、运输和储存。 本标准适用于墨西哥香荚兰母蔓和插条苗的质量检验，也可作为大花香荚兰、塔希堤香荚兰和帝皇香荚兰等香荚兰属其他种的种苗质量检验参考。
NY/T 968—2006	香荚兰栽培技术规程	本标准规定了属于 *Vanilla fragrans*（Salisbury）Ames-Syn.（*V. planifolia* Andrews）产的园地选择与规划、垦地与定植、田间管理、主要病虫害防治、采收与加工等技术要求。 本标准适用于香荚兰的栽培管理。
NY/T 483—2002	香荚兰	本标准规定了属于 *Vanilla fragrans*（Salsibury）Ames-Syn［*Vanilla planifolia* Andrews］种的香荚兰的要求。 本标准适用于墨西哥大叶种香荚兰成熟的鲜豆荚（greenvanilla）及其经发酵、生香加工处理而得的香荚兰豆（curedvanilla），产品是完整荚、切段荚和香荚兰粉。

（七）牻牛儿苗科

标准号	标准名称	摘要
天竺葵		
NY/T 3710—2020	植物品种特异性(可区别性)、一致性和稳定性测试指南　天竺葵属	本标准规定了牻牛儿苗科天竺葵属马蹄纹天竺葵组（*Pelargonium* Zonale Group）和盾叶天竺葵组［*Pelargonium peltatum*（L.）Hér.］品种以及该2组与天竺葵属其他种杂交获得的杂交种的特异性（可区别性）、一致性和稳定性测试的技术要求和结果判定的一般原则。 本标准适用于天竺葵属马蹄纹天竺葵组和盾叶天竺葵组品种以及该2组与天竺葵属其他种杂交获得的杂交种的特异性（可区别性）、一致性和稳定的性测试。
SN/T 3429—2012	天竺葵锈病菌检疫鉴定方法	本标准规定了天竺葵锈病菌（*Puccinia pelargonii-zonalis* Doidge）的检疫鉴定方法，以形态特征、地理分布、寄主范围为依据，明确了症状观察、显微镜检、保湿培养和病原物保存方法。 本标准适用于天竺葵锈病菌相关寄主的苗木、插枝等植物材料中天竺葵锈病菌的检验鉴定。
SN/T 1135.9—2010	马铃薯青枯病菌检疫鉴定方法	SN/T 1135 的本部分规定了进出境植物检疫中马铃薯青枯病菌 *Ralstonia solanacearum* race 3 biovar 2 的检测和鉴定方法。 本部分适用于进出境马铃薯块茎及其产品、番茄种苗及其产品和天竺葵种苗及其产品中马铃薯青枯病菌的检测和鉴定。

（八）木兰科

标准号	标准名称	摘要
木兰		
GB 1886.275—2016	食品安全国家标准　食品添加剂　白兰花油	本标准适用于用水蒸气蒸馏法从木兰科白兰（*Michelia alba*）花中制得的食品添加剂白兰花油。
GB 1886.276—2016	食品安全国家标准　食品添加剂　白兰叶油	本标准适用于用水蒸气蒸馏法从木兰科白兰（*Michelia alba*）新鲜叶子中制得的食品添加剂白兰叶油。
GB/T 24887—2010	植物新品种特异性、一致性、稳定性测试指南　鹅掌楸属	本标准规定了木兰科鹅掌楸属（*Liriodendron* L.）植物新品种特异性、一致性、稳定性测试技术要求。 本标准适用于所有木兰科鹅掌楸属植物新品种的测试。
LY/T 2442—2015	天女木兰苗木培育技术规程	标准规定了天女木兰育苗的种子、圃地、播种、田间管理、苗木出圃、分级、检测方法、检验规则、标识、包装和运输等技术要求。 本标准适用于天女木兰播种育苗。
LY/T 2097—2013	植物新品种特异性、一致性、稳定性测试指南　木兰属	本标准规定了木兰科木兰属（*Magnolia* L.）植物新品种特异性、一致性、稳定性测试技术要求。 本标准适用于所有木兰属［采用 J. E. Dandy（1978）和刘玉壶（1996）的分类系统］植物新品种的测试。

（九）木樨科

标准号	标准名称	摘要
1. 桂花		
GB 1886.265—2016	食品安全国家标准　食品添加剂　桂花净油	本标准适用于以桂花（*Osmanthus fragrans*）为原料经浸膏或以桂花浸膏为原料制得的食品添加剂桂花净油。
LY/T 2303—2014	桂花苗木质量分级	本标准规定了桂花［*Osmanthus fragrans*（Thunb.）Lour.］苗木质量分级的术语和定义、分级要求、检测方法和标签、证书、土球包装。 本标准适用于株高在150~350 cm绿化用桂花苗木的质量分级。

标准号	标准名称	摘要
GH/T 1117—2015	桂花茶	本标准规定了桂花茶的术语和定义、产品分类、要求、试验方法、检验规则、标志、标签、包装、运输、贮存。 本标准适用于以绿茶、红茶、乌龙茶为原料，经桂花鲜花窨制而成的桂花茶。
QB/T 1797—2011	桂花浸膏	本标准规定了桂花浸膏的要求、试验方法、检验规则及标志、包装、运输、贮存和保质期。 本标准适用于对桂花浸膏的质量进行分析评价。
2. 茉莉		
GB 1886.264—2016	食品安全国家标准 食品添加剂 小花茉莉净油	本标准适用于以小花茉莉（*Jasminum sambac*）花为原料经浸膏或以小花茉莉浸膏为原料制得的食品添加剂小花茉莉净油。
GB 1886.23—2015	食品安全国家标准 食品添加剂 小花茉莉浸膏	本标准适用于以小花茉莉（*Jasminum sambac*）鲜花为原料，采用香花规格石油醚作溶剂，经浸提、真空浓缩制得的食品添加剂小花茉莉浸膏。
NY/T 1506—2015	绿色食品 食用花卉	本标准规定了绿色食品食用花卉的术语和定义、要求、检验规则、标签、包装、运输和贮存。 本标准适用于绿色食品食用花卉的鲜品，包括菊花、玫瑰花、金银花、茉莉花、金雀花、代代花、槐花，以及国家批准的其他可食用花卉。
NY/T 5124—2002	无公害食品 窨茶用茉莉花生产技术规程	本标准规定了无公害茉莉花生产的基本要求，包括园地选择与规划、品种选择与繁育、种植管理、土壤管理与施肥、病虫害防治和采收等。 本标准适用于无公害食品窨茶用茉莉花的生产。
LY/T 2681—2016	东京野茉莉播种育苗技术规程	本标准规定了东京野茉莉（*Styrax tonkinensis*）播种育苗的圃地准备、种子采收与处理、播种、苗期管理、有害生物防治、苗木出圃和档案管理等技术要求。 本标准适用于东京野茉莉适生区一年生播种苗的培育。
QB/T 1795—2011	大花茉莉浸膏	本标准规定了大花茉莉浸膏的要求、试验方法、检验规则及标志、包装、运输、贮存和保质期。 本标准适用于对大花茉莉浸膏的质量进行分析评价。
QB/T 1794—2011	茉莉浸膏	本标准规定了茉莉浸膏的要求、试验方法、检验规则及标志、包装、运输、贮存和保质期。 本标准适用于对茉莉浸膏的质量进行分析评价。

（十）漆树科

标准号	标准名称	摘要
清香木		
LY/T 2533—2015	清香木培育技术规程	本标准规定了清香木（*Pistacia weinmannifolia* Poiss.）的采种、芽苗及移植容器苗培育、造林等环节的技术要求。 本标准适用于西南地区清香木适生区的造林绿化，其他栽培区参照执行。

（十一）蔷薇科

标准号	标准名称	摘要
1. 玫瑰		
GB/T 22443—2018	中国苦水玫瑰精油	本标准规定了中国苦水玫瑰精油的要求、试验方法、检验规则及标志、包装、运输、贮存和保质期。 本标准适用于对中国苦水玫瑰精油（*Rosa sertata* × *Rosa rugosa*）的质量进行分析评价。
GB 1886.263—2016	食品安全国家标准 食品添加剂 玫瑰净油	本标准适用于以玫瑰（*Rosa* spp.）花为原料经浸膏或以玫瑰浸膏为原料制得的食品添加剂玫瑰净油。

标准号	标准名称	摘要
GB 1886.48—2015	食品安全国家标准 食品添加剂 玫瑰油	本标准适用于用水蒸气蒸馏法从中国苦水玫瑰（*Rosa sertata* × *Rosa rugosa*）的花和花蕾中提取的食品添加剂玫瑰油。
GB/T 19696—2008	地理标志产品 平阴玫瑰	本标准规定了平阴玫瑰的术语和定义、地理标志产品保护范围、要求、试验方法、检验规则、标志、标签、包装、运输和贮存。 本标准适用于国家质量监督检验检疫行政主管部门根据《地理标志产品保护规定》批准保护的平阴玫瑰。
GB/T 22244—2008	保健食品中前花青素的测定	本标准规定了保健食品中前花青素的测定方法。 本标准适用于以葡萄籽、葡萄皮、沙棘、玫瑰果、蓝浆果、法国松树皮提取物等为主要原料制造的保健食品中前花青素的测定。
NY/T 1506—2015	绿色食品 食用花卉	本标准规定了绿色食品食用花卉的术语和定义、要求、检验规则、标签、包装、运输和贮存。 本标准适用于绿色食品食用花卉的鲜品，包括菊花、玫瑰花、金银花、茉莉花、金雀花、代代花、槐花，以及国家批准的其他可食用花卉。
SN/T 1978—2007	进出口食品中狄氏剂和异狄氏剂残留量检测方法 气相色谱-质谱法	本标准规定了食品中狄氏剂和异狄氏剂残留量检测的制样和气相色谱-质谱检测方法。 本标准适用于大米、绿豆、菠菜、青豆、柑橘、葡萄、板栗、醋、玫瑰花、茶叶、猪肉、鸡肉、猪肝、鳗鱼、蜂蜜中狄氏剂和异狄氏剂残留量的测定和确证。
SN/T 1969—2007	进出口食品中联苯菊酯残留量的检测方法 气相色谱-质谱法	本标准规定了食品中联苯菊酯残留量的气相色谱-质谱检测及确证方法。 本标准适用于大米、玉米、小松菜、西芹、大蒜、洋葱、大葱、萝卜、蘑菇、苹果、板栗、黄酒、玫瑰花、茶叶、牛肉、鸡肉、虾肉、蜂蜜中联苯菊酯残留量的检测和确证。
2. 迷迭香		
GB 1886.172—2016	食品安全国家标准 食品添加剂 迷迭香提取物	本标准适用于以迷迭香（*Rosmarinus officinalis* L.）的茎、叶为原料，经溶剂提取或超临界二氧化碳萃取、精制工艺生产的食品添加剂迷迭香提取物。提取溶剂为水、甲醇、乙醇、丙酮和（或）正己烷。
GB/T 22301—2008	干迷迭香	本标准等同采用 ISO 11164：1995《干迷迭香规格》（英文版）。本标准等同翻译 ISO 11164：1995。 本标准规定了切碎干迷迭香叶的技术要求及相应贮运条件。 本标准适用于干迷迭香的质量评定及其贸易。
QB/T 2817—2006	食品添加剂 迷迭香提取物	本标准规定了食品添加剂迷迭香提取物的分类、要求、试验方法、检验规则及标志、包装、运输、贮存。 本标准适用于以迷迭香（*Rosmarinus officinalis* L.）的茎、叶为原料，经乙醇溶液提取、精制等工艺生产的粉状制品。其脂溶性产品的主要有效成分为鼠尾草酚、鼠尾草酸、迷迭香酚等；水溶性产品的主要有效成分为迷迭香酸、橙皮苷、咖啡酸等。
3. 蔷薇		
SN/T 4554—2016	蔷薇斜条卷叶蛾检疫鉴定方法	本标准规定了蔷薇斜条卷叶蛾的检疫鉴定方法。 本标准适用于蔷薇斜条卷叶蛾的检疫鉴定。
LY/T 1868—2010	植物新品种特异性、一致性、稳定性测试指南 蔷薇属	本标准规定了蔷薇科蔷薇属（*Rosa* L.）植物新品种特异性、一致性、稳定性测试技术要求。 本标准适用于所有蔷薇属植物新品种的测试。

（十二）桃金娘科

标准号	标准名称	摘要
1. 蓝桉		
GB 1886.33—2015	食品安全国家标准 食品添加剂 桉叶油（蓝桉油）	本标准适用于用水蒸气蒸馏法从蓝桉（*Eucalyptus globulus* Labill.）或其他桉属植物（*Eucalyptus* spp.）的新鲜叶、枝中提取的精油，再经精馏加工制得的桉叶素含量不小于80%的食品添加剂桉叶油（蓝桉油）。

标准号	标准名称	摘要
SN/T 4848.4—2017	出口蜂蜜中常见蜜源植物成分的检测方法 实时荧光 PCR 法 第 4 部分：桉树	SN/T 4848 的本部分规定了出口蜂蜜中桉树成分的实时荧光 PCR 检测方法。 本部分适用于出口蜂蜜中桉树成分（柠檬桉、蓝桉、巨桉、直干桉、大叶桉、窿缘桉、赤桉）的定性检测。 本部分所规定方法的最低检出限（LOD）为 0.5%（质量百分比）。
2. 柠檬桉		
GB/T 22179—2008	柠檬桉（精）油	（ISO 3044：1997，Oil of *Eucalyptus citriodora* Hook.，MOD） 本标准规定了柠檬桉（精）油的术语和定义、要求、试验方法、检验规则和标志、包装、运输、贮存和保质期。 本标准适用于柠檬桉（*Eucalyptus citriodora* Hook.）（精）油。
GB 1886.281—2016	食品安全国家标准 食品添加剂 香茅醛	本标准适用于由香茅油或柠檬桉油为原料经单离、或以柠檬醛为原料经化学反应制得的食品添加剂香茅醛。
QB/T 4654—2014	香茅醛	本标准规定了香茅醛的产品分类、要求、试验方法、检验规则和标志、包装、运输、贮存、保质期。 本标准适用于对以香茅（精）油或柠檬桉（精）油为原料经单离制得的、或以柠檬醛为原料经化学反应制得的香茅醛的质量进行分析评价。
QB/T 1792—2011	dl-合成薄荷脑	本标准规定了 dl-合成薄荷脑的要求、试验方法、检验规则及标志、包装、运输、贮存和保质期。 本标准适用于对以香茅醛（来自柠檬桉油）、百里香酚等为原料经化学反应制得的 dl-合成薄荷脑的质量进行分析评价。
QB/T 1467—2007	羟基香茅醛	本标准规定了羟基香茅醛的分类、要求、试验方法、检验规则和标志、包装、运输、贮存及保质期。 本标准适用于对从爪哇型香茅油或柠檬桉叶油单离出的香茅醛经水合取代、精馏（或蒸馏）而制得的羟基香茅醛及食品添加剂羟基香茅醛的质量进行分析评价。

（十三）樟科

标准号	标准名称	摘要
1. 黄樟		
GB 1886.279—2016	食品安全国家标准 食品添加剂 洋茉莉醛（又名胡椒醛）	本标准适用于由黄樟精油或香桂精油或黄樟素或 1,2-亚甲基二氧苯等为原料制得的食品添加剂洋茉莉醛（又名胡椒醛）。
GB/T 14454.7—2008	香料 冻点的测定	GB/T 14454 的本部分规定了测定香料冻点、用冻点法测定香料中黄樟油素含量、用邻甲酚冻点法测定香料中桉叶素含量的方法。 本部分适用于香料冻点的测定，亦适用于对黄樟油素含量在 69% 以上的精油及单离香料中黄樟油素含量的测定和对桉叶素含量在 45.6% 以上的精油及单离香料中桉叶素含量的测定。
QB/T 1788—2014	洋茉莉醛（胡椒醛）	本标准规定了洋茉莉醛（胡椒醛）的要求、试验方法、检验规则和标志、包装、运输、贮存、保质期。 本标准适用于对以黄樟（精）油、香桂（精）油等精油或黄樟素或 1,2-亚甲基二氧苯为原料，经化学反应制得的洋茉莉醛（胡椒醛）的质量进行分析评价。
QB/T 4247—2011	新洋茉莉醛	本标准规定了新洋茉莉醛的要求、试验方法、检验规则和标志、包装、运输、贮存及保质期。 本标准适用于对以黄樟油、洋茉莉醛或邻苯二酚亚甲醚为起始原料经化学反应制得的新洋茉莉醛的质量进行分析评价。
2. 木姜子		
LY/T 2631—2016	毛叶木姜子育苗技术规程	本标准制定了毛叶木姜子（*Litsea mollifolia* Chun）播种育苗与扦插育苗技术内容和要求。 本标准适用于毛叶木姜子的苗木培育。

标准号	标准名称	摘要
3. 山苍子		
GB 1886.191—2016	食品安全国家标准 食品添加剂 柠檬醛	本标准适用于以山苍子油或柠檬草油为原料经单离制得的、或以异戊烯酸和异戊烯醛或脱氢芳樟醇为原料经化学反应制得的食品添加剂柠檬醛。
GB 1886.35—2015	食品安全国家标准 食品添加剂 山苍子油	本标准适用于用水蒸气蒸馏法从山苍子（*Litsea cubeba* Pers.）的鲜果中提取的食品添加剂山苍子油。
LY/T 2942—2018	山苍子苗木培育技术规程	本标准规定了山苍子［*Litsea cubeba*（Lour.）Pers.］种子准备育苗、虫害防治、质量分级、检测和检验、苗木出圃、档案管理等内容。 本标准适用于山苍子实生苗生产。
LY/T 2541—2015	山苍子栽培技术规程	本标准规定了山苍子（*Litsea cubeba Pers*）苗木培育、造林技术、抚育管理和山苍子采收及处理等技术。 本标准适用于山苍子的生产栽培。
QB/T 1789—2014	柠檬醛	本标准规定了柠檬醛的要求、试验方法、检验规则和标志、包装、运输、贮存、保质期。 本标准适用于对以山苍子油为原料经单离制得的、或以异戊烯醇和异戊烯醛为原料经化学反应制得的柠檬醛的质量进行分析评价。
4. 香桂		
LY/T 2818—2017	香桂栽培技术规程	本标准规定了香桂栽培的育苗、造林、抚育管理、病虫害防治、采收等技术。 本标准适用于国内香桂人工种植适生地区，以采收香桂叶为经营目的的人工香桂林。
GB 1886.279—2016	食品安全国家标准 食品添加剂 洋茉莉醛（又名胡椒醛）	本标准适用于由黄樟精油或香桂精油或黄樟素或 1,2-亚甲基二氧苯等为原料制得的食品添加剂洋茉莉醛（又名胡椒醛）。
QB/T 1788—2014	洋茉莉醛（胡椒醛）	本标准规定了洋茉莉醛（胡椒醛）的要求、试验方法、检验规则和标志、包装、运输、贮存、保质期。 本标准适用于对以黄樟（精）油、香桂（精）油等精油或黄樟素或 1,2-亚甲基二氧苯为原料，经化学反应制得的洋茉莉醛（胡椒醛）的质量进行分析评价。
5. 樟树		
LY/T 3061—2018	樟树嫩枝扦插育苗技术规程	本标准规定了樟树大田扦插、容器扦插、插后管理、病虫害防治、苗木出圃、苗木包装、运输、检疫和档案建立等技术内容。 本标准适用于樟树嫩枝扦插育苗。
LY/T 2460—2015	樟树培育技术规程	本标准规定了樟树［*Cinnamomum camphora*（L.）Presl］培育目标与指标、苗木培育、造林、抚育管理间伐与采伐病虫害防治与建档等技术要求。 本标准适用于樟树用材林培育。
LY/T 2439—2015	芳樟醇型樟树组培苗生产技术规程	本标准规定了芳樟醇型樟树（*Cinnamomum camphora* var. *linaloolifera* Fujita）组培苗生产的术语和定义、组织培养苗木移栽技术、苗期管理病虫害防治苗木出圃、包装与运输和建立育苗技术档案。 本标准适用于枝叶芳樟醇含量较高的樟树组培无性系苗木生产。

二、香辛料类

标准号	标准名称	摘要
1. 八角		
GB/T 7652—2016	八角	本标准规定了八角的术语、技术要求、试验方法、检验规则、包装、标志、贮存和运输。 本标准适用于八角的质量评定及贸易。

标准号	标准名称	摘要
GB/T 15068—2008	八角茴香（精）油	（ISO 11016：1999，Oil of star anise，Chinese type，MOD） 本标准规定了八角茴香（精）油的要求、试验方法、检验规则及标志、包装、运输、贮存和保质期。 本标准适用于八角茴香（*Illicium verum* Hook. f.）（精）油。
GB/T 37542—2019	反式大茴香脑	本标准规定了反式大茴香脑的要求、试验方法、检验规则及标志、包装、运输、贮存和保质期。 本标准适用于对八角茴香油为原料，通过高效分馏法制得的反式大茴香脑的质量进行分析评价。
GB 1886.140—2015	食品安全国家标准 食品添加剂 八角茴香油	本标准适用于用水蒸气蒸馏法从中国南方的八角树（*Illicium verum* Hook. F.）的果实和叶枝中提取的食品添加剂八角茴香油。
GB 1886.167—2015	食品安全国家标准 食品添加剂 大茴香脑	本标准适用于以八角茴香油为原料，通过高效分馏法和/或冷冻结晶法制得的食品添加剂大茴香脑。
LY/T 2454—2015	八角低产林改造技术规程	本标准规定了八角低产林的术语和定义、改造指标、林分调查、类型与改造、技术措施等内容。 本标准适用于八角低产林改造和管理。
LY/T 1776—2008	八角栽培技术规程	本标准规定了八角栽培的产地环境要求、八角栽培过程的技术内容和要求。 本标准适用于八角产地的选择和建设以及八角的栽培管理。
QB/T 4644—2014	草蒿脑	本标准规定了草蒿脑（又名龙蒿脑、甲基黑椒酚）的要求、试验方法、检验规则和标志、包装、运输、贮存、保质期。 本标准适用于对以八角茴香（精）油为原料经分离制得的草蒿脑的质量进行分析评价。
2. 草果		
GB/Z 38764—2020	精准扶贫 中药材 草果产业项目运行管理规范	本指导性技术文件给出了草果产业扶贫项目的项目条件、职责分工、项目组织与运行、项目预期成效分析、项目风险应对、项目评价与管理等内容。 本指导性技术文件适用于草果产业项目运营管理
3. 丁香		
GB 1886.273—2016	食品安全国家标准 食品添加剂 丁香花蕾油	本标准适用于用水蒸气蒸馏法从丁香（*Eugenia* spp.）花蕾中制得的食品添加剂丁香花蕾油。
GB/T 22300—2008	丁香	[ISO 2254：2004，Cloves，wholeandground（powdered）—Specification，IDT] 本标准规定了丁香[*Eugenia caryophyllus*（C. Sprengle）Bullock and Harrison]（整的或粉状）的技术要求及贮运条件。 本标准适用于丁香的质量评定及其贸易。
LY/T 1849—2009	植物新品种特异性、一致性、稳定性测试指南 丁香属	本标准规定了木樨科丁香属（*Syringa* L.）植物新品种特异性一致性、稳定性测试技术要求。 本标准适用于所有丁香属植物新品种的测试。
LY/T 2963—2018	羽叶丁香栽培技术规程	本标准规定了羽叶丁香（*Syringa pinnatifoLia* Hemsl.）的适生条件、播种育苗、嫁接育苗、出圃、栽培、有害生物防治和档案管理。 本标准适用于羽叶丁香适生区的育苗及栽培管理。
LY/T 2330—2014	紫丁香繁殖与栽培技术规程	本标准规定了紫丁香的适生区域苗木繁育、栽植与管理、主要病虫害防治等生产技术要求。 本标准适用于适生区紫丁香的标准化生产。其他丁香种可以参考该标准，同时结合本种特点进行繁殖与栽培。

标准号	标准名称	摘要
4. 豆蔻		
GB/T 30379—2013	大豆蔻	本标准规定了大豆蔻（果荚和种子）的技术要求、试验方法、包装、标志。 本标准适用于大豆蔻（果荚和种子）的质量评定及其贸易。
GB/T 22305.2—2017	小豆蔻　第2部分：种子	GB/T 22305的本部分规定了小豆蔻（*Elettaria cardamomum* L. Maton var. *minuscula* Burkill）种子的技术要求及有关贮运条件。 本部分适用于小豆蔻种子的质量评定及其贸易。
GB/T 22305.1—2017	小豆蔻　第1部分：整果荚	GB/T 22305的本部分规定了小豆蔻（*Elettaria cardamomum* L. Maton var. *minuscula* Burkill）整果荚的技术要求及有关贮运条件。 本部分适用于小豆蔻果荚的质量评定及其贸易。
GB/T 32727—2016	肉豆蔻	本标准规定了肉豆蔻的技术要求、试验方法、包装和标志。 本标准适用于肉豆蔻的质量评定及其贸易。
SN/T 4065—2014	出口植物性中药材中富马酸单甲酯和富马酸二甲酯残留量的测定　液相色谱法	本标准规定了出口植物性中药材中富马酸单甲酯和富马酸二甲酯残留量的液相色谱测定方法。 本标准适用于出口植物性中药材中五味子、陈皮、枸杞、苦杏仁、决明子、山茱萸、豆蔻和牛蒡子中富马酸单甲酯和富马酸二甲酯残留量的测定。
GH/T 1282—2020	草豆蔻	本标准规定了草豆蔻（*Alpinia katsumadai* Hayata）的技术要求、试验方法、包装和贮存要求。 本标准适用于草豆蔻的质量评定及其贸易。
5. 桂皮		
GB/T 30381—2013	桂皮	本标准规定了中国桂皮、印尼桂皮、越南桂皮的技术要求、试验方法、包装、标志。 本标准适用于中国桂皮、印尼桂皮、越南桂皮的质量评定及其贸易。
SN 0181—1992	出口中药材中六六六、滴滴涕残留量检验方法	本标准规定了出口田七、杜仲、罗汉果、桂皮中六六六、滴滴涕残留量的抽样和测定方法。 本标准适用于出口田七、杜仲、罗汉果、桂皮中六六六、滴滴涕残留量的检验。
6. 胡椒		
GB/T 7901—2018	黑胡椒	本标准规定了整粒黑胡椒（*Piper nigrum* L.）和黑胡椒粉的技术要求、试验方法以及包装、标志。 本标准适用于黑胡椒的质量评定及其贸易。 本标准不适用于轻质黑胡椒。
GB/T 7900—2018	白胡椒	本标准规定了整粒白胡椒（*Piper nigrum* L.）和白胡椒粉的技术要求、试验方法以及包装、标志。 本标准适用于白胡椒的质量评定及其贸易。 本标准不适用于轻质白胡椒。
GB/T 29581—2013	胡椒叶斑病菌检疫鉴定方法	本标准规定了胡椒叶斑病菌（*Xanthomon asaxonopodis* pv. *betlicola*）的检疫和鉴定方法。 本标准适用于植物苗木等繁殖材料及组织中胡椒叶斑病菌的检疫和鉴定。
GB/T 17528—2009	胡椒碱含量的测定　高效液相色谱法	本标准规定了用高效液相色谱法测定胡椒碱含量的方法。 本标准适用于黑、白胡椒和黑、白胡椒粉及其含油树脂抽提产物中胡椒碱含量测定。
GB/T 17527—2009	胡椒精油含量的测定	本标准规定了胡椒精油含量的测定方法。 本标准适用于黑、白胡椒及黑、白胡椒粉中精油含量的测定。

标准号	标准名称	摘要
GB 5009.96—2016	食品安全国家标准 食品中赭曲霉毒素A的测定	本标准规定了食品中赭曲霉毒素A的测定方法。 本标准第一法适用于谷物、油料及其制品、酒类、酱油、醋、酱及酱制品、葡萄干、胡椒粒/粉中赭曲霉毒素A的测定，第二法适用于玉米、稻谷（糙米）、小麦、小麦粉、大豆、咖啡、葡萄酒中赭曲霉毒素A的测定，第三法适用于玉米、小麦等粮食产品、辣椒及其制品等、啤酒等酒类、酱油等产品、生咖啡、熟咖啡中赭曲霉毒素A的测定，第四法适用于玉米、小麦、大麦、大米、大豆及其制品中赭曲霉毒素A的测定，第五法适用于小麦、玉米、大豆中赭曲霉毒素A的测定。
GB/T 30386—2013	盐水胡椒	本标准规定了盐水胡椒的技术要求、试验方法、包装、标志。 本标准适用于盐水胡椒的质量评定及其贸易。
GB/T 30384—2013	脱水绿胡椒	本标准规定了脱水绿胡椒的技术要求、试验方法、包装、标志。 本标准适用于脱水绿胡椒的质量评定及其贸易。
GB/T 32778—2016	胡椒废弃物综合利用导则	本标准规定了胡椒废弃物综合利用的基本原则、基本要求和管理要求。 本标准适用于胡椒生产加工过程中产生的非目标产物的综合利用。
NY/T 1325—2015	绿色食品　芽苗类蔬菜	本标准规定了绿色食品芽苗类蔬菜的要求、检验规则、标签、包装、运输和贮存。 本标准适用于绿色食品种芽类芽苗菜，包括绿豆芽、黄豆芽、黑豆芽、青豆芽、红豆芽、蚕豆芽、红小豆芽、豌豆苗、花生芽、苜蓿芽、小扁豆芽、萝卜芽、菘蓝芽、沙芥芽、芥菜芽、芥蓝芽、白菜芽、独行菜芽、种芽香椿、向日葵芽、荞麦芽、胡椒芽、紫苏芽、水芹芽、小麦苗、胡麻芽、蕹菜芽、芝麻芽、黄秋葵芽等。
NY/T 2668.11—2018	热带作物品种试验技术规程　第11部分：胡椒	本部分规定了胡椒（*Piper nigrum* L.）的品种比较试验、品种区域试验和品种生产试验的技术要求。 本部分适用于胡椒品种试验。
NY/T 2667.11—2018	热带作物品种审定规范　第11部分：胡椒	本部分规定了胡椒（*Piper nigrurn* L.）品种审定要求、判定规则和审定程序。 本部分适用于胡椒品种的审定。
NY/T 3003—2016	热带作物种质资源描述及评价规范　胡椒	本标准规定了胡椒科（Piperaceae）胡椒属（*Piper* L.）种质资源描述及评价的要求和方法。 本标准适用于胡椒属种质资源相关性状的描述及评价。
NY/T 3816—2020	热带作物病虫害监测技术规程　胡椒瘟病	本标准规定了胡椒瘟病（pepper phytophthora foot rot）监测的术语和定义、监测网点设置、监测方法、病害诊断、病情统计、监测结果使用档案保存。 本标准适用于胡椒瘟病的监测。
NY/T 2816—2015	热带作物主要病虫害防治技术规程　胡椒	本标准规定了胡椒（*Piper nigrum*）主要病虫害基本信息、防治原则和防治措施。 本标准适用于我国胡椒产区的胡椒主要病虫害防治。
NY/T 2049—2011	香蕉、番石榴、胡椒、菠萝线虫防治技术规范	本标准规定了香蕉 *Musa paradisiaca Linn.*、番石榴 *Psidium guajava* L.、胡椒 *Piper nigrum* Linn. 与菠萝 *Ananas Comosus*（L.）Merr. 线虫的防治原则、措施和方法。
NY/T 1805—2009	胡椒种苗黄瓜花叶病毒检测技术规范	本标准规定了胡椒种苗黄瓜花叶病毒（*Cucumber mosaic virus*，CMV）双抗夹心酶联免疫吸附测定（DAS-ELISA）及反转录-聚合酶链式反应（RT-PCR）分子生物学检测方法。 本标准适用于胡椒插条苗以及插条苗枝序中的黄瓜花叶病毒的检测。
NY/T 969—2013	胡椒栽培技术规程	本标准规定了胡椒（*Piper nigrum* L.）栽培的术语和定义、园地选择与规划、垦地、定植、幼龄植株管理、结果植株管理、灾害处理、主要病虫害防治和采收等技术要求。 本标准适用于热引1号胡椒（*Piper nigrum* L. cv. Reyin No.1）的生产。

标准号	标准名称	摘要
NY/T 2808—2015	胡椒初加工技术规程	本标准规定了胡椒初加工的术语和定义、果实采收、加工方法和包装、标志、贮存与运输的要求。 本标准适用于黑胡椒和白胡椒的初加工。
NY/T 736—2003	胡椒初加工机械通用技术条件	本标准规定了胡椒初加工机械的术语和定义、产品型号编制方法、技术要求、试验方法、检验规则、标志、包装、运输和贮存及技术文件。 本标准适用于以胡椒浸泡果或鲜果为原料加工成白胡椒的胡椒初加工机械，也适用于白胡椒分级、去杂的加工机械。
NY/T 455—2001	胡椒	本标准规定了黑胡椒和白胡椒的定义、质量和分级要求、试验方法以及包装、标志、贮存和运输。 本标准适用于黑胡椒和白胡椒的质量评定及其贸易。本标准不适用于未加工或半加工的黑胡椒的质量评定及其贸易。
NY/T 360—1999	胡椒　插条苗	本标准规定了胡椒（*Piper nigrumm* L.）插条苗的定义、质量指标、检验和包装、标志及运输的方法 本标准适用于胡椒印尼大叶种插条苗的质量鉴定。
SN/T 3934—2014	出口食品中霉菌的霍华德计数方法	本标准规定了出口食品中霉菌的霍华德直接镜检计数方法。 本标准适用于果蔬及其制品（包括水果、原浆果汁、果酱、水果罐头、番茄汁、番茄酱、茄汁类罐头等）、粉状调味品（主要指辣椒粉、胡椒粉、大蒜粉、姜粉）的霉菌计数。
SN/T 3850. 1—2014	出口食品中多种糖醇类甜味剂的测定　第1部分：液相色谱串联质谱法和离子色谱法	SN/T 3850 的本部分规定了出口食品中 6 种糖醇类甜味剂的液体色谱-串联质谱和离子色谱检测方法。 本部分适用于出口食品原味发酵乳、胡椒粉、鱼丸、油炸小麻花、酱菜、冰棍、果冻、糕点、糖果、巧克力中 6 种甜味剂含量的测定和确证。
SN/T 2910. 4—2012	出口辐照食品的鉴别方法　第4部分：热释光法	SN/T 2910 的本部分规定了能分离出硅酸盐矿物质的辐照食品的鉴别方法。 本部分适用于新鲜菠菜、脱水香菇、虾和胡椒粉等辐照食品的鉴别。
7. 花椒		
GB/T 30391—2013	花椒	本标准规定了鲜花椒、冷藏花椒、干花椒和花椒粉的质量指标、试验方法、检验规则、包装、标志和贮运要求。 本标准适用于作为食品调味料用的花椒（*Zanthoxylum bungeanum* Maxim.）、竹叶椒（*Z. armatum* DC.）和青椒（*Z. schinifolium* Sieb. et Zucc.）的质量评定及其贸易。
GB 23200. 6—2016	食品安全国家标准　除草剂残留量检测方法　第6部分：液相色谱-质谱/质谱法测定　食品中杀草强残留量	本标准规定了食品中杀草强残留量的液相色谱-串联质谱（LC-MS-MS）测定方法。 本标准适用于苹果、菠萝、菠菜、胡萝卜、紫苏叶、金银花、姜粉、花椒粉、茶叶、小麦、玉米、花生、肉、鱼及动物肝脏中杀草强残留量的检测和确证；其他食品可参照执行。
GB 23200. 30—2016	食品安全国家标准　食品中环氟菌胺残留量的测定　气相色谱-质谱法	本标准规定了食品中环氟菌胺残留量的制样和气相色谱-质谱检测方法。 本标准适用于小麦、玉米、花生、菠萝、苹果、青葱、胡萝卜、紫苏叶、金银花、姜粉、花椒粉及茶叶中环氟菌胺残留量的检测和确证，其他食品可参照执行。
GB/T 38495—2020	感官分析　花椒麻度评价　斯科维尔指数法	本标准规定了采用斯科维尔指数法对花椒麻度进行感官评价的方法。 本标准适用于干花椒、鲜花椒、花椒粉、花椒油、花椒油树脂等花椒及麻味调味品的麻度感官评价。
GB/T 22479—2008	花椒籽油	本标准规定了花椒籽油的术语和定义、分类、质量要求与卫生要求、检验方法、检验规则、标签标识以及包装、储存和运输等的要求。 本标准适用于以花椒籽为原料加工的供人食用的商品花椒籽油。

标准号	标准名称	摘要
LY/T 1942—2011	顶坛花椒培育技术规程	本标准规定了顶坛花椒（*Zanthoxylum planispinum* var. *dingtanensis*）良种选择、种子采集及贮藏、苗木培育、栽培技术、采收贮藏、病虫害防治等内容。 本标准适用于西南喀斯特干热河谷区，其他分布区和栽培区可参照执行。
LY/T 1652—2005	花椒质量等级	本标准规定了花椒主栽品种大红袍、小红袍、青椒的花椒质量要求，试验方法，检验规则和包装、标志、运输、贮存。 本标准适用于花椒主栽品种大红袍、小红袍、青椒的花椒质量评定和检验。
BJS 201905	食品中罗丹明 B 的测定	本方法规定了食品中罗丹明 B 的液相色谱测定方法及液相色谱-质谱/质谱确证方法。 本方法适用于半固态调味料、花椒及花椒粉、花椒油、牛肉干、蜜饯、水果干制品中罗丹明 B 的测定和确证。
LS/T 3313—2017	花椒籽饼（粕）	本标准规定了花椒籽饼（粕）的术语和定义、分类、质量要求、检验方法、判定规则、标签标识及包装、储存和运输的要求。 本标准适用于商品花椒籽饼（粕）。
GH/T 1294—2020	花椒挥发性成分的测定 气相色谱-质谱法	本标准规定了花椒、花椒粉、花椒油树脂中花椒挥发性成分相对含量检测的气相色谱-质谱法测定方法。 本标准适用于花椒、花椒粉、花椒油树脂中花椒挥发性成分相对含量的测定。
GH/T 1291—2020	花椒及花椒加工产品 花椒酰胺总含量的测定 高效液相色谱法	本标准规定了花椒及花椒加工产品中花椒酰胺类物质总含量的高效液相色谱测定方法。 本标准适用于花椒及花椒加工产品的分析与检验。
GH/T 1290—2020	花椒及花椒加工产品 花椒酰胺总含量的测定 紫外分光光度法	本标准规定了花椒及花椒加工产品中花椒酰胺总含量的紫外分光光度测定方法。 本标准适用于花椒及花椒加工产品的分析与检验。
GH/T 1289—2020	干花椒流通规范	本标准规定了干花椒流通的基本要求、包装、贮存、运输、销售、召回等内容。 本标准适用于干花椒产品的流通过程。
GH/T 1284—2020	青花椒	本标准规定了青花椒质量等级、试验方法、检验规则和包装、标识及贮运要求。 本标准适用于青花椒质量检验及其贸易。
GH/T 1142—2017	花椒	本标准规定了干花椒的技术要求、检测方法、检验规则及包装、运输和贮存。 本标准适用于各类花椒品种的质量评定和检验。
8. 茴香		
GB 1886. 167—2015	食品安全国家标准 食品添加剂 大茴香脑	本标准适用于以八角茴香油为原料，通过高效分馏法和/或冷冻结晶法制得的食品添加剂大茴香脑。
GB 1886. 140—2015	食品安全国家标准 食品添加剂 八角茴香油	本标准适用于用水蒸气蒸馏法从中国南方的八角树（*Illicium verum* Hook. F.）的果实和叶枝中提取的食品添加剂八角茴香油。
GB/T 37542—2019	反式大茴香脑	本标准规定了反式大茴香脑的要求、试验方法、检验规则及标志、包装、运输、贮存和保质期。 本标准适用于对八角茴香油为原料，通过高效分馏法制得的反式大茴香脑的质量进行分析评价。
GB/T 15068—2008	八角茴香（精）油	（ISO 11016：1999，Oil of star anise，Chinese type，MOD） 本标准规定了八角茴香（精）油的要求、试验方法、检验规则及标志、包装、运输、贮存和保质期。 本标准适用于八角茴香（*Illicium verum* Hook. f.）（精）油。

标准号	标准名称	摘要
QB/T 4645—2014	大茴香醛	本标准规定了大茴香醛的要求、试验方法、检验规则和标志、包装、运输、贮存、保质期。 本标准适用于对以对羟基苯甲醛或茴脑或对甲酚为原料经化学反应制得的大茴香醛的质量进行分析评价。
QB/T 4644—2014	草蒿脑	本标准规定了草蒿脑（又名龙蒿脑、甲基黑椒酚）的要求、试验方法、检验规则和标志、包装、运输、贮存、保质期。 本标准适用于对以八角茴香（精）油为原料经分离制得的草蒿脑的质量进行分析评价。
9. 姜黄		
GB 1886.76—2015	食品安全国家标准 食品添加剂 姜黄素	本标准适用于以姜科植物姜黄（*Curcuma longa* L.）的根茎为原料，经有机溶剂提取，再经物理方法精制而得的食品添加剂姜黄素。
GB 1886.60—2015	食品安全国家标准 食品添加剂 姜黄	本标准适用于以姜科类植物姜黄（*Turmeric*，*Curcuma longa* L.）的根茎为原料，经有机溶剂提取精制而成的食品添加剂姜黄。
GB/T 22269—2008	姜黄 着色力测定 分光光度法	本标准规定了测定姜黄着色力的分光光度法。 本标准适用于姜黄着色力的测定。
SN/T 4890—2017	出口食品中姜黄素的测定 高效液相色谱法和液相色谱-质谱/质谱法	本标准规定了出口食品中姜黄素的高效液相色谱法和液相色谱-质谱/质谱测定方法。 本标准适用于果冻、巧克力制品、碳酸饮料、麦片、冰激凌、调制乳粉、调味糖浆、粉圆、复合调味料、酥炸粉、腌渍的蔬菜、方便面饼、膨化食品等食品中姜黄素总量的测定和确证。
10. 肉桂		
GB 1886.207—2016	食品安全国家标准 食品添加剂 中国肉桂油	本标准适用于用水蒸气蒸馏法从生长在中国南方的肉桂（*Cinnamomum aromaticum* Nees, syn. *Cinnamomum Cassia* Nees ex Blume）的叶和/或枝梗提取的食品添加剂中国肉桂油。
GB/T 11425—2008	中国肉桂（精）油	本标准规定了中国肉桂（精）油的要求、试验方法、检验规则及标志、包装、运输、贮存和保质期。 本标准适用于中国肉桂（*Cinnamomum aromaticum* Necs, syn. *Cinnamomum Cassia* Nees ex Blume）（精）油。
SN/T 4063—2014	出口植物性中药材中汞含量的测定 直接进样-冷原子吸收光谱法	本标准规定了植物性中药材中汞含量的直接进样-冷原子吸收光谱测定方法。 本标准适用于人参、甘草、大青叶、紫苏叶、菊花、红花、枸杞、山楂、麻黄、藿香、黄柏、肉桂等植物性中药材中汞含量的测定。
11. 莳萝		
GB/T 23416.6—2009	蔬菜病虫害安全防治技术规范 第6部分：绿叶菜类	GB/T 23416 的本部分规定了叶菜类蔬菜常见病虫害的种类、防治原则、农业防治、物理防治、生物防治和化学防治。 本部分适用于菠菜、芹菜、莴苣、蕹菜、茴香、苋菜、芫荽、茼蒿、荠菜、冬寒菜、落葵、番杏、金花菜、紫背天葵、罗勒、榆钱菠菜、薄荷、菊苣、鸭儿芹、紫苏、香芹菜、苦苣、菊花脑、莳萝等叶菜类蔬菜的病虫害防治。
12. 月桂叶		
GB/T 30387—2013	月桂叶	本标准规定了月桂叶（整的或碎叶）的技术要求、试验方法、包装、标志。 本标准适用于月桂叶（整的或碎叶）的质量评定及其贸易。
GB 1886.129—2015	食品安全国家标准 食品添加剂 丁香酚	本标准适用于以丁香罗勒油和月桂叶油等为原料经化学法单离制得的食品添加剂丁香酚。
13. 孜然		
GB/T 22267—2017	孜然	本标准规定了孜然（*Cuminum cyminum* L.）的技术要求、试验方法、包装和标志。 本标准适用于孜然的质量评定及其贸易。

第十一章　嗜好性特种经济作物

嗜好性作物主要是指以收获物中含有一定量的刺激、兴奋或麻醉性物质，精制加工后用作饮料或燃吸品，以满足人类的某种嗜好和精神需求为目的的一类作物。中国嗜好性作物历史悠久，与其他经济作物水乳交融，兴衰与共，构成了中国独特的农业文化与农业技术体系。从古至今，嗜好性特种经济作物在促进商品经济发展、带动了相关手工业的进步、促进了交通运输业的发展、增加了政府财政收入和加速我国经济重心的南移等方面发挥了重要积极作用。我国嗜好性作物虽然种类不多，但品种资源丰富、分布地域广泛。本章收录汇总了槟榔、茶叶、咖啡、可可、烟草共5种主要代表嗜好性特种作物的农业全产业链相关标准。其中槟榔相关国家及行业标准共6项，茶叶相关国家及行业标准425项，标准主要包括基础类、种质资源类标准、农业生产类标准、种植栽培生产技术类、病虫害防治类、加工技术类、产品类别标准、地理标志产品、感官评价类标准、质量安全类标准、茶制品类标准共十大类别，包装储运和运营管理类、机械类及其他茶叶相关标准未列出。咖啡相关标准47项，涵盖基础类、种质资源类、病虫害防治、栽培技术、感官品质类、质量检测类标准共六大类，不包括包装储运流通环节、取样及加工设备类茶叶相关标准。可可相关标准17条，分为基本概念类、农业生产环节类、质量安全检测类、深加工产品类共4大类。烟草（*Nicotiana tabacum* L.），属于茄科烟草属，是世界上广泛种植的嗜好性叶用经济作物，共收录通用类、烟叶产品、种质资源类标准、烟叶生产环境、物资、设施、育苗栽培调制储存技术、病虫害防治、打叶复烤、转基因烟草、烟叶生产检测监督、烟草和烟草制品类质量安全检测标准、卷烟产品/卷烟及其加工标准（再造烟叶、制丝、卷烟产品、雪茄烟）共11类国家标准、烟草行业、商检行业等行业标准共计265项。烟草及其产品相关包装，烟用材料标准（拼接纸、滤棒、丝束、水基胶、香精、料液等）、烟草专用机械、烟草计量标准（规程）、企业生产运行管理标准（如清洁生产）等标准类别不包括在内。

一、槟榔

标准号	标准名称	摘要
NY/T 2668.15—2020	热带作物品种试验技术规程　第15部分：槟榔	本部分规定了槟榔（*Areca catechu* L.）的品种比较试验、区域性试验和生产性试验的方法。 本部分适用于槟榔的品种试验。
NY/T 2667.15—2020	热带作物品种审定规范　第15部分：槟榔	本部分规定了槟榔（*Areca catechu* L.）品种审定要求、判定规则和审定程序。 本部分适用于槟榔品种的审定。
NY/T 1398—2007	槟榔　种苗	本标准规定了槟榔（*Areca catechu* L.）种苗的要求、试验方法、检验规则、标识、包装、运输和保存。 本标准适用于槟榔种苗。
NY/T 487—2002	槟榔　干果	本标准规定了槟榔干果的要求、试验方法、检验规则、标志、标签、包装、运输和贮存。 本标准适用于槟榔干果的质量评定和贸易。
NY/T 2252—2012	槟榔黄化病病原物分子检测技术规范	本标准规定了槟榔黄化病病原物的检测方法。 本标准适用于槟榔植株中黄化病病原物的定性检测。

标准号	标准名称	摘要
NY/T 3515—2019	热带作物病虫害防治技术规程　椰子织蛾	本标准规定了椰子织蛾（*Opisinci arenosella* Walker）监测、防治技术。 本标准适用于椰子（*Cocos nucifera* Linn.）、槟榔（*Areca catechu* L.）、大王棕［*Roystonea regia*（HBK.）O. F. Cook］、蒲葵［*Livistona chinensis*（Jacq.）R. Br.］和中东海枣（*Phoenix sylvestris* Roxb）等棕榈植物上的椰子织蛾监测与防治。

二、茶叶

标准号	标准名称	摘要
1. 基础类		
GB/T 8302—2002	茶　取样	本标准规定了茶叶取样的基本要求、取样条件、取样人员、取样工具和器具、取样方法、样品的包装和标签、样品运送、取样报告单等内容。 本标准适用于各类茶叶的取样。
GB/T 38208—2019	农产品基本信息描述　茶叶	本标准规定了茶叶基本信息描述的要求。 本标准适用于茶叶信息采集、发布、交换、存储和管理。
GB/T 35825—2018	茶叶化学分类方法	本标准规定了茶叶化学分类方法的术语和定义、原理、特征性成分因子的检测和表述、分步判别方法、分类结果的复判。 本标准适用于绿茶、红茶、乌龙茶（青茶）、白茶、黄茶和黑茶的分类。 本标准不适用于以这些基本茶类为原料的再加工茶叶产品。
GB/T 30766—2014	茶叶分类	本标准规定了茶叶的术语和定义、分类原则和类别。 本标准适用于茶叶的生产、科研、教学、贸易、检验及相关标准的制定。
GB/T 31748—2015	茶鲜叶处理要求	本标准规定了茶鲜叶的术语和定义、要求、运输和鲜叶处理。 本标准适用于全国各产茶区茶叶加工的原料。
GB/T 33915—2017	农产品追溯要求　茶叶	本标准规定了茶园管理及茶叶生产、茶叶加工、茶叶流通、茶叶销售各环节的追溯要求。 本标准适用于茶叶产品的追溯。
GH/T 1119—2015	茶叶标准体系表	本标准规定了茶叶（国家标准和供销合作行业标准但不包括茶叶机械标准）标准体系表的层次、框图和标准明细表。 本标准适用于茶叶行业标准化工作。
GH/T 1124—2016	茶叶加工术语	本标准规定了茶叶加工中的常用术语、初加工术语、精加工术语和再加工术语及其定义。本标准适用于茶叶加工。
NY/T 2102—2011	茶叶抽样技术规范	本标准规定了茶叶原料、毛茶及产品抽样的术语和定义、要求和抽样方法。 本标准适用于茶叶原料、毛茶及产品的检验抽样。
NY/T 288—2018	绿色食品　茶叶	本标准规定了绿色食品茶叶的要求，检验规则，标签，包装、储藏和运输。 本标准适用于绿色食品茶叶产品。
NY/T 1763—2009	农产品质量安全追溯操作规程　茶叶	本标准规定了茶叶质量安全追溯的术语和定义、要求、信息采集、信息管理、编码方法、追溯标识、体系运行自查和质量安全应急。 本标准适用于茶叶质量安全的追溯。
SB/T 10034—1992	茶叶加工技术术语	本标准规定了茶叶加工的术语及其定义。 本标准适用于茶叶加工。
2. 种质资源类标准		
GB 11767—2003	茶树种苗	本标准规定了茶树采穗园穗条、苗木的质量分级指标、检验方法、检验规则、包装、运输等。本标准适用于栽培茶树的大叶、中小叶无性系品种穗条和苗木的分级指标与检验方法。
GB/T 26911—2011	植物新品种特异性、一致性、稳定性测试指南　山茶属	本标准规定了山茶科山茶属（*Camellia* L.）植物新品种特异性、一致性、稳定性测试技术要求。 本标准适用于所有山茶属植物观赏用途新品种的测试。
GB/T 26907—2011	油茶苗木质量分级	本标准规定了油茶苗木的有关术语和定义、苗木质量指标、检测方法、检验规则、包装、运输。 本标准适用于油茶产区良种苗木的生产与销售。

标准号	标准名称	摘要
GB/T 30988—2014	多酚类植物基因组DNA提取纯化及测试方法	本标准规定了以茶树为代表的多酚类植物基因组DNA提取纯化方法以及DNA纯度、浓度测试方法。 本标准适用于茶树、马铃薯、樱桃、葡萄以及其他富含多酚类的植物的植物基因组DNA提取及纯化。
GB/T 28991—2020	油茶良种选育技术规程	本标准规定了油茶良种选育的优树选择、人工杂交、试验测定、区域试验等技术规程。 本标准适用于油茶的良种选育。
LY/T 2742—2016	植物新品种特异性、一致性、稳定性测试指南 油茶	本标准规定了山茶科山茶属（*Camellia* L.）油茶（*Camellia* spp.）植物新品种特异性、一致性、稳定性测试技术要求。 本标准适用于所有山茶属主要油用物种新品种的测试。
LY/T 2247—2014	油茶遗传资源调查编目技术规程	本标准规定了山茶属（*Camellia*）油用植物遗传资源的术语和定义、调查对象、调查内容、调查方法及描述、遗传资源编目数据库系统建立及调查编目总结和档案管理等技术要求。 本标准适用于油茶遗传资源的植物学特征、生物学特性、品质性状的调查、测定与编目。
LY/T 1730.1—2008	油茶 第1部分：优树选择和优良无性系选育技术规程	LY/T 1730的本部分规定了油茶优树选择、油茶优良无性系良种选育方法、产量测定方法和年限、优良无性系的质量标准。 本部分适用于中国南方油茶产区的油茶优树选择和油茶优良无性系的选育。
LY/T 1730.2—2008	油茶 第2部分：优良家系和优良杂交组合选育技术规程	LY/T 1730的本部分规定了油茶优良家系和优良杂交组合的选育方法、产量测定方法和年限及其质量标准。 本部分适用于中国南方油茶产区的油茶优良家系和优良杂交组合选育。
LY/T 1730.3—2008	油茶 第3部分：育苗技术及苗木质量分级	LY/T 1730的本部分规定了油茶苗木的术语和定义、苗木培育方式、苗圃地的选择和管理规程、苗木质量指标、检验方法、检验规则及包装、标志、运输。 本部分适用于中国南方油茶产区的油茶实生苗、嫁接苗的生产与销售。
LY/T 2305—2014	油茶品种微卫星标记鉴别技术规程	本标准规定了以油茶（*Camellia* spp.）幼嫩组织（叶片、芽等）为材料，利用微卫星标记法对油茶品种进行分子鉴定的术语、原理、主要仪器和设备、试剂与溶液、操作程序和鉴定。
LY/T 2447—2015	油茶播种育苗技术规程	本标准规定了油茶（*Camellia oleifera*）播种苗培育的采种、圃地准备、播种育苗、苗期管理、苗木出圃等技术要求。 本标准适用于油茶播种苗的培育。
LY/T 2314—2014	油茶容器育苗技术规程	本标准规定了油茶容器苗培育的容器选择、育苗基质、培育管理、苗木出圃及档案管理等。 本标准适用于油茶容器苗培育。
LY/T 2348—2014	油茶苗木产地检疫规程	本标准规定了油茶（*Camellia oleifera* Abel.）苗木产地危险性病虫害和应施检疫的繁殖材料，产地检疫调查、室内检验、检验结果报告及疫情处理等技术规程。 本标准适用于油茶苗木产地检疫。
LY/T 2117—2013	油茶无性系芽苗砧嫁接技术规程	本标准规定了油茶芽苗砧培育、接穗采集、嫁接操作等技术要求。 本标准适用于油茶芽苗砧嫁接。
LY/T 2204—2013	油茶高干嫁接技术规程	本标准规定了油茶大树高干嫁接的技术方法与步骤。 本标准适用于采用高干嫁接方法进行的油茶低产林改造和油茶采穗圃营建。
LY/T 2678—2016	油茶栽培品种配置技术规程	本标准规定了油茶（*Camellia oleifera* Abel.）栽培品种配置的原则、品种选择、推荐组合、比例、方法等技术要求。 本标准适用于全国油茶产区。
LY/T 2679—2016	油茶高接换冠技术规程	本标准规定了油茶（*Camellia oleifera* Abel.）高接换冠林分选择、砧木与接穗品种选择、接穗采集与贮藏、嫁接时间和方法、接后管理等技术要求。 本标准适用于油茶低产林改造、采穗圃营建及无性系测试。

标准号	标准名称	摘要
LY/T 2751—2016	金花茶育苗技术规程	本标准规定了金花茶组（Section *Chrysantha* Chang）植物育苗的有关术语和定义、育苗地准备、育苗、苗木出圃。 本标准适用于中国金花茶产区金花茶组植物的实生苗、扦插苗、嫁接苗的生产。
LY/T 2757—2016	山茶扦插苗生产技术规程	本标准规定了山茶属（*Camellia* L）［除云南山茶（*Camellia reticulata*）种及品种］扦插育苗的圃地建设、扦插育苗、移栽苗栽培养护技术要点、苗木出圃等生产技术规程。
NY/T 2031—2011	农作物优异种质资源评价规范　茶树	本标准规定了茶树［*Camellia sinensis*（L.）O. Kuntze］及其他山茶属茶组植物（*Camellia* L. Sect. *Thea*（L.）Dyer）优异种质资源评价的术语定义、技术要求、鉴定方法和判定。 本标准适用于茶树［*Camellia sinensis*（L.）O. Kuntze］及其他山茶属茶组植物（*Camellia* L. Sect. *Thea*（L.）Dyer）优异种质资源评价。
NY/T 1312—2007	农作物种质资源鉴定技术规程　茶树	本标准规定了茶树［*Camellia sinensis*（L.）O. Kuntze］及其他山茶属（Genus Camellia）茶组植物（Section Thea）种质资源鉴定的技术要求和方法。 本标准适用于茶树［*Camellia sinensis*（L.）O. Kuntze］及其他山茶属（Cenus Camellia）茶组植物（SectionThea）种质资源的植物学特征、生物学特性、品质性状和抗逆性的鉴定。
NY/T 2422—2013	植物新品种特异性、一致性和稳定性测试指南　茶树	本标准规定了茶树新品种特异性、一致性和稳定性测试的技术要求和结果判定的一般原则。 本标准适用于茶树［*Camellia sinensis*（L.）O. Kuntze］植物新品种特异性、一致性和稳定性测试和结果判定，也适用于山茶属茶组［*Camellia* L. Sect. *Thea*（L.）Dyer］其他植物。
NY/T 2943—2016	茶树种质资源描述规范	本标准规定了茶树［*Camellia sinensis*（L.）O. Kuntze］及山茶属茶组［*Camellia* L. Sect. *Thea*（L.）Dyer］其他植物种质资源基本信息、植物学特征和生物学特性、品质性状、抗性性状、其他特征特性的描述方法。 本标准适用于茶树种质资源的描述。
NY/T 2710—2015	茶树良种繁育基地建设标准	本标准可作为编写茶树良种繁育基地项目规划、建议书、可行性研究报告、初步设计文件的依据。 本标准适用于政府投资建设的茶树良种繁育基地项目决策、实施、监督、检查、验收等工作，其他社会投资的同类项目可参照执行。
NY/T 2019—2011	茶树短穗扦插技术规程	本标准规定了茶树［*Camellia sinensis*（L.）O. Kuntze］短穗扦插的术语和定义、采穗园建立、穗条培养、扦插圃建立、采穗、扦插、苗圃管理、起苗、苗木质量和包装运输的技术规程。 本标准适用于茶树短穗扦插繁殖。
3. 农业产地环境类标准		
GB/T 20014. 12—2013	良好农业规范　第12部分：茶叶控制点与符合性规范	GB/T 20014 的本部分规定了茶叶良好农业规范的要求，包括了茶树种植和茶叶初制加工的全过程控制。 本部分适用于对茶叶良好农业规范的符合性判定，适用于所有茶类。
GH/T 1245—2019	生态茶园建设规范	本标准规定了生态茶园的术语和定义、生态茶园建设、生产管理、有害生物绿色防控及极端自然灾害防控。 本标准适用于生态茶园的建设与生产管理。
GH/T 1125—2016	茶叶稀土含量控制技术规程	本标准规定了茶叶生产过程中稀土含量控制的要求和试验方法。本标准适用于茶叶生长过程中的稀土含量控制。
GH/T 1126—2016	茶叶氟含量控制技术规程	本标准规定了茶园基地、茶园管理、茶鲜叶采摘和加工等环节的氟含量控制要求及试验方法。 本标准适用于紧压茶的氟含量控制。

标准号	标准名称	摘要
NY/T 3168—2017	茶叶良好农业规范	本标准规定了茶叶生产的组织管理、质量安全管理、种植操作、鲜叶采收、茶叶加工、储藏与运输等技术要求。 本标准适用于有一定组织形式的茶树种植和茶叶加工。
NY 5199—2002	有机茶产地环境条件	本标准规定了有机茶产地环境条件的要求、试验方法和检验规则。 本标准适用于有机茶产地。
NY/T 5018—2015	茶叶生产技术规程	本标准规定了茶叶生产的基地选择规划，茶树种植，土壤管理和施肥，病、虫、草害防治，茶树修剪，茶叶采摘和档案记录。 本标准适用于茶叶的田间生产。
NY/T 853—2004	茶叶产地环境技术条件	本标准规定了茶叶产地的空气环境质量、灌溉水质量和土壤环境质量要求及分析方法。 本标准适用于茶叶产地。
4. 种植栽培生产技术类		
GB/Z 26576—2011	茶叶生产技术规范	本指导性技术文件规定了茶叶生产的基本要求，包括基地选择和管理、投入品管理、生产技术管理、茶园有害生物综合防治、劳动保护、档案记录等。 本指导性技术文件适用于茶叶的种植生产。
GB/T 32742—2016	眉茶生产加工技术规范	本标准规定了眉茶生产加工的条件、加工工艺流程、初制加工、精制加工、质量管理和产品的标志标签、包装、运输、贮存。 本标准适用于眉茶的生产和加工。
GH/T 1309—2020	蒙顶山茶生产加工技术规程	本文件规定了蒙顶山茶生产加工过程中的术语和定义、种植环境条件、茶树栽培、鲜叶采收、贮存和运输、生产追溯管理、加工场所、加工设备及人员、工艺流程、加工管理、品质控制与检验、产品管理、追溯和召回、记录和文件管理。 本文件适用于蒙顶山茶区范围内蒙顶山茶的生产（种植）和茶叶（产品）加工全过程的技术与品控的规范性文件。
GH/T 1076—2011	茶叶生产技术规程	本标准规定了茶叶生产过程中的基地规划和建设，茶树种植，土壤管理、施肥和灌溉，有害生物防治，茶树修剪，鲜叶采摘、贮存和运输，投入品管理，人员，记录等。 本标准适用于茶叶的生产。
LY/T 1328—2015	油茶栽培技术规程	本标准规定了油茶栽培区、造林地选择、栽植、林分管理、病虫害防治、茶果采收和处理等内容和技术要求。 本标准适用于普通油茶（*Camellia oleifera* Abel.）的栽培，也适用于小果油茶（*C. meiocarpa* Hu）、攸县油茶（*C. yuhsiensis* Hu）、越南油茶（*C. vietnamensis* Huang）、广宁红花油茶（*C. semiserrata* Chi.）、宛田红花油茶（*C. polyodonta* How. ex Hu.）、浙江红花油茶（*C. chekiangolesa* Hu）、腾冲红花油茶（*C. retifulate* f. *simplex*）等用于制取食用植物油的其他山茶物种。
LY/T 1935—2011	油茶低产林改造技术	本标准规定了油茶低产林改造目标、低改技术措施、病虫害防治等技术内容。 本标准适用于油茶低产林生产和管理。
LY/T 1936—2011	油茶采穗圃营建技术	本标准规定了油茶采穗圃营建的基本要求、建设设计、新造林采穗圃营建、大树换冠采穗圃营建、档案建立等方面的要求。 本标准适用于油茶采穗圃建设。
LY/T 2034—2012	油茶果采后处理技术规程	本标准规定了油茶果实采收、采后处理、质量控制、检测方式和贮藏、运输等要求。 本标准适用于山茶属油用物种的果实采后处理。

标准号	标准名称	摘要
LY/T 2329—2014	油茶嫁接技术规程	本标准规定了油茶嫁接术语和定义、砧木培育、接穗采集、嫁接方法等技术要点。 本标准适用于全国油茶适生区的油茶嫁接苗生产和低产林高接换冠改造。
LY/T 2677—2016	油茶整形修剪技术规程	本标准界定了油茶整形修剪技术术语和定义，规定了整形修剪原则、整形修剪时期、整形修剪步骤、整形修剪技术。 本标准适用于普通油茶、小果油茶、高州油茶的整形修剪。
LY/T 2750—2016	油茶施肥技术规程	本标准规定了油茶施肥的术语和定义、原则、废了种类及质量要求、施肥方法和配方肥制定技术。 本标准适用于中国油茶种植区的施肥。
LY/T 2955—2018	油茶主要性状调查测定规范	本标准规定了油茶（*Camellia* spp.）树体、枝干、叶片、花、果实、种子、产量性状、油脂品质性状的抽样和测定方法。 本标准适用于油茶资源及各类试验林调查、测定。
LY/T 2116—2013	油茶林产量测定方法	本标准规定了油茶林产量测定方法、产量登记与公布程序等。 本标准适用于油茶产区的示范林产量测定。
LY/T 2956—2018	金花茶栽培技术规程	本标准规定了金花茶的造林地选择、苗木繁殖、造林、林分管理、病虫害防治、采收、技术档案的内容与要求。 本标准适用于金花茶（*Camellia nitidissima* Chi）的人工栽培，毛瓣金花茶（C. *pubipetala* Wan et Huang）等金花茶组其他物种参照。
LY/T 3046—2018	油茶林下经济作物种植技术规程	本标准规定了油茶林下经济作物种植环境和种植技术等。 本标准适用于油茶林下经济作物的种植。
NY/T 5337—2006	无公害食品　茶叶生产管理规范	本标准规定了无公害茶叶生产的术语和定义、产地环境、种苗、栽培、原料、加工、包装、运输与贮藏、质量管理、人员、文件管理。 本标准适用于无公害茶叶生产管理。
5. 病虫害防治类		
NY/T 3419—2019	茶树高温热害等级	本标准规定了茶树高温热害的术语和定义、高温热害等级、茶树高温热害的防御措施等技术要求。 本标准适用于茶树种植区夏秋茶采收期高温热害的监测、预警、防御和评估等。
NY/T 3862—2021	茶云纹叶枯病监测技术规程	本标准规定了茶云纹叶枯病的监测时期、监测点和监测方法。 本标准适用于全国各茶区茶云纹叶枯病的监测。
NY/T 2951. 3—2016	盲蝽综合防治技术规范　第 3 部分：茶树	本部分规定了茶园盲蝽的防治策略、防治技术和防治效果评价方法。 本部分适用于全国不同地区茶园盲蝽的防治。
NY/T 2163. 3—2016	盲蝽测报技术规范　第 3 部分：茶树	本部分规定了茶园盲蝽发生程度分级指标、成虫诱测、系统调查、茶园普查、预测方法和数据汇总等内容。 本部分适用于全国茶园盲蝽调查和预测预报。
NY/T 3863—2021	茶云纹叶枯病综合防治技术规程	本标准规定了茶云纹叶枯病综合防治技术。 本标准适用于各茶区茶云纹叶枯病的综合防治。
NY/T 84—1988	茶尺蠖防治标准	本标准适用于成龄采摘茶园茶尺蠖（*Boarmia obliqua hypulina* Wehrli）的防治。
GB/T 17980. 55—2004	农药　田间药效试验准则（二）第 55 部分：杀虫剂防治茶树茶尺蠖、茶毛虫	本部分规定了杀虫剂防治茶尺蠖、茶毛虫田间药效小区试验的方法和基本要求。 本部分适用于杀虫剂防治茶尺蠖（*Ectropis obliqua hypulina*）、茶毛虫（*Euproctis pseudoconsprrsa*）和茶树上其他尺蠖幼虫的登记用田间药效小区试验及药效评价。

标准号	标准名称	摘要
GB/T 17980.56—2004	农药 田间药效试验准则（二）第56部分：杀虫剂防治茶树叶蝉	本部分规定了杀虫剂防治茶树叶蝉田间药效小区试验的方法和基本要求。 本部分适用于杀虫剂防治茶小绿叶蝉（*Empoasca flavescens*）和假眼小绿叶蝉（*Empoasca vitis*）的登记用田间药效小区试验及药效评价。
GB/T 17980.57—2004	农药 田间药效试验准则（二）第57部分：杀虫剂防治茶树害螨	本部分规定了杀虫剂防治茶树害螨田间药效小区试验的方法和基本要求。 本部分适用于杀虫剂防治茶橙瘿螨（*Acaphylla theaett*）、茶跗线螨（*Polyphagotarsonemus latus*）、茶短须螨（*Brevipalpus obovatus*）等登记用田间药效小区试验及药效评价。
GB/T 17980.82—2004	农药 田间药效试验准则（二）第82部分：杀菌剂防治茶饼病药效试验	本部分规定了杀菌剂防治茶饼病（*Exobasidium vexans*）田间药效试验的方法和要求。 本部分适用于杀菌剂防治茶饼病的登记用田间药效小区试验及评价。其他田间药效试验参照本部分执行。
GB/T 17980.83—2004	农药 田间药效试验准则（二）第83部分：杀菌剂防治茶云纹叶枯病药效试验	本部分规定了杀菌剂防治茶云纹叶枯病（*Colletotrichum camelliae*）田间药效试验的方法和要求。 本部分适用于杀菌剂防治茶云纹叶枯病的登记用田间药效小区试验及评价。其他田间药效试验参照本部分执行。
LY/T 2680—2016	油茶主要有害生物综合防治技术规程	本标准规定了油茶主要有害生物的防治原则、防治策略、防治目标、预测预报、主要防治措施、防治效果检查等要求。 本标准适用于我国油茶主要有害生物的综合防治。
6. 加工技术类		
GB/T 32743—2016	白茶加工技术规范	本标准规定了白茶的术语和定义、加工基本条件、加工工艺流程、初制技术、精制技术、质量管理、标志标签、运输和贮存等。 本标准适用于白茶的初加工和精加工。
GB/T 32744—2016	茶叶加工良好规范	本标准规定了茶叶加工企业的厂区环境、厂房及设施、加工设备与工具、卫生管理、加工过程管理、产品管理、检验、产品追溯与召回、机构与人员、记录和文件管理。 本标准适用于茶叶初制、精制和再加工。
NY/T 5197—2002	有机茶生产技术规程	本标准规定了有机茶生产的基地规划与建设、土壤管理和施肥、病虫草害防治、茶树修剪和采摘、转换、试验方法和有机茶园判别。 本标准适用于有机茶的生产。
NY/T 5198—2002	有机茶加工技术规程	本标准规定了有机茶加工的要求、试验方法和检验规则。 本标准适用于各类有机茶初制、精制加工，再加工和深加工。
GB/T 34779—2017	茉莉花茶加工技术规范	本标准规定了茉莉花茶加工的术语和定义、原料要求、加工基本条件、加工工艺流程、加工技术要求、质量管理、标志、运输和贮存。 本标准适用于茉莉花茶的加工。
GB/T 35810—2018	红茶加工技术规范	本标准规定了红茶加工的术语和定义、要求、工艺流程、初制技术、精制技术、质量管理、标志、标签、包装、运输和贮存。 本标准适用于红茶的加工。
GB/T 39592—2020	黄茶加工技术规程	本标准确立了黄茶加工技术．规定了黄茶加工的术语和定义、加工基本条件、加工工艺流程、初制技术、精制技术、紧压型黄茶加工技术，描述了记录保存的追溯方法。 本标准适用于黄茶的加工。
GB/T 39562—2020	台式乌龙茶加工技术规范	本文件规定了台式乌龙茶加工术语和定义、加工场所环境、加工工艺流程、加工技术、质量管理、成品包装、运输和贮存。 本文件适用于台式乌龙茶的加工。

标准号	标准名称	摘要
GB/T 35863—2018	乌龙茶加工技术规范	本标准规定了乌龙茶的术语和定义、加工条件、原料要求、加工工艺、质量管理。 本标准适用于乌龙茶的加工。
GH/T 1077—2011	茶叶加工技术规程	本标准规定了茶叶的加工场所，加工设备和用具，加工，加工和检验人员，运输、贮存和标识，记录等。 本标准适用于茶叶初加工、精加工和再加工。
GH/T 1242—2019	紧压白茶加工技术规范	本标准规定了紧压白茶原料要求、加工、成品包装、运输贮存的要求。 本标准适用于紧压白茶加工。
GH/T 1277—2019	蒸青茶加工技术规范	本标准规定了蒸青茶的加工场所、鲜叶管理、加工工艺、匀堆装箱、质量管理、产品的标志标签、包装、运输和贮存。 本标准适用于蒸青茶（煎茶）加工。
GH/T 1296—2020	花果香型红茶加工技术规程	本标准规定了花果香型红茶的术语和定义、要求、加工工艺流程、初加工技术、精加工技术、质量管理、标志、标签、包装、运输及贮存。 本标准适用于花果香型红茶的生产加工。
GH/T 1246—2019	茯茶加工技术规范	本标准规定了茯茶加工的术语和定义、要求、加工工艺流程、加工技术、质量管理、标志标签、包装、运输和贮存。 本标准适用于茯茶的加工。
NY/T 3562—2020	藤茶生产技术规程	本标准规定了藤茶的术语和定义、产地环境、栽培管理、采收和储运。 本标准适用于藤茶的生产。
NY/T 1391—2007	珠兰花茶加工技术规程	本标准规定了珠兰花茶加工的原料、加工厂、设备及人员、加工工艺、加工技术的要求。 本标准适用于以珠兰或米兰鲜花为窨制原料的珠兰花茶加工。
NY/T 2798. 6—2015	无公害农产品　生产质量安全控制技术规范　第6部分：茶叶	本部分规定了无公害农产品茶叶生产质量安全控制的基本要求，包括茶园环境、茶树种苗、肥料使用、病虫草害防治、耕作与修剪、鲜叶管理、茶叶加工、包装标识与产品贮运等环节关键点的质量安全控制技术措施。 本部分适用于无公害农产品茶叶的生产、管理和认证。
NY/T 5019—2001	无公害食品　茶叶加工技术规程	本标准规定了无公害茶叶加工的加工厂、人员、加工技术以及农户加工的要求。 本标准适用于无公害茶叶初制和精制加工。
NY/T 5124—2002	无公害食品　窨茶用茉莉花生产技术规程	本标准规定了无公害茉莉花生产的基本要求，包括园地选择与规划、品种选择与繁育、种植管理、土壤管理与施肥、病虫害防治和采收等。 本标准适用于无公害食品窨茶用茉莉花的生产。
NY/T 3219—2018	机采机制茶叶加工技术规程　长炒青	本标准规定了机采机制长炒青术语和定义、加工场所基本要求、机采鲜叶要求、工艺流程及设备、鲜叶分级与摊放、杀青、揉捻与解块、干燥、毛茶整理。 本标准适用于以机采鲜叶为原料加工成的长炒青。
NY/T 3222—2018	工夫红茶加工技术规范	本标准规定了工夫红茶的术语和定义、原料、加工条件、加工工艺和质量管理。 本标准适用于工夫红茶加工。
NY/T 1206—2006	茶叶辐照杀菌工艺	本标准规定了茶叶辐照要求、试验方法、标识、贮存和运输以及重复照射的辐照杀菌工艺。 本标准适用于红茶、黄茶、黑茶、青茶、白茶、绿茶和花茶、速溶茶、保健茶等茶叶的辐照杀菌。茶叶提取物可参照执行。
NY/T 5245—2004	无公害食品　茉莉花茶加工技术规范	本标准规定了无公害食品茉莉花茶加工的原料、加工厂、加工设备、加工人员、加工技术的要求。 本标准适用于无公害食品茉莉花茶的加工。

标准号	标准名称	摘要
7. 产品类别标准		
GB/T 30357.2—2013（XG1—2016）	《乌龙茶第2部分：铁观音》第1号修改单	GB/T 30357的本部分规定了铁观音产品的分类与实物标准样、要求、试验方法、检验规则、标志标签、包装、运输和贮存。 本部分适用于以铁观音品种的叶、驻芽、嫩梢为原料，依次经萎凋、做青、杀青、揉捻（包揉）、烘干等独特工艺过程制成的初制茶（或称毛茶）和经整形归类等工艺制成的精制茶（或称成品茶）。
GB/T 22291—2017	白茶	本标准规定了白茶的产品与实物标准样、要求、试验方法、检验规则、标志标签、包装、运输和贮存。 本标准适用于以茶树 *Camellia sinensis*（Linnaeus.）O. Kuntze 的芽、叶、嫩茎为原料，经萎凋、干燥、拣剔等特定工艺过程制成的白茶。
GB/T 32719.1—2016	黑茶 第1部分：基本要求	GB/T 32719的本部分规定了黑茶的术语和定义、产品与实物标准样、要求、试验方法、检验规则、标志标签、包装、运输、贮存和保质期。 本部分适用于以茶树［*Camellia sinensis*（L.）O. Kuntze］鲜叶和嫩梢为原料，经杀青、揉捻、渥堆、干燥等加工工艺制成的黑毛茶及以此为原料加工的各种精制茶和再加工茶产品。
GB/T 32719.2—2016	黑茶 第2部分：花卷茶	GB/T 32719的本部分规定了花卷茶的术语和定义、产品与实物标准样、要求、检验方法、检验规则、标志标签、包装、运输、贮存和保质期。 本部分适用于黑茶产品中的花卷茶。
GB/T 32719.3—2016	黑茶 第3部分：湘尖茶	GB/T 32719的本部分规定了湘尖茶的术语和定义、等级、要求、检验方法、检验规则、标志标签、包装、运输、贮存和保质期。 本部分适用于黑茶产品中的湘尖茶。
GB/T 32719.4—2016	黑茶 第4部分：六堡茶	GB/T 32719的本部分规定了六堡茶的术语和定义、分类、等级与实物标准样、要求、试验方法、检验规则、标志标签、包装、运输、贮存和保质期。 本部分适用于黑茶产品中的六堡茶。
GB/T 32719.5—2018	黑茶 第5部分：茯茶	GB/T 32719的本部分规定了茯茶的术语和定义、产品分类和分级、要求、试验方法、检验规则、标志、标签、包装、运输、贮存和保质期。 本部分适用于以黑毛茶为主要原料，经过毛茶筛分、半成品拼配、渥堆、汽蒸、压制（或不压制）成型、发花、干燥、成品包装等工艺制成的茯茶产品。
GB/T 13738.1—2017	红茶 第1部分：红碎茶	GB/T 13738的本部分规定了红碎茶的产品分类、要求、试验方法、检验规则、标志标签、包装、运输和贮存。 本部分适用于以茶树 *Camellia sinensis*（Linnaeus.）O. Kuntze 的芽、叶、嫩茎为原料，经萎凋、揉切、发酵、干燥等工艺制成的红碎茶。
GB/T 13738.2—2017	红茶 第2部分：工夫红茶	GB/T 13738的本部分规定了工夫红茶的分类与实物标准样、要求、试验方法、检验规则、标志标签、包装、运输和贮存。 本部分适用于以茶树 *Camellia sinensis*（Linnaeus.）O. Kuntze 的芽、叶、嫩茎为原料，经萎凋、揉捻、发酵、干燥和精制加工工艺制成的工夫红茶。
GB/T 13738.3—2012	红茶 第3部分：小种红茶	GB/T 13738的本部分规定了小种红茶的要求、试验方法、检验规则、标志标签、包装、运输和贮存。 本部分适用于以茶树的芽、叶、嫩茎为原料，经萎凋（熏松烟）、揉捻、发酵、干燥（熏松烟）和精制加工工艺制成的小种红茶。
GB/T 21726—2018	黄茶	本标准规定了黄茶的产品分类、要求、试验方法、检验规则、标志、标签、包装、运输和贮存。 本标准适用于以茶树［*Camellia sinensis*（L.）O. Kuntze］的芽、叶、嫩茎为原料，经摊青、杀青、揉捻（做形）、闷黄、干燥、精制或蒸压成型的特定工艺制成的黄茶产品。

标准号	标准名称	摘要
GB/T 31751—2015	紧压白茶	本标准规定了紧压白茶的定义、分类与实物标准样、要求、试验方法、检验规则、标签标志、包装、运输和贮存。 本标准适用于以白茶为原料，经整理、拼配、蒸压定型、干燥等工序制成的产品。
GB/T 14456.1—2017	绿茶　第1部分：基本要求	GB/T 14456 的本部分规定了绿茶的分类、要求、试验方法、检验规则、标志标签、包装、运输和贮存。 本部分适用于以茶树 *Camellia sinensis*（Linnaeus.）O. Kuntze 的芽、叶、嫩茎为原料，经杀青、揉捻、干燥等工序制成的绿茶。
GB/T 14456.2—2018	绿茶　第2部分：大叶种绿茶	GB/T 14456 的本部分规定了大叶种绿茶的术语和定义、产品规格与实物标准样、要求、试验方法、检验规则、标志、标签、包装、运输和贮存。 本部分适用于以大叶种茶树［*Camellia sinensis*（L.）O. Kuntze］的芽、叶、嫩茎为原料，经过摊青、杀青、揉捻、干燥、整形等工艺制成的绿茶产品。
GB/T 14456.3—2016	绿茶　第3部分：中小叶种绿茶	GB/T 14456 的本部分规定了中小叶种绿茶的术语和定义、产品与规格、要求、试验方法、检验规则、标志标签、包装、运输和贮存。 本部分适用于用中小叶种茶树［*Camellia sinensis*（L.）O. Kuntze］的芽、叶、嫩茎为原料，经过杀青、揉捻、干燥等工艺加工制成的绿茶产品。
GB/T 14456.4—2016	绿茶　第4部分：珠茶	GB/T 14456 的本部分规定了珠茶的定义和术语、产品等级、要求、试验方法、检验规则、标志标签、包装、运输和贮存。 本部分适用于绿茶产品中的珠茶。
GB/T 14456.5—2016	绿茶　第5部分：眉茶	GB/T 14456 的本部分规定了眉茶的术语和定义、产品与实物标准样、要求、试验方法、检验规则、标志、标签、包装、运输和贮存。 本部分适用于绿茶产品中的眉茶。
GB/T 14456.6—2016	绿茶　第6部分：蒸青茶	GB/T 14456 的本部分规定了蒸青茶的术语和定义、要求、试验方法、检验规则、标志、标签、包装、运输和贮存。 本部分适用于绿茶产品中的蒸青茶。
GB/T 22292—2017	茉莉花茶	本标准规定了茉莉花茶的要求、试验方法、检验规则、标志标签、包装、运输和贮存。 本标准适用于以绿茶为原料，加工成级型坯后，经茉莉鲜花窨制（含白兰鲜花打底）而成的茉莉花茶。
GB/T 39563—2020	台式乌龙茶	本文件规定了台式乌龙茶的术语和定义、分类与等级、要求、检验方法、检验规则、标志标签、包装、运输和贮存。 本文件适用于台式乌龙茶产品。
GB/T 30357.1—2013	乌龙茶　第1部分：基本要求	GB/T 30357 的本部分规定了乌龙茶的术语和定义、产品、要求、试验方法、检验规则、标志标签、包装、运输和贮存。 本部分适用于以山茶属茶种茶树［*Camellia sinensis*（Linnaeus）O. Kuntze］的叶子、驻芽和嫩梢，依次经适度萎凋、做青、杀青、揉捻（包揉）、干燥等独特工序加工而成的、具有特定品质特征的乌龙茶。
GB/T 30357.2—2013	乌龙茶　第2部分：铁观音	GB/T 30357 的本部分规定了铁观音产品的分类与实物标准样、要求、试验方法、检验规则、标志标签、包装、运输和贮存。 本部分适用于以铁观音品种的叶、驻芽、嫩梢为原料，依次经萎凋、做青、杀青、揉捻（包揉）、烘干等独特工艺过程制成的初制茶（或称毛茶）和经整形、归类等工艺制成的精制茶（或称成品茶）。
GB/T 30357.3—2015	乌龙茶　第3部分：黄金桂	GB/T 30357 的本部分规定了黄金桂的术语和定义、实物标准样、基本要求、试验方法、检验规则、标志标签、包装、运输和贮存。 本部分适用于以黄旦品种的叶、驻芽、嫩梢为原料，依次经萎凋、做青、杀青、揉捻（包揉）、烘干等独特工艺过程制成的初制茶，经整形、归类等工艺制成的乌龙茶。

标准号	标准名称	摘要
GB/T 30357.4—2015	乌龙茶 第 4 部分：水仙	GB/T 30357 的本部分规定了水仙的术语和定义、分类、要求、试验方法、检验规则、标志标签、包装、运输和贮存。 本部分适用于以水仙品种的叶子、驻芽和嫩梢为原料，依次经适度萎凋、做青、杀青、揉捻、烘干等独特工序加工而成的、具有特定品质特征的乌龙茶。
GB/T 30357.5—2015	乌龙茶 第 5 部分：肉桂	GB/T 30357 的本部分规定了肉桂的术语和定义、分类、要求、试验方法、检验规则、标志标签、包装、运输和贮存。 本部分适用于以肉桂品种的叶子、驻芽和嫩梢为原料，依次经适度萎凋、做青、杀青、揉捻、干燥等独特工序加工而成的、具有特定品质特征的乌龙茶。
GB/T 30357.6—2017	乌龙茶 第 6 部分：单丛	本部分规定了单丛的术语和定义、分类、要求、试验方法、检验规则、标志标签、包装、运输和贮存。 本部分适用于以单丛品系的叶、驻芽和嫩梢为原料，经适度萎凋、做青、杀青、揉捻（包揉）、烘干等独特工艺加工而成的、具有特定品质特征的乌龙茶。
GB/T 30357.7—2017	乌龙茶 第 7 部分：佛手	GB/T 30357 的本部分规定了佛手的术语和定义、分类、要求、试验方法、检验规则、标志标签、包装、运输和贮存。 本部分适用于以佛手品种的叶子、驻芽和嫩梢为原料，经萎凋、做青、杀青、揉捻（包揉）、烘干等独特工艺加工而成的、具有特定品质特征的乌龙茶。
GB/T 30357.9—2020	乌龙茶 第 9 部分：白芽奇兰	GB/T 30357 的本部分规定了白芽奇兰的术语和定义、分类、要求、试验方法、检验规则、标志标签、包装、运输和贮存。 本部分适用于以白芽奇兰茶树品种鲜叶为原料加工而成的乌龙茶。
GH/T 1091—2014	代用茶	本标准规定了代用茶的术语和定义、产品分类、要求、试验方法、检验规则、标志标签、包装、运输和贮存。 本标准适用于代用茶产品。
GH/T 1090—2014	富硒茶	本标准规定了富硒茶的术语和定义、要求、试验方法、检验规则、标志标签、包装、运输和贮存。 本标准适用于在富硒土壤中生长的茶树新梢的芽、叶、嫩茎，经过一定加工工艺制成的茶叶产品。
GH/T 1117—2015	桂花茶	本标准规定了桂花茶的术语和定义、产品分类、要求、试验方法、检验规则、标志、标签、包装、运输、贮存。 本标准适用于以绿茶、红茶、乌龙茶为原料，经桂花鲜花窨制而成的桂花茶。
GH/T 1118—2015	金骏眉茶	本标准规定了金骏眉茶的术语和定义、要求、试验方法、检验规则、标志、标签、包装、运输、贮存。 本标准适用于金骏眉茶。
GH/T 1127—2016	径山茶	本标准规定了径山茶的术语和定义、要求、试验方法、检验规则、标志、标签、包装、运输、贮存。 本标准适用于径山茶。
GH/T 1116—2015	九曲红梅茶	本标准规定了九曲红梅茶的要求、试验方法、检验规则、标志、标签、包装、运输、贮存。 本标准适用于九曲红梅茶。
GH/T 1276—2019	开化龙顶茶	本标准规定了开化龙顶茶的术语和定义、产品等级与实物标准样、要求、试验方法、检验规则、标志、标签、包装、运输、贮存。 本标准适用于开化龙顶茶。

标准号	标准名称	摘要
GH/T 1232—2018	蒙顶甘露茶	本标准规定了蒙顶甘露茶的术语和定义、等级与实物标准样、要求、试验方法、检验规则、标志、标签、包装、运输和贮存。 本标准适用于蒙顶甘露茶。
GH/T 1307—2020	蒙顶山茶　第 1 部分：基本要求	本文件规定了蒙顶山茶的术语和定义、产品与实物标准样、要求、试验方法、检验规则、标志标签、包装、运输、贮存。 本部分适用于蒙顶山茶区范围内，以茶树［*Camellia sinenisis*（Linnaeus）O. kuntze］鲜叶（幼芽、嫩叶新梢）为原料，按相应茶类基本工序及产品加工技术而制成的具有特定品质特征的茶产品。
GH/T 1308—2020	蒙顶山茶　第 2 部分：绿茶	本文件规定了蒙顶山茶绿茶的术语和定义、产品分类及实物标准样、品质要求、试验方法、检验规则、标志、标签、包装、运输和贮存。 本文件适用于蒙顶山茶区范围内，以茶树［*Camellia sinenisis*（Linnaeus）O. Kuntze］嫩芽叶为原料，经摊青（或贮青）、杀青、摊凉、揉捻（或理条）、复炒（烘）、复揉（或压扁）、做形、干燥、整形、分选、归类等加工工序加工而成的具有特定品质特征的蒙顶山名优绿茶。 本文件不适用于蒙顶山茶区的普通炒青、烘青、蒸青、晒青及结合工艺制成的等级绿茶（或称大宗绿茶）。
GH/T 1235—2018	莫干黄芽茶	本标准规定了莫干黄芽茶的术语和定义、产品等级与实物标准样、要求、试验方法、检验规则、标志、标签、包装、运输和贮存。 本标准适用于莫干黄芽茶。
GH/T 1178—2019	祁门工夫红茶	本标准规定了祁门工夫红茶的术语和定义、产品级别与实物标准样、要求、试验方法、检验规则、标志、标签、包装、运输、贮存。 本标准适用于祁门工夫红茶。
GH/T 1128—2016	天目青顶茶	本标准规定了天目青顶茶的术语和定义、要求、试验方法、检验规则、标志、标签、包装、运输、贮存。 本标准适用于天目青顶茶。
GH/T 1234—2018	武阳春雨茶	本标准规定了武阳春雨茶的术语和定义、产品类型、等级与实物标准样、要求、试验方法、检验规则、标志、标签、包装、运输和贮存。 本标准适用于武阳春雨茶。
GH/T 1115—2015	西湖龙井茶	本标准规定了西湖龙井茶的术语和定义、要求、试验方法、检验规则、标志、标签、包装、运输、贮存。 本标准适用于西湖龙井茶。
GH/T 1248—2019	信阳红茶	本标准规定了信阳红茶的术语和定义、产品级别与实物标准样、要求、试验方法、检验规则、标志、标签、包装、运输、贮存。 本标准适用于信阳红茶。
GH/T 1120—2015	雅安藏茶	本标准规定了雅安藏茶的术语和定义、分类、要求、试验方法、检验规则、标志、标签、包装、运输、贮存和保质期。 本标准适用于在雅安市辖行政区域内，以一芽五叶以内的茶树新梢（或同等嫩度对夹叶）或藏茶毛茶为原料，采用南路边茶制作工艺生产的藏茶产品。
GH/T 1243—2019	英德红茶	本标准规定了英德红茶的术语和定义、产品的分类与实物标准样、试验方法、检验规则、标志、标签、包装、运输、贮存。 本标准适用于英德红茶。
GH/T 1241—2019	漳平水仙茶	本标准规定了漳平水仙茶的术语和定义、产品分类与实物标准样、要求、试验方法、检验规则、标志标签、包装、运输、贮存。 本标准适用于漳平水仙茶。
GH/T 1236—2018	诏安八仙茶	本标准规定了诏安八仙茶的术语和定义、产品等级与实物标准样、要求、试验方法、检验规则及标志、标签、包装、运输、贮存。 本标准适用于诏安八仙茶。

标准号	标准名称	摘要
NY/T 863—2004	碧螺春茶	本标准规定了碧螺春茶的术语和定义、要求、试验方法、检验规则、标签、包装、运输、贮存。 本标准适用于江苏太湖、宜溧、宁镇丘陵茶区生产的碧螺春茶。
NY/T 783—2004	洞庭春茶	本标准规定了洞庭春茶的术语和定义、要求、试验方法、检验规则、标志、标签、包装、运输和贮存。 本标准适用于湖南省生产的洞庭春茶。
NY/T 600—2002	富硒茶	本标准规定了富硒茶的术语和定义、要求、试验方法、检验规则、标志、包装、运输和贮存要求。 本标准适用于中华人民共和国范围内生产和销售的富硒茶叶。
NY/T 780—2004	红茶	本标准规定了红茶的术语和定义、规格、要求、试验方法、检验规则、标签、包装、运输和贮存。 本标准适用于各类红茶产品。
NY/T 782—2004	黄山毛峰茶	本标准规定了黄山毛峰茶的术语和定义、要求、试验方法、检验规则、标志、标签、包装、运输和贮存。 本标准适用于黄山毛峰茶。
NY/T 482—2002	敬亭绿雪茶	本标准规定了敬亭绿雪茶的要求、试验方法、检验规则、标志、标签、包装、运输和贮存要求。 本标准适用于安徽省宣城市丘陵山区生产的各种规格的敬亭绿雪茶。
NY/T 781—2004	六安瓜片茶	本标准规定了六安瓜片茶的术语和定义、要求、试验方法、检验规则、标志、包装、运输和贮存。 本标准适用于六安瓜片茶。
NY/T 456—2001	茉莉花茶	本标准规定了茉莉花茶的名称、等级、技术要求、检验方法、检验规则、标志、标签和包装贮运要求。 本标准适用于以茶叶为原料，经窨茉莉鲜花后加工而成的茉莉花茶。
NY/T 779—2004	普洱茶	本标准规定了普洱茶的术语和定义、要求、试验方法、检验规则、标志、包装、运输和贮运。 本标准适用于以云南大叶种晒青毛茶（俗称“滇青”）经熟成再加工和压制成型的各种普洱散茶、普洱压制茶、普洱袋泡茶。
NY 5196—2002	有机茶	本标准规定了有机茶的术语和定义、要求、试验方法、检验规则、标志、标签、包装、贮藏、运输和销售的要求。 本标准适用于有机茶。
NY/T 785—2004	蒸青煎茶	本标准规定了蒸青煎茶的术语和定义、要求、试验方法、检验规则、标识、包装、运输和贮存。 本标准适用于蒸青煎茶。
NY/T 784—2004	紫笋茶	本标准规定了紫笋茶的要求、试验方法、检验规则、标志、标签、包装、运输和贮存等要求。 本标准适用于紫笋茶。
8. 地理标志产品		
GB/T 20354—2006	地理标志产品　安吉白茶	本标准规定了安吉白茶的地理标志产品保护范围、术语和定义、自然环境和生产、质量要求、试验方法、检验规则、标志、标签、包装、运输和贮存。 本标准适用于国家质量监督检验检疫行政主管部门根据《地理标志产品保护规定》批准保护的安吉白茶。
GB/T 24569—2009	地理标志产品　常山山茶油	本标准规定了常山山茶油的术语和定义、地理标志产品保护范围、物种、栽培技术和加工、质量要求、检验方法及检验规则、标签、标志、包装、贮存和运输等。 本标准适用于国家质量监督检验检疫行政主管部门根据《地理标志产品保护规定》批准保护的，经压榨加工工艺制取的常山山茶油。

标准号	标准名称	摘要
GB/T 24569—2009 (XG1—2013)	《地理标志产品 常山山茶油》第1号修改单	本标准规定了常山山茶油的术语和定义、地理标志产品保护范围、物种、栽培技术和加工、质量要求、检验方法及检验规则、标签、标志、包装、贮存和运输等。 本标准适用于国家质量监督检验检疫行政主管部门根据《地理标志产品保护规定》批准保护的，经压榨加工工艺制取的常山山茶油。
GB/T 18957—2008	地理标志产品 洞庭(山)碧螺春茶	本标准规定了洞庭（山）碧螺春茶的术语和定义、地理标志产品保护范围、分级及实物标准样、要求、试验方法、检验规则、标志、标签和包装、运输、贮存。 本标准适用于国家质量监督检验检疫行政主管部门根据《地理标志产品保护规定》批准保护的洞庭（山）碧螺春茶。
GB/T 19691—2008	地理标志产品 狗牯脑茶	本标准规定了狗牯脑茶的地理标志产品保护范围、术语和定义、分级、要求、试验方法、检验规则、标志、标签和包装、运输、贮存。 本标准适用于国家质量监督检验检疫行政主管部门根据《地理标志产品保护规定》批准保护的狗牯脑茶。
GB/T 19460—2008	地理标志产品 黄山毛峰茶	本标准规定了黄山毛峰茶的地理标志产品保护范围、术语和定义、分级与实物标准样、要求、试验方法、检验规则以及标志、标签、包装、运输、贮存。 本标准适用于国家质量监督检验检疫行政主管部门根据《地理标志产品保护规定》批准保护的黄山毛峰茶。
GB/T 26530—2011	地理标志产品 崂山绿茶	本标准规定了崂山绿茶地理标志产品的术语和定义、保护范围、分类、等级和实物标准样、要求、试验方法、检验规则、标志、标签、包装、运输、贮存。 本标准适用于国家质量监督检验检疫行政主管部门根据《地理标志产品保护规定》批准保护的地理标志产品崂山绿茶。
GB/T 18650—2008	地理标志产品 龙井茶	本标准规定了龙井茶的地理标志产品保护范围、术语和定义、自然环境和生产、要求、试验方法、检验规则及标志、标签、包装、运输、贮存。 本标准适用于国家质量监督检验检疫行政主管部门根据《地理标志产品保护规定》批准保护的龙井茶。
GB/T 21003—2007	地理标志产品 庐山云雾茶	本标准规定了庐山云雾茶的地理标志保护范围、术语和定义、分级及实物标准样、要求、试验方法、检验规则、标志、包装、运输、贮存。 本标准适用于国家质量监督检验检疫总局根据《地理标志产品保护规定》批准保护的庐山云雾茶。
GB/T 18665—2008	地理标志产品 蒙山茶	本标准规定了蒙山茶地理标志产品的地理标志产品保护范围、术语和定义、产品分类、要求、试验方法、检验规则、标志、标签及包装、运输、贮存。 本标准适用于国家质量监督检验检疫行政主管部门根据《地理标志产品保护规定》批准保护的蒙山茶。
GB/T 22111—2008	地理标志产品 普洱茶	本标准规定了地理标志产品普洱茶的地理标志产品保护范围、术语和定义、类型与等级、要求、试验方法、检验规则及标志、包装、运输和贮存。 本标准适用于国家质量监督检验检疫行政主管部门根据《地理标志产品保护规定》批准保护的普洱茶。
GB/T 19698—2008	地理标志产品 太平猴魁茶	本标准规定了太平猴魁茶的术语和定义、地理标志产品保护范围、分级、要求、试验方法、检验规则、标志标签、包装、运输、贮存。 本标准适用于国家质量监督检验检疫行政主管部门根据《地理标志产品保护规定》批准保护的太平猴魁茶。
GB/T 20360—2006	地理标志产品 乌牛早茶	本标准规定了乌牛早茶的地理标志产品保护范围、术语和定义、自然环境、种植、加工、要求、试验方法、检验规则、标志、标签、包装、运输、贮存。 本标准适用于国家质量监督检验检疫行政主管部门根据《地理标志产品保护规定》批准保护的乌牛早茶。

标准号	标准名称	摘要
GB/T 18745—2006	地理标志产品　武夷岩茶	本标准规定了武夷岩茶的地理标志产品保护范围、术语和定义、产品分类与标准样品、要求、试验方法、检验规则及标志、标签、包装、运输、贮存。 本标准适用于国家质量监督检验检疫总局根据《地理标志产品保护规定》批准保护的武夷岩茶。
GB/T 18745—2006（XG1—2018）	地理标志产品　武夷岩茶《第 1 号修改单》	本标准规定了武夷岩茶的地理标志产品保护范围、术语和定义、产品分类与标准样品、要求、试验方法、检验规则及标志、标签、包装、运输、贮存。 本标准适用于国家质量监督检验检疫总局根据《地理标志产品保护规定》批准保护的武夷岩茶。
GB/T 22737—2008	地理标志产品　信阳毛尖茶	本标准规定了地理标志产品信阳毛尖茶的术语和定义、地理标志产品保护范围、分级和实物标准样、要求、试验方法、检验规则及标志、标签、包装、运输和贮存。 本标准适用于国家质量监督检验检疫行政主管部门根据《地理标志产品保护规定》批准保护的信阳毛尖茶。
GB/T 20605—2006	地理标志产品　雨花茶	本标准规定了雨花茶的地理标志产品保护范围、术语和定义、分等、分级及实物标准样、要求、试验方法、检验规则、标志、标签和包装、运输、贮存。 本标准适用于国家质量监督检验检疫行政主管部门根据《地理标志产品保护规定》批准保护的地理标志产品雨花茶。
GB/T 22109—2008	地理标志产品　政和白茶	本标准规定了政和白茶的地理标志产品保护范围、术语和定义、分类、要求、试验方法、检验规则、标志、标签、包装、运输和贮存。 本标准适用于国家质量监督检验检疫行政主管部门根据《地理标志产品保护规定》批准保护的政和白茶。
9. 感官评价标准		
GB/T 23776—2018	茶叶感官审评方法	本标准规定了茶叶感官审评的条件、方法及审评结果与判定。 本标准适用于各类茶叶的感官审评。
GB/T 18795—2012	茶叶标准样品制备技术条件	本标准规定了各类茶叶（除再加工茶）标准样品的制备、包装、标签、标识、证书和有效期。 本标准适用于各类茶叶（除再加工茶）感官品质评定的标准样品的制备。
GB/T 18797—2012	茶叶感官审评室基本条件	本标准规定了茶叶感官审评室的基本要求、布局和建立。 本标准适用于审评各类茶叶的感官审评室。
GB/T 14487—2017	茶叶感官审评术语	本标准界定了茶叶感官审评的通用术语、专用术语和定义。 本标准适用于我国各类茶叶的感官审评。
NY/T 787—2004	茶叶感官审评通用方法	本标准规定了茶叶感官审评的操作环境、器具与用水、审评员、审评内容、试验方法和评分。 本标准适用于各类茶叶［*Camellia sinensis*（L.）K］产品的感官审评。
SB/T 10157—1993	茶叶感官审评办法	本标准规定了茶叶感官评审的设备、用水、取样、样品制备、冲泡方法、审评项目、审评因子、审评程序、审评记分、结果评定。 本标准适用于各类茶叶品质的感官审评。
10. 质量安全类标准		
GB/Z 21722—2008	出口茶叶质量安全控制规范	本指导性技术文件规定了出口茶叶在种植、采摘、加工、检验、监测、追溯、产品召回等环节涉及质量安全控制方面的技术要求。 本指导性技术文件适用于出口茶叶种植、采摘、加工、检验、监测、追溯、产品召回等环节的质量安全控制，包括直接介入出口茶叶生产链中一个或多个环节的组织以及出口茶叶的相关管理组织。

标准号	标准名称	摘要
GB/T 8303—2013	茶　磨碎试样的制备及其干物质含量测定	本标准规定了制备茶叶磨碎试样和测定其干物质含量的方法。 本标准适用于以干态表示结果的分析测定。
GB/T 8305—2013	茶　水浸出物测定	本标准规定了茶叶中水浸出物测定的仪器和用具、操作方法及结果计算方法。 本标准适用于茶叶中水浸出物的测定。
GB/T 8309—2013	茶　水溶性灰分碱度测定	本标准规定了茶叶中水溶性灰分碱度测定的试剂和溶液、仪器和用具、测定步骤及结果计算的方法。 本标准适用于茶叶中水溶性灰分碱度的测定。
GB/T 8310—2013	茶　粗纤维测定	本标准规定了茶叶中粗纤维测定的试剂和溶液、仪器和用具、测定步骤及结果计算的方法。 本标准适用于茶叶中粗纤维的测定。
GB/T 8311—2013	茶　粉末和碎茶含量测定	本标准规定了对茶叶中粉末和碎茶含量测定的仪器与用具、试样制备、操作方法及结果的计算和试验报告。 本标准适用于茶叶中粉末和碎茶含量的测定。
GB/T 8312—2013	茶　咖啡碱测定	本标准规定了用高效液相色谱法、紫外分光光度法测定茶叶中咖啡碱的仪器和用具、试剂和溶液、操作方法及结果计算的方法。 本标准适用于茶叶中咖啡碱的测定，也适用于固态速溶茶咖啡碱的测定。
GB/T 8314—2013	茶　游离氨基酸总量的测定	本标准规定了茶叶中游离氨基酸总量测定的仪器和用具、试剂和溶液、操作方法及结果计算的方法。 本标准适用于茶叶中游离氨基酸总量的测定。
GB/T 8313—2018	茶叶中茶多酚和儿茶素类含量的检测方法	本标准规定了用高效液相色谱法（HPLC）测定茶叶中儿茶素类含量，用分光光度法测定茶叶中茶多酚含量的方法。 本标准适用于茶及茶制品中儿茶素类及茶多酚含量的测定。
GB/T 23193—2017	茶叶中茶氨酸的测定　高效液相色谱法	本标准规定了用高效液相色谱法测定茶叶中茶氨酸含量的方法。 本标准适用于茶叶中茶氨酸的测定。
GB/T 23204—2008	茶叶中 519 种农药及相关化学品残留量的测定　气相色谱-质谱法	本标准规定了绿茶、红茶、普洱茶、乌龙茶中 490 种农药及相关化学品残留量的气相色谱-质谱测定方法，以及绿茶、红茶、普洱茶、乌龙茶中 29 种酸性除草剂残留量的气相色谱-质谱测定方法。 本标准定量测定的 453 种农药及相关化学品的方法检出限为 0.001～0.500 mg/kg，29 种酸性除草剂的方法检出限为 0.01mg/kg。
GB/T 23376—2009	茶叶中农药多残留测定　气相色谱/质谱法	本标准规定了茶叶中有机磷、有机氯、拟除虫菊酯等三类 36 种农药残留量的气相色谱/质谱测定方法。 本标准适用于茶叶中有机磷、有机氯、拟除虫菊酯等三类 36 种农药残留量的测定。
GB/T 18625—2002	茶中有机磷及氨基甲酸酯农药残留量的简易检验方法　酶抑制法	本标准规定了用酶抑制法测定茶中有机磷农药及氨基甲酸酯农药残留的简易检验方法。 本标准适用于茶中有机磷农药及氨基甲酸酯农药残留的测定。
GB/T 30483—2013	茶叶中茶黄素的测定　高效液相色谱法	本标准规定了用高效液相色谱（HPLC）测定茶及茶制品中茶黄素含量的仪器、试剂、操作方法、结果计算。 本标准适用于茶及茶制品中茶黄素含量的测定，也适用于咖啡碱、儿茶素及没食子酸的测定。
GB/T 30376—2013	茶叶中铁、锰、铜、锌、钙、镁、钾、钠、磷、硫的测定　电感耦合等离子体原子发射光谱法	本标准规定了茶叶中铁（Fe）、锰（Mn）、铜（Cu）、锌（Zn）、钙（Ca）、镁（Mg）、钾（K）、钠（Na）、磷（P）、硫（S）的电感耦合等离子原子发射光谱（ICP-AES）测定的原理、试剂、仪器与设备、试样的制备、测定、结果计算、精密度。 本标准适用于茶叶中铁、锰、铜、锌、钙、镁、钾、钠、磷、硫的测定。

标准号	标准名称	摘要
GB/T 5009. 176—2003	茶叶、水果、食用植物油中三氯杀螨醇残留量的测定	本标准规定了茶叶、水果、食用植物油中三氯杀螨醇残留量的测定方法。 本标准适用于茶叶、水果、食用植物油中三氯杀螨醇残留量的测定。
GB/T 5009. 57—2003	茶叶卫生标准的分析方法	本标准规定了绿茶、红茶、紧压茶等各类茶叶中各项卫生指标的分析方法。 本标准适用于绿茶、红茶、紧压茶等各类茶叶中各项卫生指标的分析。
GB/T 21728—2008	砖茶含氟量的检测方法	本标准规定了用离子选择电极检测砖茶中氟含量的方法。 本标准适用于砖茶成品及其原料含氟量的检测。
GB 19965—2005	砖茶含氟量	本标准规定了砖茶允许含量及含氟量检测方法。 本标准适用于砖茶生产和销售领域的砖茶含氟量的监测及监督。 本标准也适用于卫生部门对饮茶型氟中毒病区的监测及防治措施落实的评价。
GB 23200. 13—2016	食品安全国家标准　茶叶中448种农药及相关化学品残留量的测定　液相色谱-质谱法	本标准规定了绿茶、红茶、普洱茶、乌龙茶中448种农药及相关化学品残留量液相色谱-质谱测定方法。 本标准适用于绿茶、红茶、普洱茶、乌龙茶中448种农药及相关化学品残留的定性鉴别，也适用于418种农药及相关化学品残留的定量测定，其他茶叶可参照执行。
GB 23200. 20—2016	食品安全国家标准　食品中阿维菌素残留量的测定　液相色谱-质谱/质谱法	本标准规定了食品中阿维菌素残留量的液相色谱-质谱/质谱检测方法。 本标准适用于大米、大蒜、菠菜、苹果、板栗、茶叶、牛肉、羊肉、鸡肉、鱼肉、赤芍、食醋和蜂蜜中阿维菌素残留量的检测，其他食品可参照执行。
GB 23200. 23—2016	食品安全国家标准　食品中地乐酚残留量的测定　液相色谱-质谱/质谱法	本标准规定了食品中地乐酚残留量检验的液相色谱-质谱/质谱检测方法。 本标准适用于苹果、板栗、甘蓝、牛肉、蜂蜜、小麦、鸡肉、姜、茶叶、大豆和牛奶中地乐酚残留量的检测和确证，其他食品可参照执行。
GB 23200. 26—2016	食品安全国家标准　茶叶中9种有机杂环类农药残留量的检测方法	本标准规定了茶叶中9种有机杂环类农药残留量检验的抽样和制样、测定方法、测定低限及回收率。 本标准适用于茶叶中莠去津、乙烯菌核利、腐霉利、氟菌唑、抑霉唑、噻嗪酮、丙环唑、氯苯嘧啶醇、哒螨灵残留量的检验，其他食品可参照执行。
GB 23200. 28—2016	食品安全国家标准　食品中多种醚类除草剂残留量的测定　气相色谱-质谱法	本标准规定了食品中苯醚类除草剂的气相色谱-负化学离子源-质谱检测方法。 本标准适用于大米、大豆、菠菜、大葱、辣椒、草莓、甜豌豆、绿茶、龙虾仁、鳗鱼、猪肉和蜂蜜12种食品中醚类除草剂残留量的测定和确证，其他食品可参照执行。
GB 23200. 30—2016	食品安全国家标准　食品中环氟菌胺残留量的测定　气相色谱-质谱法	本标准规定了食品中环氟菌胺残留量的制样和气相色谱-质谱检测方法。 本标准适用于小麦、玉米、花生、菠萝、苹果、青葱、胡萝卜、紫苏叶、金银花、姜粉、花椒粉及茶叶中环氟菌胺残留量的检测和确证，其他食品可参照执行。
GB 23200. 3—2016	食品安全国家标准　除草剂残留量检测方法　第3部分：液相色谱-质谱/质谱法测定　食品中环己酮类除草剂残留量	本标准规定了食品中吡喃草酮、禾草灭、噻草酮、烯草酮、烯禾啶、丁苯草酮、三甲苯草酮、环苯草酮残留量的液相色谱-质谱/质谱测定方法。 本标准适用于大米、大豆、猪肉、牛肝、鸡肝、牛奶、橙、蓝莓、菠菜、洋葱、核桃仁、茶叶中吡喃草酮、禾草灭、噻草酮、烯草酮、烯禾啶、丁苯草酮、三甲苯草酮、环苯草酮残留量的测定和确证，其他食品可参照执行。
GB 23200. 32—2016	食品安全国家标准　食品中丁酰肼残留量的测定　气相色谱-质谱法	本标准规定了食品中丁酰肼残留量的气相色谱-质谱检测方法。 本标准适用于花生、大米、大豆、欧芹、苹果、鱼、鸡肉、茶叶和蜂蜜中丁酰肼残留量的测定，其他食品可参照执行。

标准号	标准名称	摘要
GB 23200.39—2016	食品安全国家标准 食品中噻虫嗪及其代谢物噻虫胺残留量的测定 液相色谱-质谱/质谱法	本标准规定了食品中噻虫嗪和噻虫胺残留量的液相色谱-质谱/质谱检测方法。 本标准适用于大米、大豆、栗子、菠菜、油麦菜、洋葱、茄子、马铃薯、柑橘、蘑菇、茶等植物源性产品和鸡肝、猪肉、牛奶等动物源性产品中噻虫嗪、噻虫胺残留量的检测和确证，其他食品可参照执行。
GB 23200.41—2016	食品安全国家标准 食品中噻节因残留量的检测方法	本标准规定了大米、白菜、柑橘、马铃薯、茶叶、板栗、鸡肉、鱼肉、猪肉、牛肉、猪肝、蜂蜜、鸡蛋、牛奶中噻节因残留量的气相色谱测定方法。 本标准适用于大米、白菜、柑橘、马铃薯、茶叶、板栗、鸡肉、鱼肉、猪肉、牛肉、猪肝、蜂蜜、鸡蛋、牛奶中噻节因残留量的测定和确证，其他食品可参照执行。
GB 23200.4—2016	食品安全国家标准 除草剂残留量检测方法 第4部分：气相色谱-质谱/质谱法测定 食品中芳氧苯氧丙酸酯类除草剂残留量	本标准规定了食品中2,4-滴丁酯、氟吡禾灵、吡氟禾草灵、炔草酯、禾草灵、氰氟草酯、噁唑禾草灵、精喹禾灵等芳氧苯氧丙酸酯类除草剂残留量的气相色谱-质谱/质谱检测方法。 本标准适用于大豆、大麦茶、粳米、胡萝卜、菠菜、青刀豆、蒜苗、草莓、蜂蜜、猪肉、鱼、禽蛋中2,4-滴丁酯、氟吡禾灵、吡氟禾草灵、炔草酯、禾草灵、氰氟草酯、噁唑禾草灵、精喹禾灵残留量的测定和确证，其他食品可参照执行。
GB 23200.45—2016	食品安全国家标准 食品中除虫脲残留量的测定 液相色谱-质谱法	本标准规定了食品中除虫脲残留的液相色谱-质谱检测方法。 本标准适用于大米、玉米、大豆、小麦、花生（仁）、橙子、苹果、西芹、洋葱、蘑菇（鲜）、蜂蜜、蘑菇（干）、茶、鸡肉、牛肉、猪肉、猪肝中除虫脲残留量的测定和确证，其他食品可参照执行。
GB 23200.46—2016	食品安全国家标准 食品中嘧霉胺、嘧菌胺、腈菌唑、嘧菌酯残留量的测定 气相色谱-质谱法	本标准规定了试样的制备方法和保存条件以及粮谷、蔬菜、水果、坚果、茶叶、畜、禽、水产品、蜂产品中嘧霉胺、嘧菌胺、腈菌唑、嘧菌酯残留量检验的气相色谱-质谱测定方法。 本标准适用于大米、茄子、苹果、板栗、茶叶、牛肉、鸡肉、鱼、蜂蜜中嘧霉胺、嘧菌胺、腈菌唑、嘧菌酯残留量的测定，其他食品可参照执行。
GB 23200.49—2016	食品安全国家标准 食品中苯醚甲环唑残留量的测定 气相色谱-质谱法	本标准规定了食品中苯醚甲环唑的制样、气相色谱-质谱联用检测和确证方法。 本标准适用于豌豆、紫苏、胡萝卜、菠菜、大米、黄豆、中药、茶叶、杏仁、西柚、菠萝、草莓、酱油、醋、蜂蜜、王浆干粉、猪肉、牛肉、鸡肉、鳗鱼和龙虾仁等食品中苯醚甲环唑残留量的测定和确证，其他食品可参照执行。
GB 23200.50—2016	食品安全国家标准 食品中吡啶类农药残留量的测定 液相色谱-质谱/质谱法	本标准规定了食品中吡虫啉、啶虫脒、咪唑乙烟酸、氟啶草酮、啶酰菌胺、噻唑烟酸和氟硫草定等7种吡啶类农药残留量检测的制样和液相色谱-质谱/质谱测定方法。 本标准适用于大米、小麦、马铃薯、菠菜、柑橘、核桃仁、茶叶、猪肉、鱼肉、猪肝和牛奶中吡虫啉、啶虫脒、咪唑乙烟酸、氟啶草酮、啶酰菌胺、噻唑烟酸和氟硫草定残留量的测定和确证，其他食品可参照执行。
GB 23200.5—2016	食品安全国家标准 除草剂残留量检测方法 第5部分：液相色谱-质谱/质谱法测定 食品中硫代氨基甲酸酯类除草剂残留量	本标准规定了食品中9种硫代氨基甲酸酯类农药残留量的液相色谱-质谱联用测定方法。 本标准适用于大米、大豆、白萝卜、小白菜、椰菜、生姜、茶叶、花生、橙、葡萄、鸡肉、鸡肝和鱼肉中9种硫代氨基甲酸酯类农药残留的定量测定，其他食品可参照执行。
GB 23200.52—2016	食品安全国家标准 食品中嘧菌环胺残留量的测定 气相色谱-质谱法	本标准规定了食品中嘧菌环胺残留量的气相色谱-质谱检测及确证方法。 本标准适用于大米、大豆、小菘菜、甜豌豆、梨、柑桔、花生、茶叶、牛肉、鸡肉、虾肉、蜂蜜中嘧菌环胺残留量的检测和确证，其他食品可参照执行。

标准号	标准名称	摘要
GB 23200.53—2016	食品安全国家标准 食品中氟硅唑残留量的测定 气相色谱-质谱法	本标准规定了食品中氟硅唑残留量的气相色谱-质谱检测及确证方法。 本标准适用于大米、大豆、小菘菜、鲜豌豆、梨、柑桔、花生、茶叶、牛肉、鸡肉、虾肉、蜂蜜中氟硅唑残留量的检测和确证，其他食品可参照执行。
GB 23200.54—2016	食品安全国家标准 食品中甲氧基丙烯酸酯类杀菌剂残留量的测定 气相色谱-质谱法	本标准规定了食品中 11 种甲氧基丙烯酸酯类杀菌剂残留量的制样和测定方法（气相色谱-质谱法）。 本标准适用于苹果、梨、葡萄、甘蓝、黄瓜、蘑菇、橙汁、茶饮料、大米、板栗、牛肉、猪肉、鸡肉、鸡蛋和牛奶等食品中 11 种甲氧基丙烯酸酯类［包括嘧菌酯、醚菌胺、嘧螨酯、氟嘧菌酯、醚菌酯、苯氧菌酯（Z、E 两种构型）、肟醚菌胺、啶氧菌酯、吡唑醚菌酯和肟菌酯］杀菌剂残留量的测定，其他食品可参照执行。
GB 23200.56—2016	食品安全国家标准 食品中喹氧灵残留量的检测方法	本标准规定了进出口食品中喹氧灵残留量的液相色谱与液相色谱-质谱/质谱的检测方法。 本标准适用于大豆、花椰菜、樱桃、木耳、葡萄酒、茶叶、蜂蜜、猪肝、鸡肉、鳗鱼中喹氧灵残留量的测定和确证，其他食品可参照执行。
GB 23200.58—2016	食品安全国家标准 食品中氯酯磺草胺残留量的测定 液相色谱-质谱/质谱法	本标准规定了食品中氯酯磺草胺残留量的液相色谱-质谱/质谱法。 本标准适用于玉米、大米、大豆、栗子、核桃、菜心、番茄、辣椒、菠菜、洋葱、橙、草莓、芒果、樱桃、香菇、茶叶等植物源性产品和鸡肝、猪肝、牛奶等动物源性产品中氯酯磺草胺残留量的检测和确证，其他食品可参照执行。
GB 23200.60—2016	食品安全国家标准 食品中炔草酯残留量的检测方法	本标准规定了食品中炔草酯残留量检测的气相色谱测定和气相色谱-质谱确证的方法。 本标准适用于芦笋、马铃薯、葱、梨、桃、玉米、荞麦、茶叶、食醋、蜂蜜、核桃仁、兔肉、鸡肝、虾仁、鸡肉中炔草酯残留量的检测，其他食品可参照执行。
GB 23200.61—2016	食品安全国家标准 食品中苯胺灵残留量的测定 气相色谱-质谱法	本标准规定了食品中苯胺灵残留测定的气相色谱-质谱测定方法。 本标准适用于毛豆、芥末菜、芦柑、花生、茶叶、姜、香菇、鳗鱼、猪肉、鸡肝、大米、大豆等进出口食品中苯胺灵残留量的测定和确证，其他食品可参照执行。
GB 23200.6—2016	食品安全国家标准 除草剂残留量检测方法 第 6 部分：液相色谱-质谱/质谱法测定 食品中杀草强残留量	本标准规定了食品中杀草强残留量的液相色谱-串联质谱（LC-MS-MS）测定方法。 本标准适用于苹果、菠萝、菠菜、胡萝卜、紫苏叶、金银花、姜粉、花椒粉、茶叶、小麦、玉米、花生、肉、鱼及动物肝脏中杀草强残留量的检测和确证；其他食品可参照执行。
GB 23200.62—2016	食品安全国家标准 食品中氟烯草酸残留量的测定 气相色谱-质谱法	本标准规定了食品中氟烯草酸残留量的气相色谱-质谱法。 本标准适用于玉米、芹菜、苹果、花生、茶叶、牛肉、鸡肝、鱼、蜂蜜、大豆和牛奶中氟烯草酸残留量的检测和确证，其他食品可参照执行。
GB 23200.63—2016	食品安全国家标准 食品中噻酰菌胺残留量的测定 液相色谱-质谱/质谱法	本标准规定了食品中噻酰菌胺农药残留量的液相色谱-质谱/质谱检测方法。 本标准适用于生菜、胡萝卜、菜心、大米、柑橘、葡萄、板栗、牛肉、羊肝、鸡肉、罗非鱼、番茄酱、茶叶、蜂蜜中噻酰菌胺农药残留的定性鉴定/定量测定，其他食品可参照执行。
GB 23200.64—2016	食品安全国家标准 食品中吡丙醚残留量的测定 液相色谱-质谱/质谱法	本标准规定了食品中吡丙醚残留量的制样和测定方法。 本标准适用于大米、大豆、菠菜、柠檬、茶叶、蘑菇、牛肉、猪肝和牛奶中吡丙醚残留量的检测，其他食品可参照执行。
GB 23200.65—2016	食品安全国家标准 食品中四氟醚唑残留量的检测方法	本标准规定了食品中四氟醚唑残留量检测和制样、气相色谱-质谱检测和确证方法。 本标准适用于菠菜、藕、草莓、花生、鸡肉、猪肉、鳕鱼、蜂蜜、板栗、茶叶和酱油中四氟醚唑残留量的测定和确证，其他食品可参照执行。

标准号	标准名称	摘要
GB 23200.66—2016	食品安全国家标准 食品中吡螨胺残留量的测定 气相色谱-质谱法	本标准规定了食品中吡螨胺残留量检测和制样、气相色谱-质谱检测和确证方法。 本标准适用于菠菜、藕、草莓、花生、鸡肉、猪肉、鳕鱼、蜂蜜、板栗和茶叶中吡螨胺残留量的测定和确证；其他食品可参照执行。
GB 23200.67—2016	食品安全国家标准 食品中炔苯酰草胺残留量的测定 气相色谱-质谱法	本标准规定了食品中炔苯酰草胺残留量的气相色谱-质谱检测方法。 本标准适用于菠菜、胡萝卜、草莓、花生、鸡肉、葱、鳕鱼、蜂蜜、板栗和茶叶中炔苯酰草胺残留量的检测和确证，其他食品可参照执行。
GB 23200.68—2016	食品安全国家标准 食品中啶酰菌胺残留量的测定 气相色谱-质谱法	本标准规定了食品中啶酰菌胺残留量的气相色谱-质谱检测方法。 本标准适用于菠菜、胡萝卜、草莓、花生、板栗、茶叶、葱、鸡肉、鳕鱼和蜂蜜中啶酰菌胺残留量的检测和确证；其他食品可参照执行。
GB 23200.69—2016	食品安全国家标准 食品中二硝基苯胺类农药残留量的测定 液相色谱-质谱/质谱法	本标准规定了食品中 8 种二硝基苯胺类农药残留量的液相色谱-质谱/质谱法检测方法。 本标准适用于黄豆、大米、菠菜、生姜、苹果、西瓜、甘蓝、节瓜、茶叶、鸡蛋、猪肉和鸡肝中氟乐灵、二甲戊灵、氨磺乐灵、仲丁灵、氨氟乐灵、氨氟灵、甲磺乐灵和异丙乐灵 8 种二硝基苯胺类农药残留量的测定和确证。其他食品可参照执行。
GB 23200.71—2016	食品安全国家标准 食品中二缩甲酰亚胺类农药残留量的测定 气相色谱-质谱法	本标准规定了食品中乙烯菌核利、乙菌利、腐霉利、异菌脲残留量的气相色谱-质谱检测方法。 本标准适用于茶叶、大米、大蒜、苹果、菠菜、板栗、葡萄酒、蜂蜜、鱼肉、鸡肉、猪肾、猪肉中乙烯菌核利、乙菌利、腐霉利、异菌脲残留量的测定，其他食品可参照执行。
GB 23200.72—2016	食品安全国家标准 食品中苯酰胺类农药残留量的测定 气相色谱-质谱法	本标准规定了食品中 25 种苯酰胺类农药残留量的气相色谱-质谱检测方法。 本标准适用于玉米、菠菜、蘑菇、苹果、大豆、板栗、茶叶、牛肉、牛肝、鸡肉、鱼肉、牛奶中 25 种苯酰胺类农药残留量的测定和确证，其他食品可参照执行。
GB 23200.73—2016	食品安全国家标准 食品中鱼藤酮和印楝素残留量的测定 液相色谱-质谱/质谱法	本标准规定了食品中鱼藤酮和印楝素残留量的液相色谱-质谱/质谱检测方法。 本标准适用于大米、花椰菜、苹果、木耳、茶叶、蜂蜜、猪肝、鱼肉、虾肉、鸡肉、牛奶中鱼藤酮和印楝素残留量的测定和确证，其他食品可参照执行。
GB 23200.74—2016	食品安全国家标准 食品中井冈霉素残留量的测定 液相色谱-质谱/质谱法	本标准规定了食品中井冈霉素残留量的液相色谱-质谱/质谱检测方法。 本标准适用于大米、卷心菜、葱、胡萝卜、番茄、黄瓜、菠菜、木耳、梨、柠檬、杏仁、茶叶、猪肉、猪肝、罗非鱼、虾中井冈霉素残留的检测和确证，其他食品可参照执行。
GB 23200.75—2016	食品安全国家标准 食品中氟啶虫酰胺残留量的检测方法	本标准规定了食品中氟啶虫酰胺残留量的气相色谱法检测和液相色谱-质谱/质谱确证方法。 本标准适用于生菜、胡萝卜、菜心、大米、柑橘、葡萄、板栗、牛肉、羊肝、鸡肉、罗非鱼、番茄酱、茶叶、蜂蜜中氟啶虫酰胺残留量的定量测定和定性确证，其他食品可参照执行。
GB 23200.76—2016	食品安全国家标准 食品中氟苯虫酰胺残留量的测定 液相色谱-质谱/质谱法	本标准规定了食品中氟苯虫酰胺残留量测定的液相色谱-质谱/质谱分析方法。 本标准适用于葱、萝卜、番茄、橙、大豆、苹果、茶、核桃、鱼、猪瘦肉、猪肝和牛奶中氟苯虫酰胺残留量的检测和确证，其他食品可参照执行。
GB 23200.77—2016	食品安全国家标准 食品中苄螨醚残留量的检测方法	本标准规定了食品中苄螨醚残留量检测的气相色谱测定和气相色谱-质谱确证的方法。 本标准适用于芦笋、马铃薯、葱、梨、桃、玉米、荞麦、茶叶、食醋、蜂蜜、核桃仁、兔肉、鸡肝、虾仁、鸡肉中苄螨醚残留量的测定，其他食品可参照执行。

标准号	标准名称	摘要
GB 23200.83—2016	食品安全国家标准 食品中异稻瘟净残留量的检测方法	本标准规定了食品中异稻瘟净的气相色谱法和气相色谱-质谱法。 本标准适用于茶叶、菠菜、苹果、板栗、蜂蜜、食醋、大米、鸡肉、牛肉、鱼肉中异稻瘟净残留量的测定和确证。
GB 14758—2010	食品安全国家标准 食品添加剂 咖啡因	本标准适用于以氯乙酸或氰乙酸为原料化学合成法及以茶叶为原料提取法制得的食品添加剂咖啡因。
GB 1886.118—2015	食品安全国家标准 食品添加剂 杭白菊花浸膏	本标准适用于以杭白菊花（茶菊花）（*Dendranthema morifolium* 或 *Chrysanthemum morifolium*）为原料，采用食用乙醇作溶剂，经浸提、浓缩制得的食品添加剂杭白菊花浸膏。
GB 1886.211—2016	食品安全国家标准 食品添加剂 茶多酚（又名维多酚）	本标准适用于以茶叶（*Camellia sinensis* L.）为原料，经提取而成的以儿茶素为主体的多酚类化合物食品添加剂茶多酚（又名维多酚）。
GB 1886.266—2016	食品安全国家标准 食品添加剂 红茶酊	本标准适用于以食用酒精为溶剂，经浸提红茶（*Camellia sinensis*）制得的食品添加剂红茶酊。
GB 1886.267—2016	食品安全国家标准 食品添加剂 绿茶酊	本标准适用于以食用酒精为溶剂，经浸提绿茶（*Thea sinensisor Camellia sinensis*）制得的食品添加剂绿茶酊。
GB 1886.270—2016	食品安全国家标准 食品添加剂 茶树油（又名互叶白千层油）	本标准适用于用水蒸气蒸馏法从互叶白千层树（*Melaleuca alternifolia*）的叶和嫩枝中制得的食品添加剂茶树油（又名互叶白千层油）。
GB 5009.139—2014	食品安全国家标准 饮料中咖啡因的测定	本标准规定了可乐型饮料，咖啡、茶叶及其固体和液体饮料制品中咖啡因含量的测定方法——高效液相色谱法。 本标准适用于可乐型饮料，咖啡、茶叶及其固体和液体饮料制品中咖啡因含量的测定。
GB 5009.264—2016	食品安全国家标准 食品中乙酸苄酯的测定	本标准规定了茶饮料中乙酸苄酯的气相色谱测定方法。 本标准适用于茶饮料中乙酸苄酯的测定。
GB 5009.3—2016	食品安全国家标准 食品中水分的测定	本标准规定了食品中水分的测定方法。 本标准第一法（直接干燥法）适用于在101~105 ℃下，蔬菜、谷物及其制品、水产品、豆制品、乳制品、肉制品、卤菜制品、粮食（水分含量低于18%）、油料（水分含量低于13%）、淀粉及茶叶类等食品中水分的测定，不适用于水分含量小于0.5 g/100 g的样品。第二法（减压干燥法）适用于高温易分解的样品及水分较多的样品（如糖、味精等食品）中水分的测定，不适用于添加了其他原料的糖果（如奶糖、软糖等食品）中水分的测定，不适用于水分含量小于0.5 g/100 g的样品（糖和味精除外）。第三法（蒸馏法）适用于含水较多又有较多挥发性成分的水果、香辛料及调味品、肉与肉制品等食品中水分的测定，不适用于水分含量小于1 g/100 g的样品。第四法（卡尔·费休法）适用于食品中含微量水分的测定，不适用于含有氧化剂、还原剂、碱性氧化物、氢氧化物、碳酸盐、硼酸等食品中水分的测定。卡尔·费休容量法适用于水分含量大于1.0×10^{-3} g/100 g的样品。
GB 5009.94—2012	食品安全国家标准 植物性食品中稀土元素的测定	本标准规定了用电感耦合等离子体质谱法测定植物性食品中稀土元素的方法。 本标准适用于谷类粮食、豆类、蔬菜、水果、茶叶等植物性食品中钪（Sc）、钇（Y）、镧（La）、铈（Ce）、镨（Pr）、钕（Nd）、钐（Sm）、铕（Eu）、钆（Gd）、铽（Tb）、镝（Dy）、钬（Ho）、铒（Er）、铥（Tm）、镱（Yb）、镥（Lu）的测定。
GB/T 4789.21—2003	食品卫生微生物学检验 冷冻饮品、饮料检验	本标准规定了冷冻饮品、饮料的检验方法。 本标准适用于冷冻饮品（冰激凌、冰棍、雪糕和食用冰块）及饲料：果、蔬汁饮料、含乳饮料、碳酸饮料、植物蛋白饮料、碳酸型茶饮料、固体饮料、可可粉固体饮料、乳酸菌饮料、罐装茶饮料、罐装型植物蛋白饮料（以罐头工艺生产）、瓶（桶）装饮用纯净水、低温复原果汁等的检验。

标准号	标准名称	摘要
GB/T 14551—2003	动、植物中六六六和滴滴涕测定 气相色谱法	本标准规定了动物（禽、畜、鱼、蚯蚓）、植物（粮食、水果、蔬菜、茶、藕）中六六六、滴滴涕残留量的测量方法。 本标准适用于动物性样品（禽、畜、鱼、蚯蚓）、植物性样品（粮食、水果、蔬菜、茶、藕）中有机氯农药残留量的分析。
GB/T 30987—2020	植物中游离氨基酸的测定	本标准规定了植物中游离氨基酸含量的测定方法，包括全自动氨基酸分析仪法（第一法）、高效液相色谱仪法（第二法）和液相色谱-串联质谱法（第三法）三种方法。 本标准适用于茶叶、中药材、烟叶等植物样品中 21 种游离氨基酸（丙氨酸、精氨酸、天冬酰胺、天冬氨酸、胱氨酸、γ-氨基丁酸、谷氨酰胺、谷氨酸、甘氨酸、组氨酸、异亮氨酸、亮氨酸、赖氨酸、蛋氨酸、苯丙氨酸、脯氨酸、丝氨酸、茶氨酸、苏氨酸、酪氨酸、缬氨酸）的测定。
GB/T 23379—2009	水果、蔬菜及茶叶中吡虫啉残留的测定 高效液相色谱法	本标准规定了水果、蔬菜及茶叶中吡虫啉农药残留的测定方法。 本标准适用于苹果、梨、香蕉、番茄、黄瓜、萝卜等水果和蔬菜及茶叶中吡虫啉农药残留的测定。 本标准的方法检出限为：水果 0.02 mg/kg，蔬菜和茶叶 0.05 mg/kg。
BJS 201910	茶叶中美术绿（铅铬绿）的测定	本标准第一篇规定了茶叶中铬酸铅含量的测定方法。 本标准第一篇适用于茶叶中铬酸铅的测定。 本标准第二篇规定了茶叶中美术绿的定性方法。 本标准第二篇适用于茶叶中美术绿的定性判定。
BJS 201914	茶叶中氯噻啉的测定	本方法规定了茶叶中氯噻啉残留量的高效液相色谱-串联质谱测定方法。 本方法适用于茶叶中氯噻啉残留量的测定。
BJS 201713	饮料、茶叶及相关制品中对乙酰氨基酚等 59 种化合物的测定	本方法规定了食品中对乙酰氨基酚等 59 种化合物检测的制样和液相色谱-串联质谱测定方法。 本方法适用于饮料、茶叶及相关制品等食品中 59 种化合物单个或多个化合物的定性测定，必要时可参考本方法测定添加成分含量。
BJS 201714	饮料、茶叶及相关制品中二氟尼柳等 18 种化合物的测定	本方法规定了饮料、茶叶及相关制品中二氟尼柳等 18 种抗风湿类化合物的液相色谱-串联质谱测定方法。 本方法适用于饮料、茶叶及相关制品中二氟尼柳等 18 种抗风湿类化合物的测定，其他基质可参照本方法定性检测。
BJS 201803	饮料中 γ-丁内酯及其相关物质的测定	本方法规定了饮料中 γ-丁内酯、1,4-丁二醇及 γ-羟基丁酸液相色谱-串联质谱的测定方法。 本方法适用于功能饮料、含乳饮料、果汁饮料、碳酸饮料、茶饮料、咖啡类饮料、含酒精饮料、苹果醋等各类饮料食品中 γ-丁内酯、1,4-丁二醇及 γ-羟基丁酸的测定。
BJS 201808	食品中 5 种 α-受体阻断类药物的测定	本方法规定了食品（含保健食品）中酚妥拉明、哌唑嗪、特拉唑嗪、育亨宾、妥拉唑林的高效液相色谱-串联质谱测定方法。 本方法适用于糖果（硬质糖果、凝胶糖果）、酒、茶饮料等食品及片剂、口服液、胶囊剂等保健食品中酚妥拉明、哌唑嗪、特拉唑嗪、育亨宾、妥拉唑林的测定和确证。其他类似基质可参照本方法检测。
BJS 201901	食品中二甲双胍等非食品用化学物质的测定	本标准规定了食品（含特殊食品）中二甲双胍、苯乙双胍、丁二胍、伏格列波糖、阿卡波糖、维达列汀、罗格列酮、西他列汀、吡格列酮、氯磺丙脲、达格列净、格列吡嗪、甲苯磺丁脲、醋磺己脲、妥拉磺脲、瑞格列奈、卡格列净、格列齐特、格列波脲、格列本脲、那格列奈、格列美脲、曲格列酮、格列喹酮、莫格他唑、GW501516、环格列酮等 27 种非食品用化学物质的高效液相色谱-串联质谱测定方法。 本标准适用于茶叶、奶粉、饼干、酒、饮料等食品（包括上述类似基质的片剂、胶囊剂等形式的特殊食品）中二甲双胍等 27 种非食品用化学物质的测定。

标准号	标准名称	摘要
BJS 201701	食品中西布曲明等化合物的测定	本标准规定了食品（含保健食品）基质中西布曲明等33种违法添加减肥降脂类化合物的高效液相色谱-串联质谱测定方法。 本标准适用于固体冲饮品（咖啡、奶茶、茶叶等）、饼干、液体饮品等食品（含保健食品）中33种减肥降脂类化合物的定性测定，必要时可参考本方法测定添加成分含量。其他低糖、低脂、低蛋白类基质可参照本方法定性检测。 含茶多酚、咖啡因等基质（如咖啡、奶茶、茶叶等）中，咖啡因不做检测，奥利司他仅作定性检测。含红曲的基质中，洛伐他汀不做检测。
BJS 201706	食品中氯酸盐和高氯酸盐的测定	本方法规定了食品中氯酸盐和高氯酸盐含量的液相色谱-串联质谱测定方法。 本方法适用于包装饮用水、液体乳、大米、胡萝卜、哈密瓜、猪肉、鱼肉、茶叶、婴幼儿配方乳粉（不包括特殊医学用途的婴幼儿配方乳粉）中氯酸盐和高氯酸盐的测定。
GH/T 1259—2019	茶多酚制品中水分、茶多酚、咖啡碱含量的近红外光谱测定法	本标准规定了茶多酚制品中水分、茶多酚、咖啡碱含量近红外光谱快速测定方法的原理、术语和定义、仪器、定标模型验证及评价、测定、结果处理和表示、异常样品的确认和处理等。 本标准适用于近红外光谱仪快速测定茶多酚制品中水分、茶多酚、咖啡碱含量。 本标准不适用于仲裁检验。
GH/T 1260—2019	固态速溶茶中水分、茶多酚、咖啡碱含量的近红外光谱测定法	本标准规定了固态速溶茶中水分、茶多酚、咖啡碱含量的近红外光谱快速测定方法的原理、术语和定义、仪器、定标模型验证及评价、测定、结果处理和表示、异常样品的确认和处理等。 本标准适用于近红外光谱仪快速测定固态速溶茶中水分、茶多酚、咖啡碱含量。 本标准不适用于仲裁检验。
NY/T 3173—2017	茶叶中9,10-蒽醌含量测定　气相色谱-串联质谱法	本标准规定了茶叶中9,10-蒽醌含量的气相色谱-串联质谱检测方法。 本标准适用于茶叶中9,10-蒽醌含量的测定。 本标准的定量限为0.02 mg/kg。
NY/T 1721—2009	茶叶中炔螨特残留量的测定　气相色谱法	本标准规定了用气相色谱测定茶叶中炔螨特（克螨特）残留量的方法。 本标准适用于茶叶中炔螨特残留量的测定。
NY/T 1724—2009	茶叶中吡虫啉残留量的测定　高效液相色谱法	本标准规定了茶叶中吡虫啉农药残留量的高效液相色谱测定方法。 本标准适用于茶叶中吡虫啉农药残留量的测定。
NY 659—2003	茶叶中铬、镉、汞、砷及氟化物限量	本标准规定了茶叶中铬、镉、汞、砷及氟化物的限量和检验方法。 本标准适用于在我国范围内生产和销售的仅作为饮料的茶叶。
NY/T 1960—2010	茶叶中磁性金属物的测定	本标准规定了茶叶中磁性金属物的测定方法。 本标准适用于茶叶中磁性金属物的测定。
NY/T 838—2004	茶叶中氟含量测定方法　氟离子选择电极法	本标准规定了茶叶中氟含量测定的试验方法。 本标准适用于茶叶中氟含量的测定。
NY/T 3631—2020	茶叶中可可碱和茶碱含量的测定　高效液相色谱法	本标准规定了茶叶中可可碱、茶碱含量的高效液相色谱测定法。 本标准适用于茶叶中可可碱、茶碱含量的测定。 本方法可可碱的定量限为3.2 mg/kg，茶碱的定量限为4.4 mg/kg。
NY/T 3675—2020	红茶中茶红素和茶褐素含量的测定　分光光度法	本标准规定了红茶中茶红素和茶褐素含量测定的分光光度法。 本标准适用于红茶中茶红素和茶褐素含量的测定。 本标准茶红素的定量限为0.4%，茶褐素的定量限为0.6%。

标准号	标准名称	摘要
NY/T 1526—2007	植物油中棕榈油的鉴别	本标准规定了用气相色谱法鉴别植物油中棕榈油的方法。 本标准适用于植物油（花生油、菜籽油、大豆油、葵花籽油、玉米油、芝麻油、油茶籽油）中的棕榈油的定性定量检测。 本方法棕榈油的最小检出量为5%。
NY/T 3565—2020	植物源食品中有机锡残留量的检测方法 气相色谱-质谱法	本标准规定了植物源食品中三环锡、三苯基氢氧化锡、苯丁锡等 3 种有机锡农药残留量的气相色谱-三重四极杆质谱联用检测方法。 本标准适用于水果、蔬菜、茶叶、坚果和谷物中 3 种有机锡农药残留量的定量测定，其他食品科可参照执行。
NY/T 2740—2015	农产品地理标志茶叶类质量控制技术规范编写指南	本标准规定了登记的农产品地理标志茶叶类质量控制技术规范编写的基本要求、结构、表述规则和编排格式，并给出了有关表述样式。 本标准适用于登记的农产品地理标志茶叶类质量控制技术规范的编写。
SN 0497—1995	出口茶叶中多种有机氯农药残留量检验方法	本标准规定了出口茶叶中六六六（BHC）及异构体、滴滴涕（DDT）及异构体和同型物（DDD、DDE）、七氯、环氧七氯、艾氏剂、狄氏剂、异狄氏剂、六氯苯（HCB）等多种有机氯农药残留量检验的抽样、制样和气相色谱测定方法。 本标准适用于出口茶叶中 14 种有机氯农药（α-BHC、β-BHC、γ-BHC、δ-BHC、o,o′-DDT、a,p′-DDT、p,p′-DDD、p,p′-DDE、七氯、环氧七氯、艾氏剂、狄氏剂、异狄氏剂、六氯苯）残留量的检验。
SN/T 0147—2016	出口茶叶中六六六、滴滴涕残留量的检测方法	本标准规定了出口茶叶中六六六、滴滴涕残留量的检测和确证方法。 本标准适用于出口茶叶中六六六、滴滴涕残留量的检测和确证。
SN/T 0151—2016	出口植物源食品中乙硫磷残留量的测定	本标准规定了出口植物源食品中乙硫磷残留量测定的气相色谱检测及气相色谱-质谱确证方法。 本标准适用于大米、番茄、西蓝花、大豆油、桃子、橘子、草莓、苹果、茶叶等乙硫磷残留量的检测和确证。
SN/T 0217—2014	出口植物源性食品中多种菊酯残留量的检测方法 气相色谱-质谱法	本标准规定了食品中联苯菊酯、甲氰菊酯、氯氟氰菊酯、氯菊酯、氟氯氰菊酯、氯氰菊酯、醚菊酯、氟硅菊酯、氰戊菊酯和溴氰菊酯残留量的气相色谱-质谱检测方法。 本标准适用于茶叶、玉米、大米、花菜、菠萝、香菇中联苯菊酯、甲氰菊酯、氯氟氰菊酯、氯菊酯、氟氯氰菊酯、氯氰菊酯、醚菊酯、氟硅菊酯、氰戊菊酯和溴氰菊酯残留量的检测和确证。
SN/T 0337—2019	出口植物源性食品中克百威及其代谢物残留量的测定 液相色谱-质谱/质谱法	本标准规定了出口植物源性食品中克百威及其代谢物 3-羟基克百威残留量的测定方法。 本标准适用于大米、小麦、大豆、花生、洋葱、油菜、菠菜、番茄、黄瓜、马铃薯、橙子、苹果、香蕉和茶叶中克百威及其代谢物 3-羟基克百威残留量的检测和确证。
SN/T 0348. 2—2018	出口茶叶中三氯杀螨醇残留量检测方法 第 2 部分：液相色谱法	该标准全文未在全国标准信息公共服务或其他行业标准服务公众平台备案。
SN/T 0603—2013	出口植物源食品中四溴菊酯残留量检验方法 液相色谱-质谱/质谱法	本标准规定了植物源食品中四溴菊酯残留量的液相色谱-质谱/质谱法（LC-MS/MS）测定和确证方法。 本标准适用于大米、糙米、玉米、小麦、茶叶、浓缩芒果汁、大豆、苹果、桔子、白菜、上海青中四溴菊酯残留量的测定和确证。
SN/T 0693—2019	出口植物源性食品中烯虫酯残留量的测定	本标准第一法规定了出口植物源性食品中烯虫酯残留量的气相色谱-质谱测定方法。第二法规定了粮谷中烯虫酯的残留量的液相色谱测定方法。 本标准第一法适用于大米、小麦、玉米、橙子、葡萄、番茄、马铃薯、菠菜、蘑菇、花生和茶叶中烯虫酯残留量的测定和确证。第二法适用于糙米中烯虫酯残留量的测定。

标准号	标准名称	摘要
SN/T 0797—2016	出口保健茶检验通则	本标准规定了出口保健茶的技术要求、检验方法、检验规则的要求。 本标准适用于出口保健茶的检验。
SN/T 0860—2016	出口食品中硒的测定方法	本标准规定了出口食品中硒含量的电感耦合等离子体质谱测定和荧光分光光度测定方法。 本标准的电感耦合等离子体质谱测定方法适用于大米、饼干、乳粉、含乳饮料、茶叶、葡萄、花生和蘑菇等样品中硒含量的测定。 本标准的荧光分光光度测定方法适用于蘑菇罐头中硒含量的测定。
SN/T 1541—2005	出口茶叶中二硫代氨基甲酸酯总残留量检验方法	本标准规定了出口茶叶中二硫代氨基甲酸酯总残留量检验的抽样、制样和气相色谱测定方法。 本标准适用于出品茶叶中二硫代氨基甲酸酯类农药如福美双、福美锌、福美铁、代森锌、代森钠等的总残留量的检验。
SN/T 1594—2019	出口茶叶及代用茶中噻嗪酮残留量的测定	本标准规定了出口茶叶及代用茶中噻嗪酮残留量测定的液相色谱-质谱/质谱和气相色谱检测方法。 本标准适用于出口绿茶、红茶、普洱茶、乌龙茶、牛蒡茶、菊花茶、杜仲茶和麦茶中噻嗪酮残留量的测定。
SN/T 1738—2014	出口食品中虫酰肼残留量的测定	本标准第一法规定了食品中虫酰肼残留量的液相色谱-质谱/质谱测定方法。 本标准第二法规定了食品中虫酰肼残留量的气相色谱-质谱测定方法。 本标准第三法规定了食品中虫酰肼残留量的液相色谱测定方法。 本标准第一法适用于大米、玉米、大豆、猪肉、鸡肝、牛奶、蓝莓、橙子、菠菜、洋葱、板栗仁和茶叶中虫酰肼残留量的检测和确证。 本标准第二法适用于糙米、玉米、大豆、花生仁中虫酰肼残留量的测定。 本标准第三法适用于大米中虫酰肼残留量的测定。
SN/T 1873—2019	出口食品中硫丹残留量的检测方法	本标准规定了食品中 α-硫丹、β-硫丹和硫丹硫酸酯残留量的检测方法。 本标准第一法为气相色谱质谱法，适用于鳗鱼、泥鳅、鲶鱼、黄鳝、牛肉、大豆、蘑菇、毛豆、菠菜、蒜薹、番茄、甘蓝、苹果、柑橘、茶叶中硫丹残留量的测定。 本标准第二法为气相色谱质谱/质谱法，适用于鱼、肉、禽蛋、牛奶、粳米、大豆、蘑菇、菠菜、蒜薹、番茄、甘蓝、苹果、柑橘、茶叶、牛肝和甘蔗中硫丹残留量的测定。
SN/T 2917—2011	出口食品中烯酰吗啉残留量检测方法	本标准规定了出口食品中烯酰吗啉残留量的液相色谱-质谱/质谱测定方法和气相色谱-质谱测定方法。 本标准第一法适用于葱、大蒜、菠菜、豌豆、番茄、马铃薯、苹果、柑橘、猪肉、猪肝、牛肾和牛奶中烯酰吗啉残留量的检测和确证，第二法适用于荷兰豆、白菜、鲜山葵、萝卜、脱水洋葱、干姜、大米、芸豆、核桃、普洱茶、猪肉、蜂蜜中烯酰吗啉残留量的检测和确证。
SN/T 2918—2011	出口食品中亚硫酸盐的检测方法　离子色谱法	本标准规定了出口食品中亚硫酸盐残留量的离子色谱检测方法。 本标准适用于白砂糖、饼干、果脯、虾肉、柠檬茶饮料、啤酒、淀粉、葡萄、辣椒、白萝卜、魔芋精粉中亚硫酸盐残留量的检测。
SN/T 3149—2012	出口食品中三苯锡、苯丁锡残留量检测方法　气相色谱-质谱法	本标准规定了出口食品中三苯锡和苯丁锡的气相色谱-质谱检测方法。 本标准适用于出口苹果、白菜、大葱、茶叶、大米、大豆、鱼肉、猪肉、猪肾、牛奶、鸡蛋中三苯锡和苯丁锡残留量的测定和确证。
SN/T 3263—2012	出口食品中黄曲霉毒素残留量的测定	本标准规定了出口食品中黄曲霉毒素残留量的高效液相色谱法和荧光光度测定方法。 本标准中高效液相色谱法适用于玉米、茶叶、花生果、花生米和苦杏仁中黄曲霉毒素 B_1、B_2、G_1、G_2 的测定；荧光光度法适用于玉米、花生果、花生米和苦杏仁中黄曲霉毒素总量的测定。

标准号	标准名称	摘要
SN/T 3539—2013	出口食品中丁氟螨酯的测定	本标准规定了出口食品中丁氟螨酯及其代谢物邻三氟甲基苯甲酸残留量的液相色谱-串联质谱检测方法。 本标准适用于大豆、茄子、甘蓝、番茄、苹果、茶叶、猪肉、鱼肉、猪肝等食品中丁氟螨酯及其代谢物邻三氟甲基苯甲酸残留量的测定和确证。
SN/T 3622—2013	出口食品中2-氯苯胺含量的测定 液相色谱-质谱/质谱法	本标准规定了出口食品中2-氯苯胺含量的液相色谱-质谱/质谱测定方法。 本标准适用于大米、鲜香菇、茶叶、青刀豆、芒果、大葱、胡萝卜、菠菜、罗非鱼、猪肉、虾肉、猪肝中2-氯苯胺含量的检测和确证。
SN/T 3699—2013	出口植物源食品中4种噻唑类杀菌剂残留量的测定 液相色谱-质谱/质谱法	本标准规定了植物源性食品中土菌灵、噻唑菌胺、辛噻酮和苯噻硫氰的液相色谱-质谱/质谱测定和确证方法。 本标准适用于大豆、玉米、小麦、葡萄、菜心、茶叶和洋葱中土菌灵、噻唑菌胺、辛噻酮和苯噻硫氰的测定。
SN/T 3725—2013	出口食品中对氯苯氧乙酸残留量的测定	本标准规定了食品中对氯苯氧乙酸残留量的液相色谱-质谱/质谱测定方法。 本标准适用于茄子、番茄、豆芽、苹果、柑橘、荔枝、葡萄、大米、玉米、大豆、猪肉、虾肉、蜂蜜、茶叶中对氯苯氧乙酸残留量的测定和确证。
SN/T 3726—2013	出口食品中烯肟菌酯残留量的测定	本标准规定了食品中烯肟菌酯残留量的液相色谱-质谱/质谱测定方法。 本标准适用于菜心、黄瓜、番茄、葡萄、柑橘、大米、玉米、大豆、虾肉、猪肉、蜂蜜、茶叶中烯肟菌酯残留量的测定和确证。
SN/T 3855—2014	出口食品中乙二胺四乙酸二钠的测定	本标准第一法规定了出口食品中乙二胺四乙酸二钠的液相色谱测定方法。 本标准第一法适用于啤酒、果酒、果汁饮料、茶饮料、八宝粥、番茄酱、蓝莓果酱、鱼罐头、沙拉酱、金针菇罐头、板栗罐头中乙二胺四乙酸二钠的检测。 本标准第二法规定了出口食品中乙二胺四乙酸二钠的液相色谱-质谱/质谱测定方法。 本标准第二法适用于啤酒、果酒、果汁饮料、茶饮料、八宝粥、番茄酱、蓝莓果酱、鱼罐头、沙拉酱、金针菇罐头、板栗罐头中乙二胺四乙酸二钠的检测和确证。
SN/T 3861—2014	出口食品中六氯对二甲苯残留量的检测方法	本标准规定了食品中六氯对二甲苯残留量的气相色谱测定方法。 本标准适用于大米、白菜、苹果、茶叶、鸡肉、鱼肉、猪肉、牛肝、牛肾、柑橘、牛奶中六氯对二甲苯残留量的测定和确证。
SN/T 3864—2014	出口保健食品中二甲双胍、苯乙双胍的测定	本标准规定了保健食品中二甲双胍、苯乙双胍的液相色谱检测及液相色谱-质谱/质谱确证方法。 本标准适用于降糖粉、奶粉、口服液、胶囊、清渴茶等降血糖保健食品中二甲双胍、苯乙双胍的测定和确证。
SN/T 3870—2014	出口饮料和酒中一氯乙酸含量的测定 气相色谱法	本标准规定了出口饮料和酒中一氯乙酸含量的测定方法。 本标准适用于矿泉水、茶饮料、含乳饮料、果汁、可乐、啤酒、葡萄酒、黄酒中一氯乙酸含量的气相色谱法测定。
SN/T 3983—2014	出口食品中氨基酸类有机磷除草剂残留量的测定 液相色谱-质谱/质谱法	本标准规定了大米、小麦、大豆、玉米、奶白菜、葡萄、橙子、马铃薯、大蒜、茶叶、虾肉、鱼肉和蜂蜜等食品中草甘膦（glyphosate）及其代谢产物氨甲基膦酸（amino methyl phosphonic acid，AMPA）和草铵膦（glufosinate）等氨基酸类有机膦除草剂残留量的液相色谱-质谱/测定方法。 本标准适用于大米、小麦、大豆、玉米、奶白菜、葡萄、橙子、马铃薯、大蒜、茶叶、虾肉、鱼肉和蜂蜜中草甘膦、氨甲基膦酸（AMPA）和草铵膦残留量的测定与确证。
SN/T 4013—2013	出口食品中异菌脲残留量的测定 气相色谱-质谱法	本标准规定了食品中异菌脲残留量的气相色谱-质谱测定方法。 本标准适用于大米、大豆、猪肉、牛肉、鸡肝、牛奶、橙子、蓝莓、菠菜、洋葱、胡萝卜、板栗和茶叶中异菌脲残留量的检测和确证。

标准号	标准名称	摘要
SN/T 4041—2014	出口食品中氟化物、溴化物含量的测定 离子色谱法	本标准规定了茶叶、蔬菜、水果等食品中氟化物、溴化物含量的离子色谱测定方法。 本标准适用于茶叶、蔬菜、水果等食品中氟化物、溴化物含量的测定。
SN/T 4046—2014	出口食品中噻虫啉残留量的测定	本标准规定了出口农产品中噻虫啉残留量的高效液相色谱测定方法。 本标准适用于番茄、大白菜、萝卜、马铃薯、苹果、香蕉、大豆、韭菜、洋葱、猪肉、鸡肉、猪肝、油脂、蜂蜜、大米、鸡蛋、牛奶、茶叶中噻虫啉残留量的测定。
SN/T 4052—2014	出口保健食品中荷叶碱的测定	本标准规定了保健食品中荷叶碱的两种测定方法，即液相色谱-质谱/质谱法和高效液相色谱法。 本标准适用于降脂胶囊、减肥咀嚼片和减肥茶中荷叶碱的定量测定和确证。
SN/T 4066—2014	出口食品中灭螨醌和羟基灭螨醌残留量的测定 液相色谱-质谱/质谱法	本标准规定了出口食品中灭螨醌和羟基灭螨醌残留量测定的液相色谱-质谱/质谱分析方法。 本标准适用于牛肉、鸡肉、鸡肝、鱼、牛奶、蚕豆、黄瓜、白菜、桃子、核桃、大米、茶叶等食品中灭螨醌和羟基灭螨醌残留量的定量测定和确证。
SN/T 4256—2015	出口普洱茶良好生产规范	本标准规定了出口普洱茶质量安全控制的原料、选址及厂区环境、生产加工、包装及储运、标识与追溯和召回、检验等环节的质量卫生控制要求。 本标准适用于出口普洱茶生产企业对其产品质量安全卫生控制的管理及作为出口普洱茶生产企业的备案规范。
SN/T 4263—2015	出口食品中多种食欲抑制剂的测定 液相色谱-质谱/质谱法	本标准规定了出口食品中芬氟拉明、苯丙醇胺、西布曲明、舍曲林、安非他酮、西酞普兰、氟西汀、苯氟雷司的液相色谱-质谱/质谱检和确证。 本标准适用于片剂、胶囊、散剂、饼干、口服溶液、咖啡和茶中 8 种食欲抑制剂的检测和确证。
SN/T 4264—2015	出口食品中四聚乙醛残留量的检测方法 气相色谱-质谱法	本标准规定了出口食品中四聚乙醛残留量的气相色谱-质谱检测方法。 本标准适用于大米、大豆、菠菜、番茄、洋葱、生姜、苹果、板栗、茶叶、猪肉、猪肝、鱼肉中四聚乙醛残留量的测定。
SN/T 4582—2016	出口茶叶中 10 种吡唑、吡咯类农药残留量的测定方法 气相色谱-质谱/质谱法	本标准规定了出口茶叶中唑螨酯、硫化氟虫腈、氟虫腈、氟虫腈砜、氟硅唑、野燕枯、溴虫腈、吡草醚、吡螨胺、唑虫酰胺等 10 种农药残留量测定的气相色谱-质谱/质谱测定方法。 本标准适用于茶叶中唑螨酯、硫化氟虫腈、氟虫腈、氟虫腈砜、溴虫腈、氟硅唑、野燕枯、吡草醚、吡螨胺、唑虫酰胺等 10 种农药残留量的检测和确证。
SN/T 4586—2016	出口食品中噻苯隆残留量的检测方法 高效液相色谱法	本标准规定了食品中噻苯隆残留量测定的高效液相色谱法。 本标准适用于出口猪肉、猪肝、脂肪、鸡蛋、牛奶、蜂蜜、苹果、大白菜、茶叶中噻苯隆残留量的测定。
SN/T 4592—2016	出口食品中总黄酮的测定	本标准规定了出境食品中黄酮类化合物总量的分光光度法检测方法。 本标准适用于出境枸杞、茶叶、葡萄酒等植物源性食品中黄酮类化合物的测定。
SN/T 4594—2016	出口珠茶、眉茶检验审评方法	本标准规定了出口珠茶、眉茶检验审评的方法。 本标准适用于出口珠茶、眉茶的检验审评。
SN/T 4655—2016	出口食品中草甘膦及其代谢物残留量的测定方法 液相色谱-质谱/质谱法	本标准规定了出口食品中草甘膦及其代谢物（氨甲基磷酸）残留量的液相色谱-质谱/质谱测定方法。 本标准适用于茶叶、小麦、玉米、稻谷、甘蔗、大豆、柑橘、苹果、桃、葡萄、香蕉、西瓜、大麦茶、棉籽油中草甘膦及其代谢物残（氨甲基磷酸）残留量的检测和确证。

标准号	标准名称	摘要
SN/T 4777—2017	出口茶叶中蒽醌残留量的检测方法　气相色谱-质谱/质谱法	本标准规定了出口绿茶、红茶、普洱茶、乌龙茶中9,10-蒽醌残留量的气相色谱-质谱/质谱法测定方法。 本标准适用于绿茶、红茶、普洱茶、乌龙茶中9,10-蒽醌残留量的定量测定和确证。
SN/T 4778—2017	出口花粉中链霉素和双氢链霉素的测定方法　液相色谱-质谱/质谱法	本标准规定了出口花粉中链霉素和双氢链霉素的液相色谱-质谱/质谱法测定方法。 本标准适用于出口松花粉、玉米花粉、茶花粉、葵花粉、油菜花粉和杂花粉等中链霉素和双氢链霉素的测定和确证。
SN/T 4850—2017	出口食品中草铵膦及其代谢物残留量的测定　液相色谱-质谱/质谱法	本标准规定了出口食品中草铵膦及其代谢物N-乙酰基草铵膦、3(甲基膦基)丙酸残留量的液相色谱-质谱/质谱检测方法。 本标准适用于茶叶、稻谷、大豆、玉米、柑橘、苹果、桃、葡萄、香蕉、木瓜、番茄、胡萝卜、马铃薯、洋葱、开心果、菜籽油中草铵膦及其代谢物N-乙酰基草铵膦、3(甲基膦基)丙酸残留量的检测和确证。
SN/T 5144—2019	出口食品中酮脲磺草吩酯残留量的测定　液相色谱-质谱/质谱法	本标准规定了出口食品中酮脲磺草吩酯残留量的液相色谱质谱/质谱测定方法。 本标准适用于玉米、小麦、大豆、糙米、马铃薯、菠菜、梨、葡萄、茶叶、鸡肉、猪肉、鱼肉、鸡肝、牛奶中酮脲磺草吩酯的确证和定量测定。
SN/T 4558—2016	出口食品中三环锡（三唑锡）和苯丁锡含量的测定	本标准规定了出口食品中三环锡（三唑锡）和苯丁锡含量的气相色谱-质谱法和气相色谱法。 本标准适用于苹果、柑橘、萝卜、板栗、猪肉、猪肝、贝肉、大米、茶叶和蜂蜜等基质中三环锡（三唑锡）和苯丁锡含量的测定。
SN/T 2233—2020	出口植物源性食品中甲氰菊酯残留量的测定	本文件第一法规定了出口植物源性食品中甲氰菊酯残留量的气相色谱串联质谱测定和确证方法。第二法规定了出口植物源性食品中甲氰菊酯残留量的气相色谱-电子捕获检测器（ECD）测定方法。 本文件适用于番茄、胡萝卜、甜椒、紫甘蓝、菠菜、韭菜、芹菜、大白菜、茄子、苹果、柑橘、葡萄、蘑菇、小麦、大豆和茶叶中甲氰菊酯残留量的测定和确证。
SN/T 0912—2000	进出口茶叶包装检验方法	本标准规定了进出口茶叶包法语的检验方法。 本标准适用于进出口茶叶包装及其材料检验。
SN/T 0917—2010	进出口茶叶品质感官审评方法	本标准规定了进出口茶叶品质感官审评的环境、器具、用水、审评员的基本条件和要求、审评内容、操作方法和评分方法。 本标准适用于进出口茶叶中的基本茶类（红茶、绿茶、白茶、黄茶、乌龙茶、黑茶）和再加工茶类（花茶、压制茶、袋泡茶、调味茶）的品质感官审评。
SN/T 0918—2000	进出口茶叶抽样方法	本标准规定了获取具有充分代表性、足以代表整批茶叶品质样品的抽样方法。 本标准适用于各种进出口茶叶的抽样。
SN/T 0924—2000	进出口茶叶重量鉴定方法	本标准规定了进出口茶叶大包装和小包装的重量鉴定方法。 本标准适用于进出口茶叶大包装和小包装的重量鉴定。
SN/T 1059.4—2005	进出口食品中大肠杆菌检验方法　谷氨酸脱羧酶法	本标准规定了进出口食品中大肠杆菌的抽样和检测方法。 本标准适用于进出口冻肉产品、奶及奶制品、速冻蔬菜、脱水蔬菜、水、食醋、非酒精饮料、核桃仁、保健茶等食品中大肠杆菌的检验。
SN/T 1490—2004	进出口茶叶检疫规程	本标准规定了进出口茶叶检疫方法。 本标准适用于各种进出口茶叶的检疫。

标准号	标准名称	摘要
SN/T 0348. 1—2010	进出口茶叶中三氯杀螨醇残留量检测方法	SN/T 0348 的本部分规定了进出口茶叶中三氯杀螨醇残留量的检测方法。 本部分适用于进出口茶叶中三氯杀螨醇残留量的测定和确证。
SN/T 0145—2010	进出口植物产品中六六六、滴滴涕残留量测定方法　磺化法	本标准规定了植物产品中六六六、滴滴涕残留检验的制样和测定方法。 本标准适用于茶叶、柑桔、生姜、青刀豆等植物产品中六六六、滴滴涕残留量的检测。
SN/T 0519—2010	进出口食品中丙环唑残留量的检测方法	本标准规定了食品中丙环唑残留量的气相色谱检测方法和气相色谱-质谱检测与确证方法。 本标准适用于大米、荞麦、绿豆、苹果、草莓、香蕉、柑橘、韭菜、西兰花、蘑菇、枸杞、茶叶、板栗、蜂蜜、猪肾、牛肉、鸡肉、鱼肉等食品中丙环唑残留量的测定和确证。
SN/T 0711—2011	进出口茶叶中二硫代氨基甲酸酯（盐）类农药残留量的检测方法　液相色谱-质谱/质谱法	本标准规定了出口茶叶中二硫代氨基甲酸酯（盐）类农药残留量检测的淳朴色谱-质谱、质谱确证方法。 本标准适用于出口红茶、乌龙、红茶中乙撑双二硫代氨基甲酸盐（包括代森锌、代森锰、代森锌锰、代森钠、代森联）；甲基乙撑双硫代氨基酸盐（包括甲基代森锌）；二甲基二硫代氨基甲酸（盐）类（包括福美双、福美锌、福美铁）农药残留量的定性检测。
SN/T 1774—2006	进出口茶叶中八氯二丙醚残留量检测方法　气相色谱法	本标准规定了进出口茶叶中八氯二丙醚残留量测定的制样和气相色谱测定方法。 本标准适用于进出口茶叶中八氯二丙醚残留量的测定。
SN/T 1923—2007	进出口食品中草甘膦残留量的检测方法　液相色谱-质谱/质谱法	本标准规定了食品中草甘膦残留量检验的制样和液相色谱-串联质谱测定方法。 本标准适用于大豆、小麦、大米、玉米、甘蔗、柑橙、紫苏、板栗、茶叶、虾、鱼、畜禽肉、蜂蜜、香料、人参中草甘膦（PMG）及其代谢产物氨甲基膦酸（AMPA）残留量的检测和确证。
SN/T 1950—2007	进出口茶叶中多种有机磷农药残留量的检测方法　气相色谱法	本标准规定了茶叶中敌敌畏、甲胺磷、乙酰甲胺磷、甲拌磷、氧乐果、乙拌磷、异稻瘟净、乐果、皮蝇磷、毒死蜱、杀螟硫磷、对硫磷、水胺硫磷、杀扑磷、乙硫磷、三唑磷、芬硫磷、苯硫磷、亚胺硫磷、伏杀硫磷、吡嘧磷等 21 种有机磷农药残留量的气相色谱测定方法。 本标准适用于茶叶中 21 种有机磷农药残留量的测定。
SN/T 1969—2007	进出口食品中联苯菊酯残留量的检测方法　气相色谱-质谱法	本标准规定了食品中联苯菊酯残留量的气相色谱-质谱检测及确证方法。 本标准适用于大米、玉米、小松菜、西芹、大蒜、洋葱、大葱、萝卜、蘑菇、苹果、板栗、黄酒、玫瑰花、茶叶、牛肉、鸡肉、虾肉、蜂蜜中联苯菊酯残留量的检测和确证。
SN/T 1971—2007	进出口食品中茚虫威残留量的检测方法　气相色谱法和液相色谱-质谱/质谱法	本标准规定了食品中茚虫威残留量检测的制样和气相色谱检测方法。 本标准适用于毛豆、青梗菜、柚子、生姜、木耳、笋、茶叶、猪肉、鱼肉、鸡肉中茚虫威残留量的测定。
SN/T 1972—2007	进出口食品中莠去津残留量的检测方法　气相色谱-质谱法	本标准规定了食品中莠去津残留量的气相色谱-质谱检测方法。 本标准适用于柑橘、苹果、菠菜、大葱、胡萝卜、松子仁、核桃仁、茶叶、蜂蜜、鱼、牛肝、鸡肾、玉米、糙米、甘草、辣椒酱中莠去津残留量的测定和确证。
SN/T 1978—2007	进出口食品中狄氏剂和异狄氏剂残留量检测方法　气相色谱-质谱法	本标准规定了食品中狄氏剂和异狄氏剂残留量检测的制样和气相色谱-质谱检测方法。 本标准适用于大米、绿豆、菠菜、青豆、柑橘、葡萄、板栗、醋、玫瑰花、茶叶、猪肉、鸡肉、猪肝、鳗鱼、蜂蜜中狄氏剂和异狄氏剂残留量的测定和确证。

标准号	标准名称	摘要
SN/T 1982—2007	进出口食品中氟虫腈残留量检测方法 气相色谱-质谱法	本标准规定了食品中氟虫腈残留量检测和制样、气相色谱-质谱检测和确证方法。 本标准适用于菠菜、藕、草莓、花生、鸡肉、猪肉、鳕鱼、蜂蜜、板栗、茶叶和酱油中氟虫腈残留量的测定和确证。
SN/T 1986—2007	进出口食品中溴虫腈残留量检测方法	本标准规定了食品中溴虫腈残留量检测的制样，气相色谱检测方法和气相色谱-质谱确证方法。 本标准适用于红豆、茶叶、毛豆、甘蓝、苹果、醋、鸡肉、猪肉、鱼肉、牛肉等溴虫腈残留量测定。
SN/T 2072—2008	进出口茶叶中三氯杀螨砜残留量的测定	本标准规定了茶叶中三氯杀螨砜残留量的气相色谱测定方法。 本标准适用于茶叶中三氯杀螨砜残留量的测定。
SN/T 2094—2008	进出口食品中α-硫丹和β-硫丹残留量的检测方法 酶联免疫法	本标准规定了进出口食品中α-硫丹和β-硫丹总残留量的酶联免疫测定方法。 本标准适用于粮谷、蔬菜、茶叶、烟草、水果、肉及肉制品、虾中硫丹残留量的筛选检测。鱼类不适用酶联免疫法的测定，用胶体金试纸条法测定。
SN/T 2147—2008	进出口食品中硫线磷残留量的检测方法	本标准规定了进出口食品中硫线磷残留量的气相色谱测定和气相色谱-质谱确证方法。 本标准适用于芦笋、马铃薯、大葱、苹果、桃、玉米、荞麦、茶叶、食醋、蜂蜜、核桃仁、兔肉、鸡肝和虾仁中硫线磷残留量的测定和确证。
SN/T 2156—2008	进出口食品中苯线磷残留量的检测方法 气相色谱-质谱法	本标准规定了食品中苯线磷残留量的气相色谱-质谱检测方法。 本标准适用于柑桔、苹果、菠菜、大葱、白菜、松子仁、核桃仁、茶叶、蜂蜜、鱼、鸡肾、鸭肝、玉米、糙米、灵芝、辣椒酱中苯线磷残留量的测定和确证。
SN/T 2158—2008	进出口食品中毒死蜱残留量检测方法	本标准规定了进出口食品中毒死蜱残留量的气相色谱检测和气相色谱-质谱确证方法。 本标准适用于玉米、糙米、大葱、菠菜、辣椒、柑桔、苹果、花生、松子仁、茶叶、鱼肉、蜂蜜、猪肉、鸡肾、鸡肝中毒死蜱残留量的检测和确证。
SN/T 2229—2008	进出口食品中稻瘟灵残留量的检测方法	本标准规定了进出口食品中稻瘟灵残留量的气相色谱和气相色谱-质谱检测方法。 本标准适用于大米、玉米、柑橘、苹果、菠菜、大葱、松籽仁、葵花籽仁、茶叶、鱼、牛肝、鸡肾、蜂蜜及牛奶中稻瘟灵残留量的检测和确证。
SN/T 2230—2008	进出口食品中腐霉利残留量的检测方法 气相色谱-质谱法	本标准规定了进出口食品中腐霉利残留量的气相色谱-质谱检测方法。 本标准适用于茶叶、脐橙、板栗、葡萄酒、洋葱、小米、蜂蜜、鱼肉、鸡肝、猪肝中腐霉利残留量的测定和确证。
SN/T 2232—2008	进出口食品中三唑醇残留量的检测方法 气相色谱-质谱法	本标准规定了食品中三唑醇残留量的气相色谱-质谱检测方法。 本标准适用于荷兰豆、什锦蔬菜、橙、大豆、木薯干、乌龙茶、大米、牛肉、鲷鱼、蜂王浆、龙虾仁和蜂蜜等食品中三唑醇残留量的测定和确证。
SN/T 2234—2008	进出口食品中丙溴磷残留量检测方法 气相色谱法和气相色谱-质谱法	本标准规定了食品中丙溴磷残留量测定的制样、气相色谱测定和气相色谱-质谱测定及确证方法。 本标准适用于西兰花、甘蓝、胡萝卜、生姜、苹果、梨、花生、茶叶、牛奶、蜂蜜、大米、大豆、鸡肉、兔肉、鱼肉、虾肉中丙溴磷残留量的测定和确证。
SN/T 2321—2009	进出口食品中腈菌唑残留量检测方法 气相色谱质谱法	本标准中规定了食品中腈菌唑残留量的气相色谱-质谱检测和确证方法。 本标准适用于大米、小米、玉米、豆类、红茶、绿茶、花茶、乌龙茶、大麦茶、草莓、苹果、梨、小白菜、黄瓜、辣椒、胡萝卜、花生、榛子等植物源性产品；牛肉、羊肉、猪肉、鸡肉、鱼肉、猪肝、羊肝、鸡肝、牛奶、蜂蜜等动物源性产品中腈菌唑残留量的检测和确证。

标准号	标准名称	摘要
SN/T 2432—2010	进出口食品中哒螨灵残留量的检测方法	本标准规定了进出口食品中哒螨灵残留量检测的气相色谱测定和气相色谱-质谱确证的方法。 本标准适用于芦笋、马铃薯、葱、梨、桃、玉米、荞麦、茶叶、食醋、蜂蜜、核桃仁、兔肉、鸡肝、虾仁、鸡肉中哒螨灵残留量的检测。
SN/T 2441—2010	进出口食品中涕灭威、涕灭威砜、涕灭威亚砜残留量检测方法 液相色谱-质谱/质谱法	本标准规定了食品中涕灭威及其代谢产物涕灭威砜、涕灭威亚砜残留量的液相色谱-质谱/质谱检测和确证。 本标准适用于生姜、番茄、菠菜、大米、花生、大豆、杏仁、苹果、柑橘、茶叶、猪肝、鸡肉、牛奶中涕灭威、涕灭威砜、涕灭威亚砜的测定和确证。
SN/T 2458—2010	进出口食品中十三吗啉残留量的测定 液相色谱-质谱/质谱法	本标准规定了进出口食品中十三吗啉残留量的液相色谱-质谱/质谱测定方法。 本标准适用于苹果、菠菜、姜、小麦、花生、牛肉、鸡肝、鱼肉、大豆、蜂蜜、奶和茶叶中十三吗啉残留量的检测和确证。
SN/T 2540—2010	进出口食品中苯甲酰脲类农药残留量的测定 液相色谱-质谱/质谱法	本标准规定了食品中氟啶脲、杀铃脲、除虫脲、伏虫隆、氟虫脲、氟铃脲、氟幼脲、虱螨脲、氟酰脲、啶蜱脲残留量检测的制样和液相色谱-质谱/质谱测定方法。 本标准适用于大米、小麦、柑橘、菠菜、核桃仁、茶叶、猪肉、猪肝和牛奶中氟啶脲、杀铃脲、除虫脲、伏虫隆、氟虫脲、氟铃脲、氟幼脲、虱螨脲、氟酰脲、啶蜱脲残留量的确证和定量测定。
SN/T 2559—2010	进出口食品中苯并咪唑类农药残留量的测定 液相色谱-质谱/质谱法	本标准规定了食品中多菌灵、噻菌灵、甲基硫菌灵、硫菌灵、麦穗宁和烯菌灵残量检测的制样和液相色谱-质谱/质谱测定方法。 本标准适用于大米、小麦、柑橘、葡萄、菠菜、马铃薯、核桃仁、茶叶、猪肉、鱼肉、猪肝和牛奶中多菌灵、噻菌灵、甲基硫菌灵、硫菌灵、麦穗宁和烯菌灵残留量的确证和定量测定。
SN/T 2560—2010	进出口食品中氨基甲酸酯类农药残留量的测定 液相色谱-质谱/质谱法	本标准规定了食品中灭害威、涕灭威、涕灭威砜、涕灭威亚砜、灭多威、久效威砜、久效威亚砜、二氧威、抗蚜威、克百威、噁虫威、残杀威、甲萘威、乙硫苯威、灭除威、异丙威、混杀威等20种氨基甲酸酯类农药残留量检测的制样和液相色谱-质谱/质谱测定方法。 本标准适用于大米、菠菜、马铃薯、柑橘、葡萄、核桃仁、茶叶、猪肉、鱼肉、猪肝和牛奶中灭害威、涕灭威、涕灭威砜、涕灭威亚砜、灭多威、久效威砜、久效威亚砜、二氧威、抗蚜威、克百威、噁虫威、残杀威、甲萘威、乙硫苯威、灭除威、异丙威、混杀威、仲丁威、甲硫威和猛杀威残留量的确定和定量测定。
SN/T 3133—2012	进出口茶叶检验规程	本标准规定了进出口茶叶抽样、检验和检验结果的判定规则及处置。 本标准适用于进出口茶叶的检验。
SN/T 2073—2008	进出口植物性产品中吡虫啉残留量的检测方法 液相色谱串联质谱法	本标准规定了植物性产品中吡虫啉残留量的制样和液相色谱串联质谱测定方法。 本标准适用于毛豆、西兰花、萝卜、板栗、大米、辣椒和茶叶中吡虫啉残留量的检测。
SN/T 4456—2016	进出口袋泡茶检验规程	本标准规定了进出口袋泡茶的取样、检验和检验结果的判定规则及处置。 本标准适用于进出口袋泡茶的检验。
SN/T 1933. 2—2007	食品和水中肠球菌检验方法 第2部分：滤膜法	SN/T 1933 的本部分规定了水和液体饮料中肠球菌检验滤膜法。 本部分适用于生活用水、生产加工用水、废水及茶饮料、碳酸饮料等液体饮料中肠球菌的检验。
11. 茶制品类标准		
GB/T 35026—2018	茶叶籽油	本标准规定了茶叶籽油的术语和定义、质量要求、检验方法及规则、标签、包装、储存和运输等要求。 本标准适用于成品茶叶籽油。
GB/T 21733—2008	茶饮料	本标准规定了茶饮料的产品分类、技术要求、试验方法、检验规则、标志、包装、运输和贮存。 本标准适用于以茶叶的水提取液或其浓缩液、茶粉等为主要原料，可以加入水、糖、酸味剂、食用香精、果汁、乳制品、植（谷）物的提取物等，经加工制成的液体饮料。

标准号	标准名称	摘要
GB/T 31740. 1—2015	茶制品　第 1 部分：固态速溶茶	GB/T 31740 的本部分规定了固态速溶茶的产品分类及定义、要求、试验方法、检验规则、标志标签、包装、运输和贮存。 本部分适用于以茶叶或茶鲜叶为原料，经水提（或采用茶鲜叶榨汁）、过滤、浓缩、干燥制成的，可在生产过程中加入食品添加剂、食品加工助剂以及适量食品辅料（如麦芽糊精）的固态速溶绿茶和固态速溶红茶产品。
GB/T 31740. 2—2015	茶制品　第 2 部分：茶多酚	GB/T 31740 的本部分规定了茶多酚的分类与规格、技术要求、试验方法、检验规则、标志标签、包装、运输和贮存。 本部分适用于以茶叶或茶鲜叶为原料，经提取而成的以儿茶素为主体的酚类化合物的固态产品。
GB/T 31740. 3—2015	茶制品　第 3 部分：茶黄素	GB/T 31740 的本部分规定了茶黄素的术语、规格、技术要求、试验方法、检验规则、标志标签、包装、运输和贮存。 本部分适用于以茶鲜叶、茶叶提取液或茶多酚为原料，经酶促转化、分离制备而成的含茶黄素的固态产品。
GB/T 24690—2018	袋泡茶	本标准规定了袋泡茶的术语和定义、分类、要求、试验方法、检验规则、标签标志、包装、运输和贮存。 本标准适用于以茶叶（包括经窨花工艺制成的花茶）为原料，用过滤材料包装而成的袋泡茶。 本标准不适用于添加其他植物原料和食用香精香料的袋泡茶。
GB/T 18798. 1—2017	固态速溶茶　第 1 部分：取样	GB/T 18798 的本部分规定了固态速溶茶的取样方法。 本部分适用于各种容器中速溶茶的取样。
GB/T 18798. 2—2018	固态速溶茶　第 2 部分：总灰分测定	GB/T 18798 的本部分规定了固态速溶茶中总灰分测定的原理、试剂、仪器和用具、操作方法及结果计算方法。 本部分适用于固态速溶茶总灰分的测定。
GB/T 18798. 4—2013	固态速溶茶　第 4 部分：规格	GB/T 18798 的本部分规定了固态速溶茶的产品分类、要求、试验方法、检验规则、标签标志、包装、运输和贮存。 本部分适用于以茶树（*Camellia sinensis* L. O. Kuntze）芽、叶、嫩茎为原料，经水提取、分离、浓缩、干燥制成的速溶茶（水溶性固态物）。 本部分不适用于含有非茶类碳水化合物作为疏松剂或填充剂的速溶茶、含有从茶树以外提取的香料物质的速溶茶和去（低）咖啡碱的速溶茶。
GB/T 18798. 5—2013	固态速溶茶　第 5 部分：自由流动和紧密堆积密度的测定	GB/T 18798 的本部分规定了测定固态速溶茶自由流动堆积密度和紧密堆积密度的仪器和设备、取样、操作步骤和结果的计算。 本部分适用于固态速溶茶的自由流动堆积密度和紧密堆积密度测定。
GB/T 21727—2008	固态速溶茶　儿茶素类含量的检测方法	本标准修改采用 ISO 14502-2：2005《高效液相色谱法测定绿茶中儿茶素》。 本标准规定了用高效液相色谱（HPLC）测定固态速溶茶中儿茶素类含量的方法。 本标准适用于固态速溶茶中儿茶素类含量的测定。
GB/T 9833. 1—2013	紧压茶　第 1 部分：花砖茶	GB/T 9833 的本部分规定了花砖茶的要求、试验方法、检验规则、标志、标签、包装、运输、贮存和保质期。 本部分适用于以黑毛茶为主要原料，经过毛茶筛分、半成品拼配、渥堆、蒸汽压制成型、干燥、成品包装等工艺过程制成的花砖茶。
GB/T 9833. 2—2013	紧压茶　第 2 部分：黑砖茶	GB/T 9833 的本部分规定了黑砖茶的要求、试验方法、检验规则、标志、标签、包装、运输、贮存和保质期。 本部分适用于以黑毛茶为主要原料，经过毛茶筛分、半成品拼配、渥堆、蒸汽压制成型、干燥、成品包装等工艺过程制成的黑砖茶。
GB/T 9833. 3—2013	紧压茶　第 3 部分：茯砖茶	GB/T 9833 的本部分规定了茯砖茶的要求、试验方法、检验规则、标志、标签、包装、运输、贮存和保质期。 本部分适用于以黑毛茶为主要原料，经过毛茶筛分、半成品拼配、渥堆、蒸汽压制成型、发花、干燥、成品包装等工艺过程制成的茯砖茶。
GB/T 9833. 4—2013	紧压茶　第 4 部分：康砖茶	GB/T 9833 的本部分规定了康砖茶的要求、试验方法、检验规则、标志、标签、包装、运输、贮存和保质期。 本部分适用于以四川雅安及周边地区的做庄茶及金玉茶（晒青毛茶）为主要原料，经过毛茶整理、半成品拼配、蒸汽压制定型、干燥、成品包装等工艺过程制成的康砖茶。

标准号	标准名称	摘要
GB/T 9833.5—2013	紧压茶 第 5 部分：沱茶	GB/T 9833 的本部分规定了沱茶的要求、试验方法、检验规则、标志、标签、包装、运输、贮存和保质期。 本部分适用于以晒青毛茶为主要原料，经过毛茶匀堆筛分、拣剔、半成品拼配、蒸汽压制定型、干燥、成品包装等工艺过程制成的沱茶。
GB/T 9833.6—2013	紧压茶 第 6 部分：紧茶	GB/T 9833 的本部分规定了紧茶的要求、试验方法、检验规则、标志、标签、包装、运输、贮存和保质期。 本部分适用于以晒青毛茶为主要原料，经过毛茶匀堆筛分、拣剔、渥堆、拼配、蒸汽压制定型、干燥、成品包装等工艺过程制成的紧茶。
GB/T 9833.7—2013	紧压茶 第 7 部分：金尖茶	GB/T 9833 的本部分规定了金尖茶的要求、试验方法、检验规则、标志、标签、包装、运输、贮存和保质期。 本部分适用于以四川雅安及周边地区的做庄茶及金玉茶（晒青毛茶）为主要原料，经过毛茶整理、半成品拼配、蒸汽压制定型、干燥、成品包装等工艺过程制成的金尖茶。
GB/T 9833.8—2013	紧压茶 第 8 部分：米砖茶	GB/T 9833 的本部分规定了米砖茶的要求、试验方法、检验规则、标志、标签、包装、运输、贮存和保质期。 本部分适用于以红茶为原料，经过筛分、蒸汽压制定型、干燥、成品包装等工艺过程制成的米砖茶。
GB/T 9833.9—2013	紧压茶 第 9 部分：青砖茶	GB/T 9833 的本部分规定了青砖茶的要求、试验方法、检验规则、标志、标签、包装、运输、贮存和保质期。 本部分适用于以老青茶为主要原料，经过蒸汽压制定型、干燥、成品包装等工艺过程制成的青砖茶。
GB/T 30377—2013	紧压茶茶树种植良好规范	本标准规定了建园要求、品种与种苗选择、茶苗定植、茶籽直播、土肥管理、修剪、病虫防治和管理。 本标准适用于紧压茶原料的种植园区。
GB/T 30378—2013	紧压茶企业良好规范	本标准规定了紧压茶企业的厂区环境、厂房及设施、机械设备、机构与人员、卫生管理、过程管理、质量管理、标志、标签。 本标准适用于紧压茶生产加工企业。
GB/T 24615—2009	紧压茶生产加工技术规范	本标准规定了紧压茶生产、加工的基本要求。 本标准适用于紧压茶原料的生产和产品的加工。
GB/T 24614—2009	紧压茶原料要求	本标准规定了紧压茶原料的分类与分级、要求、试验方法、包装和标识、运输和贮存。 本标准适用于以茶树的芽、叶或茎梗等为原料，经过杀青、揉捻（或渥堆）、干燥等工艺制成的紧压茶原料。
GB/T 5539—2008	粮油检验 油脂定性试验	本标准规定了植物油脂定性试验的术语和定义、仪器设备、试验步骤和结果判定方法。 本标准适用于桐油、蓖麻油、亚麻油、矿物油、大豆油、花生油、芝麻油、棉籽油、菜籽油、植物油中猪脂、油茶籽油、茶籽油、大麻籽油的定性或检出试验。
GB/T 34778—2017	抹茶	本标准规定了抹茶的术语和定义、要求、试验方法、检验规则、标志、标签、包装、运输和贮存。 本标准适用于抹茶。
GB/T 25247—2010	饲料添加剂 糖萜素	本标准规定了饲料添加剂糖萜素的要求、试验方法、检验规则、标签、包装、运输和贮存。 本标准适用于以油茶籽粕为原料，经乙醇提取，配以饲料级沸石粉吸附制得的糖萜素。
GB/T 37917—2019	油茶籽	本标准规定了油茶籽相关的术语和定义、质量要求、检验方法、检验规则、标签标识以及包装、储存和运输。 本标准适用于以制油为目的油茶籽的收购、储存、运输和销售。

标准号	标准名称	摘要
GB/T 35131—2017	油茶籽饼、粕	本标准规定了油茶籽饼、粕术语和定义、质量要求、检验方法、检验规则、标签标识以及包装、储存和运输的要求。 本标准适用于浸出油脂用油茶籽饼和提取茶皂素用油茶籽粕。
GB/T 11765—2018	油茶籽油	本标准规定了油茶籽油的术语和定义、分类、基本组成和主要物理参数、质量要求、检验方法及规则、标签、包装、储存、运输和销售等。 本标准适用于压榨法、水酶法、浸出法等加工技术生产的商品油茶籽油。 油茶籽原油的质量指标仅适用于油茶籽原油的贸易。
GB/T 31326—2014	植物饮料	本标准规定了植物饮料的术语和定义、产品分类、技术要求、试验方法、检验规则、标志、包装、运输和贮存。 本标准适用于第 3 章所定义的植物饮料。 本标准不适用于果蔬汁类及其饮料、茶（类）饮料和咖啡（类）饮料。
GH/T 1247—2019	调味茶	本标准规定了调味茶的术语和定义、产品分类、要求、检验方法、检验规则、标签、标志、包装、运输、贮存。 本标准适用于预包装的调味茶产品。
GH/T 1275—2019	粉茶	本标准规定了粉茶的术语和定义、产品分类、要求、试验方法、检验规则、标志、标签、包装、运输和贮存。 本标准适用于粉茶。
GH/T 1244—2019	固态速溶普洱茶	本标准规定了固态速溶普洱茶的要求、试验方法、检验规则、标签标志、包装、运输和贮存。 本标准适用于以普洱茶为原料，经提取、分离、浓缩、干燥等工序制备而成的具有普洱茶特征风味的固态速溶茶产品。
GH/T 1231—2018	加香调味茶	本标准规定了加香调味茶的术语和定义、产品分类、要求、试验方法、检验规则、标志、标签、包装、运输、贮存和保质期。 本标准适用于以茶叶为基本原料，添加食品用香精或食品用香料制成的、采用类似茶叶冲泡（浸泡、煮）方式饮用的调味茶产品。
GH/T 1297—2020	茉莉红茶	本标准规定了茉莉红茶的术语和定义、产品分类和质量等级、要求、试验方法、检验规则、标志、标签、包装、运输和贮存。 本标准适用于以工夫红茶和茉莉鲜花（含玉兰、珠兰等其他鲜花打底）为原料，经窨制加工而成的茉莉红茶。
HG/T 4492—2013	天然非离子表面活性剂　茶皂素	本标准规定了茶皂素的外观、技术要求、试验方法、检验规则和标志、包装、运输、贮存。 本标准适用于由油茶籽或茶叶籽中提取的具有强起泡力、良好稳定性、分散性的天然非离子表面活性剂—茶皂素，任何复配型的茶皂素产品都不适用于本标准。
LS/T 3119—2019	油茶籽	本标准规定了油茶籽的术语和定义、质量要求、检验方法、检验规则、标签标识以及包装、储存和运输要求。 本标准适用于收购、储存、运输、加工和销售的制油用油茶籽。
LY/T 2033—2012	油茶籽	本标准规定了油茶籽相关的术语和定义、质量等级要求、检验方法、检验规则、标签标识以及包装、储存和运输的要求。 本标准适用于收购、储存、运输、销售的制油用的油茶籽。
NY/T 2672—2015	茶粉	本标准规定了茶粉的要求、试验方法、检验规则、标志和标签、包装、运输和贮存。 本标准适用于以茶树鲜叶或干茶为原料，经精细加工而成的粉状的绿茶粉、红茶粉、乌龙茶粉、黄茶粉、白茶粉和黑茶粉等产品。
NY/T 864—2012	苦丁茶	本标准规定了冬青科冬青属苦丁茶冬青（*Ilex kudingcha* C. J. Tseng）、冬青科冬青属大叶冬青（*Ilex latifolia* Thunb.）苦丁茶的术语和定义、要求、试验方法、检测规则、标识、包装、运输和贮存。 本标准适用于采用冬青科冬青属苦丁茶冬青、冬青科冬青属大叶冬青芽、叶为原料制成的苦丁茶。

标准号	标准名称	摘要
NY/T 1713—2018	绿色食品 茶饮料	本标准规定了绿色食品茶饮料的术语和定义、产品分类、要求、检验规则、标签、包装、运输和储存。 本标准适用于绿色食品茶饮料。
NY/T 2140—2015	绿色食品 代用茶	本标准规定了绿色食品代用茶的术语和定义、分类、要求、检验规则、标签、包装、运输及贮存。 本标准适用于绿色食品代用茶产品。
NY/T 1323—2017	绿色食品 固体饮料	本标准规定了绿色食品固体饮料的分类、要求、检验规则、标签、包装、运输和储存。 本标准适用于绿色食品固体饮料，包括蛋白固体饮料、调味茶固体饮料、咖啡固体饮料、植物固体饮料、特殊用途同体饮料及其他固体饮料。不适用于玉米粉、花生蛋白粉、大麦粉、燕麦粉、藕粉、豆粉、大豆蛋白粉、即食谷粉和芝麻糊（粉）。
NY/T 751—2017	绿色食品 食用植物油	本标准规定了绿色食品食用植物油的要求、检验规则、标签、包装、运输和储存。 本标准适用于绿色食品食用植物油，包括菜籽油、大豆油、花生油、芝麻油、亚麻籽油、葵花籽（仁）油、玉米油、油茶籽油、米糠油、核桃油、红花籽油、葡萄籽油、橄榄油、牡丹籽油、棕榈（仁）油、沙棘籽油及食用调和油等。
NY 316—1997	西洋参制品	本标准规定了西洋参茶、天然西洋参茶、西洋参叶袋泡茶、西洋参饮料、西洋参酒的技术要求、试验方法、检验规则、标志、包装、运输、贮存。 本标准适用于西洋参茶、天然西洋参茶、西洋参叶袋泡茶、西洋参饮料、西洋参酒。
QB/T 4067—2010	食品工业用速溶茶	本标准规定了食品工业用速溶茶的定义、产品分类、技术要求、试验方法、检验规则和标志、包装、运输、贮存。 本标准适用于第 3 章定义的食品工业用速溶茶。
QB/T 4068—2010	食品工业用茶浓缩液	本标准规定了食品工业用茶浓缩液的定义、产品分类、技术要求、试验方法、检验规则和标志、包装、运输、贮存。 本标准适用于第 3 章定义的食品工业用茶浓缩液。
QB/T 5206—2019	植物饮料 凉茶	本标准规定了凉茶的术语和定义、要求、试验方法、检验规则、标志、包装、运输和贮存。 本标准适用于以符合规定的植物（包括可食的根、茎、叶、花、果、种子）或其提取物为主要原料，添加或不添加其他食品原辅料、食品添加剂，经加工制成的饮料。
QB/T 5405—2019	口腔清洁护理用品 牙膏用茶提取物	本标准规定了口腔清洁护理用品牙膏用茶提取物的要求、试验方法、检验规则、标志、包装、运输、贮存、保质期。 本标准适用于以茶叶（*Camellia sinensis* L.）为原料，经提取而成的以儿茶素为主体的多酚类化合物，特征成分为表没食子儿茶素没食子酸酯（epigallocatechin-3-gallate，EGCG）。

三、咖啡

标准号	标准名称	摘要
1. 基础类		
GB/T 18007—2011	咖啡及其制品 术语	本标准规定了咖啡及其制品相关的最常用术语。
GB/T 19181—2018	生咖啡 分级方法导则	本标准给出了以咖啡贸易中使用的合约条款为基础，用于买卖生咖啡说明方法的指南。 本标准规定了生咖啡的取样、包装、标志、贮存和运输。 本标准适用于 GB/T 18007—2011 规定的生咖啡。

标准号	标准名称	摘要
GB/T 30767—2014	咖啡类饮料	本标准规定了咖啡类饮料的术语和定义、产品分类、要求、试验方法、检验规则、标志、包装、运输和贮存。 本标准适用于第3章定义的咖啡类饮料。
NY/T 1518—2007	袋装生咖啡　取样	本标准规定了10袋或10袋以上包装交运的生咖啡的取样方法。 本标准适用于GB/T 18007所述的袋装生咖啡。
NY/T 604—2020	生咖啡	本标准规定了生咖啡的术语和定义、要求、取样、判定规则及复检规则，以及包装、标识、储存和运输。 本标准适用于阿拉比卡咖啡（也称小粒种咖啡，英文名为Arabica Coffee，学名为 *Coffea arabica* L.）和罗巴斯塔咖啡（也称中粒种咖啡，英文名 Robusta Coffee. 学名为 *Coffea canephora* Pierre ex A. Froehner）初加工的生咖啡的质量鉴定。
NY/T 289—2012	绿色食品　咖啡	本标准规定了绿色食品咖啡的术语和定义、要求、试验方法、检验规则、标志和标签、包装、运输和贮存。 本标准适用于绿色食品咖啡，包括生咖啡、焙炒咖啡豆和咖啡粉。不适用于脱咖啡因咖啡和速溶型咖啡。
NY/T 1323—2017	绿色食品　固体饮料	本标准规定了绿色食品固体饮料的分类、要求、检验规则、标签、包装、运输和储存。 本标准适用于绿色食品固体饮料，包括蛋白固体饮料、调味茶固体饮料、咖啡固体饮料、植物固体饮料、特殊用途固体饮料及其他固体饮料。不适用于玉米粉、花生蛋白粉、大麦粉、燕麦粉、藕粉、豆粉、大豆蛋白粉、即食谷粉和芝麻糊（粉）。
NY/T 605—2006	焙炒咖啡	本标准规定了焙炒咖啡的要求、试验方法、检验规则以及包装、标识、运输和储存。 本标准适用于焙炒咖啡豆和焙炒咖啡粉。
2. 种质资源类		
NY/T 3004—2016	热带作物种质资源描述评价规范　咖啡	本标准规定了茜草科（Rubiaceae）咖啡属（*Coffea*）种质资源描述及评价的要求和方法。 本标准适用于咖啡（*Coffea* spp.）种质资源相关性状的描述和评价。
NY/T 2667.5—2016	热带作物品种审定规范　第5部分：咖啡	本部分规定了小粒种咖啡（*Coffeaarabica* Linn.）、中粒种咖啡（*Coffea canephora* Pierre ex Froehner）品种审定要求、判定规则和审定程序。 本部分适用于小粒种咖啡和中粒种咖啡品种的审定。
NY/T 2668.5—2016	热带作物品种试验技术规程　第5部分：咖啡	本部分规定了小粒种咖啡（*Colleaarabica* Linn.）、中粒种咖啡（*Coffea canephora* Pierre ex Froe-hner）品种比较试验、区域试验和生产试验的技术要求。 本部分适用于小粒种咖啡和中粒种咖啡的品种试验。
NY/T 3329—2018	咖啡种苗生产技术规程	本标准规定了咖啡（*Coffea* spp.）种苗生产的种子园建立、采穗圃建立、实生苗繁育、嫁接苗繁育、出网等技术要求。 本标准适用于咖啡实牛苗、嫁接苗的生产。
NY/T 358—2014	咖啡　种子种苗	本标准规定了咖啡（*Caffea* spp.）种子种苗的术语和定义、要求、试验方法、检验规则以及包装、标志、运输和贮存。 本标准适用于小粒种咖啡（*C. arabica* L.）用于繁育种苗的种子和实生苗，中粒种咖啡（*C. canephora* Pierre ex Froehner）的嫁接苗和扦插苗。
NY/T 3739—2020	植物品种特异性（可区别性）、一致性和稳定性测试指南　咖啡	本指南适用于阿拉比卡咖啡（*Coffea arabica* L.）、罗布斯塔咖啡（*Coffea canephora* Pierre ex A. Froehner）及阿拉比卡和罗布斯塔咖啡杂交种（*Coffea arabica* L. *Coffea canephora* Pierre ex A. Froehner）所有品种的特异性（可区别性）、一致性和稳定性的测试。 本标准规定了咖啡属（*Coffea*）品种特异性、一致性和稳定性测试的技术要求和结果判定的一般原则。
3. 病虫害防治		
GB/T 36837—2018	咖啡黑长蠹检疫鉴定方法	本标准规定了咖啡黑长蠹 *Apate monachus* Fabricius 的实验室检测与其形态特征鉴定方法。

标准号	标准名称	摘要
NY/T 1698—2009	小粒种咖啡病虫害防治技术规程	本标准规定了小粒种咖啡（*Coffea arabica* L.）主要病虫害防治的原则、措施及推荐使用药剂等技术。 本标准适用于中国咖啡产区小粒种咖啡主要病虫害的防治。
NY/T 3603—2020	热带作物病虫害防治技术规程 咖啡黑枝小蠹	本标准规定了咖啡黑枝小蠹［*Xylosandrus compactus*（Eichhoff）］的术语和定义、防治原则和防治技术。 本标准适用于咖啡黑枝小蠹的防治。
NY/T 3331—2018	热带作物品种资源抗病虫鉴定技术规程 咖啡锈病	本标准规定了咖啡品种资源抗锈病鉴定的术语和定义、接种体制备、抗性鉴定、抗性评价等技术要求。 本标准适用于小粒种咖啡（*Coffea arabica* L.）、中粒种咖啡（*Coffea canephora* Pierre ex A. Froehner）和大粒种咖啡（*Coffea liberica* Hicrn）种质资源咖啡锈病抗性的鉴定。
SN/T 1450—2004	咖啡美洲叶斑病菌鉴定方法	本标准规定了咖啡美洲叶斑病菌的鉴定方法。 本标准适用于来源于咖啡美洲叶斑病疫区的咖啡和其他主要寄主植物苗木携带的咖啡美洲叶斑病菌的鉴定。
SN/T 1912—2007	咖啡潜叶蛾检疫鉴定方法	本标准规定了咖啡潜叶蛾的检疫和鉴定方法。 本标准适用于进境咖啡属植物检疫中对咖啡潜叶蛾的检疫和鉴定。
SN/T 1913—2007	咖啡果小蠹检疫鉴定方法	本标准规定了咖啡果小蠹的检疫鉴定方法。 本标准适用于进境咖啡属植物果实及种子检疫中对咖啡果小蠹的检疫鉴定。
SN/T 2507—2010	咖啡短体线虫检疫鉴定方法	本标准规定了进出境植物检疫中咖啡短体线虫的检疫鉴定方法。 本标准适用于进出境植物及植物产品、土壤等传带的咖啡短体线虫的检疫鉴定。
SN/T 3679—2013	咖啡浆果炭疽病菌检疫鉴定方法	本标准规定了咖啡种子及无性繁殖材料上的咖啡浆果炭疽病菌的检疫鉴定方法。 本标准适用于咖啡浆果炭疽病菌的检疫鉴定。
SN/T 4877. 8—2017	基因条形码筛查方法 第8部分：检疫性炭疽菌	SN/T 4877 的本部分规定了咖啡浆果炭疽病菌 *Colletotrichum kahawae* DNA 条形码筛查中序列的扩增、分析及结果判定等。 本部分适用于进境植物及植物产品中咖啡浆果炭疽病菌的 DNA 条形码的筛查。
4. 栽培技术		
NY/T 922—2004	咖啡栽培技术规程	本标准规定了小粒种咖啡（*Coffea arabica* L.）园地选择、园地规划、园地开垦、种植、土壤管理、水分管理、施肥管理、整形修剪、病虫害综合防治以及采收、加工、分级和包装等技术。 本标准适用于小粒种咖啡栽培。
5. 加工技术类标准		
NY/T 606—2011	小粒种咖啡初加工技术规范	本标准规定了小粒种咖啡（*Coffea arabica* L.）初加工的术语和定义、果实采收、加工方法、分级、包装、标志、贮存和运输。 本标准适用于小粒种咖啡的湿法和干法初加工。
6. 感官品质类		
GB/T 15033—2009	生咖啡 嗅觉和肉眼检验以及杂质和缺陷的测定	本标准规定了生咖啡（green coffee）的嗅觉和肉眼的检验方法以及杂质和缺陷的测定方法。 本标准适用于生咖啡的嗅觉和肉眼检验以及杂质和缺陷的测定。
7. 质量检测类标准		
GB 5009. 139—2014	食品安全国家标准 饮料中咖啡因的测定	本标准规定了可乐型饮料，咖啡、茶叶及其固体和液体饮料制品中咖啡因含量的测定方法—高效液相色谱法。 本标准适用于可乐型饮料，咖啡、茶叶及其固体和液体饮料制品中咖啡因含量的测定。

标准号	标准名称	摘要
GB 5009.252—2016	食品安全国家标准 食品中乙酰丙酸的测定	本标准规定了用气相色谱法测定食品中乙酰丙酸的方法。 本标准适用于酱油、饮料（包括碳酸饮料、咖啡饮品、果汁饮料、乳饮料、植物蛋白饮料）、酱类、蜂蜜、乳粉、饼干、糕点、糖果、果冻、面制品中乙酰丙酸的测定。
GB 5009.96—2016	食品安全国家标准 食品中赭曲霉毒素 A 的测定	本标准规定了食品中赭曲霉毒素 A 的测定方法。 本标准第一法适用于谷物、油料及其制品、酒类、酱油、醋、酱及酱制品、葡萄干、胡椒粒/粉中赭曲霉毒素 A 的测定，第二法适用于玉米、稻谷（糙米）、小麦、小麦粉、大豆、咖啡、葡萄酒中赭曲霉毒素 A 的测定，第三法适用于玉米、小麦等粮食产品、辣椒及其制品等、啤酒等酒类、酱油等产品、生咖啡、熟咖啡中赭曲霉毒素 A 的测定，第四法适用于玉米、小麦、大麦、大米、大豆及其制品中赭曲霉毒素 A 的测定，第五法适用于小麦、玉米、大豆中赭曲霉毒素 A 的测定。
BJS 201601	食品中那非类物质的测定	本方法规定了食品（含保健食品）中西地那非、豪莫西地那非、羟基豪莫西地那非、那莫西地那非、硫代艾地那非、红地那非、那红地那非、伐地那非、伪伐地那非、他达拉非、氨基他达拉非含量的液相色谱-串联质谱测定方法。 本方法适用于酒、咖啡、功能饮料、玛咖片、保健食品中西地那非、豪莫西地那非、羟基豪莫西地那非、那莫西地那非、硫代艾地那非、红地那非、那红地那非、伐地那非、伪伐地那非、他达拉非、氨基他达拉非含量的测定。
BJS 201701	食品中西布曲明等化合物的测定	本标准规定了食品（含保健食品）基质中西布曲明等 33 种违法添加减肥降脂类化合物的高效液相色谱-串联质谱测定方法。 本标准适用于固体冲饮品（咖啡、奶茶、茶叶等）、饼干、液体饮品等食品（含保健食品）中 33 种减肥降脂类化合物的定性测定，必要时可参考本方法测定添加成分含量。其他低糖、低脂、低蛋白类基质可参照本方法定性检测。 含茶多酚、咖啡因等基质（如咖啡、奶茶、茶叶等）中，咖啡因不做检测，奥利司他仅作定性检测。含红曲的基质中，洛伐他汀不做检测。
BJS 201803	饮料中 γ-丁内酯及其相关物质的测定	本方法规定了饮料中 γ-丁内酯、1,4-丁二醇及 γ-羟基丁酸液相色谱-串联质谱的测定方法。 本方法适用于功能饮料、含乳饮料、果汁饮料、碳酸饮料、茶饮料、咖啡类饮料、含酒精饮料、苹果醋等各类饮料食品中 γ-丁内酯、1,4-丁二醇及 γ-羟基丁酸的测定。
BJS 201805	食品中那非类物质的测定	本标准规定了食品（含保健食品）基质中 90 种那非类物质的超高效液相色谱-串联质谱测定方法。 标准中方法-超高效液相色谱-三重四极杆串联质谱法，适用于饮料、果冻、蛋白粉、牡蛎粉、饼干、糖果、酒类及咖啡等食品（含与上述基质相同的保健食品及片剂、胶囊、软胶囊等剂型）中 90 种那非类物质的定性和定量测定。
NY/T 3514—2019	咖啡中绿原酸类化合物的测定 高效液相色谱法	本标准规定了咖啡中 6 种绿原酸类化合物的高效液相色谱测定方法。 本标准适用于咖啡中 5-咖啡酰奎宁酸、绿原酸、4-咖啡酰奎宁酸、3,4-二咖啡酰奎宁酸、4,5-二咖啡酰奎宁酸和 3,5-二咖啡酰奎宁酸等单个或多个组分含量的测定。
NY/T 3012—2016	咖啡及制品中葫芦巴碱的测定 高效液相色谱法	本标准规定了咖啡及制品中葫芦巴碱含量的高效液相色谱测定方法。 本标准适用于生咖啡、烘焙咖啡、速溶咖啡中葫芦巴碱的测定。 本方法的定量测定范围为 0.002～1 g/100 g，方法的检出限为 0.001 g/100 g，方法的定量限为 0.002 g/100 g。
SN/T 4320—2015	进出口小粒咖啡豆检验检疫规程	本标准规定了出口小粒种咖啡豆术语和定义、包装、取样、检验、检疫、结果判定以及样品保存。 本标准适用于出口小粒种咖啡豆的检验检疫。本标准中小粒种咖啡豆是指未浸除咖啡碱的未焙炒的咖啡豆。

标准号	标准名称	摘要
SN/T 1391—2016	进出口速溶咖啡检验规程	本标准规定了进出口速溶咖啡的抽样、检验和检验结果判定规则。 本标准适用于进出口速溶咖啡的检验。
SN/T 3866—2014	出口保健食品中酚酞和大黄素的测定 液相色谱-质谱/质谱法	本标准规定了出口保健食品中酚酞和大黄素的液相色谱串联质谱测定方法。 本标准适用于减肥片剂、减肥胶囊、减肥散剂、减肥饼干、减肥口服溶液、减肥咖啡和减肥茶中酚酞和大黄素的检测和确证。
SN/T 3867—2014	出口保健食品中利莫那班的测定 液相色谱-质谱/质谱法	本标准规定了出口食品中利莫那班的液相色谱串联质谱测定方法。 本标准适用于减肥片剂、减肥胶囊、减肥散剂、减肥饼干、减肥口服溶液、减肥咖啡和减肥茶中利莫那班的检测和确证。
SN/T 4051—2014	出口保健食品中奥利斯他的测定 液相色谱-质谱/质谱法	本标准规定了保健食品中奥利斯他的液相色谱-质谱/质谱测定方法。 本标准适用于减肥胶囊、减肥咀嚼片、减肥咖啡、减肥口服溶液、减肥饼干、减肥茶中奥利斯他含量的测定和确证。
SN/T 4263—2015	出口食品中多种食欲抑制剂的测定 液相色谱-质谱/质谱法	本标准规定了出口食品中芬氟拉明、苯丙醇胺、西布曲明、舍曲林、安非他酮、西酞普兰、氟西汀、苯氟雷司的液相色谱-质谱/质谱检和确证。 本标准适用于片剂、胶囊、散剂、饼干、口服溶液、咖啡和茶中 8 种食欲抑制剂的检测和确证。

四、可可

标准号	标准名称	摘要
1. 基本概念类		
GB/T 20706—2006	可可粉	本标准规定了可可粉的产品分类、技术要求、试验方法、检验规则和标签要求。 本标准适用于可可粉的生产、销售和监督。
GB/T 20707—2006	可可脂	本标准规定了可可脂的技术要求、试验方法、检验规则和标签要求。 本标准适用于可可脂（不包括脱臭可可脂）的生产、销售和监督。
LS/T 3221—1994	可可豆	本标准规定了可可豆的术语、技术要求、检验方法、检验规则以及标志、包装、运输和贮存等要求。 本标准适用于生产可可制品的原料可可豆。
NY/T 1074—2006	可可 种苗	本标准规定了可可（*Theobroma cacao* L.）种苗的术语和定义、要求、试验方法、检验规则及包装、标签、运输和贮存。 本标准适用于可可种苗。
2. 农业生产环节类		
SN/T 1257—2003	大谷蠹的检疫和鉴定方法	本标准规定了大谷蠹的检疫和鉴定方法。 本标准适用于进境玉米、薯干、软质小麦、豆类、可可豆、木质器具时对大谷蠹的检疫和鉴定。
SN/T 1355—2004	可可褐盲蝽检疫鉴定方法	本标准规定了进境植物检疫中可可褐盲蝽的检疫和鉴定方法。 本标准适用于可可褐盲蝽的检疫和鉴定。
SN/T 1617—2017	可可肿枝病毒检疫鉴定方法	本标准规定了可可肿枝病毒的检测方法。 本标准适用于进境植物材料中可可肿枝病毒的检疫检测。
SN/T 3284—2012	可可花瘿病菌检疫鉴定方法	本标准规定了可可花瘿病菌的检疫和鉴定方法。 本标准适用于可可属植物及其产品中可可花瘿病菌的检疫和鉴定。
SN/T 3680—2013	可可链疫孢荚腐病菌检疫鉴定方法	本标准规定了可可链疫孢荚腐病菌检疫鉴定方法。 本标准适用于进境可可种子、苗木中可可链疫孢荚腐病菌的检疫鉴定。

标准号	标准名称	摘要
3. 质量安全检测类		
GB 5009.246—2016	食品安全国家标准 食品中二氧化钛的测定	本标准规定了食品中二氧化钛的电感耦合等离子体-原子发射光谱和二安替比林甲烷比色测定方法。 本标准适用于面粉、果酱、凉果类、甘草制品、脱水马铃薯、油炸坚果与籽类、糖果（含胶基糖果）、可可制品、巧克力和巧克力制品（包括代可可脂巧克力及制品）以及糖果、糖果和巧克力制品包衣、装饰糖果、顶饰、甜汁、调味糖浆、蛋黄酱、沙拉酱、固体饮料类、果冻、膨化食品、饮料浑浊剂、魔芋凝胶制品中二氧化钛的测定。
GB 5009.282—2020	食品安全国家标准 食品中 1-甲基咪唑、2-甲基咪唑及 4-甲基咪唑的测定	本标准规定了食品中 1-甲基咪唑、2-甲基咪唑和 4-甲基咪唑的液相色谱串联质谱测定方法。 本标准适用于炼乳、冷冻饮品、果酱、豆制品、可可及巧克力制品、糖果、小麦粉制品、饼干、馅料及表面挂浆、肉制品、调味糖浆、调味品（酱油、醋、酱及酱制品、料酒、复合调味料）、饮料、酒类、果冻及膨化食品中 1-甲基咪唑、2-甲基咪唑和 4-甲基咪唑含量的测定。
GB/T 36809—2018	可可丛枝病菌检疫鉴定方法	本标准规定了植物检疫中可可丛枝病菌（*Monilio phthora perniciosa*）的检疫鉴定方法。 本标准适用于可可丛枝病菌的检疫鉴定。
GB/T 38163—2019	常见过敏蛋白的测定 液相色谱-串联质谱法	本标准规定了固态食品中牛奶、鸡蛋、大豆、花生、榛子、杏仁和核桃过敏蛋白的液相色谱-串联质谱检测方法。 本标准适用于含小麦粉、燕麦粉、腰果、可可粉等固态食品基质中牛奶、鸡蛋、大豆、花生、榛子、杏仁和核桃过敏蛋白的液相色谱-串联质谱测定和确证。
GB/T 4789.21—2003	食品卫生微生物学检验 冷冻饮品、饮料检验	本标准规定了冷冻饮品、饮料的检验方法。 本标准适用于冷冻饮品（冰激凌、冰棍、雪糕和食用冰块）及饲料：果、蔬汁饮料、含乳饮料、碳酸饮料、植物蛋白饮料、碳酸型茶饮料、固体饮料、可可粉固体饮料、乳酸菌饮料、罐装茶饮料、罐装型植物蛋白饮料（以罐头工艺生产）、瓶（桶）装饮用纯净水、低温复原果汁等的检验。
SN/T 0972—2012	出口可可豆检验规程	本标准规定了出口可可豆的术语和定义、通用要求、抽样与制样、重量鉴定、品质检验、卫生检验、检验结果判定与处置的方法。 本标准适用于出口可可豆的检验。
4. 深加工产品类		
GB/T 20705—2006	可可液块及可可饼块	本标准规定了可可液块及可可饼块的产品分类、技术要求、试验方法、检验规则和标签要求。 本标准适用于可可液块及可可饼块的生产、销售和监督。
GB 1886.30—2015	食品安全国家标准 食品添加剂 可可壳色	本标准适用于以可可壳为原料，经水溶液提取、精制、浓缩、干燥而制得的食品添加剂可可壳色。

五、烟草

标准号	标准名称	摘要
1. 通用类		
GB/T 18771.4—2015	烟草术语 第 4 部分：品质评价和检测	GB/T 18771 的本部分规定了烟草、烟草制品、加工工艺和烟用材料品质评价和检测的常用术语。 本部分适用于烟草行业科研、检测、生产、经营、管理、教育培训等活动。
GB/T 18771.2—2015	烟草术语 第 2 部分：烟草制品与烟草加工	GB/T 18771 的本部分规定了烟草制品、烟草加工与贮存的部分术语。 本部分适用于烟草行业科研、教育、生产、经营、管理等领域。

标准号	标准名称	摘要
GB/T 19616—2004	烟草成批原料取样的一般原则	本标准规定了对烟草成批原料取样的一般原则，用以评价一个或多个特征的平均值或不一致性。 本标准适用于成批烟叶（包括烤烟、晾烟和晒烟）和经过预处理的烟草原料（包括经过发酵、部分或全部去梗的原料，以及烟梗、碎叶、废料、再造烟叶）的取样。
GB/T 18771.2—2015（XG1—2019）	烟草术语 第2部分：烟草制品与烟草加工《第1号修改单》	GB/T 18771的本部分规定了烟草制品、烟草加工与贮存的部分术语。 本部分适用于烟草行业科研、教育、生产、经营、管理等领域。
GB/T 18771.1—2015	烟草术语 第1部分：烟草类型与烟叶生产	GB/T 18771的本部分规定了烟草类型以及烟草农业生产中的部分术语。 本部分适用于烟草行业科研、教育、生产、经营、管理等领域。
GB/T 18086—2000	植物检疫 烟霜霉病菌检疫鉴定方法	本标准规定了进境植物检疫中对烟霜霉病菌的检疫鉴定方法。 本标准适用于进境干烟叶和烟属植物种子、种苗的烟霜霉病菌检疫和鉴定。
YC/T 523—2015	烟草良好农业管理及控制规程	本标准规定了烟草良好农业管理的要求，包括烟草种植、调制、收购、储存和运输的全过程控制。 本标准适用于对烟草良好农业规范的符合性判定，适用于所有烟草类型。
YC/Z 290—2015	烟草行业农业标准体系	本指导性技术文件规定了烟草行业农业标准体系的组成、结构图和标准明细。 本指导性技术文件适用于烟草行业农业标准制修订和管理工作。
YC/T 210.1—2006	烟叶代码 第1部分：烟叶分类与代码	YC/T 210的本部分规定了烟叶的分类原则、代码结构、编码方法及代码表。 本部分适用于有关烟叶的信息处理与交换。
YC/T 210.2—2006	烟叶代码 第2部分：烟叶形态代码	YC/T 210的本部分规定了与烟叶形态有关的代码。 本部分适用于有关烟叶的信息处理与交换。
YC/T 210.3—2006	烟叶代码 第3部分：烟叶品种代码	YC/T 210的本部分规定了与烟叶品种有关的代码。 本部分适用于有关烟叶的信息处理与交换。
YC/T 210.4—2006	烟叶代码 第4部分：烟叶部位代码	YC/T 210的本部分规定了与烟叶部位有关的代码。 本部分适用于有关烟叶的信息处理与交换。
YC/T 210.5—2006	烟叶代码 第5部分：烟叶颜色代码	YC/T 210的本部分规定了与烟叶颜色有关的代码。 本部分适用于有关烟叶的信息处理与交换。
YC/T 210.6—2006	烟叶代码 第6部分：烟叶等级代码	YC/T 210的本部分规定了与烟叶等级有关的代码。本部分适用于有关烟叶的信息处理与交换。
YC/T 210.7—2013	烟叶代码 第7部分：基础设施代码	YC/T 210的本部分规定了与基础设施有关的分类原则、代码结构、编码方法及代码表。 本部分适用于有关基础设施涉及的信息系统建设、信息资源的开发利用、信息资源处理与交换等。
YC/T 210.8—2013	烟叶代码 第8部分：烟用物资代码	YC/T 210的本部分规定了与烟用物资、种植主体有关的分类原则、代码结构、编码方法及代码表。 本部分适用于有关烟用物资、种植主体涉及的信息系统建设、信息资源的开发利用、信息资源处理与交换等。
YC/T 510—2014	烟草分子生物学检测烟叶样品的制备 液氮法	本标准规定了烟草大田期和烘烤过程中烟叶样品采集、制作、保存和运输的技术要求。 本标准适用于烤烟分子生物学检测样品的制备，白肋烟和香料烟等其他类型烟草可参照使用。
YC/T 506—2014	烟叶基地单元工作规范	本标准规定了烟叶基地单元规划建设、运行管理和评价验收的要求与方法。 本标准适用于烟叶基地单元。
YC/T 492.1—2014	烟叶包装标签标识 第1部分：标识编码	YC/T 492的本部分规定了烟叶原烟烟包和烟叶成品烟烟包实物包装标识编码的定义、代码结构以及其主要参数。 本部分适用于烟叶原烟烟包和烟叶成品烟烟包包装的标签标识。

标准号	标准名称	摘要
YC/T 449—2012	烟叶　片烟大小及其分布的测定　叶面积法	本标准规定了机械打叶后片烟和制丝过程在制品片烟大小及其分布的测定方法。 本标准适用于机械打叶后片烟和制丝过程在制品片烟大小及其分布的测定。
SN/T 0547—1996	进出口烟叶检验规程	本标准规定了进出口烟叶品质检验和重量鉴定的方法。 本标准适用于凭样成交的各类进出口烟叶的检验。
SN/T 1810—2006	进出境烟草检疫规程	本标准规定了进出境烟草的检疫方法和检疫结果的判定。 本标准适用于进出境烟草的检疫。
YC/T 426—2012	烟草混合均匀度的测定	本标准规定了烟草混合均匀度的测定方法。 本标准适用于烟草制品及在制品混合均匀度的测定。
YC/T 237—2008	烟叶标准化生产示范区工作规程	本标准规定了烟叶标准化生产示范区建设的要求和方法。 本标准适用于烤烟标准化生产示范区，行业其他烟叶标准化生产工作也可参照使用。
2. 烟叶产品类		
GB 5991. 1—2000	香料烟　分级技术要求	本标准规定了香料烟的分级技术要求和检验规则。 本标准适用于正常生产、调制以及加工后的香料烟。以文字标准为主，辅以实物样品。是分级、收购、加工、交接的依据。出口供货以实物样品为依据。
GB 2635—1992	烤烟	本标准规定了烤烟的技术要求、检验方法和验收规则等内容。 本标准适用于初烤或复烤后而未经发酵的扎把烤烟，文字标准并辅以实物样品，是分级、收购、交接的依据。出口供货以实物样品为依据。
GB/T 8966—2005	白肋烟	本标准规定了白肋烟的分级技术要求、检测方法、检验规则、实物标样、包装、标志与贮运。 本标准适用于生产、调制、经过晾制或复烤而未经发酵的白肋烟。以文字标准为主，辅以实物标准样品，是分级、收购的依据。
YC/T 524—2015	白肋烟烟碱转化株鉴定规程	本标准规定了白肋烟烟碱转化株的鉴定及烟碱转化株的判定指标。 本标准适用于白肋烟育种和原原种繁育时烟碱转化株的鉴定。
YC/T 498—2014	再造烟叶（造纸法）感官评价方法	本标准规定了卷烟用再造烟叶（造纸法）感官评价的术语和定义、要求、评价方法及评价规则。 本标准适用于造纸法再造烟叶的感官评价分析。辊压法和稠浆法再造烟叶可参照使用。
YC/T 484. 3—2013	晒黄烟　第 3 部分：检验方法	YC/T 484 的本部分规定了晒黄烟等级、水分、砂土和自由燃烧性的检验方法。 本部分适用于调制后未经打叶复烤的晒黄烟。
YC/T 484. 2—2013	晒黄烟　第 2 部分：包装、标志与贮运	YC/T 484 的本部分规定了晒黄烟包装、标志、贮存和运输的技术要求。 本部分适用于调制后未经打叶复烤的晒黄烟。
YC/T 484. 1—2013	晒黄烟　第 1 部分：分级技术要求	YC/T 484 的本部分规定了晒黄烟相关的术语定义、分型、分组、分级的技术要求。 本部分适用于调制后未经打叶复烤的晒黄烟。
YC/T 16—2014	再造烟叶	本标准规定了烟草商业企业卷烟零售终端订货管理信息系统（以下简称卷烟零售终端订货系统）的总体要求、系统功能、流程及数据要求。 本标准适用于烟草商业企业卷烟零售终端订货系统。
YC/T 436—2012	香料烟　调制技术规程	本标准规定了香料烟的成熟特征、烟叶采收、穿烟、烟串上架和调制技术要求。 本标准适用于香料烟的调制。
YC/T 530—2015	烤烟　烟叶质量风格特色感官评价方法	本标准规定了烤烟烟叶质量风格特色感官评价的术语、一般要求和结果统计方法。 本标准适用于烤烟烟叶质量风格特色的感官评价与分析。

标准号	标准名称	摘要
YC/T 193—2005	白肋烟　晾制技术规程	本标准规定了白肋烟成熟采收、装棚的技术要求，以及晾制技术规程。 本标准适合于白肋烟烟叶采收和晾制。
YC/T 25—1995	烤烟实物标样	本标准规定了烤烟实物标样的定义、制作、评定、证书、有效期限、包装、运输与保管等要求。 本标准适用于烤烟实物标样。白肋烟实物标样参照执行。
YC/T 415—2011	烟草再制品　感官评价方法	本标准规定了烟草再制品感官评价方法。 本标准适用于烟草再制品的感官评价。
3. 种质资源类标准		
GB/T 21138—2019	烟草种子	本标准规定了烟草种子的质量要求、种子质量检验、包装与标识、种子贮藏和运输要求。 本标准适用于生产、加工、贮藏、运输、销售的烟草裸种和丸化种子。
GB/T 24308—2019	烟草种子生产加工技术规程	本标准规定了烟草种质资源、原种、大田用种、丸化种子的生产、加工技术要求和操作规程。 本标准适用于烤烟、白肋烟、香料烟、雪茄烟的种质资源繁殖更新、原种繁殖、大田用种生产以及丸化种子加工。
GB/T 16448—2013	烟草种子　品种命名原则	本标准规定了栽培烟草品种的命名原则。 本标准适用于拟提交国家或省级审（认）定和注册登记的烤烟、晒烟、晾烟、白肋烟、香料烟和黄花烟等栽培品种的命名。
NY/T 2746—2015	植物新品种特异性、一致性和稳定性测试指南　烟草	本标准规定了烟草（*Nicotiana tabacum* L.）新品种特异性、一致性、稳定性测试的技术要求和结果判定的一般原则。 本标准适用于烟草新品种特异性、一致性、稳定性测试和结果判定。
YC/T 458—2013	烟草种子　介质花粉制备及应用技术规程	本标准规定了烟草介质花粉制备的技术要求、参数及应用技术。 本标准适用于烟草杂交育种、雄性不育系和杂交种种子的繁殖生产。
YC/T 368—2010	烟草种子　催芽包衣丸化种子生产技术规程	本标准规定了烟草催芽包衣丸化种子生产加工工艺流程。 本标准适用于烟草包衣丸化种子的生产。
YC/T 367—2010	烟草种子　雄性不育系种子生产技术规程	本标准规定了烟草雄性不育系种子的定义、生产技术要求与规程。 本标准适用于烟草雄性不育系种子的生产。
YC/T 22—1994	烟草种子贮藏与运输	本标准规定了烟草种子贮藏、运输条件、方法和技术要求。 本标准适用于各类原（良）种生产单位繁殖的烟草种子的贮藏和运输。
YC/T 21—1994	烟草种子包装	本标准规定了烟草种子包装规格及包装技术要求。 本标准适用于烟草种子贮藏、运输、销售等流通环节的包装。
YC/T 20—1994	烟草种子检验规程	本规程是对烟草生产用种子的质量标准提供检验方法及其相关参数，适用于烟草种子的生产、调运、储藏、交换等过程的种子质量检验。
YC/T 509—2014	烟草品种抗虫性评价技术规程	本标准规定了烟草对烟蚜、烟青虫、棉铃虫的抗性鉴定及评价方法。 本标准适用于不同类型、品种（系）的烟草对烟蚜、烟青虫、棉铃虫的抗性鉴定及抗性评价。
YC/T 525—2015	烟草种质资源　繁殖更新技术规程	本标准规定了烟草种质资源的种子繁殖更新技术要求。 本标准适用于普通烟草种质资源的繁殖更新。
YC/Z 527—2015	烟草品种　农业试验技术规程	本指导性技术文件规定了烟草品种农业试验的操作规程。 本指导性技术文件适用于国家级和省级烟草品种试验，其他品种比较试验、引种试验可参照执行。
YC/T 369—2010	植物新品种特异性、一致性和稳定性测试指南　烤烟	本标准规定了烤烟（*Nicotiana tabacum* L.）新品种特异性、一致性和稳定性测试的技术要求、测试结果的判定原则及技术报告的内容和格式。 本标准适用于烤烟新品种特异性、一致性、稳定性的测试和评价。

标准号	标准名称	摘要
YC/T 344—2010	烟草种质资源描述和数据规范	本标准规定了烟草种质资源的描述符、分级标准以及数据采集过程中的质量控制内容和方法。 本标准适用于烟草种质资源的收集、保存，整理、整合和信息共享。
4. 烟叶生产环境、物资、设施		
GB/T 20014.26—2013	良好农业规范 第26部分：烟叶控制点与符合性规范	GB/T 20014 的本部分规定了烟叶良好农业规范的要求，包括了烟叶种植和烟叶调制（加工）的全过程控制。 本部分适用于对烟叶良好农业规范的符合性判定，适用于烤烟、白肋烟和香料烟。
NY/T 852—2004	烟草产地环境技术条件	本标准规定了烟草产地环境空气、灌溉水、土壤环境质量要求及其分析方法。 本标准适用于我国烟草产地。
NY/T 2725—2015	氯化苦土壤消毒技术规程	本标准规定了氯化苦土壤消毒相关术语和定义、基本原则和技术方法。 本标准适用于为控制草莓、番茄、黄瓜、茄子、辣椒、姜、东方百合、烟草等作物连作障碍而进行的土壤消毒处理。
YC/T 469—2013	植烟土壤及灌溉水二氯喹啉酸除草剂残留量的测定 高效液相色谱法	本标准规定了土壤及灌溉水中二氯喹啉酸除草剂残留量的高效液相色谱测定方法。 本标准适用于土壤及灌溉水中二氯喹啉酸除草剂残留量的测定。 本方法测定土壤及灌溉水中二氯喹啉酸除草剂残留量的检出限为0.002 5 mg/kg 和 0.001 0 mg/L；定量限为 0.008 0 mg/kg 和 0.003 2 mg/L。
YC/T 386—2011	土壤中有机氯农药残留量的测定 气相色谱法	本标准规定了土壤中有机氯农药残留量的气相色谱测定法。 本标准适用于土壤中 21 种有机氯农药残留量的测定。
YC/T 238—2008	烟用聚乙烯吹塑地膜	本标准规定了聚乙烯烟用地膜的技术要求、试验方法、检验规则及标志、标签、包装、运输与贮存。 本标准适用于以低密度聚乙烯树脂 LDPE、线性低密度聚乙烯树脂 LLDPE、高密度聚乙烯树脂 HDPE 为主要原料或与其他树脂共混，加入其他功能性助剂，以吹塑法制成的聚乙烯烟用地膜，以及同规格加入光、生物等降解剂的烟用地膜。其他类型的烟用膜也可参照使用。
5. 育苗栽培调制储存技术		
GB/T 23220—2008	烟叶储存保管方法	本标准规定了烟叶仓库建库、烟叶入库、原烟贮存与养护、片烟贮存与养护、虫害防治、烟叶出库等技术要求。 本标准适用于烤烟及白肋烟原烟、片烟、烟梗和香料烟及其他晾晒烟的贮存保管。
GB/T 23221—2008	烤烟栽培技术规程	本标准规定了烤烟的栽培技术规程。 本标准适用于我国的烤烟生产。
GB/T 23219—2008	烤烟烘烤技术规程	本标准规定了烤烟烟叶成熟采收、烘烤、烤后回潮及堆放技术。 本标准适用于普通烤房、密集式烤房烤烟。
GB/T 25241.1—2010	烟草集约化育苗技术规程 第1部分：漂浮育苗	GB/T 25241 的本部分规定了烟草漂浮育苗成苗要求及育苗技术。 本部分适应于烟草漂浮育苗生产。
GB/T 25241.2—2010	烟草集约化育苗技术规程 第2部分：托盘育苗	GB/T 25241 的本部分规定了烟草托盘育苗技术的成苗要求及育苗技术。 本部分适用于烟草托盘育苗生产。
GB/T 25241.3—2010	烟草集约化育苗技术规程 第3部分：砂培育苗	GB/T 25241 的本部分规定了烟草砂培育苗的成苗要求及育苗技术等。 本部分适用于烟草砂培育苗。

标准号	标准名称	摘要
NY/T 1924—2010	油菜移栽机质量评价技术规范	本标准规定了油菜移栽机基本要求、质量要求、检测方法以及检验规则。 本标准适用于油菜裸苗和带土苗移栽机的质量评定。玉米、棉花、甜菜、烟草、蔬菜等其他作物移栽机的质量评价可参照执行。
YC/T 507—2014	烟草测土配方施肥工作规程	本标准规定了烟草测土配方施肥工作中土壤样品采集、土壤样品分析、肥效田间试验、烟草专用肥配方设计、肥料施用方法、测土配方施肥信息化管理和施肥效果评价。 本标准适用于烟叶种植测土配方施肥工作。
YC/T 456—2013	片烟贮存养护 低排放机械调控法	本标准规定了使用机械调控技术对片烟进行贮存养护的技术要求和操作规程。 本标准适用于片烟贮存养护。
YC/T 457—2013	烤烟散叶烘烤技术规程	本标准规定了烤烟采用散叶装烟、烘烤、回潮及卸烟的工艺参数和操作方法。 本标准适用于密集烤房烟叶烘烤。
YC/T 338—2010	白肋烟栽培技术规程	本标准规定了白肋烟的产量指标、质量指标、适栽品种、育苗技术、栽培技术、采收技术、病虫害控制技术。 本标准适合于白肋烟育苗、栽培及采收。
YC/T 337—2010	基本烟田水利设施建设工程质量评定与验收规程	本标准规定了烟草行业基本烟田水利设施建设工程质量评定与验收的程序和要求。 本标准适用于单位工程的行业投资在50万元及以上的基本烟田水利设施建设工程项目的质量评定与验收，50万元以下的可参照执行。
YC/T 311—2009	烤烟品种烘烤特性评价	本标准规定了烤烟品种烘烤特性的评价指标和判定规则。 本标准适用于烤烟品种烘烤特性评价。
YC/T 310—2009	烟草漂浮育苗基质	本标准规定了烟草漂浮育苗基质的质量要求、试验方法、检验规则、包装、标识、运输和贮存。 本标准适用于由有机物料及天然矿物为主生产的烟草漂浮育苗基质的质量要求和检测。
YC/T 142—2010	烟草农艺性状调查测量方法	本标准规定了烟草农艺性状及生育期的调查方法，规定了田间试验农艺性状调查原则、测量方法和一级数据、二级数据的整理归纳分析方法。 本标准适用于栽培烟草的农艺性状调查。
6. 病虫害防治类		
GB/T 15699—2013	烟草霜霉病检疫规程	本标准规定了烟草霜霉病检疫的程序和方法。 本标准适用于各种入境烟草种子、种苗和烟叶的霜霉病检疫。
YC/T 435—2012	烟草病虫害预测预报工作规范	本标准规定了烟草病虫害预测预报的管理、职责、数据和信息发布要求。 本标准适用于烟草病虫害的预测预报。
GB/T 23223—2019	烟用农药田间药效试验方法	本标准规定了烟用杀菌剂、杀虫剂、除草剂、抑芽剂的田间药效试验方法。 本标准适用于烟用杀菌剂、杀虫剂、除草剂、抑芽剂的田间药效评价。
GB/T 37506—2019	烟蚜茧蜂防治烟蚜技术规程	本标准规定了繁育烟蚜茧蜂（*Aphidius gifuensis*）防治烟蚜（*Myzus persicae*）的技术要求，包括烟蚜茧蜂繁育、烟田放蜂、防治效果调查、保种等。 本标准适用于利用烟蚜茧蜂对烟蚜的防治。其他作物采用蚜茧蜂防治蚜虫可参考使用。
GB/T 23224—2008	烟草品种抗病性鉴定	本标准规定了烟草品种对由病原真菌、细菌、病毒和根结线虫等引起的主要病害的抗病性鉴定及抗性评价方法。 本标准适用于各类型烟草品种的抗病性鉴定。
GB/T 23222—2008	烟草病虫害分级及调查方法	本标准规定了由真菌、细菌、病毒、线虫等病原生物及非生物因子引起的烟草病害的调查方法、病害严重度分级以及烟草主要害虫的调查方法。 本标准适用于评估烟草病虫害发生程度、为害程度以及病虫害造成的损失，也适用于病虫害消长及发生规律的研究。

标准号	标准名称	摘要
GB/T 17980.91—2004	农药　田间药效试验准则（二）第91部分：杀菌剂防治烟草赤星病药效试验	本部分规定了杀菌剂防治烟草赤星病菌（*Alternaria alternata*）田间药效试验的方法和要求。 本部分适用于杀菌剂防治烟草赤星病的登记用田间药效小区试验及评价。其他田间药效试验参照本部分执行。
GB/T 17980.90—2004	农药　田间药效试验准则（二）第90部分：杀菌剂防治烟草黑胫病药效试验	本部分规定了杀菌剂防治烟草黑胫病（*Phytophthora parasitica*）田间药效试验的方法和要求。 本部分适用于杀菌剂防治烟草黑胫病的登记用田间药效小区试验及评价。其他田间药效试验参照本部分执行。
GB/T 17980.66—2004	农药　田间药效试验准则（二）第66部分：杀虫剂防治蔬菜潜叶蝇	本部分规定了杀虫剂防治蔬菜潜叶蝇类田间药效小区试验的方法和基本要求。 本部分适用于杀虫剂防治蔬菜（葫芦科、茄科、豆科）、花卉（满天星、菊花等）、烟草上的美洲斑潜蝇（*Liriomyza sativae*）、南美斑潜蝇（*L. huidobrensis*）、三叶草斑潜蝇（*L. trifolii*）等的登记用田间药效小区试验及药效评价。
GB/T 17980.54—2004	农药　田间药效试验准则（二）第54部分：杀虫剂防治仓储害虫药效试验准则	本部分规定了杀虫剂防治仓储害虫田间药效小区试验的方法和基本要求。 本部分适用于熏蒸剂、保护剂防治存在于粮食、饲料、烟草、药材、竹木、皮革、布匹、图书、档案、干果、海味等储藏物以及飞机、船舶、货柜、食品生产线和仓库等场所的仓库害虫的登记用田间药效小区试验及药效评价。
GB/T 17980.136—2004	农药　田间药效试验准则（二）第136部分：烟草抑芽剂试验	本部分规定了烟草抑芽剂田间药效小区试验的方法和基本要求。 本部分适用于烟草抑芽剂的登记用田间药效小区试验及药效评价。其他田间药效试验参照本部分执行。
GB/T 17980.129—2004	农药　田间药效试验准则（二）第129部分：除草剂防治烟草田杂草	本部分规定了除草剂防治烟草田杂草田间药效试验的方法和基本要求。 本部分适用于除草剂防治烟草田杂草的登记用田间药效小区试验及药效评价。其他田间药效试验参照本部分执行。
NY/T 1464.73—2018	农药田间药效试验准则　第73部分：杀菌剂防治烟草病毒病	本部分规定了杀菌剂防治烟草病毒病（Tobacco viral diseases）田间药效小区试验的方法和基本要求。 本部分适用于杀菌剂防治烟草病毒病登记用田间药效小区试验及药效评价。
NY/T 2917—2016	小地老虎防治技术规程	本标准规定了农田地下害虫小地老虎［*Agrotis ipsilon*（Hufnagel）］的防治原则、指标、措施和方法。 本标准适用于全国玉米、棉花、辣椒、烟草、小麦等作物为主的小地老虎的防治，其他作物小地老虎的防治可参考应用。
NY/T 1464.49—2013	农药田间药效试验准则　第49部分：杀菌剂防治烟草青枯病	本部分规定了杀菌剂防治烟草青枯病（*Ralstonia solanacearum*）田间药效小区试验的方法和基本要求。 本部分适用于杀菌剂防治烟草青枯病登记用田间药效小区试验及药效评价。
NY/T 1464.30—2010	农药田间药效试验准则　第30部分：杀菌剂防治烟草角斑病	本部分规定了杀菌剂防治烟草角斑病（*Pseudomona ssyringae*）田间药效小区试验的方法和要求。 本部分适用于杀菌剂防治烟草角斑病登记用田间药效小区试验及评价，其他田间药效试验可参照使用。
YC/T 526—2015	烟草除草剂药害分级及调查方法	本标准规定了烟叶生产过程中烟草遭受除草剂药害的程度及调查方法。 本标准适用于苗床期烟苗和大田烟株遭受除草剂药害严重程度的分级和判断。
YC/T 299—2016	烟草加工过程害虫防治技术规范	本标准规定了烟草加工过程中害虫预防、虫情监测和害虫治理的要求。 本标准适用于卷烟生产企业打叶复烤企业和再造烟叶企业参照执行。
YC/T 508—2014	烟草霜霉病检疫规程负压温室隔离试种	本标准规定了国外引进烟草种子负压温室隔离试种期内烟草霜霉病的检测规程。 本标准适用于从国外引进的烟草种子和花粉。

标准号	标准名称	摘要
SN/T 4727—2016	异常珍珠线虫检疫鉴定方法	本标准规定了进出境植物检疫中异常珍珠线虫 *Nacobbus aberrans* 的检疫鉴定方法。 本标准适用于进出境花卉、观赏植物、蔬菜、烟草、十字花科、豆科、茄科等植物根部和土壤及栽培介质中异常珍珠线虫的检疫和鉴定。
SN/T 3440—2012	烟草脆裂病毒检疫鉴定方法	本标准规定了烟草脆裂病毒的 DAS-ELISA、RT-PCR、鉴别寄主反应和免疫电镜四种检测和鉴定方法。 本标准适用于进出境活体植物材料，包括无性繁殖材料、组培苗、种子和苗木中烟草脆裂病毒的检测。
YC/T 341. 7—2010	烟草病害预测预报调查规程　第 7 部分：白粉病	YC/T 341 的本部分规定了烟草白粉病系统调查、大田普查、发生程度分级以及测报资料收集、汇报和汇总的方法。 本部分适用于各级测报站点对烟草白粉病的测报调查。
YC/T 340. 4—2010	烟草害虫预测预报调查规程　第 4 部分：斜纹夜蛾	YC/T 340 的本部分规定了斜纹夜蛾田间成虫种群数量动态调查、系统调查、大田普查、天敌调查、发生程度划分方法，以及测报资料的收集、汇报和汇总方法。 本部分适用于烟田斜纹夜蛾的预测预报调查。
YC/T 340. 7—2010	烟草害虫预测预报调查规程　第 7 部分：白粉病	该标准全文未在全国标准信息公共服务或其他行业标准服务公众平台备案。
YC/T 372—2010	烟草农药田间对比试验规程	本标准规定了在烟草大田种植使用的杀虫剂、杀菌剂、除草剂及植物生长调节剂等对比试验申请、受理与安排。 本标准适用于各类烟草农药的田间对比试验。
YC/T 371—2010	烟草田间农药合理使用规程	本标准规定了在烟草大田种植使用的杀虫剂、杀菌剂、除草剂、植物生长调节剂等的种类、使用方法及安全间隔期。 本标准适用于各类烟草田间农药。
YC/T 365—2010	烟草病毒的测定　逆转录-聚合酶链反应法	本标准规定了用逆转录-聚合酶链反应法测定烟草种子、幼苗及鲜烟叶样品中的烟草花叶病毒（TMV）、马铃薯 Y 病毒（PVY）、黄瓜花叶病毒（CMV）和烟草蚀纹病毒（TEV）。 本标准适用于烟草种子、幼苗和鲜烟叶样品中烟草花叶病毒（TMV）、马铃薯 Y 病毒（PVY）、黄瓜花叶病毒（CMV）和烟草蚀纹病毒（TEV）的测定。
YC 301—2009	储烟虫害治理　磷化氢与二氧化碳混合熏蒸安全规程	本标准规定了磷化氢与二氧化碳混合熏蒸的操作程序和安全保障措施。 本标准适用于储烟虫害的治理。
YC/T 342—2010	烟叶熏蒸杀虫磷化氢浓度的测定　无线传感法	本标准规定了使用无线传感技术测定磷化氢浓度的方法。 本标准适用于烟叶熏蒸杀虫磷化氢浓度的测定。
YC/T 341. 6—2010	烟草病害预测预报调查规程　第 6 部分：野火、角斑病	YC/T 341 的本部分规定了烟草野火病和角斑病系统调查、大田普查方法，以及测报资料收集、汇报和汇总方法。 本部分适用于各级测报站点对烟草野火、角斑病的测报调查。
YC/T 341. 5—2010	烟草病害预测预报调查规程　第 5 部分：根结线虫病	YC/T 341 的本部分规定了烟草根结线虫病越冬虫源基数调查、系统调查、大田普查方法，以及测报资料收集、汇报和汇总方法。 本部分适用于各级测报站点对烟草根结线虫病的测报调查。
YC/T 341. 4—2010	烟草病害预测预报调查规程　第 4 部分：青枯病	YC/T 341 的本部分规定了烟草青枯病系统调查、大田普查方法，以及测报资料收集、汇报和汇总方法。 本部分适用于各级测报站点对烟草青枯病的测报调查。
YC/T 341. 3—2010	烟草病害预测预报调查规程　第 3 部分：黑胫病	YC/T 341 的本部分规定了烟草黑胫病系统调查、普查方法，以及测报资料收集、汇报和汇总方法。 本部分适用于各级测报站点对烟草黑胫病的测报调查。

标准号	标准名称	摘要
YC/T 341.2—2010	烟草病害预测预报调查规程　第 2 部分：蚜传病毒病	YC/T 341 的本部分规定了传毒媒介烟蚜早春虫源基数调查、有翅蚜迁飞调查、蚜传病毒病系统调查、大田普查、发生程度划分方法等，以及测报资料的收集、汇报和汇总方法。 本部分适用于各级测报站点对烟草黄瓜花叶病毒病、烟草马铃薯 Y 病毒病、烟草蚀纹病毒病等蚜传病毒病的预测预报调查。
YC/T 341.1—2010	烟草病害预测预报调查规程　第 1 部分：赤星病	YC/T 341 的本部分规定了烟草赤星病系统调查、大田普查方法，以及测报资料收集、汇报和汇总方法。 本部分适用于各级测报站点对烟草赤星病的测报调查。
YC/T 340.3—2010	烟草害虫预测预报调查规程　第 3 部分：小地老虎	YC/T 340 的本部分规定了小地老虎成虫发生动态调查、系统调查、大田普查、小地老虎发生程度划分方法，以及测报资料的收集、汇报和汇总方法。 本部分适用于烟田小地老虎的预测预报调查。
YC/T 340.2—2010	烟草害虫预测预报调查规程　第 2 部分：烟青虫、棉铃虫	YC/T 340 的本部分规定了烟青虫和棉铃虫越冬基数调查、田间成虫发生动态调查、系统调查、大田普查、天敌调查、发生程度划分方法，以及测报资料的收集、汇报和汇总方法。 本部分适用于烟田烟青虫和棉铃虫的预测预报调查。
YC/T 340.1—2010	烟草害虫预测预报调查规程　第 1 部分：蚜虫	YC/T 340 的本部分规定了烟蚜越冬虫源基数调查、有翅蚜迁飞调查、系统调查、大田普查、烟蚜发生程度划分方法，以及测报资料的收集、汇报和汇总方法。 本部分适用于烟田蚜虫的预测预报调查。
SN/T 1146.2—2017	烟草环斑病毒分子生物学检测方法	SN/T 1146 的本部分规定了烟草环斑病毒分子生物学检测的基本原则和方法。 本部分适用于无性繁殖材料、组培苗、鳞球茎和种子苗木中携带的烟草环斑病毒的检测。
7. 打叶复烤类		
YC/T 366—2010	打叶烟叶　烤烟质量均匀性评价	本标准规定了打叶复烤后片烟（成品）质量均匀性的评价方法。 本标准适用于批次内烤烟片烟（成品）质量均匀性的评价。
YC/T 147—2010	打叶烟叶　质量检验	本标准规定了打叶复烤后烟叶叶片、烟梗、碎片和碎末（成品）质量的检验方法和判定。 本标准适用于烤烟和白肋烟。
YC/T 146—2010	烟叶　打叶复烤　工艺规范	本标准规定了打叶复烤各工序的主要工艺技术要求。 本标准适用于烤烟和白肋烟。
8. 转基因烟草		
GB/T 19495.4—2018	转基因产品检测　实时荧光定性聚合酶链式反应（PCR）检测方法	GB/T 19495 的本部分规定了植物及其加工产品中转基因成分筛选和品系检测实时荧光定性聚合酶链式反应（PCR）检测方法有关的仪器设备、试剂和材料、检测步骤、质量控制、防污染措施以及方法的最低检出限。 本部分适用于大豆、玉米、油菜、水稻、棉花、马铃薯、亚麻、甜菜、苜蓿、番茄、木瓜、苹果、菊苣、剪股颖、烟草、李子、甜瓜、小麦、茄子和桉树等植物转基因筛选检测，也适用于大豆、玉米、油菜、棉花、水稻、马铃薯、亚麻、甜菜和木瓜等植物的品系特异性检测。
GB/T 24310—2009	烟草及烟草制品　转基因检测方法	本标准规定了烟草种子、鲜烟叶、初烤烟、片烟和卷烟烟丝进行转基因成分检测的样品取样方法和实验室检测方法。 本标准适用于烟草及烟草制品转基因成分检测。
YC/T 194—2005	转基因烟草控制释放操作规程	本标准规定了烟草与烟草制品生产加工过程中转基因成分的控制规程及在烟草贸易中出现转基因成分时的追踪体系。 本标准适用于烟草种子繁育、供应，烟叶生产加工，烟草制品出口备货等环节。
YC/T 339—2010	烟草及烟草制品　转基因测定的取样方法	本标准规定了烟草及烟草制品的转基因取样方法。 本标准适用于烟草及烟草制品转基因测定时的取样。

标准号	标准名称	摘要
SN/T 1200—2003	烟草中转基因成分定性 PCR 检测方法	本标准规定了烟草中转基因成分定性 PCR 检测方法。 本标准适用于对新鲜和干的烟叶、种籽及烤烟等的转基因成分进行定性检测和鉴定。
SN/T 1204—2016	植物及其加工产品中转基因成分实时荧光 PCR 定性检验方法	本标准规定了植物及其加工产品中转基因成分筛选和品系鉴定实时荧光 PCR 检测方法。 本标准适用于大豆、玉米、油菜籽、水稻、棉花、马铃薯、亚麻、甜菜、苜蓿、番茄、木瓜、苹果、菊苣、剪股颖、烟草、李子、甜瓜、小麦、茄子和桉树转基因筛选检测，也适用于大豆、玉米、油菜、水稻、棉花、马铃薯、亚麻和甜菜等作物的品系特异性实时荧光 PCR 检验。
9. 烟叶生产检测监督		
YC/T 489—2014	片烟异物剔除装置异物剔除率的测定方法	本标准规定了打叶复烤、制丝线中，运用图像法原理的片烟异物剔除装置，离线测定异物剔除率、在线测定误剔率时的测定条件、测定方法等。 本标准适用于打叶复烤、制丝线中运用图像法原理的片烟异物剔除装置异物剔除率的测定。
YC/T 370—2010	烤烟中非烟物质控制技术规程	本标准规定了烤烟在大田生产、收购、仓储、运输、复烤各个环节中非烟物质的控制要求、检验方法以及判定。 本标准适用于烤烟在大田生产、收购、仓储、运输、复烤过程中的非烟物质控制。香料烟、白肋烟等其他类型烟叶中的非烟物质控制参照执行。
YC/T 329. 1—2013	烟叶管理信息系统外围设备接口　第 1 部分：烟叶收购	YC/T 329 的本部分规定了烟叶管理信息系统收购过程中电子秤、显示屏、IC 卡读写器、磁条读写器、RFID 卡读写器、定级设备、传送带控制器、GPS 设备、手持录入设备和指纹机设备的接口规范。 本部分适用于指导烟叶收购过程中电子秤、显示屏、IC 卡读写器、磁条读写器、RFID 卡读写器、定级设备、传送带控制器、GPS 设备、手持录入设备和指纹机设备产品的接口设计。
YC/T 483—2013	出口烤烟分级	本标准规定了出口烤烟的烟叶等级外观质量特征、定级规则。 本标准适用于初烤后而未经发酵的出口烤烟，包括把烟和散烟。
YC/T 291—2009	烟叶分级实验室环境条件	本标准规定了烟叶分级实验室环境的术语和定义、环境照明、环境温湿度、工作台以及环境颜色和设备维护。 本标准适用于分级实验室的建设、在分级实验室中进行的烟叶分级、样品制备和烟叶等级质量检验。
10. 烟草和烟草制品质量安全检测类		
GB/T 31786—2015	烟草及烟草制品　箱内片烟密度偏差率的无损检测　电离辐射法	本标准规定了箱内片烟密度偏差率（DVR）的检测方法。 本标准适用于箱内片烟密度偏差率的检测。
GB/T 31758—2015	烟叶和烟叶提取物中茄尼醇的测定　高效液相色谱法	本标准规定了烟叶及烟叶提取物中游离茄尼醇和总茄尼醇含量的高效液相色谱测定方法。 本标准适用于烟叶及烟叶提取物中游离茄尼醇和总茄尼醇含量的测定。 本方法测定烟叶中游离茄尼醇和总茄尼醇含量的检出限为 0. 001 3 mg/g，定量限为 0. 004 3 mg/g；烟膏中游离茄尼醇和总茄尼醇含量的检出限为 0. 013 mg/g，定量限为 0. 043 mg/g；提取液中游离茄尼醇和总茄尼醇含量的检出限为 0. 000 052 mg/g，定量限为 0. 000 17 mg/g。
GB/T 30987—2020	植物中游离氨基酸的测定	本标准规定了植物中游离氨基酸含量的测定方法，包括全自动氨基酸分析仪法（第一法）、高效液相色谱仪法（第二法）和液相色谱-串联质谱法（第三法）三种方法。 本标准适用于茶叶、中药材、烟叶等植物样品中 21 种游离氨基酸（丙氨酸、精氨酸、天冬酰胺、天冬氨酸、胱氨酸、γ-氨基丁酸、谷氨酰胺、谷氨酸、甘氨酸、组氨酸、异亮氨酸、亮氨酸、赖氨酸、蛋氨酸、苯丙氨酸、脯氨酸、丝氨酸、茶氨酸、苏氨酸、酪氨酸、缬氨酸）的测定。

标准号	标准名称	摘要
GB/T 16447—2004	烟草及烟草制品 调节和测试的大气环境	本标准规定了调节和测试烟草及烟草制品试样和样品的大气环境。 本标准适用于测试烟草及烟草制品以及烟草制造过程中有必要进行事先调节的材料。不适用于在其他标准中规定的测试条件和测试方法。
YC/T 529—2015	烟草及烟草制品 感官评价人员资质确定的一般导则	本标准规定了烟草及烟草制品感官评价人员资质确定的一般要求。 本标准适用于烟草及烟草制品感官评价人员的资质确定。
YC/T 472—2013	烟草及烟草制品 微生物学检验 霉菌计数	本标准规定了烟草及烟草制品微生物学检验的霉菌计数法。 本标准适用于烟草及烟草制品的霉菌计数。
YC/T 471—2013	烟草及烟草制品 麦角甾醇的测定 气相色谱-质谱联用法	本标准规定了烟草及烟草制品中麦角甾醇的气相色谱-质谱联用测定方法。 本标准适用于烟草及烟草制品中麦角甾醇的测定。 本方法测定烟草及烟草制品中麦角甾醇的检出限为 0.5 mg/kg，定量限为 1.5 mg/kg。
YC/T 470—2013	烟草及烟草制品 西柏烷二萜醇的测定 气相色谱-质谱联用法	本标准规定了烟草及烟草制品中 α-2,7,11-西柏三烯-4,6-二醇和 β-2,7,11-西柏三烯-4,6-二醇两种西柏烷二萜醇的气相色谱-质谱联用测定方法。 本标准适用于烟草及烟草制品中 α-2,7,11-西柏三烯-4,6-二醇和 β-2,7,11-西柏三烯-4,6-二醇的测定。 本方法测定烟草及烟草制品中 α-2,7,11-西柏三烯-4,6-二醇和 β-2,7,11-西柏三烯-4,6-二醇的检出限分别为 0.4 μg/g 和 0.3 μg/g，定量限分别为 1.3 μg/g、0.9 μg/g。
YC/T 468—2013	烟草及烟草制品 总植物碱的测定 连续流动（硫氰酸钾）法	本标准规定了烟草及烟草制品中总植物碱（以烟碱计）的连续流动硫氰酸钾测定方法。 本标准适用于烟草及烟草制品中总植物碱（以烟碱计）的测定。 本方法测定烟草及烟草制品中总植物碱（以烟碱计）的检出限为 0.045%，定量限为 0.160%。
YC/T 565—2018	烟草及烟草制品 建立感官分析实验室的一般导则	本标准规定了建立烟草及烟草制品感官分析实验室的一般条件，实验区域的划分、布局，实验区域的建设要求以及应达到的效果。 本标准适用于烟草及烟草制品感官分析实验室的规划、设计和建设。
YC/T 501—2014	烟草及烟草制品 游离态甾醇的测定 高效液相色谱-串联质谱法	本标准规定了烟草及烟草制品中游离态甾醇（麦角甾醇、胆甾醇、菜油甾醇、豆甾醇、β-谷甾醇）的高效液相色谱-串联质谱测定方法。 本标准适用于烟草及烟草制品中游离态甾醇（麦角甾醇、胆甾醇、菜油甾醇、豆甾醇、β-谷甾醇）的测定。
YC/T 500—2014	烟草及烟草制品 挥发性有机酸的测定 气相色谱-质谱联用法	本标准适用于烟草及烟草制品中挥发性有机酸（甲酸，乙酸，丙酸，异丁酸，丁酸，异戊酸，戊酸，3-甲基戊酸、4-甲基戊酸、己酸、庚酸、辛酸、壬酸，癸酸）的测定。 本标准测定烟草及烟草制品中挥发性有机酸的检出限和定量限见表 A.1。
YC/T 499—2014	烟草及烟草制品 硫的测定 离子色谱法	本标准规定了烟草及烟草制品中硫的离子色谱测定方法。 本标准适用于烟草及烟草制品中硫的测定。 本方法测定烟草及烟草制品中硫的检出限为 0.000 6%，定量限为 0.002 0%。
YC/T 216—2013	烟草及烟草制品 淀粉的测定 连续流动法	本标准规定了烟草中淀粉含量的连续流动测定方法。 本标准适用于烟草及烟草制品中淀粉的测定。 本方法测定烟草及烟草制品中淀粉的检出限为 0.46 mg/L，定量限为 1.53 mg/L。
YC/T 475—2013	烟草及烟草制品 霉变控制指南	本标准规定了烟草及烟草制品霉变控制的设施设备，入库、贮存、出库控制，监测及检验，过程控制和霉变品处理等方面的要求。 本标准适用于烤烟、白肋烟、香料烟及其加工产品（复烤片烟、烟梗及碎片、卷烟）的霉变控制。 本标准不适用于再造烟叶。

标准号	标准名称	摘要
YC/T 427—2012	烟草及烟草制品 灰分的测定	本标准规定了烟草及烟草制品灰分的测定方法。 本标准适用于烟草及烟草制品灰分的测定。
YC/T 284—2009	烟草及烟草制品 硫的测定 光度比浊法	本标准规定了烟草及烟草制品中硫的光度比浊测定方法。 本标准适用于烟草及烟草制品中硫的测定。
YC/T 283—2009	烟草及烟草制品 淀粉的测定 酶水解-离子色谱法	本标准规定了烟草及烟草制品中淀粉的酶水解-离子色谱测定方法。 本标准适用于烟草及烟草制品中淀粉的测定。
YC/T 162—2011	烟草及烟草制品 氯的测定 连续流动法	本标准规定了烟草及烟草制品中氯的连续流动测定方法。 本标准适用于烟草及烟草制品中氯的测定。 本方法测定烟草及烟草制品中氯的检出限为 0.92 mg/L，定量限为 3.07 mg/L。
YC/T 347—2010	烟草及烟草制品 中性洗涤纤维、酸性洗涤纤维、酸洗木质素的测定 洗涤剂法	本标准规定了烟草及烟草制品中中性洗涤纤维、酸性洗涤纤维、酸洗木质素含量的洗涤剂测定方法。 本标准适用于各种烟草及烟草制品中中性洗涤纤维、酸性洗涤纤维、酸洗木质素含量的测定。 本方法测定烟草及烟草制品中中性洗涤纤维、酸性洗涤纤维、酸洗木质素含量的检测限和定量限见表 1。
YC/T 346—2010	烟草及烟草制品 果胶的测定 离子色谱法	本标准规定了烟草及烟草制品中果胶的离子色谱测定方法。 本标准适用于烟草及烟草制品中果胶的测定。 本方法测定果胶的检出限为 0.27 mg/g，定量限为 0.90 mg/g。
YC/T 345—2010	烟草及烟草制品 水分的测定 气相色谱法	本标准规定了烟草及烟草制品中水分的气相色谱测定方法。 本标准适用于水分含量在 2%～55% 范围内的烟草及烟草制品中水分的测定。
YC/T 343—2010	烟草及烟草制品 磷酸盐的测定 连续流动法	本标准规定了烟草及烟草制品中磷酸盐的连续流动测定方法。 本标准适用于烟草及烟草制品中磷酸盐含量的测定。 本方法测定烟草及烟草制品中磷酸盐含量的检出限为 0.01%，定量限为 0.04%。
YC/T 560—2018	烟草特征性成分 烟碱中氢稳定同位素比值的测定 气相色谱-稳定同位素比质谱联用法	本标准规定了烟草特征性成分烟碱中氢稳定同位素比值的气相色谱-稳定同位素比质谱联用测定方法。 本标准适用于烟草及烟草制品、电子烟烟液、无烟气烟草制品等样品中烟草特征性成分烟碱中氢稳定同位素比值的测定，胶基型烟草制品可参考使用。
YC/T 559—2018	烟草特征性成分 生物碱的测定气相色谱-质谱联用法和气相色谱-串联质谱法	本标准规定了烟草特征性成分生物碱（烟碱、N-甲基假木贼碱、降烟碱、麦斯明、假木贼碱、β-二烯烟碱、新烟草碱、2,3′-联吡啶、β-二烯降烟碱、可替宁）的气相色谱-质谱联用和气相色谱—串联质谱测定方法。 本标准适用于烟草及烟草制品、电子烟烟液、无烟气烟草制品等样品中烟草特征性成分生物碱（烟碱、N-甲基假木贼碱、降烟碱、麦斯明、假木贼碱、β-二烯烟碱、新烟草碱、2,3′-联吡啶、β-二烯降烟碱、可替宁）的测定，胶基型烟草制品可参考使用。其中，气相色谱-质谱联用法适用于样品中 10 种生物碱的常规检测，气相色谱-串联质谱法适用于样品中 9 种生物碱（不含烟碱）的确证检测。
YC/T 405.5—2011	烟草及烟草制品 多种农药残留量的测定 第 5 部分：马来酰肼残留量的测定 高效液相色谱法	YC/T 405 的本部分规定了烟草及烟草制品中马来酰肼农药残留量的高效液相色谱测定方法。 本部分适用于烟草及烟草制品中马来酰肼农药残留量的测定。本方法检出限为 0.66 mg/kg，定量限为 2.18 mg/kg。

标准号	标准名称	摘要
YC/T 405.4—2011	烟草及烟草制品　多种农药残留量的测定　第4部分：二硫代氨基甲酸酯农药残留量的测定　气相色谱质谱联用法	YC/T 405的本部分规定了烟草及烟草制品中二硫代氨基甲酸酯农药残留量的气相色谱质谱联用测定法。 本部分适用于烟草及烟草制品中二硫代氨基甲酸酯农药残留量的测定。本方法检出限为0.005 mg/kg，定量限为0.017 mg/kg。
YC/T 405.3—2011	烟草及烟草制品　多种农药残留量的测定　第3部分：气相色谱质谱联用及气相色谱法	YC/T 405的本部分规定了烟草及烟草制品中38种农药残留量的气相色谱质谱联用和气相色谱测定方法。
YC/T 405.2—2011	烟草及烟草制品　多种农药残留量的测定　第2部分：有机氯及拟除虫菊酯农药残留量的测定　气相色谱法	YC/T 405的本部分规定了烟草及烟草制品中所列有机氯和拟除虫菊酯农药残留量的气相色谱测定法。 本部分适用于烟草及烟草制品中所列有机氯和拟除虫菊酯农药残留量的测定。
YC/T 405.1—2011	烟草及烟草制品　多种农药残留量的测定　第1部分：高效液相色谱-串联质谱法	YC/T 405的本部分规定了烟草及烟草制品中所列73种农药残留量的高效液相色谱-串联质谱测定方法。 本部分适用于所列73种农药残留量的测定。
YC/T 448—2012	烟草及烟草制品　游离氨基酸测定　离子色谱-积分脉冲安培法	本标准规定了烟草及烟草制品中游离氨基酸的离子色谱-积分脉冲安培测定方法。 本标准适用于烟草及烟草制品中精氨酸、赖氨酸、色氨酸、丙氨酸、苏氨酸、甘氨酸、缬氨酸、丝氨酸、脯氨酸、异亮氨酸、亮氨酸、甲硫氨酸、组氨酸、苯丙氨酸、谷氨酸、天冬氨酸、胱氨酸、酪氨酸等18种常见游离氨基酸的测定。
YC/T 447—2012	烟草及烟草制品　麦芽糖、蔗糖、葡萄糖、果糖的测定　高效液相色谱蒸发光检测器法	本标准规定了烟草及烟草制品中麦芽糖、蔗糖、葡萄糖、果糖的高效液相色谱蒸发光散射的测定方法。 本标准适用于烟草及烟草制品中麦芽糖、蔗糖、葡萄糖、果糖的测定。 本方法测定烟草及烟草制品中麦芽糖、蔗糖葡萄糖、果糖含量的检出限分别为0.018%、0.012%、0.015%和0.021%，定量限分别为0.057%、0.042%、0.048%和0.069%。
YC/Z 385—2011	烟草及烟草制品　由同批样品中制备和组成测试方法评价的共同实验用均一样品	本指导性技术文件规定了将一批均匀或未必均匀的烟草或烟草制品样品制备成若干份供实验室内或实验室间共同试验用的相似样品的操作指南。
YC/T 383—2010	烟草及烟草制品　烟碱、降烟碱、新烟碱、麦斯明和假木贼碱的测定　气相色谱-质谱联用法	本标准规定了烟草及烟草制品中5种生物碱，包括［烟碱（Nicotine）、降烟碱（Nornicotine）、麦斯明（Myosmine）、假木贼碱（Anabasine）、新烟碱（Anatabine）］的气相色谱-质谱联用测定方法。 本标准适用于烟草及烟草制品中5种生物碱（烟碱、降烟碱、麦斯明、假木贼碱、新烟碱）的测定。 本方法测定烟草及烟草制品中烟碱、降烟碱、麦斯明、假木贼碱、新烟碱的定量限分别为46.8 μg/g、7.6 μg/g、0.5 μg/g、5.1 μg/g、7.9 μg/g，检出限分别为14.1 μg/g、2.3 μg/g、0.2 μg/g、1.5 μg/g、2.4 μg/g。
YC/T 382—2010	烟草及烟草制品　质体色素的测定　高效液相色谱法	本标准规定了烟草及烟草制品中质体色素的高效液相色谱测定方法。 本标准适用于烟草及烟草制品中表1所列质体色素的测定。

标准号	标准名称	摘要
YC/T 381—2010	烟草及烟草制品 葡萄糖、果糖、蔗糖的测定 高效液相色谱法	本标准规定了烟草及烟草制品中葡萄糖、果糖、蔗糖的高效液相色谱测定方法。 本标准适用于烟草及烟草制品中葡萄糖、果糖、蔗糖的测定。 本方法测定烟草及烟草制品中葡萄糖、果糖、蔗糖含量的检出限分别为0.005%、0.006%和0.002%，定量限分别为0.016%、0.020%和0.007%。
YC/T 380—2010	烟草及烟草制品 铬、镍、砷、硒、镉、铅的测定 电感耦合等离子体质谱法	本标准规定了烟草及烟草制品中铬、镍、砷、硒、镉和铅含量的电感耦合等离子体质谱测定方法。 本标准适用于烟草及烟草制品中铬、镍、砷、硒、镉和铅的测定。 本方法测定烟草及烟草制品中铬、镍、砷、硒、镉和铅的检测限分别为0.015 μg/g、0.015 μg/g、0.013 μg/g、0.026 μg/g、0.013 μg/g 和 0.016 μg/g。
YC/T 222—2007	烟草及烟草制品 pH 的测定	本标准规定了烟草及烟草制品 10%（质量浓度）水浸提液 pH 的测定方法。 本标准适用于烟草和烟草制品 10%（质量浓度）水浸提液 pH 的测定。
YC/T 221—2007	烟草及烟草制品 硒的测定 原子荧光法	本标准规定了烟草及烟草制品中硒含量的氢化物原子荧光测定法。 本标准适用于烟草和烟草制品硒含量的测定。
YC/T 218—2007	烟草及烟草制品 菌核净农药残留量的测定 气相色谱法	本标准规定了烟草中菌核净农药残留量的气相色谱测定方法。 本标准适用于烟草和烟草制品。
YC/T 217—2007	烟草及烟草制品 钾的测定 连续流动法	本标准规定了烟草及烟草制品中钾的连续流动测定方法。 本标准适用于烟草及烟草制品中钾含量的测定。
YC/T 176—2003	烟草及烟草制品 石油醚提取物的测定	本标准规定了烟草及其制品中石油醚提取物的测定方法。 本标准适用于烟草及其制品中石油醚提取物的测定。
YC/T 175—2003	烟草及烟草制品 镁的测定 原子吸收法	本标准规定了烟草及烟草制品中镁的测定方法。 本标准适用于烟草及烟草制品中镁的测定。
YC/T 174—2003	烟草及烟草制品 钙的测定 原子吸收法	本标准规定了烟草及烟草制品中钙的测定方法。 本标准适用于烟草及烟草制品中钙的测定。
YC/T 173—2003	烟草及烟草制品 钾的测定 火焰光度法	本标准规定了烟草及烟草制品中钾的测定方法。 本标准适用于烟草及烟草制品中钾的测定。
YC/T 251—2008	烟草及烟草制品 葡萄糖、果糖、蔗糖的测定 离子色谱法	本标准规定了烟草及烟草制品中葡萄糖、果糖、蔗糖的离子色谱测定方法。 本标准适用于烟草及烟草制品中葡萄糖、果糖、蔗糖的测定。
YC/T 250—2008	烟草及烟草制品 汞、砷、铅含量的测定 氢化物原子荧光光度法	本标准规定了烟草及烟草制品中汞、砷、铅含量的氢化物原子荧光光度测定法。 本标准适用于烟草及烟草制品中汞、砷、铅含量的测定。
YC/T 249—2008	烟草及烟草制品 蛋白质的测定 连续流动法	本标准规定了烟草及烟草制品中蛋白质的连续流动测定方法。 本标准适用于烟草及烟草制品中蛋白质的测定。
YC/T 248—2008	烟草及烟草制品 无机阴离子的测定 离子色谱法	本标准规定了烟草及烟草制品中 Cl^-、NO_3^-、SO_4^{2-}、PO_4^{3-} 四种无机阴离子的离子色谱测定方法。 本标准适用于烟草及烟草制品中 Cl^-、NO_3^-、SO_4^{2-}、PO_4^{3-} 四种无机阴离子的测定。
YC/T 247—2008	烟草及烟草制品 烟碱纯度的测定 硅钨酸重量法	本标准规定了烟碱纯度的硅钨酸重量测定方法。 本标准适用于烟草及烟草制品和烟气中烟碱含量测定时，用于校准分析方法所使用的烟碱或烟碱盐的纯度测定。

标准号	标准名称	摘要
YC/T 246—2008	烟草及烟草制品　烟碱的测定　气相色谱法	本标准规定了烟草及烟草制品中烟碱的气相色谱测定方法。 本标准适用于烟草及烟草制品中烟碱的测定。 本标准适用于烟碱含量在 8~41 mg/g（干基计）的样品。
YC/T 245—2008	烟草及烟草制品　氨的测定　连续流动法	本标准规定了烟草及烟草制品中氨的连续流动分析法。 本标准适用于烟草及烟草制品中氨的测定。
YC/T 244—2008	烟草及烟草制品 1,2-丙二醇、丙三醇和山梨醇的测定　高效液相色谱法	本标准规定了烟草及烟草制品中 1,2-丙二醇、丙三醇和山梨醇的高效液相色谱测定方法。 本标准适用于烟草及烟草制品中 1,2-丙二醇、丙三醇和山梨醇的测定。 本标准不适用于添加了其他保润剂的烟草及烟草制品。
YC/T 243—2008	烟草及烟草制品 1,2-丙二醇、丙三醇的测定　气相色谱法	本标准规定了烟草及烟草制品中 1,2-丙二醇、丙三醇的气相色谱测定方法。 本标准适用于烟草及烟草制品中 1,2-丙二醇、丙三醇的测定。
YC/T 161—2002	烟草及烟草制品　总氮的测定　连续流动法	本标准规定了烟草中总氮的测定方法（不包括硝态氮）。 本标准适用于烟草和烟草制品。
YC/T 160—2002	烟草及烟草制品　总植物碱的测定　连续流动法	本标准规定了烟草中总植物碱的测定方法。 本标准适用于烟草的烟草制品。
YC/T 35—1996	烟草及烟草制品　总挥发碱的测定	本标准规定了烟草中总挥发碱的测定方法。 本标准适用于烟草及烟草制品。
YC/T 34—1996	烟草及烟草制品　总植物碱的测定　光度法	本标准规定了光度法测定烟草及烟草制品中总植物碱的方法，以烟碱表示。 本标准适用于烟草及烟草制品。
YC/T 33—1996	烟草及烟草制品　总氮的测定　克达尔法	本标准规定了总氮的测定方法。 本标准适用于烟草及烟草制品，不考虑硝态氮的存在。
YC/T 32—1996	烟草及烟草制品　水溶性糖的测定　芒森·沃克法	本标准规定了水溶性糖的测定方法。 本标准适用于烟草及烟草制品中常量糖的测定。
YC/T 31—1996	烟草及烟草制品　试样的制备与水分测定烘箱法	本标准规定了供常规分析用试样的制备方法及试样水分的测定方法—烘箱法 本标准适用于烟草及烟草制品。
YC/T 184—2004	烟草及烟草制品　烟草特有 N-亚硝胺的测定	本标准规定了烟草和烟草制品中四种烟草特有 N-亚硝胺［N-亚硝基降烟碱（NNN）、N-亚硝基新烟碱（NAT）、N-亚硝基假木贼碱（NAB）、4-(甲基亚硝胺基)-1-(3-吡啶基)-1-丁酮（NNK）］的测定方法。 本标准适用于烟草和烟草制品。
YC/T 181—2004	烟草及烟草制品　有机氯除草剂农药残留量的测定　气相色谱法	本标准规定了烟草中麦草畏、2,4-滴和 2,4,5-涕三种有机氯除草剂农药残留量的测定方法。 本标准适用于烟草和烟草制品。
YC/T 180—2004	烟草及烟草制品　毒杀芬农药残留量的测定　气相色谱法	本标准规定了烟草中毒杀芬残留量的气相色谱测定法。 本标准适用于烟草和烟草制品。

标准号	标准名称	摘要
YC/T 179—2004	烟草及烟草制品 酰胺类除草剂农药残留量的测定 气相色谱法	本标准规定了烟草中异丙甲草胺（都尔）、敌草胺（大惠利）、双苯酰草胺（草乃敌）残留量的气相色谱测定法。 本标准适用于烟草和烟草制品。
YC/T 236—2008	烟草及烟草制品 箱内片烟密度偏差率的无损检测 电离辐射法	本标准规定了箱内片烟密度偏差率的检测方法。 本标准适用于箱内片烟密度偏差率的无损检测。
YC/T 202—2006	烟草及烟草制品 多酚类化合物 绿原酸、莨菪亭和芸香苷的测定	本标准规定了烟草和烟草制品中三种多酚（绿原酸、莨菪亭和芸香苷）的测定方法。 本标准适用于烟草和烟草制品。
YC/T 166—2003	烟草及烟草制品 总蛋白质含量的测定	本标准规定了克达尔法测定烟草及烟草制品中蛋白质氮的方法。 本标准适用于烟草和烟草制品。
YC/T 189—2004	烟草及烟草制品 监测卷烟的要求和应用	本标准规定了监测卷烟的要求及其应用。 本标准适用于监测卷烟的制备和使用。
YC/T 269—2008	烟草及烟草制品 硫酸盐的测定 连续流动法	本标准规定了烟草及烟草制品中硫酸盐含量的连续流动测定方法。 本标准适用于烟草及烟草制品中硫酸盐含量的测定。
YC/T 205—2017	烟草及烟草制品 仓库 设计规范	本标准规定了烟草及烟草制品仓库设计的技术要求。 本标准适用于新建、改建、扩建的原烟仓库、片烟仓库、烟梗仓库、碎叶仓库、再造烟叶仓库、卷烟成品仓库和烟用材料仓库。
YC/T 153—2001	烟草及烟草制品 氯含量的测定 电位滴定法	本标准规定了烟草及烟草制品氯含量的测定方法（不包括有机氯）。 本标准适用于烟草及烟草制品中氯含量的测定，测定结果以氯含量的质量百分率表示。
YC/T 138-1998	烟草及烟草制品 感官评价方法	本标准规定了烟草及烟草制品感官评价的一般要求、检验方法及对检验结果进行分析的统计学技术。 本标准适用于烟草及烟草制品的产品设计、开发和质量检验的感官评价。 本标准不适用于消费者偏爱检验。
YC/T 296—2009	烟草及烟草制品 硝酸盐的测定 连续流动法	本标准规定了烟草及烟草制品中硝酸盐的连续流动测定方法。 本标准适用于烟草及烟草制品中硝酸盐含量的测定。
YC/T 165—2003	烟草-水分的测定 卡尔费休法	本标准规定了常规分析用未加香烟草中水分的测定方法—卡尔费休法。 本标准适用于未加香烟草。
YC/T 288—2009	烟草及烟草制品 多元酸（草酸、苹果酸和柠檬酸）的测定 气相色谱法	本标准规定了烟草及烟草制品中 3 种多元酸（草酸、苹果酸和柠檬酸）的气相色谱测定方法。 本标准适用于烟草及烟草制品中 3 种多元酸（草酸、苹果酸和柠檬酸）的测定。
YC/T 282—2009	烟叶 游离氨基酸的测定 氨基酸分析仪法	本标准规定了烟叶中游离氨基酸的氨基酸分析仪测定方法。 本标准适用于烟叶中天冬氨酸（Asp）、苏氨酸（Thr）、丝氨酸（Ser）、天冬酰胺（Asn）、谷氨酸（Glu）、脯氨酸（Pro）、甘氨酸（Gly）、丙氨酸（Ala）、缬氨酸（Val）、胱氨酸（Cys）、异亮氨酸（Ile）、亮氨酸（Leu）、酪氨酸（Tyr）、苯丙氨酸（Phe）、β-丙氨酸（β-Ala）、β-氨基异丁酸（β-Aia）、γ-氨基丁酸（γ-Aba）、赖氨酸（Lys）、组氨酸（His）、色氨酸（Trp）、精氨酸（Arg）等 21 种游离氨基酸的测定。

标准号	标准名称	摘要
SN/T 1385—2004	菟丝子属的检疫鉴定方法	本标准规定了进出境植物检疫中菟丝子属（*Cuscuta* L.）植物的检疫和鉴定方法。 本标准适用于进出境种用种子、粮食（包括豆类、原粮及其粗加工品）、烟草及其他用途的植物和植物产品中菟丝子属的检疫和鉴定。
SN/T 2094—2008	进出口食品中α-硫丹和β-硫丹残留量的检测方法 酶联免疫法	本标准规定了进出口食品中α-硫丹和β-硫丹总残留量的酶联免疫测定方法。 本标准适用于粮谷、蔬菜、茶叶、烟草、水果、肉及肉制品、虾中硫丹残留量的筛选检测。鱼类不适用酶联免疫法的测定，用胶体金试纸条法测定。
SN/T 0146—2016	出口烟叶及烟叶制品中六六六、滴滴涕残留量的检测方法	本标准规定了出口烟叶和烟叶制品中六六六、滴滴涕残留量的测定和确证方法。 本标准适用于出口烟叶和烟叶制品中六六六、滴滴涕残留量的检测和确证。
SN/T 4420—2016	出口烟草及烟草制品中铅、砷、汞、镉、铬的测定 电感耦合等离子体质谱法	本标准规定了出口烟草及烟草制品中铅、砷、汞、镉、铬的电感耦合等离子体质谱的测定方法。 本标准适用于出口烟草及烟草制品中铅、砷、汞、镉、铬的测定。
11. 卷烟产品/卷烟及其加工标准		
（1）再造烟叶、制丝		
YC/T 476—2013	烟支烟丝密度测定 微波法	本标准规定了卷烟烟支烟丝密度的微波测定方法。 本标准适用于卷烟烟支烟丝密度及其分布均匀性的测定。
YC/T 285—2009	卷烟 配方烟丝中薄荷醇的测定 气相色谱法	本标准规定了卷烟配方烟丝中薄荷醇的气相色谱测定方法。 本标准适用于卷烟配方烟丝中薄荷醇的测定。
YC/T 473—2013	烟丝表观密度、真密度和内孔容积的测定	本标准规定了烟丝表观密度、真密度和内孔容积的测定方法。 本标准适用于叶丝、膨胀叶丝、膨胀梗丝、再造烟叶叶丝的表观密度、真密度和内孔容积测定。
YC/T 152—2001	卷烟 烟丝填充值的测定	本标准规定了卷烟烟丝填充值的测定方法。 本标准适用于卷烟烟丝（包括叶丝、膨胀叶丝、薄片丝等）。
YC/T 353—2010	卷烟 加料均匀性的测定	本标准规定了卷烟加工过程中烟片加料均匀性的测定方法。 本标准适用于卷烟加工过程中加料后烟片中1,2-丙二醇含量不小于0.3%的加料均匀性测定。
YC/T 289—2009	卷烟 配方烟丝结构的测定	本标准规定了卷烟配方烟丝结构的测定方法。 本标准适用于各种卷烟配方烟丝结构的测定。
YC/T 428—2012	卷烟机剔除梗签物中含丝量的测定	本标准规定了卷烟机剔除梗签物中含丝量的测定方法。 本标准适用于卷烟机剔除梗签物中含丝量的测定。
YC/T 163—2003	卷烟 膨胀梗丝填充值的测定	本标准规定了卷烟膨胀梗丝填充值的测定方法。 本标准适用于卷烟膨胀梗丝。
YC/T 178—2003	烟丝整丝率、碎丝率的测定方法	本标准规定了烟丝整丝率和破丝率的测定方法。 本标准适用于烟丝、叶丝、梗丝、回收烟丝、再造烟叶丝和膨胀烟丝。
（2）卷烟产品		
GB/T 23228—2008	卷烟 主流烟气总粒相物中烟草特有N-亚硝胺的测定 气相色谱-热能分析联用法	本标准规定了卷烟主流烟气总粒相物中N-亚硝基降烟碱（NNN）、N-亚硝基新烟碱（NAT），N-亚硝基假木贼碱（NAB）和4-(甲基亚硝胺基)-1-(3-吡啶基)-1-丁酮（NNK）四种烟草特有亚硝胺的测定方法。 本标准适用于卷烟烟气总粒相物中以上四种烟草特有亚硝胺的测定。

标准号	标准名称	摘要
YC/Z 550—2016	卷烟制造过程质量风险评估指南	本指导性技术文件规定了卷烟制造过程质量风险评估的方法。 本指导性技术文件适用于原料贮存、烟用材料贮存、制丝、滤棒成型、卷制包装及成品贮存等卷烟制造过程质量风险的评估。
YC/T 558—2018	卷烟　燃烧锥落头倾向的测试	本标准规定了弹击方式测试卷烟燃烧锥落头倾向的方法。 本标准适用于卷烟燃烧锥落头倾向的测试。敲击方式也可应用于卷烟燃烧锥落头倾向的测试。
YC/T 564—2018	基于消费体验的中式卷烟感官评价方法	本标准规定了基于消费体验的中式卷烟感官评价的术语和定义、要求和试验方法。 本标准适用于基于消费体验的中式卷烟感官综合评价与分析，适用于轻松感、舒适感、满足感的分别评价与分析。
YC/T 563—2018	卷烟　总粒相物中烟碱、降烟碱、新烟碱、麦斯明、假木贼碱、可替宁和2,3′-联吡啶的测定　气相色谱-质谱联用法	本标准规定了卷烟主流烟气总粒相物中烟碱、降烟碱、新烟碱、麦斯明、假木贼碱、可替宁和2,3′-联吡啶的气相色谱-质谱联用测定方法。 本标准适用于卷烟主流烟气总粒相物中烟碱、降烟碱、新烟碱、麦斯明、假木贼碱、可替宁和2,3′-联吡啶的测定。
GB/T 16450—2004	常规分析用吸烟机定义和标准条件	本标准规定了常规分析用机械吸烟的标准条件、吸烟参数及符合标准条件的常规分析用吸烟机的技术要求，同时规定了常规分析用吸烟机上环绕卷烟的环境气流速度、吸烟罩的设计、气流速度的测量方法和测量点。 本标准适用于卷烟常规分析用吸烟机。
GB/T 23203. 1—2013	卷烟　总粒相物中水分的测定　第1部分：气相色谱法	GB/T 23203 的本部分规定了卷烟烟气总粒相物中水分的气相色谱测定方法。 本部分适用于标准和非标准抽吸所得到的卷烟烟气总粒相物中水分的测定。
GB 5606. 6—2005	卷烟　第6部分：质量综合判定	本部分规定了卷烟质量综合判定方法。 本部分适用于卷烟。
GB 5606. 5—2005	卷烟　第5部分：主流烟气	本部分规定了卷烟主流烟气中焦油量、烟气烟碱量、烟气一氧化碳量的技术要求、试验方法和检验规则。 本部分适用于卷烟。
GB 5606. 4—2005	卷烟　第4部分：感官技术要求	本部分规定了卷烟感官质量的技术要求、试验方法和检验规则。本部分适用于各种香味风格的卷烟。
GB 5606. 3—2005	卷烟　第3部分：包装、卷制技术要求及贮运	GB 5606 的本部分规定了卷烟包装、卷制技术要求、试验方法、检验规则及贮运。
GB 5606. 2—2005	卷烟　第2部分：包装标识	本部分规定了卷烟包装标识的要求、试验方法及检验规则。 本部分适用于卷烟。
GB/T 5606. 1—2004	卷烟　第1部分：抽样	GB 5606 的本部分规定了抽样检验实验室卷烟样品的抽取方法和试样的制备方法。 本部分适用于卷烟。
GB/T 19609—2004	卷烟　用常规分析用吸烟机测定　总粒相物和焦油	本标准规定了用常规分析用吸烟机产生和收集卷烟烟气，以及总粒相物和焦油的测定方法。 本标准适用于卷烟。
YC/T 497—2014	卷烟　中式卷烟风格感官评价方法	本标准规定了中式卷烟风格感官评价的术语及一般要求。 本标准适用于中式卷烟风格特征及品质特征的评价与分析，也适用于中式卷烟产品设计、维护和评价中风格特征及品质特征的一致性检验。

标准号	标准名称	摘要
YC/T 496—2014	卷烟　感官舒适性评价方法	本标准规定了卷烟感官舒适性评价方法的术语、一般要求、评价程序及数据统计方法。 本标准适用于卷烟感官舒适性评价与分析，也适用于产品开发、产品维护和产品感官舒适性的检验。
YC/T 404—2011	卷烟　主流烟气中汞的测定　冷原子吸收光谱法	本标准规定了卷烟主流烟气中汞的冷原子吸收光谱测定方法。 本标准适用于卷烟主流烟气中汞的测定。 本标准测定卷烟主流烟气中汞的定性检出限为 0.10 ng/cig，定量检出限为 0.35 ng/cig。
YC/T 403—2011	卷烟　主流烟气中氰化氢的测定　离子色谱法	本标准规定了卷烟主流烟气中氰化氢的离子色谱测定方法。 本标准适用于卷烟主流烟气中氰化氢的测定。本方法测定卷烟主流烟气中氰化氢的检出限为 0.32 μg/cig，定量限为 1.06 μg/cig。
YC/T 379—2010	卷烟　主流烟气中铬、镍、砷、硒、镉、铅的测定　电感耦合等离子体质谱法	本标准规定了卷烟主流烟气中铬、镍、砷、硒、镉、铅含量的电感耦合等离子体质谱测定方法。 本标准适用于卷烟主流烟气中铬、镍、砷、硒、镉、铅的测定。 本方法测定卷烟主流烟气中铬、镍、砷、硒、镉和铅的检测限分别为：1.1 ng/cig、2.3 ng/cig、0.3 ng/cig、0.5 ng/cig、1.5 ng/cig 和 2.4 ng/cig。
YC/T 378—2010	卷烟　侧流烟气中羰基化合物的测定　高效液相色谱法	本标准规定了卷烟侧流烟气中羰基化合物的高效液相色谱测定方法。 本标准适用于卷烟侧流烟气中羰基化合物的测定。 本方法测定卷烟侧流烟气中 8 种羰基化合物，即甲醛、乙醛、丙酮、丙烯醛、丙醛、巴豆醛、2-丁酮、丁醛的定量限分别为 129.2 ng/cig、163.8 ng/cig、198.9 ng/cig、164.0 ng/cig、189.8 ng/cig、273.5 ng/cig、247.5 ng/cig 和 272.6 ng/cig，检出限则分别为 36.9 ng/cig、47.5 ng/cig、58.5 ng/cig、45.6 ng/cig、56.5 ng/cig、78.4 ng/cig、72.8 ng/cig 和 81.2 ng/cig。
YC/T 287—2009	卷烟　主流烟气中氮氧化物的测定　化学发光法	本标准规定了卷烟主流烟气中一氧化氮、氮氧化物、(一氧化氮和二氧化氮总量）释放量的化学发光测定方法。 本标准适用于卷烟主流烟气中一氧化氮、氮氧化物的测定。
YC/T 286—2009	卷烟　主流烟气中薄荷醇的测定　气相色谱法	本标准规定了卷烟主流烟气中薄荷醇的气相色谱测定方法。 本标准适用于在标准与非标准条件下抽吸卷烟所捕集到的卷烟主流烟气总粒相物中薄荷醇的测定。
YC/T 354—2010	卷烟和滤棒物理性能的测定　热塌陷	本标准规定了卷烟抽吸燃烧过程中烟支部分和滤棒部分热塌陷的测定方法。 本标准适用于卷烟。
YC/T 350—2010	卷烟　侧流烟气中氰化氢的测定　连续流动法	本标准规定了卷烟侧流烟气中氰化氢（氢氰酸）释放量的连续流动测定方法。 本标准适用于卷烟侧流烟气中氰化氢（氢氰酸）的测定。 本方法测定卷烟侧流烟气中氰化氢（氢氰酸）的检出限为 0.020 μg/mL，定量限为 0.062 μg/mL（均以氰离子计）。
YC/T 349—2010	卷烟　侧流烟气气相中一氧化碳的测定	本标准规定了卷烟侧流烟气气相中一氧化碳的测定方法。 本标准适用于卷烟侧流烟气气相中一氧化碳的测定。
YC/T 348—2010	卷烟　主流烟气中氮氧化物的测定　离子色谱法	本标准规定了卷烟主流烟气中氮氧化物释放量的离子色谱测定方法。 本标准适用于卷烟主流烟气中氮氧化物的测定。 本方法测定卷烟主流烟气中氮氧化物的检出限和定量限分别为 0.000 9 μmol/cig 和 0.002 8 μmol/cig。
YC/T 254—2008	卷烟　主流烟气中主要羰基化合物的测定　高效液相色谱法	本标准规定了卷烟主流烟气中主要羰基化合物的高效液相色谱测定方法。 本标准适用于卷烟主流烟气中主要羰基化合物的测定。

标准号	标准名称	摘要
YC/T 255—2008	卷烟 主流烟气中主要酚类化合物的测定 高效液相色谱法	本标准规定了卷烟主流烟气中主要酚类化合物的测定方法。 本标准适用于卷烟主流烟气中主要酚类化合物的测定。
YC/T 186—2004	卷烟 烟丝弹性的测定方法	本标准规定了烟丝弹性的测定方法。 本标准适用于烟丝和叶丝。
YC/T 185—2004	卷烟 侧流烟气中焦油和烟碱的测定	本标准规定了侧流烟气中焦油和烟碱的测定方法。本标准规定采用 GB/T 16450 的抽吸参数（抽吸容量、抽吸持续时间和抽吸频率）和烟蒂长度，但也适用于其他的抽吸参数。 本标准适用于卷烟侧流烟气中总粒相物的测定以及后续的烟碱和焦油的测定。本方法可能不能直接用于其他侧流烟气成分的测定。
YC/T 148—2002	卷烟、雪茄烟 基本计量单位	本标准规定了卷烟、雪茄烟的基本计量单位。 本标准适用于烟草行业卷烟、雪茄烟的生产、经营、科研、统计和管理等领域。
YC/T 151. 2—2001	卷烟 端部掉落烟丝的测定 第 2 部分：旋转箱法	本标准规定了使用旋转箱测定卷烟端部掉落烟丝的方法。 本标准适用于测定在销售领域和吸烟者衣袋里卷烟端部落丝。
YC/T 36—1996	卷烟 总粒相物中总植物碱的测定 光度法	本标准规定了总粒相物中总植物碱的测定方法—光度法 本标准适用于卷烟。
YC/T 30—1996	卷烟 烟气气相中一氧化碳的测定非散射红外法	本标准规定了烟气气相中一氧化碳的测定方法。 本标准适用于卷烟。
YC/T 28. 8—1996	卷烟物理性能的测定 第 8 部分：水分	本标准规定了卷烟水分的测定方法。 本标准适用于各种卷烟。
YC/T 28. 5—1996	卷烟物理性能的测定 第 5 部分：吸阻	本标准规定了卷烟吸阻的测定方法。 本标准适用于各种卷烟。
YC/T 28. 1—1996	卷烟物理性能的测定 第 1 部分：包装	本标准规定了卷烟包装的测定方法。 本标准适用于各种卷烟。
YC/T 157—2001	卷烟 总粒相物中水分的测定 气相色谱法	本标准规定了卷烟烟气总粒相物中水分的一种气相色谱测定方法。卷烟的抽吸和主流烟气的收集一般按照 YC/T 29《卷烟用常规分析用吸烟机测定总粒相物和焦油》进行。 本标准适用于标准和非标准抽吸所得到的卷烟烟气总粒相物中水分的测定。
YC/T 156—2001	卷烟 总粒相物中烟碱的测定 气相色谱法	本标准规定了卷烟烟气总粒相物中烟碱的一种气相色谱测定方法。卷烟的抽吸和主流烟气的收集一般按照 YC/T 29 进行。 本标准适用于标准与非标准抽吸所得到的卷烟烟气总粒相物中烟碱的测定。
YC/T 200—2006	卷烟名称编制规则	本标准规定了卷烟名称的编制规则。 本标准适用于行业内各类信息平台、报表递送的所有卷烟名称。
（3）雪茄烟		
GB/T 15269. 1—2010	雪茄烟 第 1 部分：产品分类和抽样技术要求	GB/T 15269 的本部分规定了雪茄烟的产品分类、抽样检验实验室样品的抽取方法和试样的制备方法。 本部分适用于雪茄烟。

标准号	标准名称	摘要
YC/T 466—2013	雪茄烟 主流烟气中一氧化碳的测定 非散射红外法	本标准规定了雪茄烟主流烟气中一氧化碳的非散射红外测定方法。 本标准适用于雪茄烟主流烟气中一氧化碳的测定。
YC/T 465—2013	雪茄烟 总粒相物中烟碱的测定 气相色谱法	本标准规定了雪茄烟主流烟气总粒相物中烟碱的气相色谱测定方法。 本标准适用于雪茄烟主流烟气总粒相物中烟碱的测定。
YC/T 464—2013	雪茄烟 总粒相物中水分的测定 气相色谱法	本标准规定了雪茄烟主流烟气总粒相物中水分的气相色谱测定方法。 本标准适用于雪茄烟主流烟气总粒相物中水分的测定。
YC/T 463—2013	雪茄烟 用常规分析用雪茄烟吸烟机 测定总粒相物和焦油	本标准规定了用常规分析用雪茄烟吸烟机产生和收集雪茄烟烟气以及总粒相物和焦油测定的方法。 本标准适用于用常规分析用雪茄烟吸烟机测定雪茄烟的总粒相物和焦油。
YC/T 462—2013	雪茄烟 调节和测试的大气环境	本标准规定了所有尺寸和形状雪茄烟的调节和测试大气环境。 本标准适用于雪茄烟和用于雪茄烟卷制材料测试前必要的调节，不适用于其他标准中规定的特殊测试条件。
YC/T 522—2014	雪茄烟鉴别检验规则	本标准规定了雪茄烟产品鉴别检验的抽样方法、检验方法、检验项目和内容、结果判定原则。 本标准适用于雪茄烟产品的鉴别检验。
YC/T 521—2014	雪茄烟名称编制规则	本标准规定了雪茄烟中文名称的编制规则。 本标准适用于雪茄烟中文名称的编制。